재가노인 · 장애인 · 노인장기요양보험

사 례 관 리 론

김 영 숙

교육과학사

머리말

최근 사회복지는 미국을 중심으로 사회복지 정책과 실천을 연계 통합하는 방법을 모색하고 있다. 이는 전통적인 방법론과 정책론, 행정론 등 각각의 영역으로 대응하기 곤란하였기 때문으로 분석할 수 있다.

1970년대 후반 미국에서 영국으로, 1984년 일본에서 시작한 새로운 실천방법인 사례관리는 오랫동안 살아온 정든 지역사회 안에서 생활을 계속할 수 있도록 지원하는 방법으로 종합적인 대응을 위해서 필요 불가결한 영역이고 연구이다.

국내에도 사례관리 개념이 도입된 이래로 10여 년이 지난 지금 그 관심이 학문적, 실천적 차원을 넘어 정책적 차원으로까지 확대되고 있다. 우리나라에 처음 소개되던 당시 사례관리는 사회복지통합방법론과의 차별성이 뚜렷하지 못하고, 사회복지 실천의 전문성을 약화시킬 수 있다는 비판에서 학계나 실천 현장에서 그다지 주목받지 못하였다. 그러나 점차 사회복지실천의 종주국이라 할 수 있는 미국을 비롯하여 영국, 독일 등 유럽 복지국가와 일본 등지에서는 사례관리가 하나의 방법론에 국한된 차원이 아니라 서비스 전달체계의 핵심으로 발전되어 왔다. 또 국내적으로는 사회복지실천이 놓여 있는 사회·환경적, 정치적 맥락의 변화로 인해 사례관리에 대한 관심이 점차적으로 크게 부상되고 있다.

최근 사례관리에 대한 정책적 관심이 빠르게 증대되면서 새가노인복지시설을 포함하여 사회복지관 및 사회복지시설을 평가하는 기준의 한 항목으로 포함시켰으며, 사례관리 수행여부를 넘어서 사례관리의 전산화, 접근성, 충실성, 지속성, 포괄성, 다양한 전문 집단의 참여 여부 등을 구체적으로 평가하고 있다. 실천 현장에서 사례관리가 사회복지 실천과정의 보편적인 기능으로 자리매김을 해나가고 있는 실정이며, 더불어 학계에서도 사례관리에 대한 인식이 높아짐에 따라 다양한 연구들이 지속적으로 수행되고 있다.

현재 정부에서도 국민의 낮은 복지 체감도의 문제를 해결하기 위해서 전달체계 개선을 핵심의제로 삼고 그 가운데 통합 사례관리 방안을 집중 연구 중에 있다.

사례관리는 클라이언트가 지역사회에서 생활하는 가운데 발생하는 욕구를 가장 적절한 사회

자원에 연결시키는 것으로 클라이언트의 자립을 지원하며 삶의 질을 향상시키는 것을 목표로 하고 있다.

2008년 7월부터 시작된 노인 장기요양보험제도의 실시로 인해 건강보험 공단에서는 개개인의 중증 노인에게 사례관리를 실시하게 되었다. 노인장기요양법에는 사례관리에 대한 근거 조항은 없지만 기능과 역할을 살펴보면 독립적인 판단이 어려운 수급자의 이용계획을 지원하도록 하고 있다.

하지만 그 동안의 사례관리 실천에서 가장 중심적인 요소 중의 하나로 욕구의 중요성을 강조하였음에도 불구하고 장기요양제도에서는 전혀 고려되지 못하고 있는 안타까운 현실이다.

사회복지와 다른 학문 분야와의 가장 큰 차이점은 사회복지가 인간의 욕구를 바탕으로 이해하고 해결하기 위한 과학적 지식체계이며, 사회적 욕구를 충족시키지 못함에 따라 발생하는 사회문제에 대처하기 위한 사회적 대책인 것이다.

이와 같이 사회적 욕구는 사회복지에서 가장 핵심적인 요소로서 사회복지의 대상자인 클라이언트에게 전문적인 서비스를 제공하는 사회사업 실천에서 뿐만 아니라 사회정책에서도 널리 활용되고 있다.

앞으로 우리나라에서도 사례관리는 새로운 사회사업 방법으로서 사회복지 실천 분야에서 널리 활용될 것으로 예상된다.

그러므로 실천 분야를 연구하는 사람들이나 종사하는 사람들은 사례관리에 대한 정확한 지식과 기술을 습득할 필요가 있다.

이 책이 사례관리 실천에 대한 이해를 높이는 데 기여되기를 기대하면서 본서를 발행해주신 교육과학사와 강종덕 연구원, 신소라 연구조교에게도 감사드린다.

2008. 8.

김 영 숙

목 차

제 1 장 사례관리의 개요

1. 사례관리의 개관

학습목표

사례관리가 도입된 경위를 이해하고 구체적인 사례를 통하여 사례관리가 필요한 이유, 이용자의 입장, 사회자원 등을 활용관점에서 생각해 본다.

이용자의 지역생활을 지원하는 '사례관리'는 1970년대 후반 미국에서 시작되었다. 구체적으로는 정신장애인의 커뮤니티 케어를 추진하기 위해 주립 정신병원의 1/2를 폐쇄하고, 많은 정신장애인이 재택생활을 지속하기 위해서는 재택생활을 위한 주택과 서비스 이용을 할 수 있는 방법이 필요하다는 것이 밝혀졌다.

장애인이 재택생활을 영위할 수 있는 복지주택을 어떻게 정비할 것인가 하는 것이 커뮤니티케어의 주요 논제이며, 생활 주택에 대한 보장 없이 커뮤니티 케어(community care)는 성립되지 않는다. 또 한 가지로 정신장애인의 재택생활을 유지하기 위해서는 다양한 서비스가 필요하며, 이를 이용하기 위해서 여러 창구를 방문해야 하는데 정신장애인은 이러한 과정을 수행 할 수 없는 경우가 많으므로, 생활 욕구에 근거되는 필요한 서비스를 이용하지 못하는 일이 발생하게 된다. 이 문제를 하나의 상담창구에서 각 장애인의 모든 생활의 욕구를 명백히 함으로써 그 욕구에 근거하는 서비스를 이론적으로 체계화하게 되었는데 이것을 미국에서는 '사례관리'라고 한다. 이 방법은 단순히 정신장애인 뿐 아니라 장기적인 보살핌이 필요한 고령자, 지체장애인, 정신지체장애인 또는 에이즈환자(HIV보균자) 등에 대한 지역생활지원방법으로 확대하고 있다.

동시에 사례관리의 사고방식과 방법은 미국을 시초로 하여 영국, 캐나다, 호주와 일본에도 도입되어 세계의 여러 국가에 보급되고 있다. 특히 일본에서는 장기적인 케어가 필요한 고령자의 지역생활을 지원하는 방법으로 정착되고 있다.

영국에서는 1990년부터 실시된 국민보건서비스와 커뮤니티 케어법을 실행하는 과정에서 케어매니지먼트 라는 시스템을 제도화했는데 이 때 처음으로 케이스매니지먼트가 아닌 '케어매니지먼트'라는 용어가 사용되었다. 그 이유 중 하나는 '케이스'라는 말에는 차가운 울림이 있지만, 그에 비해 '케어'는 따뜻한 의미이며, 매니지먼트하는 것은 케이스(사례, 이용자)가 아니라 케어(근심걱정거리→(마음 씀)→ 조심 →(마음쓰기) → 돌봄)라는 뜻에서 케어매니지먼트라는 용어를 채택하게 되었다. 영국의 이러한 흐름은 일본에도 케이스매니지먼트 라는 용어보다 케어매니지먼트 라는 용어가 보급된 큰 요인으로 작용하였다.

그러나 케이스매니지먼트 나 케어매니지먼트 모두 그 의미에서는 기본적으로 같은 내용으로 이용자의 지역생활을 지원하는 것을 목적으로 한다.

우리나라는 1990년대에 사례관리가 도입되어 사회복지학, 간호학 분야 등에서 학문적인 관심을 받기 시작하였다. 1990년대는 사회복지의 방향이 재가복지, 지역사회복지로의 전환을 준비하던 시기로, 1993년 노인복지법 개정 시 재가복지가 처음으로 사회복지 사업의 한 분야로 규정되었다. 재가복지가 공식적인 종합 프로그램으로 인정되자 기존의 노인복지관, 장애인복지관, 사회복지관을 중심으로 다양한 재가복지 사업이 진행되고 있으며, 여러 학자들과 실천가들에 의해 사례관리가 재가복지 부문에서의 중요한 실천 방법으로 빈번히 언급되고 있다. 특히 1995년 제정된 정신보건법에서는 사례관리가 정신 장애인을 대상으로 하는 지역사회 정신보건 사업의 필수 사업 중 하나로 지정되었을 정도로 제도·정책적으로 이 개념에 대한 인식이 높아지고 있다. 그러나 아직 우리나라 사회복지 분야에서 사례관리에 관한 연구는 매우 미흡한 수준에 머물고 있는데, 앞으로 이에 대한 구체적 실천 방안에 관한 연구가 더욱 절실히 요구된다.

2. 사례관리의 발달 배경

1) 서비스의 통합전략(1960년대)

사례관리가 사회복지 실천 영역에서 하나의 독립된 접근방법으로서 위상을 갖고 분화, 발전한 계기가 된 것은 1960년대 미국 케네디 행정부에서 시도된 사회복지 의료서비스의 통합정책 이라고 할 수 있다.

1960년대 미국은 다양한 사회복지서비스 프로그램이 제공되었다. 특히 인종차별과 계층간의 소득격차 해소를 중요한 정책목표로 설정한 케네디 행정부는 계층별, 기능별, 문제 영역별 서비스를 제공하였는데 이러다 보니 클라이언트의 욕구보다는 프로그램의 정향성에 의해 서비스가 실시되었다. 특히 복합적인 욕구를 지닌 클라이언트들은 자기의 욕구를 충족하기 위해서 해당 기관을 방문할 수밖에 없었고 이를 인해 서비스에 대한 접근성은 물론 클라이언트 체감 만족도는 떨어질 수밖에 없었다. 자연스러운 귀결로 이러한 서비스의 단편성, 비연속성, 일방성, 비효율성에 대한 비판이 제기 되었고 복지 당국자들은 이에 대한 개선책을 마련하였다.

위와 같은 과정을 거쳐 해결책으로 제시된 것이 서비스 통합전략이고 이를 사례관리의 시초로 보는 데에 일반적으로 동의한다.

서비스의 통합이란 개별적으로 제공되는 서비스를 한데 묶어 패키지화한다는 의미가 아니다. 이는 개별 서비스 들 간을 연결하는 조정점을 만들고 이를 개인의 욕구, 지역의 특성, 문제의 양상 등에 맞게 총체적(holistic)으로 접근하고자 하는 것이다.

2) 탈시설화 정책(1970년대)

탈시설화란 문제와 욕구를 지닌 개인이 시설이나 격리된 장소에서 생활하는 것이 아니라 자신의 근거가 되는 가정과 지역사회에서 자신의 잠재성과 고유성을 발현하고 온전한 사회구성원으로서 삶을 영위하는 것을 말한다.

1970년대 중반부터 미국에서는 탈시설화 정책이 본격적으로 추진되었다. 하지만 초기의 탈시설화 정책은 클라이언트의 정상화(normalization) 이념보다는 시설 보호로 인한 과중한 재정부담이 주원인이었음도 간과할 수 없다.

미국 정부는 주립정신병원의 1/2을 폐쇄하는 방법으로 탈시설화 정책의 물꼬를 텄다. 정신병원과 요양시설 등에서 격리된 생활을 했던 수많은 정신질환자와 장애인이 지역사회로 돌아왔다. 어찌보면 영광의 대탈출 일수도 있었다.

지역사회로 귀환한 클라이언트들이 제일 먼저 맞게된 문제는 주거문제와 주먹구구식의 서비스 체계였다. 정신병원이나 요양시설 등에서 일방적으로 보호를 받던 클라이언트들이 지역사회에서 일상적인 생활을 영위하기 위해서는 다양한 서비스가 필요하다. 하지만 당시만 해도 지역사회의 보호체계들은 여러 창구로 분산되어 있었다. 자연히 클라이언트들은 필요한 서비스를 찾아 헤맬 수밖에 없었고 경우에 따라서는 시설에서 보다 더 열악한 생활을 해야만 하기도 했다. 이러한 문제는 서비스의 통합과 조정만으로는 대처할 수 없었다. 바로 재정적 조치가 수반되어야만 했다.

1974년 통과된 발달장애법(Act of Developmental Disabilities)은 주정부가 사례관리를 시행하는 데에 있어 소요되는 재정의 일부를 연방재정에서 지원할 수 있게끔 제도화 하였다. 이에 고무된 미국의 각 주정부들은 다투어 사례관리를 도입하여 사례관리는 개화기를 맞았다고 할 수 있다.

1970년대말 사례관리의 확산배경에는 정상화(normalization)이념도 큰 기여를 했다. 위의 탈시설화가 사례관리 확산의 물적, 제도적 토대였다면 정상화관점은 이념적 토대라고 할 수 있다. 또한 전자가 지역사회재활의 가능조건이라고 한다면 후자는 유지와 발전조건이라고도 할 수 있다. 정상화 이념은 정신질환자·정신장애인 뿐만 아니라 노인, 장애인, 아동 저소득계층 등으로 사례관리가 확산되는 데에 기폭제가 되었다고 할 수 있다.

3) 고도의 개입을 필요로 하는 클라이언트 집단의 대두(1980년대)

1980년대 초에는 사례관리가 장기적, 만성적 질환을 보유한 노인인구집단에까지 확대되었다. 하지만 1980년대에는 또 다른 클라이언트집단에 대한 관심이 고조 될 수밖에 없었다.

1980년대 등장한 레이건 행정부는 대대적인 복지감축 정책을 실시했다. 레이건 행정부는 만성적인 재정적자와 저성장을 해결하기 위해 조세감면 등의 조치를 취했다. 이로 인해 미국의 경제는 회복국면에 접어들었지만 근로빈곤층의 생성, 양극화의 심화와 같은 새로운 사회문제가 발생했다. 뿐만 아니라 에이즈보균자, 노숙인, 장기보호를 필요로 하는 노인과 장애인등 복합적인 욕구를 가진 클라이언트들이 급속히 증가했다. 이들 클라이언트들은 소득은 물론 주거, 의료, 교육, 직업훈련, 정서적 지지, 우호적 환경, 사회적 옹호 등 다양한 욕구를 지닌 집단이었다.

과거의 통합적인 서비스만으로는 이들의 문제에 대응할 수 없었다. 보다 전문적이고 고도화된 실천·개입기술이 필요하게 되었다. 정확한 사정과 기록 그리고 서비스의 적절한 연계, 지역자원의 개발과 관리, 사회운동 등 광범위한 분야에 있어서 실천기술이 개발되었다. 동시에 사례관리는 다른 각국에 이식되었다.

또 다른 다른 관점에서 보면 사례관리는 철저히 미국적이다.

효율성을 중시하는 실용주의 노선, 그럼에도 불구하고 다양한 인종과 지역마다 상이한 문화와 전통 등을 아우를 수밖에 없는 미국적 환경이 만들어낸 것이라고 할 수 있다.

또한 음모론에 익숙한 사람들은 사례관리를 복지재정 축소를 은폐시키기 위한 고도의 기만술책이라고 볼 수도 있을 것이다. 그럼에도 불구하고 사례관리는 세계 각국에 전파되었고 오늘에 이르러서는 시대적 화두(話頭)로 떠올랐다.

3. 사례관리의 목적과 초점

학습목표

사례관리는 이용자의 생활을 지원하는 방법으로 자립지원이나 생활의 질을 높이는 것을 목적으로 한다. 이를 위해 이용자의 신체적, 심리적, 환경적 상황의 관련성을 통해 생활의 욕구를 파악하여 지원하는 것이 중요하다는 것을 학습한다.

1) 사례관리의 목적

사례관리는 이용자의 지역생활을 지원하는 것이 목적이며, 다양한 대상자가 생활이 익숙해진 지역사회 속에서 생활을 지속한다는 정상화 이념을 실현하는 최적의 방법이라고 할 수 있다. 이러한 지역생활지원을 바탕으로 사례관리는 이용자와의 관계에 대해 기존의 '의학모델'이라고 총칭되었던 접근에서 '생활모델'[1]로 전환하게 되었다. 이것은 지역생활을 지원하기 위해서는 단순히 이용자의 신체면에서의 개선이 아닌 이용자의 지역 안에서 또는 가족 안에서의 생활 자체를 의미있는 것으로 만들어 나가는 것을 큰 목표로 하기 때문이다. 따라서 생활모델은 크게 세 가지 특징을 기반으로 사례관리의 의의를 명백히 할 수 있다.

첫째, 단순히 신체기능적인 측면에 초점을 맞춰 이용자를 취급하지 않고 인간과 환경과의 접촉면, 신체기능적인 측면, 정신심리적인 측면, 사회 환경적인 측면의 관계성을 통해 장애를 다루고 이용자의 문제 상황을 파악하여 지원하는 것이다.

둘째, 이용자의 문제 상황을 어떤 입장에서 다룰 것인가에 대한 것으로, 과거에는 전문가가 문제 상황을 파악해 이용자가 그것을 받아들이는 입장이었다면, 지금은 전문가와 이용자가 파트너가 되어 함께 해결의 실마리를 찾아 계획을 작성해 실시하는 관점으로 전환되었다.

셋째, 이용자와 전문가의 관계가 상하의 관계에서 대등한 관계로의 이행을 의미한다. 특히 대등한 관계에서 문제해결의 중심적인 담당자가 측면적으로 지원하는 역할을 하는 것이 전문가라는 관점으로 전환되었다.

이상과 같은 세 가지 특징을 기본으로 하는 생활모델 접근방법을 통해 이용자를 지원하는 사

1) 생활모델은 의학모델이나 의료모델과는 달리 사람에게만 초점을 맞추는 것이 아니라 '인간과 환경과의 관계'에 초점을 맞추어 문제 상황을 파악해 지원하는 것으로 의료, 간호, 사회복지, 임상심리 등 다양한 지원영역에서 생활 모델로의 지향이 강해지고 있다.

례관리가 성립되었다. 사례관리는 이용자가 지역에서의 생활을 가능케 하는 것이다. 즉 사례관리는 이용자의 자기결정 및 선택을 존중하는 서비스 방법으로, 더 나아가서는 이용자의 자립을 지원하는 것이다. 이 자립은 지금까지 다양한 관점에서 다루어져 왔다. 예를 들면 생활보호에서의 자립은 경제적 자립이고 지체장애에서의 자립은 ADL(일상생활동작)[2]을 높이는 것으로 신변자립이다.

그러나 최근 자립의 개념은 '자신의 생활방식을 스스로 책임지고 결정하는 것'으로 보았으며 생활보호제도에 의존하며 ADL 회복이 보이지 않아도, 다양한 사회자원에 의지함으로써 자립이 가능 할 수 있다. 또 신변이나 경제적인 면에서의 자립은 결과로서의 자립이라고 할 수 있다.

자신의 삶을 스스로 결정해 가는 것에 자립의 본래의 의미가 있고 '경제모델'에서의 생활보호로부터의 자립이나 '의학모델'에서의 신체적 자립도 아니다. 자신의 생활의 방향을 스스로 정한다는 '생활모델'의 자립이다. 사례관리의 목적은 이와 같이 의미에서의 자립을 지원하는 것으로 이용자의 자립지원은 사례관리 실천을 통해 가능해진다.

구체적으로 사례관리 과정에서 생각해 보면 이용자와 함께 케어 플랜을 작성하고 실시하여 다양한 사회자원과 이용자를 연결할 수 있다. 이때 이용자와의 공동작업 프로세스에서 최종적으로 케어 플랜을 계획하는 것은 이용자이며, 사례관리자는 이용자가 케어 플랜을 계획하는 과정을 지원하는 과정에서 가져야 할 가치로서 '이용자의 존엄성'과 '이용자의 자기결정'의 원칙이 적용된다.

2) 생활의 질(QOL)을 어떻게 높일까?

사례관리의 목적이 이용자의 지역생활을 지원하는 것이라고 하는 것은 확실하지만 그 결과 이용자의 생활의 질(QOL)[3]을 어떻게 높일지가 중요한 포인트가 된다.

이 생활의 질에 대한 연구는 심리학이나 사회학, 사회복지학을 포함한 다양한 영역에서 연구되고 있는데, Flanagan에 의하면 이용자의 생활의 질에 영향을 미치는 분야로는 ① 신체적·물리적인 행복 ② 대인관계, ③ 사회 및 지역시민활동, ④ 개인의 성장과 만족, ⑤ 레크리에이션의 5가지 카테고리로 매우 폭넓은 영역이 생활의 질을 구성하고 있다는 것을 보여준다.

이러한 다양한 영역을 포함하면서 사례관리에 따라 어떻게 이용자의 질을 높여야 하는 가 커다란 과제이다. 이를 위해서는 '지역생활을 영위하는 가운데 과제는 어떻게 발생하는가?'라는 것부터 명백히 해야 한다.

---

2) ADL이란 Activity of Daily Living이라는 뜻으로 일상생활동작으로 해석된다. 이 동작에는 보행, 목욕, 식사, 배설 등이 포함된다.

3) 생활의 질이란 Quality of Life라는 머리글자를 따서 QOL이라고 한다. 사람들이 신체 면에서의 건강이나 ADL의 향상을 넘어 질이 높은 생활을 목표로 하는 것으로 사용된다.

일반적으로 생활과제는 사람과 환경과의 접촉면에서의 장애를 들 수 있다. 예를 들면 휠체어로 보행하는 사람이 현관의 계단이 있는 상황과 접촉하면 '외출이 불가능하다'라는 생활과제가 제시된다. 이런 생활과제에 대해 해결방법을 이끌어내는 것이 사례관리의 과제인데 이때 생활의 질을 높인다는 접근이 어떻게 하면 가능한가를 이해해야 한다.

예를 들면 앞에서 말한 사례에서 단순히 이용자의 휠체어 보행이라는 ADL 상황과 현관의 높이 차이로 인한 문제로 보고 개입하여 기본적인 생활문제가 해결되는 것으로 생활의 질을 높일 수 있을지 입증할 수 없다.

그러나 이 접촉면에서 이용자가 '외출하는 것을 좋아한다'라는 특성이 더해지면 생활과제는 '외출할 수 없는 것은 곤란하다'라는 것이지만, 이용자의 생활상의 특성을 고려한 욕구로는 '밖으로 나가는 것을 좋아하는 심리상황에서 외출할 수 없는 것은 곤란하다'는 것이 된다. 이러한 상황에서는 생활과제에 대한 서비스 목표로 단순히 '외출할 수 있도록 한다'는 것을 넘어 '가능한 한 외출할 기회를 확보한다'는 설정이 이루어져 구체적인 케어 플랜의 내용은 단순히 주택개조에서 끝나는 것이 아니라 외출의 기회를 지원하는 봉사 파견 또는 가정봉사원의 외출동행 등이 추가적으로 케어 플랜에 포함되게 된다. 이렇게 생활의 질을 높이는 지원을 위해서는 외출을 좋아한다는 본인의 강점을 이해하고 지원하는 것이 중점사항이며(Ann Hartman, 1981) 또한 이용자측이 아닌 사회 환경 면에서 '외출 도우미가 이웃에 살고 있다'는 경우에도 본인의 사회 환경에 대한 강점을 이해하고 지원함으로써 생활의 질이 높아지는 지원이 가능하다.

이와 같이 초기화된 사정항목을 바탕으로 생활과제를 이끌어내는 관점뿐만 아니라 사례관리자가 이용자와 밀접한 커뮤니케이션을 갖게 되어 본인이나 사회 환경의 강점을 자발적으로 이끌어 냄으로써 생활의 질을 높이는 사례관리가 가능하다. 지역생활지원 가운데 이용자의 생활의 질을 높이기 위해서는 사례관리자의 커뮤니케이션 능력을 높이고 본인이나 그 환경에서의 강점을 이끌어낼 수 있는 서비스가 필요하다.

사례관리는 이용자가 지역사회에서 생활의 질을 향상시킬 수 있도록 지원하는 것을 목적으로 하는데 이러한 서비스를 통해 한편으로는 사회를 개발해가는 기능과 다른 한편으로는 이용자 자신의 자기개발 기능이 사례관리의 일부로 전개된다.

전자의 사회개발기능이란 사회자원을 수정하거나 새롭게 사회자원을 창설 또는 사례관리를 원활하게 이용할 수 있는 지역사회시스템을 창설한다는 것이다. 후자의 자기개발기능이란 이용자가 갖고 있는 잠재적인 능력을 활용하여 다양한 문제를 스스로 해결하는 능력을 개발하는 것을 의미한다.

3) 사례관리의 부수적 목적

사례관리의 목적은 전술한 바와 같이 이용자의 지역생활을 지원하고 더 나아가서는 생활의 질을 높임과 동시에 자립을 지원하는 것이지만 사례관리를 실시함으로써 부수적인 목적을 이룰 수 있다.

그 중 하나는 사례관리를 실시함으로써 시설이나 병원으로의 입소나 입원하는 것을 억제하고 퇴원이나 퇴소로 유도할 수 있다. 일반적으로 현재의 재원적인 관점에서 본다면 시설이나 병원으로의 입소나 입원은 재택보다 더 많은 비용이 든다. 이러한 지역생활을 지원하는 것은 결과적으로 재원을 조절할 수 있어 현재의 의료비나 복지재원의 증가를 억제하는데 공헌한다.

현재 미국 등에서 실시되고 있는 매니지드 케어(managed care)[4]는 사례관리가 일부 기능으로 도입되어 의료비 억제에 효과적이라는 것이 입증되고 있다. 그러나 시설비용과 재택비용을 비교했을 때 반드시 재택비용이 저렴하고 시설비용이 높다고 단정할 수 없다는 의견도 있는데, 해외의 연구에서도 사례관리를 실시하여 재원이 억제된다는 의견과 재원에 변화가 없다는 의견이 있어 비용조절 여부에 대한 정확한 입증은 없다.

이 매니지드 케어라는 것은 민간보험자가 이용하는 병원을 미리 정해 놓고 그 보험자와 계약하고 있는 병원을 이용자가 활용하는 것으로 여기에서는 처음부터 있는 상병에 대한 확정된 의료비로 치료를 한다. 따라서 병원 측은 입원기간을 짧게 하는 인센티브가 작동해 재택복귀를 위한 사례관리 서비스를 매니지드 케어에 도입하고 있다.

이것은 매니지드 케어의 틀 안에서 사례관리이지만 이렇게 함으로써 의료비의 비용조절에 공헌할 수 있게 되었다.

4) 사례관리의 초점

사례관리에서는 이용자의 '생활을 지원하는' 것이 목적이다. 여기에서 다루는 '생활'이라는 것은 도대체 어떤 것을 의미하는 것일까? 생활에는 여러 가지 측면이 있다. 예를 들면 건강문제, 고용문제, 주택문제, 케어문제 또는 교육문제 등 이러한 각각의 측면에서 생활을 다룰 수 있다. 사례관리에서는 이러한 문제에 대해 다음 네 가지 관점에 초점을 맞추고 있다.

첫째, 생활을 '전체성'으로 다룬다. 현실의 생활상의 문제는 건강상황, 주택상황, 이용자의 상

4) 매니지드 케어에서는 보험자와 의료기관이 계약을 맺고 그곳에서 환자는 정액의 치료를 받는다. 이때 조기퇴원과 통원에 의한 재택생활로 사례관리를 실시한다.

황 등이 서로 밀접하게 관련되어 있어서 생활전체에 파급된다는 인식하에서 욕구를 받아들여 해결방법을 생각한다.

둘째, 생활의 '개별성'이라는 관점이다. 건강상황, 주택상황, 이용자의 상황 등이 서로 관계되어 있기 때문에 생활의 문제를 정형적으로 파악하여 케어 플랜을 세우는 것은 불가능하다. 개개인의 생활문제는 여러 상황에서의 역동적인 상호관계 가운데 타인과는 다른 개별의 생활문제의 욕구를 형성하고 있어 그에 적합한 케어 플랜을 작성해야 한다. 여기에는 생활의 개별성이라는 관점이 필요하다.

셋째, 생활의 "연속"이라는 관점이다. 고령자의 현재 건강상황, 주택상황, 이용자의 상황 등은 과거의 생활과 관련하여 발생하고 앞으로 지속될 가능성이 크기 때문에 생활문제나 욕구가 어떻게 바뀌고 이에 따라 케어 플랜을 어떠한 방향으로 이끌어 갈 것인지에 대한 관점이 필요하다. 과거의 상황이 현재와 미래에 어떤 영향을 미칠지를 예측해 생활의 연속성이라는 관점에서 다루게 된다.

넷째, 생활의 "지역성"이라는 관점이다. 지역에서 생활할 경우에 건강상황, 주택상황, 이용자의 상황 등은 각각의 지역특성, 생활문제나 욕구의 취급방법, 문제해결방법에 따라 케어 플랜 작성방법도 달라진다. 예를 들면, 의료기관이 충실한지, 케어를 받을 수 있을 만큼의 사회자원이 있는지, 또는 서비스 이용에 대해 권리성이 있는 지역사회가 되었는지 하는 지역의 특성차이가 생활문제나 욕구파악에서 차이를 만들고 더 나아가서는 작성된 케어 플랜을 달라지게 한다.

사례관리자가 생활의 전체성, 개별성, 계속성, 지역성을 지닌 이용자에게 초점을 맞춰 서비스를 실시함으로써 사례관리는 생활 장애를 해소하는 것을 욕구로 하는 것이므로, 이것은 기존의 의료 등 전문직이 다루어 온 욕구의 취급방법과는 약간 취지가 다르다.

사례관리에서 취급하는 생활욕구란 이용자의 지역생활을 지원한다는 목적을 위해 해결해야 하는 과제이다. 이것은 WHO의 건강이나 상태변화, 질병에 대한 생각과 상통하는 것으로, 기존의 WHO 국제장애분류는 기능장애(impairment), 능력장애(disability), 사회적 불리(handicap)라는 세 가지 측면에서 장애를 취급하고 있다. 이 국제장애분류(ICIDH)는 20년 만인 2001년 5월에 새로운 국제생활기능분류(ICF)로 수정되어 승인 받았다.

ICF의 건강에 대한 생각은 <그림 1-1>과 같다. 그림과 같이 심신기능과 구조(body function & structure), 활동(activity), 참가(participation)의 세 가지 요인이 건강상태(health condition)에 서로 영향을 미친다고 보았다.

건강이라는 것은 넓은 의미로 심신의 건강을 가리킨다. 예를 들면 사람은 심신기능과 구조를 개선하여 건강을 얻거나 활동을 증진함으로 건강을 증진하고, 사회참여를 촉진함으로 인해 건강을 얻는다. 특히 이러한 건강상태는 본인의 개인적인 요인(personal factors)과 사회적인 요인(environmental factors)에 의해 만들어지는 것으로 사람과 환경과의 관계(person in environment) 속에서 건강이 형성된다는 것을 그림에서 알 수 있다.

이 '건강상태'를 '생활기능'이라는 말로 나타낼 경우, 생활에서 발생하는 욕구라는 것이 어떤 것인지 설명할 수 있게 된다. 즉, 생활에서 발생하는 욕구는 본인과 환경과의 관계 속에서 발생하는 것으로 설명할 수 있다. 특히 본인의 신체기능적인 측면, 정신심리적인 측면, 사회 환경적인 측면의 관계에서 문제가 발생한다고 설명할 수 있다.

생활은 본인의 개인적인 인자와 사회적인 인자의 관계 속에서 문제가 발생한다. 따라서 사례관리자는 생활전반에서 해결해야 할 욕구에 대해 개인적 요소와 사회적 요소를 함께 생각할 필요가 있다.

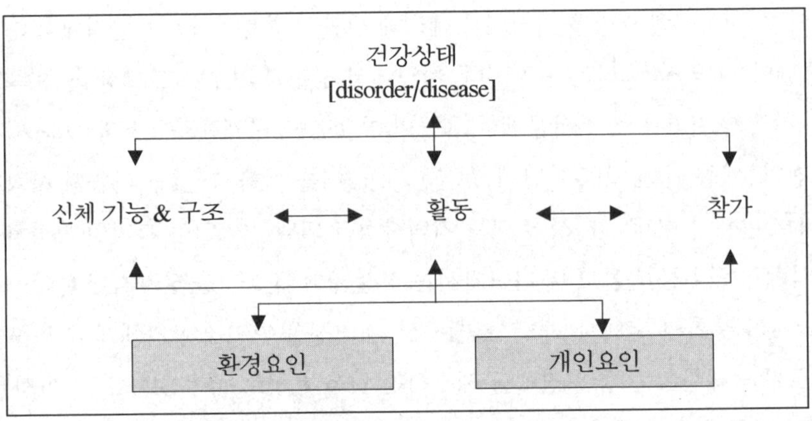

〈그림 1-1〉 WHO의 생활기능분류(ICF)

자료 : 장애인복지연구회편저 "ICF 국제생활기능분류 - 국제장애분류개정판" 중앙법규출판, 2002년 17회 개정판.

가장 기본적인 사례를 들면 본인의 ADL이 '머리감기나 세면의 어려움'이라는 개인적인 요소와 '이용자가 혼자 산다'는 사회적인 요소가 서로 관련을 맺어 '목욕을 할 수 없다'는 생활전반의 해결해야 할 과제가 발생한다. 또는 개인적인 요소로써 '욕창이 있다'라는 문제가 사회적인 요소로서 '딱딱한 침대에서 자고 있다'라는 상황과 관련되어 본인에게 '욕창이 낫지 않는다'라는 문제가 발생하게 된다. 이와 같은 생활의 욕구를 다룰 때, 때로는 개인적 인자를 해결함으로써 문제의 해결을 꾀하고 사회적 요소를 근본적으로 해결하거나 거기에서 발생하는 문제에 초점을 맞춰 해결이나 완화를 꾀하게 된다.

전자의 사례라면 본인의 ADL을 개선하여 해결을 유도할 수도 있고 자녀와의 동거라는 가족구성을 바꿈으로 해결할 수 있다. 특히 '목욕을 할 수 없다'는 문제 그 자체에 착안해 요양보호사의 파견이나 주간보호소를 활용하여 해결할 수도 있다. 후자의 사례라면 개인적인 사정인 욕창에 초점을 맞춰 수술을 하거나 방문간호로 회복을 꾀하는 해결 방법도 있다. 동시에 에어매트를 사용함으로 해결할 수도 있다.

이상과 같이 생활전반의 욕구는 결코 본인의 개인적인 요소나 사회적인 요소의 한 면만을 볼 것이 아니라 이러한 양자의 관계 하에서 발생하고 있으므로 양자를 고려하여 해결해야 한다.

신체적, 정신적, 사회적이라는 생활공간 전체로써의 욕구를 다룰 뿐 만 아니라 시간적인 프로세스로도 다룰 필요가 있다. 현재의 욕구는 현 시점에서의 문제지만 과거의 상황이 현재에 어떤 영향을 주는 것인지 또 현재의 욕구가 미래에 어떤 영향을 미칠 것인지 하는 관점에서 다루어야 한다. 예를 들면 현 시점에는 보행이 불가능한 상황이 과거에는 어땠는지 또는 미래에 본인이 어떤 기분을 갖고 있을 것인지 하는 것은 욕구의 취급방법과 케어 플랜에 영향을 준다.

이상의 내용에서 가장 중요한 것은 사례관리는 다양한 요소가 어떻게 서로 관련되어 있는지를 역동적인 관점에서 생활 장애로서의 욕구를 다루고 이용자가 스스로 책임지고 결정하는 것을 측면적으로 지원하는 것이다. 이때 생활의 다양한 측면을 역동적인 관점에서 보는 것은 생활의 전체적, 개별적, 계속적, 지역적 관점을 구체화한 것이다. 이러한 관점에서 지지하는 것이야말로 사례관리는 생활모델로서 이용자의 생활상에서 자립을 유지하고 생활의 질을 높이는 것이 가능해진다고 할 수 있다.

5) 사례관리를 구성하는 전문가의 유형

사례관리를 실시하는 전문가에 대해 현실적으로 많은 관심을 나타내고 있다. 세계적 추세로는 사회복지사가 독자적으로 사례관리를 담당하는 것이 아니라 보건사, 간호사, OT(작업요법사), PT(물리치료사), 의사 때로는 변호사나 회계사도 이 일에 종사하고 있다.

미국에서의 사례관리사의 중심은 사회복지사이지만, 캐나다에서는 보건사(Registered Nurse)가 과반수가 넘는다. 결과적으로, 사례관리=사회복지가 아니라는 것을 유추해 볼 수 있다. 단, 1970년대 후반 이후 미국의 사회복지영역에서는 사례관리의 중요성에 주목하기 시작했다. 전미사회복지사협회는 1976년 5월에 위스콘신주 메디슨시에서 그리고 1979년 5월에 시카고 오헤어공항 부근에서 2회에 걸쳐 저명한 사회복지 연구가를 모아 '사회복지 개념구성'에 관한 회의를 가졌다. 이때 보고논문이 협회의 전문잡지인 『아는 사람』 '사회봉사'에 게재되었는데 첫 번째 회의에서 보고자 중 한 사람인 모리스는 새로운 사회복지의 방법으로 사례관리에 관심을 가졌다. 1970년대 중반에 사회복지는 치료에서 케어로 관심이 이행되는 가운데 '미래를 향한 출발점을 나타내는 것이 사례관리의 개념이다'라고 해서 1970년대 후반에 사례관리라는 지역수준에서의 광범위한 서비스를 연대시키는 혁신적인 동향이 발생하였다.

두 번째 회의에서는 8명의 저명한 논객이 '사회복지의 개념구성'에 대해 보고했는데 8명 중 3명이 사회복지개념에서 나온 실천에서 사례관리가 꼭 필요하다는 것을 지적했다. Segel 과 Baumohl은 지역정신보건부문에서의 사회복지실천에서 사례관리에 관심을 가져야 하며 '사례관리의 역할을 명확히 하고 발전시킴으로 사회복지는 커뮤니티 케어(community care)를 통한 실천으로 미래에 대한 강력한 기초를 세울 수 있다고 예측하였다. Hartman(1981)도 사례관리의 중요성에 대해 가족을 사회자원의 중추로 명백히 밝히고 있다.

세 번째 보고자인 Monk(1981)는 고령자에 대한 사회복지의 실천원리를 추구하는 가운데 사례관리의 의의를 물었다. 노년기는 인생의 특별한 단계이며, 또 특정한 욕구를 갖고 있기 때문에 특정한 서비스를 요구한다는 고령자의 특성에 대응하는 데 있어서 사례관리가 꼭 필요하다고 하였다. 즉 '사례관리에서는 이용자를 개별화한다. 사례관리자와 이용자의 관계는 특이하고 개인적인 것으로 사례관리 과정 그 자체는 고령의 이용자에 대해서 자기 결정적이고 또 전체적인 관점을 기초로 하고 있기 때문이다'라고 실천원리를 추구하였고, 오헤어회의에서의 8명의 보고를 정리한 Brieland와 Donald(1981)는 사회복지의 목적을 개념화하는 방법으로 '사례관리가 활용되고 있는 것'을 특징 중 하나로 들었다.

이러한 가운데 전미 사회복지협회는 최근 사회복지야말로 사례관리의 직접적인 제공자이며 역사적으로 매리 리치몬드 이래 그 책임을 다하고 있고 사례관리 실천의 모든 분야에서 전문 사회복지를 활용하도록 주장하고 있다. 동시에 협회는 사회복지계 대학에서의 학부수준 및 대학원수준에서의 커리큘럼 중에 사례관리의 특별한 지식, 방법, 기법을 포함할 것도 권고하고 있다.

일본에서도 개호보험 하의 케어지원전문가는 사례관리를 실시하게 되었지만 이 자격은 사회복지사 등 사회복지에 한정되지 않고 사례관리자, 간호사, 의사, OT, PT 등도 가능하게 되어 있다.

현실적으로 다양한 전문직이 사례관리에 관련되어 있는 이상 사회복지사가 실시하는 사례관리의 특징을 명백히 하고 그 독자성을 강조할 필요가 있다. 이를 위해서는 우선 사회복지라는 것이 무엇이고 이것이 사례관리와 어떻게 관련되어 있는지를 명백히 해야 한다.

1981년 전미사회복지사협회의 사회복지실천에 대한 정의는 다음과 같다.

> 사회복지실천이란 전문성을 가지고 책임감 있는 개입을 하는 것이며, 다음과 같은 역할이 기대된다. ① 사람들이 발전적으로 문제를 해결하고 어려움에 대처할 수 있는 능력을 높이도록 사람들(people)을 지지한다 ② 대상자에게 자원이나 서비스를 제공하는 사회제도(system)가 효과적, 인간적으로 기능하도록 추진한다 ③ 대상자들에게 자원이나 서비스나 기회를 제공하는 사회제도(system)와 인적자원(people)을 연결하고, ④ 현재의 사회정책(social policy)의 개선과 개발에 이바지해야한다.

이것을 그림으로 표현하면<그림 1-2>와 같다. 2000년 7월에 국제사회복지사 연맹이 사회복지를 재정의한 것으로 사회복지를 '사람들이 그 환경과 상호 영향을 주는 접점에 개입한다'고 정의하였다.

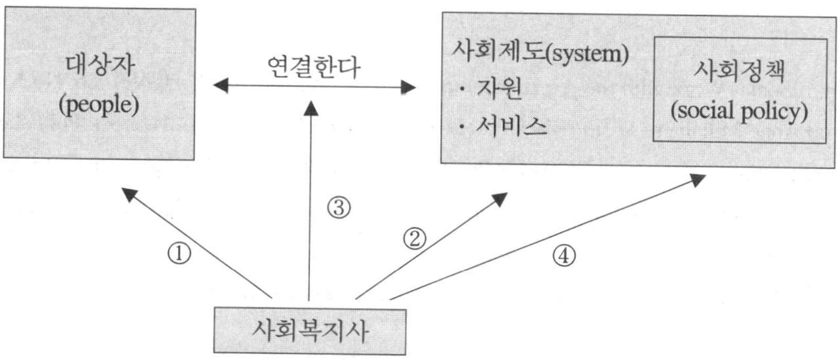

〈그림 1-2〉 사회복지사의 업무내용

자료 : Prepared by the NASW Task Force Classification, NASW Standards for the Classification of Social Work Practice, 1981.

이 두 가지 정의에서 사회제도는 사회 환경이라는 말로 바꿀 수 있지만 사회복지는 사람과 사회제도의 접촉면에 관심을 갖고 있다고 할 수 있고, 사람들이나 사회제도의 발전, 개선, 개발로 사람들과 사회제도를 연결 지을 수 있다고 할 수 있다.

이것은 사례관리가 목표로 하고 있는 것에 전부 합치되어 사례관리가 사회복지 실천의 중심이라고 해도 과언이 아니다. 구체적으로 사례관리는 사람들과 사회제도를 연결하는 중심이 되어 사람들의 내적인 발전이나 사회제도의 개선을 목표로 하는 것이기 때문이다. 따라서 사례관리는 현재상황 재현한 것(Charls, 1985)으로 커뮤니티 워크의 일부로 인식하게 되었다. 또 이러한 케이스 워크, 그룹 워크, 커뮤니티 워크를 통합시키는 것(Pincus and Minaham, 1973)으로 사례관리를 다룰 수 있다. 단, 사회복지실천 전체와의 관계에서 사례관리가 어떤 위치에 있는지는 사례관리의 기능을 어디까지 넓힐 것인가에 따라 달라진다.

이상으로 사회복지와 사례관리의 관계를 정리해 보면, 사회복지가 실시하는 사례관리의 독특성이 사람과 환경과의 관계에서 발생하는 문제로서 생활의 욕구를 취급한다고 볼 수 있다.

특히 이 생활 욕구를 사회제도와 연계하며, 더 나아가서는 사람들의 대처능력을 높이거나 사회제도를 개선하는 것에 눈을 돌려 실시하는 것에 독자성이 있다. 이와 같은 독자적인 시점을 갖고 있음으로 사회복지사의 사례관리는 다른 전문직 보다 효과적으로 이용자의 재택생활을 지원하는 것이 가능해질 수 있다.

참고문헌

Abraham Monk, 'Social Work with the Aged. Principles of Practice', *Social Work*, Vol. 26, No.1, p.63, 1981.

Allen Pincus and Anne Minaham. *Social Work* Practice : Modeland Method, F.E. Peacock Publishers, 1973.

Ann Hartman 'The Family : A Central Focus for Practice', *Social Work*, Vol. 26, No.1, pp. 7-13, 1981.

Charls A. Papp and Ronna Chanberlain. 'Case Management Services for the Chronically Mentally Ill', *Social Work*, Vol. 30, No. 5, p. 421, 1985.

Donald Brieland 'Definition, Specialization, and Domain in Social Work', Social Work, Vol. 26, No.11, pp.78-82, 1981.

International Federation of Social Workers Definition of Social Work: Executive Committee recommended final draft, 2000.

NASW Standards for the Classification of Social Work Practice, Prepared by the NASW Task Force Classification, 1981.

Robert Morris. 'Caring for vs, Caring about People', Social Work, Vol. 22, No. 5, September, p. 357, 1977.

Steven P. Segel and Jim Baumohl, 'Social Work Practice in Community Mental Health', Social Work, Vol. 26, No.1, p.19, 1981.

スーザン・F・ウィルソン 「地域支援と地域統合-クライエントに對する効果研究の新しい方向性」 ステファン・M・ローズ編、白澤政和ほか監譯 『ケースマネージメントと社會福祉』ミネルバ書房、1997年, 331～332頁.

C・A・ラップ、江畑敬介監譯『精神障害者のためのケースマネジメント』金剛出版、1998年.

美國ソーシャルワーカー協會「保健医療、教育、福祉サービス地域でのケースマネジメント」 ステファン・M・ローズ編、白澤政和ほか監譯 『ケースマネージメントと社會福祉』ミネルバ書房、1997年, 39～43頁.

美國ソーシャルワーカー協會「保健医療、教育、福祉サービス地域でのケースマネジメント」テファン・M・ローズ編、白澤政和ほか監譯『ケースマネージメントと社會福祉』ミネルバ書房、1997年, 39～43頁

4. 사례관리의 정의와 구조

학습목표

사례관리의 정의는 다양하므로 대표적인 정의를 소개하는 것으로 중심적인 구조를 이해한다. 이 사례관리를 구성하는 요소인 ① 이용자, ② 사회자원, ③ 사례관리자가 어떻게 서로 관련되어 있는지를 학습한다.

1) 사례관리의 정의와 구성요소

사례관리는 명확한 정의가 정착되어 있지 않다. 남가주대학 앤드류스 노년학연구소의 1977년부터 1980년까지 4년간 고령자에 대한 사례관리에 관한 연구조사 결과에서도 '사례관리에 공통되는 정의뿐 아니라 모든 종류의 사례관리의 프로그램 가운데 최고의 모델도 존재하지 않는다 (Raymond, 1983)고 하였다.

개략적인 정의로서 Johnson 등(1983)은 '사례관리 어프로치의 기본원칙은 한 사람의 워커인 사례관리자가 이용자와 복잡한 서비스전달체계를 체결해 이용자가 적절한 서비스를 이용할 수 있도록 확보하는 책임을 갖는 것' 이라고 하였다.

또 Parker(1992)는 '이용자를 위해 모든 서비스 활동을 조정한다'고 하였다. 즉 사례관리의 기본요건은 이용자와 적절한 서비스를 접합하는 것이다. 따라서 사례관리는 이용자와 서비스의 연계(linkage service)[5] 내지는 정보제공 및 중계서비스[6]를 고도화시킨 것, 조기상담부문을 독립 강화한 것이라고 이해할 수 있다.

여기에서 사례관리를 '대상자의 사회생활 상에서의 욕구를 충족시키기 위해 적절한 사회자원과 연결하는 수속의 총체'라고 정의하고 있다.

이 사례관리의 내용은 크게 4영역으로 나뉘는데, 첫 번째 영역은 이용자의 모든 종류의 욕구를 사정하는 것이며, 두 번째 영역은 사정에 근거해 이용자와 제공할 서비스나 지원과의 연결을 계획하는 케어 플랜의 작성, 세 번째 영역은 케어 플랜의 실행으로 이용자에게 서비스나 지원이 연결되

5) 연계란 연결한다는 의미로 이용자와 사회자원의 연결을 가리킨다. 따라서 연계와 코디네이션은 거의 같은 의미로 사용된다.

6) 정보제공 및 중계서비스는 Information and Referral Service의 머리글자를 따서 I&R 서비스라고 불리는데 이용자에게 정보를 제공하고 적절한 기관으로 연결하는 것으로 문제의 해결을 꾀하는 것을 가리킨다.

도록 하는 것이며, 네 번째 영역은 이용자와 서비스의 연결 상황을 점검하며 이용자의 변화 등에 따라 발생하는 욕구와 서비스가 합치하지 않을 경우에 다시 사정해서 케어 플랜을 변경하는 것이다.

사례관리를 구성하는 기본적 요소로는 최소한 다음과 같은 구성 요소가 필요하다. 즉 ① 사례관리를 필요로 하는 이용자, ② 이용자의 욕구를 충족하는 사회자원, ③ 사례관리를 실시하는 기관에 배치되어 있는 사례관리자이다. 특히 사례관리를 입체적으로 취급하면 ④ 사례관리를 실시해 가는 과정이 포함된다.

사례관리의 구성요소를 그림으로 나타내면 <그림 1-3>과 같다.

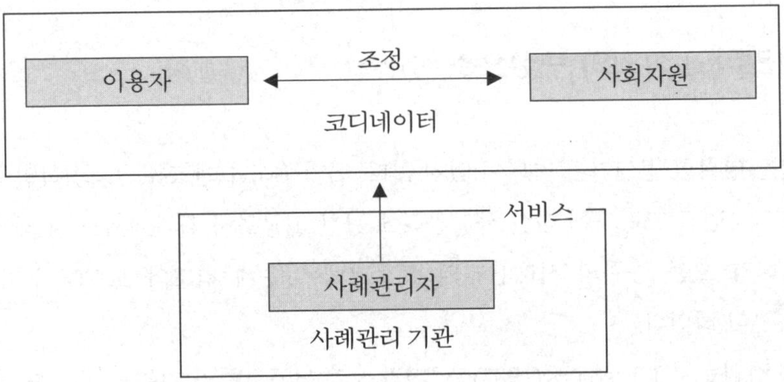

〈그림 1-3〉 사례관리의 구성요소

2) 이용자

사례관리 서비스를 필요로 하는 이용자는 욕구가 중복되어 있거나 복잡하기 때문에 두 가지 이상의 사회자원을 필요로 하는 사람이 첫 번째 조건이다. 또 하나의 조건은 이러한 사회자원의 이용방법을 알지 못하는 사람이 된다. 이상과 같은 특징을 가진 사람의 구체적인 예로서 ①~⑬과 같은 사람들을 생각할 수 있다.

① 중복적 혹은 경증의 신체적, 정신적 손상을 갖고 있는 이용자

② 다양한 서비스를 필요로 하거나 또는 받고 있는 이용자

③ 시설입소를 검토하고 있는 이용자

④ 서비스가 충분히 제공되지 않은 이용자

⑤ 받고 있는 서비스가 부적절한 이용자

⑥ 돌봐 줄 가족이 없거나 충분한 돌봄을 받지 못하는 이용자

⑦ 가족원에게만 보살핌을 받고 있는 이용자

⑧ 행정서비스 이외의 비공식 지원(예 : 이웃이나 봉사)을 필요로 하는 이용자

⑨ 행동이나 태도가 타인의 참을 수 있는 범위를 초과하는 이용자

⑩ 몇 번이나 입·퇴원을 반복하고 있거나, 스스로 건강관리를 할 수 없는 이용자

⑪ 자기의 문제점이나 욕구에 대해 판단력이 애매한 이용자

⑫ 금전관리가 안되거나 또는 행정서비스를 신청하는데 도움이 필요한 이용자

⑬ 개인적인 대변자가 필요한 이용자

결론적으로, 이용자 특성을 통해 사례관리는 케어가 필요한 고령자나 심신장애인과 같은 장기적인 케어를 필요로 하는 사람에게는 매우 적합하다고 할 수 있다.

3) 사회자원

사례관리의 두 번째 요소인 이용자의 욕구를 충족시키는 사회자원은 광범위하게 생각할 수 있다. 사회자원을 분류하는 하나의 관점으로는 사회자원을 제공하는 제공주체를 분류하는 것이 가능하다. 여기에는 가족구성원, 친척, 친구나 동료, 이웃, 봉사와 같은 비공식 자원과 행정, 법인, 기업 등 공식적 자원이 있다. 이 사회자원을 그림으로 나타내면 <그림1-4>와 같다.

기업	행정	(의료) 사회 복지 법인	지역의 단체 · 조직	봉사사	친구 · 동료	이웃	친척	가족
			자조단체					

〈그림 1-4〉 사회자원의 분류

이러한 다양한 공급주체에 의한 사회자원을 이용자가 활용해 각각의 사회자원이 갖고 있는 장점을 살려 욕구를 충족시키는 것이 사례관리의 특징 중 하나이다.

이러한 사회자원 이외에 이용자 본인의 능력, 의욕이나 자산이라는 내적자원도 활용하게 된다. 따라서 사회자원으로서의 공조와 협조가 함께 자조를 활용하여 사례관리가 이루어진다.

4) 사례관리자

사회자원과 이용자의 욕구를 조정하게 되는데 그것이 세 번째 요소인 사례관리자이다. 사례관리자는 가능한 한 전문가인 것이 바람직하지만 기존에는 가족이나 본인이 사례관리를 하는 일도 많았다.

그러나 현재와 같이 각종 사회자원이 다원적으로 공급되는 시대에는 가족이 사례관리자로써 충분한 역량을 발휘하기 어렵다.

미국이나 캐나다에서는 주로 사회복지사나 간호사, 때로는 PT나 OT가 사례관리자가 된다. 스타인벅 등의 조사에 따르면 미국 전국에서 사례관리자의 3/4은 사회복지사이고 나머지 1/4은 간호사, 보건사, OT 등이 담당하고 있다고 한다(Steinberg, 1979).

캐나다의 콜롬비아주 각지의 보건부 케어과에 배치된 사례관리자의 압도적인 다수를 차지하는 것은 간호사이며, 사회복지사는 소수이다. 캐나다 내에서도 매니토바주의 보건부 케어 서비스과에서는 사회사복지사와 간호사가 한 팀이 되어 사례관리를 실시하고 있다. 간호사는 서비스 대상자의 건강이라는 관점에서, 사회복지사는 사회생활을 유지한다는 관점에서 사례관리를 실시하고 있다.

또 영국에서는 자치단체의 사회서비스부에서 사회복지사가 중심이 되어 사례관리를 실시하고 있다. 가장 이상적인 방법으로는 간호사와 사회복지사가 보완적인 관점에서 서로 협조해서 실시하는 것이다.

이와 같이 사례관리는 특정 전문가가 독자적으로 실시하는 경우도 있지만, 몇 명의 전문가에 의해 실시되는 경우도 있기 때문에 직종이 한정되어 있지는 않다.

5) 이용자 및 가족구성원의 위치

<그림 1-3>을 근거로 사례관리의 세 가지 구성요소에 대해 설명하였는데 여기에서는 이용자 및 가족구성원이 어디에 위치하는지 그 점을 파악해보고자 한다.

일반적으로 이용자는 서비스 대상자라고 생각한다. 동시에 이용자 자신의 내적자원을 활용하는 것이 사회자원이 되기도 한다. 이용자 자신이 사례관리자가 되고 사례관리를 실시할 수도 있는데, '이용자야 말로 스스로의 욕구를 가장 잘 알고 있다'라는 이점을 활용한 것이다.

한편, 가족구성원은 확실히 사회자원의 하나로 비공식 자원의 중심이 되는데 동시에 이용자와 함께 서비스 대상자를 구성하기도 한다. 이것은 가족 전체를 서비스의 대상으로 했을 때 설명이 가능하다. 특히 가족구성원이 과거에는 사례관리자의 역할을 담당하기도 했고 지금도 사례관리자와 같은 기능을 일부 하고 있다고 할 수 있다. 결과적으로 가족구성원은 단순히 사회 자원으로서의 위치 뿐 만 아니라 서비스 대상자나 사례관리자로서의 위치도 갖게 된다.

결과적으로, 이용자 본인이나 가족구성원은 사례관리자 기능을 갖고 있고 본인이나 가족구성원이 사례관리자가 되기도 하며, 전문가인 사례관리자가 중심이 되어 사례관리를 추진하는 경우도 있다.

이것은 본인이나 가족, 사례관리자 중 어느 한사람이 실시하는 것이 아니라 양자가 서로 협력해서 사례관리를 추진하는 것을 의미한다.

참고문헌

Leonard E. Gottesman et al.(1979) 'Service Management : Plan and Concept in Pennsylvania', The Gerontologist, Vol. 19, No.4, p.382 參照.

Peter Johnson, Allen Rubin, 'Case Management in Mental Health : A Social Work Domain?', Social Work, Vol. 28, No. 1. p.19, 1983

Raymond M. Steinberg, Genevieve W. Carter, *Case Management and the Elderly,* Lexington Books, p.x, 1983

Robert Parker, *Social Work Dictionary,* National Association of Social Workers, p. 20, Steinberg and Carter、前掲書、p.197, 1987

白澤政和『ケースマネージメントの理論と實際』中央法規出版、1992年、11頁.

これらの特徵は、Steinberg and Carter、前掲書、pp.51-61及び

これらの特徵は、Steinberg and Carter、前掲書、pp.51-61及びLeonard E. Gottesman et al. 'Service Management : Plan and Concept in Pennsylvania', The Gerontologist, Vol. 19, No.4, p.382 , 1979 參照

これらの特徵は、Steinberg and Carter、前掲書、pp.51 61及びLeonard E. Gottesman et al. 'Service Management : Plan and Concept in Pennsylvania', The Gerontologist, Vol. 19, No.4, p.382, 1979 參照

제 2 장

사례관리의 이론적 기반

학습목표

사례관리의 기본 틀이 형성되기까지 여러 가지 이론들이 영향을 미쳤지만 가장 많은 영향을 준 이론은 생태체계적 관점과 임파워먼트 관점, 사회지지망 관점 이다. 인간의 다양성 및 환경간의 관계를 이해해 나가며 ICF의 건강에 대한 개념, 강점관점 접근원리를 학습한다.

1. ICF(국제기능 · 장애 · 건강분류)

1) 배경

국제기능·장애·건강분류(International Classification of Functioning, Disability and Health, 이하 ICF)[1]를 다루고 있다. ICF의 기본 목적은 건강 및 건강 관련 상태를 표현하는 체계와 통일된 표준분류를 제시하기 위한 것으로 건강의 요소와 안녕상태에서의 건강관련 요소(예를 들면, 교육, 노동)를 정의하고 있다. 따라서 ICF에는 '건강 영역'과 '건강관련 영역'이 포함되어 있으며 (1) '신체 기능 및 구조'와 (2) '활동 및 참여[2]라는 두 가지 기본 목록에 의해 신체 및 개인과 사회라는 관점에서

1) 1980년에 WHO가 시안으로 발행한 국제장애분류(ICIDH)의 개정판에 해당된다. 과거 5년간에 걸친 체계적인 현장적용과 국제적인 논의를 통해 개발되었으며, 2001년 5월 22일 제54차 WHO총회의 승인(결의 WHA 54.21)을 거쳐 국제적으로 사용하게 되었다.

2) 이 용어들은 이전에 사용하던 손상, 장애, 핸디캡을 대신하는 것으로, 분류의 시야를 넓혀서 부정적인 상황만이

기술되어 있다. ICF는 어떤 사람에게 주어진 건강 상태 속에서 상이한 영역[3]들(예를 들면 질병이나 장애를 갖고 있는 사람이 하고 있는 것 또는 할 수 있는 것)을 체계적으로 분류한다. 기능(functioning)은 모든 신체 기능 및 활동과 참여를 포괄하는 전문용어이며 여기에 대응하여 '장애(disability)는 손상(impairment) 및 활동제한(activity limitation)과 참여제약(participation restriction)을 포괄하는 전문용어이다. 또한 ICF는 이러한 개념들과 상호 영향을 주고받는 환경 요인도 정의하고 있다. 이와 같이 ICF를 이용하면 다양한 영역 속에서 개인의 기능(functioning), 장애(disability) 그리고 건강(health) 상태를 간편하게 기술할 수 있게 된다.

ICF는 세계보건기구(WHO)가 건강의 여러 측면에 적용할 수 있도록 개발해 놓은 국제분류체계 가운데 하나이다. WHO의 국제 분류들은 건강(예를 들면 진단, 기능과 장애, 보건서비스의 접촉 이유)과 관련된 광범위한 정보를 구분하는 틀을 제공하고, 표준화된 공통용어를 이용함으로써 건강 및 보건과 관련하여 다양한 기준과 분야간에 원활한 커뮤니케이션을 할 수 있도록 해 준다.

WHO의 국제 분류중, 건강조건(질병, 이상, 상해 등)에 대한 정의는 일차적으로 국제 질병분류 10차 개정판(ICD-10)[4] 에서 다루고 있으며 ICD-10은 병인학적 '틀'을 제공한다. 건강조건과 관련이 있는 기능과 장애는 ICF에서 다루고 있다. 따라서 ICD-10과 ICF는 상호 보완적인 관계에 있다고 할 수 있으며[5] WHO의 국제 분류로서 이 두가지 분류를 함께 이용하는 것이 바람직하다. ICD-10은 질병, 이상, 혹은 건강상태에 대한 기준을 제공하는데 여기에 '기능'을 바탕으로 한 ICF가 추가되면 보다 충실한 정보가 될 것이다.[6] 진단과 기능이 동시에 포함된 정보는 개인과 집단의 건강상태를 더욱 폭 넓고 의미 있게 표현하게 될 것이며 의사결정을 내리는 데도 이용될 것이다. ICD-10에 의한 사망과 ICF에 의한 건강상태에 대한 정보를 묶어 공중의 건강수준과 양상을 파악하고 사망과 질병을 일으키는 원인을 측정하기 위한 지표로 사용할 수 있을 것이다.

아니라 긍정적인 상황까지도 기술할 수 있도록 한 것이다. 새로운 용어는 서론에서 정의되고, 다시 분류 내에서 상세히 설명되고 있다. 이들 용어는 특수한 의미로 사용되고 있으며, 일상 생활에서 사용되는 의미와는 다르다는 점에 주의해야 한다.

3) 영역(domain)이라는 것은 서로 관련이 있는 생리적 기능, 해부적 구조, 행위, 과제, 생활의 국면 등이 실질적이고 의미가 있게 조합된 것을 말한다.

4) International Statistical Classification of Diseases and Related Health Problems Tenth, Revision, Vols.1-3, Geneva, World Health Organization, 1992-1994 우리나라에서는 '한국표준질병·사인분류'로 제정되어 있음

5) ICD-10과 ICF에 중복되어 있는 사항을 파악하는 것도 중요하다. 두 분류 모두 신체의 계통으로 부터 출발하고 있는데, 손상이라는 용어는 신체구조나 기능에 적용되는 것으로서 보통 질병의 과정 중 일부로 간주되기 때문에 ICD-10에서도 사용된다. 다만 ICD-10에서는 손상(증상 또는 증후군으로서)을 질병을 구성하는 수많은 요소의 일부로 보거나 보건 서비스를 접촉하는 이유로 간주하는데 비해, ICF에서는 건강조건과 관련하여 신체기능이나 구조상의 문제로 간주한다.

6) 같은 질병을 가지고 있더라도 사람에 따라 기능의 수준이 다를 수 있으며, 기능의 수준이 같다고 해서 건강조건이 반드시 같은 것도 아니다. 그래서 두 가지 분류결과를 종합하면 의료적 목적을 위한 자료의 질을 풍성하게 할 수 있지만 통상적인 진단절차를 무시해서는 안 된다. 그 외의 목적을 위해서는 ICF를 단독으로 사용할 수 있다.

ICF는 '질병의 결과'에 대한 분류(1980년 판)에서 벗어나 "건강의 구성요소"에 대한 분류를 하게 되었다. "건강의 구성요소"는 건강을 이루고 있는 것들이 무엇인가를 파악하는데 비해, "결과" 는 질병이 미치는 영향이나 질병의 결과로서 발생할 수 있는 건강조건에 중점을 둔다. 따라서 ICF는 적절한 과학적 도구를 이용해 원인을 추정할 수 있도록 병인학(炳 因學)적 측면에서는 중립적인 입장을 취한다. 또한 "건강 결정요인" 혹은 "위험요인" 파악을 위한 접근방식과도 다르다. 즉, ICF는 결정요인 혹은 위험요인에 대한 연구에 도움이 되도록 하기 위해 개인이 살고 있는 상황을 설명하는 일련의 환경요인들까지 포함하고 있다.

2) ICF의 목적

ICF는 여러 가지 원칙과 분야에 적용될 수 있도록 고안된 다목적 분류로서 구체적인 목적은 다음과 같이 요약될 수 있다.

- 건강과 건강관련 상태, 결과, 그리고 결정요소를 이해하고 조사하는 과학적 기초를 제공한다.
- 건강과 건강관련 상태를 설명하는 공용어를 제공함으로써, 건강관리 관계자, 연구원, 정책입안자, 대중, 그리고 장애인과 같은 상이한 사용자들 간에 원활한 커뮤니케이션이 이루어질 수 있도록 돕는다.
- 국가별 자료, 건강관리 원칙, 서비스, 그리고 시간에 대한 비교를 가능케 한다.
- 보건정보체계 구축을 위한 체계적으로 코드화된 분류기준을 제공함으로써 건강정보 시스템 구축에 기여한다.

건강정책, 질 보증, 그리고 (상이한 문화 속에서) 결과 평가를 위해 다양한 고객들이 사용할 수 있는 의미 있고 실용적인 시스템을 구축하려면 ICF 이용이 필요하기 때문에, 상기 목적들은 상호 관련을 맺고 있다 할 수 있다.

3) ICF의 적용

1980년 시험 출간된 이래, ICIDH는 다음과 같은 여러 가지 목적으로 사용되었다.

- 통계학적 도구 - (예를 들면, 인구 조사 혹은 경영정보시스템과 관련해) 자료를 수집하고 기록하는 과정에서 통계학적 도구로 이용되었다.
- 연구용 도구 - 결과, 삶의 질, 혹은 환경적 요인을 측정하는 연구용 도구로 이용되었다.
- 임상 도구 - 욕구 평가, 특정상태와 치료법 선택, 직업상의 평가, 재활 및 결과 평가 등과 관

련해 임상 도구로 이용되었다.

- 사회정책 도구 - 사회보장정책, 보상 시스템 및 정책 개발 그리고 실행 등의 사회 정책 도구로 이용되었다.
- 교육 도구 - 교과과정 개발뿐 아니라, 의식을 일깨우고 사회적 행동을 촉구하는 교육도구로 이용되었다.

ICF는 본래 건강 및 건강관련 분류이지만, 그것은 보험, 사회복지, 노동, 교육, 경제, 사회정책 및 일반 법령 개발, 환경 개발 같은 분야에도 이용되고 있다. UN의 사회적 분류기준 중 하나로 인정받고 있으며, ICF에는 장애인의 기회균등에 관한 기본 규칙(The Standard Rules on the Equalization of Opportunities for Persons with Disabilities[7])이 구체화되어 있다. 따라서 ICF는 국내 법령뿐 아니라, 공식적인 국제 인권 규약들을 집행하는데 필요한 도구를 제공하고 있다 할 수 있다.

ICF는 사회복지, 건강관리 평가, 지역·국내·국제 차원의 인구조사 등에 폭 넓게 이용되고 있다. 예방, 건강증진, 그리고 (사회적 장애물을 제거하고 사회적 지원을 촉진함으로 인한) 참여 개선을 포함해 개인 건강관리에 적용될 수 있는 정보들의 개념 틀을 제공한다. 또한 평가 및 정책 공식화 측면에서 건강관리 시스템 연구에도 이용되고 있다.

4) ICF의 보편성

ICF는 인류 건강의 모든 측면 그리고 안녕상태를 구성하는 건강관련 구성요소 중 일부를 포함하고 있으며, 그것들을 건강 영역과 건강관련 영역[8] 측면에서 설명하고 있다.

ICF 분류는 건강과 관련해 상당히 폭 넓은 측면을 포괄하고 있지만, 사회경제적 요소에 의해 야기되는 환경처럼 건강과 관련이 없는 환경적 측면은 포함하지는 않는다. 이를테면 인종, 성별, 종교, 혹은 여타 사회 경제적 특성 때문에 사람들은 주어진 환경 속에서 어떤 임무 수행에 제약을 받을 수 있다. 하지만 이것은 건강으로 인한 참여제약이 아니기 때문에 ICF 분류 영역에는 포함되지 않는다.

하지만 ICF가 장애인에 한정된 정의라고 생각하는 것은 잘못이다. 사실 ICF는 모든 인간에 관한 정의이기 때문이다. 우리는 ICF를 이용해 모든 건강조건과 관련된 건강 및 건강상태를 설명할 수 있다. 다시 말해 ICF는 전 인류에 적용될 수 있는 보편적인 정의[9]인 것이다.

---

7) 장애인의 기회균등에 관한 기본규칙(The Standard Rules on the Equalization of Opportunities for Persons with Disabilities)은 1993년 12월 20일 제48차 UN총회(결의안 48/96)에서 채택되었다. UN 출판국에서 발행(1994)

8) 건강 영역에는 보기, 듣기, 걷기, 학습과 기억 등이 있고, 건강관련 영역에는 교통, 교육, 사회적 상호작용 등이 있다.

9) Bickenbach JE, Chatterji S, Badley EM, Üstün TB. Models of Disablement, Universalism and the ICIDH, Social

5) ICF 범위

ICF는 인간의 기능, 그리고 기능 제한과 관련된 상황 설명을 제공하고 이러한 정보를 조직화하는 '틀' 역할을 한다. 그리고 그것은 정보들을 상화 관련지음으로써 보다 의미 있고, 보다 이용하기 쉽게 조직화한다.

ICF는 두 가지 부분으로 나눌 수 있는데 제1부는 기능(Functioning)과 장애(Disability)측면에서, 제2부는 배경 요인(Contextual factors)측면에서 정보를 조직화한다. 그리고 각 측면은 각각 두 가지 요소로 구성된다.

(1) '기능과 장애'의 구성요소

신체적(Bady) 요소는 두 가지 분류 즉, 신체계통의 기능적 분류와 신체계통의 구조적 분류로 구성된다. 상기 주제를 다루는 장(章)은 신체계통별로 분류 전개된다.

활동과 참여(Activities and Participation) 요소는 개인적 관점과 사회적 관점에서의 기능 측면과 관련된 모든 영역을 포괄한다.

(2) '배경 요인'의 구성요소

배경 요인의 첫 번째 구성요소는 '환경 요인(Environmental factors)'이다. 환경 요인은 기능과 장애의 모든 구성요소에 영향을 미치고 개인의 가장 당면한 환경에서 일반적인 환경 순으로 정리되어 있다. 배경 요인의 두 번째 구성요소는 '개인 요인(Personal Factors)'이나 사회적, 문화적 차이가 크기 때문에 ICF에는 분류되어 있지 않다.

ICF의 제 1부에 해당되는 '기능과 장애'의 구성요소들은 두 가지 방식으로 표현될 수 있다. 하나는 어떤 문제 즉, 부정적인 측면(이를테면 '장애'라는 포괄적 용어로 요약될 수 있는 손상, 활동제한, 혹은 참여제약)을 가리키는데 이용될 수 있으며, 다른 하나는 그것들은 문제가 없는 측면(즉 '기능'이라는 포괄적 용어로 요약될 수 있는 건강 및 건강관련 상태의 중립적 측면)을 가리키는 데 이용될 수 있다.

기능과 장애의 이러한 구성요소들은 (별개의 개념이지만, 상호 관련을 맺고 있는) 네 가지 구성개념(constructs)에 의해 설명될 수 있다. 그리고 이러한 구성개념은 '평가치(qualifier)를 사용함으로써 실용화될 수 있다. 신체 기능 및 구조는 생리학적 기관 혹은 해부학적 구조 속에서의 변화에 의해 설명될 수 있다. 활동 및 참여 구성요소에서는 두 가지 구성개념, 즉 능력(capacity)과 수행(performance)이 이용 가능하다.

Science and Medicine, 1999, 48:1173-1187

한 사람의 기능과 장애는 건강 조건(질병, 질환, 상해, 외상 등)과 배경 요인 간의 복합적인 상호관계[10]로 인식된다. 앞에서 지적했듯이 '배경 요인'에는 개인적·환경적 요인이 포함된다. ICF는 ICF 분류의 기본적인 구성요소로서 환경 요인들을 폭 넓게 다루고 있다. 환경 요인은 기능과 장애의 모든 구성요소들과 상호작용을 한다. 환경 요인의 기본적인 구성개념은 물리적·사회적·태도적 세계의 특징들이 미치는 촉진 혹은 저해 효과다.

(3) 분류단위

ICF는 건강 및 건강관련 상태를 분류한다. 따라서 분류 단위는 건강 영역과 건강관련 영역에 포함되는 범주들이다. ICF의 분류 기준은 사람이 아니다. 즉, ICF는 사람을 분류하는 것이 아니라, 건강 영역 혹은 건강 관련 영역 속에서 한 개인이 처해 있는 상황을 환경적·개인적 측면에서 설명하고 있다는 뜻이다.

6) 배경 요인

배경 요인은 개인 생활의 총체적 배경을 대변한다. 배경 요인은 개인의 건강 여건과 건강 또는 건강관련 상태에 영향을 미칠 수 있는 두 가지 구성요소 즉, 환경 요인과 개인 요인으로 이루어진다.

환경 요인은 사람들이 삶을 영위하는 물리적·사회적·태도적 환경을 구성한다. 이러한 요소들은 개인에게는 외적은 요소로서 한 개인이 사회의 일원으로서 '수행'에 있어서나 일생행위나 임무를 이행하는 개인의 '능력', 혹은 개인의 신체 기능이나 구조에 긍정적인 또는 부정적인 영향을 미칠 수 있다.

(1) 환경 요인은 다음 두 가지 관점에서 분류된다.

(a) 개인적 측면 - 가정, 직장, 그리고 학교 같은 장소를 포함하여, 개인의 직접적인 환경을 의미한다. 여기에는 가족, 친지, 동료, 이방인 같은 다른 사람들과 직접적으로 접촉할 뿐 아니라, 직접적으로 대면하는 환경의 물리적·물질적 측면이 포함된다.

(b) 사회적 측면 - 공식적·비공식적 사회 구조, 서비스, 통상적인 접근 혹은 개인에게 영향을 미치는 공동체 혹은 사회 시스템을 의미한다. 여기에는 법, 법규, 공식적·비공식적 규칙, 태도와 이념뿐 아니라 작업 환경, 공동체 활동, 정부기관 그리고 통신·교통 서비스와 비공식적인 사회적 네트워크 등과 관련되어 있는 조직과 서비스가 포함된다.

10) 이 상호작용은 이용자에 따라 과정으로 볼 수도 있고 결과로 볼 수도 있다.

(2) 환경 요인은 신체 기능 및 구조의 구성요소들, 그리고 참여와 활동의 구성요소들과 상호작용을 한다.

각 구성요소에 있어 그러한 상호작용의 특성과 정도는 앞으로 보다 심도 있는 연구를 통해 더욱 구체화될 것이다. '장애'는 개인의 건강 상태와 개인 요인, 그리고 개인이 살고 있는 환경을 대변하는 외적 요소 간의 복잡한 상호작용의 결과로 설명될 수 있다. 그렇기 때문에 특정한 건강 상태에 있는 동일 인물이라 하더라도 환경이 다르면 그 영향도 달라질 수 있다. 방해요소가 있거나 촉진요소가 결여된 환경은 개인의 '수행'에 제약을 가한다. 반면 촉진 요인을 지닌 환경은 개인의 '수행'을 강화 시킨다. 사회는 방해 요인(예를 들면, 접근이 어려운 건물)을 만들어 내거나 촉진 요인(예를 들면, 보조기구)을 제공하지 않음으로써 개인의 '수행'을 어렵게 할 수도 있다.

개인 요인은 한 개인의 생활 그리고 생활방식의 독특한 배경으로서 건강 조건이나 건강 상태의 일부가 아닌, 개인의 특징을 구성한다. 개인 요인에는 성별, 인종, 연령, 여타 건강상의 이상, 건강의 양호 정도, 생활방식, 습관, 양육, 상황 대처 스타일, 사회적 배경, 교육, 직업, 과거와 현재의 경험(생활 속에서 일어난 과거의 사건, 그리고 현재의 사건), 전체적인 행동 유형 및 성격 유형, 개인의 심리적 특성 등이 포함된다. 그리고 그 중 일부 혹은 전부는 모든 단계의 장애와 관련해 어떤 역할을 한다. 개인 요인은 ICF에 분류되어 있지 않다. 하지만 개인 요인들이 어떤 식으로 영향을 미치는지 보여주기 위해 그림2.에 개인 요인들을 포함시켰다.

7) 기능과 장애의 모형

(1) 기능과 장애의 형성과정

ICF 분류는 하나의 분류이지 기능과 장애의 형성과정에 대한 모형을 제시하지는 않는다. 하지만 그것은 상이한 구성개념 및 영역을 선명하게 그려낼 수단을 제공함으로써, 기능과 장애의 형성과정 설명에 이용될 수 있다. 그것은 기능과 장애를 상호적이고 점전적인 과정으로 분류하는 다각적인 접근법을 제공한다. 그것은 모델을 만들어 이 과정의 상이한 측면을 연구하고 싶어 하는 사용자를 위해 도구적 틀을 제공한다. 이런 의미에서 ICF는 언어라 할 수 있다. 그 언어를 갖고 어떤 텍스트를 만드느냐는 전적으로 사용자 즉, 사용자의 창의력과 과학적 성향에 달려 있다 할 수 있다. 다양한 구성요소간의 상호작용11)을 시각적으로 보다 쉽게 이해할 수 있도록 그림2.에 제시되어 있는 도표를 이용할 수 있다.

11) ICF는 기능과 장애의 상호관계를 다룬다는 점에서 1980년 판 ICIDH와 근본적으로 다르다. 다차원모형은 상호관계가 복잡하여 그림으로 나타낼 경우 완전하지 못하고 잘못 해석될 가능성이 있다. 여기에 제시한 모형도 복합적인 상호관계를 나타내고 있는데 다른 측면에 중점을 두어 나타낼 수도 있을 것이다. 서로 다른 요소나 구성인자들 사이에 상호관계를 해석하는 방법도 다양하다(예를 들면, 신체기능에 대한 환경요인의 영향은 참여에 대한 환경요인의 영향과 물론 다르다).

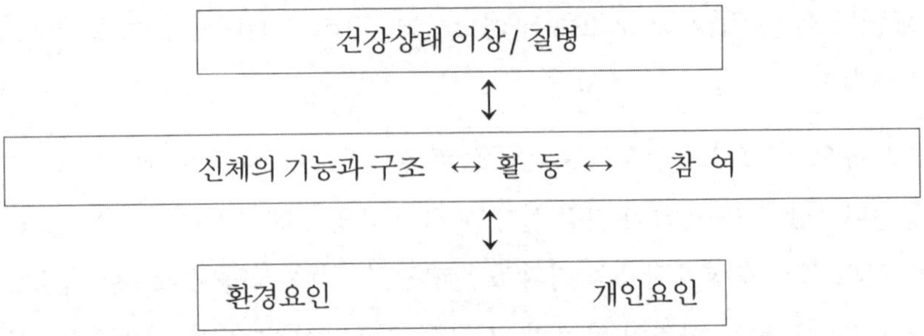

그림 2-1. ICF 구성요소들 간의 상호관계

상기 도표에 따르면 특정 영역에서 개인의 기능은 건강상태와 배경 요인(즉, 환경 요인과 개인 요인)간의 복잡한 상호작용 혹은 관계의 결과이다. 이러한 요소들 사이에는 복합적인 상호작용이 이루어진다. 한 요소에서의 변화는 다른 요소들을 변화시킬 잠재력을 갖고 있다. 이러한 상호작용은 각기 특수한 것이어서 반드시 예측 가능한 일 대 일 관계 속에서 이루어지는 게 아니다. 상호작용은 양방향으로 진행되어 '장애'의 존재는 건강조건 자체를 변화시킬 수도 있다. 한 가지 이상의 손상으로부터 능력상의 어떤 제한을 추정하거나 한 가지 혹은 그 이상의 제한으로부터 수행상의 제약을 추정하는 것은 종종 합리적인 것처럼 보인다. 만약 건강 경험을 전체적으로 설명하고자 한다면 모든 구성요소들을 유용하게 이용할 수 있다. 예를 들면 다음과 같다.

- 손상이 있어도 능력에는 제한을 받지 않을 수 있다 (예를 들면, 나병으로 인해 걸모습이 변했어도 능력이 저하되지는 않을 수도 있다).
- 명백한 손상 없이도 수행상에 문제를, 능력상에 제한을 가질 수 있다 (예를 들면, 여러 가지 질병들로 인해 일상 활동에 있어 수행능력이 저하될 수 있다).
- 손상이나 능력 제한 없이 수행상에 문제를 가질 수 있다 (예를 들면, HIV 양성 판정을 받은 사람은 혹은 정신과 치료를 받은 바 있는 환자는 대인관계에서 혹은 일터에서 어떤 차별을 받을 수 있다).
- 능력 제한에도 불구하고 현 환경 속에서 수행상에 아무런 문제도 겪지 않을 수 있다(예를 들면, 이동 제한을 받는 개인이라도 사회가 보행을 돕는 보조기구를 제공함으로써 아무 문제없이 이동할 수 있다).
- 역효과를 경험할 수 있다 (예를 들면, 사지를 사용하지 않아 근육이 퇴화할 수 있다. 수용시설에 수용됨으로 인해 사회적 기능을 상실할 수도 있다).

그림2.의 도식은 배경 요인(즉, 환경 요인과 개인 요인)이 형성과정 중에 하는 역할을 설명한다. 이러한 요소들은 어떤 건강 여건에 있는 개인과 상호작용을 하고, 그 개인의 기능 수준과 정도를 결정한다. 환경 요인은 개인에게는 외적인 요소로서(예를 들면, 사회적 태도, 건축상의 특징, 법적 시스템) '환경 요인'으로 분류되어 있다. 반면 개인 요인은 현재는 ICF에 분류되어 있지 않다. 개인 요인에는 성별, 인종, 연결, 건강의 양호 정도, 생활방식, 습관, 대처 스타일 등이 포함된다. 그것들에 대한 평가는 필요에 따라 사용자들이 하도록 맡겨둔다.

(2) 의학적·사회적 모형

장애와 기능을 이해하고 설명하기 위해 다양한 개념 모형[12]이 제시되었다. 그것은 "의학적 모형" 대 "사회적 모형" 논리로 표현될 수 있다. '의학적 모형'은 장애를 질병, 외상 혹은 여타 건강조건으로 야기된 한 사람의 문제로 간주한다. 그리고 그 문제는 전문가에 의한 의학적 차원의 개인 치료를 필요로 한다고 생각한다. 장애 관리는 치료, 개인의 적응, 행동 변화를 목적으로 한다. 의학적 치료가 주요 현안으로 간주되지만, 정치적 차원에서 주요 대응은 보건 정책을 개정 혹은 수정하는 것이다. 반면 장애의 사회적 모형은 이 현안을 주로 사회적 차원에서 야기된 문제로, 기본적으로 개인을 사회에 완전히 적응시키는 문제로 간주한다. 장애는 한 개인의 특질이 아니라, 여러 가지 조건 - 그 중 상당수가 사회적 환경에 의해 만들어진 것이다 - 이 어우러져 만들어진 복합물이다.

따라서 그 문제를 해결하는 데는 사회적 행동이 필요하다. 그리고 사회생활 전반에 장애인이 자유롭게 참여할 수 있도록 환경을 변화시키는 것은 사회 전체의 책임이다. 따라서 이 현안은 사회 변화를 요구하는 태도적 혹은 이념적 현안이다. 그리고 정치적 측면에서 이것은 인권의 문제다. 이 모델에 있어 장애는 정치적 현안이다.

ICF는 이 두 가지 대조적인 모형의 통합에 기초하고 있다. 기능에 대한 다각적인 관점을 통합시키기 위해 "생물사회심리학적(biopsychsocial)" 접근방법이 이용되고 있다. 따라서 ICF는 건강에 대한 생물학적, 개인적, 사회적으로 다른 관점을 하나로 보아 종합적인 시각을 제기하고자, 통합하려는 노력을 계속 하고 있다.

2. 생태체계적 관점

생태체계적 관점의 등장으로 인해, 인간과 환경은 별개의 분리된 것이 아니라 서로 지속적으

12) 여기에서의 '모형'은 앞에서와는 달리 구성요소 또는 패러다임을 뜻한다.

로 상호교류하면서 존재한다는 사실을 인식하게 되었다. 인간과 환경은 둘 중의 하나가 아닌 '관계' 속에서 이해될 수 있음이 인식되기 시작하였다. 관계는 환경에 대한 이해에 인간에 대한 이해를 단순히 덧붙임으로써 이해될 수 있는 성질의 것이 아니라 이 둘 사이의 상호작용, 즉 상호교류를 검토해야 한다. 생태체계적 관점에 의해 인간과 물리적·사회적·문화적 환경은 자원의 상호 교환 과정에서 상호작용 하는 것으로 이해되기 시작한다. 이러한 생태체계적 관점은 총체성, 상호교류, 적응, 스트레스-대처와 같은 개념들에 대한 이해를 통해 보다 잘 파악될 수 있다.

1) 총체성

생태체계적 관점에서 가장 중요한 개념 중 하나는 총체성이다. 인간이든, 환경이든 어느 것에 대한 완전한 이해를 획득하기 위해서는 양자 간의 관계를 통해서만 이해될 수 있다. 전통적 관점에서도 물론 '인간-환경의 복합체'라는 인식이 없었던 것은 아니지만, 전체를 이해하기 보다는 부분의 이해 그 자체가 주된 목적이었다면, 생태체계적 관점은 부분으로의 분리는 불가능하며 부분의 이해는 전체에 대한 이해를 통해서 의미가 있음을 강조한다. 생태체계적 관점에서는 이러한 부분으로의 분리 불가능한 성질을 나타내기 위해 콜론(:)이란 기호를 사용한다. 즉 ''인간 : 환경''이란 표현은 분리할 수 없는 둘 사이의 관계, 즉 총체성을 상징적으로 나타내는 것이다. 총체성이란, 체계의 모든 부분이 밀접히 관련되어 있어 한 부분에서 변화는 그들 모두의 변화를 초래하며, 나아가 전체 체계에서의 변화를 초래함을 의미한다. 이 규칙은 체계의 경계를 넘어서, 체계가 환경에 반응하며 변화하는 방법뿐만 아니라 환경이 체계에서의 변화에 반응하는 방법을 설명해 준다.

2) 상호교류에 대한 초점

총체성과 밀접히 연관된 개념은 상호교류이다. 인간과 환경은 지속적으로 상호적응하면서 발달한다. 상호교류는 호혜적인 상호작용으로, 인간이 지속적으로 반복하여 환경을 형성하고, 또 그들에 의해 형성되어 가는 과정을 의미한다. 여기서 지속적이면서도 반복적이라는 용어가 갖는 의미는 문제의 출발점을 단순하게 설명할 수 없음을 말한다. 다시 말해, 한 사람이 다른 사람의 행동의 원인이 아니라, 모든 사람이 서로 관련되어 상호작용한다는 것이다. 따라서 생태체계적 관점에서는 "왜" 그런 문제가 일어났는가를 묻는 것은 의미가 없으며, 오히려 "현재 무슨 일이 일어나고 있으며, 그 일을 어떻게 다루어 나갈 것인지(here and now)"를 질문하는 것이 바람직하다. 또한 상호교류라는 용어는 상호작용이라는 용어보다 훨씬 풍부한 의미를 함축하고 있는데, 단순히 주고받는 관계가 아닌 상호 호의적인 관계, 긍정적인 관계가 전제되어 있다. 모든 체계의 행동을 인간과 환경 상호간에 이득이 되는 편안한 균형을 찾고 유지하기 위한 것으로 이해한다. Germain(1991)은 상호교류의 이러한 성질을 "최적의 적합성"으로 표현하였다. 모든 상호교류는 상황 속에서 그 나름의 의미를 갖고 있으며 인간과 환경 간의 최상의 적합성을 끌어내는 방식으로 이루어진다. 이러한 차원에서 생태체계적 관점은 개인과 환경의 취약한 기능적 영역보다는 강점과 자원에 보다 관심을 갖는 것이다. 상호교류적 특성을 이해하는 중요한 개념은 항상성과 피드백을 들 수 있다.

(1) 항상성

균형, 항상성을 지향하는 체계의 경향은 체계의 상호교류적 특성을 이해하는 매우 중요한 개념이다. 체계는 안정을 증진시키는 독특한 유형을 유지하려 한다. 예를 들어, 기관의 보조금 삭감에 대응하여 기관 행정가는 새로운 보조금을 추구함으로써 안정 상태를 유지하려 할 것이다. 만일 이것이 불가능하면 기관은 내부로 눈을 돌려 직원의 수를 감축하고, 남은 직원에게 업무를 재분배할 것이다. 또한 기관은 지역사회에 제공하는 서비스 양을 줄임으로써 새로운 균형에 도달할 수 있다.

(2) 피드백

피드백은 체계의 유형을 유지 또는 파괴시키는 정보의 지속적인 흐름을 제공하는 것으로써 기존의 행동 방식과 잘 들어맞으며, 이러한 피드백을 수집하여 현재의 유형을 재 강화한다. 반면, 부적절한 정보는 체계로 하여금 불일치를 수정하는 변화를 유도한다. 피드백에는 두 가지 형태가 있다. 체계의 기존의 균형 상태를 유지하게 하는 정보와 새로운 균형 상태를 향한 변화를 이끄는 정보이다. 사례관리자는 이 두 종류의 피드백을 모두 제공한다.

첫째, 그들은 클라이언트 체계의 기존의 강점을 유지시키는 피드백을 적용한다.

둘째, 사례관리자는 문제되는 유형을 깨기 위한 체계 변경적인 피드백을 한다.

3) 적응

적응은 상호교류의 결과라 할 수 있다. 생태체계적 관점에서 볼 때, 인간과 환경은 전체를 구성하는 부분들이기 때문에 양자 간의 상호교류는 적응적 균형 상태를 지향한다. 여기서 적응은 무조건적인 순응을 의미하기보다는 행동지향적인 성질을 갖는다. 순응은 현상 그대로를 인정하고 받아들여 현재의 환경이 아무리 부적합한 면이 있다 해도 그것에 맞추는 데 반하여, 적응은 최적의 적합성을 위해 자신이 변화하거나, 자신의 물리적 환경을 변화시키거나, 혹은 환경과 자기 자신을 모두 변화시키는 방법을 통해 적응적인 균형 상태를 추구해 가는 것을 의미한다. 생태체계적 관점에서 볼 때, 인간은 완전히 강력한 존재도, 무력한 존재도 아니다. 인간은 우리 자신의 삶을 형성하는 사건을 창출하는 데 적극적인 역할을 수행한다.

적응에 영향을 미치는 주요한 것으로 관계성, 능력, 자기지향, 자기존중을 들 수 있다. 이러한 개념은 환경적 속성이 아닌 순전히 개인적인 속성이라 생각되기 쉬우나, 개인의 잠재성은 환경과의 상호의존성 속에서 개발, 발현되는 것인 만큼 인간과 환경 간의 상호교류의 결과라고 볼 수 있다.

먼저, 관계성이란 다른 사람과의 객관적 관계가 아닌 애정관계를 형성하는, 인간에게 내재된 능력을 의미한다. 대부분의 사람들은 친밀성으로 맺어지는 소수의 사람들, 즉 친척이나 친구, 이웃, 가족, 직장 동료 등의 사람들과 관계망을 형성해 놓고 있으며, 이러한 관계망은 정서적 지지, 정보 등을 제공할 뿐만 아니라 생활 스트레스로부터 보호하는 긍정적 지지체계로 작용한다.

능력은 환경과의 경험을 통해 개발되는 인간의 내재된 능력으로 환경에 영향을 미치고 환경을 통제할 수 있다는 일종의 자신감을 의미한다. 자신감은 환경 속에서 성공적인 경험에 대한 만족감에서 비롯되기 때문에 격려와 지지를 통해 성공적인 경험을 보장해 주는 것이 무엇보다 중요하다.

자기지향은 자율성과 유사한 개념으로, 내적 충동이나 외적 압력으로부터 자신의 독립성을 유지하는 능력을 언급한다. 이는 결국 자신의 삶이나 환경에 대해 어느 정도 통제력을 행사할 수 있다는 인식으로 타인의 권리와 욕구를 존중하면서 자신의 결정과 행동에 대해 책임질 수 있는 능력을 포함한다.

자기 존중은 자기 개념의 가장 중요한 차원으로, 자신이 가치 있고 중요한 존재라는 인식과 관련된다. 이는 관계, 자신감, 자기지향의 경험을 통해 획득되는 자신에 대한 긍정적인 감정이나 느낌을 의미한다.

4) 스트레스 – 대처

생태체계적 관점에서 스트레스는 단순히 환경적 사건이 아니라 '인간 : 환경' 간의 상호 관계를 의미한다. 같은 내용의 스트레스에 대하여 사람들마다 상이하게 경험하는 사실로 보더라도, 스트레스를 객관적으로 주어진 외적 사건이 아니라 환경적 속성과 개인적 특성이 상호작용한 결과로서 인식한다. 적응이 '인간 : 환경' 간의 긍정적인 상호교류의 결과를 의미하는 반면, 스트레스는 긍정적인 관계를 의미하기도 하며 동시에 부정적인 관계를 표현한다. 즉, 모든 생활상의 스트레스가 부정적인 결과를 가져오는 것은 아닌데, 이를 이해하기 위해서 먼저 '스트레서(stressor)'와 '도전'을 구분하는 것이 중요하다. 스트레스로 유발되는 생활상의 문제는 불안, 죄책감, 분노, 무력감, 우울, 좌절, 낮은 자존감 등과 같은 부정적인 감정을 수반하는 반면, 도전으로써 경험되는 스트레스는 성공에 대한 예감, 생기발랄함, 자신감 등으로 경험된다.

스트레서와 개인적 능력, 즉 개인이 가진 자원 간에 불일치가 인식되면, 스트레서를 다루어 이전의 '인간 : 환경' 간의 적응적 적합 상태로 돌아가기 위한 적응적 노력이 일어나는데, 이를 '대처'라고 한다. 대처는 적응이나 스트레스와 마찬가지로 상호교류의 결과로써, 크게 두 가지 주요한 기능을 갖는다. 문제해결 기능과 문제해결을 저해하는 부정적 감정을 조정, 통제하는 기능으로, 이 두 기능은 상호 연쇄적으로 이어진다. 즉 성공적인 대처는 부정적인 감정을 어느 정도 봉쇄함으로써 희망이 유지되고 문제해결이 시작될 수 있는 것이다. 문제해결이 진전됨에 따라 자아상이 증진되며, 현실지각이 조금씩 보다 명료해지는데, 이로써 부정적인 감정이 감소된다.

5) 생태체계: 실천을 위한 개념적 틀

생태체계적 관점은 인간의 다양성 및 인간과 환경 간의 관계를 이해하는 방법을 제공하는 것으로써 인간체계를 구조적, 상호작용적, 생물·심리·사회적 실체로서 보는 견해로, 이해와 변화를 위하여 무한한 가능성을 제공한다. 생태체계적 관점은 인간체계가 어떻게 기능하는지에 대한 내용과 사례관리자들이 임파워링 관계를 형성하고, 클라이언트 체계의 자원을 발굴하고, 능력을 향상시킬 수 있는 개념적 도구를 제공한다.

(1) 중심체계를 확인한다.

사례관리 실천의 모든 측면은 인간체계를 포함한다. 사례관리자들은 기고나, 부, 시설, 다른 조직과 같은 체계 내에서 실천한다. 사례관리자들은 개인, 부부, 가족, 집단, 조직, 지역사회를 포함하는 클라이언트 체계와 상호작용하며, 사회복지사들은 이용자에게 이익이 되는 방향으로 환경체계를 변화시키려는 시도를 한다. 사회복지사들 자신은 그들의 노력을 지지하기도, 저해하기도 하는 개인적, 전문적 체계의 관계망 속에 존재하는 체계이다. 효과적인 실천을 위해 사례관리자들은 이들 각각의 체계가 기능하는 방법과 자원을 이해할 필요가 있다. 인간행동 및 사회복지 활동에 존재하는 복잡한 상호작용을 무시하는 것은 존재하는 방식, 어떤 자원이 존재하는지, 어떻게 변화될 수 있는지에 대한 부분적인 설명만을 제공해 준다. 이러한 영향들을 인식하기 위해서 단계별 분석이 필요하다. 복합성은 한 시점에 하나의 체계를 고려하게 한다. 그러므로 생태체계적 관점에서 첫 단계는 분석을 위한 준거점을 제공하는 중심체계를 확인하는 것이다. 다양한 중심체계에 대한 이해력을 높이고자 한다면 생각, 감정, 다른 사람과의 상호작용을 포함하는 것에 초점을 둘 수 있다. 우리가 클라이언트 체계의 기능을 평가하려 할 때, 이용자가 중심체계이다. 개입 전략을 수행하려 할 때는 클라이언트 체계, 하위체계, 클라이언트 환경인 다른 영향력 있는 체계를 포함하는 변화를 위한 몇몇 체계들 중의 하나가 표적이 될 수 있다.

(2) **체계 내부에서 무슨 일이 일어나고 있는가?**

인간체계의 기능에 대한 각 관점은 가치 있는 정보를 제공한다. 구조적 관점은 체계의 성원, 경계, 위계 등에 관한 정보를 제공한다. 상호작용적 관점을 강조하는 것은 체계의 성원들이 의사소통하는 방식, 그들이 발달시키는 유형, 균형을 유지하는 방법 등에 관한 정보를 제공한다. 생물심리사회적 차원을 조사하는 것은 생물학적 건강, 사고, 감정에 관한 정보를 제공하며, 가치, 신념, 의사소통의 유형, 규범 등의 문화적 영향을 고려함으로써 중심체계의 내부 기능에 대한 사례관리자의 이해를 돕는다.

(3) **체계 바깥에서 무슨 일이 일어나고 있는가?**

중심체계의 물리적, 사회적 환경의 영향을 조사한다. 이는 체계 - 환경의 상호교류의 나머지 절반 - 즉, 환경을 검토하는 것이다. 사례관리자는 환경체계의 총체를 중심체계의 생태체계로 이름 붙인다. 사례관리자는 그들의 구조, 상호작용, 사회·문화적 차원을 검토한다. 많은 체계들이 같은 환경의 측면들을 공유할지라도, 어떤 한 체계의 특정 체계는 중심체계에 대해 다양한 유형을 갖는다. 다음의 예로 8살 난 어린이의 생태체계는 아동의 현재 가족, 동료 집단, 이웃, 학교, 교회 등일 수 있다. 다른 8살 난 위탁보호 아동의 생활환경은 아동의 생물학적 가족, 입양 가족, 사회복지사, 아동학대 치료 팀, 지지집단, 가정법원 등을 포함한다. 또 다른 측면에서 볼 때, 공공 주택 사업의 중요한 환경체계는 지역사회, 시청, 지역의 사회기관 등을 포함한다. 환경은 초점이 되는 특정 체계에 따라 다양하다.

(4) **내부와 외부는 어떻게 연결되는가?**

환경과 체계의 상호교류는 사회복지의 사정 및 개입의 주요 표적이다. 상호교류 또한 하나의 체계이기 때문에 다른 체계들과의 상호교류를 분석하는데 유용하다. 다음의 사례를 생각해 보자. 약물치료센터의 사례관리자는 소진을 경험하고 있다. 이 상황의 원인이 되는 중요한 사건은 다음과 같다. 센터는 국가보조금 삭감으로 인해 직원 해고를 강행했으며, 이는 남아있는 직원의 업무부담으로 이어졌다. 한 사례관리자의 업무량은 25명에서 35명의 이용자로 증가되었다. 사례관리자가 그 주위의 환경과 연결되는 방식에서의 변화를 면밀히 살펴보자. 이전에 그가 이용자 및 그의 동료들에게 균형 있게 연결되던 방식은 빗나갔으며, 그의 전문적 지지망에 대해서는 닫혀 있다. 자원은 보다 많이 나가고, 들어오는 것은 더 적어지고 있다. 이러한 분석은 또한 사례관리자의 상황을 덜어 주기 위해 취해져야 하는 방법을 지적한다. 결과적으로, 어떤 체계의 상호교류를 분석하는 것은 현재 일어나고 있는 것에 대한 이해를 제공하고, 앞으로의 변화 가능성에 관한 생각을 자극한다.

(5) 체계는 어떻게 움직이는가?

생태체계적 관점은 인간체계 발달의 진보적 성질을 강조한다. 체계는 지속적으로 내적, 환경적 사건에 반응하여 적응하고 변화한다. 체계 내부, 외부, 두 체계 간의 연결을 검토하는 것은 이러한 지속적인 적응 및 변화에 대한 정보를 제공한다. 사례관리자는 체계의 진보를 이해하기 위해 중심체계에 관한 충분한 정보를 수집함으로써 역사적, 발달적 상황을 통합시킨다. 신체적 성장, 다른 발달적 전이를 포함하는 진보적 변화는 자연스럽게 일어난다. 에릭슨은 개인의 심리사회적 발달의 8단계를 기술했다. 또 다른 이론가들은 집단 발달의 자연스런 경로를 기술하기도 했다. 모든 수준에서의 체계는 예측 가능한 방법으로 진보한다.

예기치 않은 변화도 있으며, 체계가 균형을 재확립하기 위해 노력할 때 일시적인 파괴가 일어날 수도 있다. 아이의 갑작스런 죽음과 같은 예기치 않은 변화는 체계의 발달에 극단적인 영향을 미친다. 성원의 추가 혹은 상실, 성원의 역할에서의 중요한 변화는 전체로서의 체계에 심오한 영향을 미친다. 출생, 결혼, 사망, 질병의 경우가 그러하다. 이러한 변화는 체계의 기능을 변화시키고, 그들의 능력에 도전한다. 개인에서 사회에 이르는 모든 수준에서의 체계는 기대되는 것과 예기하지 않은 사건에 반응하여 그들의 발달 경로를 따라 움직인다. 효과적인 사례관리자는 이러한 변화의 영향을 주의 깊게 모니터하고, 이용자가 그들의 전이 및 사건들에 생산적으로 반응할 수 있도록 돕는다.

3. 임파워먼트 관점

1) 개념

임파워먼트란 무엇인가. 임파워먼트는 글자 그대로 강력해지는 것(becoming powerful), 힘을 갖는 것을 의미한다. 여기서 힘이란 무엇을 의미하는가. 이 관점은 힘, 권력을 다음과 같은 세 가지로 정의 내린다. 첫째, 자신이 필요로 하는 것을 획득할 수 있는 능력, 둘째, 다른 사람의 생각·감정·행동·신념에 영향을 미칠 수 있는 능력, 셋째, 가족, 조직, 지역사회, 나아가 전체 사회 내에서의 자원 배분에 영향을 미칠 수 있는 능력이다. 여기서 우리는 임파워먼트의 다양한 차원을 생각해 볼 수 있다. 임파워먼트는 개인적, 대인적, 구조적 차원을 모두 갖는 것으로, 개인적 차원의 임파워먼트는 능력, 강점, 성취, 변화를 초래할 수 있는 능력에 대한 개인의 인식이나 감정을 의미하며, 대인 관계에서의 임파워먼트는 다른 사람에게 영향을 미칠 수 있는 능력을, 구조적 차원에서의 임파워먼트는 구조적 변화를 통해 자원을 공평하게 재분배하고 사회적 자원에 대한 접근을 증대시키고, 권력의 장벽을 제거하며, 새로운 기회 구조를 창출하는 능력을 의미한다.

사회복지에서는 임파워먼트를 이러한 능력의 의미뿐 아니라, 과정 또 목적으로 받아들여진다. 이는 사회복지 관련 문헌의 대부분이 임파워먼트에 대한 명확한 개념 정의에 주력하기보다는 과정을 통해 집중하고 있음을 알 수 있으며(Miley, O'Melia, & Dubois, 1995; Braye & PrestonShoot, 1995), 또한 임파워먼트는 이용자가 열망하는, 이용자와 사례관리자가 달성하기 위해 노력하는 목적으로 기술됨을 보아서도 짐작된다. 과거, 사회복지분야에서는 임파워먼트를 특정 사회구조와 관련하여 여성이나 소수 민족과 같은 차별적인 위치에 있는 사람들에 대한 지원의 한 방법으로 받아들여졌다. 오늘날은 사회구조적인 차별을 받고 있는 사람들뿐만 아니라, 노인이나 아동, 생활 스트레스를 받는 사람들에게도 매우 유용한 접근 방법으로 인식되고 있다.

임파워먼트는 방법이자 과정인 동시에 세계를 인식하는 하나의 사고방식 혹은 관점이다. 최근의 『사회사업사전』에서는 임파워먼트 이론을 "그들 자신의 삶에 대한 통제력을 획득하는 방법에 관한 이론"으로 규정짓고 있다. 목적으로서의 임파워먼트는 개인, 가족, 지역사회가 그들 상황을 개선하기 위해 어떤 조처를 취할 수 있을 정도로 개인적, 상호교류적, 정치적 힘을 증대시키는 것을 의미하며, 개입방법으로서의 임파워먼트는 협력, 신뢰, 공유된 권한, 소집단 활용, 이용자 견해의 존중, 이용자 강점 확인, 이용자의 의식 고양, 자조집단의 활용, 옹호 활동에 기반 된 지원 활동으로 규정된다.

이렇듯 임파워먼트가 이론, 관점, 목적, 개입방법 등 다양한 차원에서 이해되고 있어 개념 규정이나 활용이 쉽지 않으나, 이러한 정의들 속에서 우리는 임파워먼트의 주요한 특징을 찾아 낼 수 있다. 즉 임파워먼트 관점에 기반 된 실천은 과거의 일반적인 사회복지실천과 비교해 다음과 같은 점을 강조한다는 점에서 중요한 차이가 발견된다. 먼저, 문제가 아닌 강점에 대한 강조, 전문가 중심의 실천이 아닌 이용자의 참여와 협력적 동반자 관계의 중시, 이용자 권익을 위한 전문가의 옹호 활동에 대한 강조가 그것이다.

이 접근은 강점, 이용자와의 동반자 관계, 옹호라는 개념으로 전통적인 문제해결 모델과 차별화를 두었고 결함보다는 강점을, 문제 확인보다는 해결 추구를, 처방에 따른 치료보다는 능력 향상을, 전문가의 전문적 능력보다는 협력적 동반자 관계를 강조한다. 따라서 임파워먼트 접근은 사정(클라이언트 체계를 기술하는 방법), 개입(변화를 창출하기 위해 행하는 것), 과정(정보수집, 작업

조직, 변화전략 수행방법)에 영향을 미친다. 이 접근은 일관되게 이용자는 강점을 갖고 있으며, 환경은 잠재적 자원을 보유하고 있으며, 이용자를 변화 과정의 모든 국면에서 완전한 동반자로서 참여해야 한다는 전제하에 운영된다.

2) 임파워먼트 접근의 특성

(1) 강점 강화

임파워먼트 접근은 생태체계적 관점을 통합하고 있으며 강점을 지향한다. 클라이언트 체계의 능력을 신뢰하고, 현재적 또는 잠재적 능력 위에서 해결책을 모색하며, 환경적 자원을 활성화한다. 이 접근은 클라이언트 체계가 갖고 있는 다양한 강점을 인정하고, 문제를 해결하기 위한 해결책도 다양하게 존재함을 인식한다. 이러한 관점은 이용자를 자원으로 보게 하며, 나아가 이용자로 하여금 자신들을 자원으로 바라보도록 돕는다.

사회복지는 초창기 도덕적 결함 모델, 특히 1930년대 정신분석이론과의 결합으로 오랫동안 인간의 문제를 이해하는 데 중요한 변수로서 약점, 결함, 병리를 강조해 왔다. 제1차 세계대전 후, 사회복지 전문직은 주로 정신분석이론과 의료 모델에 기반한 실천을 했고, 이러한 접근들은 사회복지 전문직에 여러 모로 도움을 주었다. 이 모델은 사회복지가 전문직의 지위를 획득하도록 도왔으며, 퇴역 군인과 그들 가족에 대해 정신의학적 서비스를 제공함으로써 사회의 인가를 받게 하였다. 그리고 결정적으로 이론적, 기술적 실천 기반을 확립할 수 있도록 하였다. 반면에, 의료 모델은 개인의 결함, 실패, 부적절성, 결함을 강조하였다.

그러나 사회복지 역사에서 개인의 강점에 대한 인식이 전혀 없었던 것은 아니다. 1958년 사회복지실천위원회에서는 사회복지의 주된 목적을 개인, 집단, 지역사회의 잠재력을 찾아 최대한 강화시키는 것이라고 규정한 바 있으며, 1980년대 저매인과 기터만(Germain & Gitterman)은 강점을 무시하고 개인의 병리에 초점을 맞추는 것의 위험성을 지적하기도 했다. 이렇듯, 사회복지 철학과 가치는 잠재력, 능력, 강점을 강조해 왔고, 또한 사회복지실천의 주된 양식은 이용자의 약점과 결점에 초점을 두고 있었다. 그러나 멀룩치오(Maluccio, 1979)의 지적처럼 사회복지사들은 이용자의 강점을 과소평가해 왔으며, 사회복지사들이 약점이나 병리가 아닌 강점을 갖고 일해야 한다는 원칙을 일관되게 존중해 왔다 하여도, 사례관리자들은 거의 이용자의 역기능, 병리에 초점을 두는 사정을 행하여 왔었다.

맥퀴이드와 에렌라이히(McQuaide & Ehrenreich)는 강점이 무엇인가 라는 질문에 대해 강점은 단순히 약점의 대립되는 개념, 절대적인 개념이 아니라 상황과의 관련성 속에서 파악될 수 있는 개념이며, 개인에게만 적용되는 특성이 아니라 환경에도 적용되는 개념임을 지적한 바 있다. 강점을 강화하는 것이 문제나 약점의 존재를 무시하는 것은 아니다. 오히려 문제나 병리, 약점을 인식하는 것만큼 가능성, 잠재력, 강점을 인식하지 않는다는 것이다.

(2) 참여 및 동반자 관계

임파워먼트 접근은 이용자와 사례관리자의 역할을 새롭게 정의하게 한다. 임파워먼트는 사례관리자와 클라이언트 체계 간의 상호신뢰라는 협력적 관계를 확립하고 유지하는 과정에서 권력, 권위, 통제의 문제가 나타날 수 있지만(Goldstein, 1973), 양자는 동등하게 그들 관계를 규정하고, 그들 각자의 기여를 최대화하며, 권한과 권위의 문제를 해결함으로써 동반자 관계를 유지할 수 있다.

협력적 동반자로서의 의미는 궁극적으로 이용자의 적극적 참여를 뜻한다. 사례관리자와 이용자는 관심 영역을 함께 규정하고, 측정 가능하고 달성 가능한 실천 목표를 수립해 나간다. 이용자를 동반자로 바라보는 사례관리자는 이용자가 가진 경험과 능력의 가치를 인정한다. 지지 옹호자, 변화 매개자로서 규정되는 사례관리자들은 다양한 방법으로 이용자가 그들 목적을 달성하는 데 필요한 정보와 상황에 대해 가장 잘 아는 사람이기도 하지만, 오히려 이용자가 그들 상황과 그들 능력을 가장 잘 아는 사람일 수 있다. 사례관리자가 이용자를 그들 자신의 상황에 관한 한 전문가로, 그리고 변화 과정의 동반자로서 규정할 때, 사례관리자와 이용자는 보다 평등한 관계에서 그들 역할을 재규정 짓게 된다.

이용자를 동반자의 지위로 끌어올리고, 그들의 전문성과 능력을 확신시키는 것 자체가 능력을 발휘하게 하는 것이다. 이러한 동반자 관계는 사회적 관계 혹은 우정과는 다르다. 이는 사회복지의 목적, 전문적 기준, 윤리강령을 반영하는 전문적 관계이다. 이들 관계는 인간의 존엄성 및 가치를 존중하는 사회복지의 기본적 가치를 구현한다. 이용자의 완전한 참여를 격려하며, 이용자를 자원으로서 활용하기보다 권리와 책임을 지닌 진정한 동반자로서 신뢰한다. 과정에의 적극적 참여는 이용자 자신이 해결책을 발견하는 것뿐만 아니라 그들 자신의 변화에 대한 책임을 지게 한다.

임파워먼트란 사람들이 그들 스스로 어떤 일을 해냈다는 자신감을 갖도록 결정 과정에 참여하고 행동하는 것을 촉진시키는 과정과 관련된다. 참여 없이 계획을 수립하는 사례관리자는 오히려 이용자들의 힘을 빼앗는 것과 같다. 사람들이 스스로를 옹호할 입장에 있을 때 그들은 변화를 수행할 뿐만 아니라 변화를 지속시킬 수 있는 힘을 갖는 것이다. 이용자들이 그들의 욕구에 대해 직접 협상하고 교섭할 수 있을 때 그들은 무력감을 덜 느끼며 힘을 얻은 것처럼 느낀다. 이러한 경험을 체험한 이용자들은 사회 문제의 희생자가 될 가능성이 적으며, 오히려 그들 자신의 미래 방향을 설정하는 보다 적극적인 인물이 된다.

그러나 현실적으로 임파워먼트를 실천하기란 매우 어렵다. 왜냐하면 임파워먼트는 다른 사람을 위해 수행할 수 있는 성질의 것이 아니기 때문이다. 임파워먼트는 다른 사람에게 힘을 부여해 주는 것이 아니다. 힘과 권력을 부여한다는 것은 역설적으로 힘이 있는 자와 없는 자 사이의 위계를 암암리에 내포하기 때문이다. 오히려 임파워먼트는 본래 자기 반성적인 행동으로 권력, 자기 결정을 추구하는 사람에 의해서 주도될 수 있다. 이때 다른 사람은 단지 이 과정을 측면에서 도와 줄 수 있을 뿐이다. 진정한 의미에서 임파워먼트를 추구하고자 하는 사례관리자는 그들 스스로 자신들의 삶의 질을 향상시킬 수 있도록 옹호 관계, 자원, 절차적 방법 등을 제공해 주어야 한다. 즉 임파워먼트에 기반 된 실천에서 전문가는 이용자가 그들 목적을 달성하는 데 필요한 정보와 상황을 마련해 주는 역할을 수행하며, 이용자는 전문가와 동등한 동반자적 입장에서 협력하는 역할을 담당한다, 사례관리자는 이용자의 관점, 견해를 존중하고, 그들의 기여를 긍정적으로 인정하는 자세를 가져야 한다.

(3) 기존 접근과 임파워먼트 접근의 차이

임파워먼트는 개인, 가족, 지역사회를 기존과는 다른 방식으로 접근할 것을 요구한다. 왜냐하면 임파워먼트 접근에서 가장 중심이 되는 개념인 강점은 앞서 맥퀘이드와 에렌라이히의 지적처럼 약점의 대립되는 개념이 아닌 전혀 다른 차원의 개념이기 때문이다. 살리베이(Saleebey)는 이용자의 강점을 이해하기 위해서는 먼저 전문가적 관점이 아닌 이용자 얘기를 들을 수 있는 준비가 되어 있어야 함을 지적했다. 가장 중요한 출처는 이용자 개인의 문화적 이야기, 담화이기 때문이다. 강점에 초점을 두는 접근은 적어도 다음과 같은 전제에서 출발한다.

첫째, 임파워먼트 접근의 관심은 삶의 질, 삶의 만족, 성취 등이다. 문제를 해결하는 것은 이러한 목적을 달성하는 데 필요한 일시적인 단계이지, 충분조건은 아니다. 문제의 성공적인 해결 그 자체가 목적은 아니며, 문제해결보다는 성취에, 단순한 생존보다는 번장에, 대처보다는 꿈과 희망을 갖는 것에 보다 많은 관심을 갖는다.

둘째, 관점의 변화는 우리의 눈을 과거에서 미래로 돌리게 한다. 의료 모델에 초점을 둔 개입과정은 언제, 왜, 어떻게 클라이언트 체계가 잘못되기 시작했는지, 과거를 탐색했다. 반대로, 임파워먼트 지향적인 사례관리자는 미래의 성장을 위해 이용될 수 있는 자원을 발견하기 위해 현재를 탐색한다. 이용자와 사례관리자가 함께 일을 시작해 나갈 때 이미 변화는 일어나고 있다. 사회복지 변화 과정에서 이들 동반자들은 현재 상황과 미래의 방향에 영향을 미칠 수 있을 뿐이다.

그들은 과거의 사건을 변경시킬 수 없기 때문에, 앞으로 다가올 상황이 문제가 될 뿐이다. 우리의 삶은 현재진행형이다. 아무도 시간을 되돌려 놓지 못하며, 과거에 매달리면 현재 일어나고 있는 사건을 보지 못한다. 이에 대한 대안으로, 미래를 향한다면 우리가 갖고 있는 것, 배운 것, 다가올 도

〈표 2-1〉 임파워먼트 과정과 문제해결 과정 비교

전통적 문제해결 과정	임파워링 과정
- 문제(욕구, 결함, 증상, 병리) 중심 - 문제를 부정적으로 인식 - 분석적 - 전문가적 관점 중심, 질문식 인터뷰 - 초점은 과거와 현재 중심 - 전문가 중심 - 수동적 이용자로 인식, 전문가에 의해 통제됨 - 최종 목적은 문제해결	- 강점(소망, 열망, 재능, 기술, 지식) 중심 - 문제를 도전, 기회로 적극적으로 인식 - 총체적 - 이용자 자신의 관점에서 정보 수집, 민속지학적, 대화적, 목적적 - 초점을 지금, 여기에 두며, 미래 중심 - 협력적 동반자 관계 중시 - 이용자를 적극적 권리 행사자, 소비자, 서비스 이용자로 인식 - 최종 목적은 삶의 질 향상

출처 : B. Dubois & K. Miley(1996), Social Work: An Empowering Profession, p. 214; C. Rapp(1998), Strength Model: Case Management with People Suffering from Severe and Persistent Mental Illness를 참고하여 재구성함.

전을 맞는 데 이용 가능한 추가적 자원들을 통합할 기회를 가진다.

셋째, 임파워먼트 개념은 이용자를 부르는 호칭 자체에도 변화를 가져온다. 사례관리자가 그들 이용자를 부르는 용어는 그들 역할에 대한 기대를 형성하고 관계의 성질을 규정짓는다. 병리, 결함을 강조하는 접근은 환자, 대상자라는 용어를 종종 사용해 왔는데, 이는 수동적으로 서비스를 제공받는 존재로 이용자를 인식하게 하였다. 사람들이 싫어하는 비인격적인 명칭(환자, 대상자)으로 불리는 이용자들은 회복, 변화를 위한 어떤 잠재력도 갖고 있지 않은 이미지로 인식된다. 이러한 명칭은 이용자 존엄성에 영향을 미치고, 그들의 생각을 형성한다. 부정적인 명칭은 부정적인 기대를 낳는다. 경멸적 명칭은 잠재력을 보지 못하게 하고, 서비스 전달 및 사회 정책을 위한 계획에 제한을 가한다. 이 때문에 강점에 대한 강조는 새로운 명칭을 개발하게 한다. 이 관점은 병리적 용어를 사용하기보다는 이용자를 주체적 행동가, 동등한 권리를 가진 사람으로 인식하며, 소비자, 서비스 이용자라는 용어 사용을 선호한다. 소비자, 이용자라는 용어 속에는 전문가가 제공하는 서비스의 단순한 이용자라기보다는 제공받는 서비스에 대한 통제권을 가진 보다 주체적인 존재라는 인식이 내포되어 있다.

3) 임파워먼트 접근의 구성 요소

사회복지실천의 구성 요소에는 가치 기반, 사회적 인가, 이론적 기반 등이 내포되며, 여기에 기반을 두고 실천가와 이용자 관계가 규정되고, 나아가 문제 확인 및 사정, 목표 설정, 개입 전략 및 기법의 선택과 관련된 지침으로 구성된다. 임파워먼트 실천 또한 제반 요소들의 기반 하에 이루어져야 하는데, Cow와 Parsons는 이를 <그림 2-2>와 같이 도식화하고 있다.

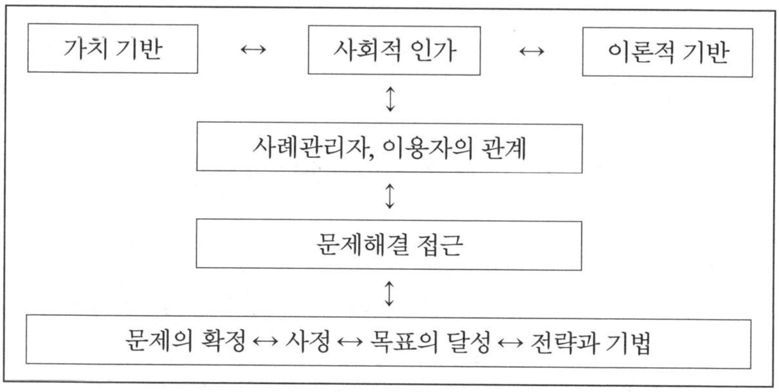

〈그림 2-2〉 임파워먼트 실천 모델의 구성 요소

(1) 가치 기반

임파워먼트를 지향하는 실천에서 가장 중심이 되는 가치는 다음과 같으며, 이러한 가치가 실천에서 적극적으로 반영되어야 한다.

- 인간 욕구의 충족
- 사회 정의의 실현
- 자원의 평등한 분배
- 환경보호에 대한 관심
- 인종 차별, 성 차별, 노인 차별 등 모든 차별의 철폐
- 자기 결정의 존중

(2) 사회적 승인(santion)

임파워먼트를 지향하는 실천을 인가해 주는 권위의 출처는 다양하다. 여기에는 법률, 조직의 규칙이나 규정, 집단의 가치, 개인적 가치 또는 이용자의 욕구 등이 포함된다. 일반적으로 사회의 승인이나 인가는 문제의 내용에 따라 좌우된다. <그림 2-3>는 다양한 사회적 승인의 상대적인 비중을 나타낸 것으로, 사회적 승인 기반이 약할수록 실천적 뒷받침이 미약하다. 이와 관련해 조직 내에서도 임파워먼트 실천에 대한 다양한 승인 기반이 존재하는데, 이 또한 그 출처에 따라 상이한 비중을 갖는다(그림 2-4 참조).

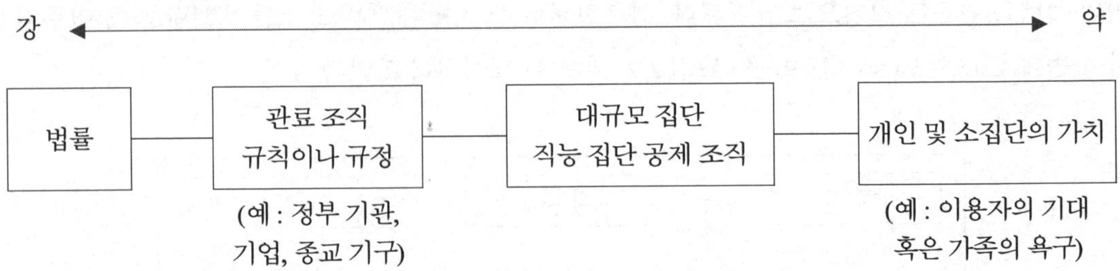

〈그림 2-3〉 사회적 승인 기반의 상대적 비중

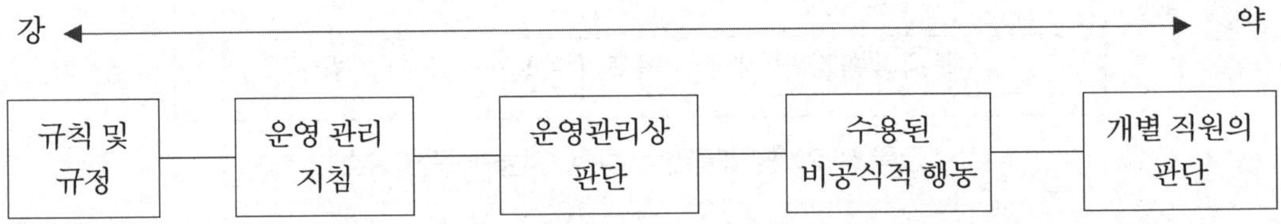

〈그림 2-4〉 조직 내에서의 승인 기반의 상대적 비중

(3) 이론적 기반

임파워먼트 실천 모델의 이론적 기반은 종래의 사회복지 실천 모델을 그 기반으로 하지만, 특히 체계 이론과 발달 이론에 근거하고 있다.

(4) 임파워먼트 접근 과정

임파워먼트 접근은 다음과 같은 세 가지 과정으로 특징지어질 수 있는데, 각 과정은 독특한 기술 기법을 강조한다.

① 대화 단계

대화는 실천가와 클라이언트 체계 간의 상호신뢰 및 협력적 관계를 확립하고 유지시켜 준다. 대화 과정을 통해 이용자는 상황에 대한 그들의 인식을 제공하고, 그들의 강점을 표출한다.

② 발견 단계

이 단계에 이르면, 사례관리자와 이용자는 해결에 필요한 자원 발굴 방법을 모색한다. 이 때 자원은 클라이언트 체계 내에 있을 수도 있으며, 그들의 체계 외부에 있을 수도 있다. 사례관리자와 이용자는 상호 협력 하에 전반적인 자원 체계 조사, 자원의 능력 분석, 구체적인 행동계획수립과 같은 단계를 거쳐 수집된 정보를 분석하고 변화를 위한 전략들을 개발한다.

③ 발달 단계

사례관리자와 이용자는 기존의 자원을 활성화시키고, 이용자가 목적에 도달하는 데 필요한 새로운 대안들을 개발한다. 발달 단계는 자원을 조직하고 확대시키며, 결과 목적을 달성하기 위해 함께 일하며, 공식적 개입 과정을 결정짓는다. 이 단계에서의 구체적인 활동은 기존 자원을 동원하는 자원 활성화 작업, 현재 이용되지 않는 자원을 새로이 창출하는 기회 확장 작업, 과정의 효과성을 평가하는 작업, 결과들을 통합하여 목표가 달성된 이후에도 이용자의 독립된 삶을 격려하는 작업 등으로 구분될 수 있다.

사회복지실천 모델은 가치, 사회적 인가, 이론적 기반에 의해 실천가와 이용자 간의 관계, 문제의 확인 및 사정, 목표의 설정, 계획 및 개입 설정이 이루어진다. 임파워먼트를 지향하는 실천 모델은 이들의 요소들을 내포하며, 아울러 임파워먼트 과정과 일맥상통 한다. 실천의 개입은 의식 고양과 교육을 지속적인 주제로 하면서, 개인적인 영역을 비롯한 정치적인 영역 전 과정에 걸치는 연속체로써 개념화될 수 있다.

특히 개입은 다음의 세 가지 점에 유의해서 이루어져야 한다. 첫째, 접촉, 문제의 사정(특히 제기된 문제에 대한 의식 고양) 및 기본적인 서비스를 확보해야 한다. 둘째, 문제와 집단적인 측면(예: 가족이나 지역의 가치관이나 그 집단이 전체로서 경험하고 있는 차별적 특성)에 대한 의식적인 고양 및 특정 문제에 대한 지속적인 의식 고양을 강조한다. 셋째, 표명된 문제의 정치적 측면에 대한 의식 고양을 비롯해, 사회적 행동이나 집단적인 노력을 추구한다.

이 네 가지 차원은 상호 배타적이기보다는 상호 관련된 것으로, 사례관리자들은 이용자를 대신하는 것이 아닌, 이용자와 함께 연속체로서의 의식 고양에 참여해야 할 것이다.

4) 지역복지실천에서의 임파워먼트 접근 활용

지역복지실천에서 인간관계의 중요성은 사회복지 실천의 지식과 기술에 기반 된다. 지역사회 문제에 관련된 사람들과 일을 할 때, 사례관리자는 다양한 방법으로 그들의 임상 기술을 활용한다. 연계를 구축하고, 반성적 고찰과 대화를 촉진하며, 지지를 제공하고 기존의 대처 기술을 강화할 뿐 아니라 새로운 대처 기술을 고양시키고 이용자의 참여를 조장하는 것이다.

임파워먼트는 개인 중심적 실천보다 지역사회를 중심으로 하는 실천에서 특히 강조되는 경향이 있다. Rapport는 임파워먼트를 지역사회를 중심으로 한 실천의 유용한 개념으로 파악하고, 개인,

조직, 지역사회가 자신들의 사건을 통제하는 일종의 과정으로 지역사회나 기관의 민주적 과정에 참여하는 것을 의미한다고 하였다. 따라서 임파워먼트를 강조하는 지역사회복지의 목표는 의식을 고양시키고, 인적 자원을 개발하여 개인과 지역사회의 임파워먼트를 이루어 내서 스스로 문제를 이해하고 해결할 수 있도록 도와 줄 뿐 아니라, 새로운 환경을 창출할 수 있도록 도와주는 것이라고 할 수 있다. 임파워먼트에 기반 한 지역복지실천은 전통적인 임상 실천과 다르다. 이러한 상이성은 이용자 참여, 변화 과정의 주인 의식, 상호성 및 협력에 대한 강조, 비판적 의식화에 대한 강조, 변화의 1차적 전략으로의 대화의 이용 등에 의해 입증된다.

(1) 참여

임파워먼트를 지향하는 지역복지실천은 이용자를 시민, 소비자, 사회 구성원 혹은 억압적인 사회 상황의 희생자로 간주한다. 따라서 개인적, 대인적 결함보다는 개인과 그들의 사회·정치적 환경 간의 관계, 기회, 자원 및 서비스에 대한 지역사회의 권리 등에 비중을 두고 개입한다.

이러한 관점의 핵심적인 전제는 사람들은 그들 관심 및 그들의 문제를 다루는 데 요구되는 행동을 규정하는 데 적극적으로 참여해야 한다는 것이다. 참여가 모든 지역사회 행동의 전제조건이기 때문에 그것을 향상시키려는 노력은 지역사회실천의 중요한 측면을 구성한다. 실제로 Kieffer (1984)는 임파워먼트를 참여하는 능력이라고 정의한 바 있다. 참여의 동기는 내재적(행동 그 자체로부터 나오는)일 수도 있고, 외재적(음식, 아동보호, 참여로 인해 보상받는 다른 혜택들의 제공)일 수도 있다. 참여는 위원회와 연합회에 관여, 서비스 개발 및 전달에서 소비자 의견 수렴, 프로그램 기획 및 관리에의 참여, 참여적 행동 조사에의 관여 등과 같이 많은 형태를 취할 수 있다.

(2) 상호성과 협동

인간에 대한 사례관리자의 관점이 변화되기 위해서는 먼저 원조 과정을 보는 관점, 사례관리자의 역할 면에서 그에 상응하는 변화가 있어야 한다. 전통적으로 사회복지사들은 이용자와의 상호작용에서 중립적인 입장을 유지하도록 훈련되어 왔다. 그러나 임파워먼트 접근은 이용자가 개인적 관계뿐만 아니라 정치적 관계에서의 그들 경험을 구성하도록 원조하는 계약관계의 사례관리자를 전제한다. 사례관리자는 비전을 제시하고, 지역사회성원들 사이의 이해에 대한 대안적 방법을 발달시키는 촉진제의 역할을 수행한다.

임파워먼트 실천과정에서 사례관리자는 온정주의적 입장을 취하기보다는 권력, 사회적 연계, 통제 등의 문제에 주의 깊은 관심을 기울이면서 개인의 권리, 강점, 능력을 최대화 시키는 접근을 모색한다. 가능한 한 그들은 억압적인 사회적 상황을 영속시키지 않는 방식으로 그들 경험을 활용하되, 그들의 기술과 자원은 전문성 강화보다는 오히려 상호성을 증대시켜 주는 한도 내에서 활용되어야 한다. 따라서 협력과 협의는 지역사회실천의 주된 측면이라고 할 수 있다. 사례관리자의 적절한 역할은 지지자, 촉진자, 교사, 자원 제공자, 협의가, 조직가, 옹호자, 중개자, 협상자, 행동가 등으로 제시될 수 있다.

(3) 비판적 의식의 개발

임파워먼트의 중요한 기반은 비판적 의식 혹은 비판적 사고의 발달이다. 비판적 의식은 개인적 경험이 사회적, 정치적, 환경 내의 사건과 상황들에 의해 형성된다는 인식을 갖고 그 자신의 일상 경험을 반추하는 능력이라고 할 수 있다. 프레이리(Freire)는 사람들이 억압적인 사회적 상황을 변화시키는 행동을 할 수 있게 하는 것은 바로 비판적 의식의 발달임을 제안했다. 의식 고양 과정은 사회적 상황과 일상적 경험 간의 관계, 보다 큰 사회적, 구조적 상황에 대한 비판적 분석에 기반 된다.

(4) 지역사회 행동의 기반인 대화

의식 고양은 대화를 통해 달성되며 임파워먼트를 지향하는 대화는 전통적인 치료적 대화와 다음의 두 가지 방법에서 다르다. 첫째, 사례관리자는 개인 혹은 집단이 그들의 일상적 경험을 개인적인 말보다는 사회적인 말로 표명하고, 이해하고, 재규정하는 것을 도우려는 목적에서 대화를 수행한다. 둘째, 전통적인 치료가 개인능력 향상 및 대인관계 향상에 초점을 두는 경향이 있는 반면, 임파워먼트를 지향하는 대화는 보다 광범위한 사회·정치적 환경을 다루고, 권력과 지배의 문제를 타 경험들과 더불어 검토될 수 있도록 한다. 대화를 통한 개입은 사람들로 하여금 그에 부여하는 의미를 탐구케 하며, 사회적·정치적 관점을 통합시키는 보다 복잡하고도 새로운 관점을 제공한다.

임파워먼트를 촉진시키기 위한 대화 기법은 여성 운동 및 다른 민주화 운동에 그 기원을 두고 있다. 최근에는 가족치료와 사회복지에서도 이 접근이 중요하게 적용된다. 대화를 용이하게 하는 전략은 계약 및 조사과정에서 활용되는 핵심적인 사회복지 기술에 기반을 두고 있다. 즉 공감, 신뢰, 상호 존중, 적극적·비판적 경청 등이다. 이에 덧붙여, 사례관리자는 참여관찰자가 되어야 한다. 프레이리는 그의 대화 전략을 대답을 찾고, 좀더 나아가 질문을 형성하도록 격려하는 것이다. 이 기법을 활용하는 사례관리자는 지역사회 성원들에게 왜 그러한 일이 일어났는지, 그들의 공통된 경험에서 어떤 유형을 발견할 수 있는지, 그들 상황에 기여하는 사회환경적 요인들은 무엇인지를 질문한다. 이러한 것들을 질문하는 과정은 대안적인 견해가 출현할 수 있는 여지를 만든다. 지배적인 문화적, 사회적 해석들에 대해 도전함으로써 그들 자신의 독특한 정체성과 역사를 반영하는 새로운 해석들을 발달시키는 것이다.

4. 사회적 지지망 이론

1) 의 미

최근 일간지에 홀로 사는 노인이나 혹은 거동이 불편한 장애인들이 사망 후 많은 시간이 지나 발견되는 사건들이 보도되는 경우를 종종 볼 수 있다. 이러한 사건들의 발생은 공식적인 지역 행정 서비스만으로는 독거노인이나 기타 여러 장애인들의 요구를 충족시켜 줄 수 없음을 나타낸다. 이는 평상시 가족이나 이웃과의 관계, 그 외 보건 및 복지영역의 네트워크 관계가 얼마나 중요한지를 말해 준다.

사회적 지지망이란 가족이나 이웃, 친지, 민간 자원, 단체 등의 비전문적 서비스가 중요한 사회자원이 됨을 인식하여 그들이 가지고 있는 잠재력을 개발하여 지원해 가는 사회적 관계를 말한다. 전문가에 의한 공식적인 서비스만으로 충분히 기대할 수 없는 부분에 있어서 비전문가에 의한 비공식적인 사회 지지망을 활용해 가면서 원조체계를 창출해 나가는 것이다. 이러한 비공식적인 네트워크는 자연발생적인 네트워크와 인위적으로 조성될 수 있는 네트워크가 있다. 전자에는 가족, 친지, 이웃 등이 포함되며, 후자에는 자조집단, 자원집단 등이 있을 수 있다.

인간은 사회적 존재로 홀로 살 수 없다. 사회적지지 관계를 통해서 생존의 의미를 찾을 수 있는 것이다. 고령화 사회나 핵가족화의 진입은 점차 사회적 지지망에서 멀어질 가능성을 내포하고 있다. 사회복지실천가들은 특히 이러한 사회적 지지망을 활용, 강화시키는 다양한 방안을 모색하는 데 노력을 집중해야 한다.

2) 사회적 지지망의 의의

사회적 지지망(Social support network)의 의의는 사회복지의 정책적 방향이 종전의 시설복지 중심에서 재가복지로 전환되는 배경에서 찾을 수 있다. 1982년 영국에서 출간된 바클레이 보고서(Barcly Report)에는 오늘날 서비스 이용자들의 대부분은 사회적 보호 중에서도 비공식적인 보호자(혈연 관계)에 의해 보살펴지고 있으므로, 사회복지실천은 종래의 이용자 중심적인 방법보다 보호자의 도움에 보다 많은 관심을 가져야 함을 권고하고 있다. 이는 결국 사회복지사가 이용자의 생활 전체, 특히 사회적 지지망에 관심을 갖고 그것의 강점이나 약점에 관한 이해가 무엇보다 필요함을 제안하는 것이었다.

앞으로 지방자치제가 활성화되어 지역복지로 나아갈수록 다차원적 사회적 지지망의 확립과 활용이 절실해지고 있는데, 이 몇 가지 이유를 정리해 보면 다음과 같다.

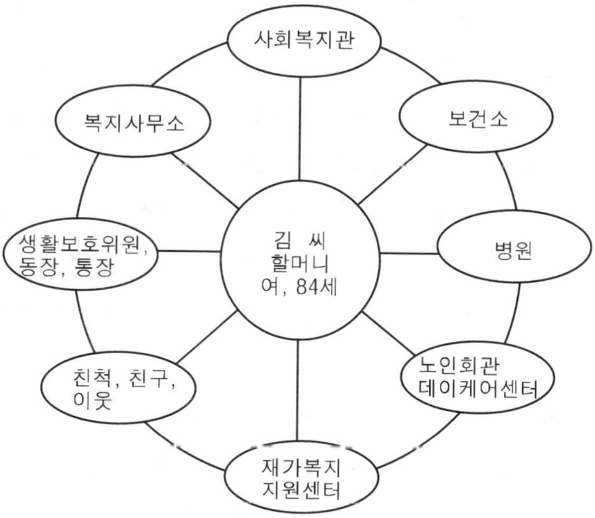

〈그림 2-5〉 네트워크의 실제

첫째, 재가복지에서 다차원적 서비스의 연결망이 요구되고 있기 때문이다. 재가복지 서비스의 경우, 이용자의 가정으로 제공되는 서비스뿐만 아니라 주변의 다양한 통원 시설들의 서비스가 필요에 따라 활용되어야 한다. 또한 재가복지 서비스는 상이하고 다양한 인력이 이용자 가정 주변에 존재한다는 점을 전제로 성립되는 것이다. 이러한 의미에서 재가복지 서비스의 연결망이 요구되며, 이를 위해서는 먼저 전문 인력의 질적, 양적 충실을 도모해야 한다.

둘째, 서비스 공급 주체의 다원화에 수반되는 서비스 접근에 대한 보장의 필요 때문이다. 서비스 이용자가 해당 조직에 적격하지 않은 경우 다른 공급조직에 의뢰하여 서비스를 요청하게 된다. 이와 같은 서비스의 접근 보장은 다원화되어 있는 공급조직이 상호 연계되어 네트워크를 형성하고 있을 때 비로소 가능해진다.

셋째, 네트워크는 서비스 자원의 효과적 활용 및 경제적 효율성 차원에서 요청된다. 서비스 자원이 제한되어 있을 때, 인력이나 재원이 한정되어 있을 때 자원의 네트워크가 더욱 절실해진다. 즉 서비스 공급에서의 중복이나 누락을 최소한 억제하기 위해서 네트워크 활용이 요청되는 것이다.

3) 정 의

사회적 지지는 학자들에 따라 다양하게 정의된다. Cobb(1976)에 의하면, 사회적 지지는 사랑받고 있고 보호되며 존중되고 가치 있는 존재이며, 상호 의무와 의사소통의 망에 소속되어 있다고 믿도록 하는 정보이다. Gelein(1980)은 사회적 지지를 개인의 심리적, 신체적 통합을 유지시켜 주는 데 중요한 역할을 수행하는 지속적인 유대의 유형으로 정의했으며, Moss(1973)는 소속됨, 수용됨, 사랑받음, 모든 사람에게 필요가 되는 존재라는 주관적 감정이라고 정의했다.

최근에는 사회 정서적 차원에서 지지를 개념화한 Cobb의 정의를 확대하여 도구적 원조와 평가적 지지가 포함되기도 하였다. Caplan(1983)은 사회적 지지를 긴장되는 생활 속에서 모든 일에 잘 대처할 수 있도록 타자로부터 제공되는 피드백으로 정의하였는데, 이는 정서적 제어력을 증진시키고, 지침을 제공하며, 정체감과 수행에 대한 피드백을 제공하는 역할을 수행한다. 즉 의미 있는 타자는 위기 시에 심리적 자원을 동원하여 정서적 부담을 경감하도록 돕고, 과업을 분담해 주며, 금전, 물질, 도구, 기술 및 인지적 지도를 제공하는 데 기여한다는 것이다.

이러한 정의들을 종합해 보면, 사회적 지지는 사회적인 환경 내에서의 긍정적인 상호작용을 일컫는 것으로, 사람들이 서로에게 정서적 격려, 충고, 정보, 구체적 원조 등의 다양한 도움을 제공해 주는 것을 언급하고 있다. 따라서 사회적 지지망은 지속적으로 상호보호하면서 일상생활에서 삶에 대한 대처 능력을 강화시켜 주는 사람들로 구성된 집단 사이의 상호 연관된 관계의 집합체로 정의될 수 있다.

4) 사회적 지지망 유형

(1) 기능별 유형

일반적으로 사회적 지지는 기능에 따라 크게 네 가지 형태로 구분될 수 있다. 정서적 지지, 정보 지지, 도구적 지지, 평가적 지지로써, 정서적 지지는 존중, 호감, 신뢰, 관심의 표현 및 경청 등을 포함하며, 정보 지지는 충고, 제안, 지침, 관련 자료의 제공 등을 포함한다. 도구적 지지는 보다 구체적인 형태의 원조, 즉 돈이나 시간, 다른 자원의 제공으로 구성되며, 마지막으로 평가적 지지는 정보적 지지의 하위 범주로 고려될 수 있는데, 주로 피드백이나 사회적 비교, 개인의 행동과 그 결과에 대한 자기평가 등을 포함한다.

(2) 출처별 유형

지지는 다양한 관계망에서 제공될 수 있다. Litwak와 Szeleny(1969)는 자연적 원조망의 대표적 유형을 친척, 친구, 이웃으로 구분한 후, 친척은 영속성이라는 특징 때문에 장기적 도움을 필요로 하는 과업에 적합하며, 이웃은 대면 접촉, 반응 속도의 신속성을 특징으로 하고, 친구는 자연적 관계망에서 가장 유대가 약하나 자유 선택과 애정이라는 특징을 갖는다.

Golan(1980)은 지지의 근원을 네 가지로 구분하고 있는데, 자연적 원조체계(가족 친척, 친구, 이웃), 상호원조체계(자조집단, 지지집단), 다른 전문가 원조망(성직자, 교사, 변호사, 의사), 그리고 전문가 원조체계(사회복지사, 정신분석가, 임상심리학자)로 구분하였다.

Farguharson은 공식·비공식적 관계가 현실에서 명확히 구분되기보다 하나의 연속된 단일선상에 놓여 있다고 보고, <표2-2>와 같이 공식적인 정보에 따라 지지체계를 연속선상에 표시할 수 있다고 보았다. 이때 구분의 기준은 자아 또는 사회적 상황에 대한 1차적 관심, 원조, 관계의 지속성, 상호적 또는 일방적 원조, 장기간 지속 대 단기간의 변화, 기능적·사회적·지역적 동료 관계 혹은 비동료적 관계 등이다.

〈표 2-2〉 원조의 연속선에 대한 모델

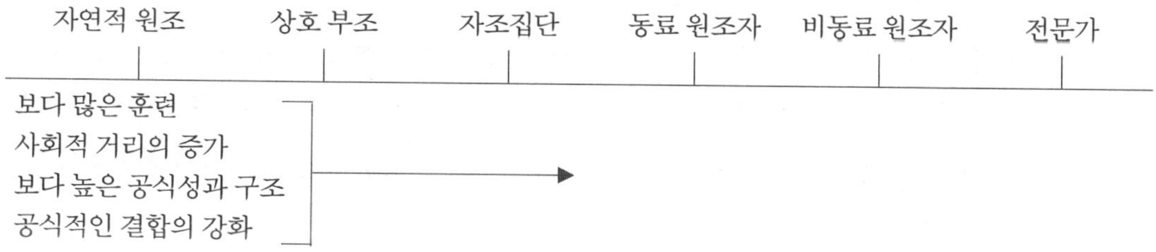

출처 : C. Germain(1991)

이용자들이 번번이 접촉하는 비공식적 지지망의 대표적인 유형인 가족, 친구, 이웃, 교회의 특징을 구체적으로 살펴보면 다음과 같다.

① 가족 : 가족은 비록 멀리 떨어져 있을지라도 교통수단이나 통신 수단에 의해 그들의 연결은 지속된다. 따라서 가족은 관계의 영속성이 그 특징이라 할 수 있으며, 질병이나 재정적 문제와 같은 장기적 과업에 대한 원조 시에 적절하다.

② 친구 : 가족의 영속성, 이웃의 내면적, 일상적 접촉은 결여되어 있지만, 친구와의 우정은 자유롭게 선택된 애정의 연대감을 형성한다. 친구는 직장, 종교, 놀이 집단과 같은 다양한 집단 속에 위치하며, 그러한 각각의 집단은 감정적 지지를 제공해 주는 잠재적 연대감의 출처가 된다.

③ 이웃: 이웃이 갖는 중요한 특징은 근접성이다. 이웃은 응급상황이나 노인의 경우 정기적인 안전 여부를 점검하는데 도움이 된다. 이웃은 또한 외부 세계와의 접촉 기회를 제공해 주기도 한다.

이웃과의 관계 정도는 이용자가 그들 이웃을 어느 정도로 잘 알고 지내는지, 그 지역에 얼마나 오래 살고 있는지, 개인적 특성에 따라 달라진다.

④ 종교단체 : 종교단체는 이용자에게 정신적, 물질적, 정서적 지지를 제공해 준다. 특히 주거지, 보호 서비스 등의 제공과 같은 단기적 위기시에 효과적으로 반응할 수 있다. 대개 이 단체는 공식적 조직과 비공식적 지지체계의 혼합된 측면을 가지고 있다.

5) 개 입

(1) 사회적 지지망 사정

먼저 이용자의 사회적 관계망에 관한 정보를 체계적으로 수집한다. 사례관리자는 사정 단계에서 이용자의 기존의 자원 혹은 잠재적인 자원에 관해 질문하고, 사회적 지지에 대한 욕구와 지지망의 제공 능력 간에 어떤 불일치가 존재하는지, 이용자의 행동에 영향력을 주는 관계망에 포함된 성원과의 관계 등을 규명해야 한다.

〈그림 2-6〉 사회적 관계망 지도

비겔(Biegel)은 개인의 사회적 지지망을 사정과 관련된 다음의 세 가지 질문을 제공했다.
첫째, 클라이언트의 지지망의 강점은 무엇인가(지지망이 제공해 주는 자원과 제공 방법),
둘째, 클라이언트 지지망의 약점은 무엇인가(지지망에 의해 충족되지 못하는 욕구가 있는가),
셋째, 클라이언트가 더 강한 지지망을 갖지 못하도록 하는 장애가 있는가?
이러한 질문에 답하기 위한, 다시 말해 이용자가 지지망을 사정하기 위한 다양한 도구가 개발되어 있다. 예를 들어 생태도(eco-map), 가계도(genogram), 사회적 관계망 격자(social network grid) 등을 활용하여 이용자의 사회적 지지망에 대한 체계적인 사정을 수행 할 수 있다.

〈표 2-3〉 사회적 관계망 격자(social network grid)

ID___ 응답자	생활영역	물질적 지지	정서적 지지	정보조언	비 판	원조 방향	친밀도	만나는 빈도	알고 지낸 기간
작성자	1. 가구원 2. 다른 가족 3. 직장, 학교 4. 조직 5. 다른 친구 6. 이웃 7. 전문가 8. 기타	1. 거의 없다 2. 가끔씩 3. 거의 항상	1. 거의 없다 2. 가끔씩 3. 거의 항상	1. 거의 없다 2. 가끔씩 3. 거의 항상	1. 거의 없다 2. 가끔씩 3. 거의 항상	1. 양방향 2. 그들에게만 3. 그들이 당신에게만	1. 거의 친하지 않음 2. 가까운 정도 3. 매우 가까움	1. 1년에 몇 번 2. 한달에 몇 번 3. 주마다 몇 번 4. 매일	1. 1년 이하 2. 1~5년 3. 5년 이상
01									
02									
03									
04									
05									
06									
07									
08									
09									
10									
11									
12									
13									

출처 : E. Tracy & J. Whittaker(1990), "The Social network map : Assessing Social support in Clinical Practice," Families in society, Vol. 71(8) p, 465.

특히 사회적 관계망 격자는 관계망의 크기, 구성, 관계, 성질 등에 관한 정보를 수집할 수 있게 해준다. 이러한 사회적 관계망 사정도구는 이용자의 사회적 환경 내에 존재하는 스트레스 요인, 긴장, 지지 자원, 이들 자원에 대한 이용자의 주관적 인식 등에 관한 정보를 체계적으로 수집, 확인하는 데 도움이 된다.

(2) 사회적 지지 개입 수준 결정

사회적 지지 개입은 다면적 접근의 특성을 지니고 있는 것으로, 일정한 포괄적인 준거 틀에 쫓아 진행해 나가는 것이 필요하다. 이는 대체로 이용자의 스트레스 수준, 사회적 관계망의 지지 제공 능력, 이용 가능한 공식적 서비스의 존재 등에 따라 달라진다. 대표적인 지지 개입 전략을 소개하면 다음과 같다.

첫째, 개인적 관계망 전략은 이용자가 가족, 친지, 이웃, 서비스 제공자 등과 현재 맺고 있는 관계, 혹은 잠재되어 있는 관계에 초점을 두고서 그것을 강하게 하거나 소원해진 관계를 활성화시키거나 새로운 관계를 수립하도록 원조해 나가는 것을 의미한다.

둘째, 자원봉사자 연계 전략은 자원봉사자를 육성하여 기존의 사회적 지원이 제한된 이용자에게 연결시켜 주는 것을 의미한다.

셋째, 상호원조 관계망 전략은 사회적 고립을 줄이고 자원을 공유할 목적에서 공통의 문제, 관심, 배경을 갖고 있는 개인들의 조직화를 도모하는 방안을 의미한다.

넷째, 인근지역 원조자 전략은 비공식적으로 이미 중요한 원조역할을 수행하는 이웃 주민들을

〈표 2-4〉 사회적 지지 네트워크 접근에서의 사회복지사의 역할

역 할	원조 방식						
	개인 네트 워크	가족 보호자 지원	케어 매니지 먼트	인근 지역 원조	볼런 티어 연계	상호 원조 자조	지역의 활성화
1. 대변자						○	○
2. 조정자			○				
3. 조언자		○		○	○	○	○
4. 직접 서비스 제공자	○						
5. 촉진자		○		○	○	○	○
6. 주창자, 개발자		○		○	○	○	○
7. 네트워크 상호 간의 연계자	○	○	○	○			○
8. 네트워크 내부 간의 연계자	○		○	○			○
9. 관리자			○	○			
10. 자원제공자						○	
11. 수퍼바이저					○		

출처 : D. Biegel et al.(1984), *Building Support networks for the Elderly*, CA : SAGE Publi-cations, p. 41.

지지하여 협력케 함으로써 지역에서 서비스 개선을 도모해 나가는 것을 언급한다.

다섯째, 지역 활성화 전략(community empowerment strategy)은 서비스의 개선을 계획하고, 욕구충족을 위한 기존의 자원을 확인하기 위해 지역사회 내의 비공식적인 지도자들 사이의 연결을 발달시켜 나가는 것을 포함한다. 즉 지도자를 중심으로 특별위원회, 토론 집회 등을 열어 지역 내 서비스의 개선을 도모해 나가는 것이다.

(3) 사회적 지지 개입

사회적으로 지지망 접근을 적절하게 전개해 나가기 위하여 사례관리자는 전문직으로서 다양한 역할을 수행할 필요가 있다. 그러한 역할은 일정하게 규정된 것은 아니나, 비겔(Biegel)은 <표 2-4>와 같이 이를 열한 가지 조항의 역할로 분류한 바 있다. 사회적 지지 개입과 관련된 전문적 활동을 언급하면 다음과 같다.

① 관계망을 이용할 수 있도록 이용자를 준비시킨다.

지지망에 대한 욕구를 가장 많이 갖고 있는 사람들은 대체로 관계망 성원과 효과적으로 접촉하지 못하는 경우가 많다. 사회적 지지망은 그러한 관계를 유지하고 촉진하는 필요한 기술을 충분히 갖고 있는 사람에게 도움이 된다. 따라서 사례관리자는 지지망 성원과 상호작용하는 이용자를 관찰함으로써 그의 의사소통 기술을 사정해야 한다. 이용자와 함께 공식적인 지지망 모임에 동행하는 것은 집단 성원과 절차에 친숙하게 하는 한 가지 방법이 되기도 한다. 필요하다면 사례관리자는 역할극를 통해 다른 사람과 효과적으로 의사소통하는 방법을 가르쳐 줄 수도 있다. 특히 사례관리자가 지지집단을 이끌 경우, 의사소통 기술을 습득하는 데 많은 시간을 할애해야 한다. 즉 새로운 성원의 이야기를 경청하고 피드백을 주고받고, 다른 사람을 방해하지 않으면서 자신의 의견과 감정을 표현하는 방법을 가르쳐 주는 것에서 집단이 시작되는 것이 바람직하다.

② 비공식적·공식적 원조자를 지지, 교육한다.

비공식적·공식적 원조자들은 이용자를 도움으로써 개인적 만족감을 얻기도 하는 한편, 좌절감과 소진을 경험하기도 한다. 때로 그들은 자신들이 직면한 문제를 논의할 기회를 필요로 하기도 하고, 이용자를 지지하는 데 대한 외부의 인정을 얻고 싶어 하는 경우가 있다. 사례관리자는 이러한 그들의 만족감과 좌절감을 모두 이해하고 인식해야 한다. 또한 그들은 지지망 성원이 이용자의 욕구를 보다 잘 이해하고, 이용자의 요구에 잘 반응할 수 있도록 교육시킬 필요가 있다.

③ 공식적 지지망을 개발한다.

이용자가 자조집단, 소비자집단 혹은 다른 조직화된 집단에 참여하도록 격려한다. 이러한 지지체계는 비슷한 유형의 문제를 경험하고 있는 다른 이용자의 친척이나 보호자들과 상호작용할 수 있는 기회를 제공할 뿐만 아니라, 전문가와의 관계와는 다른 이해, 격려 등을 경험하게 한다.

5. 강점 관점

1) 강점관점과 해결중심모델

강점관점은 사회복지실천에서 문제에 초점을 둔 문제중심 접근이 문제를 해결하지 못하는 것을 인식함에 대한 반성으로부터 발전되었다. 반면에 해결중심모델은 가족치료분야에서 클라이언트에게 무엇이 단기적으로 변화를 가져오는 가에 관심을 갖고 면접을 통해 클라이언트를 관찰하는 효과적이고 유용한 면접기술을 발전시켜왔다. 이 두 접근은 서로 걸어 온 길은 다르나 모두 사회복지와 원조전문직에 오랫동안 영향을 준 문제에 초점을 둔 문제-해결(problem-solving)접근과 병리적인 것에 기초한 모델에 만족하지 못함으로부터 시작 발전된 공통점을 가지며, 사회복지와 기타 원조전문직에서 중요한 패러다임의 전환을 가져왔다 (Weick et al., 2006: 116-117)

강점관점은 만성정신질환을 가진 클라이언트들이 그들의 삶에서 원하는 것이 무엇인가에 초점을 두어야 한다는 생각에서 시작하였다. 이것은 클라이언트가 정신질환이 있음에도 불구하고 그 문제를 넘어서 자신의 삶을 건설할 수 있다는 전제에 기초한다. 병리적인 것에서 강점으로의 실천 전환은 상당한 결과를 가져왔다. "가망이 없는 사례'들도 클라이언트 자신이 정한 목표 면에서 볼 때 그들은 삶에서 커다란 향상을 보였다. 이와 같이 클라이언트들이 새 삶을 향해 갈 수 있도록 한 것은 문제에 초점을 두었던 것에서 그들의 재능과 자원, 그리고 그들의 능력에 초점을 두는 것으로의 전환에서 비롯된 것이었다. (Weick et al., 2006: 117-118)

강점사정도 클라이언트들로 하여금 좀 더 만족스러운 삶으로 이끌어 갈 수 있는 클라이언트가 원하는 구체적인 목표들을 마음속으로 그려나갈 수 있도록 하기 위해 실천가가 클라이언트의 삶의 여러 영역에서 자원들을 수집하는 방법에서 발전 된 것이다. 강점에 기반한 사례관리가 정신보건 영역에서 더욱 적용, 발전되면서 정신보건 실천가들은 클라이언트가 원하는 목표와 열망에 초점을 두고, 성공으로 이끄는데 도움이 되는 계획을 클라이언트가 구축하는 것을 돕는 훈련을 받게 되었다. 이때 사례관리자의 역할은 단지 클라이언트들이 목표를 발견하는 것을 돕는 것이며 클라이언트의 재능과 능력 그리고 그들의 목표를 성취하는데 도움이 되는 가족과 이웃 그리고 지역사회의 자원들을 함께 발견하는 것이다 (Weick et al., 2006: 118)

이렇게 이 접근은 모두 클라이언트가 가지고 있는 강점과 능력이 변화를 가져온다는 믿음에 근거를 두고 있으며 실천에서도 공통점을 갖는다. 첫째, 이 두 접근은 모두 "클라이언트가 있는 곳에서부터 시작"하며, 목표와 해결책이 실천의 중심초점이라고 할 수 있다. 전통적인 접근에서 실천가들은 클라이언트가 원하는 것에 주목하지 않고 그들이 필요로 하는 것을 평가하였으나, 강점관점과 해결중심모델은 모두 클라이언트가 원하는 것에 주목한다. 실천가가 클라이언트들이 원하는 것에 주의를 기울이는 것은 클라이언트가 알고 있는 자신이 처한 상황에 관한 지식을 이끌어내는 중요한 과정의 시작이다. 둘째, 강점관점과 해결중심모델은 모두 문제 너머에 있는 클라이언트가 원하는 삶의 자세한 모습을 탐색하기 위해 그들과 파트너쉽을 형성하는 공통점을 가진다. 이러한 공통점은 강점관점과 해결중심모델 모두 문제가 해결책을 발견하는 것과 관련되어 있다고 생각하지 않음을 의미한다 (Weick. et. al., 2006: 119-120)

이 점에서 강점관점은 사람들의 실패와 결함보다는 그들의 능력과 열망에 초점을 둠으로써 오랫동안 지배해 왔던 병리적 관점에 도전하고 변화를 만들어 왔다. 특히 클라이언트가 원하는 것에 주목하고 그들의 강점과 자원을 활용하여 긍정적으로 그들의 삶을 변화하는 것을 돕기 위한 실제적인 면접기술을 개발하였다.

해결중심의 면접기술은 면접하는 동안 실천가들이 클라이언트들이 이미 가지고 있는 자원들에 초점을 맞추고 클라이언트에 대한 넓고 다양한 관점을 유지하면서 클라이언트가 자신의 강점과 자원을 발견하고 그것들의 유용함에 대한 확신 속에 자신의 강점과 자원을 확대 활용하는 것을 돕는데 매우 유용하다. 해결중심 면접은 클라이언트의 참여를 장려하고 그들의 역량을 강화하는 데에도 실용적이고 구체적인 방법을 제공한다. 실천가가 클라이언트들이 참여를 장려하면 할 수록 서비스도 개별화되고, 클라이언트의 존엄성도 극대화시켜 스스로 결정하는 것을 촉진시킨다(노혜련·허남순 역, 2005: 354 356). 즉, 해결중심모델은 현장에서 강점관점을 실현하고자 하는 실천가들에게 보다 선명한 방법론을 제시하였다고 볼 수 있다.

2) 강점관점 해결중심접근의 기본원리

(1) 클라이언트의 강점과 능력에 초점을 두고 그것을 활용한다.

강점관점 해결중심 접근에서는 클라이언트에게 비록 병리를 증명할만한 많은 증거들이 있다 하더라도 모든 사람은 태어날 때부터 삶의 힘과 에너지 그리고 변화의 능력을 가지고 있으며 변화의 본질이라고 할 수 있는 그러한 힘과 능력은 개인과 사회를 변화시킬 수 있다고 본다. 따라서 강점관점 해결중심 접근은 건강하고 긍정적인 것을 강조한다. Saleeby 의 역량강화[13]에 관한 견해와 이것에 기초한 가정은 전통적 문제해결 접근과 명백한 대조를 이루며, 문제에 초점을 맞추는 대신 실천가가 클라이언트와 함께 그들의 문제를 극복하는데 활용할 수 있는 개인적인 자원과 강점을 발견하는데 초점을 둔다(노혜련·허남순 역, 2005: 13-14).

인간은 개인적으로 갖는 흥미와 강점에 기초하여 발전하고 성장한다. 사람들은 보통 잘 하지 못하는 것은 피하고 대신에 자신이 잘 할 수 있는 것에 시간을 사용하고 그것을 즐기며 의미를 둔다. 그러므로 실천가 중심으로 클라이언트의 문제에만 초점을 두고 사례계획을 세우는 것보다 클라이언트 개인과 그 가족의 강점에 대한 탐색에 기초하여 클라이언트와 함께 결정한 계획을 수립할 때 클라이언트 체계의 변화를 더욱 수월하게 만들어 낼 수 있다.

(2) 클라이언트가 원하는 것에 초점을 둔다.

사례관리에 있어 해결중심접근은 사례관리자로 하여금 클라이언트가 경험하는 문제에 대해 어떤 가정도 하지 않도록 하고 클라이언트가 느끼는 개별적이고 자신만의 독특한 어려움에 주목함으로써 클라이언트입장에서 그가 원하는 것이 무엇인가를 알아내는 것에 초점을 두도록 한다. 사례관리자는 사례 면접에서 클라이언트와 문제를 논의하고 전문가의 특정한 이론적 입장을 클라이언트가 수용하도록 납득시키는데 시간을 사용하지 않는다. 대신에 클라이언트의 견해를 액면 그대로 수용하면서 그의 원함을 잘 경청하는데 (가족치료연구모임 역, 2001: 23-25), 이것은 사례관리자가 클라이언트의 준거틀을 수용하고 그 준거틀 내에서 작업한다는 것을 의미한다.

강점관점 사례관리 실천가는 클라이언트가 원하는 것에 초점을 두고 목표를 형성하고 그것을 성취하기위해 그들 자신이나 가족 특성에 따른 강점과 그들에게 도움이 되는 모든 자원을 활용한다. 이것은 각 클라이언트 특성에 맞추는 맞춤식의 접근을 의미하며, 많은 사람들에게 일반적으로 적용될 수 있으나, 개개 클라이언트를 위한 것이 아닌 전통적인 접근의 제한점을 극복한 것이라고 할 수 있다.

(3) 사례관리자는 클라이언트의 협력자로서 활동한다.

클라이언트의 협력자로 활동하는 사례관리자는 클라이언트에게 일방적으로 협력을 요구 하는 전문가 중심[14]의 접근을 사용하지 않고, 클라이언트가 원하는 것에 주목하며, 그가 이미 가지고

---

13) 사례관리의 목적은 클라이언트 스스로가 좀 더 생산적이고 만족할 만한 삶을 살도록 클라이언트의 역량을 강화하는 것에 있다. 사례관리자가 클라이언트의 역량을 강화한다는 것은 "클라이언트 자신을 비롯하여 가족과 이웃 안에 내재해 있는 힘 곧 강점을 발견하도록 돕는 것(Saleeby, 2006: 11)"을 의미한다.

있는 능력과 강점에 초점을 두고 그들에게 생각의 변화가 어떻게 일어나는 지를 잘 파악해야 한다. 이를 위해 사례관리자는 클라이언트와의 쌍방적인 상호작용을 통해 계속적으로 클라이언트로부터 배워야 한다. 즉, 사례관리자는 클라이언트가 사용하는 표현과 언어를 통해 그들의 관점과 그들 자신을 이해하고자 지속적인 노력을 기울여야 하는 것이다.

Barbara Levy Simon(1994)는 임파워먼트의 개념을 정의하면서 그 개념 안에 "클라이언트와 가족 구성원들과 협력하는 동반자가 되는 것"을 반드시 있어야 할 요소로 꼽았다(Saleeby, 2006: 12에서 재인용). 즉, 클라이언트가 가지고 있는 역량을 강화하기 위해서는 클라이언트가 자신이 당면한 문제를 해결하는 주체가 될 수 있도록 실천가는 그들에게 좋은 협력자가 되어야한다는 것이다. 이처럼 함께 일하는 것을 의미하는 협력에 있어 에너지의 흐름이 쌍방적이어야 한다는 것은 매우 중요한 것이다.

이렇게 클라이언트와 협력적 상호작용을 촉진하는 방식으로 클라이언트를 돕는 사례관리 전문가들은 클라이언트에 대한 온정주의에 빠진다거나 클라이언트를 희생자로 만들거나 클라이언트 관점을 선매하는 행동을 하지 않게 된다(Saleeby, 2006: 18). 뿐만 아니라 협력은 클라이언트가 실천가와 함께 일하는 것을 용이하게 해주고 사례관리가 진행되어감에 따라 자연스럽게 클라이언트 자신이 문제해결의 주체가 되어 가도록 도모한다.

(4) 클라이언트는 지속적으로 배우고 성장하며 변화하는 존재이다.

클라이언트를 돕는다는 것은 클라이언트의 삶에서 자연스럽게 일어나는 변화를 단지 확인하고 그 변화를 해결책으로 활용하는 작업이다(가족치료연구모임 역, 2001: 30). Walter &Peller(1992)는 클라이언트의 삶에서 변화가 항상 일어나고 있다고 본다면, "변하지 않는 상태에서 어떻게 변하는 상태로 갈 것인가?" 에 대해 설명하는 단계를 생략하고 간단하게 지금 클라이언트와 그 가족이 원하는 방향으로 지속적으로 변화해 가는데 의미있고 가능한 것을 찾아내는 것을 도와주는 것이 클라이언트와 사례관리자 모두에게 훨씬 쉬운 방법이며 변화를 만들어 가는데 더욱 효과적이라고 한다(가족치료연구모임 역, 1996: 38에서 재인용).

(5) 현재와 미래를 지향한다.

강점관점 해결중심 사례관리 실천에서는 과거보다 현재와 미래가 강조된다. 클라이언트에게

14) 사회복지사를 비롯하여 많은 원조전문가들은 클라이언트들에게 필요하다고 여겨지는 것과 그들에게 유용하다고 생각하는 정보를 제공하고 클라이언트로 하여금 그것을 따르도록 직면과정을 통하여 클라이언트의 협력을 구하는 자세를 많이 취하고 있다. 그러나 엄밀히 말하면 이러한 전통적인 접근에서 강조하는 협력은 함께 일하는 상호작용적인 협력이라고 보기 어렵다.

과거에 무엇이 문제였는가 보다 그가 현재와 미래에 어떻게 잘 적응할 것인가에 우선적인 관심을 둔다. 따라서 클라이언트에게 과거 오랜 기간 동안 문제가 발생하였던 원인에 대해 묻고 이해하는 것보다 클라이언트가 현재 무엇을 하고 있고, 미래에 무엇을 할 것인가에 초점을 맞추고 클라이언트로 하여금 자신의 현재와 미래에 잘 적응하도록 돕는 것이 중요한 것이다.

그러나 과거보다 현재와 미래에 더 깊은 관심을 둔다고 해서 클라이언트의 과거에 대해 전혀 말을 하지 않는다는 것은 아니다. 클라이언트의 현재와 미래 삶은 지금까지 지내 온 시간들이 있었기에 가능하므로 클라이언트를 과거의 삶으로부터 분리할 수는 없다. 사례관리자가 과거에 대해 전혀 관심을 두지 않고 현재와 미래에 관심을 가지고 질문하여도 그와 관련된 클라이언트들이 현재 살아가는 방법을 구축하기 위해 사용한 클라이언트의 과거 정보에 대해 클라이언트들로부터 듣지 않을 수가 없다. 그러므로 사례관리자는 클라이언트가 과거와 문제로부터 가급적 멀리있게 하고, 현재와 미래에 무게 중심을 두어 해결책으로 지향하도록 도와야 한다.

3) 강점관점 해결지향 중심철학

강점관점 해결중심 사례관리 실천은 클라이언트 중심에서 클라이언트와 파트너가 되어 클라이언트가 가진 강점을 기반으로 해결책을 함께 지향하는 실천을 해 나가는 방법이다. 이것은 지금까지의 문제중심의 실천과정과는 매우 다르지만 실천해 나가는 과정에서 패러다임의 전환이 이루어지지 않고 해결중심 면접기술들이 하나의 기술로만 적용된다면 실천가는 자신의 준거틀로 클라이언트를 변화시키고자 하는 똑같은 실수를 하게 되기도 한다.

그러므로 이러한 실수를 방지하는 데에 도움이 되는 세 가지 규칙들을 소개하고자 한다. 이 규칙들은 사례관리자의 초점을 일관되게 유지하는데 도움이 된다. 그러나 이 규칙들은 경직된 의미에서의 규칙들이라기보다는 사례를 진행하는데 있어서 기본적인 안내 지침과도 같은 것이며, 사례관리자가 항상 염두에 둘만한 지혜라고도 할 수 있는 것들이다.

(1) 클라이언트가 문제 삼지 않는다면, 실천가가 먼저 고치려 하지 마라.

사례관리자는 클라이언트가 가지고 있는 강점을 바라보는 시각을 가지고 클라이언트의 준거틀을 그대로 수용하며, 클라이언트가 스스로 관리하고 잘 해결해 나갈 것이라 믿어야 한다. 다시 말해 첫 번째 규칙은 사례관리자가 클라이언트의 원함이 무엇인지에 초점을 두고 그것을 발견하라는 것이다.

(2) 효과가 있는 것이 무엇인지 알면, 그것을 더 많이 시도하라.

문제에 대한 클라이언트의 예외적 성공이 상세히 밝혀진다면 사례의 목표는 매우 쉽게 규명될 수 있다. 따라서 사례관리자가 기억해야 할 또 하나의 규칙은 효과가 없는 것은 중단하고 클라이언트 삶에서 좋은 결과를 가져오는 것을 더 많이 하라는 것이다.

(3) 그러나 그것이 효과가 없다면 반복하지 말고, 다른 것을 시도하라.

클라이언트가 계속 효과가 없는 것을 반복하게 된다면, 그는 효과가 없는 것에 계속 집중하게 됨으로 인해 다른 대안을 더욱 볼 수 없게 되며 클라이언트의 상황은 더욱 악화되고 그가 원하는 결과로부터 더욱 멀어지게 될 것이다. 따라서 사례관리자는 클라이언트로 하여금 자신에게 효과가 있는 것을 스스로 주의 깊에 관찰하고 찾아갈 수 있도록 돕기 위해 효과 없는 것에 집중하지 않고 다른 것을 시도할 수 있도록 도와야 한다. 비록 그것이 다소 비논리적이고 부적절하다 생각되더라도 어떤 것이든 다른 것을 해보는 것이 필요하다.

참고문헌

정무성, 「지역사회복지의 전망과 과제」, 2000년 한국사회복지학회 춘계학술대회자료집, p.182, 2000.

Biegel D. et al., *Building Support Networks for the Elderly*, CA: SAGE Publictions, 1984.

Blythe B. , "*Social Support Network: in Health Care and Health Promotion,*" in J. Whittaker & Garbarino et al., Social Support Networks, New York: Aldine Publishing Company, 1983.

Cobb S., "*Social Support as a Moderator of Life Stress*" Psychosomatic Medicine, 1976.

Cox E. & Parsons R., *Empowerment-oriented Social Work Practice with the Elderly*, CA: Brooks/Cole, 1993.

Floland C. et al., *Helping networks and Human Services*, CA: SAGE Publications, pp. 140～159, 1981.

Gallo F., "The Effects of Social Support Networks on the Health of the Elderly," *Social Work in health Care*, Vol. 8(2), 1983.

Germain C., *Human Behavior in the Social Environment*, New York: Columbia University Press, 1991.

Golan N., "Intervention at Times of Transition: Sources and Forms of Gelp," *Social Casework*, Vol. 61(5), pp. 260～263, 1980m.

Parsons J. et al., *The Integration of Social Work Practice*, CA: Brooks/Cole, p. 27, 1994.

Rapp C., *Strengths Model: Case Management with People Suffering from Servere and Persistent Mental Illness*, Oxford University Press, 1998.

Rothman J. & Sager J., *Case Management: Integrating individual and Community Practice*, Brentice-Hall, 1997.

Saleebey D. ed., *Strength Perspecitive in Social Work Practice*, White Plains, New York: Longman, 1996.

Hwang S. & Cowger C., "Utilizing Strengths in Assessment", *Families in Society*, 1998.

Larraine M., DeLois K. & GlenMaye L., "Understanding Empowerment Practice: Building on Practitioner-based Knowledge," *Families in Society*, Vol. 76. p. 535, 1995.

Litwak E. & Szelenyi I., "Primary Group Structures and Their Functions: Kin, neighbors, and Friends," *American Sociological Review*, Vol. 34(4), p.465, 1969.

Miley K., O'Melia M. & Dubois L., *Generalist Social Work Practice: An Empowering Approach*, New York: Allyn and Bacon, 1995.

Anderson, H. (2005). A Postmodern Collaborative Approach to Therapy: Broadening The of Clients and Therphists.

http://www.harleneanderson.org/writings/postmoderncollaborat iveapproach.htm

Berg. I. K (1994). Family-Based Services: A Solution-Focused Approach. New York: Norton.

Berg. I. K & de Shazer, S. (1993). Making Numbers Talk: Language in Therapy. In S. Friedman (Ed.). The New Language of Change: Consructive Collaboration in Psychotherapy(5-24). New York: Guilford.

De Jong, P. & Miller, S. (1995). How to Interview for Client Strenths. Social Work, 40(6):729-736.

Forchuk, C.,Ouwerkerk, A., Yamashita, M., & Martin, M. (2002). Mental Health Case Management In Canada: Job Description Analyses. Issues in menl Health Nursing, 23: 477-496.

Program On Poverty and Social Welfare Policy. (1999). What FIA Directors Have To Say About Welfare Reform: Highlights From Interviews With FIA County Directors/Distirct Managers In Michigan. Ann Arbor: University of Michigan.

Rapp, R.c. (2006). Strengths-Based Case Management: Enhancing Treatment for Persons wih Subsance Abuse Problems. In D. Saleeby (Ed.), The Strengths Perspective in Social Work Practice(4th ed., 128-147). Boston: Allyn and Bacon.

Saleeby. D. (2006). Power in the People. In D. Saleeby (Ed.), The Strengths Perspective in Social Work Practice(4th ed., 1-24). Boston: Allyn and Bacon.

Schon, D. A. (1983). The Reflective Practitioner: How Professionals Think In Action. New York: Basic Books

Weick, A., Kreider, J., & Chamberlain, R. (2006). solving Problem From A Strengths Perspective. In D. Saleeby (Ed.), The Strengths Perspective in Social Work Practice(4th ed., 116-127). Boston: Allyn and Bacon.

Yahoo! Korea Corp & YBM시사닷컴. (2006). http://kr.dic.yahoo.com

제 3 장 사례관리자의 역할과 기능

학습목표

사례관리의 체계를 구성하는 핵심적 요소인 사례관리자의 역할의 중요성을 인식하고 이용자의 욕구를 충족시키기 위해 다양한 전문적 접근이 필요함을 이해한다.

1. 노인장기요양보험 제도에서의 사례관리자의 역할과 기능

사례관리자는 사례관리 체계를 구성하는 핵심적인 요소이다. 이용자와 서비스 체계를 연결시키는 그들은 다른 서비스 제공자들과 협력하여 이용자에게 수직적, 수평적 보호의 연속성을 보장해 주고, 이용자가 가장 높은 수준의 사회적, 경제적, 신체적 통합을 달성하도록 보장하는 1차적인 책임자이다. 이러한 책임을 완수하는 사례관리자는 크게 다음의 세 가지 핵심적 기능을 수행해야 한다.

첫째, 이용자의 포괄적 욕구를 충분히 인식한다. 이것이 중요한 이유는 사례관리자가 '전체'로서의 이용자 복리를 책임지는 유일한 서비스 제공자이기 때문이다. 둘째, 이용자와 그들의 욕구에 적합한 서비스 체계를 조정, 연결한다. 셋째, 이용자에게 제공되는 서비스에 대해 지속적으로 점검한다.

1) 핵심 기능

사례관리자는 이용자의 옹호자로서의 역할을 수행하는 과정이므로 사례관리자가 대상자의 욕구를 상세히 사정하고 이용자가 질적 서비스를 제공받을 수 있도록 원조하는 적극적인 역할을 강조하는 반면, 자원 통제자로서 제한된 자원을 가장 효율적, 효과적인 방법으로 할당하는 역할을 강조한다.

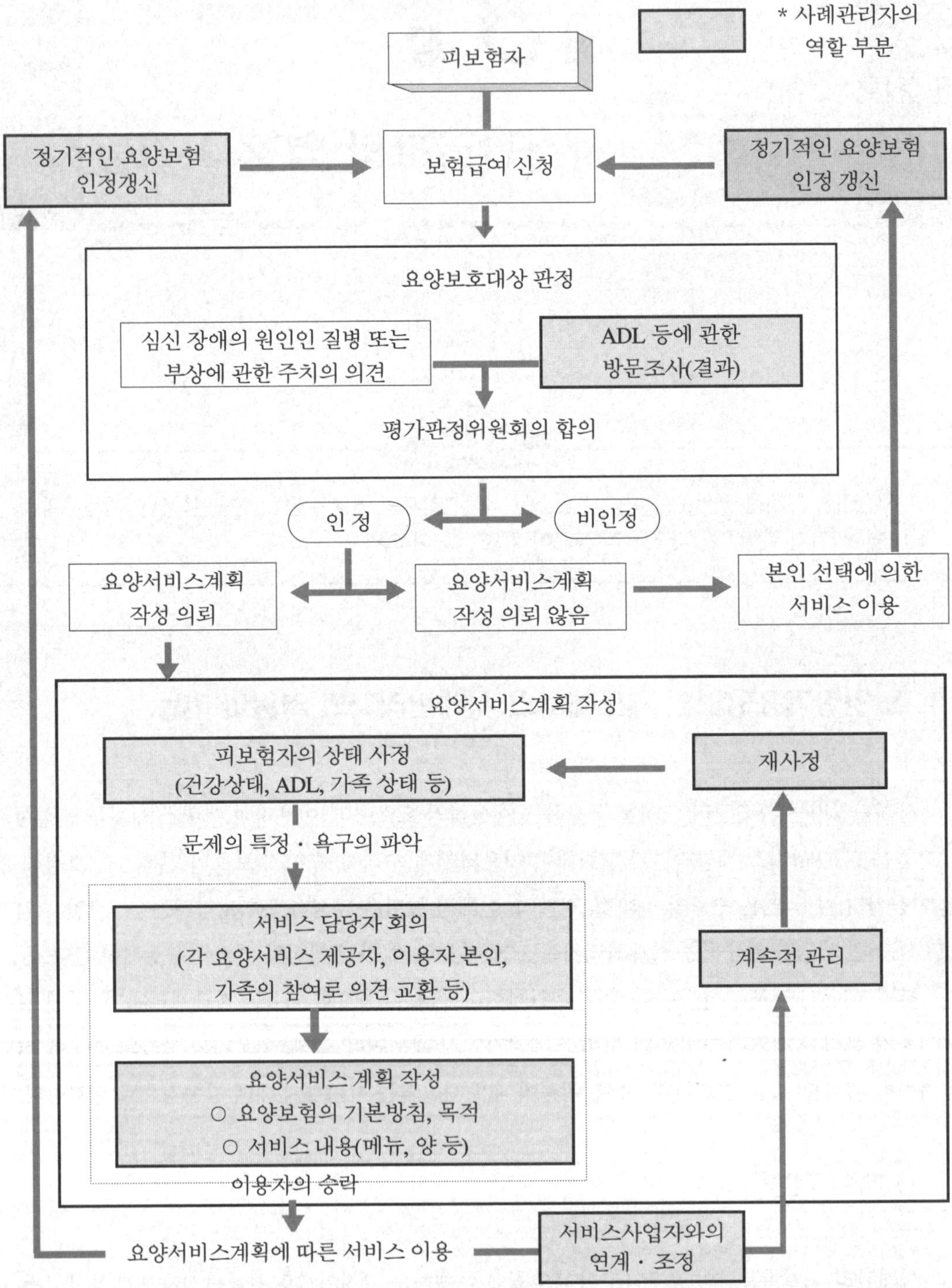

〈그림 3-1〉 사례관리자의 역할과 기능

일반적으로, 자원 통제자와 옹호자의 역할은 상호 모순되게 보인다. 전자가 서비스의 이용을 통제하지만, 후자는 이용자가 가장 많은 서비스를 제공받을 수 있도록 원조한다. 오늘날 사례관리자가 이러한 상반된 두 역할을 동시에 수행할 수 있는 것이 가능한지에 대한 의문이 계속 제기되고 있다. 이용자의 옹호자로서 기능과 체계의 대행자로서의 기능을 조화시키려는 노력은 사례관리자에게 하나의 도전이며, 스트레스를 가중시키는 요인이다.1)

2) 전문분야

두 번째로 자주 제기되는 문제는 과연 어떤 분야의 전문가가 사례관리자로 적합한가에 대한 것이다. 사례관리자는 프로그램에 따라 다양한 형태를 취한다. 일부는 전문적으로 훈련된 사람을 요구하나, 일부는 전문가의 지도 하에 있는 보조원으로 충분히 수행되기도 하고, 극단적으로는 자원봉사자나 가족 성원에 의해 수행되기도 한다.

전문 교육을 받은 사례관리자는 사회복지사, 심리학자, 간호사, 교육자 등 다양한 출신의 사람들이 될 수 있지만, 대체로 사회복지사들이 사례관리의 1차적인 제공자가 되고 있다. 그러나 최근에 정신질환자, 에이즈 환자, 알츠하이머 노인 등 다양한 만성 질환 인구 수의 증가로 인해 사회복지사 이외의 다른 보건 관련 전문가들의 활용이 증대되고 있다. 왜냐하면 이러한 케어 대상층의 욕구는 보건과 사회적 서비스가 겹치는 공유 영역에 속하는 것이 대부분이기 때문이다. 실제로, 미국의 경우 케이스 매니저의 4분의 3이 사회복지사이며, 나머지 4분의 1은 간호사, 작업치료사, 물리치료사, 의사, 재활상담원 등이 담당하고 있다. 캐나다에서는 사회복지사와 보건부가 한 팀을 이루어 사례관리를 실시하고 있는데, 보건복지부는 이용자의 건강이라는 관점에서, 사회복지사는 사회생활 지지라는 관점에서 관여하고 있다.

다른 전문직과 비교해 사회복지사들의 사례관리자 역할에 적절한 근거를 제시하면 다음과 같다.

- 사례관리가 사회복지사들에 의해 수행될 때, 간호사나 다른 전문 직원에 의해 제공될 때보다 이용자를 위한 옹호 활동에 강한 역량을 발휘하는 특징이 있다.
- 사회복지사들이 속해 있는 기관은 대개 지역사회 중심 서비스를 제공하는 핵심 기관으로써 기능한다. 사회복지 가치 체계와 기술은 이들 기관의 중심적 요소이다.
- 사회복지사들은 인간과 환경 간의 상호작용에 초점을 두는 관계로, 개인적 차원에서 사정하기보다 사회적, 대인 관계적 관점에서 문제를 평가하기 때문에 이용자의 다중적인 문제로 사정하는게 적합하다.

---

1) R. Kane(1992), "Case Management: Ethical Pitfalls on the Road to High-quality Managed Care," in S.Rose, Case Management Social Work Practice, New york : Longman, pp.220～221.

- 사회복지는 다른 전문직에 비해 서비스 이용자들의 참여를 강조한다. 권위적 접근을 취하기보다는 문제 사정, 계획, 서비스 제공의 전 과정에 걸쳐 서비스 이용자들과의 동반자적 관계를 지향하며, 궁극적으로는 개인의 자율성, 독립성을 강조한다.

3) 교육 수준

사례관리자의 교육 수준과 관련해서 이견이 존재한다. 사례관리자의 교육 수준은 대체로 고도의 전문적 기술을 요하는 관계로 석사학위 이상의 소지자를 사례관리자로 보는 관점도 있는 한편, 사례관리 활동에서 아웃리치, 의뢰, 일상의 환경적 지지, 일부 사후 평가 활동은 전문가보다는 학사학위 정도의 준 전문가에 의해 수행되는 것이 적절하다고 보는 관점도 있다.

미국의 경우, 최근에는 사례관리자의 전문성에 대한 요구가 점점 높아져 사례관리자를 구분하여 상급 사례관리자라 호칭하기도 한다. 상급 사례관리를 실천하는 직원은 복잡한 과업을 수행할 수 있는 능력을 소지하고 있는 사람으로, 그들의 전문적 능력은 위기 개입, 아웃리치, 사정, 상담과 같은 임상적 기술뿐만 아니라, 비공식적 지지체계 및 공식적 서비스 조직체와의 혁신적 협력 및 연계, 옹호, 교육 활동에서 발휘된다. 이들은 보다 큰 자율성이 주어지는 대신에 더 큰 책임감이 부과된다. 자율성이 업무를 조직하고 수행하는 데 있어서 자기 결정권을 갖는 정도를 의미한다면, 책임감은 광범위한 과업을 완수하는 것을, 복잡성은 일의 어려움 정도를 언급한다.[2)]

교육 수준에 대한 상이한 견해는 사례관리자의 지위와 관련하여 중요한 문제를 제기한다. 즉 사례관리자가 전문가이어야 하는가 아니면 준 전문가 수준도 가능한 것인가에 대한 논제이다. 준 전문가로서의 사례관리자는 사례관리 활동을 향상시키지 못할 뿐만 아니라 이용자가 제공받는 보호의 질을 격하시킬 수 있고, 나아가 다른 관련 전문가들의 신임도 얻기 힘들다는 비판을 받고 있는 반면, 전문가를 사례관리자로 활용하는 경우는 이용자에게 직접적인 서비스(상담, 심리치료)를 제공하는 데 상당한 시간을 보낼 뿐 사례관리의 역할인 연계, 의뢰, 옹호, 사후 평가 등을 등한시한다는 비판이 있다.[3)] 종종 전문가들은 치료 활동을 전문적인 활동으로 인식하는 반면 연계나 중개, 의뢰 등은 그들의 전문적 교육 수준에 맞지 않는다고 생각하여 수행하려 하지 않는 경향이 있기 때문이다.[4)]

최근에는 사례관리자가 준 전문가이냐 전문가이냐의 문제보다는 사례관리의 목표와 과업을 분명히 규정짓고 그들에게 지속적으로 이를 교육, 훈련시키는 일에 주안점을 두고 있다. 사례관리

---

2) Raiff N. & Shore B.(1993), Advanced Case Management, CA: SAGE Publications, p.16.
3) Intagliata J.(1992), "Improving the Quality of Community Care for the Chronically Mentally Disabled," in S. Rose, op. cit., p.42.
4) Renshaw J. et al.(1998), Care in the Community: the First Steps, Gower Publishing Company, p.106.

자의 훈련이 효과적인 사례관리 체계 구축에 필수적인 요소로 인식되고 있는 것이다. 전문적 수준에 관계없이, 그들은 자신들의 기능과 책임에 대한 분명한 이해를 갖고 역할에 임하는 것이 중요시되고 있다. 사례관리자를 위한 주요한 교육 훈련 영역은 크게 다음의 세 가지로 요약된다.5)

- 사례관리 활동을 이끄는 중심 가치(예를 들어 참여, 자기 결정, 비밀 보장, 정상화 등)에 대한 교육
- 정신질환, 약물 남용, 정신지체 등 정신보건 관련 문제의 성질(원인, 정의, 결과, 제한점 등), 의료 조치, 이들 이용자의 법적 권한, 지역사회 내 특정 서비스의 이용 가능성 등과 같은 장기적 보호 영역에 대한 기본 정보의 교육
- 사례관리 과정과 관련된 기술 교육, 예를 들어 이용자의 관계 형성 기술, 실제적 문제해결 기술, 위기 상황에 개입하는 방법, 효과적으로 이용자를 옹호하는 기술, 자원을 연계하는 기술 등에 대한 교육이 필요하다.

2. 사례관리자의 역할 및 업무

케어 플랜이란 요양서비스 대상자로 판정받은 후 필요한 요양서비스의 계획을 사전에 수립하여 일정한 요양서비스를 받도록 하기 위한 노인장기요양보험제도의 주요 요소이다. 건강보험이 환자의 필요에 의하여 의료서비스 등의 급여대상 서비스를 받은 후 서비스 제공자가 사후적으로 건강보험공단에 비용을 청구하는 제도인데 비하여, 노인수장기요양보험제도는 서비스 내용을 사전에 규정하여 수급자가 서비스를 받을 수 있도록 하게 되는 것이다. 이에 따라 이 케어 플랜 관리가 노인요양보험 관리기구의 주요 업무가 될 수 있는 것이다.

건강보험공단에서는 사례관리자의 역할을 요양보호 욕구를 사정하고, 케어 플랜을 작성하며, 서비스를 조정하는 것으로 설정하였다. 이는 노인요양보호 대상자를 상담하여 요양보호 대상자의 상태에 적절한 재가 및 시설서비스 계획을 작성하여 요양서비스 관리기관, 시설 및 재가서비스 사업자 등과의 연계, 조정 업무를 담당하고, 재가서비스 계획에 근거하는 서비스가 제공되도록 사례관리자가 조정하는 역할을 맡아 재가서비스 사업자 등과의 연락 조정 등을 실시한다. 재가 요양대상자 등이 요양시설의 입소를 필요로 하는 경우에 있어서는 사례관리자가 조정하는 역할을 맡아 요양시설 등을 소개한다. 요양시설에서는 사례관리자가 작성한 서비스의 내용, 서비스 제공인력의 계획에 따라 서비스가 제공된다.

5) Intaglita J., op. cit.,p.43.

일본 개호보험에서 사례관리자는 케어욕구사정을 통해 제공서비스의 내용, 서비스 제공인력 등을 정하고 그 시설에 배치된 사례관리자가 조정역할을 맡아, 각 종별 인력과 상담하면서 케어 플랜을 작성하며, 의료서비스는 의사의 지시에 근거하여 작성한다. 또한 욕구 판정을 위하여 대상자 심신상태를 방문조사하고, 장기요양보호 대상자를 상담하여 요양보호 대상자의 상태에 적절한 재가 및 시설서비스 계획 작성 및 관련 시설, 기관을 소개하기도 한다. 재가 서비스 사업자 및 장기요양제공인력간의 네트워크를 형성시켜 줌으로써 공급체를 연결, 조정하는 역할과 장기요양시설의 시설서비스 계획을 작성하는 것도 중요한 역할이다.

이상의 내용을 바탕으로 사례관리자의 역할을 정리해 보면 다음과 같다.

① 대상자의 욕구를 상세히 사정하고 환자가 질적 서비스를 제공받을 수 있도록 지원하는 적극적인 역할(옹호자의 역할).

② 제한된 자원을 가장 효율적, 효과적인 방법으로 할당하는 역할. 환자와 각종 사회자원을 연결시키는데 집중하고 있으며, 가능한 환자의 재가 생활을 유지하게 하려는 것(자원통제자의 역할).

③ 사례관리자는 환자의 욕구의 정도와 다양성에 대해 파악하여, 사례관리 프로그램을 조직하고, 환자에게 제공되는 다른 치료적 접근법과 지역사회 안에서의 유용한 지지적 자원의 관계를 알맞게 조정하는 역할.

④ 사례관리자는 환자들이 필요로 하는 자원을 연결시켜 주고 서비스 전달을 조정해 주는 소개자, 촉진자, 연결자, 중재자, 옹호자 등의 역할을 해야 하고, 이를 위해 지역사회 자원, 환자의 권리, 정책, 환자를 옹호, 중재하기 위한 기술 등 광범위한 지식을 가지고 있어야 함.

⑤ 사례관리자는 환자에 대한 정보를 모으고, 처리하여 환자를 대신하여 자원을 조정하고, 서비스 전달에 대한 책임성을 획득하고, 서비스들의 제공결과를 점검하고 평가하기 위해 모든 기관, 모든 조직체계들의 경계전반에 걸쳐서 활동해야 함.

⑥ 대인서비스 영역 및 사회적 지지망과 관련된 환자의 상호작용에 관심을 갖고, 이러한 구조들이 환자의 욕구충족을 위해 기능하고 있는지의 여부를 검토하여 전체로서 환자의 복지를 책임지는 유일한 서비스 제공자로서 환자의 포괄적인 욕구를 충분히 인식하도록 함.

⑦ 대인서비스 조직들, 대인서비스의 주요 영역들, 공식적·비공식적서비스 영역들 전반에 걸쳐서 환자 수준의 목적·서비스·정보에 대해 조정함.

⑧ 사회적 지지망과 관련된 구성원들이 그들의 대상자에게 지지를 제공할 수 있도록 돕고, 대인서비스 제공자들이 접근 가능하고, 적절하며, 적정한 서비스를 제공할 수 있도록 도움으로써 환자의 독립성을 증진하거나 기능화의 더 높은 수준을 향해 전진하도록 돕기 위해 고안된 능력배양 활동들을 이행하도록 하는 것.

⑨ 평가 : 사례관리 서비스의 평가는 서비스가 제대로 전달되고 있는가에 대한 점검과 환자 치료 경과의 두 가지 영역에 대해 수행되어야 한다. 평가를 할 때에는 비용 - 효과적 측면, 재발과 재입원의 예방적 역할, 사회 기능의 촉진과 향상을 포함시켜야 함.

⑩ 가족치료 : 사례관리자는 환자들의 가족을 사례관리 과정에 포함시킴으로써 가족이 사례관리 과정에 개입될 때 좀 더 포괄적인 사례관리 계획을 수립, 발달시켜 나갈 수 있게 된다. 사례관리자는 가족들에게 환자의 질병에 관한 정확한 정보를 전달하고, 현재 행해지는 치료와 그 효과에 대해서 알게 해 주어야 하며, 가족구성원들에게 희망을 담은 메시지를 전달해 주어 중도에서 환자를 포기하지 않도록 조정하고 교육한다. 사례관리자가 가족의 개입을 잘 관리할 때 가족구성원은 치료가 진행되는 과정에서 사례관리자의 좋은 동반자가 될 수 있음.

⑪ 환자가 도움을 구할 수 있는 특정 전문가(또는 전문가 팀)를 얻을 수 있도록 "책임성의 고정된 지점"으로서 도움을 주고, 이와 동시에 서비스 제공자와 사회적 지지망과 관련된 구성원이 환자의 욕구에 관한 정보와 욕구충족을 위해 제공되고 있는 서비스 현황에 관한 정보를 구할 수 있도록 지원함.

⑫ 사례관리자는 문제해결자, 계획가, 지역사회 조직가, 경계 설정가, 서비스 조정가, 평가자, 자문가, 협력자, 조정가, 카운슬러의 명칭으로 불리어지는 경우도 많음.

⑬ 환자에게 제공되는 서비스에 대해 지속적으로 점검하여 실행되고 있는 서비스와 사회적 지지 활동의 영향 및 적절성에 관한 평가적 환류를 제공함으로써 대인서비스 제공자들과 사회 구성원들이 스스로 자가 교정을 할 수 있도록 도움을 줌.

⑭ 카테고리별 서비스 전달체계 때문에 "서비스 대상에서 누락된 환자", 혹은 "복합적 문제를 가지고 있기 때문에 현존하는 분류 영역들 속으로 적용되지 못하는 환자"들이 그에 합당한 서비스를 획득하도록 하고, 또한 환자의 서비스 계획 내에서 서비스의 중복성을 점검하여 내인서비스의 비용효과적 전달을 증진시킴.

3. 케어 플랜 작성 및 사례관리자 활동과 관련한 건강보험공단[6]의 참여

케어 플랜의 작성은 평가·판정에 의한 등급부여와 더불어 서비스 제공량과 서비스 제공인력을 실질적으로 조정하게 되므로 요양보험 재정을 책임질 운영주체에게는 중요한 영역이 된다. 아울러 요양 서비스 제공내역에 대한 정보를 확보함으로써 요양급여 지출 전반에 대한 정보제공 요

6) 이하 공단이라 지칭함.

양수가의 개정, 요양 서비스 범위 확대 등 요양급여 지출 전반에 대한 관리의 기본 정보원으로 활용할 수 있다. 또한 요양서비스에 대한 대상자의 욕구변화에 제도 운영주체가 좀 더 민감하게 반응할 수 있게 되고 효율적인 서비스 제공을 통해 대상자의 만족을 증대시킬 수 있는 도구로 활용할 수 있다. 따라서 사례관리자 업무영역의 상당 부분에 대해 적극적인 개입이 이루어져야 제도운영이 안정적일 수 있을 것으로 보인다.

이러한 필요성에도 불구하고 사례관리자의 업무영역에 대한 공단의 적극 개입은 현실적으로 쉽지 않다. 우선 인력 수요에서 나타난 바와 같이 향후 노인장기요양보험제도가 본궤도에 오르게 되면 사회적으로 필요로 하는 사례관리자 수는 점차 증가할 것이며, 업무영역이 점차 더욱 복잡해지고 업무량이 증가할 것이므로 공단이 그 역할을 담당한다면 조직이 비대해질 것으로 우려되고 또한 역량상의 어려움도 발생할 수 있을 것이라고 판단된다. 또한 사례관리자가 점차 전문직화 되어 갈수록 공단의 관리 하에 두는 것은 비용 측면이나 전문직의 자율성 측면에서 바람직하지 않을 수 있다.

노인장기요양보험제도의 관리운영자로서 서비스와 재정지출의 적정성을 유지하기 위해서는 건강보험공단이 노인요양보험의 보험자로서 사례관리자의 역할과 업무에 대하여 일정한 개입이 필수적임에도 불구하고 제약요인들이 있을 수 있다는 점을 고려하여, 사례관리자 업무 영역 일부를 공단의 노인요양보험 관리업무에 연계시켜야 할 것이다. 즉, 공단에서는 사례관리자 업무영역의 일부를 관리하고 이와는 별도로 제도운영 주체로서 추가적으로 부가되는 유사업무 영역을 발굴하여 인력을 활용할 필요가 있다.

가장 주된 관리영역은 사례관리자에 의한 케어 플랜의 작성 절차와 요양 서비스 급여에의 활용이 되어야 할 것이다. 이는 공단이 주도적으로 케어 플랜을 작성하지 않는다 하더라도 케어 플랜 작성의 방향에 영향력을 행사하고 각 요양 대상자의 상황에 맞추어 작성된 케어 플랜에 대한 정보를 확보하고 있어야 함을 의미한다.

1) 케어 플랜 작성의 주체 및 관련 공단 업무영역

(1) 케어 플랜의 작성 주체에 따른 고려 사항

케어 플랜 작성의 주체로는 서비스 시설 및 재가사업자(이 경우 사례관리자들은 각 시설과 재가사업소 소속이 됨), 공단(이 경우 사례관리자들이 공단소속이 됨), 마지막으로 별도의 조직(사례관리자 업무만을 전담하는 별도의 직능조직이 각 지역별로 설정되어 있는 경우)을 상정할 수 있는데, 이하에서는 각 시설 및 재가사업자가 직접 케어 플랜을 작성하는 경우와 별도의 사례관리자 조직에 의해 케어 플랜이 작성되는 경우를 나누어 장단점을 살펴보기로 한다.

서비스 제공자인 시설 및 재가 사업자가 케어 플랜을 작성하는 경우, 이용자가 재가 및 시설 서비스 이용을 결정하고 서비스 제공자를 먼저 선택해야 케어 플랜 작성이 시작될 수 있다는 점 때문에 요양보험 급여서비스 이용의 초기 단계에서 전문가의 도움을 받지 못한다는 어려움이 있게 된다. 즉, 지역사회 자원 전반에 대한 지식을 바탕으로 한 서비스 결정이 이루어질 수 없다. 재가 서비스의 경우 서비스 공급자의 형태가 다양할 수 있기 때문에 케어 플랜 작성 시 이러한 다양한 서비스를 전체적으로 통합하고 조정하는 것이 어려울 수 있고, 요양신청자의 선호 변화나 사정에 의해 재가 서비스와 시설 서비스간의 변경이 필요할 경우 혹은 재가 서비스 영역 내에서 서비스 내용의 변경이 일시적으로 필요할 경우 이에 대한 통합·조정이 어려워지며, 대상자의 상태변화에 따른 서비스 조정도 유연하지 못하여 서비스의 지속성이 약해진다. 서비스 제공자가 직접 케어 플랜을 작성하기 때문에 정해진 범위에서 케어 플랜의 전문성 및 독립성이 증가할 수 있는 반면, 서비스 지속성이 약해지며 서비스 제공자들이 직접 작성한 케어 플랜에 대한 별도의 검토과정이 없는 한 공단입장에서 서비스 공급량과 재정지출을 통합적으로 관리하는 것이 어려워진다.

요양보험 보험자도 아니고 요양서비스 제공자도 아닌 제 3의 주체가 케어 플랜을 작성하는 경우, 지역사회 자원현황에 대한 지식을 바탕으로 서비스의 통합적 조정·선택이 용이하며, 요양 신청자가 초기 서비스 제공자를 선택해야 하는 어려움이 없고 요양신청자의 상태 변화 및 사정에 의한 서비스의 융통성이 높아지고 지속성이 보장되며, 재가와 시설간의 연계가 보다 원활하다. 또한 사례관리자가 시설 소속이거나 공단 소속일 경우보다는 직능 전문성과 자율성이 상대적으로 높게 보장된다. 그러나 제공자 입장에서는 서비스 계획의 전문성과 제공하는 서비스에 대한 자율성이 떨어지므로 의욕저하 요인이 될 수 있고, 서비스 제공에 대한 사후 관리의 유인은 높으나 서비스 공급량과 재정지출의 통합적 관리 측면에서는 한계가 있으며, 별도의 사무소 설립과 관련한 초기 비용이 높을 수 있다.

결과적으로 시설 및 서비스 제공자가 직접 케어 플랜을 작성할 때는 지역사회요양서비스 자원현황에 근거한 서비스의 통합·조정기능과 실제 서비스 제공 상황에 대한 모니터링 및 급여 관리와 연계작업이 필요하고 별도의 조직에서 케어 플랜을 작성할 경우는 플랜의 전문성(개별 공급자의 상황과 직합한 특이성)에 대한 보완 및 급여 관리와 연계작업이 필요한 반면, 요양서비스 자원현황에 근거한 서비스의 통합·조성 및 서비스 제공 현황 모니터링과 급여 관리와의 연계, 요양 신청자 입장에서 서비스의 연속성 보장은 제도 운영주체가 책임져야 할 관리영역에 해당하기 때문에 요양보험 관리운영 주체가 이를 책임지고 서비스 제공자가 작성한 케어 플랜을 관리하는 것이 상대적으로 현실적인 대안이 될 수 있다. 다만, 노인요양보험 서비스 제공기관의 서비스 조정 및 인력관리 업무의 복잡성과 업무량 과다로 인해 지역사회 사회복지사무소 또는 보건복지사무소(2004년부터 복지부에서 시범사업 시작) 등의 별도 조직이 창설되고 이들 조직업무와 공단 지사의 업무가 일부 통합되는 경우(공적노인요양보장추진기획단, 2004. 6.) 사례관리자의 업무영역도 별도 조직을 통해 이루어질 가능성을 배제할 수 없다. 그러나 이 경우에도 보험료 징수·관리기관과 서비스 심사·지급간의 분리에 의한 문제를 극복하기 위해 관련 업무에 있어서 공단에 의한 업무위탁 및 관리체계를 확실히 규정해야 할 것이다.

참고로 일본의 개호보험제도에서 케어 플랜 작성의 주체가 되는 개호지원전문원은 각 시설과 지정재택개호지원사업소에 분포하고 있다. 지정재택개호지원사업소는 재택개호지원사업(사례관리)을 하는 곳으로 개호 필요 자가 재택서비스를 적절히 이용할 수 있도록 개호필요자의 심신 상태, 처해진 환경, 의향 등을 감안하여 재택서비스 계획을 작성하고, 해당 계획에 기초한 재택서비스의 제공이 확보되도록 사업자 등과 연락·조정하는 역할을 한다. 지정재택개호지원사업소는 도도부현의 장에 의한 지정을 받아야 하며, 주요 운영주체는 사회복지법인, 의료법인, 영리법인, 지방공공단체 등이다. 일본의 요양서비스 제공 사업자는 전반적으로 다양한 주체를 참가시키고 있기 때문에 이를 기반으로 활동하는 사례관리자의 성격에 대해 별다른 제한은 없다고 보여진다.

(2) 케어 플랜 작성과 관련된 공단의 업무영역 및 업무흐름

지역사회의 요양 서비스 자원 현황을 파악하고 이를 주기적으로 점검하며, 요양신청자 등급별 서비스 제공자 선택에 대한 도움을 주고 요양 신청자의 등급 변화와 개인적 상황 변화에 따라 서비스를 달리 함으로써 재가와 시설 서비스의 배분, 서비스 제공 인력간 자원 배분에 영향을 주게 된다. 또한 초기 케어 플랜 작성 시에는 서비스 제공자 주도로 케어 플랜을 작성하되, 공단 소속의 사례관리자가 참여함으로써 적정서비스 제공을 보장하고 성과가 입증된 표준화된 서비스 제공을 유도할 수 있도록 한다. 이렇게 작성된 케어 플랜에 대한 검토와 정보수집이 요구되며, 서비스 제공 현황에 대한 사후 감시를 하고 대상자의 만족도를 파악한다.

업무 흐름을 가정하면, 요양서비스 신청자에 대해 공단 소속 사례관리자가 방문하여 심사자료 작성(요양신청자의 건강상태, 일상 활동 기능, 가족상태 등 평가) → 보험자 1차 심사 판정 → 평가판정위원회 평가 →(이의 신청) →(재사정, 판정) → 판정 결과 확인 순으로 서비스 대상자 선별이 이루어지고, 이후에 요양서비스 필요자로 판정된 대상자에 대해 공단 소속 사례관리자가 상담(신청자의 상태에 맞는 지역사회 가용자원 현황에 대한 설명 및 선택)절차를 거쳐 → 서비스 제공자의 주도하에 케어 플랜을 작성(공단 소속 사례관리자 참여)하고 → 서비스 신청자의 승인 및 서비스 개시로 이어진 다음 → 지상에 케어 플랜 보고 → 서비스 제공 모니터링 → 재평가·판정 및 등급 조정 → 필요시 케어 플랜 수정·보완 순의 과정을 거치게 된다(그림 3-2).

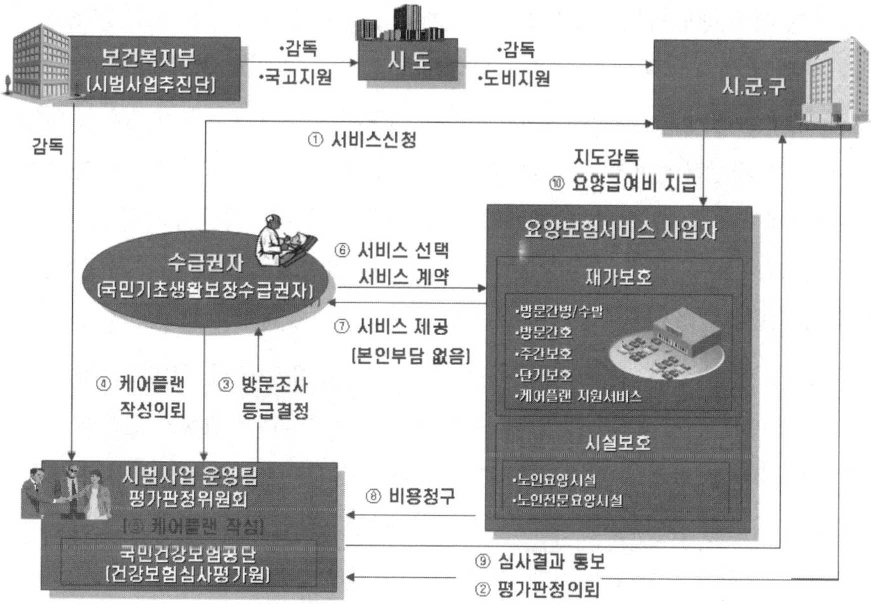

〈그림 3-2〉 케어 플랜 과정의 업무 흐름도

(3) 보험자로서 케어 플랜 관리를 위한 과제

케어 플랜 업무를 위하여 기본적으로 공단이 활용할 인력은 사례관리자 인력의 자격 및 교육 여건을 모두 소지한 인력이며, 기획단의 사례관리자 장기수요추계에 따르고, 현 227개 지사를 가정할 때 지사 1개소가 관할하는 범위에서 활동하게 될 사례관리자의 수는 44.5명 ~ 70.6명이 된다. 공단이 실제로 필요로 하는 사례관리자는 이들 지역사회 사례관리자의 활동상황을 점검하고 관리하는 수준의 인력으로 한정될 것이다. 공단에서는 각 지사의 상황과 공단에서 필요로 하는 업무 특성에 맞추어 별도의 사례관리자들의 업무를 개발하고 교육해야 한다.

조직적인 업무분담에 있어서는, 지사 단위에서는 해당 지사가 관할하는 지역사회 내에서 활동중인 사례관리자를 관리할 수 있는 정도의 인력이 필요할 것으로 예상되며(지사별로 1~3인 정도), 지역본부에서는 지사단위 사례관리자의 활동을 총괄하고 관리하기 위한 인력이 필요하고, 본부차원에서 사례관리자의 활동은 노인요양보험급여업무팀의 한 부서로 조직화할 수 있다. 이에 따라 사례관리자 업무에 대한 관리자는 업무의 전문성을 고려하고 강화시킬 수 있는 자격을 갖춘 인력으로 구성하여야 할 것이다.

사례관리자의 활동목표, 역할, 관리절차, 계획수립, 평가, 보고 등 전반적인 업무흐름과 수행체계에 대한 매뉴얼을 개발하고 교육하며, 등급별 가용자원 현황 및 변동에 대한 자료 작성, 점검주기, 점검요소 등에 대한 정형화된 업무방식을 개발하고, 등급별 케어 플랜의 표준화, 서비스 제공의 성과 및 효과, 재평가 필요성 등의 상황을 객관화시킬 수 있는 계량화 과정을 거쳐야 한다. 또한 서비스 공급현황에 대한 평가 과정, 평가 항목, 평가의 계량화, 평가 주기, 평가 결과의 반영 등에 대한 교육 및 업무방식을 개발하여야 할 것이다. 개별 지사 단위로 사례관리자의 관리자급 인력의 업무, 역할, 업무수행체계 등에 대한 개발 및 매뉴얼을 제공하고, 기존 사례관리 사업에서의 경험을 최대한 활용하고 전문가의 의견 및 사례관리자의 참여를 통한 지침에 대한 구체화 과정이 요구된다.

사례관리자 인력의 자질 향상을 위한 지속적 교육프로그램으로는 대상자 등급 및 특화된 욕구평가를 하고, 위험요인 파악에 의한 우선순위 설정과 서비스 계획 수립, 서비스 제공 상태의 모니터링 및 지도 활동 등에 대한 사례회의가 있다. 여기서는 성과 및 효과, 재평가 필요성 등의 상황을 객관화시킬 수 있는 계량화 과정이 요구된다. 그리고 본부와 지역본부에서 서비스 제공의 성과 판정의 최근 동향 및 모니터링 방법 개발, 실무 적용을 위한 개발 작업, 실무 적용교육 등 최신 경향에 대한 자료 수집 및 주기적 교육이 필요하고, 지사 혹은 지역본부 차원에서는 사례관리자의 사업수행 및 평가가 필요하다. 사업수행 노력 평가에서는 월별 보고 자료를 분석하고, 사업수행 과정 평가에서는 사업수행의 장애요인을 파악하며, 사업수행 결과 평가에서는 대상자 만족도, 요양 대상자의 상태변화, 서비스 제공현황 파악, 서비스 변화 정도 및 요인 등을 분석한다.

정보수집과 정보처리 활용방안 개발사항으로는, 사례관리자를 통해 수집해야 할 정보의 양식을 결정하고, 지사 및 본부 차원의 요양 서비스 제공 현황, 요양 욕구도 등에 대한 정보의 축적 양식, 정보처리체계 및 분석도구 등에 대한 업무 방식을 개발하며, 정보처리 결과의 피드백을 통한 사례관리자의 업무에 반영할 수 있는 체계를 만든다.

시범사업 단계에서는 건강보험공단의 사례관리자들이 직접 케어 플랜을 작성하도록 하여 노인장기요양보험제도에서 관리운영 경험을 축적하는 과정이 필요할 것으로 보인다. 이는 실제 본 사업에 들어갔을 때 공단에서 제한된 인력을 이용하여 일선 지역사회 사례관리자들의 활동상황 및 서비스 공급현황 등을 신속하고 정확하게 파악하여 효율적인 업무가 이루어질 수 있도록 할 것이다.

제 4 장 노인 장기 요양 보험

학습목표

2008년 7월부터 실시되고 있는 노인장기요양보험제도를 실제적으로 이해하기 위해 건강보험공단에서 제시한 지원요령과 절차 표준 장기요양 계획서 작성 방법을 살펴본다.

1. 노인장기요양지원요령

1) 개요

1. 「노인장기요양보험법」 근거조항

법 제17조 ③항

공단은 제1항에 따라 장기요양인정서를 송부하는 때 장기요양급여를 원활히 이용할 수 있도록 제28조에 따른 월 한도액 범위 안에서 표준장기요양이용계획서를 작성하여 이를 함께 송부하여야 한다.

시행규칙 제6조 ②항

법 제17조 제4항의 장기요양인정서는 별지 제6호 서식에 따라, 표준장기요양이용계획서는 별지 제7호 서식에 따라 각각 작성한다.

2) 기본방향

가. 장기요양인정서의 급여종류 범위 내에서 장기요양급여가 효과적으로 제공될 수 있도록 수급자 개인의 기능상태, 욕구 및 특성을 고려하여 가장 적합하고 개별화된 표준장기요양이용계획서를 작성한다.

나. 수급자가 어려움 없이 급여를 선택, 계약, 이용할 수 있도록 작성한다.

다. 작성자의 전문성, 자율성, 적극성을 최대한 발휘하고 판단하여 작성한다.

라. 수급자가 가족과 함께 생활하면서 가정에서 장기요양을 받는 재가급여를 우선적으로 이용할 수 있도록[1] 작성한다.

※ 장기요양기관은 수급자에게 적절한 급여제공을 위해 공단 운영센터가 수급자에게 통보한 표준장기요양이용계획서 활용 가능

3) 기능과 역할

가. 수급자가 효율적인 장기요양급여 이용계획을 수립하고 급여를 원활히 이용할 수 있도록 지원하며 특히 독립적인 판단이 어려운 수급자의 이용계획을 지원한다.

나. 수급자가 장기요양급여를 이용함에 있어 수급자에게 적절한 급여가 제공될 수 있도록 지원한다.

4) 표준장기요양이용계획서의 구성

가. 구성요소

구 분	항 목
기본사항	(1)장기요양인정번호 (3)성명 (4)주민등록번호 (5)장기요양등급 (6)발급일 (7)재가급여(월한도액) (8)시설급여(1일비용) (9)본인일부부담률
성격	(2)표준장기요양이용계획서는 권고사항으로 본인(가족)의 희망에 따라 자율적으로 장기요양기관과 협의하여 적절한 장기요양급여를 이용할 수 있도록 돕기 위한 안내서
장기요양 필요영역 및 욕구	(10)장기요양필요영역 및 주요기능상태 (11)장기요양 목표 (12)장기요양필요내용 (13)수급자 희망급여 (14)유의사항
표준장기요양이용 계획 및 비용	(15)급여종류 (16)횟수와 시간 (17)장기요양급여비용 (18)본인부담금 (19)복지용구
기타	발행기관, 담당자

1) 「노인장기요양보험법 제3조 2항」 장기요양급여는 노인 등이 가족과 함께 생활하면서 가정에서 장기요양을 받는 재가급여를 우선적으로 제공하여야 한다.

나. 표준장기요양이용계획서의 구성요소 세부 내용

1) 장기요양인정번호

장기요양인정서의 장기요양인정번호 표기

2) 표준장기요양이용계획서 성격에 대한 안내문

표준장기요양이용계획서는 수급자의 장기요양급여 이용을 규제하거나 조정하기 위한 서식이 아니라 수급자의 원활한 장기요양급여 이용을 돕기 위하여 지원하는 안내문임을 표기

3) 성명 : 장기요양급여를 받을 자로 판정을 받은 수급자의 성명을 표기

4) 주민등록번호 : 수급자의 주민등록번호 중 생년월일 표기

5) 장기요양등급

등급판정위원회에서 수급자가 받은 등급 표기(장기요양인정서와 동일)

단, 이의신청에 의한 등급변경이 있을 경우, 장기요양심사위원회 결정사항을 표기

6) 발급일

내부 결재를 마친 후 수급자에게 발급하기 위하여 출력한 표준장기요양이용계획서의 날짜 표기

7) 재가급여(월한도액)

수급자의 장기요양등급에 해당하는 재가급여 월 한도액을 표기

8) 시설급여(1일비용)

수급자의 장기요양등급에 해당하는 노인요양시설, 노인전문요양시설, 노인요양공동생활가정 1일당 금액 표기

※ 단, '노인전문요양시설'은 법적 유예기간 동안 한정하여 표기하며 향후 유예기간이 종료되면 「노인복지법 제34조」에 따라 노인요양시설과 노인요양공동생활가정으로 표기한다.

9) 본인일부부담률

수급자의 본인일부부담금 경감 유무를 반영하여 시설급여 또는 재가급여를 이용할 장기요양보험급여 총비용에서 수급자가 부담해야 하는 비율을 표기

10) 장기요양필요영역 및 주요 기능상태

가) 장기요양필요영역 : 장기요양인정조사를 통하여 파악한 수급자의 기능상태를 영역별로 분류·작성한다.

나) 주요 기능상태 : 장기요양인정조사를 통하여 파악한 수급자의 기능상태와 질병, 기능 저하의 원인 등을 장기요양필요영역별로 작성한다.

11) 장기요양 목표

장기요양필요영역별로 예시되어 있는 목표를 수급자의 주요 기능상태에 적합하게 작성한다.

12) 장기요양필요내용

장기요양필요영역, 주요 기능상태, 장기요양목표를 고려하여 수급자에게 필요한 서비스 내용을 재가 계획 수립 시에는 급여내용으로, 시설 계획 수립 시에는 급여구분으로 작성한다.

13) 수급자 희망급여

수급자가 희망하는 급여 종류로써 '장기요양인정조사표 - Ⅰ. 일반사항 - ⑨희망급여종류'에서 조사된 내용이 표준장기요양이용계획서에 자동으로 표기

14) 유의사항

수급자와 그 가족의 욕구를 정확하게 반영하고 수급자가 적절한 장기요양급여를 받기 위해 필요한 특기 사항을 작성한다.

15) 급여종류

장기요양인정서에서 제시하고 있는 급여종류를 장기요양급여내용, 수급자 희망급여, 유의사항 등을 고려하여 수급자에게 효과적으로 제공될 수 있도록 작성한다.

16) 횟수와 시간

가) 재가급여 : 수급자의 월 이용한도액 범위 내에서 수급자와 그 가족의 의견을 반영하여 주당 횟수와 1회당 시간을 결정. 단, 월 1～3회 정도의 급여계획 수립 시 월 단위로 작성 가능하다.

나) 시설급여 : 월 31일을 기준으로 계획을 수립한다.

17) 장기요양급여비용

가) 급여종류와 횟수 등 급여비용에 포함되는 사항을 작성한다.

나) 장기요양급여비용의 합계를 기록한다.

18) 본인일부부담금

수급자에게 적용되는 본인일부부담경감 비율에 따라 장기요양급여비용에 본인일부부담률을 적용하여 수급자가 부담하여야할 금액을 산출한다.

19) 복지용구

'장기요양인정조사'에 의해서 파악한 복지용구 정보를 활용하여 수급자가 희망하거나 작성자가 필요하다고 판단되는 복지용구를 구입 또는 대여를 구분하지 않고 그 종

류를 작성한다.

※ 표준장기요양이용계획서 서식에 포함되어 있는 각 사항은 소관업무 담당 부서의 지침 및 업무처리요령에 의거하여 적용하며 해당 내용은 소관업무 담당 부서의 요청에 의하여 표준장기요양이용계획서에 반영한다.

예시 > ❶ 재가급여 월 한도액 ⇨ 수가·급여기준 담당부서
❷ 복지용구 ⇨ 복지용구담당부서

다. 표준장기요양이용계획서 서식 ········ 붙임1

II) 표준장기요양이용계획서 작성

1. 작성대상자

가. 등급판정위원회에서 장기요양이 필요한 자로 판정 받은 자
나. 장기요양심사위원회에서 등급변경이 결정된 자(단, 등급 외로 변경되었을 경우는 제외)
다. 최초 발급 이후 재작성이 필요하다고 판단되는 자

2. 작성 기본원칙

가. 표준장기요양이용계획서는 수급자의 심신상태·생활환경과 수급자 및 그 가족의 욕구와 희망 등을 종합적으로 고려하여 장기요양급여가 인정되는 범위 안에서 수급자가 적정하게 급여를 이용할 수 있도록 작성한다.

장기요양급여가 인정되는 범위란 등급별 한도액, 등급별 이용 가능한 급여종류 등 수급자에게 인정되는 장기요양급여의 범위를 의미함.

나. 수급자의 기능상태, 욕구, 생활환경 등 수급자 개인의 특성을 고려하여 재가 또는 시설급여 계획을 작성한다.
다. 가족요양비 등 현금급여 이용자의 경우, 별도의 통지서가 발송되므로 표준장기요양이용계

획서는 재가급여를 받을 때를 감안하여 작성한다.[2)]

라. 장기요양기관 현황, 노인장기요양보험 관련 지역사회 자원 등을 고려하고 작성자의 전문적인 지식을 활용하여 표준장기요양이용계획서를 작성한다.

마. 수급자의 자립과 삶의 질 향상을 목표로 적절한 서비스 제공을 위한 기초 자료로 활용할 수 있도록 표준장기요양이용계획서를 작성한다.

바. 재가급여 계획 수립의 경우, 수급자와 그 가족이 월 한도액 내에서 비용 효과적인 장기요양급여를 이용할 수 있도록 표준장기요양이용계획서를 작성한다.

사. 표준장기요양이용계획서의 급여종류와 횟수, 장기요양급여비용은 발급일로부터 1개월간 수급자의 장기요양급여 이용을 감안하여 작성한다.

아. 장기요양인정 신청자가 제출한 의사소견서가 있다면 의사소견서 내용을 반영하여 작성한다.

3. 작성절차

장기요양필요영역	• 방문조사결과에 따라 도출된 장기요양필요영역을 고려
⇩	
주요기능상태	• 장기요양필요영역별 주요기능상태를 종합·간결·정확하게 작성(작성자의 전문성 최대한 발휘)
⇩	
장기요양목표	• 주요 기능상태를 중심으로 실현 가능한 목표 결정
⇩	
장기요양필요내용	• 수급자에게 필요한 급여내용 작성
⇩	
유의사항	• 신체상태 및 보호자, 급여제공시 유의점, 급여종류·횟수 결정 이유, 등급판정위원회 권고사항 등 기록
⇩	
급여이용계획	• 수급자·가족의 희망, 장기요양기관현황 등을 반영하여 급여종류 및 횟수 등을 결정
⇩	
표준장기요양이용계획서 확정	• 계획서의 공정성과 정확성, 월 한도액 등의 점검

2) 유의사항에 '재가급여를 받을 때를 감안하여 작성하였음'을 기재하여 수급자가 재가급여를 이용하게 될 때 표준장기요양이용계획서를 활용할 수 있도록 안내한다.

4. 작성방법

가. 장기요양급여의 효과적 분배와 원활한 급여이용 지원을 위해 「장기요양인정조사표」를 통해 수급자의 신체적·인지적·환경적 상태와 서비스 욕구 등을 파악한다.

나. 수급자가 호소하는 문제와 욕구 중심으로 장기요양필요영역을 도출하고 주요기능상태를 작성하며 그에 부합하는 실천 가능한 목표 수립한다.

다. 장기요양필요영역, 수급자의 기능상태, 장기요양목표를 고려하여 수급자에게 필요한 급여내용을 작성한다.

라. '장기요양인정조사'내용과 수급자의 의견, 작성자의 종합적 판단 등을 반영하여 급여종류와 횟수 등의 계획을 수립한다.

마. 수급자의 급여 욕구를 방문 당시 충분히 파악하지 못한 경우, 욕구를 재확인하여 표준장기요양이용계획서를 완성한다.

5. 세부 작성절차 및 방법

가. 장기요양인정 신청자와 가족의 의견(욕구, 희망) 종합 분석

1) 장기요양인정신청자의 신체적, 정신·심리적, 사회적 측면 등을 포함하는 일상생활 전반의 기능과 욕구, 환경적 상황을 파악한다.

2) 장기요양인정신청자 뿐만 아니라 가족, 가족 외 주 수발자로부터 다양한 정보를 수집한다.

3) 어디에서, 어떻게 생활하고 싶은가, 독립적으로 무엇을 하고 싶은가 등을 구체적으로 확인한다.

※ 수급자의 자립생활 및 삶의 질 향상을 목표로 하는 적절한 서비스 내용이 담긴 계획서 작성을 위한 기초 자료로 활용

나. 장기요양필요영역 작성

1) 절차

가) 수급자의 기능상태와 조사된 내용에 따라 장기요양필요영역을 도출한다.

※ 장기요양필요영역별 도출 관련 항목 중 하나 이상이 표시되면 해당 장기요양필요영역이 도출됨.

※ 【장기요양필요영역】 표 참조

나) 수급자의 욕구를 반영하고 작성자의 전문적인 견해로 필요하다고 판단되는 장기요양필요영역을 선택한다.

즉, 인정조사항목의 결과에 따라 장기요양필요영역으로 도출되었거나 또는 도출되지 않았다 하더라도 수급자의 기능상태 및 환경 등을 종합적으로 평가하여 작성자가 필요 또는 불필요 하다고 판단되는 장기요양필요영역의 선택이 가능함.

다) 선택된 장기요양필요영역을 작성자가 전문적인 능력을 발휘하여 보완·작성한다.

2) 작성기준

가) 도출된 장기요양필요영역이 수급자의 특성과 상황을 잘 대변하고 있는지 확인한다.

나) 수급자의 기능상태, 수발환경, 일상생활 자립정도, 욕구, 희망 등을 종합적으로 판단하여 장기요양필요영역을 선택한다.

다) 수급자의 자립과 삶의 질 향상을 위해 해결되어야 하는 문제를 고려하여 판단한다.

라) 작성자가 파악한 수급자의 기능상태, 수발환경, 일상생활 자립정도, 욕구, 희망 등을 종합적으로 판단하여 장기요양필요영역을 작성한다.

3) 주의점

가) 장기요양인정 조사항목은 한정되어 있으므로 모든 필요영역이 도출될 수 있는 것은 아닙니다. 따라서 이러한 한계점을 보완하기 위하여 작성자가 필요영역을 가감할 수 있도록 하고 있으나 자동 도출된 내용과 전혀 다른 내용으로 필요영역이 선택되는 사례는 작성자의 잘못된 판단일 가능성이 크다고 평가할 수 있다. 그러므로 장기요양필요영역에 대한 가감 선택은 신중하게 이루어져야 하며 그 근거가 명확해야 한다.

나) 업무처리요령에 제시되어 있는 장기요양필요영역과 동일한 용어를 사용해야 하며 반드시 13개 영역 중에 선택하여 작성하도록 한다.

【장기요양 필요영역】

장기요양 필요영역	도출관련 항목(장기요양인정조사표 기준)
1. 신체기능	• 2-가.기본적일상생활기능영역 ①~⑬항목의 기능자립정도가 '부분도움' 또는 '완전도움'의 경우(2-가.기본적일상생활기능 장애의 원인 체크 표시 상황 참고)
2. 재활욕구	• 2-바.재활영역 ①~④항목에서 '불완전운동장애' 또는 '완전운동장애'의 경우 / ⑤~⑩항목에서 '한쪽관절제한' 또는 '양관절제한'의 경우

3. 사회생활기능	• 2-나.수단적일상생활기능영역 ①~④항목의 기능자립정도가 '부분도움' 또는 '완전도움' 또는 '수행하지 않음'의 경우 / ⑤~⑦항목의 기능자립정도가 '적은부분도움' 또는 '많은부분도움' 또는 '완전도움'의 경우 / ⑧~⑩항목의 기능자립정도가 '부분도움' 또는 '완전도움'의 경우
4. 의사소통	• 2-다.인지기능영역 ⑦항복이 '예'인 경우 • 2-차.시·청력상태 ②청력상태에서 '정상'이외에 체크된 경우
5. 시각기능	• 2-차.시·청력상태 ①시력상태에서 '정상'이외에 체크된 경우
6. 인지기능	• 2-다.인지기능영역 ①~⑩항목이 '예'인 경우
7. 행동변화	• 2-라.행동변화영역 ①~⑯항목이 '예'인 경우
8. 간호문제	• 2-마.간호처치영역 ①~⑩항목이 '있다'인 경우
9. 통증	• 2-마.간호처치영역 ⑥항목이 '있다'인 경우 • 참고조사표-질병및증상의 '관절염, 요통, 좌골통, 골다공증, 디스크, 기타척추질환, 파킨슨병, 두통, 두통외통증, 골절·탈골 및 사고로 인한 후유증'에 어느 하나라도 체크되어 있을 경우 (2-카.질병및증상영역의 ㅂ~ㅈ체크 표시 상황 참고)
10. 대변조절	• 2-가.기본적일상생활기능영역 ⑪ 항목의 기능자립정도가 '부분도움' 또는 '완전도움'의 경우 (2-가.기본적일상생활기능 장애의 원인 ⑪ 항목의 체크 표시 상황 참고)
11. 요실금	• 2-가.기본적일상생활기능영역 ⑫ 항목의 기능자립정도가 '부분도움' 또는 '완전도움'의 경우 (2-가.기본적일상생활기능 장애의 원인 ⑫ 항목의 체크 표시 상황 참고)
12. 지지체계	• 1-⑥ 가구형태 '독거'의 경우 또는 • 2-아.지원형태영역 ① 항목이 '없음'인 경우 / ② 항목에 체크되어 있지 않을 경우/ ③항목이 '예'인 경우 중 어느 하나라도 체크되어 있을 경우 ※「1-⑥가구형태 '독거' 이외의 경우, 2-아.지원형태영역 ① 항목이 '없음'이외의 경우, ②항목의 어느 하나라도 체크되었을 경우, ③항목이 '아니오'」로 이상의 4가지 항목 모두가 체크된 경우는 '지지체계'가 장기요양필요영역으로 도출되지 않는다.
13. 환경평가	• 2-자.환경평가영역이 '불량'인 경우

다. 주요기능상태 작성

1) 절차

가) 장기요양인정조사를 통해 나타난 수급자의 신체·인지기능 상태와 사회·환경적 상태를 분석한다.

나) 장기요양필요영역별로 간결하고 종합적으로 정리하여 작성한다.

2) 작성기준

가) 수급자의 기능상태, 상태의 원인적 요인, 욕구 등을 수급자의 특성이 잘 표현되도록 작성한다.

나) 수급자의 상태를 장기요양필요영역 별로 구분하여 작성하여야 한다.

다) 주요 기능상태 한 단락에 따라 해당되는 장기요양필요영역을 모두 기술해도 무방하나 가능한 4개 이상의 영역을 묶어서 작성하지 않도록 한다.

라) 조사 항목에서 파악된 기능상태의 근거가 되는 '정신적 제한' 또는 행동변화의 근거가 되는 '헛것을 보거나 불결한 행위 등' 수급자와 가족 등이 거부감을 느끼거나 오해할 수 있는 내용으로 작성하지 않도록 하고 이해가 용이한 표현으로 기술하도록 한다. 주로 질병명을 이용하여 표현한다.(중증치매, 뇌졸중, 관절염 등)

마) 외래어, 기능상태 판단기준[3](부분도움, 완전도움 등), 약어 등 이해하기 어려운 용어 사용을 금지한다.

바) 수급자가 모르고 있는 질병(예: 암, 치매) 등을 기록하여 충격을 받을 수 있는 경우가 발생할 수 있으므로 기록에 신중을 기하여 작성한다.

【주요 기능상태 작성 예시】

예시1

- 신체기능 : 중증치매와 뇌졸중, 와상상태로 식사, 옷벗고입기 등의 수행을 전혀 할 수 없으며 요의를 느끼지 못하고 배변, 배뇨를 기저귀에 의존함
- 재활욕구 : 양쪽 팔, 다리 운동능력이 소실되어있고 보행이 불가능하며 좌측 팔꿈치는 완전히 펴지지 않음
- 인지기능 : 상대방이 누구인지를 인식하지 못하며 소리를 내어 감정의 표현은 가능함

예시2

- 신체기능, 재활욕구, 사회생활기능 7년 전 교통사고에 의한 뇌출혈로 왼쪽 편마비가 있으며 지팡이를 짚고 휠체어로 옮겨 앉기 정도는 가능하나 외출 시에는 항상 다른 사람의 도움이 필요함. 세수, 양치질, 목욕, 식사준비, 약 챙겨먹기 등을 아내와 도우미의 도움을 받아 생활하고 있으며 15년 전 전립선암 수술 후 시술한 방광루는 전적으로 수발자가 관리해 주고 있음
- 인지기능 : 5년 전 혈관성 치매 진단을 받았으며 장·단기 기억장애와 상황판단력, 길잃음, 계산능력의 저하 있음

---

3) 수급자의 기능 상태를 '타인의 식사를 먹지 않도록 지켜봐야 하며~'식으로 구체적으로 기술해야 함에도 '식사하기 부분도움' 식의 작성은 지양해야 함.

예시3

- 신체기능 : 중풍으로 3년 째 좌측 편마비와 안면마비로 현저한 신체기능 저하 있어 자력으로 가능했던 식사하기, 보행, 옮겨앉기 도움을 받고 있으며 목욕도움과 개인위생관리에 전적인 수발을 받고 있고 보행이 어려워 기저귀 사용. 욕창은 없음
- 재활욕구, 사회생활기능 : 좌측 팔·다리 편마비로 보행 불가능하며 어깨, 팔꿈치, 손목관절제한으로 집안일하기, 빨래하기 등에 아내의 전적인 수발을 받고 있음

라. 장기요양목표 작성

1) 절차

가) 장기요양필요영역별로 분류되어 있는 목표를 수급자의 주요 기능 상태에 부합하도록 적정 장기요양목표를 선택한다.

나) 선택한 장기요양목표를 작성자의 전문가적 능력을 발휘하여 보완 작성한다.

2) 작성기준

가) 수급자의 기능 상태와 사회·환경적 상황 등을 고려하여 작성자의 종합적 사고와 전문적인 판단으로 선택한다.

나) 업무처리요령에서 제시하고 있는 표준 장기요양목표를 적극적으로 활용하며 만약 표준 장기요양목표에 없는 목표를 설정해야할 경우에는 작성자의 전문지식을 반영하여 추가·보완이 가능하다.

다) 수급자와 가족, 가족 외 주 수발자의 의견을 충분히 반영하여 작성한다.

라) 수급자의 자립과 삶의 질 향상을 도모할 수 있는 목표로 작성한다.

마) 수급자의 잔존기능 활용, 심신의 기능향상, 사회참여 등을 고려하여 작성한다.

바) 장기요양인정조사표의 '희망급여종류'를 목표결정시 고려한다.

사) 달성하지 못 할 목표 또는 너무 많은 목표를 세워 비현실적인 계획이 되지 않도록 작성한다.

【장기요양목표 작성 예시】

예시1	예시2
• 기능상태 악화 방지 및 합병증 예방 • 가족수발부담 경감 • 간호문제에 대한 관리상태의 유지 • 배변장애에 대한 적절한 관리	• 현재 기능상태의 유지 • 낙상예방 • 의사소통 능력의 유지 • 인지장애에 대한 적절한 대처방법의 학습

3) 주의점

가) '장기요양필요영역'별로 목표를 수립해야 하는 것은 아니며 '수급자의 주요기능상태'를 고려하여 필요한 목표를 수립한다.

나) 목표작성 3대 원칙을 준수하여 작성한다.

- 실현가능한 목표
- 목표의 주체가 수급자여야 함
- 긍정적 표현의 목표

다) 최종 작성할 목표의 수와 내용을 고려해서 '선택'한다.

라) 업무처리요령에 명시되어 있는 목표로 작성하는 것이 기본 원칙이므로 가능한 전산에 저장되어 있는 표준 장기요양목표를 활용한다.

【표준 장기요양목표】

장기요양필요영역	목표결정 시 고려요인	장기요양목표
1. 신체기능	•기본적 일상생활기능 •기본적 일상생활기능 장애의 원인 •재활영역 •질병 및 증상 •의사소견서	현재 기능상태의 호전
		현재 기능상태의 유지
		기능상태 악화 방지 및 합병증 예방
		기초체력 유지와 질병의 예방
		가족수발부담 경감
2.재활욕구	•질병 및 증상 •재활영역 •지원형태	현재 기능상태의 호전
		현재 기능상태의 유지
		기능상태 악화 방지 및 합병증 예방
		스스로 안전하게 이동이 가능하다
		낙상예방

3.사회생활기능	•수단적 일상생활기능	수단적 일상생활기능 능력의 증진
		지원을 통한 수단적 일상생활기능의 수행
		현재 기능상태의 유지
		가족수발부담 경감
4.의사소통	•인지기능영역 •행동변화영역 •청력상태 •의사소견서	장애의 원인을 파악하고 대처한다. ※ 청각장애, 표현장애, 언어(구음)장애, 실어증, 실행증 등
		장애에 대한 대처방법의 학습
		의사소통 능력의 유지
		사회적 고립감 감소
5.시각기능	•시력상태 •의사소견서	시각기능 손상의 원인을 파악하고 대처한다
		시각기능 손상에 대한 대처방법의 학습
		시각장애에 의한 일상생활 불편함의 완화
		사회적 고립감 감소
6.인지기능	•인지기능장애 •의사소견서	인지능력의 향상
		정확한 진단을 받아 대처한다
		인지장애에 대한 적절한 대처방법의 학습
		가족수발부담 경감
7.행동변화	•행동변화영역 •우울과 불안	생활의욕 향상
		행동변화 원인을 파악하고 적절한 치료와 관리를 받는다
		행동변화에 적절히 대처한다
		우울과 불안의 감소
		행동변화로 인한 가족의 스트레스 감소
8.간호문제	•질병 및 증상 •간호처치영역	간호문제의 해결
		간호문제의 완화 또는 악화 예방
		간호문제에 대한 관리 상태의 유지
		합병증 예방
		욕창 치유
		기초체력 유지와 질병의 예방
9.통증	•암성통증간호 •질병 및 증상 •의사소견서	통증의 원인을 파악하고 대처한다
		통증 감소
10.대변조절	•화장실사용하기 •대변조절하기	배변장애의 원인을 파악하고 대처한다

	•장루간호 •기본적 일상생활기능 장애의 원인	배변장애에 대한 적절한 관리
		스스로 배변할 수 있다
11.요실금	•화장실사용하기 •소변조절하기 •기본적 일상생활기능 장애의 원인	요실금의 원인을 파악하고 대처한다
		요실금 관리방법을 학습하고 2차 감염 예방
		낮 동안 자가 배뇨 성공률이 높아진다
		요의를 느끼고 변기를 이용하여 배뇨한다
		스스로 배뇨할 수 있다
12.지지체계	•동거인 •지원형태	가족들의 수발능력 증진
		가족수발부담 경감
		건강상태변화에 맞는 적절한 지지를 받는다
		사회적 고립감 감소
13.환경평가	•환경평가	위험한 환경요인을 인식하고 개선한다

【장기요양 목표 결정시 유의할 점】

장기요양 필요영역	장기요양목표	목표결정시 유의할 점
1. 신체기능	현재 기능상태의 호전	기능상태 호전이 가능한 경우
	현재 기능상태의 유지	대상자의 기본적 일상생활기능 상태가 안정적이거나 악화될 가능성이 있는 경우
	기능상태 악화 방지 및 합병증 예방	질병으로 일상생활의 어려움을 호소하거나 합병증이 우려되는 경우
	기초체력 유지와 질병의 예방	현재 기능상태에서 다른 질병의 발생 가능성이 있는 경우
	가족수발부담 경감	가족 수발자가 있는 경우
2. 재활욕구	현재 기능상태의 호전	기능상태 호전이 가능한 경우
	현재 기능상태의 유지	대상자의 기능상태가 안정적이거나 악화될 가능성이 있는 경우
	기능상태 악화 방지 및 합병증 예방	질병으로 재활영역의 어려움을 호소하거나 합병증이 우려되는 경우
	스스로 안전하게 이동이 가능하다	지원을 받아 이동했던 대상자로서 안전하게 혼자 이동이 가능한 경우
	낙상 예방	외상 또는 낙상의 우려가 없는 경우는 해당되지 않음

3. 사회생활 기능	수단적 일상생활기능 능력의 증진	기능상태 호전이 가능한 경우
	지원을 통한 수단적 일상생활기능의 수행	대상자의 수단적 일상생활기능 상태가 안정적이거나 악화될 가능성이 있는 경우
	현재 기능상태의 유지	
	가족수발부담 경감	가족 수발자가 있는 경우
4. 의사소통	장애의 원인을 파악하고 대처한다	전문가의 진단이 필요한 경우
	장애에 대한 대처방법의 학습	원인은 알고 있으나 적절하게 대처하지 못하는 경우
	의사소통 능력의 유지	의사소통 능력이 잔존해 있고 유지가 가능한 경우
	사회적 고립감 감소	
5. 시각기능	시각기능 손상의 원인을 파악하고 대처한다	전문가의 진단이 필요한 경우
	시각기능 손상에 대한 대처방법의 학습	원인은 알고 있으나 적절하게 대처하지 못하는 경우
	사회적 고립감 감소	
	시각장애에 의한 일상생활 불편함의 완화	위험요소 제거, 환경 개선 등이 가능한 경우
6. 인지기능	정확한 진단을 받아 대처한다	전문가 진단이 필요한 경우
	인지장애에 대한 적절한 대처방법의 학습	원인은 알고 있으나 적절하게 대처하지 못하는 경우
	인지능력의 향상	경증의 인지장애 또는 인지능력 향상이 가능한 경우
	가족수발부담 경감	가족 수발자가 있는 경우
7. 행동변화	행동변화 원인을 파악하고 적절한 치료와 관리를 받는다	전문가 진단이 필요한 경우
	행동변화에 적절히 대처한다	원인은 알고 있으나 적절하게 대처하지 못하는 경우
	행동변화로 인한 가족의 스트레스 감소	
	우울과 불안의 감소	
	생활의욕 향상	우울과 불안 등의 원인으로 전반적인 의욕저하가 있는 경우
8. 간호문제	간호문제에 대한 관리 상태의 유지	대상자 본인 또는 수발자가 잘 관리하고 있는 경우
	간호문제의 완화 또는 악화 예방	

	간호문제의 해결	간호처치 욕구와 질병상태 사항이 있는 경우
	합병증 예방	간호처치 욕구와 질병상태 사항이 있는 경우
	욕창 치유	욕창이 있는 경우
	기초 체력유지와 질병의 예방	식사(영양공급) 확보가 안 되어 기초 체력유지의 문제가 있는 경우
9. 통증	통증의 원인을 파악하고 대처한다	전문가 진단이 필요한 경우
	통증감소	통증이 있는 경우
10.대변조절	배변장애의 원인을 파악하고 대처한다	전문가의 진단이 필요한 경우
	배변장애에 대한 적절한 관리	원인은 알고 있으나 적절하게 대처하지 못하는 경우
	스스로 배변할 수 있다	배변장애 또는 신체기능저하 등으로 인해 혼자 힘으로 배변할 수 없는 경우
11. 요실금	요실금의 원인을 파악하고 대처한다	전문가의 진단이 필요한 경우
	요실금 관리방법을 학습하고 2차 감염 예방	원인은 알고 있으나 적절하게 대처하지 못하는 경우
	낮 동안 자가 배뇨 성공률이 높아진다	자가 배뇨 훈련이 가능한 경우
	요의를 느끼고 변기를 이용하여 배뇨한다	
	스스로 배뇨할 수 있다	배뇨장애 또는 신체기능저하 등으로 인해 혼자 힘으로 배뇨할 수 없는 경우
12. 지지체계	가족수발부담 경감	
	건강상태변화에 맞는 적절한 지지를 받는다	
	가족들의 수발능력 증진	
	사회적 고립감 감소	
13. 환경평가	위험한 환경요인을 인식하고 개선한다	

마. 장기요양필요내용 작성

1) 절차

가) 장기요양인정조사결과, 수급자의 문제 사항과 생활환경, 주 수발자의 상황, 장기요양필요영역, 장기요양목표, 목표결정시 고려요인 등을 참고하여 종합적으로 판단한다.

나) 각 개인별 장기요양필요영역, 장기요양목표와 연계하여 수급자에게 필요한 급여구분 또는 내용을 장기요양필요내용으로 선택한다.

다) 선택한 급여구분 또는 내용을 확인·보완하여 장기요양필요내용을 작성한다.

2) 작성기준

가) 수급자에게 필요한 급여를 재가와 시설급여 계획에 따라 각각 급여내용과 급여구분으로 분류하여 선택한다.

재가급여 계획의 경우 '급여내용'을 선택하고 시설급여 계획의 경우 급여내용의 대부분을 제공받게 되므로 '급여구분'을 선택한다.

나) 자동 도출된 상태에서 재가급여계획의 경우 예시 1, 2처럼 '급여내용'을 급여구분별로 분류하여 작성한다.

※ 재가급여 계획의 장기요양필요내용 작성 예시 참조

다) 장기요양목표 선택의 원인적 상황을 고려하면서 장기요양필요내용을 선정한다.

라) 수급자와 주 수발자의 의견을 반영한다.

마) 작성자의 전문가적 능력을 발휘하여 필요한 급여내용을 선택한다.

바) 도출된 '장기요양필요영역'에 해당되는 급여내용만을 작성하는 것이 아니라 장기요양필요영역, 주요기능상태, 장기요양목표 등을 종합적으로 고려하여 작성한다.

※ 예를 들어 '간호문제' 장기요양필요영역이 도출되지 않았나고 해서 '간호처치서비스'에 해당하는 급여내용을 작성하지 않는 것은 지침을 잘못 이해한 사례임. 즉 '간호문제' 영역 외 다른 영역에서도 간호처치가 필요할 수 있으므로[4] 수급자의 상태에 적합한 급여내용을 작성토록 하여야 함.

---

4) 예를 들어 '인지기능'영역 도출 시에도 간호처치(영양간호 등)가 필요할 수 있으며 대변조절, 요실금 등에서도 간호처치(배설간호)가 필요할 수 있음

【장기요양필요내용 작성 예시】

예시1 재가급여계획의 경우	예시2 재가급여계획의 경우
• 세면도움, 구강관리, 몸단장, 배설도움 • 취사, 청소 및 주변정돈, 세탁 • 투약 및 주사, 호흡기 간호, 피부간호	• 세면도움, 목욕도움, 배설도움, 이동도움 • 외출시 동행, 일상업무대행 • 신체기능훈련, 기본동작훈련, 물리치료, 기타 재활치료 • 행동변화 대처

▶ 재가급여계획 예시에서 작성된 급여내용에 대한 설명

급여구분	급여내용
신체활동지원	세면도움, 구강관리, 몸단장, 배설도움
가사활동지원	취사, 청소 및 주변정돈, 세탁
기능평가 및 훈련	신체기능훈련, 기본동작훈련, 물리치료, 기타 재활치료

위 표에서 보듯이 급여내용을 작성할 때는 해당 급여구분별로 분류해서 작성하되 실제 작성할 때는 급여구분을 작성하지 않는다.

예시3 시설급여계획의 경우
• 신체활동지원, 개인활동지원, 정서지원, 기능평가 및 훈련, 치매관리지원, 시설환경관리, 응급지원, 간호처치

【급여내용과 급여종류】

급여구분		급여내용	급여종류
1	신체활동 지원	세면도움	방문요양, 주·야간보호, 단기보호, 시설
2		구강관리	방문요양, 주·야간보호, 단기보호, 시설
3		몸청결	방문요양, 주·야간보호, 단기보호, 시설
4		머리감기기	방문요양, 주·야간보호, 단기보호, 시설
5		몸단장	방문요양, 주·야간보호, 단기보호, 시설
6		옷 갈아입히기	방문요양, 주·야간보호, 단기보호, 시설
7		목욕도움	방문요양, 주·야간보호, 단기보호, 시설
8		배설도움	방문요양, 주·야간보호, 단기보호, 시설
9		화장실이용하기	방문요양, 주·야간보호, 단기보호, 시설
10		기저귀교환	방문요양, 주·야간보호, 단기보호, 시설
11		식사도움	방문요양, 주·야간보호, 단기보호, 시설
12		체위변경	방문요양, 주·야간보호, 단기보호, 시설
13		이동도움	방문요양, 주·야간보호, 단기보호, 시설
14		신체기능의 유지 증진	방문요양, 주·야간보호, 단기보호, 시설
15		운동 및 일상생활 훈련 보조	방문요양, 주·야간보호, 단기보호, 시설
16	가사활동 지원	취사	방문요양
17		청소 및 주변정돈	방문요양
18		세탁	방문요양
19		장보기	방문요양
20	개인활동 지원	외출동행	방문요양, 주·야간보호, 단기보호, 시설
21		병원안내 및 동행	방문요양, 주·야간보호, 단기보호, 시설
22		산책동행	방문요양, 주·야간보호, 단기보호, 시설
23		금전관리	방문요양, 주·야간보호, 단기보호, 시설
24		각종 정보안내	방문요양, 주·야간보호, 단기보호, 시설
25		기타 일상업무지원	방문요양, 주·야간보호, 단기보호, 시설
26	정서 지원	말벗, 격려 및 위로	방문요양, 주·야간보호, 단기보호, 시설
27		생활상담	방문요양, 주·야간보호, 단기보호, 시설
28		의사소통 도움	방문요양, 주·야간보호, 단기보호, 시설
29	방문목욕	방문목욕	방문목욕

	급여구분	급여내용	급여종류
30	기능평가 및 훈련	신체기능의 훈련	주·야간보호, 단기보호, 시설
31		기본동작 훈련	주·야간보호, 단기보호, 시설
32		일상생활동작 훈련	주·야간보호, 단기보호, 시설
33		물리치료	주·야간보호, 단기보호, 시설
34		언어치료	주·야간보호, 단기보호, 시설
35		작업치료	주·야간보호, 단기보호, 시설
36		인지정신기능 훈련	주·야간보호, 단기보호, 시설
37		기타 재활치료	주·야간보호, 단기보호, 시설
38		레크리에이션	주·야간보호, 단기보호, 시설
39	치매관리지원	행동변화 대처	방문요양, 주·야간보호, 단기보호, 시설
40	응급지원	응급상황 대처	주·야간보호, 단기보호, 시설
41	시설환경관리	침구·린넨 교환 및 정리	주·야간보호, 단기보호, 시설
42		환경관리	주·야간보호, 단기보호, 시설
43		물품관리	주·야간보호, 단기보호, 시설
44	간호처치	관찰 및 신체기능 측정	주 · 야간보호, 단기보호, 방문간호, 시설
45		투약 및 주사	주 · 야간보호, 단기보호, 방문간호, 시설
46		호흡기간호	주 · 야간보호, 단기보호, 방문간호, 시설
47		기관지절개간호	주 · 야간보호, 단기보호, 방문간호, 시설
48		구강간호	주 · 야간보호, 단기보호, 방문간호, 시설
49		피부간호	주 · 야간보호, 단기보호, 방문간호, 시설
50		회음부간호	주 · 야간보호, 단기보호, 방문간호, 시설
51		방광간호	주 · 야간보호, 단기보호, 방문간호, 시설
52		도뇨관관리	주 · 야간보호, 단기보호, 방문간호, 시설
53		비위관 교환 및 관리	주 · 야간보호, 단기보호, 방문간호, 시설
54		욕창간호	주 · 야간보호, 단기보호, 방문간호, 시설
55		영양간호	주 · 야간보호, 단기보호, 방문간호, 시설
56		통증간호	주 · 야간보호, 단기보호, 방문간호, 시설
57		배설간호	주 · 야간보호, 단기보호, 방문간호, 시설
58		검사 및 기타 처치	주 · 야간보호, 단기보호, 방문간호, 시설
59		의사진료 보조	주 · 야간보호, 단기보호, 방문간호, 시설
60		건강교육 및 상담	주 · 야간보호, 단기보호, 방문간호, 시설
61		투약관리·지도	주 · 야간보호, 단기보호, 방문간호, 시설
62		의료기관 의뢰	주 · 야간보호, 단기보호, 방문간호, 시설

【급여내용별 세부내용】

급여구분		급여내용	세부내용
1	신체활동지원	세면도움	얼굴, 목, 손 씻기, 세면장까지의 이동보조, 세면 동작지도, 세면 지켜보기 등
2		구강관리	구강청결(양치질 등), 양치 지켜보기, 가글액/물 양치, 틀니손질, 필요물품 준비 및 사용물품의 정리 등
3		몸청결	손발닦기, 세면, 콧물·눈물닦기, 회음부세척, 전신청결, 필요물품 준비 및 사용물품의 정리 등
4		머리감기기	세면장까지의 이동보조 포함, 머리감기, 머리말리기, 필요물품 준비 및 사용물품의 정리 등
5		몸단장	머리단장, 손발톱깎기, 면도, 면도지켜보기, 화장하기, 필요물품 준비 및 사용물품의 정리 등
6		옷 갈아입히기	의복준비, 지켜보기 및 지도, 속옷·겉옷 갈아입히기, 의복정리 등
7		목욕도움	입욕준비, 입욕 시 이동보조, 몸씻기(샤워포함), 지켜보기, 기계조작, 욕실 정리 등
8		배설도움	배뇨·배변도움, 지켜보기, 용변후처리, 필요물품 준비 및 사용물품의 정리 등
9		화장실이용하기	화장실이동, 지켜보기, 변기이용방법, 화장실의 위치, 거리 등에 대한 도움, 규칙적인 화장실 사용하기 격려 등
10		기저귀교환	기저귀교환
11		식사도움	식사 및 간식 포함 식사 도움, 지켜보기, 구토물 정리, 식사준비 및 정리 등
12		체위변경	체위변경, 침상에서의 자세변경 또는 이동도움 등
13		이동도움	침대에서 휠체어로 옮겨타기 등, 시설내 보행 지켜보기, 보행도움, 산책 등
14		신체기능의 유지 증진	관절구축예방, 일어나 앉기 연습 도움, 보행, 서있기 연습보조, 기구사용 운동보조, 보장구 장치도움(지켜보기 포함) 등
15		운동 및 일상생활 훈련 보조	운동 및 일상생활 훈련 보조
16	가사활동지원	취사	식·재료의 준비, 밥 짓기, 국·반찬하기, 식탁청소, 설거지, 행주삶기, 음식물 쓰레기 분리수거 등
17		청소 및 주변정돈	수급자가 주로 거주하는 장소(방, 거실), 화장실 청소, 쓰레기분리수거, 내무정리, 이부자리 정돈, 화장대·책장정리, 옷장·서랍장 등 정리 등
18		세탁	수급자의 옷, 양말, 수건, 침구류, 걸레 등 세탁과 삶기 등
19		장보기	식료품, 약품, 일용잡화품, 의류 등 생활필수품 구매 등
20	개인활동지원	외출동행	외출 시 부축 또는 동행(차량이용 포함)하고 책임 귀가
21		병원동행	병원진료를 위한 외출시 부축 또는 동행하고 책임 귀가
22		산책동행	산책을 위한 부축 또는 동행하고 책임 귀가
23		금전관리	용돈, 생활비 등의 수입 또는 지출 관리 등
24		각종 정보안내	밑반찬배달, 장기요양보험급여안내, 지역사회자원 이용안내 등
25		기타 일상업무지원	은행업무, 관공서나 기타 기관업무 대행, 병원 입·퇴원 수속, 연탄갈기, 겨울옷정리, 전화걸어주기, 못질, 잔심부름, 배급수령/전달 등

급여구분		급여내용	세부내용
26	정서 지원	말벗, 격려 및 위로	말벗, 편지쓰기, 안부확인을 위한 방문 등
27		생활상담	생활상의 문제 등 상담 및 조언 등
28		의사소통 도움	대화, 편지, 전화 등의 방법으로 수급자의 욕구파악 및 의사전달 대행 등
29	방문 목욕	방문목욕	입욕준비, 입욕시 이동보조, 몸씻기, 머리말리기, 옷갈아입히기, 목욕 후 주변정리 등
30	기능 평가 및 훈련	신체기능의 훈련	관절운동범위평가, 근력증강운동, 연하운동, 상지기능·손가락운동, 지구력 훈련 등
31		기본동작 훈련	기본동작평가, 뒤집기, 일어나기, 앉아있기, 일어서기, 서있기, 균형, 이동, 휠체어조작 및 이동, 보행, 보장구장착 등 지켜보기, 도움제공 등
32		일상생활동작 훈련	식사동작, 배설동작, 옷갈아입기동작, 목욕동작, 몸단장동작, 이동동작, 요리동작, 가사동작 등의 훈련
33		물리치료	온열치료, 전기치료, 수치료, 견인요법 등
34		언어치료	발성연습, 구음연습 등
35		작업치료	운동놀이, 미술활동, 놀이지도, 도구적 일상생활수행동작훈련, 타이핑 등
36		인지정신기능 훈련	기억전략훈련, 시간차 회상훈련, 실생활에서의 지각 기능훈련, 판단 및 집행 기능훈련 등
37		기타 재활치료	기타 재활치료
38		레크리에이션	건강체조, 노래부르기, 윷놀이, 공놀이, 기타 게임 등
39	치매 관리 지원	행동변화 대처	배회, 불결행위, 폭력행위, 폭언대처, 격리, 강박 등 그밖에 문제행동 대처, 지켜보기 등
40	응급 지원	응급상황 대처	의식소실, 호흡곤란, 출혈, 외상, 화상 등 응급상황에 대한 대처
41	시설 환경 관리	침구·린넨 교환 및 정리	침구 준비와 정리, 침구·린넨 교환 등
42		환경관리	침대주변 정리정돈, 병실 내 환기, 온도조절, 채광, 방음조정, 전등과 TV 켜고 끄기, 병실 내 청소, 병실·세면대 소독, 병실 쓰레기 버리기 등
43		물품관리	의복, 일용품 정리정돈, 의복수선, 환자 보조기구의 관리, 입소자의 용돈 관리 등

급여구분		급여내용	세부내용
44	간호처치	관찰 및 신체기능 측정	혈압, 체온, 맥박, 호흡측정, 신장, 체중, 흉위 측정 등
45		투약 및 주사	경구약 투여 및 도움·확인, 주사준비·투여·정리, 외용제 도포 및 좌약삽입, 자가주사 교육 및 관찰 등
46		호흡기간호	흡인실시, 가습기, 네블라이저, 산소공급 등
47		기관지절개간호	기관지절개관 소독 및 관리
48		구강간호	의치간호 등
49		피부간호	외상처치, 붕대교환, 연고바르기, 약욕제공, 피부질환간호 등
50		회음부간호	소독, 질회음근 강화운동, 감염예방처치 등
51		방광간호	방광세척, 근육강화운동 등
52		도뇨관관리	도뇨관삽입, 소독, 이동시 관리방법 등
53		비위관교환 및 관리	비위관삽입, 제거, 소독 등
54		욕창간호	욕창소독, 체위변경, 환풍 등
55		영양간호	비위관영양(L-tube), 위루, 중심정맥영양 등 준비 및 실시와 관찰
56		통증간호	온·냉습포 제공 등
57		배설간호	방광훈련 실시, 유치도뇨관 유치 및 교환, 단순도뇨 실시, 관장(손가락자극관장 포함), 장루간호, 인공항문관리 및 카테타 교환 등
58		검사 및 기타 처치	뇨당검사, 혈당검사 등, 복막투석, 위독시 간호수혈 등
59		의사진료 보조	진찰, 투약처방, 타 병원 진료의뢰 등에 대한 보조
60		건강교육 및 상담	식이요법, 약물요법, 특수처치 기구 및 장비 사용방법, 부작용예방법, 단순처치법, 관장법, 배설훈련교육 등
61		투약관리·지도	내복약, 외용세, 인슐린주사 등 투약에 관한 교육 및 관리 등
62		의료기관 의뢰	질환의 악화 또는 발생이 예상되거나 의료적 처치가 필요하다고 판단될 경우 치료를 받을 수 있도록 의뢰

바. 유의사항 작성

1) 절차

장기요양필요내용을 작성한 후 간결하고 종합적으로 정리하여 작성한다.

2) 작성기준

가) 방문조사 과정에서 분석된 수급자의 특성, 등급판정위원회 권고사항 등 수급자가 급여를 이용함에 있어 도움을 받을 수 있는 정보를 작성한다.

나) 주요기능상태, 안내문 등과 중복되는 내용의 기록을 지양하며 '유의사항 기록 내용'을 참고로 하여 필요하다고 판단되는 내용에 대해 작성자의 전문성을 최대한 발휘하여 작성한다.

다) 장기요양기관 담당자와의 공유가 필요한 수급자에 대한 내용을 작성한다.

【유의사항 예시】

- 신체, 질병상태 및 주 수발자 상황
- 급여 제공시 유의사항
- 급여종류 및 횟수 결정 이유
- 단기보호의 경우, 월 한도액의 제한을 받지 않는다는 내용과[5] 1회 및 연간 이용 가능일 수 안내
- 전문가적 견해로 필요하다고 판단되는 욕구[6]
- 시설급여를 희망하나 이용이 불가한 경우 또는 실제 이용하고 있는 급여와 다른 내용의 계획이 작성되는 경우 등에 대한 이유
- 작성 현재 제공받고 있는 급여종류
- 시설급여 계획수립의 경우, 급여대상자의 식사 재료비 등 비 급여 항목에 대 한 본인 비용 부담이 발생할 수 있다는 내용
- 등급판정위원회의 권고사항 등

※ 주의점 : '유의사항 예시'의 모든 사항을 기록하는 것이 아니라 필요 하다고 판단되는 내용을 간결하고 정확하게 작성

---

5) 단기보호급여는 한도액의 제한을 받지 않으며 시설급여계획과 같이 일당으로 계산되므로 다른 재가급여와 병행해서 작성할 때 재가급여 월 한도액의 범위 외에서 작성가능하다. 그러나 표준장기요양이용계획서는 비용효과적인 계획수립을 지향하고 적정수준에서의 급여비용 지출을 유도할 필요성이 있는바, 단기보호급여과 다른 재가급여를 함께 작성할 때 월 한도액 범위 내에서 작성할 것을 권장한다.

6) 예를 들어 전문가적 견해에 의하면 욕창예방을 위한 간호처치가 필요하다고 판단되는 대상자가 급여 희망 의사를 밝히지 않아 급여를 제공하지 않게 되는 사항 등 **(주의점 : 의료행위 등 작성자의 전문가적 범위가 아닌 내용의 작성은 삼가)**

사. 급여이용계획(급여종류 및 횟수) 작성

1) 절 차

가) 작성한 급여내용에 해당하는 급여종류를 참조하여 작성한다.

나) '장기요양인정서'에 제시되어 있는 급여종류의 범위 내에서 수급자에게 필요한 장기요양급여가 효과적으로 제공될 수 있는 급여종류와 제공횟수를 결정한다.

다) 수급자의 기능상태 및 욕구를 고려하여 필요하다고 판단되는 복지용구를 급여 범위 내에서 제시하도록 한다.

복지용구는 재가급여계획 시에만 작성하며 장기요양보험급여에서 인정하는 한도액과 종류 범위 내에서 자성해야 함

2) 결정기준

가) 수급자와 가족 수발자의 의견을 적극 반영한다.

나) 장기요양필요내용, 등급별 월 한도액, 수발자의 부담정도, 수급자 상황과 급여종류, 장기요양기관 현황 등을 종합적으로 판단하여 재가급여가 적정한지, 시설급여가 적정한지를 결정하여 계획을 수립한다.

재가급여 계획수립

수급자 중 재가급여를 희망하거나 필요하다고 판단되는 대상자에 대하여 장기요양인정서에 제시되어 있는 급여종류의 범위 내에서 급여종류와 횟수, 1회당 시간, 비용을 작성

시설급여 계획수립

수급자 중 시설급여를 희망하거나 필요하다고 판단되는 대상자에 대하여 장기요양인정서에 제시되어 있는 급여종류의 범위 내에서 시설 급여 종류와 월 횟수, 비용을 작성

3) 주의점

가) 재가급여와 시설급여 계획을 동시에 작성할 수 없으며 재가급여의 경우, 월 한도액을 초과하여 작성하지 않도록 한다.

나) 단기보호급여는 월 한도액의 제한을 받지 않으며 시설급여계획과 같이 일당으로 계산되므로 다른 재가급여와 병행해서 작성할 때 재가급여 월 한도액의 범위 외에서 작성 가능하다. 그러나 표준장기요양이용계획서는 비용효과적인 계획수립을 지향하고 적정수준에서의 급여비용 지출을 유도할 필요성이 있는바, 단기보호급여와 다른 재가급여를 함께 작성할 때 월 한도액 범위 내에서 작성할 것을 권장한다.

다) 재가급여의 월한도액은 방문요양, 방문목욕, 방문간호, 주야간보호에 대한 월한도액임을 주의하여야 한다.

라) 임의적으로 재가급여의 월한도액에 맞추기 위하여 급여횟수를 불필요하게 늘릴 필요는 없다.

예시1. 2등급(월한도액 879,000원)

▸ 단기보호 월 31일 = 1,026,720원이므로 재가급여 월 한도액을 초과하였으나 단기보호는 월 한도액의 제한을 받지 않기 때문에 계획 가능

예시2. 2등급(월한도액 879,000원)

▸ 단기보호 월 20일을 받고 그 외 10일은 방문요양을 희망할 경우

① 단기보호 월 20일 = 662,400원
방문요양 월 10회(120분 이상~150분 미만) = 243,400원
총 비용 = 905,800원 으로 재가급여 월 한도액을 초과하였으나 단기보호는 월 한도액의 제한을 받지 않기 때문에 계획 가능
그러나 표준장기요양이용계획서는 월 한도액 범위 내에서 작성하는 것을 권장함
따라서

② 단기보호 월 20일 = 662,400원
방문요양 월 10회(90분 이상~120분 이상) = 194,700원
총 비용 = 857,100원 으로 작성하는 것이 바람직함

다) 월 한도액에 포함되는 급여비용은 급여종류가 아니라 하더라도 계획수립에 반영하여 수급자가 한도액 관리를 함에 있어 어려움이 없도록 작성한다.

라) 방문간호 계획수립의 경우, 응급상황 여부 등 심사 기준을 감안하여 적절한 횟수를 결정하도록 한다. (가능한 주 3회 이내로 작성)

아. 표준장기요양이용계획서 확정

1) 장기요양인정조사, 장기요양필요영역과 목표 수립과정을 통해 확정된 장기요양필요내용과 급여종류, 횟수, 장기요양급여비용, 유의사항 등을 작성하여 표준장기요양이용계획서를 완성한다.

※ 표준장기요양이용계획서 : 붙임1 참조

※ 작성사례 : 붙임2, 3 참조

2) 수급자의 기능상태 및 욕구, 사회·환경적인 상태, 시설현황 등을 고려하여 수급자에게 실질적인 도움이 될 수 있는 표준장기요양이용계획서 작성 시 어려움이 있거나 그 밖의 이유로 적정한 계획 수립이 불가능하다고 판단될 경우에는 전문가, 장기요양기관, 사회복지 공무원 등과의 간담회, 서비스담당자회의 등을 통해 표준장기요양이용계획서를 작성할 수 있다.

※ 간담회, 서비스담당자회의 등은 의무사항이 아니며 시간과 장소, 형식, 참석자 등을 운영센터 자율적으로 운영한다.

3) 작성 확정 이전(등급판정 이전 등)에 관할 센터가 이관되었을 경우에는 이관된 운영센터에서 작성을 확정한다.

※ 관할 센터 이관 시점 및 절차는 장기요양 인정관리 업무처리요령을 준용한다.

III) 결재 및 발급

1. 결재 및 문서관리

가. 완성된 표준장기요양이용계획서는 결재를 득한 후 수급자에게 발급하여야 한다.

※ 재작성의 경우에도 결재를 득한 후 발급하여야 한다.

나. 결재형식 : BPM 결재와 업무화면 결재를 모두 실시한다.

1) BPM 결재 : 작성자별 해당 일에 작성된 건에 대한 일괄결재 시 이용한다.

2) 업무화면 결재 : 표준장기요양이용계획서 개별 건에 대한 작성 내용을 결재할 경우 이용한다.

※ 구체적인 절차는 전산처리요령에 의거하여 시행한다.

다. 결재권자 : 운영센터 각 팀별 해당 팀장 검토 후 센터장 전결로 한다.

2. 발급

가. 장기요양인정서를 통보하는 모든 수급자에게 발급[7]하며 신체적, 인지적 장애 등에 의해 수급자가 내용을 이해할 수 없거나 수신이 불가능한 상황이라고 판단되는 경우 수급자를 직접 부양하는 가족 또는 대리인[8]에게 발급하도록 한다.

※ 표준장기요양이용계획서의 발급은 기본적으로 장기요양인정서 발급기준(실거주지 발급)을 준용한다.

나. 장기요양인정서, 안내문 등 표준장기요양이용계획서와 함께 송부하는 서식을 A4 보관 파일에 함께 편철[9]하여 수급자에게 방문 또는 우편으로 제공하며 시설입소자에 대한 일괄 우편 발송을 지양한다.

다. 우편 발송을 한 수급자는 가능한 빠른 시일 내에 직접 방문하여 표준장기요양이용계획서와 급여이용절차에 대해 충분히 설명한다.

라. 작성한 표준장기요양이용계획서 발급 시 작성자의 책임 의식을 고취시키기 위해 표준장기요양이용계획서에 담당 작성자의 이름을 기록하여야 한다.

---

7) 「노인장기요양보험법 제17조 1항, 3항」과 신청서 등록시 실거주지에 의한 신청이 이루어지는 것을 고려하고 장기요양인정서 발급기준에 준하여 **수급자의 실거주지로 발송**토록 하며 시설입소자의 경우 시설장에게 일괄 발송하지 않도록 한다.

8) 「노인장기요양보험법 제22조」(장기요양인정 신청 등에 대한 대리) 와 「시행규칙 제10조」에 해당하는 자로서 장기요양인정서 발급기준에 준하여 적용한다.

9) 표준장기요양이용계획서 재발급의 경우에는 보관파일에 편철할 필요 없이 일반우편물 봉투에 넣어 발급한다.

마. '급여내용과 급여종류'표를 표준장기요양이용계획서 뒷면에 표기하여 안내하도록 하며 관련 내용 변경 시, 즉시 반영하여 제공한다.

※ '급여내용과 급여종류'표가 미리 인쇄된 출력물 뒷면에 발급용 표준장기요양이용계획서를 출력하여 수급자에게 송부하도록 하되 출력방식은 운영센터의 상황에 따라 자율적으로 운영한다.

바. '재발급 신청 건'은 가능한 10일 이내 재발급해야 하며 필요한 경우, 수급자의 기능상태 및 욕구 변화의 여부를 방문 또는 유선 등으로 확인하여 정확한 급여계획을 수립한 후 재작성 발급할 수 있도록 한다.

사. 재발급은 '단순 재발급'과 '재작성 발급'으로 분류하며 '3. 재발급' 업무처리요령에 의거하여 업무를 수행한다.

아. 모든 표준장기요양이용계획서는 반드시 결재를 득한 후 발급해야 한다. 단, 내용의 변경 없이 기 발급된 표준장기요양이용계획서를 단순히 재발급하는 경우인 '단순 재발급' 건에 대해서는 결재 없이 발급할 수 있다.

자. 표준장기요양이용계획서의 기재 내용이 제3자에게 유출되지 않도록 유의하여 발급하여야 한다.

3. 재발급

가. 재발급 신청 자격 : 수급자 또는 대리인

나. 재발급 신청 방법

1) 유선, 센터 방문 : 별도의 작성 서식 없이 전산에 입력하는 것으로 접수한다.

2) 모사전송(팩스) : '표준장기요양이용계획서 재발급 신청서'로 신청 접수를 받는다.

… 붙임4

3) 인터넷 홈페이지 : 공인인증서 로그인[10]에 의해서만 가능하다.

다. 재발급 분류

1) 단순 재발급

분실, 훼손 등의 이유로 기 발급된 표준장기요양이용계획서와 동일한 것에 대한 재발급

2) 재작성 발급

수급자의 기능상태 또는 욕구의 변화, 급여이용 또는 본인부담금의 변화, 급여종류의 변화, 급여계획의 변화 등 기 발급된 표준장기요양이용계획서와 다른 내용에 대한 재발급

---

10) 홈페이지 인증서 발급 기준에 따라 공인인증서를 발급받은 수급자에 한해서 사용 가능함.

라. 재작성 원칙

표준장기요양이용계획서의 최초 발급 이후 수급자의 기능상태 또는 욕구의 변화, 장기요양기관의 상황 변화, 급여종류의 변경, 급여계획의 변경에 의한 비용의 변화 등의 이유로 재작성이 필요하다고 판단되거나 수급자(또는 가족)의 재작성 요청이 있는 경우 표준장기요양이용계획서를 다시 작성하여 송부한다.

※ '장기요양기관의 상황 변화'라 함은 요양보호사의 부족, 장기요양기관의 시설 환경 변화 등 서비스를 제공하기 위한 조건의 변화가 발생한 것을 의미함

마. 재작성 대상

1) 장기요양인정서와 함께 최초 표준장기요양이용계획서가 기 발급된 수급자로서 재작성을 희망하는 자

※ 최초 표준장기요양이용계획서를 기 수령한 대상자가 장기간(1개월 이상) 급여 미 이용 상태로 있다가 급여 이용을 위해 재작성을 희망하는 경우 포함

2) 그 밖에 작성자가 재작성이 필요하다고 판단되는 자

바. 재발급 처리절차 (재작성 포함)

1) 재발급 사유가 발생하거나 신청 건이 접수되면 해당 수급자의 표준장기요양이용계획서 작성 프로그램에 접속한다.

2) 단순 재발급

가) 재작성하지 않고 저장된 내용 그대로 출력한 후 결재 없이 발급한다.

나) 관할 운영센터가 아니더라도 신청 접수를 받은 운영센터에서 직접 발급한다.

3) 재작성 발급

가) 표준장기요양이용계획서 작성 절차의 처음부터 시작하여 변경내용을 재작성 후 결재 절차를 마친 뒤 발급하여야 한다.

나) 관할 운영센터가 아닌 센터에서 신청 접수를 받은 경우에는 접수 현황을 전산에 입력하여 해당 신청 건을 관할 운영센터로 전송하도록 한다.

다) 관할 운영센터에서 재작성 발급한다.

4) 발급 방법

재발급 시에도 최초 발급과 동일하게 수급자의 실거주지로 방문 또는 우편 제공한다. 단, 수급자 또는 대리인이 운영센터를 직접 방문해서 요청하는 경우에는 신분증 등을 확인(신청 당시의 대리인으로서 전산에 등록되어 있는 대리인의 경우에는 신분증을 확인하며, 신청 당시의 대리

인으로서 전산에 등록된 대리인이 아닐 경우에는 인정관리 업무매뉴얼의 별지 서식 '위임장'을 작성)하고 제공한다.

표준장기요양이용계획서는 중요한 개인정보가 함축되어 있는 서식임에 따라 방문 또는 유선으로 제공하여 수급자의 개인정보를 보호하고 수급자(또는 대리인)가 아닌 다른 사람이 임의 취득하지 않도록 하고 있다.

사. 유의점

1) 기 발급된 내용에 대한 단순한 변화(급여비용의 변화가 없는 급여내용의 변경 등)가 발생하였을 경우, 이용지원을 통해서 해결이 가능하다면 표준장기요양이용계획서의 재작성을 지양하고 이용지원을 통해 수급자에게 충분한 정보제공과 안내를 하도록 한다.
2) 수급자가 기능상태의 변화로 재작성을 요청하는 경우, 단순히 표준장기요양이용계획서 재작성 절차가 필요한 경우인지, 이의신청 또는 등급변경신청 등이 필요한 대상자인지를 구분하고 그에 해당하는 업무 절차를 수행한다.
3) 동일인에 대한 등급판정위원회 또는 장기요양심사위원회 등의 절차를 다시 밟게 되는 경우는 표준장기요양이용계획서의 재작성이 아니라 해당 판정 건에 대한 신규 작성에 해당함.

IV) 사례를 통한 올바른 표준장기요양이용계획서 작성방법

1. 잘못 작성된 사례

장기요양급여비용 및 본인부담금 작성은 생략함

사례1

장기요양필요영역 및 주요 기능상태	장기요양 목표
일상생활수행, 간호문제, 대변조절: 뇌혈관질환으로 인한 합병증으로 우측완전마비, 좌측관절구축이 있어 와상상태이며 일상생활수행기능과 사회생활기능이 전혀 없음	질병상태의 집중관리로 악화예방

• 평가

1. '13개 장기요양필요영역' 과 다른 용어를 사용한 것은 지침을 위반한 사례임
2. 주요기능상태와 관련성 있는 장기요양필요영역별로 묶여져야 함에도 불구하고 관련성 없는 장기요양필요영역을 작성함.
2. '우측완전마비'의 경우, 우측 팔인지, 다리인지를 명확히 작성해야 함.
3. 기능상태를 설명할 때는 일상생활수행기능, 사회생활기능 등 전문용어를 사용하지 말아야 하며 구체적으로 어떤 기능이 문제가 있는지를 기술해야 함.
4. 목표를 보다 구체적으로 수립해야 하며 욕구를 충분히 반영할 수 있어야 함.

• 수정안

장기요양필요영역 및 주요 기능상태	장기요양 목표
• 신체기능, 사회생활기능, 재활영역 : 10년 전 뇌졸중을 진단 받은 후 오른쪽 팔과 다리를 전혀 움직일 수 없고 왼쪽 팔과 다리는 통증에 반응할 수 있으나 손을 쥐거나 다리를 스스로 들어 올릴 수 없다. 수발자인 아내가 세수, 양치질, 체위변경하기 등을 전적으로 도와주어야 하며 소·대변조절은 가능하지만 걷지 못하여 기저귀를 사용하고 있음. • 간호문제 : 3개월 전, 오른쪽 엉덩이 부위에 욕창이 생겨 현재 보건소 방문간호서비스를 통해 욕창간호를 받고 있음.	• 기초체력 유지와 질병의 예방 • 기능상태 악화방지 및 합병증 예방 • 욕창치유

사례2

장기요양필요영역 및 주요 기능상태	장기요양 목표
0. 장기요양필요영역 : 신체기능, 재활욕구 0. 주요기능상태 : 신체기능 - 오랫동안의 관절염으로 하지마비 및 심한 관절제한 있어 옷벗고 입기, 세수, 양치 등을 수행 시 수발이 필요한 상태임. 배변, 배뇨시 기저귀에 의존함 인지기능 - 의사표현 및 판단력은 뚜렷함 재활욕구 - 준 와상상태로 하지의 운동능력이 소실되어 하지 마비 및 관절제한 있음	0.질병상태 집중관리로 기능상태 악화예방 0.현재 기능상태 향상 0.사회적고립감 감소 0.가족부담경감

• 평가

1. '장기요양필요영역', '주요기능상태'의 제목을 다시 작성할 필요 없음.
2. 하지마비 및 관절제한의 원인이 관절염이라고 단정하여 작성하는 것보다는 질환과 증상을 객관적으로 작성하는 것이 바람직함.
3. 배변, 배뇨 조절이 안되서 기저귀를 사용하는지 아니면 편의상 기저귀를 사용하는지에 대한 내용이 명확히 기재되어 있지 않다.
4. '의사표현 및 판단력은 뚜렷하다'는 표기는 잘못된 표현이며 해당 영역에 문제가 없다면 장기요양필요영역으로 도출할 필요가 없다.
5. 운동능력이 소실되어 하지 마비 및 관절제한이 있다고 표기할 경우 기능상태를 정확히 알 수 없으므로 구체적으로 어떤 기능이 문제가 있는지를 표기하는 것이 바람직함.

• 수정안

장기요양필요영역 및 주요 기능상태	장기요양 목표
• 신체기능, 재활욕구 : 관절염을 진단 받은 지 15년 가량 되었으며 양쪽 손마디가 굳어 있어 옷벗고입기, 양치질, 세수하기 등을 수행할 경우 다른 사람의 도움을 받아야 수행할 수 있음. 2년전 뇌출혈 수술이후 하반신마비 증상 나타났으며 혼자서 보행, 근거리외출 등이 불가능하여 아내가 휠체어를 이용하여 도와주고 있으며 소·대변조절이 안되어 지저귀를 사용하고 있음.	• 지원을 통한 수단적 일상생활기능의 수행 • 기초체력유지와 질병의 예방 • 가족의 수발부담경감 • 배변장애에 대한 적절한 관리

사례3

장기요양필요영역 및 주요 기능상태	장기요양 목표
• 신체기능 : 인지장애로 인해 일상생활수행시 수발자 도움의존, 체위변경, 옮겨앉기 등은 스스로 가능 • 사회생활기능 : 수발자 도유의존 • 행동변화 : 야간배회, 환시, 길방향잃음 등 문제행동 보임	• 현재기능유지 • 시원을 받아 사회생활기능을 가능하게 한다. • 인지장애에 대한 적절한 대처방법학습

장기요양필요내용	• 세면도움, 구강관리, 몸청결, 머리감기기 • 외출시 동행, 병원안내 및 동행 • 말벗, 격려 및 위로
수급자희망급여	• 방문요양
유 의 사 항	• 인지장애로 인해 기본적 일상생활기능 수행시 도움 필요 • 배회, 길방향 잃음 등의 행동변화 보임 • 복지용구 구입과 대여는 안내문을 참조하시기 바랍니다.

● **평가**

1. 장기요양필요영역별로 장기요양목표를 1:1로 대응시켜서 작성할 필요성은 없으며 작성 내용 사이를 공란으로 비워두지 않도록 해야 함.
2. 장기요양필요영역을 '신체기능'으로 한 상태에서 주요기능상태는 '인지장애'를 작성한 것은 지침을 위반한 사례임. 즉 인지장애는 별도의 장기요양필요영역으로 설정하여 작성하여야 함.
3. '사회생활기능'의 경우 '수발자 도움의존'이라는 추상적인 내용으로 작성한 것은 매우 무성의한 작성사례임. 어떤 기능에서 어떻게 수발자의 도움이 필요한 지를 구체적으로 작성해야 함.
4. '행동변화'영역 작성 시 '~문제행동보임'이라는 표현은 수급자에게 불쾌감을 유발할 수 있으므로 삼간다.
5. '유의사항'작성 시 '주요기능상태' 내용과 중복해서 작성하는 것을 피해야 하며 '복지용구 구입과 대여는 안내문을 참고하시기 바랍니다' 식의 불필요한 안내문구 보다는 급여종류 및 횟수 결정 이유, 전문가적 견해로 필요하다고 판단되는 욕구, 시설급여 이용자의 비 급여 항목에 대한 안내 등 업무처리요령에 제시되어 있는 예시를 중심으로 작성하도록 한다.

- 수정안

장기요양필요영역 및 주요 기능상태	장기요양 목표
• 신체기능, 사회생활기능 : 10년 전 치매진단 이후 최근에는 친척을 알아보지 못하며 길을 잃어버려 혼자서 외출할 수 없으며 전화도 걸 수 없다. 세수나 양치질을 하도록 지시하면 수행할 수는 있으나 깨끗하게 하지는 못하며 일어나앉기, 옮겨앉기는 다른 사람의 도움 없이 수행함 • 인지기능, 행동변화 : 방금 전 들었던 이야기를 기억하지 못하며 사별한 남편이 옆에서 얘기하는 것으로 착각하고 있으며 간혹 물건을 부수거나 심하게 화를 내기도 함. 가스 불을 켜 놓고 잊어버려 화기에 노출될 위험이 있으며 방문조사 당시에도 한 자리에 앉아 있지 못하고 왔다 갔다 하며 불안해 함.	• 기능상태악화방지 및 합병증 예방 • 가족의 수발부담경감 • 인지장애에 대한 적절한 대처방법의 학습 • 우울과 불안의 감소

장기요양필요내용	• 세면도움, 구강관리, 몸청결, 머리감기기 • 외출동행, 병원안내 및 동행	• 행동변화대처 • 말벗, 격려 및 위로
수급자희망급여	• 방문요양	• 주·야간보호
유 의 사 항	• 아들이 직장에 나가있는 낮 시간은 수급자 혼자 집에 있어 화기관리 등의 위험성이 있으므로 주·야간보호 급여를 이용한다면 도움이 될 것으로 판단됨. • 월2회 보건소 무료 방문목욕 서비스를 받고 있음 • 최근 치매증상이 심해짐에 따라 누군가 곁에서 지켜보기가 필요하며 치매관리지원 서비스가 필요함.	

사례4

장기요양필요영역 및 주요 기능상태	장기요양 목표
• 기본적일상생활수행기능 : 관절의 제한이나 마비는 없는데 치매로 옷갈아입기, 목욕하기, 화장실 이용할 때 도움을 받는다. • 수단적일상생활수행기능 : 치매로 집안일하기, 식사, 교통수단 이용하기에서의 도움필요 • 시각기능 : 1미터까지만 보임 • 인지기능 : 10개 항목 중 시시이해 외에 모두 도움 • 행동변화 • 지지체계	• 현재 기능상태 호전 • 수단적 일상생활수행능력 증진 • 시각기능의 원인 파악 및 대처 • 정확한 진단받아 대처 • 사회적 고립감 감소

장기요양필요내용	• 신체수발, 가사활동지원, 개인활동지원, 정서지원, 치매관리지원
수급자희망급여	• 방문요양 • 주·야간보호 • 방문목욕
유 의 사 항	• 7년째 독거생활을 하고 있으며 이웃과 교회에서 매일 방문하여 가사지원 및 반찬배달 서비스를 제공하고 있음. • 보행에 어려움이 있어 요강과 밥상을 이불 옆에 둔 상태로 생활하고 있으며 수발자가 방 정리를 해주면 오히려 화를 내거나 무엇을 훔쳐갔다고 오해함. • 양쪽 눈 백내장 수술이 필요하다는 판정받음.

표준장기요양 이용계획 및 비용								
급여종류	횟 수				장기요양급여비용		본인부담금	
방문요양	주	5	회	(90분/회)		원		원
방문목욕	월	2		회		원		원
주·야간보호	주	3		회		원		원
								원
복지용구	욕창방지 매트리스, 지팡이							

- **평가**

1. 정확한 '장기요양필요영역' 용어를 사용해야 함.(기본적일상생활수행기능⇒신체기능, 수단적일상생활수행기능⇒사회생활기능)
2. 신체기능 영역의 주요기능상태에 대한 구체적인 근거가 없으며 사회생활기능 영역에서 '도움필요'라는 내용도 매우 추상적인 표현이다. 기능상태를 구체적으로 기술하여 수급자의 기능상태를 정확히 알 수 있도록 작성해야 함.
3. '시각기능'을 판단기준으로 작성하는 것은 올바른 작성방법이 아니며 구체적으로 기능형태를 작성해야 함.
4. '인지기능'을 '10개 항목 중 지시이해 외에 모두 도움'이라고 기재한 것은 매우 잘못된 작성형태로써 누구나 이해할 수 있도록 작성해야 하는 표준장기요양이용계획서의 기본 취지에 어긋나게 작성한 사례임. '10개 항목'이라고 표현할 경우 수급자나 가족이 어떤 기능상태에 대한 내용인지를 알 수 없으며 장기요양기관 또한 이해할 수 없다고 판단됨. 또한 '모두 도움'이라는 표현은 잘못된 표현이며 어떤 형태의 도움이 필요한지 구체적으로 작성해야 함.

5. '행동변화'와 '지지체계'처럼 도출된 장기요양필요영역에 대하여 주요기능상태를 작성하지 않고 공란으로 비워두어서는 안되며 성실하게 작성하여 수급자의 이해도를 높이고 원활한 급여이용을 지원할 수 있어야 한다.
6. '장기요양필요내용'을 급여구분으로 작성하였는데 재가급여계획 수립의 경우에는 '급여내용'으로 작성해야 한다.
7. '이용계획 및 비용'의 경우, 방문요양 주5회, 주·야간보호 주3회는 실제 이용하기 어려운 급여계획이며 아침, 저녁으로 각각 방문요양과 주·야간보호를 이용할 수 있다고 하더라도 이러한 계획은 과도한 급여계획으로 판단되므로 지양해야 하는 계획 사례이다. 또한 월 한도액을 최대한 이용하는 급여계획보다는 수급자 기능상태와 수발환경 등을 고려하여 직정수준의 비용효과적인 급여계획을 수립하는 것이 바람직하다.
8. 욕창방지 매트리스는 와상 또는 거동이 불편하여 욕창 발생이 예상되거나 욕창이 있는 수급자가 활용할 수 있도록 계획해야 함에도 신체기능 상태에 문제가 없는 본 사례에서 작성한 것은 적절한 급여계획이라고 볼 수 없다.

• 수정안

장기요양필요영역 및 주요 기능상태	장기요양 목표
• 신체기능, 사회생활기능, 행동변화 : 5년 전 뇌졸중과 치매, 고혈압 진단을 받았으며 더운 날씨에도 옷을 여러 겹 끼워 입거나 세수나 양치질을 하지 않아 다른 사람이 지시하거나 도와주어야 하며 혼자서 집을 나가면 길을 잃고 집을 찾지 못하여 근거리 외출 시에도 항상 수발자가 동행해야 함. • 인지기능, 지지체계 : 7년 전 남편과 사별하고 혼자 살고 있으며 치매로 인하여 계산능력이 떨어져 있으며 자신의 생일을 기억하지 못함.	• 현재 기능상태 호전 • 수단적 일상생활기능의 증진 • 지원을 통한 수단적 일상생활기능의 수행 • 사회적 고립감 감소

장기요양필요내용	• 옷갈아입히기, 몸단장, 운동 및 일상생활 훈련 보조 • 외출동행, 병원안내 및 동행 • 방문목욕 • 인지정신기능훈련 • 행동변화대처
수급자희망급여	• 방문요양 • 주·야간보호 • 방문목욕
유 의 사 항	• 7년째 독거생활을 하고 있으며 이웃과 교회에서 매일 방문하여 가사지원 및 반찬배달 서비스를 제공하고 있음. • 보행에 어려움이 있어 요강과 밥상을 이불 옆에 둔 상태로 생활하고 있으며 수발자가 방 정리를 해주면 오히려 화를 내거나 무엇을 훔쳐갔다고 오해함. • 양쪽 눈 백내장 수술이 필요하다는 판정받음.

표준장기요양 이용계획 및 비용							
급여종류	횟 수			장기요양급여비용		본인부담금	
방문목욕	월	2	회		원		원
주·야간보호	주	3	회		원		원
합계					원		원
복지용구	지팡이						

2. 바른 작성 사례

사례1

장기요양필요영역 및 주요 기능상태	장기요양 목표
• 신체기능, 재활욕구 : 7년 전 교통사고로 뇌수술 을 받은 후부터 왼쪽 편마비 증세가 있었으며 부축을 받아도 걷기가 힘들어 휠체어로 이동하며 옷벗고입기, 세수하기, 이동하기, 화장실사용하기 등을 도움을 받아 수행할 수 있음. • 인지기능, 의사소통, 지지체계 : 상대방의 말을 알아들을 수는 있으나 상황에 맞지 않는 내용을 말하며 전동휠체어를 타고 외출할 수 있으나 혼자 나가면 길을 잃어 돌아오지 못함. • 간호문제 : 방광루를 삽입하고 있으며 소독과 비우기를 수발자가 제공해 줌	• 질병상태 집중관리로 기능상태 악화 및 이차 감염예방 • 현재 기능상태 유지 • 가족의 수발부담경감

장기요양필요내용	• 세면도움, 몸청결, 옷갈아입히기, 이동도움, 화장실이용하기 • 외출동행, 병원안내 및 동행 • 방광간호, 검사 및 기타처치, 투약관리·지도, 건강교육 및 상담
수급자희망급여	• 방문요양 • 방문목욕 • 방문간호
유 의 사 항	• 방광루가 새고 있으므로 관의 굵기와 삽입 고정상태를 방문간호 급여를 통해 확인하시고 관리받기를 권장합니다. • 방문목욕 후 방광루 소독을 할 수 있도록 방문간호 급여를 이용하는 것이 좋습니다. • 딸과 함께 살고 있으며 오래된 한옥으로 문턱이 높고 재래식 화장실을 이용하고 있음.

표준장기요양 이용계획 및 비용						
급여종류	횟 수			장기요양급여비용	본인부담금	
방문요양	주 2 회 (120분/회)			원		원
방문목욕	월	2	회	원		원
방문간호	월1회 방문간호지시서			원		원
방문간호	주	3	회	원		원
합계				원		원
복지용구	이동형 좌변기, 욕창방지 매트리스					

사례2

장기요양필요영역 및 주요 기능상태	장기요양 목표
• 신체기능 : 7년 전 뇌수술 후 왼쪽 팔, 다리마비와 5년 전 혈관성치매 진단 이후 옷벗고입기, 세수, 목욕하기 등을 도움을 받아서 수행할 수 있으며 전동휠체어를 타고 방밖으로 나가는 것은 가능하나 화장실 이용시 도움이 필요함. • 인지기능과 행동변화 : 장·단기기억 장애와 시간, 장소 지남력 상황판단력이 떨어져 있으나 의사소통은 가능함. • 재활욕구 : 도움을 받으면 보행은 가능하나 낙상의 위험이 높음.	• 현재기능상태의 유지와 요로감염예방 • 관절구축예방 • 인지장애에 대한 적절한 대처방법의 학습

장기요양필요내용	• 몸단장, 옷갈아입히기, 배설도움, 이동도움 • 외출동행, 병원안내 및 동행 • 방광간호, 검사 및 기타처치, 투약관리·지도, 건강교육 및 상담
수급자희망급여	• 방문요양
유 의 사 항	• 문턱이 높아 낙상의 위험이 있으므로 주의가 필요함. • 방광루에 의한 요로감염이 발생할 수 있으므로 방광간호 필요 • 건강교육 및 상담을 통해 당뇨, 저혈당증 관리가 필요함.

표준장기요양 이용계획 및 비용						
급여종류	횟 수			장기요양급여비용	본인부담금	
방문요양	주 4 회(120분/회)			원		원
방문간호	월 1회 방문간호지시서			원		원
방문간호	주	1	회	원		원
합계				원		원
복지용구	이동형좌변기					

사례3

장기요양필요영역 및 주요 기능상태	장기요양 목표
• 신체기능, 사회생활기능. 통증 : 관절염으로 양 무릎 통증 있으나 관절제한은 없으며 천천히 느리게 종종걸음으로 걸으며 옆에서 부축이 필요함, 계단 오르내리기를 힘들어하여 교통수단으로는 승용차로만 이동이 가능하며 집안일하기 등은 수발자의 도움이 필요함, 옷을 챙겨주면 스스로 입지만 세수나 양치질은 도움을 받아 수행할 수 있음. • 의사소통. 시각기능 : 귀가 안 들려서 답답하다고 호소하며 우측 귀 근처에 대고 조곤조 곤 이야기하면 알아들을 때도 있고 못 알아들을 때도 있음. 안경 착용중이지만 근접한 글씨정도만 볼 수 있음 • 인지기능. 행동변화 : 자신의 나이만 기억하며 그 외의 질문에 대한 인지력이 떨어짐. 다른 사람들이 옷을 모두 가져가서 옷을 갖다 주지 않는다고 자주 말하며 새벽에 깨어나 손자한테 가야 된다고 짐을 싸서 밖으로 나가려고 하며 자주 서성거림	• 기초체력 유지와 질병의 예방 • 지원을 통한 수단적 일상생활 활동의 수행 • 통증감소 • 청각장애에 대한 대처방법 학습 • 시각기능 손상에 의한 일상생활 불편함 완화 • 인지기능 및 행동변화에 대해 정확한 진단을 받아 대처

장기요양필요내용	• 세면도움, 구강관리, 몸청결, 머리감기기, 몸단장, 옷 갈아입히기, 목욕도움, 이동도움 • 기본동작 훈련, 물리치료, 인지정신기능 훈련 • 외출 시 동행 • 관찰 및 신체기능 측정, 통증간호 • 응급상황 대처
수급자희망급여	시설급여
유 의 사 항	• 기초수급대상자, 손자들과 함께 대구에 거주하였으나 모두 직장생활을 하고 있는 상태로 1년 전부터 배회 및 길 잃어버리는 증상이 심하여 대상자에 대한 수발이 어려워져 아는 분을 통해 00에서 5월14일, 00으로 전입하여 00복지회 직원 집에 함께 살고 있으며 00노인주간보호센터 이용 중임 1년 전 치매진단을 받았으나 현재 약을 복용하고 있지는 않음 • 급여제공시 유의사항 청력기능 및 시력기능의 저하로 보행시 스스로 안전하게 이동이 가능하도록 도와 낙상을 예방 ※ 단기보호센터 이용시 월 이용한도액의 제한을 받지 않으며 1회 90일, 연간 180일을 이용할 수 있습니다.

표준장기요양 이용계획 및 비용						
급여종류	횟 수			장기요양급여비용		본인부담금	
단기보호	월	31	회	원		원
합계				원		원
복지용구						

사례4

장기요양필요영역 및 주요 기능상태	장기요양 목표
• 신체기능 : 1년 전 요추 골절 있었으나 수술하지 않고 입원치료만 받은 후 퇴원함. 그 후 집에서 요통 및 전신통증이 심하여 보행하지 못하고 체위변경도 도움을 받아야 가능하며 하루 대부분의 시간을 누워서만 지냄. 옷갈아 입기, 위생활동, 이동에 수발자의 전적인 도움이 필요하며 변의,뇨의 있으나 이동이 불가능하여 기저귀를 착용하고 있어 기저귀 교환시 수발자의 도움이 필요함. • 재활욕구 : 상체 움직임은 어느 정도 가능하나 하체는 무릎이 구부러진 채 굳어져 반듯하게 펴지 못하며 요통이 심해 움직임에 전체적으로 제한을 받음. • 사회생활기능 : 인지력은 양호하나 보행하지 못하고 누워 지내고 있어 간단한 집안일을 비롯한 몸단장 및 외출 등에 전적인 도움이 필요함. 누워서 간단한 전화만 걸고 받을 수 있으며 주머니 용돈정도는 관리할 수 있음. • 간호문제 : 전신통증의 호소가 매우 심하며 그로인해 움직임의 제한이 있고 엉덩이 부위에 동전만한 욕창이 발생하여 집에서 소독 및 관리를 하고 있음.	• 현재 기능상태 유지 • 지원을 받아 수단적 일상생활이 가능 • 문제의 악화 예방 또는 문제가 해결된다.

장기요양필요내용	• 세면도움, 몸청결, 머리감기기, 몸단장, 목욕도움, 체위변경 • 신체기능의 훈련, 기본동작 훈련, 물리치료 • 말벗, 격려 및 위로 • 관찰 및 신체기능 측정, 피부간호 • 방문목욕
수급자희망급여	방문목욕
유 의 사 항	• 고혈압 약을 복용중이며 함께 사는 남편이 주 수발자임. • 골다공증이 매우 심하고 상, 하지 모두 관절제한이 있어 골절의 위험성이 높으므로 신체수발시 무리하게 힘을 주어 움직이지 않도록 유의해야함. • 전신통증으로 인해 움직이려 하지 않아 욕창발생의 위험성이 높으므로 기저귀 교환시 피부상태 관찰과 환기를 통하여 욕창을 예방하는 것이 필요함. • 인지기능이 양호하나 기저귀를 착용하고 있음으로 인해 자존감 저하가 우려되므로 심리적 지지가 필요함.

표준장기요양 이용계획 및 비용							
급여종류	횟 수			장기요양급여비용		본인부담금	
방문요양	주 1 회(180분/회)				원		원
주·야간보호	월1회 방문간호지시서				원		원
방문간호	주	2	회		원		원
방문목욕	월	2	회				
합계					원		원
복지용구	욕창방지 매트리스						

사례5

장기요양필요영역 및 주요 기능상태	장기요양 목표
• 신체기능, 재활욕구 : 6~7년 전부터 뇌졸중 발병하였으며 우측 상하지 관절의 움직임없고 운동능력 손실상태로 보행 불가능함. 목욕도움과 개인위생 관리에 수발자의 도움 받고 있음. • 대변조절, 요실금, 시각기능 : 대변 및 소변 조절에 장애 있으며 가까이 있는 볼펜도 안 보인다하며 시력저하 있음 • 인지기능, 행동변화 : 속도는 느리지만 의사소통 가능하며 장·단기 기억력, 날짜 지남력, 판단력 저하상태이고 불면증 있음. • 사회생활기능 : 집안일, 식사준비, 빨래를 수행하지 못하여 배우자가 전적으로 수발하고 있으며 머리단장은 가능하나 손톱깎이는 수발자가 해줌.	• 현재기능상태의 악화 방지 및 합병증 예방 • 배변장애에 대한 적절한 관리 • 요실금 관리방법 수립 • 시각기능손상의 원인 파악 및 대처 • 인지능력의 향상 • 가족수발부담 경감

장기요양필요내용	• 세면도움, 구강관리, 몸청결, 머리감기기, 몸단장, 옷갈아입히기, 목욕도움, 화장실이용하기, 식사도움, 이동도움 • 취사, 청소 및 주변정돈, 세탁 • 방문목욕 • 물리치료, 인지정신기능 훈련
수급자희망급여	방문목욕
유 의 사 항	• 뇌졸중 후유증 있으며 배우자가 수발하고 고혈압약 복용중임. • 2006년 6월부터 월 1회 방문목욕 서비스 이용하고 있음. • 시각장애 1급으로 시력저하 상태이여 수발시 세심한 관찰 필요함. • 수발자도 난청으로 보청기 착용상태이고 고혈압, 당뇨 있어 신체 수발 및 가사 지원이 중점적으로 필요함.

표준장기요양 이용계획 및 비용							
급여종류	횟 수			장기요양급여비용		본인부담금	
방문요양	주 3 회(180분/회)				원		원
방문목욕	월	2	회		원		원
주·야간보호	주	2	회				
합계					원		원
복지용구	욕창방지 매트리스, 휠체어						

사례6

장기요양필요영역 및 주요 기능상태	장기요양 목표
• 신체기능 : 기력이 약하여 실내 이동시 지팡이나 부축이 필요하며 외출 시에는 휠체어를 사용, 개인위생 활동을 스스로 하려는 의욕도 약하여 배우자의 도움에 의지함. • 재활욕구 : 근력이나 관절에 제한은 없으나 전체적으로 기력이 떨어지며 낙상으로 인하여 2005년 양 대퇴부 골절과 2006년 우측대퇴부 골절 경력이 있어 기능상태 악화 예방이 필요. • 사회생활기능 : 대상자는 혼자서는 외출조차 할 수 없는 상태이며 주 수발자가 남편으로 가사부분에 도움이 필요.	• 기능상태 악화 방지 및 합병증 예방 • 지원을 받아 수단적 일상생활 가능 • 가족수발부담감소 • 낙상예방

장기요양필요내용	• 세면도움, 구강관리, 몸청결, 머리감기기, 옷갈아입히기, 목욕도움, 이동도움, 신체기능의 유지 증진, 화장실 이용하기 • 취사, 세탁 • 외출 시 동행, 기타 일상업무지원 • 신체기능의 훈련, 물리치료
수급자희망급여	방문요양
유 의 사 항	• 만성신부전증으로 인하여 주3회(화, 목, 토/오후 13시~18시) 혈액투석으로 병원에 다님 • 노부부만 생활하는 세대로 남편이 배우자를 수발하고 있어 가사 지원이 필요함 • 기력이 약하고 넘어져 골절의 경험이 있으므로 수발시에 낙상에 유의해야 하며 특히 화장실이용 등 실내 이동시에 부축이 필요 • 현재 돌보미 바우처를 사용하고 있으나 이용시간이 부족(월 27시간)하여 보호자(남편)가 방문요양을 희망 대상자의 기능상태 악화 예방을 위하여 주간보호 급여가 필요할 것으로 판단됨

표준장기요양 이용계획 및 비용							
급여종류	횟 수			장기요양급여비용		본인부담금	
방문요양	주 3 회(120분/회)				원		원
주·야간보호	주	2	회				
합계					원		원
복지용구	휠체어, 목욕의자						

사례7

장기요양필요영역 및 주요 기능상태	장기요양 목표
• 신체기능, 사회생활기능 : 고혈압, 당뇨, 인지기능 및 하시근력저하로 보행보조기를 이용하여 이동하나 지켜보기가 필요하고 개인위생관리, 목욕, 몸단장, 집안일하기, 빨래하기 등에 도움이 필요함. • 재활욕구 : 좌측 상지, 하지 근력저하와 좌측 어깨관절, 고관절, 발목관절에 제한이 있어 지속적인 관리가 필요함. • 인지기능, 행동변화 : 시간, 장소 지남력 장애와 불면증, 서성거림, 밖으로 나가려고 하는 증상을 자주 보이며 타인의 방에 들어가 옷, 물건 등을 뒤지는 행동이 있음 • 대변조절, 요실금 : 대변조절능력이 없고 소변은 1일 3～4회 실수를 하여 밤에는 기저귀를 착용함.	• 기능상태 악화방지 및 합병증 예방 • 지원을 통한 수단적 일상생활 기능의 수행 • 현재 기능상태의 유지 • 배변장애에 대한 적절한 관리 • 낮 동안의 자가 배뇨 성공률 향상

장기요양필요내용	• 신체활동지원, 개인활동지원, 정서지원, 기능평가 및 훈련, 치매관리지원, 시설환경관리
수급자희망급여	시설급여
유 의 사 항	• 고혈압, 당뇨약을 장기간 복용 중이며 2007년 11월 다리통증으로 병원입원 치료 상태로써 이동시 낙상의 위험이 있어 지켜보기가 필요함. • 3남 3녀 중 막내아들이 현재까지 수발 하고 있으나 경제적인 문제로 더 이상의 수발이 어려운 상태임.

표준장기요양 이용계획 및 비용							
급여종류	횟 수			장기요양급여비용		본인부담금	
노인요양시설	월	31	회				
합계					원		원
복지용구							

사례8

장기요양필요영역 및 주요 기능상태	장기요양 목표
• 신체기능, 재활욕구, 사회생활기능: 극심한 빈혈과 섭식 불량으로 탈수, 현저한 체중 감소 상태이며 오래 전 넘어진 이후 와상상태임. 물건구매, 가사업무, 개인위생, 이동 등을 전혀 수행할 수 없으며 수발자의 도움이 필요함. 오랜 침상생활로 근력저하와 관절움직임의 제한이 있음 • 인지기능 : 6월 말 신체기능이 악화되면서 본인의 생일, 나이를 알지 못하며 다른 사람들이 자신을 구박한다고 호소하는 등 남을 의심하는 증상을 보임 • 간호문제, 통증 : 미골부위에 발생한 욕창이 치유 단계에 있으며 무릎관절염으로 통증이 지속적으로 있음.	• 현재 기능상태 유지 • 지원을 받아 수단적 일상생활이 가능함 • 양쪽 팔, 다리의 움직임이 호전됨 • 인지능력 향상 • 욕창치유 • 통증감소

장기요양필요내용	• 신체활동지원, 개인 활동지원, 정서지원, 기능평가 및 훈련, 치매관리지원, 간호처치
수급자희망급여	시설급여
유 의 사 항	• 5월말 39kg에서 9월초 23kg으로 현저한 체중 감소 상태 • 연하능력 저하와 영양실조, 경증의 치매 증상 보임

표준장기요양 이용계획 및 비용							
급여종류	횟 수			장기요양급여비용		본인부담금	
노인요양시설	월	31	회				
합계					원		원
복지용구							

사례9

장기요양필요영역 및 주요 기능상태	장기요양 목표
• 신체기능, 사회생활기능 : 6년 전 뇌졸중이 발병하여 우측 편마비 증상이 나타났으며 현재는 누워서 생활함. 왼손을 이용하여 식사하는 것은 가능하나 세수, 양치질은 물만 묻히거나 대충 닦는 정도여서 수발자가 다시 해 주어야 함. • 재활욕구 : 어깨, 엉덩이, 무릎, 발목 관절의 동작이 원활하지 못하며 실내에서는 엉덩이를 끌면서 이동하며 보행할 때는 겨우 일어나서 휠체어를 이용하여 이동함. • 인지기능, 행동변화 : 방금 전에 일어났던 일을 자주 잊으며 밤에는 잠을 잘 이루지 못하고 일찍 깸	• 현재 기능상태 유지 • 지원을 받아 수단적 일상생활기능의 수행 • 낙상예방 • 인지장애에 대한 적절한 대처방법학습 및 행동변화에 적절히 대처 • 통증감소

장기요양필요내용	• 세면도움, 구강관리, 몸청결, 머리감기기, 목욕도움, 배설도움, 식사도움 • 취사, 청소 및 주변정돈, 세탁 • 외출시 동행 • 말벗, 격려 및 위로, 생활상담 • 관찰 및 측정(혈압, 체중 등), 투약 및 주사, 통증간호, 배설간호
수급자희망급여	방문요양
유 의 사 항	• 뇌졸중으로 인한 우측 편마비 증상으로 보행이 불안정하여 지켜보기, 낙상예방 및 안전관리가 필요함 • 방문간호 시 통증에 관한 우선적 치료가 필요함 • 결혼한 딸이 전적으로 수발하고 있음 • 고혈압과 통증관리를 위하여 방문간호급여가 필요함

표준장기요양 이용계획 및 비용							
급여종류	횟 수			장기요양급여비용		본인부담금	
방문요양	주 5 회(210분/회)				원		원
방문간호	월1회방문간호지시서				원		원
방문간호	주	1	회				
합계					원		원
복지용구							

사례10

장기요양필요영역 및 주요 기능상태	장기요양 목표
• 신체, 사회생활기능 : 고혈압, 치매, 결핵이 있고 하지 근력이 떨어져 보행보조기를 이용하지만 낙상의 위험이 있고 개인위생, 목욕, 식사하기, 집안일하기, 빨래하기 등에 도움이 필요하고 대소변 조절 능력이 떨어져 늘 기저귀를 착용함 • 재활욕구 : 하지근력이 감소되어 지속적인 관리가 필요함 • 인지기능, 의사소통 : 시간, 장소 지남력장애와 상황 판단력이 떨어져 있고 가족을 인지하지 못할 때도 있으며 난청으로 보청기를 착용하나 청력이 감소되어 의사소통에 도움이 필요함 • 행동변화 : 우울증, 불면증, 서성거림, 폭언, 폭행 및 옷을 보자기에 싸서 밖으로 나가려고 하여 옆에서 꼭 지켜봐야 하며 자주 현관에 누워있는 행동을 보임	• 기능상태 악화방지 • 합병증을 예방하고 지원을 통한 수단적 일상생활기능의 수행 • 사회적 고립감 감소 • 인지장애에 대한 적절한 대처방법의 학습 • 행동변화 원인을 파악하고 적절한 치료와 관리를 받는다

장기요양필요내용	• 신체활동지원, 개인활동지원, 정서지원, 기능평가 및 훈련, 치매관리지원, 시설환경지원
수급자희망급여	시설급여
유 의 사 항	• 고혈압, 치매증세가 올해부터 심해졌으며 8월에는 결핵이 발견되어 약복 용 중 • 1남 4녀 중 장남이 10년 전 사망, 현재 막내딸이 수발하고 있으나 병이 있어 더 이상의 수발이 어려워 시설입소를 희망함 • 보청기를 착용하고 있으나 난청이 심하여 큰소리로 얘기가능 • 밤에 침대모서리를 나무막대로 계속 두드려서 소음 때문에 이웃에서 간 혹 항의를 함

표준장기요양 이용계획 및 비용

급여종류	횟 수			장기요양급여비용		본인부담금	
노인요양시설	월	31	회				
합계					원		원
복지용구							

〔붙임1〕 장기요양인정번호 L0000000000

표준장기요양이용계획서

본 이용계획서는 권고사항으로 본인(가족)의 희망에 따라 자율적으로 장기요양기관과 협의하여 적절한 장기요양급여를 이용할 수 있도록 돕기 위한 안내서입니다.

<table>
<tr><td colspan="2">성 명</td><td colspan="2"></td><td>주민등록번호</td><td></td><td>–</td><td></td></tr>
<tr><td colspan="2">장기요양등급</td><td></td><td>등급</td><td>발 급 일</td><td colspan="3">. .</td></tr>
<tr><td colspan="2">재가급여(월한도액)</td><td colspan="2">1월당 원</td><td rowspan="4">본인일부부담률</td><td colspan="3">재가 : %</td></tr>
<tr><td rowspan="3">시설급여</td><td>노인요양시설</td><td colspan="2">1일당 원</td><td colspan="3" rowspan="3">시설 : %</td></tr>
<tr><td>노인전문요양시설</td><td colspan="2">1일당 원</td></tr>
<tr><td>노인요양 공동생활가정</td><td colspan="2">1일당 원</td></tr>
</table>

장기요양필요영역 및 주요 기능상태	장기요양 목표

장기요양필요내용	
수급자 희망급여	
유 의 사 항	

표준장기요양 이용계획 및 비용			
급여종류	횟 수	장기요양급여비용	본인부담금
	주 회	원	원
	월 회	원	원
		원	원
		원	원
			원

복지용구	

☎ 000-0000-0000 지사 담 당 자

국민건강보험공단 이사장

뒷면

【급여내용과 급여종류】

구분	급여내용	급여종류
신체활동지원	세면도움, 구강관리, 몸청결, 머리감기기, 몸단장 옷 갈아입히기, 목욕도움, 배설도움, 화장실이용하기, 기저귀교환, 식사도움, 체위변경, 이동도움 신체기능의 유지 증진, 운동 및 일상생활 훈련 보조 등	방문요양, 주·야간보호, 단기보호, 시설
가사활동지원	취사, 청소 및 주변정돈, 세탁 , 장보기 등	방문요양
개인활동지원	외출동행, 병원안내 및 동행, 산책동행, 금전관리 각종 정보안내, 기타 일상 업무지원 등	방문요양, 주·야간보호, 단기보호, 시설
정서지원	말벗, 격려 및 위로 생활상담, 의사소통 도움 등	방문요양, 주·야간보호, 단기보호, 시설
방문목욕	방문목욕	방문목욕
기능평가 및 훈련	신체기능의 훈련, 기본동작 훈련 일상생활동작 훈련, 물리치료 언어치료, 작업치료, 인지정신기능 훈련 기타 재활치료, 레크리에이션 등	주·야간보호, 단기보호, 시설
치매관리지원	행동변화 대처	방문요양, 주·야간보호, 단기보호, 시설
응급지원	응급상황 대처	주·야간보호, 단기보호, 시설
시설환경관리	침구·린넨 교환 및 정리 환경관리, 물품관리 등	주·야간보호, 단기보호, 시설
간호처치	관찰 및 신체기능 측정, 투약 및 주사, 호흡기간호, 기관 지절개간호, 구강간호, 피부간호, 회음부간호, 방광간호, 도뇨관관리, 비위관 교환 및 관리, 욕창간호, 영양간호, 통증간호, 배설간호, 검사 및 기타 처치, 의사진료 보조, 건강교육 및 상담 투약관리·지도, 의료기관 의뢰	주·야간보호, 단기보호, 방문간호, 시설

〔붙임2〕 사례1. 재가급여 대상자 　　　　장기요양인정번호 L0000000000

표준장기요양이용계획서

본 이용계획서는 권고사항으로 본인(가족)의 희망에 따라 자율적으로 장기요양기관과 협의하여 적절한 장기요양급여를 이용할 수 있도록 돕기 위한 안내서입니다.

성 명		홍길동	주민등록번호	-
장기요양등급		2 등급	발 급 일	. .
재가급여(월한도액)		1월당 원	본인일부부담률	재가 : 15 %
시설급여	노인요양시설	1일당 원		시설 : 20 %
	노인전문요양시설	1일당 원		
	노인요양 공동생활가정	1일당 원		

장기요양필요영역 및 주요 기능상태	장기요양 목표
• 신체기능·재활욕구·사회생활기능: 5년 전 뇌졸중과 혈관성치매 진단을 받았으며 양쪽 다리 마비증상으로 거의 앉아서 생활하며 소·대변 조절은 가능하나 보행이 불가능하여 휴대용 를 이용함. 상의는 혼자서 입을 수 있으며 아내가 세숫물과 양칫물을 떠다 주면 방안에서 본인이 수행하며 집안일, 빨래하기는 거의 해본 경험이 없음. • 인지기능·행동변화: 멀리 떨어져 있는 자녀들을 1년에 한두 번 만나며 간혹 얼굴을 기억하지 못할 때가 있으며 방금 전 일을 잊을 때가 간간이 있음. 아내가 곁에 없을 때는 소리를 지르거나 불안해함. • 간호문제 : 최근 미골 부위에 욕창이 생겨 보건소 방문간호를 주2회 받고 있음.	• 기능상태 악화 방지 및 합병증 예방 • 가족수발부담 경감 • 기초체력유지 • 욕창치유 • 인지장애에 대한 적절한 대처방법의 학습

장기요양필요내용	•세면도움, 구강관리, 몸단장, 배설도움 •외출시 동행, 일상업무대행 •신체기능훈련, 기본동작훈련, 기타 재활치료 •행동변화대처
수급자 희망급여	•방문요양, 방문목욕
유 의 사 항	•주 수발자인 아내가 왼쪽 팔 마비로 수발의 어려움 있음 •문턱이 높고 재래식 집 구조로 인하여 낙상의 위험이 있으므로 주의필요 ✎ 욕창 치료를 위한 방문간호는 목욕 후에 이용하시는 것이 좋습니다

표준장기요양 이용계획 및 비용			
급여종류	횟 수	장기요양급여비용	본인부담금
방문요양	주 2 회 (120분/회)	213,600 원	32,040 원
방문목욕	주 1 회	285,160 원	42,774 원
주·야간보호	주 1 회	147,880 원	22,182 원
합계		646,640 원	96,996 원

복지용구	이동형 좌변기, 욕창방지 매트리스

☎ 000-0000-0000 　　지사 　　담 당 자

국민건강보험공단 이사장

〔붙임3〕 사례2. 시설급여 대상자　　　　장기요양인정번호 L0000000000

표준장기요양이용계획서

본 이용계획서는 권고사항으로 본인(가족)의 희망에 따라 자율적으로 장기요양기관과 협의하여 적절한 장기요양급여를 이용할 수 있도록 돕기 위한 안내서입니다.

성　　명		홍길순		주민등록번호	–
장기요양등급		1	등급	발　급　일	.　.
재가급여(월한도액)		1월당 1,097,000원		본인일부부담률	재가 : 0 %
시설급여	노인요양시설	1일당 원			시설 : 0 %
	노인전문요양시설	1일당 원			
	노인요양 공동생활가정	1일당 원			

장기요양필요영역 및 주요 기능상태	장기요양 목표
• 신체기능·사회생활기능: 중증 치매와 당뇨를 앓고 있는 독거노인으로 내·소변 소설은 가능하지만 화장실까지 가기에 력이 부족하여 이불 옆에 요강을 두고 기어서 옮겨 앉은 후 사용하고 있으며 식사준비, 빨래하 기 등을 전혀 할 수 없어 성당의 봉사원들이 매일 식사를 제공하고 집안정돈을 하고 있음. 씻기와 양치질을 자주 하지 않아 냄새가 나며 외출을 전혀 하지 않고 집안에서만 생활함. • 인지기능·행동변화: 30년 전 사망한 아들의 영정을 머리맡에 두고 살아있는 것으로 착각하고 얘기를 나누며 집에 찾아온 봉사자를 도둑으로 생각하여 거부하기도 하며 자주오는 봉사원의 얼굴도 기억하지 못함.	• 현재기능상태의 악화예방 • 기초체력유지와 질병의 예방 • 지원을 통한 수단적 일상생활기능의 수행 • 사회적고립감감소 • 행동변화에 대처

장기요양필요내용	•신체활동지원, 개인활동지원, 정서지원, 기능평가 및 훈련, 치매관리지원, 간호처치
수급자 희망급여	•방문요양, 방문목욕
유 의 사 항	•사별한 남편이 지은 집에 대한 애착이 너무 강하여 시설입소를 강력히 거부하고 있으나 단기기억장애가 심하고 혼자서 식사가 불가능하며 화기 위험에 노출되어 있어 시설입소가 필요함 •대문을 열어수러 나오다가 그 사실을 잊고 다시 방안으로 들어가는 정도의 심한 기억장애가 있으며 친인척이 전혀 없어 담당 공무원과의 협의가 필요함

표준장기요양 이용계획 및 비용			
급여종류	횟　수	장기요양급여비용	본인부담금
노인요양시설	월　31　회	1,463,820　원	0　원
		원	원
합계		1,463,820　원	0　원

복지용구	

☎ 000–0000–0000　　　　지사　　　　담 당 자

국민건강보험공단 이사장

[붙임4]

표준장기요양이용계획서 재발급 신청서

<table>
<tr><td rowspan="4">수급자</td><td>성 명</td><td></td><td>주민등록번호</td><td>–</td></tr>
<tr><td>주민등록주소</td><td colspan="2" rowspan="2"></td><td rowspan="2">☎ :
H.P :
E-mail:</td></tr>
<tr><td>실거주지주소</td></tr>
<tr><td>장기요양인정등급</td><td></td><td>장기요양인정
급여종류</td><td></td></tr>
<tr><td rowspan="4">신청인</td><td>성 명</td><td></td><td>주민등록번호</td><td>–</td></tr>
<tr><td>수급자와의관계</td><td colspan="3"></td></tr>
<tr><td>대리인유형</td><td colspan="3">1. 가족·친족(신청인과의 관계 :) 2.사회복지전담공무원
3.시장·군수·구청장이 지정한 자 4.기타 이해관계인</td></tr>
<tr><td>주 소</td><td colspan="2"></td><td>☎ :
H.P :
E-mail:</td></tr>
<tr><td rowspan="2">재발급
신청
사유</td><td>단순재발급</td><td colspan="3">☐ 분실 ☐ 훼손 ☐ 기타</td></tr>
<tr><td>재작성발급</td><td colspan="3">☐ 기능상태 또는 욕구의 변화 ☐ 장기요양기관의 상황변화
☐ 급여종류의 변경 ☐ 급여내용의 변경
☐ 급여비용의 변경 ☐ 기타</td></tr>
</table>

200 . . .

신청인 : (서명 또는 인)

국민건강보험공단 이사장 귀하

제 5 장

상담, 면접의 이론, 기술 및 실제

학습목표

면접에 대한 기본적인 지식과 태도, 전화로 상담을 접수 받을 때의 필요한 기술에 대한 이해 및 실제 연습을 통해 상담을 이해하며, 방문에 의한 면접은 역할극을 통해 연습해 봄으로써 개별 능력을 키우도록 한다.

1. 면접에 관한 기본적 태도

1) 면접의 특징

사례관리는 사례관리자와 가족·이용자, 때로는 서비스 제공기관과의 대화가 중심이 되어 전개된다. 그런 의미에서 사례관리자는 면접에 대한 지식을 반드시 갖추어야 한다.

(1) 면접은 과제를 달성하는 것

"면접"은 그 목적과 장소, 면접을 받는 사람과 응하는 사람 모두의 상황(신체와 정신 상태, 가정상황 및 경제적 배경, 시대와 문화 사회의 상황)에 따라 완전히 달라지며, 매우 개성적이다.

우리들은 살아가면서 다른 사람과 끊임없이 얼굴을 맞대며 살아가고 있다. 넓은 의미에서 모든 사람이 수 많은 면접을 통과해 가면서 살아가고 있다. 예를 들면 입원, 입학 때의 시험과 같은 입학면접, 진로를 결정하기 위한 상담면접, 취직을 위한 채용면접 등 인생 구비 구비 마다 어떠한 의미에서든 자신을 시험하는 "면접"을 경험해왔다.

예를 들면, 난생 처음 데이트나 맞선도 남녀 쌍방이 기대에 두근거리는 가슴을 누르면서 짐짓 거드름을 피우기도 하고, 밀고 당기며, 상대의 외모(신체적 조건)와 마음과 사회적(경제적) 조건을 가늠한다. 이는 남녀가 상대를 여러 가지 잣대로 재는 것이므로 훌륭한 "면접"이라고 할 수 있다. 거기에는 "사랑에 빠진다"는 지극히 객관적이지 못한 요소가 들어있어서, 그 잣대[1]는 때때로 정확하지 않다.

그 외, 자기 자신과 가족의 신체와 정신에 고장을 일으켜 전문가에게 진료를 받고 상담하는 경우도 우선적으로 "면접"이 필요하다. 이때의 면접은 신체와 심적 증상과 고통 등의 고민을 전문가에게 호소하고, 그들의 물음에 응하는 행위이다. 무엇보다 지금 자신이 어떠한 증상으로 괴로워하고 있는지, 고민하고 있는지, 불안과 공포에 떨고 있는지를 상대가 알 수 있도록 해야 한다. 더욱이 너무 심해서 말이 나오지 않거나, 쓰러졌거나, 의식 불명 상태라면 의사를 비롯해 전문가의 능력[2]과 검사기계에 맡기는 수밖에 없다.

경제나 가족 간 충돌 등, 사회생활 상의 문제가 발생하여, 상남기관을 찾는 것은 어떤 문제기 있어 그것을 해결하기 위한 중요한 대책이 되는 것이다.

이들은 어떠한 문제[3] 가운데에서 욕구사항을 명확히 부각시켜, 치료와 해결을 위한 과제 목표를 설정해 치료와 해결을 위한 방침을 세울 수 있다. 문제를 안고 있는 사람과 그에 응하는 전문가(면접자) 간에는 정도차이는 있지만 감정의 교류, 공통의 인식과 과제를 달성하기 위한 목표가 있다. 이 과정이 면접이다.

(2) 면접은 "일생에 단 한번!" 그래서 재미있다.

면접은 "일생에 단 한번" 두 번 다시 같은 상황은 발생하지 않는다. 그 때의 나, 그 때의 내가 처해진 상황은 전문가이든 비전문가이든 그 때 내가 만난 사람은 같은 시간과 같은 장소를 그 때에 공

---

1) 잣대 = 전문용어로는 사정이라 함

2) 전문가의 팔과 검사기계=검사도 지금은 고도의 진료기능을 가진 기계와 컴퓨터가 해 주지만, 그 기계가 정확히 작동하도록 하는 것만으로는 소용이 없다. 어떠한 검사를 선택할 경우, 환자의 신체에 부담을 주지 않고, 빨리, 효율적인 진료에 이르기 위한 검사는 지시하는 의사의 "임상능력"에 달려있다. "임상능력"이란, 환자(이용자)를 보고(진단하고), 그 자리에서 그 증상들(호소내용)과 온 몸의 표정(상황)으로부터 신체의 이상한 점이나 변화와 고통, 괴로움의 요소(증상, 또는 문제의 핵심)를 잘 살피거나(추측) 고찰하면서 지금 눈앞에 있는 사람의 임상상을 정확하게 그릴 수 있고 거기에 맞는 적절한 치료(문제해결을 위한 지원을 시행할 수 있는 기술이다. 면접의 경우는 검사기계는 사용하지 않지만, 임상능력(어느 정도로 눈앞에 있는 사람의 임상과정을 구상해 볼 수 있는가?)에 있어서는 동일한 기계장치가 작용하고 있다.

3) 문제=이용자가 가지고 있는 문제를 정확하게 파악하여, 감추어진 욕구를 끌어낸다. 그 때 <문제>를 네 가지로 나뉘어 생각할 수 있다. ① 표현된 호소 ② 고민, 곤란한 일 ③ 필요(불가결)한 일 ④ 욕구

유할 뿐이다. 그 때와 그 장소를 통과하면, 나중에 나와 상대하는 인간관계 속에서 동일한 사람이라고는 해도 그 때의 나는 두 번 다시 동일한 내가 아니다. 우리들의 몸과 마음의 상태, 우리들이 사는 장소(환경)의 조건은 매일 옮겨가고 변화하고 있기 때문이다. 더구나 직업적인 면접자와 그 때 어떠한 문제를 안고 있는 피면접자 간에 생기는 관계는 일시적인 관계이다.

"일생에 단 한번"이라고는 해도 단지 스쳐 지나가는 것을 면접이라고 할 수는 없다. 즉 시간이 흐르는 대로 다른 사람 이야기를 듣고 있는 것만이 면접이라고 할 수 없다. 열심히 끄덕이면서 들어주고 있는 것만으로는 면접의 목표를 달성할 수 없다. 거기에 시의적절하게 지혜로운 대처를 하고 그 가운데 소기의 목표를 달성해 가는 일련의 드라마가 연출됨으로서 비로소 면접이 이루어지는 것이다.

(3) 면접이란 드라마를 연출하는 것. 그래서 어렵다.

면접을 받는 측은 자기 자신이 주역의 희비극을 연기하고 있는 것과 같다. 자기가 상대의 관심을 한 몸에 받고 관찰대상이 되어 좋은 의미에서건, 나쁜 의미에서건 관심의 표적이 되었으므로 거기서 열심히 상대가 알 수 있도록 노력하거나, 자기를 드러내거나, 때로는 의식적, 무의식적으로 자기에 대해 감추거나 포장하거나 속이는 등 다양한 공연[4]을 펼친다.

응하는 쪽의 입장에서 보면 상대가 놓여진 상황을 가능한 한 정확하게 이해하려고 전신을 눈앞에 있는 사람에게 기울인다. 상대의 말과 말 이외의 신호를 포착하여 그 안에 있는 마음의 소리를 읽으려고, 자기 몸과 눈과 머리를 눈앞의 사람에게 전방위로 열고 받아들이려 한다.[5] 그리고 면접자도 상대와 동일한 부분에서 놀라고 상대의 마음 안에 들어가거나 자신 쪽으로 끌어들이거나 하면서 그 드라마의 공연자로써 연기한다.

이러한 드라마는 쌍방이 그 공연을 통해 서로를 알아가려는 시도, 어떤 해결의 실마리를 찾아 과제를 달성하기 위해 모색하면서 전개 된다.

(4) 면접은 맞추느냐? 맞추지 않느냐로 결정된다.

면접은 완전히 타인과 타인이 어떤 시간에 어떤 장소를 공유하여 눈에 보이지 않는 사건을 찾아 말과 말 이외의 의사소통 수단을 사용하여 교류한다.

그 때, 서로의 관심과 마음의 방향(표류하고 있어도 좋다)이 교류되면 시간이 흐름에 따라 긴

4) 공연(公演, performance)=「일상생활에 있어서 자기표현 」- 신성(善性)을 키워, 실물 크기로 표현을 하는 것(「위선, 허세」의 의미가 아니다). 면접에는, 상상력과 공연(公演, performance)이 필요하다.

5) 언어 소통과 비언어 소통 양방향 정보에 주의를 기울인다. 그러기 위해서는, 면접자는 <온 몸을 중심>으로 듣고, 관찰하고, 통찰한다.

장이 풀어진다. 서로의 관심과 기분이 잘 맞지 않으면 그 장소는 무거운 분위기로 인해 불안정한 장소로 변모하여[6] 심기가 불편해 진다.

이에 따라 면접자가 문제를 볼 수 없게 되고 이러한 상황을 어떻게든 벗어나려고 빨리 끝맺으려 한다든지 쌍방의 거리를 좁히려고 아무리 해도 잘되지 않을 수도 있다.

반면, 첫 면접은 삐걱거렸어도 회를 거듭할수록 서로 호흡이 맞는 경우도 있고, 만나면 만날수록 멀어져 가는 경우도 있다. 상대가 승부욕이 강해, 상대의 세계관으로 빨려 들어가게 되어 출구를 찾지 못하는 경우도 있으며[7], 상대방의 내면세계에 몰입하지 않고 입구 언저리에 가로막고 단지 우물쭈물 하고 있는 경우도 있다.

2) 면접에서의 기본적 태도

이용자와 면접이라고 일컬어지는 상담의 의미인 대화가 그 핵심이 되어 사례관리는 전개되기 때문에 면접의 순수한 개념을 음미하면서 면접에 임하는 기본적 태도와 지식을 찾아 이를 직무수행 시 활용해야 한다.

면접에 있어서는 사례관리자와 이용자와 가족간의 태도와 정서의 역동적인 상호작용이 작용한다. 여기서는 Biestek의 「워커·클라이어언트 관계」이론을 근거로 설명하겠다.

첫 번째는 이용자와 가족에게서 사례관리자로 향하는 감정이다. 자신의 사회생활 상의 문제상황을 표현하지 않으면 안되는 이용자와 가족은 불안에 빠져 사례관리자에 대해 ① 한 사람의 인간으로서 인정해 줄 것인가? ② 어떤 이야기를 해도 들어 줄 것인가? ③ 가치 있는 인간으로서 존중해 줄 것 인가? ④ 따뜻하고 친절하게 대해 줄 것인가? ⑤잘못한 것도 비난하지 않을 것인가? ⑥ 자기가 하고 싶지 않은 것을 강요하지 않을 것인가? ⑦ 나의 비밀을 다른 사람에게 누설하지 않을 것인가? 와 같은 감정이 흐른다.

두 번째는 사례관리자에게서 이용자와 가족으로 향하는 것이다. 사례관리자는 이용자와 가족의 감정을 민감하게 느끼고, 이용자와 가족의 기본적인 욕구에 대해 적절히 반응해야 한다. 즉, 사례관리자는 ① 이용자와 가족을 각 개인으로서 취급하고, ② 이야기에도 귀를 기울이며, ③ 이용자와 가족을 가치와 존엄 있는 인간으로서 보고, ④ 따뜻하게 대하며, ⑤ 이용자와 가족의 곤란한 상

---

6) 따라가지 않는 면접자 =이러한 사태는, 이용자의 세계를 머리로만 받아들이고 마음의 창을 열지 않거나, 면접 담당자 자신의 좁고 틀에 박힌 가치관으로밖에 상대의 문제를 보려고 하지 않는 경우에 일어난다. 면접자 본인이 아무래도 상대의 기분에 맞추지 못하고 있는 것 같다고 자각하고 있다면 아직 해결 방법은 있지만, 면접 담당 스스로가 그것을 알아차리는 감수성이 결여되어 있을 경우는 구제하기 어렵다. 이러한 면접자를 만난 이용자야 말로, 관심을 갖는데 영향을 주는 사태가 생긴다.

7) 탈출 기술 =상대의 세계로부터 탈출 기술은 이용자와의 이별의 기술과 함께, 면접 담당에게 요구되는 기술이다.

황을 심판하지 않고, ⑥ 자기 스스로의 선택과 자기 결정이 가능하도록 도우며, ⑦ 이용자와 가족에 대한 것을 타인에게 절대 말하지 않는다는 태도로 대해야 한다.

세 번째는 다시 이용자와 가족의 관점을 사례관리자에게 향한다. 이용자와 가족은 사례관리자의 태도 전체를 통해, 적절히 반응해 주고 있는 지를 느끼며, 사례관리자가 인정해 준 것에 대해 반응한다.

이 세 가지 역동적인 흐름은 지원과정의 첫 단계부터 종결에 이르기까지 전 기간을 통해 일관성이 있어야 한다. 그 결과, 사례관리자와 이용자와 가족의 신뢰관계가 점점 견고해 질 것이다.

이상을 바탕으로 상담면접에 있어서 사례관리자에게는 다음과 같은 원칙이 요구된다. 이것은 상담면접에 있어서 Biestek의 7가지 원칙이라고 부른다.

(1) 개별화 원칙

이용자와 가족을 개별적으로 지원할 것

케어 플랜은 각 이용자의 욕구사항, 지원의 목표, 그 사람의 신체적·정신적·사회적 상황에 의해, 또는 과거·현재의 상황과 장래에 대한 사고방식이 다른 이상, 개개인에 맞춰 개별적인 것이 아니면 안 된다. 이용자를 분류하여 욕구를 특정하거나, 케어 플랜을 결정하도록 지원하는 태도가 요구된다. 이러한 원칙을 수행하기 위해서는 곤란한 문제를 이용자와 함께 밝혀 가고, 이용자가 케어 플랜을 결정하도록 지원하는 태도이다. 나아가 그 근원에는 사례관리자는 이용자와 가족을 존중하는 마음이 필요하다.

(2) 의도적인 감정표출의 원칙

이용자와 가족의 감정을 자유롭게 표현할 수 있도록 지원할 것

이용자가 곤란한 처지상의 욕구와 그 해결방법에 대해 자유롭게 이야기하기 위해서는 사례관리자는 평소부터 말뿐 아니라 몸짓과 눈치에서도 대등한 관계에 있다는 표현을 해 둔다. 동시에, 사례관리자는 이용자의 어떠한 발언과 행동에 대해서도, 성실하고 따뜻한 태도가 필요하다.

(3) 제어된 정서관계의 원칙

이용자와 가족의 감정을 민감하게 받아들여 표출된 감정의 의미를 이해하고, 처우목적에 맞춰 반응을 나타낼 것

사례관리자는 이용자와 가족이 나타내는 감정을 이해하기 위해, 이용자와 가족의 기분을 일상적으로 이해하고자 하는 태도가 필요하고, 서로 감정적으로 연결된 관계를 형성해 가야한다. 애를

들면, 사례관리자는 이렇게 이해한 감정을 「그렇게 된 거네요」와 같이 감정 반사와 해석을 통해 이용자와 감정을 교환함으로써 본인 스스로의 욕구를 정확히 이해하고, 스스로 정확한 해결방법을 결의하게 된다. 특히 이용자가 말하는 욕구와 그 해결방법이 사회적으로 승인되지 않을 경우에 이러한 방법이 보다 효과적이다.

(4) 수용의 원칙

이용자와 가족이 있는 그대로의 모습과 기분을 그대로 받아들일 것

사례관리자가 이용자와 가족의 복잡한 기분을 받아들이기 위해서는 기본적으로, 면접에 있어서 이용자와 가족이 가장 중요하다고 생각하고 있는 가치관(사회적으로 승인되지 않을 것 같은 경우에도)을 사례관리자는 받아들여야 한다. 이러한 태도가 사례관리자와의 신뢰관계를 강화시켜준다.

(5) 비심판적 태도의 원칙

사례관리자의 가치관과 윤리적 가치판단으로 이용자와 가족을 평가하지 말 것

사례 목표의 설정, 욕구사항의 결정, 케어 플랜의 선택 등에 있어서 중요하게 작용한다. 사례관리자는 이용자의 책임 있는 자기 결정 과정을 측면에서 지원하게 된다. 이러한 원칙이 관철되려면, 사례관리자는 의뢰인 개인을 한 사람의 인격체로서, 대등한 인간으로서 언제나 인정할 필요가 있다.

(6) 자기 결정의 원칙

이용자와 가족이 자기 의지와 힘에 의해, 스스로 나아갈 바를 결정하고 행동할 수 있도록 인도할 것이 원칙을 관철함으로써 이용자와 가족은 스스로 문제해결을 향해 갈 수 있고, 이것이 이용자의 자립으로 이어진다. 다만, 이용자의 최종결정이 생명이 걸린 사안이라면 그 때에는 시간이 걸리더라도 이용자와 대화를 계속해야 한다.

(7) 비밀보장의 원칙

이용자와 가족에 관한 정보는 누구에게도 누설하지 말 것

기재한 개개인의 각종 기록 용지를 엄중하게 관리할 뿐 아니라 타 기관·단체로 개인 정보를 연결할 때에도 의뢰인으로부터의 양해가 필요하다. 특히 사례관리는 타 기관과 단체에 개인정보를 연락함으로써 정보의 공유화를 꾀할 수 있어 서비스 제공이 가능한 만큼, 이용자의 정보 관리는 중요하다. 앞으로 사례관리 기관과 서비스 제공 기관에서의 컴퓨터로 이용자 정보의 온라인화가 진행될 것을 고려해 볼 때, 사례관리자는 이 원칙을 항상 기억하고 더욱 중요하게 생각해야 한다.

3) 면접의 전개

면접은 이용자와 가족의 사회생활 상의 문제를 해결하는 것을 목표로 하고 있기 때문에 ① 의식적인 대화여야 하고, ② 사실 뿐 아니라, 그 배후에 있는 감정의 작용을 보다 이해할 수 있어야 하며, ③ 사례관리자와 의뢰인·가족 양쪽이 적극적으로 참여하지 않으면 안 된다.

이와 같이 면접을 전개해 갈 때, 사례관리자 측에는 ① 관찰, ② 경청, ③ 질문 등이 동반한다. 면접자로서의 사례관리자의 이에 대한 대응방법에 대해 언급해 둔다.

(1) 관찰

사례관리자는 이용자와 가족이 가지고 있는 문제를 해결하기 위해, 이용자가 진술하는 말에 주의를 하여 충분히 문제를 이해할 수 있어야 한다. 이용자의 안색, 복장, 태도, 말 할 때 동작, 가족 대응 방법, 케어 장면 이외에서의 모습 등을 상세히 관찰함으로써 이용자와 가족의 태도·동작의 배후에 나타난 긍정적 감정과 부정적 감정을 파악할 수 있다.

(2) 경청

「말하는데 선수보다는 듣는데 선수」「좋은 지도자이기 보다, 좋은 경청자가 되라」라는 말은 자주 들어보았을 것이다. 이는 상담지원에서의 경청의 중요성을 나타내는 것이다. 사례관리자는 이용자의 긴장을 풀어 주어 자유롭게 이야기 할 수 있는 분위기를 만든다. 여기서 이용자는 가장 마음에 걸리는 일, 혹은 다른 사람에게 지금까지 말 한 적 없는 사실과 기분을 이야기 할 수 있다. 사례관리자는 그 말들을 깊이 경청한다. 이는 단순히 이용자의 욕구와 사회자원을 연결하는 것에 그치지 않고 이용자에게 있어서는 지금까지 억압되어 있었던 것을 이야기하는 것을 통해 정화(Catharsis)가 이루어져, 정신적인 안정을 얻게 된다. 그 결과, 사례관리자와 의뢰인 이용자의 신뢰관계를 심화하여 치수효과를 촉진하게 된다. 사례관리자에게 있어서는 이용자의 이야기가 길어짐에 따라, 예기치 못한 화제를 듣게 되어 많은 자료를 얻을 수 있다. 사례관리자의 발언보다 이용자로부터 많은 이야기를 듣는 것이 보다 효과적인 상담면접이라고 할 수 있다.

(3) 질문

사례관리자의 질문은 면접에 있어서 중요한 역할을 한다. 사정용지에 기초한 질문은 이용자의 문제를 해결하고, 지원하고 싶어하는 사례관리자의 감정이 표현되어야 한다. 이용자는 이러한 사례관리자의 태도를 민감하게 느끼고, 가능한 질문에 답하려고 한다. 질문은 이용자와 보조를 맞춰 진행해 가야 한다. 더욱이 질문은 아주 간략히 하고 되도록이면 이용자에게 많이 말하게 하되, 기계적인 질문공세는 삼가야 한다. 또한 침묵에 있어서도 이용자의 속도(pace)에 맞춰, 침묵 사이를 질문으로 메워야 한다. 사례관리자가 질문하고 이용자가 대답하는 식의 대화진행보다는 사례관리자가 경청하고, 그 기분을 받아들여 격려하는 등을 활용하여 이용자에게 자유롭게 이야기할 수 있도록 하는 편이 훨씬 많은 자료를 얻을 수 있고 효과적인 지원으로 이어질 수 있다.

자유롭게 말하게 한다는 것은 사례관리자가 지도력을 가지고 있지 않다는 의미가 아니다. 사례관리자는 이용자와 그 가족이 가장 마음에 걸리는 문제, 혹은 비밀로 하고 싶은 일까지 자유롭게 이야기하게 함으로써, 자신의 문제를 이해할 수 있도록 하며, 나아가 문제의 원인이 어디에 있는가를 이해·통찰할 수 있도록 지원함에 있다. 따라서 무턱대고 자유롭게 이야기하게 하는 것이 아니라, 사례관리자는 사례에 접근할 수 있도록 이용자와 그 가족에게 방향성을 제시하게 된다.

● 학습과제 ●

1. 지금까지 여러분이 실천해 온 면접장면에서 「이 점이 잘 되었다(잘 되지 않았다)」와 같이 결정적 장면이 있었을 것입니다. 다음 체크 항목을 바탕으로 검증해 봅시다.
   ① 이용자가 정말 말하고 싶은 것을 이야기할 수 있도록 했는가?
   ② 이용자가 정말 말하고 싶은 것을 통찰할 수 있었는가?
   ③ 이용자의 이야기를 제대로 들을 수 있었는가?
   ④ 그 때 이용자의 말 뿐 아니라, 얼굴과 전신의 표정을 관찰할 수 있었는가?
2. 면접에서 전문적인 신뢰관계를 심화한 사례를 생각해 내어 이용자와의 사이에서 어떠한 감정을 갖고 있었는지 생각해 봅시다.

2. 초기면접의 기초

학습포인트

1. 초기면접의 의의와 방법에 대해 이해한다.
2. 초기면접의 구성과 절차를 파악한다.
3. 초기면접에서 유의해야 할 문제와 그 해결 방법에 대해 학습한다.

1) 초기면접이란 무엇인가?

이용자와 사례관리자가 어느 특정 목적을 위해 설치된 기관에서 처음으로 만나고 치료와 지원을 구성해 만들어 가는 것으로써 중요한 의미를 가지며, 최초로 행하는 면접이다.

초기면접에서는 의뢰인에 따라서 처해진 문제를 사례관리자 또는 사례관리자가 소속된 기관이 다루어야 할 문제인지 여부를 판단하여, 받아들일 것인지 거절할 것인지가 결정되거나, 다른 적절한 치료기관과 상담기관에 연계하는 경우도 있다.

즉, 치료기관과 상담기관에 온 사람을 이용자로서 받아들일지 여부를 결정하는 것이 초기면접이다.

초기면접은 이용자의 문제의 성질에 따라서는 초기면접시 문제해결 방침을 내려 종료에 이르는 경우가 있으며, 수차례에 걸쳐 치료자와 이용자가 그 후의 치료계약을 체결하는 경우도 있다.

초기면접-계약과 계약에 동반하는 책임

초기면접에서 의뢰인으로서 접수하는 것은 접수받은 사람(면접자) 및 소속기관이 일정한 범위 내에서 이용자와 계약을 맺음으로써 양자가 책임을 지도록 하는 행위이다.

따라서 면접자는 의도적으로라도 방어적 자세는 피해야겠지만, 첫 회 접수는 신중하게 대응하지 않으면 안 된다. 이치에 맞지 않으면 상담 의뢰 내용에 따라서는 정중히 거절해도 좋다.[8)]

사례관리자가 모든 것을 해 줄 수는 없다. 사례관리자가 소속된 조직(병원과 상담기관, 복지시설 등)도 마찬가지이다. 이쪽에서 의뢰인으로 받아들일 것인가, 받아들이지 않을 것인가는 어디까지나 의뢰인에게 효과적인가? 또, 받는 쪽의 용량과 능력이 되는지 판단해야 한다[9)]. 초기면접은 일

8) 단, 거절 할 때에는 그 이유를 명확히 하여 대체방안을 제시하며, 타 기관에 소개한다.

단 이야기를 들어주고, 상담에 응하게 되면 거기에 연루되고 만다. 거절한다거나, 다른 기관에 조회해 보겠다는 말은 쉽게 하지 못하는 경우가 많다.

2) 초기면접 구성과 절차

초기면접은 이용자가 놓여진 상황을 사정하여 욕구를 추출한다는 점에서 중요하다. 여기서는 사정의 수단으로서 가장 중요한 첫 면접의 구성 절차에 따라 사정 과정을 보겠다.

<면접실에서 하는 경우는 대기실에서의 모습을 관찰하는 것부터 사정은 시작된다.>

① 자기소개를 한다 :

사례관리자가 자신을 소개하고 이용자의 불안감을 감소시킬 수 있도록 하며, 기관의 정책 및 윤리적 요소를 설명할 의무가 있다.

② 소개경로를 확인한다 :

이용자가 타 기관으로부터 어떠한 방향제시를 받고 왔는지, 자발적인 선택인지를 확인한다.

- 소개경로에 따라 내담자의 동기가 다르고, 잘못 소개되어 맞지 않을 수도 있다.
- 문서가 있는 경우 조회내용을 확인한다. 다만, 면접에 임할 때에는 백지 상태에서 듣는다.[10)]

③ 위치를 설정한다 :

이용자와 면접자의 앉는 각도와 거리 등과 같은 위치를 정한다.

- 이용자의 좌석을 어디에 둘 것인가는 중요하다.

가운데서 상대의 위치와 몸의 상태에 따라 가장 적당한 거리를 파악한다.

④ 정보를 수집한다 :

경청한다. 관찰한다 : 언어 및 비언어적 의사소통 양방향에서의 정보에 주의를 기울인다. 예를 들면, 이야기하는 사람의 목소리의 조절과 변화, 이야기 중의 표정, 태도, 등으로부터 헤아릴 수 있는 감정과 태도, 그렇게 지각된 감정 내지는 태도가 이야기의 내용과 맞아 들어가는지 등에 대해 관찰한다.[11)]

---

9) 상담을 받을 때, 가능한 한 수용하는 방향으로 임한다. 의료기관의 경우를 상정하면 소속된 병원의 기능과 역할, 진료능력, 통괄능력과 각 임상직원의 임상능력을 파악해 둔다. 조직의 위상파악을 해 두는 일은 면접자 자신의 위상파악과 함께 필요하다. 이용자의 위상파악 즉, 지금 앞에 있는 사람은 어떠한 상황에 있을까가 필요하다. 조직을 보는 것도 자기 자신을 보는 것도, 동일한 것이다.

10) 백지 상태에서 듣는다 = 조회내용은 어디까지나 참고자료이다. 조회한 지원자의 사정내용을 바탕으로 작성하는 것이지 그 때 이용자의 상황과, 지금 눈앞에 있는 이용자의 상황과는 시간의 흐름, 신체·정신·사회적 상황의 변화 등으로 다른 경우도 있다. 무엇보다도 사례관리자 자신이 이용자의 능력(자신의 상황을 어떻게 표현 할 수 있는가?)을 그 때, 그 장소에서 확인하기 위해서도 백지로 돌아가 듣고, 관찰하고, 통찰하는 것이 중요하다.

면담의 윤곽 잡기 : 반드시 들어야 하는 최소한의 정보

⑤ 상황을 파악한다

눈앞에 있는 사람은 지금 어디에 있는가?

문제를 세 개로 구분하면서 상황을 파악한다.

호소 / 분쟁(trouble) / 욕구

- 인식하고 있는 것과 감추어진 것을 파악한다[12].
- 이용자의 현실을 파악한다[13].
- 현실에 일어나고 있는 사실과 감정을 이해한다.

⑥ 문제를 명확히 한다.

문제의 핵심[14]과 주변의 문제를 명확히 드러내게 한다.

- 욕구의 발견과 대처 또는 해결을 위한 우선순위를 정한다.

⑦ 공통인식을 한다. :

이용자와 사례관리자의 문제를 받아들이는 방식과 욕구를 교환한다.

⑧ 지원목표(과제)를 설정한다 : [위험예측과 방향제시]

지금 해결해야 할 문제와 장래에 일어날 가능성이 있는 문제를 확인시킨다.

⑨ 지원방법을 설정한다 : [계약을 맺는다](도표 5-1 참조)

누가, 어떤 과제를, 어떤 방법으로, 언제까지 해결할 것인가를 가늠한다.

- 이용자가 할 수 있는 것과 지원자가 해야 할 것과 도움이 필요한 부분을 명확히 한다.
- 이 때, 이용자의 자기 결정을 존중한다.

⑩ 종결 또는 앞으로의 지원계획을 확인한다 :

과제달성의 진전에 따라 평가하고, 그 때마다 수정작업을 한다.

- 새사정 실시

⑪ 종료 :

전문가의 지원에는 반드시, 시간적 제약과 일정 규칙이 있다. 첫 회 면접의 목표는 어떤 과제(욕구)를 명확히 할 것인가에 있지만, 나아가 욕구와 해결방법을 구체화하여 이용자와 사례관리자의 공통인식을 가지는 데 있다. 다만, 이용자의 과제가 명확하지 않을 경우는 그 시점에서의 문제

11) 土居健郎, '방법으로서의 면접' 의학서원(醫學書院), 1977년

12) 이용자가 의식화 할 수 있는 것과 마음속에 감추어 둔 것을 통찰한다. 의식화 할 수 있다 해도 내면에 자리한 문제의 근본 원인을 파악할 수 없다면 현실행동으로 행동화 될 수 없다.

13) 현실 = 이용자에게 생긴 문제를 현재 상황 속에서 어떻게 인식하고 있는지 파악하고, 이용자의 현실감각을 탐색한다. 발병직후이거나, 장애를 수용하지 못하는 이용자의 경우는 현실과 자기 내면에서 인식이 일치하지 않는다.

14) 문제의 핵심 = 문제를 일으키고 있는 요소의 본질·원점

를 제시해 보고 이용자와 확인하여, 다음 만남을 약속한다. 그 때에도 이용자가 면접을 받음으로써 뭔가 선물을 줄 수 있도록 한다. 이때의 선물이란 이용자가 면접을 통해 문제가 조금이라도 호전 되거나, 해결의 길에 대한 암시나 희망을 제시하는 것이다.

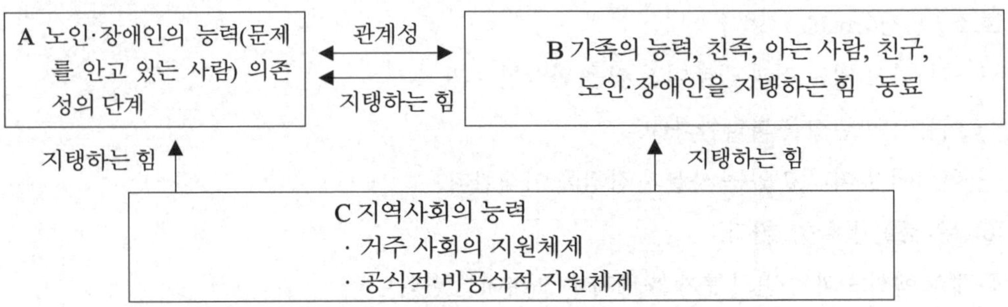

〈그림 5-1〉 지원방법을 설정할 때의 요소[15]

3) 초기면접의 유의점

(1) 소속 기관의 행정적인 업무는 원칙으로 받아들인다.

노인전문병원에 있는 상담실을 예로 기술해 본다[16]. 노인의료기관에서 일하는 사례관리자는 노인의 연령과 질병, 장애에 따라서 사회생활문제에 대해, 노인 심리, 가족이 느끼는 당혹과 고민을 포함하여 폭넓은 상담에 응할 수 있다. 이는 사례관리자가 소속하고 있는 병원이 노인환자를 대상으로 하고 있으므로 필연적으로 노인의 병이나 장애에 동반되는 심리적인 고민과 충돌, 사회생활상의 문제가 상담내용의 중심이 된다. 이것은 어느 상담기관이든 고령자를 대상으로 하는 상담지원에 공통적으로 나타나는 내용이다.

이는 사례관리자의 전문 업무이며 다른 의료전문직과 병원의 사무직원이 대응하는 것보다 사례관리자가 담당하는 편이 훨씬 이용자에게 이익이 된다. 소개경로는 환자 본인과 가족, 이웃, 친구, 병원 직원, 지역사회 모든 기관(재가복지봉사센터와 방문간호센터, 복지 사무소·보건소 등)이다. 어떠한 소개 경로든지 이용자는 물건이 아니라 인격체이므로, 공장의 양산 운반기계에 실어,

15) 노인과 장애인을 대상으로 할 경우, <도표 5-1>의 도식을 참고로 한다. 해결 과제로서, 우선 A가 가능한 지를 사정하고, 다음으로 A가 할 수 없는 것을 B의 힘으로 보완하고, 나아가 A 와 B를 지탱하고 보완함으로써, 지역 사회의 자원을 적용시켜 간다.

16) 의료기관의 상담의 경우에서도, 초기면접의 본질과 원리 원칙은 동일할 것이다. 자기가 소속된 상담기관·시설의 역할·기능에 비추어 읽어주기 바란다. 이용자의 연령층, 안고 있는 욕구 등의 다른 점과 소속기관·시설과 면접자의 대응(수비)범위와 서비스 제공 능력에 따라 달라지게 마련이다.

"네, 좋아요. 하나 완성" 하는 식은 불가능하기 때문이다. 의료기관의 경우, 상담실로 가져온 문제는 즉시 해결할 수 있는 것이 아니라, 한 번의 면접에서 일단 종료하고 난 후에도 지속적으로 이용자와 관계되는 의료 직원과 모든 관계 기관과의 면접·협의를 거듭하지 않으면 해결할 수 없는 경우가 있다. 어떤 사례든 중도적 입장에서 동시 병행하면서 사례회의를 할 경우, 정신적 · 체력적 균형감각을 유지하면서 의견을 조율해야 할 것이다.

(2) 소속된 기관의 실력을 바탕으로 한다

상담실은 어떤 형태의 기관에 속해 있든 일의 내용과 성격이 조직 내외적으로 그 존재를 개방하고 있다. 의료기관의 상담실과 재가복지봉사센터·복지사무소·보건소 상담창구, 방문간호센터, 자치단체와 각종 공적·사적 단체에서의 개방된 상담 코너와 전화상담 등은 공적 색채가 강하다. 예약제라고는 해도 빗발치는 상담의뢰 전화와 시간에 허덕이다, 상담자가 "어쩌지? 그래, 이건 상담하자"라는 생각에 이르자마자 돌연히 이용자의 갑작스런 방문을 받는 일도 허다하다.

한편, 같은 지역 내에 있는 다른 상담기관에서 무조건 "거기 전화해서 상담해 보세요"라는 소개를 받았다는 경우도 많다. 노인들은 젊은 사람보다 병에 걸리기 쉽고, 일단 병에 걸리면 그 질병의 성질과 병의 진행 상태에 따라 다르지만 완전히 낫지 않고 장기간 지속되는 경우가 많다. 노인의 병과 장애(몸져누워 의식 불명 상태 등)에 동반하는 생활문제라면 다음과 같은 호소가 많아진다. '집에서 요양을 계속하기 힘들다' '보살필 사람이 없다' '다른 병원에 입원중인데 막대한 입원비로 인해 가족의 경제적 부담이 크다. 또는 종합 병원으로 옮기고 싶다' 등이다. 주로 경제 사회생활상의 문제가 많지만, 노인의 병상에 따라 어떠한 의학적 대응이 필요한가에 대해 상세히 밝혀주는 것이 선결되어야 하는 경우가 많다.17)

이러한 상담은 상담을 받는 사람의 배경에 정확한 자료가 있어야 비로소 응대할 수 있는 종류이다. 이 때 자료란, 조언할 수 있는 의사가 있는 것, 진단·치료기능을 가지고 있고 입원설비가 있는 것을 말한다. 그러므로 자신이 소속된 기관과 조직의 기능과 성격·실력을 전체적으로 파악하는 능력이 필요하다. 복지사무소와 보건소, 각종 상담 코너 등의 경우 노인의 체력이 떨어지기 쉬운 더운 여름이나 추운 겨울에는 특히 고령자 전문 의료기관이 있는 상담실로 소개하는 사례가 증가하는 경향이 있다.18)

"거기에 가면 뭐든 문제를 해결해 줄 거예요"라고 주위로부터 평가를 받는 것은 참으로 기분

---

17) 이것을 대인 면접에서 명확히 해야한다. 병에 관련된 확인을 요하는 경우는 병상, 의학적 대응의 필요성. 재가복지봉사센터에 있어서도 중요한 관점이다.

18) 배후에 의료기능을 가지지 못한 상담기관의 경우는 반드시 조언할 수 있는 의료기관과 전문가를 가져야 하는 것이 필수적이다.

좋은 일이다. 그렇지만, 기본적으로는 상담하러 방문한 사람이 특별기관에 입원해 있다거나, 통원하고 있다는 것이 파악할 경우, 그 기관에 돌려보내야 한다. 물론, 기관과 상담 상대를 선택할 자유는 상담하고 싶은 사람에게 있지만, 본인이 그 사람의 의지에 반하여 마음대로 다른 기관으로 연락해서는 안 되며, 본인보다는 다른 기관에서 상담하는 것이 더 적절한 상담을 받을 수 있을 경우에는 논리적으로 납득시키는 것도 면접의 기술이다.

〈표 5-1〉 수행 기관의 위상파악

수행기관의 위상파악 - 사례관리자는 소속된 기관의 기능과 역할을 이용자를 중심으로 과거·현재·미래의 좌표축에서 본다. · 사례관리자가 소속된 기관·시설의 기능과 역할에 대해 다음 관점에서 사정해 본다(소속기관과 면접자의 실력을 안다). [기관·시설] ① 연혁 · 설립 역사 : 시대, 사회적 배경과 설립 목적 개설(개원)까지의 경과 개설(개원) 후의 경과, 전개 ② 현재의 개요·규모 : 제공할 수 있는 서비스 내용과 종류 ex. 의료기관의 경우 - 진료과목, 의료기관의 종류, 간호기준 등 장소 ex. 재가복지봉사센터의 경우 - 병설 시설과 기능, 직원 종류와 인원수 ③ 특징 : 특색 있는 기능 ex. 주요 서비스, 서비스 대상 ④ 위치 : 지역 안에서의 지리적 위치와 기능적 위치 주변(지역)의 다른 보건의료 복지·서비스기관 중에서 위치와 역할·연계 · 전국적인 위상기관·시설의 조직 ① 조직도 : 부문 책임자 ② 조직의 활동 : 명령 계통 각 부문 · 각 사람의 역학관계 표의 이론과 이면(裏面) 논리 · 조직 가운데 자신을 합류시킨다. [사례관리자의 위치] ① 소속기관에서의 역할기대 : 전문직으로서의 지원업무 ② 누구를 위해 기능 하는가? : 이용자인가? 가족인가? 동료, 관리자, 경영자 등 ③ 어디까지 책임을 가진 사람인가? : 업무 범위와 지원의 한계 재량권과 일탈은 어디까지 허락되는가? ④ 관계성과 신뢰는 어디에서 나오는가? 전문가로서의 능력과 태도·정체성

● 학습과제 ●

1. 대인 면접의 절차에 대해 다음 체크 항목을 바탕으로, 여러분의 면접상담 사례를 검증해 봅시다.

① 이용자의 소개 경로를 확인했습니까?
② 자기소개는 어떻게 했습니까?
③ 이용자의 이야기를 경청했습니까?
④ 이용자의 모습을 제대로 관찰했습니까?
⑤ 이용자의 문제를 파악해 그 가운데에서 욕구를 이끌어 냈습니까?
⑥ 지원방침을 세울 때, 이용자와 동일한 인식을 공유하고 있는지 확인했습니까?
⑦ 해결방법에 대해서, 이용자가 할 수 있는 것, 가족이 할 수 있는 것, 지원자측이 해야 할 것(사회자원의 적용도 포함) 을 확실히 구분하여 상구했습니까?

2. 여러분과 여러분이 소속된 상담기관의 실력을 파악하고 있습니까?(수행 기관의 위상파악은 되어 있습니까?) 본문 중 도표를 참고하여 확인작업을 해 봅시다.

3. 전화에 의한 면접

학습포인트

1. 처음으로 사례관리자에게 전화를 걸어 자신이 고민하는 일을 털어놓는 이용자의 심정을 이해한다.
2. 전화면접 시 이용자와의 첫 대화가 미치는 영향력을 이해한다.
3. 전화에 의한 첫 면접의 예에서 주요 문제점을 지적한다.
4. 전화에 의한 면접 시 사례관리자에게 필요한 4가지 포인트를 이해한다.
5. 전화면접에서 필요한 경청 기술을 이해한다.
6. 전화 면접의 전체 흐름과 그 흐름에서의 실시방법을 이해한다.

연습 1

• 포인트 : 처음으로 사례관리자에게 전화를 걸어 자신이 걱정하고 있는 일을 털어놓을 때, 상대방의 심정을 이해한다.
여러분이 다른 사람의 도움이 필요해서 상담을 요청했을 때의 일을 떠올려 보십시오.
그 때, 여러분은 어떤 기분이었으며, 사례관리자가 어떻게 맞아주었더라면 좋았을 것이라고 생각하는가?

해 설

우리들이 보다 좋은 전문적인 서비스를 수행하기 위해 무엇보다 중요한 것은 상대의 기분을 이해하는 것이다. 다른 사람에게 무언가 지원을 구하거나 상담을 요청할 때, 작용하는 심리를 사례관리자 스스로가 이해하는 것에서 시작된다.

타인에게 자기 문제를 상담한다는 것은 쉽지 않으며, 자의적으로 문제를 해결하지 못하는 약한 인간이라고 생각할지 모른다는 기분을 갖게 될 수도 있다. 또 상담을 받음으로써 마음을 치유 받고 싶고, 문제를 해결하고자 하는 바람이 있을 것이다. 각자의 개인차가 있기는 해도 이러한 점은 공통적일 것이다.

연습 2

• 포인트 : 전화 면접 시 이용자의 첫 대화가 미치는 영향을 이해한다.

「네, 여보세요, 저는 ○○○센터 ○○○입니다. 어떤 상담을 원하십니까?」○○○부분에 자신이 일하고 있는 기관과 이름을 넣어서 이 대사를 말해 본다. 그것을 가능하면 녹음하여 되풀이해서 듣고, 다음과 같은 점에서 어떻게 들리는지 확인해 본다.

(명료함)	□적당하다	□정확하지 않다.	
(빠르기)	□적당하다	□너무 빠르다	□너무 느리다
(음성의 높낮이)	□적당하다	□너무 높다	□너무 낮다
(따뜻함)	□적당하다	□조금 무례하다	□실례이다

(전체 감상) ____

해 설

이용자로부터 상담을 받을 때, 우리들은 그 사람이 어떤 기분으로 상담 전화를 걸었는지 이해하고, 상대가 이야기하기 쉬운 분위기를 만들어 내는 노력을 해야 한다. 특히 전화 면접은 자기 목소리만이 상대에게 전해지므로, 자기가 이야기하는 방식이 도대체 어떤 인상을 주는지를 충분히 알아둘 필요가 있다. 이야기 방식이라는 것은 명료함, 빠르기, 높낮이, 그리고 그와 함께 전해지는 따뜻함에 의해 다른 인상을 준다. 완전히 똑같은 내용의 이야기라도 이야기하는 방식에 따라 서로 다른 의미로 받아들여질 수 있다.

연습 3

• 포인트 : 전화에 의한 첫 면접의 예를 듣고, 그 문제점을 지적한다.

다음 회화는 전화에 의한 첫 면접에서의 이용자와 사례관리자와의 대화이다. 우선, 면접 광경을 상상하면서 다음 대화를 읽어본다.

이용자	사례관리자	해답란(연습4에서 사용)
① 거기서 도우미를 파견해 준다는 얘기를 듣고 전화했는데요.(불안한 듯한 음성으로)	② (귀찮은 듯한 음성으로) 네, 하기는 합니다만, 왜 도우미가 필요하죠?	
③ 실은, 남편의 간호로 힘들어서, 이제 혼자서는 할 수 없을 것 같아서요....(피곤한 모습이 전화를 통해 전해 온다)	④ 당신, 얼마나 오래 간병을 했죠?	
⑤ 3년 정도 될까요?	⑥ 고작 3년? 여긴 말이죠, 10년 이상 혼자서 간병해 온 사람들이 많이 들 상담하러 온다구요.	
⑦ 그럼, 저 같은 경우는 안 되는 건가요?	⑧ 딱히 그렇다는 얘긴 아니지만.... 그럼,(무언가 읽고 있는 느낌으로)주소, 이름, 남편 병력, 일상생활의 자립도, 여기로 상담하러 오게 된 경위, 생활력을 얘기해 줘요.	
⑨ 주소는 강원도 강릉, 이름은 OOO, 남편은 당뇨병. 다음은 뭐라구요?	⑩ 병력	
⑪ 병은 3년 전에 발견되어, 그때부터 점점 악화되었어요.		
⑫ 눈이 보이지 않아서, 거의 항상 제가 붙어있지 않으면 안되요. 이건 자립도가 없다고 말해도 되겠죠? 생활력은 그게 저... 그건 어떤 건가요?	⑬ 지금까지 어떻게 생활해 왔는지 그런 거죠. 근데, 이거면 됐어요. 그럼, 다시 연락 할 테니까요.	
⑭ 저, 도우미는 어떻게 되는 건가요?	⑮ 지금으로서는 뭐라고 말할 수가 없네요. 자, 연락을 기다려 주세요.	

【문제】 상담하러 온 사람은, 어떠한 기분이었을까요? 이 상담원의 문제는 무엇일까요?

상담자의 기분

상담원의 문제

해답과 해답 예

【해설】 사례관리자가 전화로 상담을 접수받을 때 중요한 것은 전화 건 상담자가 사례관리자에게 바라는 태도, 윤리관, 전문지식을 몸에 익혀야 한다는 것이다. 이것을 습득하는 첫걸음은 면접의 예를 통해 문제점을 파악하는 능력을 기르는 것이다. 이것을 염두에 두고 이 연습문제를 해 본다.

【해답 예】 전화를 받고 대답하는데 따뜻함, 상대에 대한 존중(면접사의 기본적 태도)이 전혀 보이지 않는다. 이런 부분이 결여되어 있는 경우, 상담자는 이야기 할 기분이 나지 않는다. 또한 사례관리자로부터 지시 받았다, 이해 받았다고 전혀 느끼지 못하고 통화를 끝내는 것 같나. 게다가 자기가 비판받았다는 생각이 들어 상처받았을 지도 모른다(사례관리자는 상대를 지지하고, 정확히 이해하려는 태도를 면접에서 표현하고 있지 않다). 전화상담이 목표는 정보수집 뿐만은 아님을 깨닫는 것이 중요하다.

연습 4

• 포인트 : 사례접수 시, 전화면접에서 달성해야 할 4가지 포인트의 이해

<연습 전에>

일반 면접에서도 마찬가지지만, 특히 사례접수를 위한 첫 면접을 전화로 받을 때, 반드시 달성해야 할 4가지가 있다. 이들은 지원면접의 기본이라고 할 수 있는 것이다.

첫째, 상담자를 심리적으로 지원할 것 즉, 상대가 통화를 끝낼 때 전화하기 전보다 희망이 보이고, 자기 일이 받아들여져 치유 받았다고 생각하는 것이다.

둘째, 상담자를 정확하게 이해하고 싶다는 것이 면접에서 표현되어 달성되는 것이다. 우리들은 대화 중 사실(실제로 있었던 일), 동반하는 감정(정서, 그리고 유추)이라는 정보를 교환한다. 먼저 그들을 명확히 이해하고, 명확하지 않을 때에는 명확하게 하는 작업을 수행하는 것이 두 번째이다. 이것이 달성되면 상담자는 자기 일이 받아들여졌다는 안도감을 가질 수 있게 된다.

셋째, 자신이 소속된 기관이 상담자에 대한 지원을 함에 있어서 필요한 최소한의 정보를 수집하는 것이다. 여기서 최소한이라는 것에는 전화라는 매체를 사용하여 단시간에 이루어지는 경우인 만큼 첫 면접에서는 모든 정보를 손에 넣으려고 하기보다는 기본적인 것을 확실히 해 두는 것을 목표로 하는 편이 효과적이다.

넷째, 전화를 종료할 때 차후 계획을 이용자가 이해할 수 있도록 해 두어야 한다. 이것이 달성되면 전화종료 후 이용자는 자기 장래가 보다 명확해졌다고 느낄 수 있게 된다. 이것을 요약하면 아래와 같다.

① 상담자의 심리적 지원(물적 자원과 정신적 양방향에서의 지원이 이루어진다)
: 공감, 존중, 수용, 보증.

② 상담자가 기술하는 사실, 감정 양방향의 정확한 이해
(상대를 정확히 이해했다는 태도가 표현될 것)

③ 필요한 최소한의 정보 수집과 상담자의 문제의 본질을 이해한다. 무엇 때문에 힘든가? 무엇을 필요로 하는가? 지금까지 어떻게 이 문제에 대처해 왔는가?

④ 앞으로 진로·목표상담자에게 가장 적절한 지원을 어떠한 형태로 수행할 것인가? 목표를 세우고, 전화 종료 후에 자기 기관이 어떠한 형태로 상담자와 접촉해 갈 것인가를 설명한다.
(예 : 전화 종료 후 방문할 것인가? 이것으로 끝나는 것인가?)

【문제】 연습3 에서 상담자와 상담원과의 회화를 다시 한번 읽어보고, 상담원의 응답에서 위 4가지 요점이 충족되고 있는지, 무시되었는지를 해답란에 기입해 주세요. 각 회화에는 번호가 붙여져 있는데 그 번호와 함께 해답을 기입해 주세요. 해답은 지원, 이해(정확한 이해일 것), 정보(필요한 최소한의 정보일 것), 진로(앞으로의 진로를 명확히 할 것), 간단한 용어루 작성해도 무방하다. 또, 만약 시간이 있으면 그 때 상담자의 기분도 해답란에 기입해 주세요.

해답과 해답 예

【해설】 4가지 포인트가 전화면접에서 완전히 이루어지기까지는 시간과 훈련이 필요하다. 초심자에게 있어서 무엇보다 중요한 것은 정보수집보다도 상담자와의 신뢰관계, 즉 포인트 ① ② 이다. 만약 이것만이라도 이루어진다면 차후에 누락된 정보를 얻는 것은 어렵지 않다.

【해답】

② (귀찮은 듯한 음성으로) 네, 하기는 합니다만, 왜 도우미가 필요하죠?

---상담자에 대한 지원 없음, 존중 없음. = ①지원

④ 당신은 얼마나 오래 간병해 왔나요?

---정보를 얻으려고 하고 있지만 상담자의 감정의 흐름을 정확히 파악한 질문의 흐름이 아니다. 정확한 이해 없음. = ②이해

⑥ 고작 3년 동안 하셨다고요? 여긴 말이죠, 10년 이상 혼자서 간병해 온 사람들이 많이 상담하러 온다구요.

---상담자의 지원 없음. 상대를 비난하고 있음. 즉 수용 없음 = ①지원

⑧ 딱히 그렇다는 얘긴 아니지만.... 그럼,(무언가 읽고 있는 느낌으로)당신 주소, 이름, 남편 병력, 일상생활의 자립도, 여기로 상담하러 오게 된 경과, 생활력을 얘기해 줘요.

---지원없음, 상대에 대한 존중 없음. 정보를 얻으려고도 하지 않고 있다.

= ①지원, ③정보

⑩ 병력

---상대의 정확한 이해 없음. 상담자는 지금 많은 정보를 요구받아 곤란해 하고 있는 점을 이해하고 있지 않다. 그리고 단순히 상담자의 말에만 반응하여 대답하고 있다. = ②이해

⑬ 지금까지 어떻게 생활해 왔는지에 대한 것은 이거면 됐어요.

그럼 다시 연락 할 테니까요.

---상대의 정확한 이해 없음. 상담자는 지금, 많은 정보를 요구받아 곤란해 하고 있는 점을 이해하고 있지 않다. 그리고 단순히 상담자의 말에만 반응하여 대답하고 있다. = ②이해

⑮ 지금으로서는 뭐라고 말할 수가 없네요. 연락을 기다려 주세요.

---앞으로의 진로 목적이 매우 애매한 상태로 끝내고 있다. = ④진로

연습 5

• 포인트 : 전화면접에서 필요한 경청 기술의 이해 : 감정의 반영, 명확화, 요약

<연습 전에>

경청 기술을 습득한다. 이것은 단순한 기술이 아니라 그 근저에 지원자에게 필요한 기본적 태도와 지식, 사정에서 무엇을 알아야 하는가? 가 필수 요소이다. 이 기술은 단기간에 간단히 습득할 수 있는 것이 아니라 오랜 시간에 걸쳐 훈련을 쌓아야 가능하다. 면접에서 그러한 경청기술을 사용하는 의의는 무엇인가? 경청기술은 상담자를 보다 잘 이해하기 위한 의도이다. 경청함으로써 상담자로부터 보다 정확한 정보를 얻을 수 있는 동시에 상담자에게 '이해 받았다'는 경험을 줄 수 있는 것이다. 계속해서 경청의 주요 3가지 기술 - 감정의 반영, 명확화, 요약 - 의 간단한 설명과 훈련 방법을 적어 보겠다.

1) 감정의 반영

감정의 반영이란, 상대가 가지고 있는 직·간접적으로 표현된 감정을 적절한 표현을 사용하여 상대에게 되돌려 주는 것이다. 이는 상대가 말 한 단어를 그대로 되풀이하는 것이 아니다. 감정이라면 희노애락 네 가지를 종합하는 의미로 많이 쓰이지만, 여기서는 보다 넓은 의미에서 상대가 기분을 표현하는 총체라고 생각한다. 지원자는 사람의 기분, 감정을 잘 이해하고, 각종 표현법에 정통하지 않으면 안 된다. 이 기술은 지원자의 업무 중에서 뿐만 아니라, 일상생활에서도 연마해야 할 부분이다. 감성을 풍부하게 하는 것도 지원자에게는 필요하다.

감정의 반영에서 주의해야 할 것은(특히 상대의 연령과 성격에 따라) 감정의 표현을 피하려는 사람도 있다는 점이다. 그런 사람은 간접적으로 표현한 감정을 반영할 때, 상대가 그러한 감정을 가지고 있었다는 것을 부정하는 경우도 있다. 그 때 중요한 것은 이러한 사실을 이해하고, 상대에게

무리하게 감정표현을 강요해서는 안 된다는 것이다. 또한 그런 상대에게 감정을 반영할 때에는「○○씨와 같은 상황에 놓인다면, 중간에 포기하고 싶은 생각이 드는 사람도 많을 것 같아요.」라는 식으로 표현을 일반화할 수도 있다.

감정의 반영에서 자주 사용되는 표현은「(ex-슬프다 등등)는 생각이 드셨겠어요.」와 같은 말투 나,「저(=상담원)한테는(ex-낙담하고 있는)--한 것처럼 보이네요.」「(ex-자랑스러운) 기분이 드셨겠어요」 등을 그 예로 들 수 있다.

감정의 반영을 적절히 하기 위해서는 이러한 두 가지 단계를 사용할 수 있다. 이는 혼자 또는 동료와 함께 사용할 수 있는 연습방법이다. 우선 몇 명의 상담원의 직접적 또는 간접적인 감정 표현이 담긴 대화를 제시하여 각각에 대해 아래 두 가지 질문을 하고, 우선 자신의 답을 써 본다. 그리고 거기에 익숙해지면 실제로 말로 표현해 보는 단계를 사용하면 효과적이다.

1 단계 - 상대의 감정은 무엇인가?
슬프다, 괴롭다, 고통스럽다, 화난다, 포기한다 등
2 단계 - 그 감정을 어떻게 표현하여, 상대에게 되돌려 보낼까?
위 내용 중 어떤 말투를 쓸 것인가? 를 생각한다.

2) 명확화

명확화는 상대가 표현하고 있는 정보(사실, 생각, 정서, 등)가 애매할 때, 그것을 구분하기 위해 사용되는 기술이다. 예를 들면, 상담자는 치매를 가진 70세의 남편을 둔 68세 부인이다. 지금까지의 케어로 인해 쌓인 피로와 혼자서만 감당해 온 일에 대해 절반 정도 말하고 성인인 두 딸이 있어 가까이 살고 있다는 것도 이야기 한 다음,「아무도 소용없어요. 딸이 있어도, 소용이 없다니까요」라고 했다고 가정하자.

여기서 지원자가 생각해야 할 것은 '왜 딸이 소용이 없는 것인가?'이다. 이 발언만으로는 정보가 불충분하다고 느꼈다면 우리들은 명확화라는 기술을 사용하여 이를 밝혀야 한다. 적절한 시행을 위한 연습방법으로 감정의 빈사 때와 마찬가지로 2단계를 사용할 수 있다.

1단계 상담자가 말한 것에서, 사정이 분명한가? (누가, 어디서, 언제, 어떻게, 무엇을 했나? 이것이 사실인지, 또는 유사한지)

2단계 명확화를 위해서 담당자가 사용할 수 있는 질문방법은 크게 두 가지가 있다. 하나는「폐쇄형 질문」이라고 하는「병원 선생님과 직접 얘기 해 보셨어요?」라는 질문 등이 그 예로 질문된 상대는「예」「아니오」「어제입니다」등 분명한 대답을 기대 할 수 있다. 또 하나는「개방형 질문」이라 부르며, 이는「고립된 상태라니 무슨 말씀이세요?」와 같이 상대의 부연 설명을 기대하는 대답 방법으로 개방되어 있기 때문에, 상대가 자유로운 대답을 선택할 수 있는 것이다.

3) 요약

요약은 상대가 어느 정도 발언을 한 후 그것을 상담원이 정리하는 것이다. 전화면접의 경우, 전화를 종료하기 전에 전화 내용을 요약해 놓지 않으면 안된다. 요약함으로써 상담원은 자신이 상담자가 말하고자 한 바를 정확히 들었는지 확인할 수 있으며, 상담자는 틀린 부분이 있으면 그것을 정정할 기회를 갖게 된다.

여기에 덧붙여, 상급 수준의 직원을 위해 보다 높은 요약기술 이용법을 소개하겠다. 그 이용법은 요약 기술을 '명확화'와 '감정의 반사'를 함께 사용하여 상대의 모순을 부각시킴으로써 한층 면접을 발전시키는 방법이다. 예를 들면, 상담자의 불안정한 기분이 전해지는 면접에서 '○○씨는 혼자서 감당해야 한다는 생각을 하면서도 한편으로는 누가 좀 도와주면 좋을 텐데 하는 기분도 드시겠어요'와 같은 식으로 요약기술을 사용할 수 있다.

【문제】 3년간 몸져누운 남편을 간병해 온 68세의 여성, 김OO씨가 당신에게 상담하러 왔다. 김OO씨는 매우 지친 음성으로 "삼 년 동안 혼자서 간병해 왔는데 요즘 혼자서는 무리라는 생각이 들었어요." 라고 말했다. 아래 표 맨 왼쪽에 상담원의 가능한 응답을 적어보았다. 가운데 칸에 (1) 감정의 반영, (2) 개방형 명확화 질문, (3) 폐쇄형 명확화 질문, (4) 요약 중 어디에 해당하는지 기입하다 ①은 이들 기술이 2가지 동시에 사용되고 있다. 맨 오른 쪽 난에는 김OO 씨 내면에서 일어날 전개(김OO씨의 생각, 감정, 앞으로의 면접 방향)을 아래 해답 예에서 골라 그 번호를 기입해보자. 같은 기호가 2회 사용될 수도 있다.

상담원의 가능한 대답	각각에 사용된 기술	일어날 수 있는 전개
① 3년이라는 오랜 기간 동안 간병해 오셨네요, 정말 힘드셨겠어요. ② 3년을 혼자서 간병하신 거예요? ③ 남편의 병환은 어떠세요? ④ 지금, 의사선생님께 치료는 받고 계세요? ⑤ 그럼 좀 더 자세히 남편의 병환에 대해 말씀해 주시겠어요? ⑥ 완전히 지치셨겠어요.		

(일어날 수 있는 전개)

(1) 이러한 질문을 함으로써 간병을 혼자서만 해 온 이유와 그에 얽힌 기분을 생각할 기회가 되어 그것이 분명해지고, 원하는 지원이 명확해 질 수도 있다.

(2) 폐쇄된 질문으로 간단한 대답에서 끝날 가능성이 있다. 그러나 병에 관계된 사실과 유추가 분명해 질 수도 있다.

(3) 간병으로 「지친」 마음을 이해해 줌으로써 안도감에 기분이 풀려 병력과 성장배경에 대한 이야기를 들을 수 있을지 모른다.

(4) 개방형 질문 형식이므로 남편의 병에 얽힌 사정과 함께 본인의 기분과 간단한 생활력도 들을 수 있을지 모른다.

(5) 오랜 간병의 힘든 사정을 말로 설명함으로써 자신의 상황을 이해 받았다고 생각하여 더 많은 것을 스스로 이야기할 수도 있다.

【해설】

- 경청은 단순한 기술이 아니라 거기에 지원자로서의 기본적인 태도가 전제 되어야 한다.
- 각 세 가지 기술은 면접 중 지원을 위한 정보수집에 필수 사항이다.
- 역할극 형식으로 연습하는 것이 효과적일 것이다.

【해답】

(사용하고 있는 기술의 종류)

① 요약과 감정의 반영, ② 명확화 - 개방질문 ③ 명확화 - 폐쇄형질문,
④ 명확화 - 폐쇄형질문, ⑤ 명확화-개방질문, ⑥ 감정의 반사

(일어날 수 있는 전개)

①(5) ②(1) ③(2) ④(2) ⑤(4) ⑥(3)

연습 6

• 포인트 : 전화에 의한 대인 면접의 전체 흐름과 실시방법

<연습에 앞서>

면접의 흐름

첫 회 전화면접에서는 적어도 아래의 일련의 흐름을 염두에 두기 바란다.

① 자기 소개(상담원의 이름, 필요에 따라 소속 기관의 기능 설명)

② 상대방의 주요 호소 내용을 듣는다.

③ 상대를 존중하고 보다 정확하게 사실, 감정, 상대방의 유추의 차이를 명확히 하면서 필요한 정보를 듣는다. 이 때, 상대의 흐름에 따라 질문한다. 최소한 아래와 같은 사항을 알려고 노력한다.

----주 호소 내용은 무엇인가?

----이 문제의 경위(장애의 발단, 후의 경과, 현재 장애 정도 등)

----현재까지의 서비스 이용과 대처 경위

----지금까지의 대처방법에서 일어나고 있는 문제. 그것에 관해 어떠한 서비스와 지원을 해 주기 바라는지 생각하고 있는가?

----문제의 긴급성

④ 상담자와 전화 종료 및 앞으로의 방침을 전한다. 이 때 아래와 같은 전화 종료 방법을 분류할 수 있다.

세 가지 가능 예와 전화 종료 방법 예.

세 가지 경우	전화 종료 방법
① 이야기를 충분히 들음으로써 이번의 주요 욕구사항은 충족되었다.	①-1 앞으로 다시 접촉할 것이라는 양해를 얻어 종료 ①-2 상담자가 또 다른 필요가 생겼을 때 접촉해 주도록 앞으로의 가능성을 열어두는 형태로 종료.
② 상담자의 주요 욕구사항은 타 기관으로 소개하는 것만으로 충족되었다.	②-1 나중에 타 기관으로 소개 결과를 듣기 위해 접촉할 것이라는 양해를 얻고 종료 ②-2 문을 열어 두고 기다리는 형태로 종료
③ 이보다 많은 정보가 필요. 방문면접 필요를 느낀다.	③ 방문면접의 양해를 얻어 약속을 잡고 종료

상황 및 얻어야 하는 정보	상담원의 가능한 응답 및 질문법
① 전화의 시작 (자기소개) (주요 호소 사항을 묻는다 : 범위의 설명) ② (지난번에 충분히 상대방의 마음을 수용하고, 이야기를 들었다고 가정. 그 결과 대부분의 주요 호소 사항이 이해된 후) 이 문제의 간단한 경위를 듣는다. ③ 본인이 어떠한 서비스 또는 지원으로 문제를 경감시킬 것이라고 생각하고 있는가? ④ 지금까지 어떠한 서비스를 사용해 왔는가? ⑤ 지금까지의 방식으로 어느 정도 문제가 완화되었는가? ⑥ 전화 종료(아마 자신이 속한 기관에서 가능한 일이라는 현재의 판단과 방문하여 좀 더 자세한 사정을 듣고 싶다는 앞으로의 방침을 말하고 양해를 얻는다.)(4월 10일 오전 11시에 다음 방문 약속을 잡는다)	(전화를 받고)

【문제】 여러분은 지금 남편의 병 수발을 해 온 68세의 부인에게서 「거기서는 도우미를 파견해 주십니까?」라는 질문을 받았다. 여러분이 케어 관리기관의 직원이라고 가정했을 때, 그 가정 하에서 어떠한 대응을 하겠습니까?

【해답 예와 해설】

면접은 상대방과 함께 하는 것이므로 언제나 같은 절차와 질문으로 이루어지는 것은 아니다. 다시 한 번 강조하지만, 상대의 흐름에 따라 군더더기 없이 정보를 얻는 것이 바람직하다. 상대의 감정을 받아들이는 일은 높은 수준의 기술을 요구한다. 상담원은 경험을 쌓음으로써 스스로 기술을 향상시켜야 하는데, 젓걸음으로 단순화 된 상담의 흐름을 가정하고, 응대 가능한 상담원의 응답 예를 아래에 제시했다. 아래의 면접 응답 예에서는 대화가 많아 생략한 부분이 있음을 염두에 두기 바란다. 연습 문제에서 나왔던 문제에 해당하는 것은 다음 ①, ②, ③, ⑥뿐이다.

면접의 응답 예

상황 및 얻어야 할 정보	상담원의 가능한 응답 및 질문법
① 전화의 시작 (자기 소개)자기 이름을 말하다. (기관의 업무 범위) (주요 호소 사항을 묻는다 : 개방형 질문) (그 동안 충분히 상대방의 기분을 수용하고, 이야기를 들었다고 가정하고)	(전화를 받고) 네, ○○○센터 김영희입니다.(상담자가 「거기서 도우미를 파견해 주시나요?」라고 물어 온다) 네, 도우미 파견도 하고 있습니다. 어떤 일로 도우미가 필요하신지 말씀해 주시겠어요?
② (대략적인 주요 호소 사항이 이해된 후) 이 문제의 간단한 경위를 묻는다. (여기서, 잠깐 상담자의 이야기를 듣는다. 맞장구를 치며 문제를 부각시키는 명확화와 감정의 반영, 요약의 적절한 사용)	(응답 중 상대방의 상황에 맞는 감정, 이해, 명확화를 계속 진행한다) 남편이 병을 앓게 된 후부터 지금까지의 일을 이야기 해 주시겠습니까?
③ 본인이 어떠한 서비스 또는 지원으로 문제를 경감시킬 수 있나고 생각하는가? (질문과 함께 상담자의 아내가 죄의식을 가지지 않도록 심리적으로 지원한다)	그럼, 무엇을 어떻게 하면 조금이라도 편할 수 있을지 생각해 보셨어요?
④ (상대방이 혼자서 간병했기 때문에 외출도 거의 하지 못했던 일에 대해 들은 후) 지금까지 어떤 서비스를 사용해 왔는가?	당신께서 편하셔야 남편 분도 편할 수 있으니까요. - 몇 가지 질문 방법 예

상황 및 얻어야 할 정보	상담원의 가능한 응답 및 질문법
(A. 감정도 뒷받침(follow)하면서 폐쇄형 질문을 예로 들면서 사용)	A) 그러세요? 외출도 못하고 불편한 점이 많으셨겠어요, 어디 다른 곳으로 상담하거나, 누군가에게 도움 받으려고 하신 적 있으세요? 예를 들면, 방문간호사 말씀이에요.
(B. 개방형 질문을 하고 그 대로 듣는 방법)	B) 지금까지, 어떤 서비스라도 받아 본 적은 있으세요?
⑤ 지금까지의 방법으로 문제가 완화되었는가?(요약) (간접적인 감정의 반영에 의한 상대방의 승인) (상대방의 의도하지 않은 감정을 인정하고 받아들이면서 본인의 기분을 부각시켜 명확히 한다.)	지금까지의 말씀을 들어보니 부인께서는 정말 잘 해 오셨다는 걸 알 수 있겠어요. 정말 애쓰셨네요. 한 편으로 부인께서 많이 지쳐 계신 것 같아요. 가끔은 힘들어서 그만두고 싶다는 생각도 드셨을 텐데 괜찮으셨어요?
⑥ 전화 종료 (가능하면 전화로 파악된 내용을 요약하고, 상대방의 확인을 받는다. 자기가 이해한 내용이 틀리지는 않았는지 정확히 한다.) (앞으로의 방침을 말하고 양해를 얻는다.)	오늘은 짧은 시간인데다 전화상이라 충분한 말씀을 들을 수가 없을 것 같습니다. 오늘 이야기를 통해서 김OO 씨(상대방의 이름)의 현재 상황을 보다 잘 하실 수 있도록 저희들이 도울 수 있을 거라고 생각합니다. 이제 조금 확실히 하기 위해서 좀 시간이 걸리더라도 남편의 현재 상황 등을 알고 싶거든요. 한번, 댁으로 찾아뵙고 자세한 말씀 듣고 거기서 앞으로 방침을 세울 수 있으면 하는데, 어떠십니까?
(다음번 방문 약속을 잡는다.)	(상대방이 허락하면)그럼, 언제가 좋으십니까?
(일시, 방문 예정자의 성명, 인원수 전달, 소요예정시간의 확인) (상대방이 이곳으로 연락하기 위해 상담원의 이름과 연락처를 재확인)	네, 4월 10일 오전 11시요. 알겠습니다. 저와 함께 간호사가 찾아 뵐 것입니다. 아마 1시간 반 정도면 끝날 거라고 생각합니다. 그럼, 그 때 뵙기로 하구요, 만약 무슨 다른 일이라도 생기면, 저에게 연락 주십시오. 전화번호는 ----입니다. 그럼 안녕히 계십시오.

스텝 업(STEP-UP)

전화 면접의 역할극 실시 절차

• 역할극 실시의 절차

① 세 사람이 한 조가 되어 상담원, 상담자, 관찰자 등의 역할을 정한다.

② 적당한 사례를 준비한다. 이 사례는 매우 간단한 것보다는 자세한 것으로 두 가지를 만든다. 그리고 전원이 상담자의 간단한 설명을 읽는다.

③ 상담자 역할을 하는 사람에게는 보다 자세한 문제 개요를 준다. 5분 동안에 그것을 읽는다.

④ 전화로 상담을 받았다고 가정하고 면접을 시작한다. 관찰자는 이 면접을 관찰하면서 관찰표에 따라 기입한다. 역할극은 약 10분을 전후로 종료한다.

⑤ 상담자와 상담원은 면접을 되돌아보고, 각 감상기록용지를 기입한다.

⑥ 관찰자의 기입을 바탕으로 하여, 면접을 되돌아보고, 10분 정도 토론한다.

• 역할극 실시에 관한 주의사항

① 역할극에서는 녹음기를 사용한다.

② 세 사람이 한 조가 되면, 각 이름의 가나다순으로 역할을 정한다.

③ 사례의 개요는 간단한 초심자용으로 한다.

④ 면접의 유동성을 중요시하여 상담자 역할에게는 어느 정도 자유롭게 이야기 할 수 있도록 한다. 즉, 정보를 어느 정도 상담원에게 전달하는가 여부는 흐름에 맡기면 된다.

⑤ 역할극에서 실시자 측에서 쓸데없이 상담원의 자신감을 떨어뜨리지 않도록 감상용지에는 이유를 명확히 밝혀 건설적인 의견을 제시하기 바란다(일방적인 비판과 칭찬으로 끝맺지 않도록 한다).

⑥ 만약, 시간에 여유가 있으면 녹음테이프를 돌려 듣는다.

1) 관찰자 면접 감상 용지

상담자의 전달하려는 사실, 감정, 또는 이야기의 의도	상담원의 응답과 그 의도	각 역할에 대한 감상
예 남편을 입원시키고 싶다. 그러나 입원시킬 수는 없을 것이라는 예측	예 「입원할 수 있을지 여부는 더 자세한 사정을 알아야 할 필요가 있다」고 개방형 질문으로 병력을 분명히 해 두려고 했다.	예 상담원은 상대방의 감정도 이해하고 있음을 전하면서, 문제의 명확화 방향으로 이야기의 흐름을 잘 진행시켰다.
①		
②		
③		
④		
⑤		
⑥		

2) 상담원 면접기록지

① 상담자를 존중한 면접이었는가? 상대방의 감정을 잘 끌어내어 지원했는가?
그것을 말로 어떻게 표현했는가?

② 상담자의 첫 번째 문제, 원하는 서비스는 분명한가?

③ 상담자에게서 그 외 최소한으로 필요한 정보를 입수했는가?
곤란한 부분은 어떤 것이었는가?

④ 상담자와 면접을 마치고 앞으로 분명히 해야 할 점 즉, 앞으로의 면접에서 분명히 짚고 넘어가지 않으면 안 되는 점은 어떤 것인가?

⑤ 그 외의 감상

3) 상담자 면접기록지

① 상담 종료 후, 어떤 기분이 들었는가?(존중, 지원, 이해도 등에 관해)

② 상담원의 우수한 점은 어떤 부분이었는가?

③ 여기서, 바라는 점은 무엇인가? 그리고 그 이유는?

④ 그 외 감상

4. 방문에 의한 면접

학습포인트

1. 방문면접에서 주의해야 할 면접자로서의 기본 태도와 자세에 대해 자기점검을 한다.
2. 첫 회 방문 시, 도입 형태를 생각한다.
3. 많은 문제들 속에서, 욕구를 추출하는 방법「무엇을 듣고, 무엇을 관찰할 것인가」를 실제로 체험해 본다.

이용자의 집을 방문하는 면접은 상담기관과 시설 내에서의 면접에 비해 효율적인 반면, 어려운 측면이 있다. 집은 거기에 사는 사람의 영역이다. 외적으로부터 침입을 막고, 사회에서 쓰고 있는 가면(persona)을 벗고, 무방비 상태로 있을 수 있는 장소이며, 가족간에 서로 치유해 가는 장소이기도 하다. 집은 의뢰인에게 있어서는 그들 신체의 일부이며, 사적인 불가침의 영역이다. 그렇기 때문에, 가정방문에 의한 면접, 지원대상자의 생의 모습을 직접 관찰할 수 있고, 그들이 놓여진 상황을 정확히 파악할 수 있다.

가정방문에 의한 지원은 사례관리자가 예의를 갖추지 않으면 사정과 실제 지원 이전인 초기 단계에서 의뢰인에게서 거부당하고 만다.

본 장에서는 방문에 의한 면접 중에서도 첫 면접에 있어서의 사례관리자의 기본적 태도에 촛점을 맞춰 도입 시에 해야 할 일로서, 예의와 언어사용의 기본, 관찰 시점 등에 대해 자기점검을 한다.

나아가 대상자가 사는 세계(장소)에서 지원자의 몸을 어느 위치에 둘 것인가와 사정을 위한 정보수집에서 욕구 파악까지의 면접 과정을 역할극할 수 있도록 구성하고 있다. 혼자서 학습하거나 크고 작은 그룹으로 연습하기 바란다.

본 장의 대표 사례가 감성을 연마하여 과제에 임하는데 도움이 된다면 기쁘겠다. 여기에서 재가복지봉사센터가 무대이지만 이런 사례는 지역복지관 내이 방문간호시업과 의료기관에서도 비교적 많이 보여진다. 또한 사례의 상황설정은 글로 읽어서는 형상화하는 데 어려움을 느낄지 모르겠나(특히 이용자의 집에서의 모습).

역할극의 의의는 주로 다음 6가지를 들 수 있다.

① 안전한 환경에서 실제와 가까운 경험을 한다.

② 실수가 허락된다.

③ 이용자와 지원자 서로의 감정과 관계를 이해할 수 있다.

④ 지원기술의 실제를 연습함으로써, 기술의 향상을 도모한다.

⑤ 실제의 사례에 대처·해결의 힌트를 얻을 수 있다.

⑥ 실제로 연기함으로써 지원자가 빠지기 쉬운 태도와 감정을 지각 할 수 있다.

연습 1

지원자에게 요구되는 자세를 몸에 익힌다.

본 장에서는 방문 면접에서 주의할 면접자의 기본적 태도와 자세에 대한 대표사례를 이용하여 연습한다.

(1) 방문의 예의를 확인한다.

「전화에 의한 상황설정(전화면접용) 5-1」「방문에 의한 상황설정(방문면접용) 5-2」를 읽는다.

5-1 이용자의 신상자료---(전화면접용)

1. 발신자 : 김OO -가명 1927년 2월 1일생, 70세
   (몸져누운 남편) : 이OO - 가명 1907년 1월 1일생, 90세
2. 주 소 : 서울시 성북구
3. 긴급연락처 : 이OO -(가명·양녀) 서울시 성북구
   양부모 집에서 차로 20분, 전철역으로 다섯 정거장
4. 보험구분 : 국민건강보험 본인
5. 장애인 수첩 : 없음
6. 이용하고 있는 복지 서비스 : 없음
7. 이용하고 있는 의료기관 : S시립병원(이웃 시(市) 통원 입원내력(來歷) 6회
8. 과거 이력 : 아내는 정확한 병명을 표현하지 않는다.
   <수차례 수술한 적이 있다> <심장도 나쁘다><몸져누워있다>라고 남편의 상태를 호소하고 있다.

■ 전화에 의한 면접의 상황설정

1. 상담 접수일 : 1996년 4월 12일, 오전 10시 30분
2. 소개경로 : 몸져누운 남편과 둘이 사는 아내가 전화를 걸었다.
   S공립병원에서는 T 노인병원(자기 부담액은 싸게 해 주어서 월 100만원, 즉시 입원가능)에 소개되었다.
3. 아내의 첫 마디 :「"남편이 몸져누워 있어요, 어디 입원할 곳은 없나요?"」
   아내의 호소 방식과 표현
   힘든 상태이다. 방법을 찾지 못해 곤란한 모습이 전달된다.
   「"입원시켜 줄 곳은 없을까요?"」라고 말하면서 「"입원시킬 돈은 없어요"」든가,
   -「T병원은 멀다」라고 말한다.
   - 한 편으로는 재가요양을 희망한다.
   「혼자서 일어날 수 있도록 훈련을 받고 싶으니 시청에 연락해 줘」라고 한다.
   - 남편의 상태(주로 ADL면과 몸져누운 상태에 이른 경위)에 대해서는 정확히 말하지만 어떻게 하면 좋을지 모른다.
   - 이야기 도중에 「다른 사람을 집에 들이는 건 싫어」라고 말한다.

5-2 방문에 의한 상황설정(방문 면접용)

1. 가정방문에 의한 면접 실시일 : 1996년 4월 14일
2. 가정방문 담당자: 재가복지봉사센터 사례관리자와 간호사, 또는 보건사와 케어 복지사
3. 방문수단 : 전철과 도보
4. 김OO씨 집의 외관 : 담장 밖에서 본 외관은 깔끔하고 2층집 노부부 둘이서 살기에는 크고 정원, 담장 밖에 시든 화분이 많이 놓여있다.
5. 방문 시작 : 문 앞에서 초인종을 누른다.
   현관에서 나타난 아내의 모습이 눈에 들어온다.
   ------언뜻 보기에도 좀 색다른 모습

(아내의 모습) 얼굴은 지적이고 품위가 있다. 은테 안경을 쓰고 있다.
복장은 블라우스에 땅에 끌리는 스커트, 올이 풀려 솔기가 벌어진 가디건을 걸치고, 지저분한 앞치마를 두르고 있다.
허리는 구부정한데, 배를 내밀고 걷는 모습을 하고 있다.
모든 손가락에 반창고를 붙이고, 손톱은 완전히 새카맣게 더럽혀져있다.
우물쭈물하는 태도이지만 표정은 정색을 하고 있다.

6. 집 안 모습 : 현관을 들어가면 바로 왼쪽이 4.5평으로 주로 거처하는 방, 집안으로 들어가 상황은 곧 판명된다.
   -------집안은 특이한 통로모양과 같다.
   발 디딜 틈도 없을 정도로 쓰레기더미,
   (본인들에게는 이상하지 않은 모양이지만 언 뜻 보아도 지저분함)
   침대 주위 책장이 셋, 한 쪽은 수퍼마켓의 쇼핑백, 방 한 가운데 책이 잔뜩,
   (오래되어 낡았고, 개중에는 묶인 채 쌓아 올려진 책도 있다)
   부엌도 비닐 봉투와 이유를 알 수 없는 짐 들, 신문, 음식, 잡지, 창가 선반 위는 보자기 꾸러미(양복 같다) 가 산더미처럼 쌓여있다.
   아내의 방석(지저분하다) 앞에 난로(연탄사용)가 있고 냄비가 놓여있다.
   (여기서 음식을 끓여 먹기도 하는 것 같다)
   - 케어용 침대도 들여놓을 수 없다. 목욕 서비스도 현 상황에서는 무리
   - 지원자가 앉을 장소도 없다.

(남편의 모습) 드러누운 상태 - 순위 C, 일어 설 수 없다
침대도 접었다 폈다 하는 간이침대
몸은 검게 빛나고 있다(아마도 장기간 목욕한 적이 없어서인지, 때가 검은빛을 내고 있는 것으로 보여진다)
눈은 똑바로 뜨고 있다.
시력·청력도 OK,
두뇌는 명석

7. 부부가 거처하는 실내의 평면도

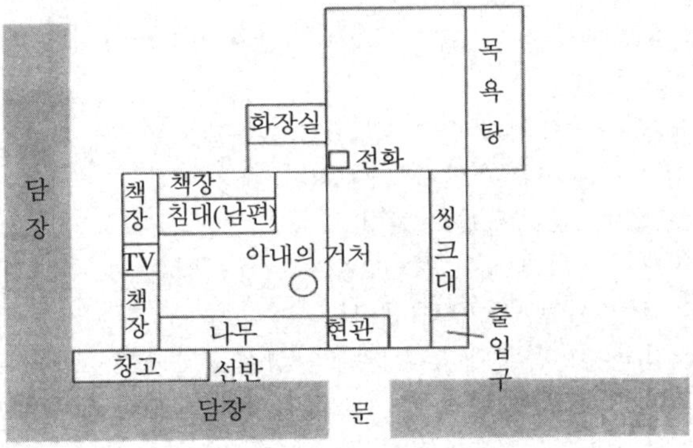

[문제 1] 사례를 통해 다음 항목을 점검(check)해 봅시다. 오른쪽 공란에 기입해 주세요.

점검(check)항목	해답란
① 방문 시의 복장은?	
② 약속 시간에 늦어선 안 된다. 그러기 위한 사전 조사는?	
③ 문 또는 현관 앞에 서 있다면 어떻게 인사합니까?	
④ 현관에서 상대방을 번거롭게 하지 않으면서 집으로 들어가기 위해서는? 신발은 스스로 정돈하나요? 겉옷(coat 등)은 어떻게 합니까? (집안은 쓰레기 더미와 잡동사니로 어수선하고, 아내의 모습은 좀 색다름, 이때 이용자가 수치스러워 하지 않도록 하기 위해서는?	
⑤ 차와 과자 등을 내놓는다면 어떻게 할까요?	
⑥ 방문시간 : 오랫동안 머무르는 것은?	
⑦ 방문 중 사례관리자의 태도·말씨는?	

2) 도입 단계의 기술을 습득한다.

[문제2] 사례를 통하여 다음 항목을 점검해 봅시다. 오른쪽 공란에 기입해 주세요.

점검 항목	해답란
① 어떻게 자기를 소개할까? 우선, 누구에게 해야 하나? 자기소개의 목적과 효과는?	
② 소개경로를 확인 합니다. 소개경로는 무엇을 위해 확인합니까? (목적과 효과)	
역할극 ③ 이 시례의 경우, 지원사는 자신의 몸을 어디에 두어야 할까요? -----그 때의 대사는?	
④ 의뢰인의 마음 열고 편안히 대화하기 위한 태도와 경청 방법 ----- 유의점은? ⊙ 이 사례의 경우, 아내는 겁이 많은 듯 보이고, 이미 다 포기한 상황에 빠져있다. 이러한 의뢰인에 대해 어떻게 이야기를 꺼낼 수 있을까요? 우선, 누구에게 말해야 할까요?	

해답 예

〔문제 1 의 해답 예〕

점검항목	해답란
① 방문 시의 복장은?	#평소 복장 : 예를 들면 여성의 경우는 블라우스, 스커트와 같은 단정한 복장을 착용함으로써 다른 사람 집을 방문하는데 실례가 되지 않는 복장을 하도록 유념한다. (트레이너용 여성복은 어떨까요?)
② 약속 시간에 늦어선 안 된다. 그러기 위한 사전 조사는?	#교통수단, 지도 등으로 사전 조사를 해둔다.
③ 문 또는 현관 앞에 서 있다면, 어떻게 인사합니까?	#이 사례의 경우는, 이름을 말한다. (주의)문과 현관이 떨어져 있는 경우 ⊙사람에 따라서는 기관 이름을 큰 소리 말하는 것을 싫어한다. 이럴 때는 이름을 말한다.
④ 현관에서 상대방을 번거롭게 하지 않으면서 집으로 들어가기 위해서는? 신발은 스스로 정돈하나요? 겉옷(coat 등)은 어떻게 합니까? (집안은 쓰레기 더미와 잡동사니로 어수선하고, 아내의 모습은 좀 어색함) 이용자가 수치스러워 하지 않도록 하기 위해서는?	#주저 없이 들어간다. #당연합니다. #현관에서 벗는다. 들어가기 전에 미리 집 밖에서 벗어도 좋다. #얼굴을 찌푸리지 않는다. 언짢은 시선으로 보지 않는다. 이럴 때는 표정의 변화 없이 : 의뢰인을 정확히 관찰해야 한다는 사실을 잊지 말 것!
⑤ 차와 과자 등을 내놓는다면 어떻게 할까요?	원칙적으로는 먹지 않는다. 다음 방문 때에도 무엇을 준비할까 생각하게 되는 결과를 낳는다. ⊙이용자의 상황에 따라서는 차 정도는 마시는 편이 좋은 경우도 있다. 하지만, 그런 일에 마음 상하게 하거나, 오해를 사지 않도록(예를 들어, 모처럼 생각해서 차와 과자를 내왔는데 마시지도 먹지도 않고, 지저분해서 일까?) 지원 그 자체에서 이용자와의 관계를 유지하는 것이 목표.
⑥ 방문시간 : 오랫동안 머무르는 것은?	오래 머물러서는 안 된다.
⑦ 방문 중 사례관리자의 태도·말씨는?	⊙예를 들어 : 자연스럽게, 너무 느리거나 너그럽지 않게 한다. ⊙말은 정중히 : 집안이 지저분하고, 고령에다, 몸져누워 있으면, 무의식중에 상대방을 폄하하기 쉽다. 정중함을 잃지 않도록 주의한다. 예를 들어, 「어떻게 했죠?」가 아니라, 「어떻게 하셨습니까?(어떻게 하셨어요?)」라고 묻는다.

〔문제 2 의 해답 예〕

점검항목	해답란
① 어떻게 자기를 소개할까? • 우선, 누구에게 해야 하나? 자기소개의 목적과 효과는?	⊙ 이름, 무엇을 하는 사람인가, : 역할과 기능 소속기관의 이름과 역할, 기능 ⊙남편에게 : 「안녕하세요?」「처음 뵙겠습니다.」 (예) 「○○○○의 ○○○라고 합니다. 저는 사례관리자이고, 이쪽의 ○○○는 ○○을 맡아, ○○○을 하고 있습니다. ○○○씨, ○○○씨 두 분이 함께 말씀을 듣고, 최선의 방법을 생각해 보면 좋겠습니다. 잘 부탁드립니다.」 ⊙ 「저는 무엇을 하는 사람?」인지를 명시함으로써 의뢰인에게 안심시킬 수 있고, 방문의 목적을 명확히 할 수 있다(계약과 관계 형성의 첫길음)
② 소개경로를 확인한다. 소개경로는 무엇을 위해 확인합니까? (목적과 효과)	(예) ⊙ 「일전에(어제 등) 부인께서 ○○○기관의 전화를 받고 찾아오셨는데, 거기서 어떤 말을 들으셨습니까?」 ⊙ 이용자의 동기를 알 수 있다. 예를 들어, 다른 기관에서 소개받은 경우에, 어떻게 사전 교육되어 있는 지를 확인하기 위해서이다. 터무니없는 말을 굳게 믿고 있는 의뢰인도 있기 때문에 반드시 확인한다. <목적> ⊙ 방문 목적을 확실히 한다. 이번 방문면접의 목적을 확인하고 이용자와 공통된 이해를 한다. <효과> ⊙ 과제에 바로 들어간다.
역할극 ③ 이 사례(case)의 경우, 지원자는 자신의 몸을 어디에 두어야 할까요? -----그 때의 대사는?	⊙ 집의 평면도(1-2)를 보고 지원자 두 사람의 위치 선정을 우선 적어보시오. ⊙실제로 의뢰인역과 지원자 역을 각 두 사람씩 정해 연기해 보아도 좋다. ⊙예를 들면, 「여기 앉아도 되겠습니까?」라고 의뢰인에게 양해를 구한다. <면접자의 위치 선정> 몸은 남편 쪽을 향하고, 부인도 면접자의 시야에 항상 들어오는 위치가 바람직하다.

점검항목	해답란
	(면접자) ⊙ 실제로 연기하여 자신이 잡은 위치에 대해 설명한다. - 지원자는 자신의 언어표현과 태도에 대해서 항상 논리적으로 설명할 수 있어야 한다. (의뢰인 역할) ⊙지원자의 위치선정에 대해 느낌을 이야기한다.
④ 의뢰인의 마음을 열어 편안히 대화하기 위한 태도와 경청 방법 ----- 유의점은? ⊙이 사례의 경우, 아내는 겁이 많은 듯 보이고, 이미 다 포기한 상황에 빠져있다. 이러한 의뢰인에 대해 어떻게 이야기를 꺼낼 수 있을까요? 우선, 누구에게 말해야 할까요?	→ 허물없는 태도로 대해서는 안 된다. 특히 이 이용자의 경우는 과거 상당한 생활·문화수준에 있었다고 보여진다. 친밀감을 주려고, 「할-버지, 어때요?」와 같은 말투는 역효과를 낸다. ⊙ 남편에게 : 「몸은 좀 어떠십니까?」

연습 2

많은 문제 중에서 욕구를 추출한다.

문제가 많고 복잡한 양상을 보이는 의뢰인에 대한 면접은,

「무엇을 묻고 무엇을 관찰할까?」

① 정보수집 방법을 배워 익히고, 그 윤곽을 잡는다.

② 상황을 파악하고, 분석하고, 많은 문제를 통해 욕구를 추출한다.

는 것이 중요하다.

여기서는, 모범 사례를 바탕으로 「묻고, 관찰한다」에 초점을 맞추어 과제와 역할극을 연습한다.

1) 관찰은 집에 들어가기 전부터 시작된다.

문제 1

과제	관찰 포인트
① 김 OO 씨 댁의 외관, 집 내부의 전경, 아내의 모습, 남편의 모습에서 무엇을 발견했나? ---상황을 읽는다(그림을 해석한다.) ⊙ 김 OO 씨 댁은 어떤 생활을 하고 있는가? ⊙ 어떤 일이 일어났는가? 이제, 무엇이 일어날 것인가를 예측할 수 있는가?	
② 지금부터 그 밖에 무엇을 관찰할 것인가? ---못 보고 넘어간 것은 없는지 점검한다.	

2) 정보수집 방법 --- 무엇을 묻고, 무엇을 관찰할 것인가?

문제 2 사례를 통해 다음 항목을 점검합시다. 오른쪽 공란에 기입해 주세요.

점검항목	해답 예
① 누구에게서 들었는가?	
② 어떻게(어떤 내용을) 들었는가?	
• 정보를 모으는 방법 이 사례의 경우는 어떻게 질문할까? ⊙ 주요 호소 사항부터 질문할 것인가? ⊙ 접수면접용지(= 사정용지)의 항목을 작성할 것인가? ⊙ 대상자의 자연스러운 흐름 속에서 질문할 것인가? • 지원자의 태도 ⊙ 의뢰인에 따라 달라지다. 이 사례의 경우는? ⊙ 표정 ⊙ 이용자와의 거리 ⊙ 지원자의 자세 • 지원자에게 일관성이 요구되는 태도는?	

(3) 경청, 관찰하고 싶은 정보 수집의 윤곽

----사정을 위해 필요한 최소한의 정보

문제 3

사례를 통하여, 반드시 경청해야 할 사항, 관찰 사항의 항목을 들어주세요.

① 기본적인 항목

해답 예

② 이 사례의 경우, 특히 명확히 해야 할 필요가 있는 정보

문제 1 의 해답 예

과제	관찰의 핵심
① 김OO씨 댁의 외관, 집 내부의 전경, 아내의 모습, 남편의 모습에서 무엇을 발견했나? ---상황을 읽는다(그림을 해석한다.) ⊙ 김OO씨 댁은 어떤 생활을 하고 있는가? ⊙ 어떤 일이 일어났는가? 이제, 무엇이 일어날 것인가를 예측할 수 있는가?	⊙ 과거에는 번듯한 생활을 했었다---집도 크다. 외관도 여전히 정돈되어 있는 점에서 부부 두 사람의 생활은 남편이 늙어가면서 빈틈이 생기기 시작했다. ⊙ 나무가 많지만 최근 정돈하면서 키우고 있지는 않다. 여유가 없어서일까? ⊙ 적어도 현재는, 문화적인 생활은 이루어지고 있지 않다. 「살아있다」빠듯한 단계에 있는 김OO씨 댁은 지금, 부부가 나이가 듦에 따라 동반되는 생활기능의 저하와 남편의 ADL저하로 인해 상당히 위기적 상황에 빠져있다. 다른 방, 특히 2층을 보고 싶다.
② 지금부터 앞으로 그 밖에 무엇을 관찰할 것인가? ---못 보고 넘어간 것은 없는지 점검한다.	⊙남편의 거처 이외의 방이 어떠한지, 쓰레기와 잡동사니들을 치울 장소는? ---요양·생활환경 정돈을 정확히 고려하기 위해 필요. 그 외, 목욕탕, 화장실, 부엌 등 ADL(일상생활동작) 및 IADL(생활관련동작)에 관계된다.

문제 2의 해답 예

점검 항목	해답 예
① 누구에게서 질문한 것인가?	⊙ 기본적으로는, 우선 남편에게 질문한다
② 어떻게 질문할 것인가? • 정보를 모으는 방법 이 사례의 경우는 어떻게 질문할 것인가? ⊙ 주요 호소 사항부터 질문할까? ⊙ 접수면접용지(사정용지)의 항목을 메워 갈까? ⊙ 대상자의 자연스러운 흐름 속에서 질문할까? • 지원자의 태도 ⊙ 의뢰인에 따라 변한다. 이 사례의 경우는? ⊙ 표정 ⊙ 이용자와의 거리 ⊙ 지원자의 자세 • 지원자가 일관성을 가져야 할 태도는?	⊙ 의뢰인에 따라 다르다. • 건강 상태」부터 들어간다. ⊙ 「우선, 기본적인 것부터 여쭤보겠습니다.」라고 기본속성 항목부터 시작한다. 흐름 속에서 상대방이 계속 이야기 할 수 있거나, 껄끄러운 듯 보이는 부분으로 접어들었더라도 자유롭게 계속 말하게 한다. • 응원의 박수가 중요하다. • 상대방이 「수치스럽다」는 생각을 하지 않도록 과제 중심으로 진행해 가면 된다. ⊙ 면접 과정 중에 표정과 이용자의 거리를 자유롭게 바꿀 수 있다. ⊙ 안도감을 주는 태도로 임한다. →시종일관 자세를 흐트러뜨리지 않는다.

문제 3 의 해답 예

① 기본적인 항목

(예를 들면)
⊙ 기본속성 항목
⊙ 병력, 의료기관의 이용 방법
⊙ 생활력, 결혼력, 직업력
⊙ 신체·정신상태, 사회·경제적 배경, 생활 장애의 정도
⊙ 가정 상황 : 파킨슨병의 존재 유무와 병의 종류, 능력
⊙ 집 주소
⊙ 사회자원의 활용상황 등

② 이 사례의 경우, 특히 명확히 할 필요가 있는 정보

(예를 들면)

⊙ 정확한 병상과 의학적 대응 필요성 : 남편의 기초질환과 ADL 향상 가능성

⊙ 아내의 케어능력

⊙ 가족의 협력

⊙ 집 안(2층도 포함하여) : 현재 상황에서 집안 정리는 가능한가?

(4) 역할극

방문면접의 실제를 연기하여 이용자와 지원자를 체험 학습한다.

인원수가 많을 경우 다른 사람은 관찰을 통해 참가한다.

〔역할극의 절차 설명〕

① 배역을 정한다. 의뢰인 역할 2명 : 아내와 남편
지원자 2명 : 사례관리자와 간호사, 또는 보건 지도사와 사례관리자 등 다양한 직종을 조합하는 것이 바람직하다.

② 사례 : 「5-1 이용자의 개요-(전화 면접용)」
「5-2 방문에 의한 상황설정-(방문면접용)」을 전원이 읽는다.

③ 의뢰인 역할에게는 미리 이용자의 상황을 설명해 둔다.
이를 위해,
「5-3 면접자가 제대로 질문해 주면 의뢰인 역이 말할 사항」
「5-4 면접자가 제대로 질문해 주면 의뢰인 역이 말할 사항」을 읽고 이용자가 놓여진 상황을 숙지한다.

(5) 역할극 시작

• 지원자가 현관에 선 시점부터 욕구를 이끌어 내기까지를 통틀어 시행한다.

⊙ 연기하는 사람, 관찰하는 사람은 면접 기술 강의, 전화에 의한 면접, 방문 면접의 작업일지를 응용하면서 시행한다.

⊙ 관찰자는 주의할 점을 「관찰자 면접기록지」에 기입한다.

⊙ 연기하는 사람이 서 있는 채로 꼼짝 못하거나 연기를 속행하기 어려운 상황에 빠지면 지도자(경우에 따라서는 관찰자)는 중지를 시키고 사태를 해결한다.

⊙ 진행 중에 중요한 국면에서 정지시켜, 거기서 해설과 질의응답 시간을 가져도 좋다.

⊙ 상황에 따라 진행 중에 역할을 교체해도 좋다.

• 기록용지에 따라 기입한다. 역할극 은 약 15분-30분에서 끝낸다.

5-3 면접자가 제대로 질문해 주면 의뢰인역이 말할 사항

1. 몸져눕게 된 원인
(아내의 표현)
⊙3월 21일 오줌을 누려고 하다 침대에서 굴러 떨어졌다.
그리고 나서는 움직일 수 없었다.
구급차를 불러서 S병원으로 갔으나 진찰만 받고 돌아왔다.
돌아올 때는 택시를 태워 돌아왔다.
⊙3월 24일 또 침대에서 떨어졌다.
⊙4월 8일 딸꾹질이 멈추지 않아서 S병원 순환기과 진료를 받았으나, 입원시켜 주지 않았다.
■ 몸져누운 후 기간 : 약 3주일간

2. ADL : 몸져누워 일어날 수 없다.(이 때, 침대는 접이식 간이 침대)
식사는 도움 중국 젓가락으로 5번 정도를 하루에 2번
배설은 보조적으로 시빙(소변 시 사용하는 패드 류) 사용
(기저귀는 사용하지 않고, 가끔 실수한다)
변비 기미가 있음.
목욕은 몸져누운 이후로 하지 못했다.
(아내의 케어능력) • 목욕은 시켜드릴 수 없고, 목욕 서비스를 의뢰할 정도의 경제력이 뒷받침해주지 않는다고 생각한다.
----눈앞의 문제 : 남편이 몸져눕게 되었다.
어떻게든 입원시켜 걸을 수 있도록 해야 하지 않을까?라는 생각으로 가득 찬 모양.
• 식사와 배설 도움은 아내가 혼자서 하고 있다.

3. 가족 구성 : 딸이 한 사람 있는데 양녀로, ○○시에 살고 있다.

4. 경제적 배경
남편 노령복지연금
아내 후생연금 + 국민연금
• 아내가 「돈이 없어요」라는 말에, 「수입은 어느 정도 입니까?」라고 지원자가 묻자 「두 달에 119만원」이라고 기가 막힌다는 듯 대답한다.
확실히 이 수입만으로는 노인 병원(민간 케어력 강화병동)의 자기 분담금을 지불할 능력은 없다.
■ 지금, 무엇이 가장 큰 문제인가? ---- 아내가 어떻게 하면 지금의 상황을 벗어날 수 있을까? 이도 저도 못하는 곤란한 상태이다.

⊙ 지원자와 의뢰인은, 면접을 돌아보고 「지원자의 면접 감상용지」와 「이용자의 면접 감상용지」에 각각 감상을 기입한다.

5-4 면접자가 제대로 질문해 주면, 의뢰인역이 말할 사항

1. 과거 병원 이력(S공립병원 주치의로부터의 정보)
1982년 대동맥폐쇄부전으로 S공립병원 통원 시작
1989년 후복막종유적제술
1990년 대장암 수술
(기타) 1962년 심막염 60대 치질 수술2회 요통

2. 가족구성과 가정상황

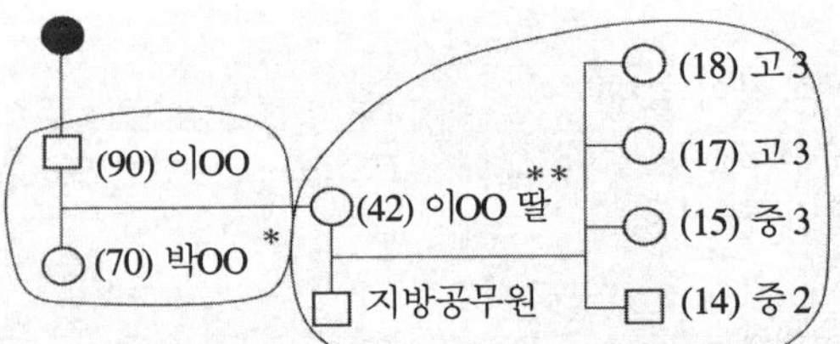

* 아내(케어자)의 신체 상황 식도협착으로 S공립병원 통원 가끔, 위 내시경으로 넓히고 있다. 허리는 굽었고, 보행 동작이 이상함, 손가락 전부 반창고를 붙였음, 손가락은 새카맣다. 솔기가 벌어진 옷에 지저분한 앞치마

** 양녀
초등학교 5학년 때, 입양되었다.
시간제 근무를 하고 있는데 전화로 부르면 올 수 있다.

3. 주거----다른 방의 모습→지원자의 관찰과 정보수집에 의해
자가(自家), 단독주택 2층집, 토지도 소유지, 길은 사유지이나 공유
1층 3평 X 3방(그 중 1은 부엌), 4.5평(침대가 있는 방), 욕실
2층 4.5평 X 2 방(임대용) ---- 현재 주인 없음

• 쓰레기 더미 속이라 다른 방으로 가는 것은 어렵다.
2층도 배치 구조 동일
1층에 있는 짐들을 놓을 공간은 없다.

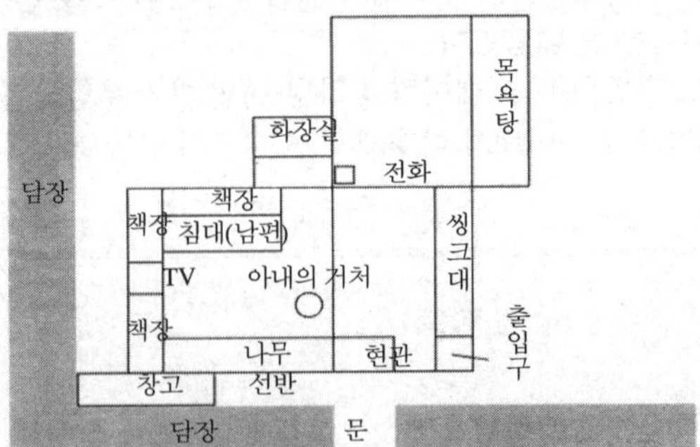

■ 관찰자 면접기록지

이용자가 전하려는 사실, 감정, 이야기 의도	지원자의 태도, 묻는 방법, 감정을 조절하는 법, 눈여겨 볼 사항	양쪽의 대화에 대한 감상

■ 지원자의 면접 감상 용지

① 이용자의 욕구를 이끌어 냈습니까?   ② 의뢰인을 존중한 면접이었습니까?   ③ 사정에 필요한 최소한의 정보를 파악했습니까? 이용자가 놓인 상황을 파악했습니까?   ④ 면접 중 저항이나 곤란을 느낀 부분은 없었습니까?   ⑤ 그 외의 감상

■ 이용자의 면접 감상 용지

① 면접 종료 후, 어떤 기분이 들었습니까? ② 지원자가 뛰어났던 점은 무엇이었습니까? ③ 여기서 이렇게 했으면 좋았을 것이라는 점은 있습니까? ⊙ 그것은 어느 시점이었습니까? ⊙ 바라는 점은 무엇이었습니까? ⊙ 그 이유는 무엇입니까? ④ 그 외 감상

■ 각 기록을 바탕으로 면접을 돌아보고, 약 10분간 토론한다.

⊙ 연기한 사람부터 의뢰인 역, 지원자 측 순서로 감상을 말한다.
그 때, 우선 좋았던 점부터 지적할 수 있도록 배려한다.

⊙ 관찰자에게서 의견을 내고, 토론 한다.

★ 역할극 후의 토론 때에는 지원자 역에게 비난이 집중되지 않도록 유의하는 것이 중요하다.

● 학습과제 ●

1. 이용자의 자택을 방문했을 때, 배려해야 할 지원자의 태도에 대해 생각해 보자.
가능하면 같은 직장 내에서 서로 이야기 해 보자
2. 여러분의 상담 사례를 바탕으로 방문에 의한 면접·상담 사례를 몇 가지 작성하여, 동료들과 다음의 관점에서 첫 방문 때의 역할극을 해 보자.
① 이용자의 개별성에 따라 자기소개와 도입 방법을 연습해 본다.
② 이용자와 사례관리자 역을 체험하고, 상쪽의 감정과 관계를 이해한다.
③ 이용자의 상황을 파악하고, 필요를 추출하는 과정을 학습한다.
④ 방문에 의한 면접에서, 관찰해야 할 항목에 대해서 점검해 보자.

5. 상담 면접업무의 전반적인 프로세스

1) 전반적인 흐름

- 초기면접, 사정, 목표설정과 서비스 계획 작성, 서비스 계획 실시, 평가, 종결

서비스지원 내용은 이용자가 가진 문제나 이용자가 소속된 기관에 따라 다르다. 예를 들어 노인홈과 노인병원에서는 기관이 담당하는 역할의 차이 때문에 서비스지원의 목표에 차이가 있다. 그러나 일반적으로 서비스지원에서는 어느 한 가지 공통과정을 상정할 수 있다.

이용자가 될 가능성이 있는 노인 또는 그 가족이 맨 처음 접촉해 왔을 때 자신의 기관의 이용자로서 또는 환자로서 모든 사람을 무조건적으로 받아들일 수는 없다. 우선 그 사람이 자기 기관의 서비스에 적합한지 여부를 판단하는 '스크리닝'이라고 불리는 과정, 즉. '초기면접'을 실시한다. 초기면접이란 이용자가 안고 있는 문제에 관한 대략적인 정보를 이해하고 자신의 소속기관에서 서비스를 받는 것이 적절한지를 판단하는 과정이다.

〈표 5-2〉 모델로서의 서비스과정 : 초기면접/사정, 서비스목표와 서비스계획의 작성/서비스실시/서비스의 효과측정

1. 사정

문제 및 욕구의 특징
· 지속기간 · 빈도 · 심각도 등

발달단계

다른 욕구

이용자의 자원
· 내적자원 (기능, 지적능력, 대인관계 형성력, 정신/신체 건강도 등) · 외적자원 (사회지원, 경제력) 등

↓

2. 서비스목표 및 계획작성

· 문제 및 욕구의 소실→서비스계획 · 문제 및 요구의 개선→서비스계획 · 문제 및 욕구는 존재해도 그 영향을 최소한으로 해서 제한 내에서 보다 질이 높은 생활방식을 추구한다→서비스계획	선택 가능한 서비스계획 · 실질적인 서비스, 정보제공, 경제적 부조 등 · 소개와 연계 · 교섭, 대변적인 역할, · 과제수행과 도움을 받아 과제 달성 · 심리적 지원 · 사회기술의 교육 및 향상 · 심리요법 및 카운슬링 (복수의 서비스방법이 동시에 이용되는 경우도 많다) (출전 :Epstein 1992)

↓

3. 실행

서비스실시

↓

4. 평가

· 서비스목표의 달성도 측정	· 행동변화·인지변화·감정변화 등 (서비스 만족도, 생활만족도의 변화 등도 포함)

이 초기면접은 이용자와 직접 만나서도 할 수 있지만 전화로도 가능하다.

다음에 제시한 표는 초기면접에서 우리들이 달성해야 하는 최소한의 네 가지 중점사항이다. 이것은 면접의 기본이라고도 할 수 있다.

〈표 5-3〉 초기면접에서 사례관리자가 달성해야 할 네 가지 중점사항

1	이용자의 심리적 지원	(우선 심리적인 면에서 실제로는 물론 물적자원과 정신면 양방향에서 지원한다). 공감, 존중, 수용, 보증 등을 통해 이 지원이 실시된다.
2	이용자가 말하는 사실과 감정 양방향에 관한 정확한 이해	상대를 정확하게 이해하고 싶다는 태도가 표현될 것.
3	필요최소한의 정보수집	이용자의 문제본질을 이해한다. 무엇으로 고민하고 있는가? 무엇을 필요로 하는가? 지금까지 어떻게 이 문제에 대처했는지 등
4	향후 진로기준	이용자에 대해 가장 적절한 서비스를 어떤 형태로 할 것인지에 대한 목표를 세워 초기면접 종료시에 자기 기관이 어떤 형태로 이용자와 접촉하는지를 정리한다(예: 초기면접 종료 후 다시 사정 면접을 기관에서 실시하는가? 자신이 이용자 가정을 방문할 것인가? 이것으로 끝낼 것인가?)

첫째, 이용자를 심리적으로 지원하는 것으로써, 상대가 초기면접을 종료했을 때에 상담 전에 비해 희망이 보이거나 자신이 받아 들여졌다거나 치유되었다고 생각할 수 있도록 지원하는 것으로 전화나 직접 대면하는 것을 통해 상담을 해 온 사람이 가장 맨 처음 그 상담기관과 만나는 상황이다. 사람은 누군가와 처음 이야기할 때 긴장하는 경우가 많으며, 오히려 그것이 걱정거리가 되는 경우가 있다. 자신이 말하고 싶은 것을 충분히 말할 수 있을까? 이 사람에게 이야기하면 호전되겠지 하는 등 상담을 의뢰한 이용자의 마음속에는 많은 불안이 있을 수 있다. 이와 같은 경우 이용자의 불안한 기분을 이해하고 상대를 지원하는 것이 중요하다.

둘째, 이용자가 처해있는 대략적인 상황을 보다 정확하게 이해하는 것이다. 이것은 이용자를 이해하고 싶다는 사례관리자의 생각이 면접 시 이용자와의 대화를 통해 표현되고 이용자에게 전달됨으로써 비로소 가능해진다. 우리들은 대화 가운데 사실(실제로 있었던 것), 그에 따른 감정(정서), 유추(사실인 것은 확실하지 않지만 그렇다고 생각하는 것)라는 것을 표현하고 있다. 그것들을 확실하게 이해하고 확실하지 않을 때는 확실하게 하는 작업이 필요하다. 이것이 달성되면 이용자는 자신을 이해해준다는 안도감을 가질 수 있다.

셋째, 이용자가 처해 있는 대략적인 상황을 이해하는 가운데 자연스럽게 포함되는 경우도 많지만 때로는 그렇지 않기 때문에 소속되어 있는 기관이 이용자를 지원하는데 필요한 최소한의 정

보를 수집하는 것이다.

소속기관에 따라서는 필요한 정보가 다를 수 있다. 그것을 확실히 파악하는 것은 초기면접에서 필요한 것이다. 여기에서 최소한이라는 것은 단시간에 실시해야 하는 경우도 있는 첫 면접에서는 모든 정보를 손에 넣으려고 하기보다 기본적인 것을 파악하는 것을 목표로 하는 것이 바람직하기 때문이다.

넷째, 초기면접을 종료할 때 이제부터 도대체 무엇이 발생할 것인지, 어떻게 진행될 것인지를 이용자가 이해할 수 있도록 하는 것이다. 즉, 향후 방향성을 이용자와 사례관리자 모두가 공통적으로 이해하는 것이다. 이것이 명확하지 않으면 이용자는 '기껏 상담을 했는데 도대체 무엇 때문이었나?'라는 불안이나 '사례관리자에게 이야기했기 때문에 모든 일은 잘 되겠지'라는 생각이 들 수 있다. 이것을 확실히 파악하면 이용자는 자신의 미래의 모습이 더욱 확실해진다.

첫 면접에서는 적어도 다음 일련의 흐름을 염두에 두는 것이 바람직하다. 초기면접을 전화로 하는 경우나 그렇지 않은 경우가 약간 변화가 있지만 대략적인 흐름에는 큰 차이가 없다.

① 자기소개 (사례관리자의 이름, 필요에 따라 자기 기관의 기능설명).

② 상대의 이야기를 듣는다.

③ 상대를 존중하고 보다 정확하게 사실, 감정, 상대의 이야기를 경청하고 상황을 유추하며 필요한 정보를 듣는다. 초기면접 후에는 더욱 시간을 갖고 사정하는 것을 기억해 두는 것이 중요하다. 이때 상대의 이야기 흐름에 따라 질문한다. 이때, 적어도 다음과 같은 것을 파악하기 위해 노력한다.

- 이야기하고자 하는 것이 무엇인가? (이용자는 무엇을 가장 큰 문제라고 생각하는가?)
- 이 문제의 간략한 역사 (장애의 발단, 그 후의 경과, 현재의 장애 정도 등)
- 현재까지의 서비스 이용이나 내처의 역사
- 지금까지의 대처법에서 발생한 문제. 그에 관해 어떤 서비스 또는 서비스를 원하는가?
- 문제의 긴급성

④ 이용자와의 첫 면접 종료. 향후 방침을 전한다. 이 때 첫 면접 종료방법은 아래 표와 같이 분류할 수 있다.

다음은 이용자가 자신의 소속기관에서 서비스를 받는 것이 적절하다고 말할 때 이용자의 문제를 보다 잘 이해하고 계속해서 서비스 계획 작성으로 이어질 수 있도록 정보를 얻기 위한'사정 면접'이 실시된다.

〈표 5-4〉 세 가지 가능한 초기면접의 종료 예

세 가지 경우	전화종료의 방법
① 이야기를 충분히 듣는 것으로 이번 주된 욕구는 충족되었다.	· 장래 또 접촉할 것에 대한 양해를 얻어 종료 · 이용자가 다시 무언가 필요가 발생했을 때 접촉하도록 문을 열고 기다리는 형태로 종료
② 이용자의 주된 욕구는 타기관에 소개하는 것만으로 충족될 것 같다.	· 나중에 타기관의 소개결과를 듣기 위해 접촉할 것에 대한 양해를 얻고 종료 · 이용자가 필요할 때 언제나 접촉할 수 있도록 이야기하고 문을 열고 기다리는 형태로 종료
③ 이보다 많은 정보가 필요하다. 사정의 필요를 느낀다.	다음번 면접에 대한 양해를 얻고 약속을 한 후 종료

2) 사정

사정을 위한 면접은 노인요양시설, 노인병원, 노인보건시설, 상담기관 등의 기관내에서 실시될 수도 있지만 이용자의 가정을 방문하는 경우도 많다.

방문면접에 의한 사정의 강도는 이용자의 실제 생활장면을 눈으로 봄으로써 말로는 표현할 수 없었던 귀중한 데이터를 얻을 수 있으며 이용자의 생활현장에서 실시하는 것으로 이용자가 사례관리자에 대해 불필요한 위협을 느낄 수 있다. 이것은 자기 집에 사람이 찾아 온 경우와 다른 사람의 집을 방문한 경우의 차이를 상상해본다면 알 수 있다. 상대가 같은 병원의사라고 해도 병원의 진료실이라는 의사의 업무실에서 만나서 이야기할 때와 자택에서 진료하며 이야기할 때의 긴장도의 차이가 있는 것으로도 방문면접이 가진 의미를 이해할 수 있다.

방문면접에서의 중요한 방문 시 에티켓을 숙지할 필요가 있다.

① 방문시 단정한 복장을 갖춘다.
② 약속시간에 늦지 않도록 한다.
③ 현관에서 인터폰 등을 사용해서 인사할 때 상대에 따라서는 사례관리자의 소속 (예: 복지사무소 등)을 이웃이 듣지 못하도록 하게 하는 것까지 주의를 기울인다.
④ 때때로 이용자는 피로나 질병 등으로 인해 집안을 깨끗하게 정돈할 수 없는 경우가 있는데 그럴 때 상대가 그것을 부끄러워하지 않도록 집의 상태에 놀라지 않을 만큼 마음의 준비를 한다.
⑤ 상대가 신경쓰지 않도록 차나 과자는 상대에게 실례가 되지 않도록 거절한다.
⑥ 방문시간은 지키고 오래 머물지 않는다.
⑦ 예를 들어 이용자의 집이 지저분하거나 누워있는 상태라도 방문 중 사례관리자의 태도는 자연스러운 모습으로 오히려 상대에 대한 경의를 표현하기 위해 정중한 말을 사용한다.

방문면접에서 이와 같은 주의사항이 필요한 이유로는 사례관리자는 방문을 받은 사람에게는 완전 타인이며, 이용자는 그 타인인 사례관리자를 집 안에 초대하는 것 뿐 아니라 때로는 목욕탕, 화장실, 부엌 등 장소까지도 향후 서비스에 필요하다는 이유로 보여주어야 하는 경우도 발생한다. 집이 자신에게 있어서 어떤 장소인지는 문화에 따라 좌우된다. 집을 처음으로 방문한 사람에게 침실까지 보여주고 '좋아하는 것을 마음대로 냉장고에서 꺼내 드세요'라는 것이 일상적인 미국과 같은 문화도 있다. '부엌을 사람들에게는 보여주고 싶지 않다'는 습관을 가진 문화도 있다. 특히 노인 사이에서는 집이 자신의 개인적인 공간이라는 생각을 가진 사람도 많다. 이와 같은 배경을 생각하면 이용자의 집을 방문했을 때 자신은 상대의 개인적인 영역에 있다는 것을 깊이 인식하면서 상대의 영역을 침해하지 않도록 세심한 주의를 기울여야 할 필요가 있다.

상기와 같은 이용자의 기분을 사례관리자가 완전 무시한 사례를 소개하겠다. 병원을 퇴원해서 향후 장기적인 재택요양을 필요로 하는 분의 집에 A씨(사례관리자)가 사정을 위한 방문면접을 실시했다. A씨는 향후 재택개조의 필요성을 이야기하는 명목에서 그 사람의 집안을 조사하기 시작했다. 그리고 그런 도중에 "여기에 있었니? 뭐하고 있니?"라며 아무런 거리낌 없이 그 집의 딸 방에 들어간 것이다. 그 딸은 A씨가 자신의 집안을 보고 다니는 것만으로도 그다지 좋은 기분이 아니었지만 이 A씨의 모습에 '이런 무신경한 사람에게 상담 하고 싶지 않다'고 나중에 이야기했다.

사례관리자 A씨에게는 친밀한 모습이었을지도 모르지만 모르는 사람의 집안에서 상대의 승낙도 받지 않고 문을 열어보는 것이 어떤 의미를 갖는지를 확실히 이해해야 한다. 예를 들어 목욕탕이나 화장실을 볼 필요가 있어도 자기 맘대로 그 문을 여는 것이 아니라 이용자나 그 가족에게 그 장소들을 볼 필요성이 있다는 것을 이야기하고 안내를 받는 것이 최소한의 에티켓이다.

만약, 목욕탕 등을 더욱 상세하게 볼 필요가 있을 때라도 '목욕뚜껑을 설치해도 좋겠습니까?' 라고 반드시 상대의 승인을 얻는 것이 이용자 존중 차원에서 필요한 것이라고 말한다. 이와 같은 에티켓은 단순한 의례가 아니라 서비스에서 서비스제공자와 이용자 사이의 '서비스 관계'의 형성에 필요불가결한 것이다.

사정에서는 클라이언트가 처해있는 상황을 충분히 이해하기 위해 이용자로부터 많은 정보를 얻게 된다. 이때 중요한 것은 이 정보수집이 단순한 질문 추궁의 면접이 되지 않도록 하는 것이다. 초기면접의 네 가지 목표에서 말한 것과 마찬가지로 '사정 면접'도 그 자체가 이용자에게 원조적이어야 한다. 이용자의 입장이나 기분을 충분히 이해하고 그것을 이용자에게 전달해야 한다. '질병은 언제 시작되었습니까?' '병명은?' '앉을 수 있습니까?' '화장실에는 혼자서 갈 수 있습니까?' 등과 같은 것도 물론 중요한 정보를 입수하기 위한 질문이지만, 이와 같은 질문을 계속해서 받는 사람이 어떤 기분이 되는지를 상상해보라. 이용자에게는 타인에게 말할 수 없는 걱정이나 불안이 있을 수 있다. 그런 이용자의 생각에 대한 감수성이 필요하다.

3) 서비스계획 작성

사정이 종료되면 이용자에게 가장 적합한 서비스는 무엇인지를 생각하는 '서비스계획'을 실시한다. 이 서비스 계획 작성에서는 물론 서비스가 '무엇을 목표로 해서 실시될 것인지'에 대한 서비스목표를 명확히 해야 한다. 이 목표는 하나일 때도 있고 또 여러 개가 될 때도 있다. '자립지원'이라는 큰 목표를 세우는 것도 필요하지만. 반드시 지켜야 하는 것은 이와 같은 장기적 목표에서 실천 가능한 작은 목표를 이끌어내는 것이다.

서비스계획을 세울 때 중요한 것은 사례관리자가 계획을 일방적으로 세우는 것이 아니라 이용자와의 대화와 합의를 통해 추진하는 것이다. 모든 서비스 과정에서 필요하겠지만 '이용자의 서비스과정 참가'가 있어야 한다. 이것은 이용자가 가진 권리를 존중하는 것과 함께 서비스를 가장 효율적으로 하기 위해서도 필요한 것이다. 자신이 전혀 모르는 곳에서 자의대로 작성한 계획을 강제적으로 실행시키게 되면 높은 동기부여를 얻을 수 없기 때문이다.

예를 들어 자택에서 계속 움직이지 못하고 누워있는 상태이기 때문에 모든 것을 아내가 해 주었던 최만기라는 사람의 잠재능력을 고려해 '재활활동을 실시해 자기 주변의 최소한의 것은 가능하도록 한다'는 서비스 목표를 이용자가 세우고 '위탁과 연계'라는 서비스 방법을 사용해서 '물리치료사에 의한 재활활동'을 도입하는 것을 서비스 계획의 일부로 세웠다고 가정해 보자. 그러나 이 과정에서 본인이 전혀 관여하지 않았다고 하면 최만기 씨는 서비스계획을 듣고 놀랄 수도 있다. 지금까지 모든 일을 부인이 해주는 것에 익숙해진 이용자에게 물리치료사가 뛰어난 능력을 가진 사람이라고 해도 변화를 희망하지 않을 경우 재활활동은 매우 어려운 일이다.

이 예는 단순히 서비스 계획 뿐 만 아니라 또 하나의 문제도 안고 있다. 그것은 사정을 어느 만큼 확실히 실시했는가 하는 문제이다. 만일 사정 단계에서 이 이용자의 가치관, 향후 희망, 지금까지의 문제에 대한 생각, 가족관계를 확실히 파악했다면 이용자에게 이와 같은 서비스계획을 제안했을 때 문제가 발생하는 것은 예측할 수 있다. 그리고 이와 같은 예측이 가능하다면 '최만기 씨는 3개월 정도 착실하게 재활활동을 하면 일어나서 신변의 일이 가능할 것으로 생각됩니다만 일어나서 스스로 하고 싶은 일이 있습니까?'라는 식으로 '서비스목표'에 대해 이용자가 좋은 기분이나 미래에 대한 희망을 갖고 있는지를 체크할 수 있다. 이 질문을 받은 최만기 씨가 '아니요, 대부분 아내가 해 주기 때문에 특별히 일어나지 않아도 됩니다'라는 대답을 한다면 본인의 판단 속에는 '스스로의 힘으로 무언가를 하는 것이 아니라 누군가가 해주는 것'이라는 것을 발견할 수 있다. 그런 경우에는 사례관리자가 세운 상기 서비스계획을 최만기 씨가 실행할 가능성도 낮아진다.

그렇다면 어떻게 하면 좋을까? 그것은 서비스계획이 이용자에게 미치는 긍정적인 효과와 부정적인 효과, 또 그 이외에 무언가 가능한 것은 없는지 등에 관해서 사례관리자와 이용자가 적극적인 대화를 갖는 것이다. 어떤 변화라도 우리들은 변화에 따른 스트레스를 느낀다. 오히려 그 변화가 자신에게 있어서 그만큼 효과적이지 않다고 생각하는 경우도 있다. 서비스 계획의 실행으로 발생하는 변화에 관해 이용자가 예측하는 장단점에 대해 충분한 대화를 하는 것은 서비스계획을 입안할 때 매우 중요하다.

여기에서 '정보지원'과 '동기부여 지원'을 염두에 두어야 한다. 사례관리자가 이용자에 대한 장래 계획을 세울 때 그 계획의 기본이 되는 정보가 있어야 한다. 예를 들어, 최만기 씨의 경우, 재활활동이라고 해도 그것을 실시하는 목적에 대한 구체적인 정보가 필요하다. 그것도 단순한 천편일률적인 재활활동에 대한 설명이 아니라 '최만기 씨가 그것을 한다면'이라는 점을 고려해야 한다. 만약 최만기 씨에게 있어서 재활활동에 대한 '동기부여'가 결여되어 있다면 그 동기부여를 높이는 역할을 사례관리자가 담당하는 것이 적절하다고 판단했다면 그것을 서비스 중에 포함시켜야 한다.

이용자가 참가한 서비스 계획이 완성되면 계획을 실행한다. 이 계획이 실행되고 있는 동안 사례관리자는 계획이 예정대로 진행되는지를 모니터하면서 필요에 따라서는 재사정하여 새로운 서비스 계획을 첨가한다. 그리고 서비스 계획을 세울 때 목표가 달성된 시점에서 서비스과정은 종료한다.

특히 노인이나 만성질환을 가진 이용자를 서비스할 경우에는 초기 사정 때의 상태가 변화해 재사정이 필요해지는 빈도가 높아진다.

4) 사례를 사용한 서비스과정의 이해

여기에서 실제 서비스 과정이 어떻게 이루어지고 있는지를 조금 더 구체적으로 이해하기 위해 사례를 들어보겠다. 사례관리자가 되기를 희망하는 사람들의 직장은 매우 다양하기 때문에 모든 경우를 취급할 수는 없다. 그래서 본 장에서는 재택요양지원센터의 사례관리자의 상담이라는 설정을 했다. 자신이 사례관리자가 되었다고 가정하고 다음 사례를 읽어보기 바란다.

⊙ 서비스과정 이해를 위한 사례

사례1 : 전화로 실시한 첫 면접

A재택요양지원센터의 사례관리자인 당신은 오전 10시에 68세의 최만기 씨라는 독거노인의 딸 최미영씨로부터 상담을 원한다는 것을 전화로 의뢰받았다(최미영 씨는 멀리 살고 있어 가끔 아버지를 방문하였다). 그 전화에서 설명한 아버지의 문제는 다음과 같다.

(최만기 씨의 문제에 대한 딸의 상담내용)

아버지는 68세로 현재 혼자 살고 있다. 자신을 포함해서 자녀가 두 명 있지만 멀리 떨어져 살고 있다. 원래 고혈압과 당뇨병의 지병을 갖고 있는데 최근에는 골절로 입원하였다. 1년 전에 아내를 암으로 잃은 후 밖으로 외출하는 경우도 적어지고 하루 종일 자는 날도 있다고 한다. 이번에 퇴원한 후에는 계속 누워서만 생활을 하였다. 골절 자체는 그다지 심하지 않다고 들었지만 본인은 식사도 하지 못하는 상태로 편의점 도시락 등만 먹고 있는 것 같다. 오늘 오래간만에 아버지를 방문했는데 너무 걱정이 되었다. 식사를 포함한 가사나 골절 후 치료 상황, 그리고 지병의 치료 등을 어떻게 하고 있는지 걱정이다. 본인은 상담을 받고 싶어하지 않지만 아버지가 이대로 있다면 나는 이혼이라도 해서 집으로 와야겠다고 강력히 말했기 때문에 상담을 받게 되었다.

이 경우에서는 첫 면접인 초기면접은 가족으로부터의 전화이다. 노인 상담의 경우 본인 자신이 첫 접촉을 하는 것보다 가족이 접촉하는 경우가 많다. 또 가족이 없거나 있어도 멀리 있는 경우에는 개인적 관계가 그다지 깊지 못한 이웃이나 또는 공적 입장에 있는 사람이 초기면접 대상이 되는 경우가 자주 있다.

서두에서 제시한 초기면접에서 지켜야 할 네 가지 최소한 필요한 사항으로, ① 심리적 중심사항, ② 이용자에게 말하는 사실, 감정 양방의 정확한 이해, ③ 필요 최소한도의 정보수집, ④ 향후 진로의 목표, 이 네 가지를 확실하게 지키는지 여부가 향후 서비스에 큰 영향을 미친다.

여기에서 다른 사례를 생각해 보자.

정순미 씨는 70세의 여성이며 뇌경색 후유증을 가진 상태로 독거생활중인 노인이다. 이 노인에게는 45세의 이효진이라는 딸이 있으나, 지리적인 사정과 건강상태가 좋지 않기 때문에 어머니를 보살필 수 없어서 복지사무실에 전화를 한 것이다.

어떤 형태로 전화 면접이 가능한지를 여기에서 조금 생각해보자. 당신은 복지사무실의 근무자로 이 전화면접의 마지막에 자신이 방문면접을 하는 것으로 결정했다고 가정해 보자. 이 전화면접을 고려할 때 다음 표의 오른쪽 공란을 채우면서 실제로 어떻게 이야기할 수 있을지를 적어보자.

⊙ 전화로 실시한 초기면접

당신이 이용자와 이야기하는 내용	당신은 이것을 어떻게 표현합니까?
① 전화의 시작 (자기소개, 자신의 소속기관이 커버하는 업무 설명, 개방적인 의견의 질문) ② (이 사이 충분하게 상대의 기분을 수용하고 이야기를 들었다고 가정. 그 결과 대략적인 이야기를 이해한 후)이 문제의 간단한 역사를 듣는다 ③ 본인이 어떤 서비스로 문제가 경감된다고 생각하고 있는가? ④ 지금까지 어떤 서비스를 이용했는가? ⑤ 전화의 종료 (자기 기관에서 가능한 것이 있다고 하는 현재의 판단과 방문해서 조금 더 상세한 상황을 듣고 싶다는 향후 방침을 이야기하고 양해를 얻는다) (12월 10일 오전 11시에 다음 방문을 약속 한다)	(전화를 사용해서)

이 사례에서 실제로는 이용자의 딸과 대응하는 것이 가능하다고 가정해보자.

우선 전화의 시작인데, 여기에서는 전화를 걸어 바로 '네, ○○복지사무실의 송○○입니다'라는 식으로 자기소개를 한다. 이름을 명확하게 하는 것으로 당신은 이용자에 대한 자신의 책임을 확실히 함으로써 같은 입장에 '개인과 개인'으로 이야기하고 있다는 것을 표현하게 된다. 이것은 간단하게 보여도 좀처럼 실천되지 못하고 잊게 되는 경우가 많다.

만일 이용자가 초기에 '거기에서는 단기 입소도 소개해 주십니까?'라고 물었다고 가정해보자. 이것은 자주 있는 일로 이용자는 꽤 구체적인 서비스의 이름을 말하는 경우가 있다. 이와 같은 질문은 우리들이 '일하고 있는 기관이 어떤 기능을 갖고 있는가?'에 관한 질문이다. 첫 전화에서 이와 같은 질문을 받은 당신은 어떻게 대응할 것인가? '예, 합니다. 언제 필요합니까?' 라고 대답하는 것은 서비스 제공 전에 이용자로부터 충분한 정보를 듣는 것의 중요성을 간과한 응답이며, 시기 상조라는 것을 인식하리라 생각한다

초기면접 시 이용자는 다양한 기대를 갖고 시레퀴리지와 이야기를 하고 있다. 그와 같은 때에 '이제까지 이 전화에서 또는 면접에서 어떤 일이 일어났는가?' 라는 것을 상호인식 할 필요가 있다. 즉시 자신이 말한 대로 서비스를 제공할 것으로 생각하는 이용자 또는 구체적인 의료 충고를 기대하는 이용자 등 이용자에 따라서 기대가 다르다는 것을 고려하면 조기에 초기면접의 목적을 상호 이해하는 것이 중요하다.

그것을 생각하면 '예, 저희는 그와 같은 서비스도 제공하고 있습니다. 이용자의 사정에 따라 그 서비스를 제공할 수 있지만 그 외에도 좋은 방법이 있을 수 있으므로 우선 그 서비스를 필요로 하시는 이유를 이야기해 주시겠습니까? 이용자의 의견을 충분히 이해한 후 함께 가장 좋은 방법을 생각하고 싶습니다'라는 내용을 전하고 이용자의 이야기를 묻기 시작하는 것이 좋다.

그렇게 하면 이용자는 모친의 상태와 함께 자신이 어느 정도 모친을 걱정하고 있는지를 이야기할 수 있다. 또, 현실문제로 아무 것도 할 수 없다는 것 등의 어려움을 이야기할 수도 있다. 이와 같은 상황에서 우리들이 하는 것은 그 이용자의 기분을 이해하는 것이다. '지금 이야기를 들으니 이효진 씨의 힘든 입장을 잘 알겠습니다. 너무 안타까울 것으로 생각합니다.' 라는 식으로 이용자의 감정을 이입하는 것이 적절한 태도이다.

마지막으로 전화의 종료로써, 이 케이스의 경우 어머니인 정순미 씨의 복잡한 상황과 서비스의 필요성, 그리고 복지사무실의 기능과 이용자의 욕구와의 일치 가능성에서 특히 방문 면접으로 사정을 실시하는 것으로 결정했다고 가정하고 있다. 그러면 어떻게 전화를 끝내는 것이 적절하겠는가?

'오늘은 짧은 시간에 게다가 전화로 했기 때문에 충분히 질문할 수 없은 부분도 있었다고 생각합니다만 이야기를 통해 이효진 씨의 현재상황을 보다 잘 파악하기 위해 우리들이 도와드릴 수 있는 부분이 있으리라고 생각합니다. 그것을 조금 더 확실하게 하기 위해 '시간을 갖고 어머님의 현재 상태 등을 파악하기 위해 댁을 방문해서 이야기를 듣고 난 후, 향후 방침을 세우고 싶습니다만 어떻습니까?'라고 상대의 의향을 묻는다.

상대가 승낙하면 '그러면 언제가 좋을까요? 네, 12월 10일 오전 11시요. 알겠습니다. 간호사와 함께 찾아뵙겠습니다. 약 1시간 반 정도면 끝날 것으로 생각됩니다. 그러면 그 때 뵙겠습니다. 혹시 그 전에 어떤 변화가 있으시면 저에게 연락주십시오. 전화번호는 ○○○○입니다. 안녕히 계세요' 라며 끝을 맺을 수 있다.

〔사정〕

그러면 여기에서는 최만기 씨의 사례로 되돌아가서 생각해보자. 이 사례에서는 사정을 실시하기 위해 전화를 걸어 온 것은 딸에 의한 것이기 때문에 재택요양지원센터의 사례관리자가 최만기 씨의 집을 방문해서 실시한다는 설정으로 사정을 실시했다. 우선 다음 문장을 읽고 사정 전에 필요한 준비에 대해 생각해보자.

연습 1-A 최만기 씨의 사정 면접의 준비

당신은 최미영 씨로부터 전화를 받은 다음날 오후 2시에 최만기 씨와 딸을 방문하게 되었다. 이제부터 시간적 여유가 있기 때문에 사정면접을 위해 1시간 정도 그 준비를 하기로 했다. 당신은 이미 사정에서 커버해야 하는 기본적인 항목 일람표와 ADL의 사정표를 갖고 있다고 가정하겠다.
여기에서는 기본항목에 따라 최미영 씨로부터 전화로 알게 된 것과 함께 최만기 씨로부터 특별히 질문해야 하는 것을 정리함으로써 문제의 특징을 고려해 어떤 데이터를 보다 상세하게 알 필요가 있는지 또 이러한 데이터를 아는 것은 어떤 의미가 있는지 등을 생각해보자.

이 연습문제에서는 최만기 씨와의 사정 이전에 어느 정도 알고 있는 데이터가 있다는 장면설정이 되어 있다. 항목에 해당하는 내용이 최만기 씨에 관한 사전정보를 통해 얻어진 것이라면 그것을 기입한다. 일부밖에 얻을 수 없었다면 나중에 어떤 점을 명확하게 해야 할 것인지 등의 보충설명도 기입한다. 전화로 상담을 받은 것은 딸이지만 실제 지원대상이 되는 것은 최만기 씨이다. (서비스를 시작할 때 누가 이용자인지를 명확하게 하는 것이 중요하다.)

[연습1-A의 해설] 최만기 씨의 사정의 준비

최만기 씨의 사전정보로 어떠한 것이 있는가?

① 무엇이 이용자의 문제인가?(문제의 특징: 이용자가 말하는 언어로 기술할 것)

최만기 씨의 말에 따른 문제는 확실하지 않다. 즉, 지금 이 시점에서는 최만기 씨가 무엇을 문제로 생각하고 있는지도 알 수 없다.

딸이 생각하는 문제는 알고 있다. '동거가족이 없어 병후 생활관리를 할 수 없다'는 것을 문제로 생각하고 있다. 일반적으로 보아 이 일은 '문제'처럼 보일 수 있지만 우리가 결정하지 않고 최만기 씨가 어떻게 하고 있는지를 아는 것이 필요하다.

② 문제의 구체적인 설명(언제부터 시작되었나? 어느 정도의 기간 계속되고 있는가?, 문제의 발생빈도, 문제가 발생하는 장소나 시간 등)

위에서 말한 것을 '문제'로 취급한다면 거의 1년 전부터 시작된 듯하다. 문제는 일상생활에 관한 것이기 때문에 매일 발생하고 있는 듯하다. 그것이 골절되어 입원해서 퇴원한 후 더욱 심해진 듯하다.

③ 이 문제에 관한 이용자의 생각, 감정 및 행동은 무엇인가? (이용자는 문제를 어떻게 느끼고 생각하고 거기에 따라 어떤 행동을 취하고 있는가?)

행동 레벨에서는 문제로 여겨지고 있는 것에 대해 매우 수동적이다. 생각, 감정에 관해서는 이 정보로는 아무 것도 말할 수 없다. 딸의 염려와 동일한 생활을 계속하고 있는 최만기 씨의 차이를 생각하면 이것을 최만기 씨가 어떻게 생각하고 느끼고 있는지를 이해하는 것은 매우 중요하다.

최만기 씨는 계속해서 어떤 상태로 생활하는 것을 원하는지 생각하고 있는 걸까?

④ 이 문제는 어떤 인생주기에서 발생하고 있는가? (예 : 아동기, 청년기, 노년기 등)

노년기의 전기이다. 이제부터 70대에 들어가는 노년기 후기를 맞아 심신 모두 쇠퇴할 가능성이 있다.

⑤ 이 문제는 이용자가 일상생활을 영위하는데 어느 정도 장애가 되고 있을까?

확실하지 않다. 일반기준에서 보면 질병을 안고 있으면서 이와 같은 식생활을 하고 계속적으로 누워서만 생활한다는 것은 심신건강에 마이너스가 된다고 생각할 수 있기 때문에 일상생활의 장애도가 꽤 있다고 추측된다. 그러나 최만기 씨의 이제까지의 생활형태를 이해하지 않으면 '어느 정도 일상생활의 장애'가 되는지의 정도는 추측하기 어렵다.

⑥ 이 문제를 해결하기 위해 이용자가 사용하는 인적, 물적자원 (이용자를 둘러싼 환경에서 이용자의 문제 해결에 효과적일 것으로 생각되는 것)

이 항목은 노인 요양방법이 중심문제가 되는 사례에서는 가족이나 지역이 가진 지원력을 말한다.

경제적인 자원, 인적인 자원은 아직 불명확하다. 이런 것들을 명확하게 할 필요가 있다. 딸은 인적자원으로서의 도움이 될 것으로 추측 가능하다.

⑦ 이 문제해결을 위해 어떤 해결방법 또는 계획이 사전에 강구되었거나 실시되었는가?

딸이 최만기 씨에게 어떤 조언을 했을지도 모르지만 현재는 불명확하다. 어쩌면 아직 아무것도 하지 않았을 수 도 있다.

⑧ 왜 이용자는 서비스를 받으려고 생각했었나? 계속해서 서비스를 받고자 생각하고 있는가?

이 상담은 최만기 씨의 자발적인 선택은 아니었다. 본인이 계속해서 서비스를 받고자 하는지는 확실하지 않다. 그렇지 않다고 생각되기 때문에 첫 면접에서 이 일에 관한 최만기 씨의 기분을 잘 들어 줄 필요가 있다.

⑨ 문제가 발생하는 것에 관련된 사람이나 사건. 그 사람들이나 사건은 문제를 더욱 어렵게 하거나 또는 좋게 하고 있는가? (현재 안고 있는 문제 이외의 스트레스 존재)

최만기 씨 부인의 사망으로 문제가 시작되었다고 생각되는데 확인이 필요하다. 이것 외에는 골절이라는 사건이 있다. 둘 다 최만기 씨의 문제를 악화시키는데 관여하고 있다.

⑩ 이용자의 어떤 요구나 욕구가 만족되지 않기 때문에 이 문제가 발생한 것일까?

이용자인 최만기 씨의 문제를 다루는 방법을 듣기 전까지는 이 점은 확실하지 않다.

⑪ 누가, 어떤 시스템이 이 문제에 관여하고 있는가?

적어도 의료시스템(고혈압, 당뇨병의 관리, 골절치료에 관해서), 복지위원, 딸이라는 가족 시스템이 현재 알고 있다.

⑫ 이용자가 가진 기술, 장점, 강점은 무엇인가?

현재 상황에서 보면 딸과의 관계를 잘 유지하고 있는 점, 밖에서 보면 문제가 있다고 생각되는 생활을 편의점 도시락을 사오는 등의 방법으로 타개하고 있는 점, 더욱 정보를 수집할 필요가 있다.

⑬ 어떤 외부자원을 필요로 하고 있는가?

현재 이용자가 가지고 있는 문제나 욕구가 명확하지 않기 때문에 확실하지 않다. 추측할 수 있는 것은 질병관리에 관한 것, 생활관리에 관한 것 그리고 심리적인 측면에 관한 것이 있다.

⑭ 의료, 건강, 정신위생 등의 정보

현재 확실하지 않다. 계속 누워있기 때문에 도대체 무엇을 하고 있는지와 무엇이 가능한 지와의 사이의 차이에 주의할 필요가 있다. 최만기 씨의 경우 고혈압이나 당뇨병도 있기 때문에 퇴원 후 생활에서 전신상태가 악화되어 지금과 같은 상태에 빠질 가능성도 생각할 수 있기 때문에 내과 주치의로부터도 정보수집이 필요하다. 인지, 감정장애나 문제행동은 없는 듯하지만 확인할 필요성이 있다.

⑮ 이용자의 주거환경(이용자가 안고 있는 문제와 관련해서)

현재는 확실하지 않다.

⑯ 이용자의 성장사

확실하지 않다.

⑰ 성장과정에서 발생한 주목할 만한 사건

확실하지 않다.

⑱ 이용자의 가치관, 인생의 목표, 사고패턴

확실하지 않다. 이것은 최만기 씨의 현재 생활방식 선택에 크게 관련이 있기 때문에 확실히 할 필요가 있다.

이 연습에 대한 여러분의 답은 어떠한가? 서비스업무에서 중요한 것은 무엇을 알고 있고 무엇을 모르고 있는지를 명확히 하고 면접에 임하는 것이다

이와 같은 프로세스를 확실하게 진행함으로 업무의뢰를 한 사람으로부터 입수한 정보를 마치 사실처럼 믿거나 자신의 추측을 사실처럼 여기는 것을 피할 수 있다. 일상업무는 바쁘기 때문에 이와 같이 기술하는 시간은 없다고 생각한다. 그러나 적어도 자신이 담당한 한 가지 케이스라도 선택해서 이 연습과 같이 해보자. 이와 같은 학습으로 모든 케이스 분석을 기술하지 않더라도 기술한 것과 같이 사고의 프로세스를 자연스럽게 몸에 익힐 수 있게 된다.

최만기 씨의 문제를 둘러싼 상황에 대한 기술을 잘 읽어보면 방문면접이 끝난 시점에서 적어도 사례관리자와 최만기 씨의 사이에서 명확히 해야 할 일을 알 수 있다. 이것은 서비스 방침을 정하는데 파악해야 할 포인트이기도 하다. 다시 말하면 사례관리자가 이 단계에서 생각할 이용자의 문제핵심이다. 이 문제의 핵심은 많은 노인의 상담서비스에 공통된 것이기도 한 것으로, '이용자는 어떤 생활형태를 원하고 있고 그리고 그것은 현실적인가?' 라는 것이다.

최만기 씨의 서비스를 생각할 때 향후 계속 혼자서 생활할 것인지 딸과 함께 생활할 것인지 또는 어떤 시설에서 살 것의 결정에 따라 필요한 서비스의 종류도 그 제공방법도 달라지기 때문이다. 이 면접에서 이 점을 명확히 해야 서비스계획을 세울 수 있다.

방문면접을 했을 때 반드시 이 질문을 할 필요는 없다. 이용자는 각각 다른 상황 가운데 생활하고 다른 사고방식을 갖고 있다. 사례관리자를 만났을 때 어느 정도 자신이 안고 있는 문제를 명확히 하느냐에 따라 '어떤 생활형태를 취하고 싶은가?' 라는 중핵적인 문제에 대한 답이 준비되어 있는가에 따라 차이가 생긴다. 그리고 이용자 측의 문제에 대한 정도를 보면 이용자의 현재 상태에 맞춰 이 중핵적인 질문에 이룰 수 있도록 하는 것이 사례관리자이다. 이 이용자의 상황에 맞추는 것이 필요 없다면 면접은 전문가가 아니더라도 누구나 가능하다. 질문항목을 순서대로 두고 그것을 하나하나 대답하게 하는 작업이라면 그다지 어렵지 않다.

이와 같은 일을 염두에 두고 최만기 씨의 방문면접에 들어가보도록 하겠다. 사례관리자의 생활을 기술하는데 사례관리자나 관계자에게 이름을 붙여 사례보고와 같은 형태로 표현하였다. 여기에서 각각의 이름을 정리하면 다음과 같다.

사례의 등장인물 소개
최만기 씨: 요양이 필요한지도 모르는 본인 최미영 씨: 최만기 씨의 장녀로 멀리 살고 있다. 현재 가끔 부친의 상태를 보기 위해 친정에 오고 있다. 사례관리자에게 전화를 건 사람 사례관리자: 경력 5년의 중견 사례관리자(여성). 최미영 씨로부터 전화를 받고 방문면접을 한 후 사정을 실시할 예정임 간호사: 경력 10년의 간호사. 사례관리자와 같은 상담기관에서 일을 하는데 이번 사례관리자와 팀이 되어 최만기 씨의 사정을 한다

[면접을 시작할 때까지 사례관리자가 유의할 점]

사례관리자와 간호사가 방문면접을 실시하기 전에 주의해야 할 두 가지 점을 다루면서 실제 방문에 의한 사정 면접 장면으로 들어가겠다.

(1) 방문면접을 시작하기 전 준비사항(방문의 사전준비)

중 점 사 항
① 방문 전에 입수할 필요가 있는 정보를 사전에 조사해 둘 것 ② 팀으로 일을 할 때에는 팀 내의 상호이해를 심화시킬 것

최만기 씨의 전화를 받은 사례관리자는 5년째의 중견직원이며, 지금까지 꽤 많은 수의 노인 상담 면접을 해 왔다. 그 경험을 통해 이용자 및 그 가족이라는 면접에 동석하는 이외의 사람들로부터의 정보가 이용자의 이해 및 서비스계획 작성에 필요하다는 것과 이용자에게 도움이 될 가능성이 있는 지역의 서비스, 자신들이 제공할 수 있는 서비스의 범위를 명확히 하는 것의 중요함도 배웠다. 예를 들어 질병에 관한 것은 노인 본인이나 가족이 정확하게 병명을 알고 있지 못하거나 예후에 관해서도 애매한 기억밖에 없는 경우가 많이 있다. 또 이용자에게 이와 같은 서비스가 가능하면 잘 될 것으로 생각하면서도 그 서비스의 실현가능성이 불확실한 경우도 있다.

의료관련의 정보가 애매할 경우, 이용자의 양해가 있고 의료기관이 협력적이라면 방문면접에 앞서 의료기관으로부터 정보를 얻는 것도 가능하다. 방문 면접을 하고 비로소 의료기관이나 공적 서비스 관계의 정보가 입수 불가능하다고 판단되었을 때, 본인 또는 가족에게 그 정보를 명확하게 받거나 사례관리자가 본인의 양해를 얻어 그 정보를 얻는 방법을 취한다.

사례관리자는 이번 면접을 간호사와 팀을 이루어 실시하고 있다. 이번 방문에서도 간호사가 동행했고, 최만기 씨를 방문하기에 앞서 둘이서 이와 같은 일을 서로 이야기했다. 간호사는 최만기 씨의 지병이라는 고혈압과 당뇨병 조절이 어느 정도 가능한지 복용약은 어떻게 되어 있는지, 보행 상태는 어떤지, 식사와 영양에 관해서는 어떤 상태에 있는지 등에 초점을 맞추고자 했다[19].

중점사항
① 자신들이 방문한 것을 이웃에게 알리는 것을 곤란해 하는지를 확인 ② 방문처의 집이 지저분한 것 등에 신경쓰지 말 것 ③ 다과 접대에 관해 전문직으로서 적절한 대응을 할 것

19) 여기에서는 사례관리자와 간호사의 팀으로 일한다는 설정에서 이야기를 진행하고 있지만, 여기에서 말하는 사전준비는 혼자서 방문하는 경우에도 필요하다.

(2) 방문일 : 방문할 때 주의할 것

마침내 방문일이 왔다. 사례관리자는 방문면접 시 대개 직장 차로 간다. 그 차의 차체에는 사례관리자의 직장이름이 들어가 있다. 한 번 어느 집 앞에 그 차를 세웠을 때 이웃이 그것을 발견하고 방문처의 사람에게 "집에 무슨 일 있나요? 저 차는 관청차지요?" 등을 물어보며 ○○씨의 집에서는 가족이 할머니를 돌보지 않는다는 소문이 퍼져 힘들어했다는 경우도 있었다. 이와 같은 일이 발생하지 않게 하기 위해서는 이웃이 서비스에 관한 편견을 버리는 것이 바람직하지만 현재 지역에 따라서는 타인이 요양 서비스를 받는 것을 부정적 이미지를 갖고 있는 곳도 있다.

사례관리자는 언제나 전화로 방문면접 약속을 할 때 방문처의 가족에게 '저는 차로 가겠습니다. 어디 가까이에 차를 주차할 수 있는 곳이 있습니까?' 차에는 센터 이름이 표시되어 있습니다' 라고 상대방에게 묻는다. 이번 사례에서 최만기 씨의 딸은, '저희 아버지는 상담한다는 것을 싫어하기 때문에 가능하면 지금은 방문하신 것을 모르시도록 했으면 합니다만...'이라고 말했다.

그래서 주차장소를 최만기 씨의 집에서 약간 떨어진 곳으로 사전에 정해 두었다. 이런 주의는 상대방의 집을 방문했을 때 우선 인터폰을 통해 어떻게 자신들의 방문을 알릴 때에도 필요하다. 인터폰 소리는 주택가라면 이웃집에도 잘 들릴 수 있다. 첫 방문일 때, 인터폰을 통해 '○○재택요양서비스센터입니다'라든가 '○○홈헬프서비스입니다'라고 해도 괜찮은지에 대한 판단도 필요하다. 이러한 사소한 사항까지 신경을 쓸 필요가 있는지 의아하게 생각하는 분도 있을 수 있지만 사례관리자가 이용자 개개인의 생각을 고려하는 것이 중요하며, 이를 통해서 관계가 형성되기 때문이다.

다음은 집에 들어갔을 때에 관한 것이다. 노인의 가정에서는 사정상 집이 지저분한 곳이나 물건이 쌓여 있어서 발디딜 틈이 없는 곳이 있을 수 있다. 이와 같은 장소를 처음 방문면접한 사람은 놀랄 수밖에 없겠지만 이와 같은 경우 초대한 상대방이 그것을 눈치채지 못하도록 가능한 한 자연스럽게 움직이는 것이 중요하다.

마지막으로 방문한 집에서 차나 과자를 대접하는 것에 관해 어떻게 대응할 것인지가 자주 문제가 되는 이유는 차 한 잔이나 과자 하나를 대접하려고 해도 돈과 수고가 필요하므로, 원칙적으로는 상대방에게 실례가 되지 않도록 차나 과자가 없어도 괜찮다는 것을 전해야 한다. 자주 그 집을 방문하게 될 수록 더욱 그렇다. 오늘은 사례관리자가 오기 때문에 과자를 사와야 한다고 생각하는 것은 가족의 요양부담에 새로운 걱정을 보태는 것이 된다.

[최만기 씨와 딸의 면접모습]

(1) 면접에 들어가기 전까지의 대화

사례관리자와 간호사는 최만기 씨의 집에서 약간 거리가 떨어진 주차장을 선택해 거기에 차를 세우고 사전에 지도로 알아두었던 집을 찾아갔다.

예정된 시간보다 일찍 도착했기 때문에 시간을 보내려고 근처를 배회하며 최만기 씨 집 주위를 살펴보니, 가장 가까운 전철역에서 걸어서 7분정도로 역 가까이에는 슈퍼마켓이 있고, 집을 향해 걸어가는 도중에는 역전 상점가가 있고 작은 소매점이 이어져 있으며 반찬을 파는 가게나 도시락가게도 있는 옛날 그대로의 모습이 남아있는 주택가였다.

최만기 씨의 집은 30평 정도의 부지가 있고 집 가까이에는 같은 크기의 집이 세워져 있었다. 집앞 도로는 그다지 넓지 않아서 중형차 한 대가 들어가면 꽉 찰 정도이다. 최만기 씨는 약간 오래된 기와지붕의 목조주택에 살고 있었다(이와 같은 주택환경을 관찰한 것은 최만기 씨의 생활이 어떻게 이루어지고 있는지 또 향후 생활을 지탱하는 자원을 갖고 있는지를 아는 것이 도움이 된다).

집 문에 붙어 있는 인터폰을 눌러 '안녕하세요, 오늘 2시에 방문 약속을 한 사례관리자와 간호사입니다'라고 방문을 알렸다. 전화를 걸어 온 딸인 최미영 씨가 인터폰을 응답해왔고, 사례관리자가 집에 들어오도록 현관을 열려고 했지만 잘 열리지 않아 약간 시간이 지체되었다. '죄송합니다. 이 집이 오래 돼서 문이 잘 열리지 않습니다. 아버님께 고치시라고 했는데...'라고 말하면서 마침내 현관을 열어주었다.

'지저분하지만 어서 들어오세요. 이것도 어제 제가 약간 청소한 것으로 아버지가 그것은 어머니가 소중히 여겼던 것이라며 건드리지 말라고 하며 별로 필요없는 물건임에도 불구하고 버리지 않아서요. 어머니가 돌아가시고 시간이 꽤 지났는데 아버지는 그 때 그 상태로 변화가 없습니다'라고 말하면서 사례관리자와 간호사를 안내했다. (이 이야기를 통해 최만기 씨와 죽은 부인과의 관계를 추측할 수 있었다). 어두운 복도 밖은 툇마루가 있고 작은 정원이 있었다. 정원은 작고 나무도 심겨져 있었지만 한편에서는 잡초가 무성했다. 부엌과의 사이에 유리문으로 나뉘어져 있는 거실에 이부자리가 깔려 있었다. 그 앞에는 밥상이 있고 그곳에 최만기 씨가 스포츠 셔츠를 입은 산뜻한 모습으로 한쪽 발을 뻗고 앉는 의자에 기대어 앉아 있었다(어떤 모습을 하고 있느냐로 최만기 씨의 바깥 세상에 대한 자세를 알 수 있다. 누군가가 방문하기 때문에 몸치장을 하고 기다리고 있었던 의미를 생각해 두기 바란다. 사정의 정보라는 것은 말로 얻을 수 있는 것만은 아니다). 그의 아버지에게 '아버님, 어제 말씀드린 분들이에요. 아버지의 몸상태를 걱정해서 이야기를 들으러 오신거예요'라고 말했다. 계속해서 사례관리자와 간호사가 자기소개를 하자 '오신 것은 감사하지만, 나는 스스로 잘 하고 있으니까 아무 것도 염려할 일이 없는데 딸이 너무 계속 재촉하는 바람에 한 번 만나려고 생각했습니다' '밥을 하지 않고 가게에서 파는 것 만으로는 영양의 균형이 깨진다고 의사선생님의 주의를 들었습니다. 하지만 남자 혼자서 생활하는 것이기 때문에 이렇습니다. 넘어져서 뼈가 부러진 후로는 걷는 것이 겁나고 이전처럼 잘 걸을 수 없다고 생각해서요. 선생님은 재활운동을 하면 걸을 수 있다고 해도 집안에만 있으면 부자유스럽지 않기 때문에 재활운동은 하지 않습니다. 하지만 이쪽은 문제없습니다. 모처럼 와 주셨지만 아무 것도 해 주실 것은 없다고 생각합니다'라고 정중하지만 단호하게 말했다.(입을 열어 처음 하는 말을 확실히 잘 들어 둘 것. 이것은 사정시 가장 중요한 '이용자의 말에 따른 문제'와 '이용자는 자진해서 서비스를 받고자 생각하고 있는가?'라는 두 가지를 동시에 표현하는 말이다. 본인은 지금 자신의 상황을 적어도 '문제'라고는 생각하지 않는다. 그러나 이야기 내용에서는 식사의 편식과 향후 보행능력 향상 가능성이라는 것이 문제가 되고 있는 것을 알 수 있다. 그러나 이것은 현 시점에서는 어디까지나 사례관리자가 추측하는 이용자의 규범적 욕구(normative needs)지만, 이용자가 느끼는 감정적 욕구(felt needs)는 아니라는 것을 알 수 있다. 그리고 사례관리자가 온 것에 대해서도 그다지 좋은 기분은 갖고 있지 않다는 것을 알 수 있다. 그러나 이와 같은 기분이 있지만 딸의 요구는 들어주는 태도를 나타내고 있는 것에도 주목해야 한다. 이 딸과의 관계는 서비스에 있어서도 최만기 씨가 가진 인적자원이나 강점으로 인식할 필요가 있다).

(2) **면접**

사례관리자는 최만기 씨가 자신들의 방문에 대해서 갖고 있는 감정을 이해할 수 있을 것 같아서 방문의 목적을 이야기 하는 것이 중요하다고 판단하고 '그렇습니까? 최만기 씨의 시간을 빼앗아서 죄송합니다. 오늘 우리들이 찾아뵌 것이 어떤 식으로든 최만기 씨나 따님에게 도움이 되길 바랍니다. 최미영 씨는 이번에 아버님의 일이 걱정되어 이제 서울로 돌아가야 하는지, 머물러야 하는지 망설이고 계신 것 같은데...'라고 하자 '그렇습니다. 제가 어떻게 해야 하나 모르겠습니다. 아버지는 이렇게 말씀하시지만 사실은 식사도 잘 못하시고 말도 제가 전화로 들었던 것과는 전혀 다릅니다. 이틀 동안 아버지가 움직이시는 것을 보면 걱정하지 않을 수 없습니다'라며 계속 이야기를 해 주었다. 최미영 씨는 감정이 복받쳤는지 눈에 눈물이 고였다. 그것을 본 최만기 씨는 앞서 보여준 의연한 태도가 확 바뀌어 동요하기 시작했다(면접은 일방적인 사례관리자의 질문과 이용자의 회답으로 이루어지는 것이 아니라는 것은 이미 말했다. 이 경우와 같이 이용자 가족간의 대화 또는 이용자와 사례관리자와의 대화를 통해 각각의 태도변화가 일어난다. 사례관리자는 그것을 간과하지 말고 새로운 움직임으로 이어가면서 면접을 진행한다).

고개를 떨구고 있는 최만기 씨를 보고 사례관리자는 '딸이 걱정하시는 것이 마음이 아프시겠어요?' 라고 최만기 씨의 감정을 반사하면 '사실 딸이 걱정하는 것만은 하지 않으려고 생각했습니다. 지금 얘는(딸을 가리키며) 세 번째 아이를 임신하고 있습니다. 사십이 넘어 생겼기 때문에 고민하는 것 같았는데 역시 낳고 싶다고 해서 걱정입니다'라고 말했다. 그래서 간호사는 '그렇습니까? 몇 개월 되었습니까?'라고 최미영 씨에게 묻자 '이제 막 4개월째 접어들었습니다. 이전에 한 번 유산했기 때문에 의사선생님으로부터 조심하라는 이야기를 들었습니다'라고 답했다(여기에서 간호사와 사례관리자는 각각 전문성을 살려 개입을 하고 있다. 최미영 씨도 간호사와 임신에 대해 이야기를 나눈 것은 더욱 안심할 수 있게 할 가능성이 있다. 그러나 여기에서 간호사가 전문이라고 해서 임신했을 때 주의해야 할 것을 언급해서 오랜 시간 임신 이야기로 허비해서는 안된다. 어디까지나 이 시점에서 중요한 것은 이 부녀에게 있어서 향후 방침을 결정하는 것이며, 그것이 최미영 씨가 정신적인 안정을 갖게 한다는 것을 잊어서는 안된다).

간호사는 그 이야기를 듣고 '그렇습니까? 조심해야겠군요'라고 하자 '네, 그렇습니다. 저도 언제 입원해야 할지 모른다고 생각하면 걱정이 앞섭니다. 그래서 아버지를 서울로 모셔 가려고도 생각했습니다'라고 이야기했다. 그러자 최만기 씨는 '네 말은 고맙지만 나는 여기에서 혼자 네 엄마의 위패를 지키면서 살고 싶다. 묘지도 여기에 있고. 나는 너에게 이 이상 걱정을 끼치고 싶지 않다'라고 조용히 이야기했다. 최미영 씨는 옆에서 눈물을 흘리면서 '하지만 그렇게 말씀하셔도 이대로는 저는 걱정이 돼서 돌아갈 수 없어요'라며 난처해했다. 그 딸의 말로 최만기 씨도 어떻게 하면 좋을지 모르겠다는 표정을 보였다. 이 두 사람의 대화의 모습을 보고 있던 사례관리자는 '딸에게 걱정을 끼치지 않으시려고 열심히 해오셨군요. 하지만 실제로 딸은 지금 상태라면 염려하지 않을 수 없습니다. 지금 두 사람에게 있어서 가장 좋은 방법이 무엇인지 생각해 보시겠습니까? 저희가 대처방법을 생각하는데 도움이 될 거라고 생각합니다'라고 두 사람에게 말을 걸었다(사례관리자는 방문해서 갑자기 자신이 많은 질문을 하여 스스로 결론을 내고 돌아가려고 하는 자세가 아니라 우선 이용자인 최만기 씨 부녀가 지금 무엇이 문제이고 그것을 어떤 식으로 다루고 있는지를 있는 그대로의 모습으로 보여줄 시간적 여유를 만들고 있다. 그리고 두 사람이 지금부터 사정의 의미를 이해할 시기가 되었다고 판단해 이와 같은 식으로 면접의 목적을 이야기했다).

사례관리자와의 대화를 통해 최만기 씨는 '그렇군요. 이대로는 우리들도 아무 것도 안되겠군요'라며 자신들의 힘만으로는 지금의 문제를 해결할 수 없다는 것을 인정하는 발언을 했다. 그래서 사례관리자는 '저는 최만기 씨의 일을 지금 거의 알지 못합니다. 이제부터 무엇을 하면 최만기 씨에게 가장 좋을지를 생각하기 위한 대화를 나누고 싶은데 괜찮으시겠습니까?' 라고 이제부터 무엇을 할 것인지를 설명했다. 그러자 최만기 씨는 가만히 고개를 끄덕였다.

사례관리자는 지금까지 이야기의 흐름을 깨지 않도록 염두에 두면서도 이번에는 우선 최만기 씨의 연령이나 이제까지의 간단한 경과, 가족구성 등 최만기 씨가 이야기하기 쉽다고 생각되는 것부터 질문하기 시작해서 최만기 씨의 문제핵심을 다루기로 결정했다. 그리고 ' 최만기 씨의 생년월일, 가족 등에 대해 묻겠습니다. 태어나신 곳은...'이라는 식으로 이야기를 진행했다(맨 처음 면접을 어떤 식으로 시작할 것인지는 언제나 결정된 형식이 있는 것이 아니라 오히려 그때 이용자와의 이야기 흐름, 이용자의 처해 있는 상황 등을 보고 판단하는 것이 중요하다). 현재의 상황이 지속될 경우 발생되는 상황에 대해 당황해 할 경우, 그 경과를 고려하면서 지금 무엇을 원하고 있는지 신체증상, 주거형태 등을 질문하기로 생각했다.(사례관리자는 이용자와의 면접을 통해 어떤 식으로 면접을 진행할 것인지 항상 생각하고 있다. 그리고 이 생각은 면접이 진행되는 가운데 몇 번이나 수정될 가능성을 포함하고 있다). 사례관리자의 질문에 대한 응답을 통해 알게 된 생년월일이나 가족구성은 다음과 같았다[20].

가족구성에 관한 질문을 하고 있을 때 최만기 씨는 아들에 대해 '그 녀석과는 거의 이야기하지 않아요. 거의 왕래를 하지 않습니다. 최근 얼굴을 본 것은 아내의 장래식 때였습니다'라고 했기 때문에 사례관리자는 이것이 가족관계를 이야기하는 중요한 일이라고 생각했다. 그리고 이 아들의 일에 관한 이야기를 듣기로 했다. 다음은 최만기 씨와 사례관리자가 나눈 내용이다.

최만기 씨에 관한 기본적 데이터

성명	연령	본인과의 관계	현재 주거지
최만기	68세	본인 (이용자)	대전 서구 지역
김미정	1997년 사망(64세)	아내	
최민석	43세(1955년생)	장남	전주
최미영	41세(1957년생)	장녀	남편과 두 명의 자녀와 함께 서울에 거주

20) 이 지노그램은 최만기씨와 딸을 중심으로 작성되었다. 또한, 첫 면접부터 알게 된 정보만으로 이루어졌기 때문에 몇 가지 정보가 빠져 있다. 실제로는 ?의 부분에 정보를 입력하며 진행한다.

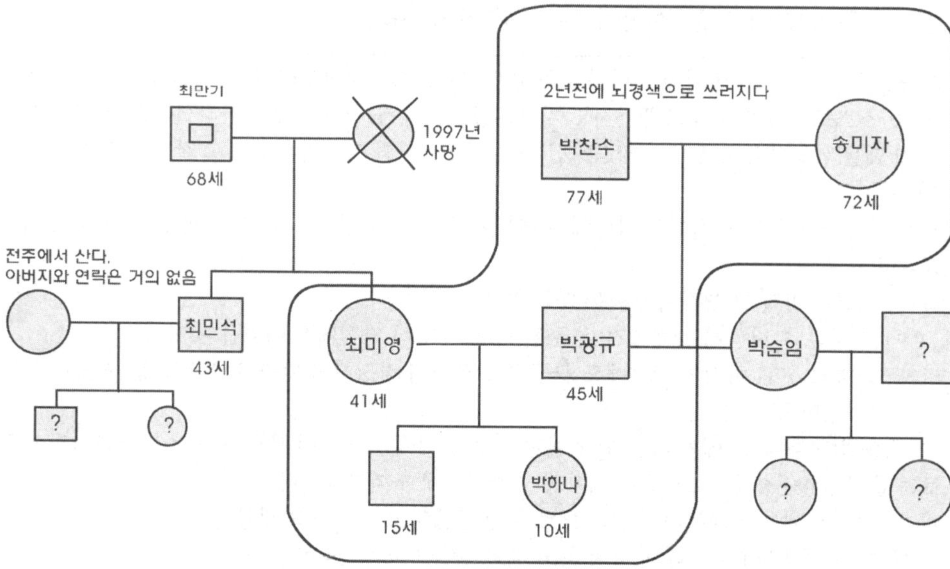

〈그림 5-2〉 가족구성도 (지노그램)

> 자신은 그다지 말이 많은 편이 아니지만 아내와는 사이좋게 지내온 편이라고 생각한다. 아내는 정말로 부지런하게 일해서 자신의 주변의 일은 무엇이나 확실하게 해주었다. 아침에도 일찍 일어나 아침식사를 준비하고 청소, 세탁, 쇼핑을 확실하게 했다. 먼저 죽는 것은 당연히 자신일 것이라고 생각했다. 아내는 나이보다 건강하게 보였고 이웃에 혼자 사는 93세 할머니의 물건구입과 세탁 등을 도와주었다. 아내에게 무엇이나 맡겼기 때문에 자신은 아무 것도 할 수 없다.

이와 같은 내용을 들었을 때 사례관리자와 간호사는 최만기 씨가 매우 고생했다는 것과 양친이 일찍 돌아가셨지만 열심히 산 사람이라는 것을 인정받아 왔고, 자신의 일은 자신 혼자서 해 나간다는 강점이 중요한 역할을 하고 있을 것이라고 추측했다. 그러나 지금 그 역량을 유지하는 것이 실제 생활능력면에서 어려워졌다는 것 역시 알게 되었다.(사례관리자는 가족구성의 이야기를 계기로 성장사, 가족의 원조력, 가치관 등의 정보를 얻게 되었다)

그래서 여기까지 면접내용을 요약해서 최만기 씨와 최미영(이용자의 딸) 씨가 현재 직면하고 있는 큰 문제인 '최만기 씨는 혼자서 생활을 계속할 수 있을 것인가?'하는 점에 이야기를 진행하기로 했다.

(최만기 씨의 생활에 대한 최만기 씨와 사례관리자의 대화)

사례관리자 : 지금까지 최만기 씨의 이야기를 듣고 있으니, 젊은 시절부터 혼자서 인생을 개척하신 것 같군요. 스스로 노력해서 학교에 가시고 지금은 두 자녀분도 훌륭하게 성장하셨군요. 최만기 씨가 딸에게 폐를 끼치지 않고 싶다고 말씀하신 것은 지금까지의 생활의 연장으로 잘 이해할 수 있었습니다.

최만기 : 네, 그렇습니다. 저는 적어도 사람에게 폐를 끼치지 않고 살고 싶고, 그렇게 살 수 있다고 생각했습니다.

사례관리자 : 지금은 약간 그 생각이 변화되셨습니까?

최만기 : 아내가 죽은 후 마음이 약해졌지만, 골절 이후 더욱 더 자신이 없어졌습니다.

사례관리자 : 그렇습니까? 하지만 그럼에도 불구하고 딸에게 걱정하지 말라고 스스로 할 수 있다고 계속 이야기하셨지요?

최만기: 그랬습니다. 어제 그 애가 와서 함께 살자고 했을 때에는 그것이 무리라는 것을 알면서도 한편으로는 즐거운 마음이 들기도 해서, 제자신이 한심하게 느껴졌습니다.

사례관리자 : 최만기 씨는 이제부터 어떤 식으로 살면 좋겠다고 생각하고 계십니까?

최만기 : 가능한 주위사람에게 귀찮게 하지 않고 계속 생활하고 싶습니다.

사례관리자 : 그렇습니까? 사람을 귀찮게 하지 않는 것 즉, 스스로 자립해서 생활한다는 것은 중요한 것이군요.

최만기 : 네, 저는 여기에서 혼자서 아내의 위패를 지키며 살고 싶습니다. 무덤도 여기에 있고 더 이상 딸에게도 폐를 끼치고 싶지 않습니다.

사례관리자는 최만기 씨와의 대화 내용을 명료화 하면서 면접을 이어나갔다.

(최만기 씨의 가치관과 인생목표에 관한 이야기 정리)

최만기 씨는 가족과의 인연이 적어 젊은 시절부터 혼자서 생활했기 때문에 지금도 특별히 외롭다고 생각하지 않는다. 그러나 가사 전반에 걸쳐 모두 아내가 해 주었기 때문에 식사준비, 청소, 세탁과 같은 것은 전혀 못한다. 그런 일을 남자인 자신이 할 필요는 없다고 생각했고, 부모가 일찍 사망하였기 때문에 오래 살 수 있다고는 생각하지 않았으나 생의 연수가 길어지면서 노화되어 다리도 나빠진 상황이 비참하게 느껴지기 때문에 몸도 마음도 건강하지 않으면 살 의미가 없으며, 이제까지 어떤 즐거움이 있었던 것도 아니기 때문에 일상생활을 유지하고 싶은 욕구가 없다. 그러나 딸에게 걱정을 끼치고 싶지 않고 자신이 아내의 무덤을 지켜야 한다고 생각한다. 혼자 살기 때문에 노인요양원에 가면 어떻겠냐고 권하는 사람이 있었지만 어떤 일이 있어도 이 집을 떠나고 싶지 않다. 퇴직하기 직전에 대출도 다 갚았기 때문에 집에는 돈이 들지 않는다. 열심히 일해서 지은 집이고 여러 가지 추억도 있다. 남자 혼자서 살기 때문에 그만큼 돈도 들지 않는다. 큰 재산은 없지만 지금까지 조금씩이지만 저금을 하고 있다. 딸이나 아들에게 폐를 끼치지 않고 무언가 스스로 혼자서 살고 싶다. 그다지 많지는 않지만 이웃에 아는 사람도 있고, 바둑친구도 가끔 찾아온다. 이 생활에서 특별히 불만은 없으나, 딸이 자신의 일을 염려하는 것이 단 하나의 걱정스러운 일이며, 그것마저 없으면 빨리 아내가 있는 곳에 가고 싶다고 생각하는 경우도 자주 있다.

이와 같은 내용의 이야기에서 사례관리자는 최만기 씨가 무엇에 가치를 두고 생활해 왔는지를 어느 정도 이해할 수 있게 되었다고 생각했다. 그것은 '사람에게 의존하지 않고 사는 것'이었다. 또한, 부인을 잃은 것이 최만기 씨에게 있어서 매우 큰 영향을 주었음에도 불구하고 아내의 죽음으로 발생된 상실감이나 외로움을 충분히 표현하지 못하고 있다고 추측하였다. 그리고 이 일이 중요하다고 느껴 '부인은 최만기 씨에게 있어서 정말로 큰 존재였군요.'라고 말하자, 최만기 씨는 정말로 괴로운 듯한 얼굴로 '네, 스스로도 비참하다고 생각하지만, 아내가 죽은 후 저는 얼간이가 된 것 같습니다.'라고 했다. 사례관리자는 최만기 씨와의 대화에서 문제에 관련되어 있는 부인의 죽음이 미치는 영향과 그 후 본인의 문제에 대한 대처방법 및 현재의 인적자원에 관한 정보를 얻을 수 있었다.

(인간관계에 관한 정보 요약)

일을 우선적으로 여겼던 사람이었기 때문에 그다지 이웃사람과는 깊게 사귀지 않고 지냈지만, 성실하고 의리있는 성격으로 주위 사람들은 최만기 씨를 좋게 생각하고 있다. 여가 활동은 집 근처 기원에서 바둑을 두는 것이며, '약간 친하다'고 할 수 있는 친구가 다소 있었으나, 아내를 잃은 후 기원에도 전혀 참석하지 않았다. 아내의 장례식에는 기원 친구들이 와 주었고 입원 중에도 병문안을 와 주었다. 그 중 한사람 역시 최근 아내를 잃었다.

사례관리자는 이런 이야기를 듣고 이웃의 호의적인 태도, 기원 친구라는 존재가 자원으로 존재하고 있는 것을 알았다. 부인의 사망으로 인한 슬픔은 가장 많은 시간을 들여 조금씩 치유해야 하는 문제라고 생각되었지만, 여기에서는 그것을 고려하면서도 그다지 깊이 파고들지 않기로 했다(면접에서는 몇 가지 중요하다고 판단되는 문제가 나와 어디에 초점을 두면 좋을지 헤매는 경우가 있다. 이 때 어느 문제에 초점을 두면 좋을지는 이용자의 서비스에 지금 가장 긴급을 요하는 일의 우선순위를 생각하면 알 수 있다. 아내를 상실한 슬픔을 서비스 이용자가 묻는 것은 중요한 것으로 필요에 따라 다음 서비스계획 단계에서 이 점에 초점을 두고 '심리적인 지원'을 함께 하는 것도 생각할 수 있다). 그래서 사례관리자는 이 이야기 가운데 '혼자 살고 싶다.'는 희망이 지금 가장 중요하다고 판단해서 이것의 구체성을 확인하기 위해 다음과 같은 대화를 나누었다.

(혼자 살고 싶다는 희망에 대해서)

사례관리자: 계속해서 혼자 살아가시는데 어떤 점에서 불편함을 느끼고 계십니까? 최만기: 첫 번째는 걷는 것이지요. 생각한 대로 걸을 수 없기 때문에 물건 사러도 갈 수 없고... 간호사: 지금 몸에 대한 이야기가 나왔기 때문에 최만기 씨의 질병과 발의 상태를 여쭤봐도 되겠습니까? 좀 전에 자기소개에서 말씀드렸듯이 저는 간호사입니다. 앞으로 혼자서 생활하시는 것을 선택한다면 보다 쾌적하게 생활할 수 있는 방법을 생각할 필요가 있다고 생각합니다.

처음에는 사례관리자가 주로 이야기를 나누었지만, 최만기 씨의 희망이 꽤 명확해졌기 때문에 이 케이스의 중요한 포인트인 신체 상태로 이야기가 진행되었다. 그래서 지금까지는 듣고 있었던 간호사가 자신이 나설 차례라고 판단하고 질병에 대한 것과 의사로부터 어떤 이야기를 들었는지 등을 묻기로 했다 (질병, 질병관리 등 의료에 관한 정보는 사례관리에서는 중요한 것이다. 그러나 그것을 언제, 어떤 식으로 질문할 것인지는 면접을 진행하는 사례관리자의 적절한 판단을 요한다). 간호사와의 대화에서 다음과 같은 내용을 이야기 해 주었다.

(질병에 관해서)

10년 전부터 고혈압이라는 진단을 받고 집근처 병원에 다니며, 강압제를 복용하고 있고, 약 2년 전부터 같은 병원에서 당뇨병이라는 진단을 받았지만, 부인이 식사요법을 실천했기 때문에 약을 복용하지 않고 어느 정도 조절할 수 있었다.

그러나 작년 부인이 암으로 급작스레 사망한 이후 상심하여 외출을 하지 않고, 식사문제는 외식을 하거나 편의점 도시락을 먹는 경우가 많아지면서 건강이 악화되어 주위 사람들이 걱정하고 있다. 따라서 서서히 수척해져서 주위의 사람들도 걱정하고 있었다.

약 4개월 전 자전거로 물건을 사러 가던 중 보행자와 부딪힐 뻔해서 피하려다가 넘어지고 말았다. 그 당시 오른발에 통증을 호소하여 병원에 이송되었고, 검사 결과 우대퇴골 경부골절로 진단을 받았다. 수술 전 검사에서 당뇨병이 악화된 것을 알게 되어 식사요법과 약 복용을 병행하기 시작했다. 그 후 성공적인 수술 경과와 재활 훈련을 통하여 T자 지팡이를 이용한 보행이 가능하여 퇴원하게 되었다. 또, 고혈압과 당뇨병에 대하여 병원 의사는 일상생활 가운데 식사나 생활습관이 중요하다고 강조하며, 올바른 식생활을 하도록 충고했다. 그러나 최만기 씨는 식이요법과 운동이 어느 정도 효과가 있는지 의사로부터 직접적으로 듣지 못했기 때문에 필요성을 느끼지 못하고 있었고, 현재의 신체 상태의 경과 상황도 인지하지 못하고 있다. 퇴원 후 재활훈련 횟수가 점차 감소하여 지금은 거의 하지 않는다. 고혈압과 당뇨병에 대한 처방약은 불규칙적인 식사로 인해 제대로 복용하고 있지 않았으며, 최근 1개월간 기본적인 청결 및 위생관리가 제대로 되지 않고 있다.

최만기 씨는 이상과 같은 내용을 간호사에게 이야기했다. 간호사는 그런 가운데 현재 복용하고 있는 약을 확인하고, 발의 기능 상태를 실제로 체크하기도 했다. 그런 과정에서 간호사와 사례관리자에게 확실해진 것은 최만기 씨가 약을 잘 복용하지 않는다는 것과 당뇨병이나 고혈압을 잘 관리하지 않는다는 것, 그리고 앞으로 일상생활이 더욱 어려워질 것 같은 증상이 발생할 수도 있다는 것이었다. 그러나 최만기 씨는 의사로부터 확실한 증상이나 예후 그리고 질병관리에 관해서 설명을 들은 적이 없는 건지, 아니면 한동안 스트레스의 연속으로 자신의 질병에 대해 신중하게 생각하지 않아서 설명을 들었음에도 불구하고 잘 기억하지 못하는 것인지 그 이유는 확실하지 않지만 '의사선생님도 바쁘기 때문에 당뇨병이나 고혈압에 대해서도 들은 적은 없습니다.'라고 말하였다. 골절수술 후의 일에 관해서도 최만기 씨의 대답은 애매하게 '이젠 불가능한 것 아닐까요?'라고 말했다. 그래서 이것을 먼저 명확히 하는 것이 중요하다고 판단한 사례관리자와 간호사는 앞으로 최만기 씨의 생활을 보다 좋아지게 하기 위해 질병의 컨트롤과 보행이 어느 정도 가능한지, 이를 위해서는 무엇을 해야 하는지 아는 것이 필요하다고 최만기 씨에게 설명하고 주치의와 최만기 씨와 딸, 그리고 자신들이 함께 만나 이것들을 명확히 하는 작업이 필요하다는 것을 이해하도록 했다. 최만기 씨는 간호사가 신체기능을 체크하는 동안 매우 불안한 모습이었다. 이 모습을 고려해 간호사와 최만기 씨는 다음과 같은 대화를 나누었다.

(재활운동에 대해서)

최만기 : 역시 저는 이제 걸을 수 없게 되는 거지요?.

간호사 : (신체기능 체크와 최만기 씨로부터 들은 의사의 말을 판단기준으로 하면서)지금 최만기 씨의 몸을 본 것과 의사선생님이니 재활운동 선생님이 최만기 씨에게 말씀하신 것으로 생각하면 이대로 걸을 수 없게 된다고는 생각하지 않습니다. 단, 오랜 기간 운동을 하지 않으면 근력이 떨어져 걷는 것이 어렵게 되는 것은 사실입니다.

최만기 : 그렇습니까. 그럼 다시 착실하게 운동하면 걸을 수 있습니까?

간호사 : 아무래도 그럴 것 같습니다만, 병원 선생님은 어떻게 말씀하셨습니까?

최만기 : 퇴원했을 때는 지팡이로 걸을 수 있었기 때문에 실제로는 잘 기억하지 못합니다. 병원에 있는 동안은 정말로 너무 비참해서 선생님이나 물리치료사 선생님이 말씀하신대로 훈련을 받았을 뿐 스스로는 아무 것도 할 마음도 없었습니다. 얼마 지나지 않아 이런 상태가 되는 것을 선생님이 말씀하셨는지 안 하셨는지 모르겠습니다.

간호사 : 그렇습니까? 최만기 씨는 그 무렵의 일을 잘 모르고 계시는 것 같군요.

최만기 : 네

간호사 : 만약 다시 재활운동을 해서 좋아진다면 그렇게 하고 싶습니까?

최만기 : 네, 지금 이렇게 이야기하고 있는 동안 역시 좋아져서 스스로 열심히 생활하고 싶고 딸에게 폐를 끼치고 싶지 않다고 생각하기 시작했습니다.

간호사 : 어떻습니까? 최만기 씨가 그렇게 생각하게 되셨다면 딸이 계신 동안 병원 선생님으로부터 다리 뿐만 아니라 혈압과 당뇨병에 대해서도 설명을 듣고 앞으로 몸을 어떻게 하면 좋을지 확실히 파악하지 않으시겠습니까?

최만기 : 네 그것은 좋지만, 병원의 재활운동 선생님은 제가 의지가 없어서 화가 난 것 같은데, 괜찮겠습니까?

이와 같은 이야기가 진행되었기 때문에 간호사는 최만기 씨가 혼자서 생활하는데 필요한 의료관련 정보를 얻는데 적극적이 되었다고 추측했다. 그러나 이것은 어디까지나 추측의 영역이기 때문에 이것을 확인하기 위해 '만약 제가 도와드려서 물리치료사와 만날 약속을 하면 최만기 씨는 선생님과 만나고 싶습니까?'라고 물었다. 그러자 최만기 씨는 '네. 좋습니다'라고 의사표시를 하였다

(의사 등 그 외의 관계기관 사람으로부터 정보를 얻는 경우에는 이와 같이 사례관리자가 중개 역할을 하는 경우가 좋을 수 도 있다. 최만기 씨의 경우에는 최만기 씨가 의사와의 관계를 염려하고 있기 때문에 사례관리자가 개입하게 되었다). 그래서 간호사는 최만기 씨로부터 병원이름과 주치의 이름과 같은 정보를 얻었다. 그 병원이나 주치의나 간호사가 이제까지 일 때문에 몇 번인가 접촉한 일이 있었다. 그래서 최만기 씨의 허락을 받아 간호사는 주치의에게 연락해 최미영 씨가 이곳에 있는 동안에 모두 함께 만나는 것이 가능한지 여쭈어보기로 했고, 면접 방법으로는 현장에서 전화로 할 수 도 있고, 또 후일 다시 연락할 수도 있다. 현장에서 전화를 할 때의 이점은 이용자와 같은 정보를 공유하면서 신속하게 일을 추진할 수 있다는 점이다.

간호사는 이용자의 딸의 시간적인 문제도 있기 때문에 현장에서 병원에 전화를 했다. 그 결과 모두 함께 의사와 만날 약속을 할 수 있게 되었다. 이것으로 의학적인 면에 관한 보다 상세한 정보를 얻을 수 있게 되었다. 의사와 이야기를 할 때에는 앞으로의 투약, 의료, 재활운동 관련을 명확히 해서 서비스계획에 연결지어야 한다.

그러나 최만기 씨의 보다 나은 생활을 지탱해 줄 수 있는 서비스가 단순히 의료 뿐 만은 아니라는 것을 이해하고 있었기 때문에 최만기로부터 그 외의 요구를 듣는 면접을 계속하였다. 이와 같이 면접을 하면서 서비스 이용자는 어떤 사항이 명확해지고 또 무엇이 아직 명확하지 않은지를 고려하고 있다. 사정시 정형적인 질문 항목이 기재된 사정표를 갖고 있는 경우에는 질문항목에 따른 정형화된 사정만을 할 수 있을 것이다. 그러나 단순히 기계적으로 사정 항목을 순서대로 물으면 이용자의 실제적인 욕구를 보지 못하거나 이미 이용자가 말한 것을 다시 물을 수도 있으므로 주의해야 한다.

사례관리자는 간호사가 중심이 되어 면접이 진행되는 동안 머릿속에서 지금까지 이미 알고 있는 최만기 씨가 안고 있는 문제나 그 문제를 둘러싼 상황을 정리해보았다. 그 결과 현 시점에서 다음과 같은 것을 알 수 있었다.

(현시점의 문제 정리)

(1) 최만기 씨의 의학적인 문제에 관해서는 본인이 이제부터 치료와 회복에 의욕을 나타내었고 이를 위해 의사와의 면담을 결정했다. 이것으로 의료적인 면에서 향후 서비스 계획을 예측할 수 있게 되었다.
(2) 부인을 잃은 것, 골절사고로 자유롭게 이동하는 것이 부자유스럽게 된 것이라는 이중의 스트레스가 있어 본래의 의지를 저하시키고 있다. 그러나 면접을 통해 본인이 가치를 둔 '자립생활'에 대한 의욕이 확실해지게 되었다.
(3) 자립생활에 관해 구체적으로 무엇을 어떤 식으로 하면 좋을까? 즉 가사전반에 관한 것 또, 부인의 역할을 수행하고 심리적 지원을 할 사람들과 관계를 갖고 싶은가? (이것에 관한 최만기 씨의 욕구), 어떠한 방법으로 진행하게 할지에 대해서는 아직 명확하지 않다.

위의 내용을 대략적으로 정리한 사례관리자는 세 번째에 단계인 면접내용을 명료화하기로 했다. 우선 여기에서 면접의 흐름이 조금 바뀔 가능성이 있기 때문에 사례관리자는 지금까지의 면접에서 알게 된 것을 정리, 요약해서 최만기 씨에게 자신의 의견과의 합일점을 모색한다. 이 요약 작업은 면접내용을 통보하거나, 면접의 흐름을 바꿀 때 또는 면접에서 말한 내용이 너무 많아 정리가 필요할 때는 이와 같은 요약이 필요하나.

사례관리자가 다음에 질문하고 싶었던 것은 최만기 씨의 앞으로 생활방식에 영향을 줄 물적자원 부분인 경제상황, 가사, 사람과의 만남에 대해 어떻게 하고 싶은지 등이었다. 그래서 이러한 요소들을 면접해 본 결과 명확해진 사항은 다음과 같다.

(최만기 씨가 갖고 있는 자원 및 기타 요구)

경제적인 면에서는 부유하지는 않지만 생활은 연금으로 생활하기에 어렵지는 않다. 자택도 있고 빚도 없다. 특별히 돈이 드는 취미가 있지도 않다. 현재 보행이 불편해서 일상생활에 필요한 장보기나 입욕 등이 어렵기 때문에 이러한 사항들이 개선되기를 바란다. 당뇨병과 고혈압에 대한 대화중 식이요법에 대한 내용 중에서 자발적인 취사는 어렵고, 지금까지 거의 가사를 한 일이 없었다. 기원에서 만난 70세의 노인 역시 혼자 사는데 아무 것도 할 줄 아는 가사가 없었지만 공민관의 '남성 요리교실'에 다녀 요리를 할 수 있게 되었다는 것을 듣고 부럽다고 생각했다. 본인도 할 수 있을 것 같은 생각이 든다. 만약 누군가가 가르쳐 준다면 간단한 요리정도는 스스로 만들고 싶다. 청소나 세탁도 다리가 괜찮아지면 스스로 하고 싶다. 그러나 지금 상태에서는 무리다. 지금은 TV만 보는 생활을 하고 있지만 정년퇴직했을 때는 어떤 취미를 찾고 싶었다. 그래서 기원에도 다니기 시작했다. 움직일 수 있게 되면 기원에도 다니고 싶다.

최만기 씨는 사례관리자, 간호사와의 면접을 통해 안심을 해서인지 위의 내용에 대해 사례관리자의 질문에 답하면서 자연스럽게 이야기해 주었다. 이런 이야기의 진개를 지켜보고 있던 딸은 부친이 의지를 나타내기 시작하는 것을 보고 처음과 같은 불안한 모습이 사라지고 때로 부친의 이야기 중간에 자신의 의견을 말하기도 했다. 요리에 대한 흥미를 이야기할 때에는 '아버지, 그렇게 말하시니까 아주 오래 전 일이지만 계란말이 해주셨어요. 좀 탔지만 맛있었어요'라는 반응을 해 주었다.

여기에서 사례관리자는 최만기 씨가 원하는 일이 보다 명확해 졌다고 판단했고, 이러한 사항들을 정리해 보기로 했다. 이제까지 이야기를 듣는 시점에서 즉 이제까지의 사정에서 어떤 서비스가 필요한지를 예측해 보았다. 다음이 그 내용을 정리한 것이다.

(사정 면접의 정리)

사례관리자는 면접을 통해 최만기 씨가 어떤 생활을 하고 싶은지 명확해 졌다. 그 생활설계의 중요한 토대가 되는 의료에 관한 정보를 통해 앞으로의 '일상생활동작'의 모습을 알 수 있다. 또 약 복용이나 식생활, 운동이라는 면에서의 유의점도 명확해져서 그것을 바탕으로 재활 프로그램을 짜는 등의 계획을 세울 수 있다. 다음으로 최만기 씨의 생활을 지탱하기 위해 필요한 가사에 관해서는 홈헬프 서비스 등의 이용이 가능하다. 만약 최만기 씨의 다리가 앞으로 좋아진다면 요리나 세탁, 청소를 홈헬퍼로부터 서서히 배우거나 문화센터의 강좌에 참가하거나 또는 좋은 관계를 맺고 있는 이웃으로부터 배울 수도 있다. 거동이 불편한 동안은 어려울지 모르지만 기원에 가는 것도 이 단계에서 누군가 외출 준비를 도와준다면 가능할 수도 있다. 사례관리자의 머릿속에서 이루어지고 있는 작업은 사정의 정리라고도 할 수 있는 것으로 다시 사정의 다음 단계인 서비스계획에 해당한다. 그러나 현 단계에서는 미확인 정보도 있고 최만기 씨와의 공통인식이 되지 않은 부분도 있다. 실제 서비스에서는 사정과 서비스계획이 같은 면접 내에서 이루어지는 경우도 많다. 여기에서는 의료관계자와의 면접을 기다리고 있기 때문에 정식적인 서비스계획 및 그에 관한 이용자와의 의논은 다음에 하기로 한다. 그러나 어느 정도 가능한 서비스의 방향성을 이용자에게 전하고 사정을 종료해야 한다.

지금까지 사례관리자는 이와 같은 것을 상기하면서 최만기 씨가 계획을 현실화할 역량을 어느 정도 갖고 있는지, 또 지금까지 최만기 씨의 문제 처리 방법에 관해 생각해보았다. 사정에서 이용자가 갖고 있는 강점기술을 인식해서 그것들을 살려 나갈 수 있는 서비스계획을 생각해야 한다. 지금까지 이용자가 사용해 온 문제대처 방법도 이해하는 것이 서비스계획이 실천으로 이어질 때 거기에 제공되는 서비스를 효과적으로 이용할 수 있는지를 결정하는 열쇠가 된다.

우선 최만기 씨가 갖고 있는 강점으로 들 수 있는 것은 대인관계 형성의 힘이다. 이것은 지금까지 면접에서 이야기된 이웃과의 교류, 특히 부인과의 관계에서 알 수 있다. 자립심이 강하고 고생하면서도 자력으로 학교 교육을 마쳤다는 과거력에 대해 갖고 있는 자신감도 강점이 될 수 있다. 마지막으로 장녀와의 좋은 관계에 의해 최만기 씨의 마음속에 생긴 앞으로의 생활에 대한 적극적인 자세 또한 강점으로 발현된다. 이런 강점은 현재 그다지 발휘되지 않고 있었지만 앞으로 최만기 씨의 새로운 생활의 지침이 명확해지면 발휘될 수 있을 것으로 생각된다.

아내가 죽은 이후 최만기 씨는 '누구의 힘도 빌리지 않고 혼자서 문제를 처리한다.'라는 식의 대처방법을 취해 딸에게도 '잘하고 있다'는 이야기를 했었다. 그러나 사실 최만기 씨는 자신의 일상활동을 잘 수행하지 못했다. 이것은 최만기 씨의 자립심이라는 강점에 대한 모순이기도 했다. 지금까지의 문제 대처방법을 고려하면 서비스를 이용하는 것을 부정적으로 보는 성격인 최만기 씨가 이 면접에서 태도를 바꾸면서 서비스도 받도록 한다는 태도를 보이고 있지만 이 자립심이나 강점에 대해 상처입지 않는 식으로 서비스를 생각할 필요가 있다. 이것은 이용자의 개별성을 존중한 서비스 제공방법을 발견해내는 것이기도 하다. 다음 서비스계획 단계에서 최만기 씨가 홈헬퍼 서비스를 이용하는데 동의한다면 어떤 것을 하면 좋을지 그리고 어떤 것을 스스로 할 수 있게 되기를 원하는지를 홈헬퍼에게 확실히 전달해 둘 필요가 있다.

여기까지 면접에서 이야기가 진행되면 서비스계획을 세우기 전 준비내용도 포함할 필요가 있다. 즉 최만기 씨에게 어느 정도의 서비스에 관한 정보를 제공해서 향후 생활설계의 예측을 어느 정도 받는 것이다 (이것은 사회사업의 기술 가운데 '정보제공'이라고 불리는 것이다. 이 정보제공을 언제 하느냐에 따라 정보가 효과적으로 전달되는지의 여부가 결정된다).

사례관리자도 간호사도 이 면접 시점에서 마침내 '가사', '인간관계 넓히기'라고 말한 것을 구체적으로 어떻게 해서 할 것인지를 서로 이야기하는 단계라고 판난했다. 그래서 '장보기와 조리' '세닥과 청소' '입욕'에 관해 존재하는 서비스를 설명하기로 했다. 그러나 이 시점에서는 아직 본래의 서비스계획을 세우기에는 충분한 정보를 얻지 못했기 때문에 사전에 양해를 구해 두는 것도 잊지 않았다. 다음이 그 정보제공 내용 중 식사에 관한 내용이다.

(정보제공)

간호사 : 식사는 스스로 만들 수 없지만 앞으로는 본인이 배우고 싶다고 말씀하셨는데 그것을 어떤 식으로 할 것인지에 대한 의견이 있습니까? (자신들이 갖고 있는 서비스 정보를 제공하기 전에 이용자의 생각을 묻고 있다. 때로는 이용자가 구체적인 안을 갖고 있는 경우가 있기 때문)
최만기 : 특별히 이거라고 할 만한 것은 없지만...
최미영 : 제가 아버지 가까이에 산다면 밥도 만들어드리고 요리도 조금씩 알려드릴텐데..
사례관리자 : 정말로 그렇군요. 하지만 안타깝게도 현실적으로는 안되겠시요.
최미영 : 아버지와 같은 사람들은 도대체 어떻게 하며 생활하고 계십니까?
간호사 : 두 분은 가정봉사원이라는 서비스를 들어보신 적이 있습니까?
최만기 : 가정봉사원이란 것이 도대체 무엇입니까?
간호사 : 가사나 생활지원을 도와주는 전문직의 사람을 말합니다.
최만기 : 가정부 같은 것입니까? 그렇다면 매우 비싸겠군요. 기원에서 알고 지내는 사람 가운데 가정부를 부르는 사람이 있는데 1시간에 2~3천엔이라고 하는데...
사례관리자 : 가정봉사원은 가정부와는 약간 다릅니다. 물론 같은 내용의 일을 해주지만 말입니다. 비용이나 업무내용이나 받는 훈련 등도 다릅니다.
최만기 : 다른 사람이 집에 와서 신경이 쓰이고 약간 귀찮게도 생각됩니다.

정보제공은 간호사와 사례관리자 중 누가 어떤 역할을 한다는 고정된 방식이 아니라 상호간에 의사소통을 통해 면접을 진행하고 있다. 위와 같은 방법으로는 위의 응답 예에서 모델이 될 부분은 이용자가 이 '정보제공'이라는 과정에 충분히 참가하면서 면접이 진행되고 있다는 점이다. 이용자에게는 여러 가지 알 수 없는 것이 있기 때문에 당연하다. 전문가에게는 당연한 것이 일반인에게는 그렇지 않은 사항들이 있다는 것을 재확인할 필요가 있다. 서비스에 관한 정보를 일방적으로 이용자에게 전달해 그것으로 만족해하는 전문직이 있지만, 서비스 내용과 그 이용방법이 충분히 이해되지 않으면 실제 서비스를 제공한 후 이용자와 서비스 제공자와의 사이에 문제가 발생할 가능성이 있다.

(사정 면접 종료를 위해)

최만기 씨와 같은 대화를 포함해서 앞으로 가능한 서비스에 대한 정보를 제공한 결과 최만기 씨는 가정봉사원 서비스에 흥미를 나타내었다. 가능하면 가정봉사원이 요리도 가르쳐주면 좋겠다는 의욕도 나타내게 되었다. 조금씩 밖으로도 나가고 싶고 사람과도 접촉하고 싶다는 것에 관해서도 그것을 어떤 식으로 할 수 있을지를 서로 이야기했다. 사례관리자와 간호사는 이번 사정 단계에서 필요한 정보를 충분히 이해한 것과 또 최만기 씨와 딸이 앞으로 진행할 코스를 보다 구체적으로 예측할 수 있었기 때문에 여기에서 사정을 종료하고 이후 의사와의 면담이 끝난 단계에서 실제적인 서비스 계획을 생각하는 것이 좋겠다고 판단했다. 그리고 면접을 종료하기 위해 이제까지 면접을 통해 명확해진 내용을 요약해서 이용자의 확인을 얻고자 했다. 이 요약은 이번에는 사례관리자가 하기로 했다.

(사정 면접의 종료)

사례관리자 : 정확히 약속드린 1시간 반이 지났습니다. 오늘은 두 분으로부터 이야기를 듣거나 또 실제적으로 간호사가 몸의 상태를 보았습니다. 그 때 최만기 씨는 자신의 다리에 관한 것 그리고 당뇨병이나 고혈압 치료에 관해 지금까지 의사선생님으로부터 자세하게 들은 것이 없다고 말씀하시고 앞으로는 필요한 치료를 잘 받고 싶다고 말씀하셨는데 이를 위해서는 의사 선생님과 다시 한 번 이야기할 필요가 있다고 생각하셨습니다. 그래서 저희들도 함께 이틀 후에 의사선생님과 만날 약속을 했습니다. 이날은 최미영 씨도 계시기 때문에 아버님의 앞으로의 일을 확실히 듣고 돌아가시게 됩니다.

최미영 : 아버지의 일을 확실히 듣고 간다는 것은 저에게 있어 정말로 안심입니다.

사례관리자 : 최만기 씨는 어떻습니까? 제가 이야기한 것에 잘못된 것이 있으면 언제라도 정정해 주십시요. 꽤 오랜 시간 그것도 처음 뵙고 이야기 드렸기 때문에 모든 것을 올바르게 기억하지 못하는 것이 꼭 있을 것이라고 생각합니다.

최만기 : 아니 괜찮습니다. 저는 지금까지 병에 대한 두려움도 있기도 하고 꽤 가볍게 생각한 부분도 있었습니다. 사실을 아는 것이 두려워서 오히려 몸을 나쁘게 만들었습니다. 딸이 이런 것을 걱정하는 것을 보면 조금 더 노력해서 건강하게 살면 좋겠다고 생각하기 시작했습니다.

사례관리자 : 최만기 씨가 부인을 잃은 후의 일을 생각하면 그렇게 생각하시는 것도 이해할 수 있습니다. 지금 최만기 씨가 건강하게 열심히 살겠다고 말씀하셨는데 이것은 정말로 간단히 말할 수 없는 이라고 생각합니다.

최미영 : 아버지가 이렇게 말씀해 주시면 저도 정말로 안심입니다.

사례관리자 : 오늘 이야기한 내용 중에서 확실한 것은 최만기 씨가 혼자서 여기에서 살고 싶다는 것이었습니다. 그러나 어느 정도 발이 불편한 동안은 특별히 장보기나 식사준비, 청소, 세탁, 입욕 등을 도와드릴 사람이 필요하다는 것을 알았습니다. 이것에 관해 최만기 씨가 이용할 수 있는 서비스를 몇 가지 검토해 보았습니다만, 최만기 씨는 가정봉사원 서비스에 흥미를 보이셨는데요.

최미영 : 네 그렇습니다. 그 가정봉사원은 TV에서 보는 가정부와는 다른 사람이라면서요

사례관리자 : 그렇습니다. 일반적으로 가정봉사원은 교육을 받고 있습니나. 실제적으로 가정봉사원을 의뢰하는 단계에서 이와 같은 최만기 씨의 염려를 충분히 전달할 수 있습니다. 이것은 오늘 충분히 이야기하지 못했기 때문에 다음번에 구체적인 방법을 서로 이야기할 때 또 천천히 이야기하고 싶습니다. 어떻습니까?

최만기 : 네 좋습니다.

사례관리자 : 제가 지금 기억나는 것은 이 정도인데 이 외에 무엇이 있습니까?

간호사 : 최만기 씨의 생활 장소를 넓혀가는 것도 개선 사항 입니다. 또한 하루 종일 혼자서 누구와도 이야기를 하지 않고 생활하는 것은 쓸쓸하기 때문에 사람과의 관계를 만들고 싶다고 하셨지요?

최만기 : 그렇습니다. 제가 지금 생각할 수 있는 것은 기원의 친구정도입니다.

간호사 : 그러면 이것도 다음에 구체적으로 생각해보기로 하면 어떨까요?

최만기, 최미영 : 네 괜찮습니다.

사례관리자: 오늘은 정말로 오랜 시간 이야기해 주셔서 감사합니다. 오늘 이야기를 들은 덕분에 최만기 씨의 생각, 최미영 씨의 생각을 보다 잘 알게 되었습니다. 앞으로 어떻게 하면 최미영 씨의 생활이 보다 쾌적하게 될 것인지 대략적인 방향도 볼 수 있게 되었습니다. 의사선생님과 이야기를 나눈 후 구체적인 방법을 갖고 싶은데 괜찮습니까?

최만기, 최미영 : 네 괜찮습니다.

사례관리자 : 그러면 최미영 씨가 서울로 돌아가야 하기 때문에 가능한 한 빨리 하고 싶은데 의사선생님과 만나는 것이 이틀 후이기 때문에 그 다음날은 어떻습니까?

최만기, 최미영 : 네 괜찮습니다.

최미영 : 정말로 감사합니다. 앞이 잘 보이지 않았던 것이 확실하게 걷힌 것 같습니다. 이야기를 듣게 되어 정말로 좋았습니다.

최만기 : 저도 지금까지 사람들과 상담하는 것이 너무 싫다고 생각했는데 오늘 생각이 바뀌었습니다.

사례관리자 : 그렇습니까? 그러면 이틀 후 또 뵙겠습니다. 만약 무언가 오늘 잊고 말씀 안 하신 것이나 생각이 바뀌시면 언제라도 연락주십시오.

이렇게 해서 사례관리자와 간호사는 최만기 씨의 집을 나섰다. 이 방문면접에서 이용자와 그의 딸은 면접이 성공적이었다고 느꼈다. 그리고 이 면접에 대한 차후 계획에 적극적으로 개입하기

로 결정했다. 이것은 서비스 이용자에게 있어서도 기쁜 일이지만 중요한 것은 여기에서 좋아하고 끝낼 일이 아니다. 이용자는 이다음 또 생각이 바뀔 수도 있고 그때 자신이 한 언동에 대해 서비스 이용자가 매우 좋아했던 것을 생각하고 '이것을 말하면 안돼'라는 등의 생각을 해서 진심을 이야기할 수 없게 되기 때문이다.

[서비스목표와 서비스계획]

사정에서 충분히 최만기 씨의 일을 이해한 후 이번에는 이 케이스의 경우 어떤 서비스목표가 선택될 가능성이 있는지를 생각해야 한다.

이 프로세스도 물론 이용자가 참가해서 사례관리자와 이용자가 함께 만들어가는 것이다. 여기에서는 편의상 현재 알고 있는 데이터를 바탕으로 그 범위 안에서 가능한 서비스목표에 대해 이야기하겠다.

[단기목표와 장기목표의 2단계 목표결정의 필요성]

앞에서도 말했듯이 우리들이 서비스목표라고 할 때 그 목표는 크게 3가지로 분류된다. 그것은 ① 문제 또는 문제를 일으키는 욕구의 소실, ② 문제나 욕구의 개선, ③ 문제나 욕구는 계속 존재하지만 그 영향을 최소한으로 해서 제한 내에서 보다 질높은 생활방식을 가리킨다. 서비스 업무를 하고 있으면 그 목표가 항상 '문제를 일으키는 스트레스의 소실'만은 아니다. 오히려 '스트레스를 안고 있으면서 어떻게 질높은 생활을 할 수 있는가'를 목표로 하지 않을 수 없는 경우가 많다. 최만기 씨의 사례도 그 중 하나이다.

최만기 씨의 경우에 세울 수 있는 단기 및 장기 서비스 목표로는 상기의 사정에서도 알 수 있었듯이 우선 단기적인 목표는 의사와 이야기를 나눈 결과를 가지고 최만기 씨의 발에 대한 재활운동이 효과적이라면 그것을 추진해서 최만기 씨가 어느 정도 자립생활을 할 수 있는 것을 보류하는 것으로 초점을 맞춘다. 그 후에 최만기 씨가 어느 일정한 신체상의 문제를 안고 어떤 식으로 생활을 재건할 것인지에 초점을 맞추어진다고 생각할 수 있다. 여기에서 의사, 최만기 씨, 최미영 씨, 그리고 사례관리자가 함께 미팅을 가진 결과 다음과 같은 일이 명확해졌다고 가정해보자.

① 고혈압은 이 후에도 착실히 강압제를 계속해서 먹지 않으면 안된다. 착실하게 복용하지 않으면 뇌혈전 등의 가능성이 높아진다.
② 당뇨병은 지금은 아직 식사요법과 운동요법과 의사의 정기적인 진단으로 조절할 수 있다. 그러나 이것도 관리를 태만히 하면 악화될 가능성이 있다. 결코 가볍게 볼 수 있는 상태는 아니다.

③ 다리의 향후 회복에 관해서는 재활운동을 계속 진행함으로 인해 걸을 수 있다. 수술 후 재활운동을 태만히 했기 때문에 조금 시간은 걸린다. 1주일에 3회 병원에서의 재활운동과 함께 PT의 지도에 따라 자택에서도 착실하게 기능회복운동을 해야 한다. 가능하면 얼마 동안은 지팡이를 사용해서라도 운동하는 것이 필요하다.

이상과 같은 의사의 이야기를 근거로 최만기 씨와 사례관리자들이 작성한 단기목표 및 장기목표는 다음과 같다.

(1) 단기목표

① 가정봉사원 서비스를 이용해서 칼로리 및 영양관리를 할 수 있는 식사준비를 부탁한다.

② 잘 보행할 수 없는 동안은 청소, 세탁도 홈헬퍼에게 부탁한다.

③ 얼마동안 외출 할 수 없었기 때문에 1주일에 세 번 재활 운동할 때 외출에 대한 불안감이 있는 최만기 씨가 안정될 때까지 '외출 지원 도우미'의 봉사자 서비스를 이용한다.

④ 자택에서의 재활운동을 확실히 할 수 있도록 최만기 씨의 의지가 계속되도록 얼마동안 간호사가 3일에 한 번 5분정도 방문해서 최만기 씨의 자택에서의 운동 내용을 체크한다. 최만기 씨와 간호사는 매일 운동하는 것을 표로 만들고 보행 상태도 동일하게 표로 만든다.

⑤ 보행에 자신이 생길 때까지는 1주일에 한 번 기원에서 알고 지내는 사람이 집으로 와서 함께 바둑을 둔다. 이를 위해 최만기 씨는 병원에 문병 온 사람에게 연락을 한다.

⑥ 최만기 씨는 지금까지 부인을 잃은 데서 오는 외로움이나 상실감을 충분히 이야기할 수 없었기 때문에 이 부분을 충분히 들어줄 수 있는 상담가를 소개한다.

(2) 장기목표: 최만기 씨가 지팡이 없이 보행할 수 있게 되었을 때

① 조금씩 스스로 할 수 있는 청소나 세탁 등을 홈헬퍼로부터 배워 스스로 할 수 있는 부분을 넓혀간다.

② 요리에 관해서도 영양사와의 상담을 정기적으로 실시해 당뇨병식사에 관한 지식을 습득한다. 요리에 관해서는 만약 이 시점에서 완전한 자립이 불가능하면 배식 서비스 등을 이용하는 것도 고려해 본다.

③ 생활범위를 넓히기 위해 버스를 이용해서 기원에 다닌다.

④ 자신의 생활에 조금 여유가 생기면 최만기 씨의 생각을 들어 이제까지 실행할 기회가 없었던 자치회 활동, 노인회 활동, 봉사활동, 취미활동에 참가해 집근처의 강좌 등에 참가를 고려하고 정보를 수집해서 생활권을 확대한다.

이상의 예를 보고 알 수 있듯이 여기에서 상정한 서비스는 기능훈련에 대한 동기지원과 같은 심리적인 지원과 함께 가정봉사원, 영양사, 의사, 카운슬러 등과의 연계, 정보제공, 기능훈련을 도와주는 과제수행의 서비스 등을 조합시켜 작성한 것이다. 이 서비스계획에서 사례관리자 또는 간호사가 카운슬링을 실시하면 이것도 계획에 포함된다. 이와 같이 서비스계획은 단일방법의 사용이 아니라 복수의 방법을 조합시켜 작성된다.

[계획실시, 서비스효과의 체크]

이와 같은 서비스계획이 작성되면 이번에는 이것을 실시한다. 최만기 씨 자신도 각각의 서비스가 어떻게 이루어지는지를 이해하고 거기에 참가하는 것이 중요하다. 최만기 씨의 집으로 가정봉사원을 파견하는 수속을 하거나 병원을 다니는데 편리한 병원을 찾아 의사와 연락하는 등 세심한 업무가 계획실시 단계에서 필요하다. 어떤 서비스목표와 계획에 어떤 실제적인 업무가 필요한지를 표를 만들어 두는 것은 좋은 방법이다.

최근에는 대부분의 기관에서 이와 같은 일련의 작업을 표로 만들 수 있도록 준비하고 있다. 서비스가 실시되기 시작하면 이번에는 이러한 서비스가 실제적으로 기능을 잘 하고 있는지 모니터링하는 것도 필요하다. 최만기 씨와 연락을 하거나 또는 가정봉사원이나 의사와 연락을 취해서 계획한 서비스가 설정한 목표를 만족시키는지를 체크한다.

일반적으로 서비스에는 어느 종결점이 있다. 이 종결점은 앞에서 말했듯이 완전히 문제가 없어지는 시점이 아니라 사례관리자와 이용자와의 사이에서 작성된 서비스목표가 달성된 시점이다. 최만기 씨의 경우에는 최만기 씨 자신이 손주의 탄생을 기다리고 있는 것이나 기원의 친구가 있는 것, 이웃사람들이 최만기 씨의 일을 염려해 주는 것 등으로 그런 것들을 서로 이야기하면서 앞으로의 생활에 대한 의욕을 찾아내는 것과 동시에 앞으로의 생활을 보다 좋게 하기 위한 결정수단이 가능한 시점이 하나의 목표달성이라고 할 수 있다.

이 시점에서 서비스를 끝내고 초기 목표가 어느 정도 달성되었는지 '서비스 효과측정'이 이루어지는 과정이 필요하다. 서비스의 효과 측정이란 도대체 무엇인가? 이 표현을 들은 분은 효과 측정이라는 것이 매우 어려운 것처럼 들릴 수도 있다. 그러나 이 효과측정이라는 것은 경험을 쌓은 사례관리자라면 대부분 문장화하지 않고도 실천하고 있는 것이다.

'가정봉사원 서비스에 의한 영양관리가 가능한 식사'라는 목표달성은 몇 가지 다른 측면에서 그 효과측정이 가능하다. 행동면에서의 변화를 생각하면 '영양관리가 이루어진 식사를 착실하게 섭취하고 간식 등을 하지 않은 회수'로 측정할 수도 있고 이와 같은 식사가 최만기 씨의 당뇨병의 진행도 지표에 어떤 변화를 일으켰는지 하는 '당뇨치의 변화'를 측정할 수도 있다.

'1주일 3회의 외출'이라는 목표달성은 '1주일 3회 외출'이 이루어졌는지를 체크해도 좋고 그 외출이 초래한 최만기 씨의 생활에서의 '만족도'나 '외출에 대한 불안도'라는 인지나 감정이라는 측면도 체크할 수 있다. 서비스 효과의 측정에서는 서비스의 프로세스에서 예측되는 몇 가지 변화를 측정할 뿐만 아니라 종합평가로서 '이용자의 서비스에 대한 만족도'나 '주관적인 생활만족도'를 측정할 수도 있다. 원하는 효과측정은 서비스가 목표로 하는 복수의 행동, 감정, 인지도에서의 변화와 이와 같은 종합적인 지표 모두를 사용하는 것이다.

서비스 효과의 측정은 어디까지나 이용자의 문제상황의 포괄적인 사정이 적절히 이루어져 그것을 기초로 한 서비스 목표나 계획이 이루어지고 있는 것을 전제로 하는 것을 기억해야 한다.

효과 측정은 이용자가 스스로의 변화를 표로 작성해 기록하는 것으로 그 자체가 서비스방법이 되어 효과를 올리기도 한다. 또 효과측정은 이용자의 상태를 측정할 수도 있다. 이와 같이 효과측정은 단순히 서비스계획의 성공여부를 보는 것뿐만 아니라 그 자체가 이용자의 서비스목표 달성에 대한 역량을 강화하는 효과를 유추할 수 있게 된다.

결 론

이제까지 최만기 씨의 사례를 사용해서 노인 서비스의 '사정' 및 '서비스계획 작성'을 면접에서의 대화를 포함해 상세하게 설명하였다. 여기에서 제안한 사례의 이용자는 ADL을 주목해서 보면 기능이 낮은 사람이 아니었다. 그렇다 해도 서비스가 필요한 사람이었다. 상기와 같이 서비스개입이 없으면 최만기 씨는 아마도 조금씩 신체 기능이 떨어지고 또 생활면에서 삶의 보람도 발견하지 못하고 문제가 더욱 심각해질 가능성이 있었다. 상기의 개입은 이와 같은 문제의 심각화를 미연에 방지하는 예방적인 역할을 하고 있다.

우리들이 노인 상담 서비스를 할 때 이미 문제가 심각해진 사례에 대한 개입뿐만 아니라 심각한 문제가 발생할 수 있는 사례에 대한 서비스 개입이 더욱 중요하다.

참고문헌

1) 奧川幸子 : 未知との遭遇 ; 癒しとしての面接. 三輪書店, 1996.
2) 奧川幸子 : 在宅介護支援センター現任研修員講師要請講座での講義より. 1997.
3) Epstein, L. : Brief treatment and a New Look at the Task-centered Approach, Macmilian, NY, 1992.
1) 오쿠가와 사치코 : 미지와의 조우; 치유가 되는 면접, 산와서점, 1996.
2) 오쿠가와 사치코 : 재택개호지원센터 현임 연수원 강사 요청 강좌에서의 강의 중. 1997.
3) Epstein, L. : Brief treatment and a New Look at the Task-centered Approach, Macmilian, NY, 1992.

제 6 장 사례관리의 과정

학습목표

사례관리의 과정을 이해하는 것으로 케어 플랜이 어떻게 작성되어 실시되는지를 학습한다. 이 때 ① 도입, ② 사정, ③ 케이스의 목표설정과 케어 플랜의 작성, ④ 케어 플랜의 실시, ⑤ 점검(모니터링), ⑥ 재사정, ⑦ 평가의 각 단계의 업무내용에 대해 이해한다.

사례관리를 시계열적으로 전개하는 요소가 사례관리 과정이다[1]. 이것은 사례관리에서 이용자와 사회자원을 조정해 나가는 과정이라고 할 수 있다. 학자에 따라 사례관리과정이 다양하게 전개되고 제시 되었다. 대표적인 예로, 시라사와 마사카즈는 사례관리과정을 7단계로 전개 하였다.. 이것은 도입, 사정, 케이스의 목표설정과 케어 플랜의 작성, 케어 플랜의 실시, 이용자 및 케어 제공 상황에 대한 점검(모니터링), 재 사정, 평가이다. 이것을 그림으로 나타내면 <그림 6-1>과 같다. 이 사례관리의 과정과 같이 지금까지 실시되어 온 케어 플랜으로 이용자가 사회생활기능을 지속할 수 없다면 재 사정에 따라 케어 플랜을 수정하게 되는 순환과정이며 참고로 SSI의 CM모델을 명시 하고자 한다.

---

1) 사례관리의 전개과정은 이념적으로 몇 가지 국면으로 정리할 수 있지만 현실적인 실천에서 각각의 국면이 중층적으로 전개된다.

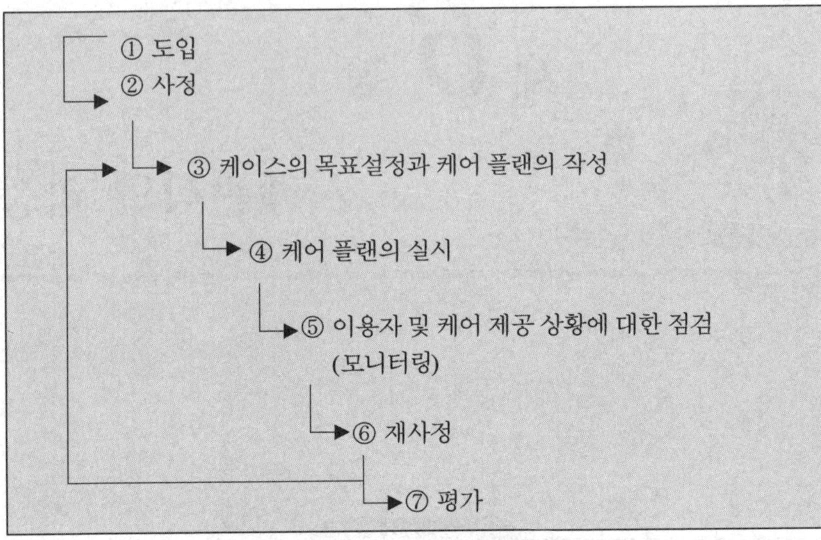

〈그림 6-1〉 사례관리의 과정

(출전) 시라사와 마사카즈 "사례관리의 이론과 실제", 중앙법규출판, 1992. 1, p17.

참조 1 SSI의 CM모델

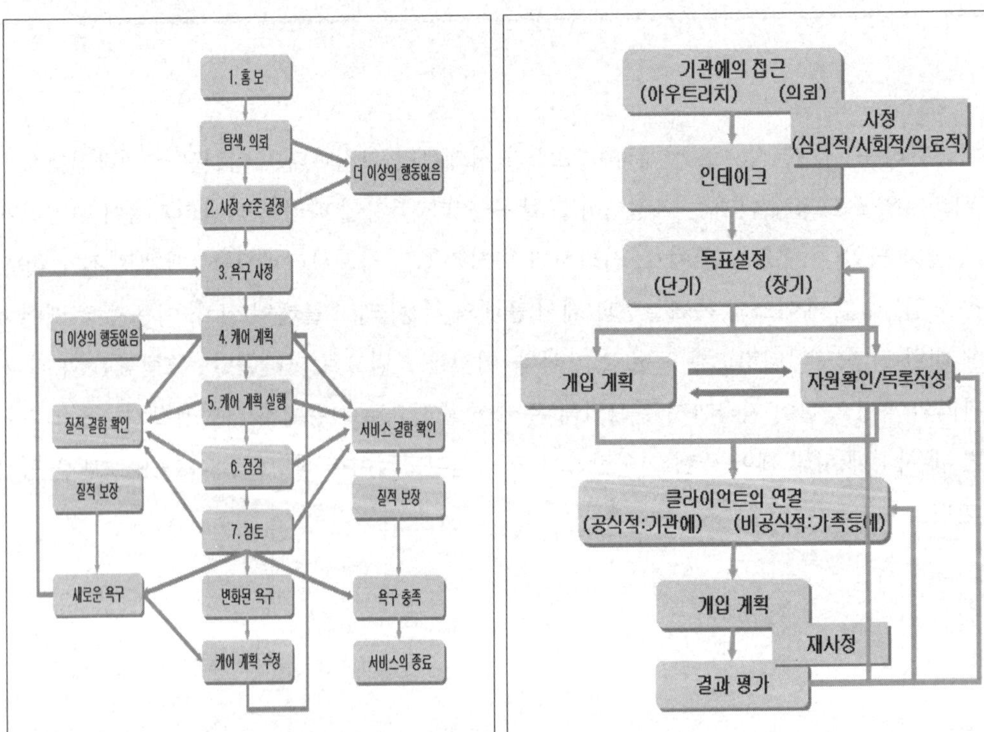

1. 도입

도입단계에서는 주로 케이스 발견, 스크리닝, 초기면접이 이루어진다.

케이스 발견에서는 사례관리자 스스로의 아웃리치[2])를 포함해 이용자를 어떻게 조기에 발견할 것인지가 중요하다. 이용자가 스스로 사례관리 기관을 찾거나 방문하는 경우는 드물기 때문에 이용자는 문제나 욕구를 갖고 있으면서도 서비스 이용을 포기하거나 관계 기관들이 책임회피를 하는 경우가 발생하고, 지역에서 생활하지 않는 사례관리자가 이러한 모든 이용자를 자력으로 발견하는 것은 어렵다. 따라서 자치단체 직원, 복지위원 및 아동위원, 개업의 등 지역주민 등이 사례관리가 필요한 이용자를 발견한 즉시 사례관리자에게 연락하는 지역시스템이 필요하며, 동시에 병원이나 노인보건시설과 같은 시설 등에서 퇴원(소)하는 이용자에게 연락하거나 통보하는 케이스 발견시스템도 중요하다. 그러므로 사례관리자 또는 사례관리 기관은 지역의 자치단체, 아동복지위원 협의회, 의사회, 병원이나 노인보건시설 등과의 연대를 확립해야 한다.

스크리닝은 복잡한 욕구를 갖고 있는 사람에게 사례관리를 받게 하고, 긴급욕구를 갖고 있는 사람에게는 우선적으로 그 욕구에 대응하며, 단순한 욕구를 갖고 있는 사람을 단순한 정보제공만으로 충분한 사람(사례관리를 받을 필요가 없는 사람)으로 분류하는 것이다. 이 때 초기면접지가 되는 서비스 용지 등을 활용해서 이용자의 매니지먼트의 필요도를 이해하면 보다 정확하게 이용자를 분류하게 된다.

사례관리 서비스가 필요한 이용자에 대해 사례관리 서비스내용을 알기 쉽게 상세히 설명하고, 이용자가 이러한 사례관리를 받을 것인지에 대한 이해와 계약을 하는 초기면접도 이 단계의 범위에 들어간다. 초기면접에서 사례관리자는 다음 세 가지 사항을 설명하고 사용자로부터 이해를 얻어야 한다.

① 사정 단계에서 개인에 관한 많은 내용을 질문하는데, 그것은 이용자가 바라는 서비스를 함께 생각하는데 꼭 필요한 작업이다.

② 사정 후에 재가생활을 하는데 필요한 케어 플랜을 함께 작성하고 실시한다.

③ 사례관리자가 지속적으로 상담을 하게 함으로써 상담과 서비스의 핵심 인물이 된다.

여기에서 말한 내용은 이용자의 양해 없이 다른 사람에게 누설되지 않도록 비밀보장의 의무를 약속한다.

미국 등에서 일부 사례관리 기관에서는 동의서가 준비되어 있고 대인면접을 거친 후에 이용자와 사례관리자가 함께 사례관리를 추진하는 것에 대해 이해하고 동의한 다음 서명한다.

---

2) 아웃리치란 스스로 서비스 이용을 신청하지 않는 이용자에 대해 사례관리자가 적극적으로 자택 등을 방문해 지원하는 것.

2. 사정

두 번째 단계인 사정은 이용자를 사회생활의 전반적인 관점에서 이해하며, 현시점에서의 모든 종류의 문제점과 욕구를 사정하는 것이다. 사정 방법에는 초기 면접지와 같은 정형화된 질문항목 일람에 의한 경우와 정형화 되어 있지 않은 면접기법만으로 하는 경우가 있고 양자를 병용하는 것도 가능하다. 정형화된 용지를 이용할 수 있으면 사정이 상용되고, 용이하게 된다. 이 과정에서 유의해야할 사항으로는 사례관리자가 이용자와의 신뢰관계를 확립하면서 사정을 전개해야 하며. 사례관리자에게는 대인관계에 관한 기능이나 이용자의 존엄성과 이용자와의 대등한 관계유지라는 가치관이 요구된다.

사정 항목에는 현재의 문제 상황, 신체적·정신적 건강상태, 일상생활동작, 심리·사회적 기능, 경제상황, 이용자의 의지, 가치관 및 대인관계에 관한 정보, 세대구성, 거주상황, 이용자의 자조능력이나 프로그램에 대한 적극성, 현재 이용하고 있는 서비스와 지원, 서비스 자격요건과 관련된 경제상황과 거주 장소가 포함된다.

예를 들어 미국의 케어가 필요한 고령자를 대상으로 실시한 사정용지를 보면 사회생활에서의 문제, 가족상황, 경제상황의 도입단계에서 사정 항목으로

① 건강상태, ② 활동 영역에 대한 심리사회적 사정, ③ 심리상태에 대한 심리사회적 사정, ④ 정신상태, ⑤ ADL 및 IADL[3] 사정, ⑥ 투약에 관한 사정, ⑦ 각종 서비스의 이용 상황으로 용지가 나뉘어져 있다.

영국의 사례관리자용 '사례관리와 사정 -실무자 가이드'에서는 사정항목을 다음 15항목으로 분류하고 있다.

① 본인의 기본정보, ② 자기케어상태, ③ 신체적 건강, ④ 정신적 건강, ⑤ 의료상황, ⑥ 능력·태도·라이프스타일, ⑦ 인종·문화, ⑧ 생활력, ⑨ 이용자의 욕구, ⑩ 지역사회 네트워크의 지원, ⑪ 케어서비스의 상황, ⑫ 주택상황, ⑬ 소득상황, ⑭ 이송상황, ⑮ 위기상황을 통해 케어가 필요한 고령자에게 사회생활에서 어떤 문제가 있는지를 이해하게 된다.

미국에서 많이 개발되고 있는 포괄적인 사정용지로는 고령자용으로 듀크대학이 개발한 것으로 평가시간이 1시간정도인 OARS(Older American Resources and Services)가 유명하다. 그 외에 비교적 심리적인 요소가 강한 거랜드(Gurland et al.)가 개발한 CARE(Comprehensive Assessment and Referral Evaluation)이나 로톤 (Lawton et al.)이 개발한 MAI(Multilevel Assessment Instrument)가 사정구성으로 개발되고 있다.

---

3) IADL은 Instrumental Activity of Daily Living의 머리글자로 수단적 ADL로 번역되는 경우가 많다. 쇼핑, 청소, 전화 등 일상생활의 수단적 동작능력을 가리킨다.

3. 목표설정과 케어 플랜의 작성

세 번째 단계는 이용자와 함께 케이스 목표설정과 케어 플랜을 작성하는 것이며, 사례관리에서 케어 플랜을 구상하는 과정으로 사례관리가 갖고 있는 '계획성[4]'이라는 특징을 발휘해야 한다.

또 이 단계에서 케어 플랜 가운데 서비스 제공자 간의 공통목표와 역할분담을 준비함으로써 사례관리의 특징인 팀 어프로치 추진이 실행 가능케 된다.

자세한 내용은 6장(케어 플랜 작성 및 연습)을 참조할 것.

4. 케어 플랜의 실시

네 번째 단계는 이용자가 원활하게 질이 좋은 서비스와 지원을 받을 수 있도록 케어 플랜을 실시하는 단계이다. 사례관리자는 서비스나 지원의 제공주체와 관계를 맺고 이용자가 적절하게 서비스와 지원을 이용할 수 있도록 한다. 제공주체는 비공식적 지원과 공식적 지원으로 구분되는데 전자는 가족, 친척, 친구, 이웃, 봉사, 제도화되지 않은 자조단체 등이 포함된다. 후자에는 행정, 사회복지법인, 제도화된 자조단체, 지역의 자주적인 유상서비스 제공단체, 기업 등이 포함된다.

이 때 이용자의 사생활을 보호하기 위해서 이용자에 관한 정보를 타 기관에 전달하는 것에 관하여 동의[5]를 이용자와 가족으로부터 확보해둔다. 그것은 이용자로부터 얻은 정보를 사례관리 기관에서 헬퍼, 주간보호소, 봉사 등을 제공해주는 서비스 제공기관으로 전달하지 않으면 적절한 서비스를 받을 수 없기 때문이다. 그러므로 이용자의 정보를 다른 기관에 제공하는 것에 대한 동의서를 기록해 두는 경우도 있다.

이런 경우 동의서에는 이용자의 건강상태, 경제상황, 정신상태, 각종 서비스 이용상황 등의 정보 중에서 이용자에게 제공되면 안 되는 정보가 있거나 정보제공 동의기간은 몇 년간 유효한지를 명시할 수도 있다.

케어 플랜을 실시하는데 계획한 서비스와 지원을 이용하는 것이 불가능한 경우가 발생한다. 이런 경우에 사용자의 대변이나 옹호[6]를 통해 사례관리자는 노력하지만 그래도 불가능할 경우에

4) 사례관리가 각광을 받게 된 이유는 이용자의 지역생활지원을 계획->실행->관찰 순서로 반복해나가는 계획적인 지원에 있다.

5) 이용자에 관한 정보를 타인에게 전달하거나 타인으로부터 얻은 경우에는 이용자의 동의를 얻는 것이 전제가 된다.

6) 대변이나 옹호는 대변자의 기능으로 사례관리의 기능 중 하나이다. 대변 및 옹호는 사례관리자가 이용자의 입장에서 사회자원에 대해 적극적으로 작용해서 제도이용을 촉진하거나 제도개선을 꾀하는 기능이다. 이용자

는 이용자와 함께 케어 플랜을 일부 수정하게 된다.

케어 플랜이 실시된 시점에서 이용자의 사회자원 이용 상황이 정리된다. 여기에는 우선 1주간, 또는 1개월을 단위로 하여 이용자의 서비스 이용 일정을 작성한 케어 플랜 관리 표와 각각의 서비스 내용이나 빈도를 정리한 서비스 기록표가 있다. <그림 6-2>는 케어 플랜 관리표의 한 모델이다.

케어 플랜 관리표

상담자명________ 작성일 __ 년 월 일

기본서비스	월	화	수	목	금	토	일
조조							
조식							
오전							
점심							
오후							
저녁							
야간							

기타 서비스 :

건강관련 :

교통수단 :

경제면 :

사회·생활/정신면 :

주의사항 :

상기사항에 특별히 주의해서 점검할 것 :

〈그림 6-2〉 케어 플랜 관리표

에게 개별적으로 대변이나 옹호를 하는 것을 케이스 대변이라 하고 또 일정한 이용자층을 대상으로 집단적으로 대변이나 옹호하는 것을 집단옹호라고 한다.

5. 점검(모니터링)

다섯 번째 단계는 이용자 및 서비스 제공 상황에 대한 점검(모니터링)이다. 케어 플랜을 근거로 각종 서비스나 지원이 원활하게 시작되었는지를 검토한다. 이 단계에서 사례관리자에게는 두 가지 측면의 역할이 있다.

첫째, 이용자 자신의 ADL이나 사회상황의 변화에 따라 생활욕구의 변화를 점검하여 지속적으로 체크한다. 둘째, 서비스를 제공하는 사람이 적절한 내용의 서비스를 계속해서 제공하는지를 체크한다.

점검의 빈도는 높은 것이 바람직하며, 본인의 심신기능면에서의 변화가 심한 단계에 있는 이용자는 보다 빈번하게 점검을 실시해야 한다.

점검의 빈도는 이용자의 상황에 따라 개별적이지만 미국과 캐나다에서는 3개월 내지는 6개월에 한 번을 기준으로 하는 곳이 많다. 이런 점검은 사례관리자 본인이 실시하는 것과 동시에 이용자와 평상시 관련 있는 사람으로 부터 사례관리자가 정보를 얻는 방법이 중심이 된다.

이런 특정한 점검으로 새롭게 문제 상황이 밝혀지면 재 사정[7]을 실시한다. 또 서비스 제공자가 이용자나 사회상황에 변화가 생겨 생활의 욕구가 충족되지 않는다는 정보를 얻은 경우에는 세 번째 단계인 케이스 목표설정과 케어 플랜 작성으로 되돌아가서 사례관리 과정의 순환을 반복하게 된다.

점검을 통해 케어 플랜이 향후 순조롭게 실시되어 이용자가 사회생활을 영위하는데 있어 문제없이 지속해나가는 것을 확인하면 종결한다. 종결 이후에도 이용자가 나중에 상담하러 방문할 수 있도록 관계를 유지하고 재방문에 대한 언급을 해야 한다.

6. 평가

지금까지 사례관리 과정을 순서대로 설명하였는데 이 중 어느 단계를 강조할 것인가에 대한 사항은 각각의 사례관리의 내용에 따라 차이가 발생한다. 어느 사례관리에서는 케이스 발견에 역점을 두고 있고, 케어 플랜을 작성해서 실시하는 일에 초점을 둔 사례관리도 있으며, 케어 플랜 작성에 중점을 두는 사례관리도 있다.

여기에서는 사례관리의 기능을 어디까지 넓힐 것인가 하는 점에서 Ross의 견해를 살펴보면, Ross는 <표 6-1>과 같이 사례관리를 세 가지 모델로 정리하고 있다.

---

7) 기본적으로는 초기면접시 작성된 욕구의 변화를 근거로 재사정 하게 된다.

'일반적 모델'에 의하면, 사례관리자는 일회에 한정된 케어 플랜 작성과 실행에 머무르고, '코디네이션 모델'에서는 사례관리가 '이용자를 위한 옹호' 로서 케이스 옹호나 지원시스템[8]의 개발을 포함하고 있다. '포괄적 모델'에서는 사회개발기능으로써 자원개발을 위한 옹호를 추가하고 있다. 이러한 사례관리에 관한 관점의 차이로 이용자에 대한 변호나 사회개발기능을 어디까지 포함시킬 것인지 등이 달라질 수는 있으나, 그 중심은 사정을 하고 케어 플랜을 작성하고 서비스 제공자에게 의뢰해서 케어 플랜을 실시하는 것에 있다는 것을 알 수 있다.

〈표 6-1〉 사례관리·프로그램의 세 가지 모델

일반적 모델	코디네이션 모델	포괄적 모델
· 아웃리치 · 이용자 사정 · 케어 플랜 · 서비스 제공자에게 의뢰	· 아웃리치 · 이용자 사정 · 케어 플랜 · 서비스제공자에게 의뢰 · 이용자를 위한 옹호 · 직접적인 케이스워크 · 자연지원시스템의 개발 · 재 사정	· 아웃리치 · 이용자 사정 · 케어 플랜 · 서비스제공자에게 의뢰 · 이용자를 위한 옹호 · 직접적인 케이스워크 · 자연지원시스템의 개발 · 재 사정 · 자원개발을 위한 옹호 · 서비스품질의 점검 · 시민교육 · 위기개입

출전 : H.Ross, Proceedings of the Conference on the Evaluation of Case Management Programs, 1980.

참고문헌

Department of Health, Care Management and Assessment : Practitioners' Guide, pp.58-59.

Barbara Schneider, 'Care Planning : The Core of Case Management', Generations, Vol. XII, No.5, p.16, 1988.

H.Ross, Proceedings of the Conference on the Evaluation of Case Management Programs, March. 5-6, 1979, Los Angeles, Volunteers for Services to Older Persons, 1980

8) 비공식적 지원으로 가족, 친척, 이웃, 친구 등이 담당한다. 이 지원에도 각각의 특징이 있어서 그 특징들을 활용해서 전체적으로 이용자를 유지하도록 하는 시스템으로 기능하는 것이 바람직하다.

제 7 장 욕구 사정

학습목표

학제적 차원에서 재가 노인 사정을 개략적으로 살펴보고, 나아가 우리나라의 지역사회 노인들을 위한 효과적인 서비스에 필요한 다각적 접근법을 논의해 보고자 한다.

1. 재가 노인 사정에 대한 개요

미국의 보건의료 전문가와 정책입안자, 노인 전문가 모두가 직면하고 있는 공통된 하나의 현상이 고령화이며, 긴급한 조치가 이루어져야 하는 인구통계학적 과제라는 주장도 있다(Soldo, 1998). Scanlon은 이러한 인구통계학적 과제의 특성을 "2025년이 되면, 75세 이하의 고령자 수는 2배로, 80세 이상의 고령자 수는 3배로 급증할 것이다"라고 보고했다.

미국은 끝없이 불어나는 노인인구의 문제를 직시하고 있을 뿐만 아니라, 다양한 민족 및 문화를 배경으로 한 80대와 90대 이상의 고령자가 날로 급증하고 있다.

연령이 높아지고 특정 만성질환을 갖게 되면서 사회적 지원을 필요로 할 확률이 커진다는 것은 이미 기정화된 사실이다. 일부에서는 65세~75세 연령집단 중 13%, 75세~84세 연령집단 중 25%, 85세 이상의 연령집단 중 46%가 신체적, 기능적 장애를 갖게 되는 것으로 추산한 바 있다(McBride, 1989). Scanlon에 따르면, 65세~69세 노인들의 경우 단 13%만이 장기적 보호의 형태를 필요로 하는 반면에, 85세 이상의 고령자들의 경우에는 55%나 보조가 필요하다.

마지막으로, 65세 이상의 고령자들은 젊은 세대와 비교해 볼 때 병원입원 빈도가 3배 이상 높으며, 병원입원 기간도 2배나 길고, 사용하는 처방약의 양도 50%나 많다(U.S. Senate Special Committee on Aging, 1991).

고령자·장애인 의료보험제도가 65세 이상의 노인들을 대상으로 거의 보편적인 보호혜택을 제공하고 있기 때문에, 의료보험 지원을 통한 단기적 입원치료 및 퇴원 후 관리상의 동향을 살펴봄으로써, 급속히 증가하고 있는 노인층의 보건의료 요구에 사회가 부응할 수 있는 유용한 근거자료를 얻을 수 있다. Coulam 및 Gaumer의 종합적 문헌 검토 결과에 의하면, 메디케어(Medicare)의 포괄수가지불제(PPS)는 병원업계 자체는 물론 의사 및 환자가 주체가 되는 병원서비스의 이용 방식에도 큰 변화를 불러일으켰다. 이러한 변화를 통해, 단기 입원기간의 급격한 감소, 입원환자에서 외래환자 환경으로 의사 진료업무의 실질적 이동, PPS가 면제된 의료 시설이나 기관으로의 입원률 증가 등을 들 수 있다. 또한 1982년 과세형평재정법(TEFRA)에 의거, 기존 TEFRA법 하에 건강유지기구(HMO)에 수가를 지불하던 방식이 변경되었고, 그 결과 기구의 수익성이 향상되었다.

1) 지역사회 기반 서비스

노인인구의 수와 비율이 증가함에 따라, 지역사회 기반 의료서비스 및 사회복지사업의 필요성도 높아지게 된다. 미국의 경우, 1990년에는 약 1백 5십만 명의 장애가 있는 고령자들이 1회 이상 지역사회 기반 서비스를 이용하였으며, 2020년에는 이용 빈도가 거의 두 배로 늘어나, 이용자 수가 2백 4십만 명에 달할 것으로 보인다(U.S. Senate Special Committee on Aging, 1991).

도움을 필요로 하는 사람들 가운데, 고령자들은 외출하기 힘든 가능성이 2배가 넘는다고 보고된 바 있다(LaPlante, 1989). 이러한 고령인구와 관련된 다수의 장애가 본질적으로 만성질환에 해당하고 비제도적 환경에서 장기적인 치료 및 관리를 필요로 한다. 따라서 만성질환자에 해당하는 대다수의 고령자들은 가정 내에서 혹은 지역사회 환경에서 대부분의 시간을 보내므로(Benjamin, 1992) 별도의 제약이 없는 사람들에 비해 재가보호 서비스를 이용할 가능성이 높다.

노인을 대상으로 한 인도적이고 적절한 재가 혹은 지역사회 보호서비스 수요에 부응해나가는 것이 우리 사회의 주된 과제임에 틀림없다.

2) 재가보호서비스의 확산

지난 12～15년 사이에 재가보호서비스를 제공하는 기관들이 부쩍 늘어났다. 사정 및 사례관리 서비스를 제공하는 공공기관 및 민간기관, 가정도우미 기관, 비공인 재가 보건의료기관이 이러한 확산에 기여해왔다. 매디케어 인증기관은 물론 비인증 기관을 포함한 재가보호기관의 수가 1986년～1993년에 118%로 증가하였고 현재는 총 11,464개 곳에 달한다(Marion Merrell Dow, 1994). 1993년에는, 47개 주에서 재가보호기관이 늘어났고 1993년 재가보호환자들 중 대다수가 (74%) 고령자였으므로, 연령에 비례하여 이와 같은 이용 패턴이 지속될 것으로 보인다. 한 연구에서는(Branch et al., 1988), 85세 이상의 고령자들이 65세～75세 노인들과 비교하여 재가보호서비스에 대한 이용률이 12배나 높다고 보고하고 있다. 1983년과 1991년 사이에, 메디케어 지원 재가보호서비스에 대한 이용률 및 수가가 유의하게 증가하였으며, 회계연도 1983년에16억 달러에서 1991년에는 57억 달러로 총 의료수가가 올라갔다(Branch, Goldberg, & Williams, 1993).

3) 지역사회기반 서비스의 단편화

재정지원 출처가 복합적인 재가 서비스의 확산은 재가 노인들에게 서비스를 제공하는 전문 인력의 수준, 지식, 목표에 관한 불공정은 물론 서비스의 단편화에 영향을 미칠 수 있다.

재가 및 지역사회 서비스에는 지원적 보건서비스 및 사회봉사뿐만 아니라 예방서비스, 의료서비스, 재활서비스 등이 포함되어야 하며, 이러한 제도는 재가보호 및 지역사회보호를 필요로 하는 개인들을 위한 단일 창구를 가지고 형평성을 유지해야 한다. 현실적으로 재가보호서비스의 확산에도 불구하고, 범국가적이고 포괄적이며 장기적인 보호제도가 부재한 것이 사실이다. 지역사회 기반 보건서비스와 사회봉사가 상호 조화를 이루는데 미흡하고 많은 이들에게는 아직도 쉽게 접근할 수 없는 실정이다(Zimmer, 1992).

4) 비조직적 제도

여러 가지 서비스를 상호 조율하는 경우에 발생하는 어려움은 장기적 보호서비스를 위한 다원적이고 분절화된 자금 흐름에서부터 시작되는데, 이 경우 프로그램에 대한 권한이 분산화 되어 있는 경우가 많다. 이와 같은 프로그램에 대한 권한은 사회복지부나 교통부, 노인생활조력센터, 민영기관 등과 같은 여러 정부기관이 공유할 수 있는데, 이들 모두가 유사하거나 연관된 서비스를 제공한다.

예를 들어, 노인 1인이 동사무소를 통해서는 재가 지원서비스를, 민영 재가보건기관으로부터는 간호서비스를, 비영리기관으로부터는 가정배달 식사를, 지역노인복지센터로부터는 동료상담을 받을 수 있다. 이러한 관련 기관들이 철저한 사정과 조화된 계획 과정을 거치지 않는다면, 해당 사례에 대한 상호간의 관계를 알 수 없고, 최악의 경우에는 중복된 역할을 하게 될 수 있다.

5) 비보호 구역

서비스간의 중복성 이외에도 이러한 제도에는 틈이 존재한다. Wallace(1990)는 이러한 틈을 비보호 구역이라고 하는데, 비보호 구역에서는 서비스를 받을 수 없거나, 서비스가 제공되더라도 고령자의 욕구를 충족시키기에 적절치 못하다. 이와 같은 비보호 구역은 의존적인 노인들이 만족스러운 삶의 질을 유지하면서 지역사회에서 살아갈 수 있는 능력을 감퇴시킬 수 있다. 비보호 구역은 장기적 보호서비스의 3가지 특성인 이용성, 접근성, 수용성을 충족시키지 못한다.

(1) 이용성(availability): 일시적 간호위탁, 교통편, 가사도우미 서비스 등과 같은 서비스는 그 이용이 불가할 때, 노인이 독립적으로 살 수 있는 능력에 직접적인 영향을 미칠 수 있다. 많은 노인들의 경우, 특히 농·어촌 지역에 거주하는 노인들의 경우에는 그들이 선택한 환경에서 늙어가면서 살아나갈 수 있는 능력이 지역 자원 및 서비스의 이용성과 직접적인 연관이 있는 것으로 보인다(Koff, 1988). 노인들이 필요한 지역사회 서비스로 이동하기 위한 교통편이나 이외의 사회 자원의 부족으로 인해 너싱홈(nursing home)에 들어가게 된다고 주장하는 연구가 드물기는 하나, 우리의 임상적 관찰 결과가 이러한 사실을 입증하고 있다.

(2) 접근성(accessibility): 건강이 좋지 못한 노인은 복잡하고 장황한 신청양식으로 인해, 자신이 필요로 하는 서비스를 신청조차 할 수 없거나, 프로그램의 참여요건을 정확하게 이해할 수 없을 수 있다(Huttman, 1985). 현 제도는 사용자 친화적이지 않으며, 서비스를 손쉽게 사용할 수 없는 경우에 비용 증가에 대한 우려로 인해 나타날 수 있다.

(3) 수용성(acceptability): 서비스의 운영원리에 대한 이해 부족이나 지불능력 불가에 대한 우려, 혹은 재가 보조를 받았을 때 발생할 수 있는 절도나 폭행, 악용 등에 대한 우려로 인해, 이용할 수 있는 서비스를 수용하지 않는 노인들도 많다.

지역사회 서비스에서의 비보호 구역은 정부 프로그램의 문제인 동시에, 포괄적으로는 지역사회 서비스의 문제이다.

〈표 7-1〉 지역사회 기반 자원

지원내용	지원주체
복지 프로그램 및 지역사회기반 프로그램 정보 및 추천 프로그램, 전화 안심서비스, 방문도우미 프로그램, 일시적 간호위탁 프로그램 동료상담, 성인을 위한 주간프로그램	노인복지법 지방정부 United Way(UWA) 민간 비영리기관
교통 서비스 요금할인 서비스, 보조교통수단 서비스 고정노선 서비스, 이동서비스, 기타	지역 운송권한자 기타 후원자
재가보호 서비스 재가의료서비스, 가정부/가사도우미 서비스 호스피스 프로그램, 보조자 및 간병인 보호 사례관리서비스	메디케어/메디케이드 민간 보험 재향군인관리국 기타 후원자
영양 및 식단 프로그램 무료급식소, 가정배달 식사, 식권 배급 먹거리 나누기 및 도시락 프로그램	농무부, 노인복지법, 군(郡)단위 사회복지 민간 비영리기관, 노인복지센터
법적 서비스 추천 및 컨설턴트	노인복지법 군 단위 사회복지
소득보조프로그램 소득보장제 사회보장 장애혜택, 사회보장 연금혜택 미성년자 또는 장애아동이 있는 가정 보조	사회보장관리국 군 단위 사회복지
주택관련 서비스 Section 8 주택, 다세대 임대주택, 집합 주택 이코오(ECHO) 주택, 노인전용 하숙집(거주 보호)	주택도시개발부 민간 투자자 기타 후원자
기타 지역사회 서비스 건강보험 상담, 개별답변시스템, 노인복지센터 등등.	노인복지법, 지방 정부, 민간기관 등등

사 례

Mrs. W.는 중증 시력장애를 가지고 있는 91세의 미망인으로, 수년 전부터 아파트에서 혼자 살고 있다. 2년 전에 미국 주택도시개발부의 국가보조임대료를 신청하였다. 국가생활보조금에 의지하고 있는 Mrs. W.는 임대료로 매월 수입의 86%를 내고 있었다. 2년간 국가보조 주택 대기자 명단에 올라가 있던 그녀는 드디어 1순위에 오르게 되었다. 그녀는 14페이지 분량의 신청서를 우편으로 받았고, 여기에는 신청서를 작성하여 통보일로부터 평일 기준 3일 후 미리 약속을 잡고 주택사무국으로 해당 신청서를 가져오라는 지시서가 동봉되어 있었다. Mrs. W는 신청서를 읽을 수도, 지정된 약속장소를 찾아갈 수도 없는 형편이었다. 그녀는 사례관리 프로그램의 도움 없이는 이번 기회를 포기할 수밖에 없고 결국 국가보조금 없이 계속해서 임대료를 힘겹게 지불해야 한다.

▣ 고령자에 대한 인구통계학적 과제의 결과

Perkinson은

사회복지기관이나 의료전문가에게 접근하는 개인은 도움을 받는 입장으로 의존적 상태에 고정된다. 이러한 고령자는 자신의 문제를 규정하여 그 원인을 사정하고 치료책을 결정해줄 수 있는 전문가에게 전적으로 의존하게 된다. 따라서 해당 문제의 해결에 있어 능동적인 혹은 적극적으로 의사를 반영할 기회를 얻기 힘들다.

우리는 교통편이나 주택, 재정문제 등과 같이 명백하게 비 의료적인 문제들을 포함하여 고령자의 모든 필요요건을 의학적으로 치료하게 될 경우, "인간의 삶에 있어 노화의 의미와 당위성에 대한 잘못된 메시지가 전달되고, 비의학적 사회복지의 의의가 훼손되며, 고령자의 생활을 개선함에 있어 그 중추적 역할을 결코 적절하지 않은 의학이 맡게 된다."(Meulen, Topinková, & Callahan, 1994)라고 우려를 나타내었으며, Kapp가 언급한 바처럼 권한을 양도할 수 있는 노인의 권리를 마땅히 인정하고 존중하되, 이러한 과정을 너무 서두르거나 쉽게 진행하지 않는 섬세한 균형을 이루어 나감에 있어 핵심이 되는 윤리적, 법적 문제가 있다.

인구통계학적 요구의 또 다른 결과는 증가된 이용률이 개인자원에 대해 발생하는 서비스사용료가 될 수 있다. 사회에 진출하는 여성 인구의 증가 및 핵가족화 등과 같은 작용요인들의 결과로 비공인 보호제공자의 이용도가 낮아질 것이라고 보는 견해에는 이유가 있다(Manton, Corer, & Stallard, 1993). 이러한 현상은 가족구성원들 특히 여성들이 노인을 돌볼 여력이 없게 되거나 노인들이 지역사회에서 계속해서 살아가는데 필요한 지원을 할 수 없게 되었을 때, 노인들을 제도적 보호시설로 내모는 결과를 낳을 수 있다.

6) 재가보호의 중요성

고령자는 다른 유형의 보호 보다는 재가보호를 선호한다는 사실은 이미 입증된 바 있다(Keenan, 1989; Maraldo, 1989). 노인들에게 있어서 가정은 지역사회의 상해나 폭력이 난무할 수 없는 안전지대이자, 안락한 보금자리이다. 너싱홈 인구는 1993년을 기준으로 1,682,701명이 초과되었으며(Marion Merrell Dow, 1994), 일상생활 활동(ADL)이나 수단적 ADL을 의존하는 비시설입소 노인들이 너싱홈 이용자 수 보다 6배나 많다(Crimmins, 1990). 재가보호나 다른 가택간호 대안 책이 없이는, 이러한 지역사회 노인들을 돌보기 위한 너싱홈 자원이 턱없이 부족할 것이다. 그러나 가정방문을 가정의 안전성과 청결도, 영양섭취 및 흡연과 같은 생활방식, 약물 순응도 및 요실금과 같은 건강 문제, 가족 상호관계 등과 같은 다양한 중요 인자들을 관찰할 수 있는 귀중한 기회라고 생각하는 이들도 있다(Harper, 1992).

분명, 재가보호서비스는 매우 다양한 요구를 충족시켜주므로, 노인복지센터 및 급식프로그램과 같은 최소한도의 지역사회 서비스를 시작으로, 가장 집중적인 시설보호로 이어지는 연속된 서비스의 일환으로서 생각되어야 마땅하다. 미국 노인인구 비율이 높아짐에 따라, 재가보호의 중요성도 커지게 될 것이다.

7) 재가 사정

지역사회에 거주하는 노인들을 대상으로 하는 재가 노인 사정은 효과적인 서비스 운용에 대한 열쇠를 쥐고 있다. Rubenstein의 주장에 의하면, 노인 사정은 고령자의 의학적, 심리사회적, 기능적 능력을 측정하도록 설계된 다차원적이면서 학제적인 과정이다.

사정은 이용자가 받아야 할 서비스의 유형 및 수준에 대한 결정을 용이하게 해준다(Kane, 1985). 노인사정 과정은 단기간 입소, 병원의 외래환자 진료부 등 다양한 환경에서 발생할 수 있지만, 여기에서는 노인의 가정에서 발생하는 과정에 초점을 맞추었다. 사례관리자는 지역사회에 살고 있는 어떤 노인의 생활에 적절히 변화를 가져와야 하는 경우, 노인에 대한 사정이 결정적인 역할을 하게 된다. 노인들은 일반적으로 복잡하고 서로 밀접한 관계가 있는 여러 가지 문제들을 지니고 있으므로, 생물·심리·사회적 접근법을 적용할 필요가 있으며(Campbell & Cole, 1987), 이 접근법은 기능적·심리적·사회적·금전적 문제에 역점을 두고 있다.

고령자는 다중적 진단을 받아야 하며, 고령자 개인의 육체적, 정신적, 사회적 행복은 상호 밀접한 관련이 있고, 질환 및 장애에도 불구하고 독립적으로 기능할 수 있는 능력을 살펴보는 기능적 상태에 대한 측정이 가장 유용하다. 이러한 사정은 간병인, 피보호자에게 재가보호 이용자의 목적을 결정하게 될 정보를 제공하고(Brubaker, 1987), 처해진 환경 내에서 노인을 사정하는 것이 가장 효과적이다.

8) 사정 범위

사정의 형식적 측면을 살펴보기에 앞서, 사실상 모든 것에 대한 판단을 내리는 것이 인간조건의 일부가 된다는 점을 짚고 넘어가는 것이 중요하다. 이러한 기준은 각양각색이고 본질적으로 주관적이다. 노인에 대한 우리의 비형식적이고 자발적이며 종종 직관적인 판단은 정확할 수도, 잘못된 것일 수도 있다. 잘못된 판단이라면 고려하지 않아야 하며, 보호계획을 개발하는 단계에서 팀원들 간에 협의를 통해 도출한 것이라도, 학제적 사정이 재가보호 계획의 본질적 토대가 되어야 한다.

본문에서 논의된 학제적 사정은 다양한 기술과 능력, 교육을 포괄하고 있다.

이용자가 처해진 환경을 전제로 사정하는 것은 물론, 다양한 영역을 포괄해야 한다.

이것은 이용자를 다른 서비스에 위탁해야할 필요성 및 초기 개입의 필요성을 확인하게 해주고, 진행 중인 서비스의 윤곽을 잡게 해주며, 보호제공자로 하여금 재가보호 이용자의 변화에 대응하여 활동을 수정할 수 있도록 길잡이가 되어 준다.

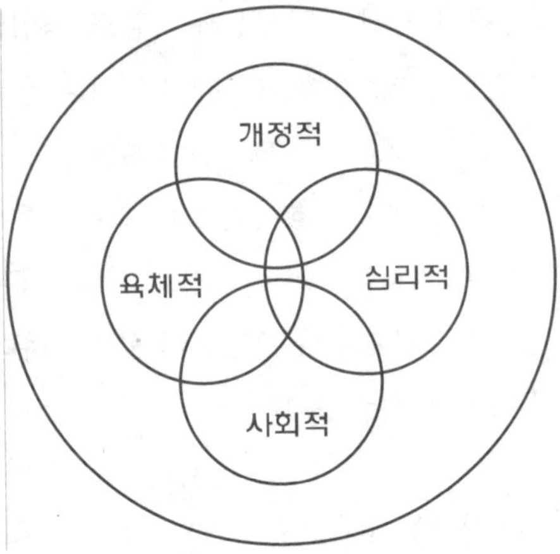

〈그림 7-1〉 노인 사정

(1) 1차 사정 전략 - 선별

선별(screening) 과정은 1차 사정 전략을 구성하며 비교적 간단하여 소요되는 시간이나 교육이 최소한도이고 일반적으로 정상, 비정상, 의심됨 등과 같은 육안 관찰결과를 이끌어 내는 단계이다.

(2) 2차 사정 전략 - 정보수집

고령자의 사정 결과, 비정상 또는 의심됨으로 확인된 경우, 해당 결함의 특질에 대한 보다 풍부한 정보를 수집하고 문제의 수준 및 중요성을 기술하고 측정하기 위해 2차 사정 전략이 사용된다. 이와 같은 정보는 담당의사가 치료계획을 마련하기 위한 목적으로 활용하거나, 사례관리자가 보호계획을 세우기 위해 사용한다(Opacich, 1991).

한 예로 간이정신진단검사(MMSE; Mini Mental Status Examination)를 들 수 있다. 이 2차 사정 전략의 대부분이 표준화되어 있어 전문가가 각 사정도구마다 특정한 원칙을 따라야하는 것은 사실이나, 특수 자격증이나 인증이 전혀 필요하지 않으므로 사실상 학제적 팀의 모든 팀원들이 사용할 수 있다.

(3) 3차 사정 전략 - 문제파악

3차 사정 전략은 그 초점이 제한되고 심층적인 고도로 전문화된 검사 혹은 측정법으로서, 특정 종류의 수행능력 결함에 대한 상세 정보를 얻을 수 있다. 이러한 사정을 관리하기 위해서는 고급 훈련과정과 특수 인증이나 자격증이 필요하다. 사정을 통해 얻은 자료에 대한 해석 시에는 사정도구에 대한 이론적 이해가 요구된다(Opacich, 1991).

재가사정을 통해 서비스 제공자는 해당 이용자의 강점 및 약점, 문제점 등을 판단하는 동안 충족되지 않은 욕구를 확인할 수 있다(Wasik, Bryant & Lyons, 1990). 사정을 수행한 실무자는 이용자의 종합적 실태를 파악할 수 있게 된다. 그러나 각 이용자에 대한 접근법은 반드시 개별화되어야 한다. 이용자들은 서로 유사한 문제를 경험할 수 있지만, 각자가 지닌 강점 및 약점, 고유한 지원시스템(Brubaker, 1987), 환경 등으로 인해, 해당 문제점에 대한 접근법이 달라진다. 다음에 제시되는 2가지 사례는, 유사한 장애를 가졌으나 현저하게 다른 지원시스템을 지닌 두 주인공이 매우 다른 개입을 어떠한 방식으로 정당화하고 있는지를 보여준다.

사례 1

89세의 미망인인 Mrs. G.는 혼자 살고 있으며 몇 해 전부터 인지기능의 상실이 악화되고 있다. Mrs. G.는 사람 지향적이되 시간 지향적이지는 않으며, 간헐적으로 장소에 대해서는 비 지향적이다. 그녀의 최근 기억력이 매우 쇠퇴했으며, 오래전 기억도 다소 상실된 상태이다. 또한 계산능력을 상실하였고 언어능력도 악화되었다. 그녀는 15년 전 남편과 사별하였고 슬하에 자녀가 없다. 유일한 동기간인 여동생은 2,000 마일이 넘는 먼 거리에 살고 있으며, 몸이 허약하고 건강이 나쁜 상태이다. Mrs. G.는 지난 해 동안 인지기능이 지속적으로 악화되었다.

은행잔고를 확실히 알고 있지 못하므로 전력공급회사로부터 여러 번 독촉장을 받은 바 있다. 점심식사를 때우기 위해 종종 관할 노인복지센터를 찾기는 하나, 의복착용에 문제를 나타낸다.

이와 같은 문제들에 대한 Mrs. G.의 견해는 자아동조적인 성향이 있다. 그녀는 자신의 건강이나 기능에 문제가 있다는 사실을 부인하면서 어떠한 도움도 찾아 나서지 않으려고 한다. 그녀의 친구들이 지난 2년 동안 가능한 한도 내에서 도움을 주어왔다. 이제, 친구들은 자신들이 줄 수 있는 것 이상의 도움이 그녀에게 필요하다고 느끼며, 본인이 문제를 외면하고 있기 때문에, 재가보호서비스는 물론이거니와, 때때로 친구의 도움조차 거절하고 있다.

사례 2

Mrs. K는 77세의 미망인이다. 2년 전 , 딸이 우연히 그녀를 찾아갔다가 난방도 없는 곳에서 제대로 먹지도 못한 채 살고 있는 모습을 발견한 것이 계기가 되어 그녀의 외동딸과 함께 이 지역으로 이사를 왔다 Mrs. K는 사람 지향적이며 자신이 딸과 함께 살고 있다는 것을 알고 있다. 이외에, 그녀는 장소에 대해서는 비 지향적이며 오래전 기억의 상당 부분은 물론 단기 기억의 대부분을 상실한다. 형제자매나 부모의 이름도 기억하지 못한다. 일련의 지시를 따를 수 없고, 종종 요실금 증세를 보이며, 계산능력이 없으며, 공간지각 능력에도 현저한 장애를 보인다.

인지기능의 상실이라는 유사한 문제에도 불구하고, 이 두 주인공은 매우 다른 개입을 필요로 하였다. 두 사례 모두에서 철저한 신체검사 및 신경학적 검사가 요구되었는데, 사례 1의 경우, Mrs. G.의 실질적인 지원시스템의 부재와 어떠한 장애도 인지할 수 없는 특성으로 인해, 그녀에게 필요한 보건서비스 및 사회봉사를 제공할 수 있는 후견인이 지정되어야하고, 너싱홈을 마련해주는 것이 필요했다. Mrs. K.는 이와 유사한 장애를 보이기는 하였으나, 그 개입방법이 매우 달랐다. 그녀의 딸이 자신의 어머니를 계속해서 돌보기를 원했지만, 과중한 스트레스와 피로를 호소하였다. 1주일에 3회 차 제공되는 주간보호소에 어머니를 등록함으로써, 딸에게 필요한 휴식을 제공하였다. 화장실이나 침실에 부착된 표지판과 같은 환경적 변화를 통해, Mrs. K.가 원하는 장소를 찾아가는 것을 도왔다. 욕실에 튼튼한 의료장비를 설치한 결과, 과거보다 훨씬 용이하게 어머니를 목욕시킬 수 있었다. 서면으로 작성된 정보와 재가보호 전문가와의 상담은 어머니의 인지장애를 보다 정확하게 이해하는데 큰 도움이 되었다. 결과적으로, 보호자로서 느끼게 되는 좌절감을 완화시켜주었다.

(4) 요약

노인사정(geriatric assessment)이라는 용어는 노인의 요구 조사에 대한 거의 모든 접근법을 포괄할 수 있다. 개별 실무자, 조직화되지 않은 다수의 실무자 그룹별, 또는 조직화된 목표가 성립되어 있고 이용자에 대한 체계적 접근법을 확보하고 있는 실무팀별로 사정이 이루어질 수 있다. 단, 사정이 주민의 복잡한 요구 및 치료 목표를 정확하게 반영해야 하는 경우에는 사정절차가 다차원적이어야 하고 임상의가 중요하다고 보는 요인들을 정확하게 측정할 수 있게 해주는 여러 수단을 동원해야 한다(Kane & Kane, 1981). 임상적 경험에 대한 대안이 없다고 하더라도, 실무자는 임상적 판단과 접목된 사정수단의 활용으로, 다른 서비스에 위탁하고, 개인별 상태를 사정하고, 사정결과를 분석하여 실제 일상적 개입을 마련하고, 바람직한 장기적 개입 안을 구축하기 위해 필요한 것들을 얻을 수 있다.

9) 다 학제적 · 학제 간 사정

다 학제적 사정과 학제 간 사정은 그 과정에 분명 차이가 있음에도 불구하고 일반적으로 혼용되어 사용되기 때문에, 이 두 가지 용어를 명확하게 구분 짓고 정의 내리는 것이 중요하다. 다 학제적 사정은 종종 동일한 환경에서 각자 독립적으로 업무를 보고 비형식적으로 상호관계를 맺는 전문 실무자 그룹을 수반할 수 있다(Goldberg, Tull & Sullivan, 1984). 이러한 모형에서는 각 실무자가 상호간의 커뮤니케이션이 거의 혹은 아예 이루어지지 않은 채 독립적인 상담이나 사정을 수행한다. 학제 간 사정은 동일한 환경에서 독립적으로 일하고 형식적으로나 비형식적으로 상호 관계를 맺고 있는 다양한 전문가들로 구성된다. 이러한 실무자들은 별도의 사정을 수행하되, 체계적인 방식으로 정보를 교환한다. 이들은 상호공조와 계획, 환자보호 수행을 통해 명확하게 정의된 공통된 목표를 달성하기 위해 조화롭게 업무를 진행하며(Campbell & Cole, 1987). 학제 간 팀 접근법을 통하여 재가보호 이용자 및 가족구성원들이 이러한 과정에서 맡게 될 결정적 역할을 인정하고 있다.

10) 팀 접근법의 이점

노인의료의 경우, 그 요건의 적용범위 및 복합으로 인해, 학제 간 팀 접근법이 권장된다. 공동연구적 또는 학제 간 팀 접근법은 다 학제적이거나 비공동연구적 접근법보다 효과적인 보호 결과를 가져온다. Schmitt 연구진은 학제 간 팀 접근법에 포함되어야 하는 기준을 개발하였다. 다시 말해, 동일한 개인을 보호하는데 있어 여러 가지 건강관련 분야들이 수반되며, 그러한 분야들은 노인에게 필요한 각기 다른 다양한 지식과 기술을 포함하고, 보호계획이 보호 제공자에 의해 공유되는 통합된 목표를 반영하며, 팀원들은 체계적인 커뮤니케이션 과정을 통해 정보를 공유하여 서비스를 조율한다.

11) 재가사정의 역학

효과적인 재가사정을 위해서는 이용자가 스스로 목욕을 하거나, 지시대로 약을 복용하고 그것을 기억할 수 있는지, 또는 영양가 있는 식사를 안전하게 준비할 수 있는지와 같은 구체적인 능력뿐만 아니라, 본인의 신뢰감, 가치판단 등의 미묘한 심리역학도 반드시 고려해야 한다.

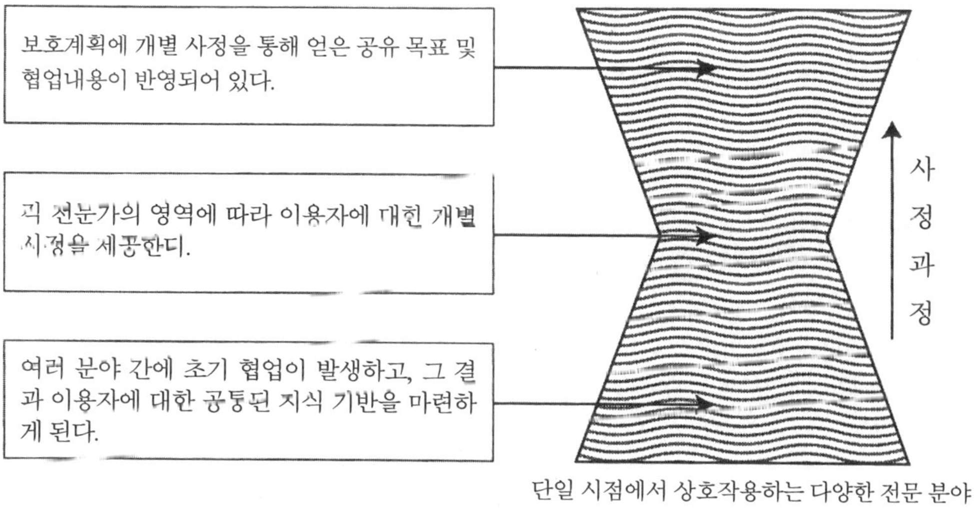

〈그림 7-2〉 3단계 사정과정: 사정 팀이 해당 이용자와 상호작용 함으로써 처음부터 끝까지 팀 협업으로 이루어지는 과정.

이러한 심리역학에는 노인이 오랜 이웃과 친구들이 있는 지역사회에서 사는 것을 가장 선호한다는 것과, 노인이 가지고 있는 가정에 대한 정서적 애착, 커져가는 의존성을 자인하는 두려움(Rowles, 1987) 등이 포함되어 있다.

Fogel은 재가생활을 통해 얻을 수 있는 수많은 이점들을 제시한 바 있다. 그가 제시한 이점으로는 독립성과 사생활의 보장, 가정환경의 친근성, 대인관계를 통한 안락함, 육체적/정신적 운동 원천으로서의 가정 유지 및 관리, 초대 환대, 인생 여정의 장소로서의 가정 등이 있다.

물론 재가 생활을 하는 것이 수많은 이점이 있다는 사실을 부정하는 사람은 있지만, 불행히도 사람은 나이를 먹고 육체적, 정신적 결함이 늘어갈수록 스스로 안전하고 독립적으로 생계를 유지할 수 있는 능력이 쇠약해지기 마련이다. Lawton의 주장에 따르면, 노인은 상대적으로 젊은이들에 비해 환경적 압력에 민감하다. 이러한 환경적 압력은 교통편의 이용불가 및 고가의 가정 수리비용, 일상적인 가정유지의 어려움 등에서 비롯될 수 있다(Callahan, 1992). 이러한 과정 중 어떤 시점에 이르게 되면 노인과 그 가족들이 거주 장소의 이전 가능성을 불가피하게 고려해보아야 할 수 있다. <표 7-2>는 Rowles가 개발한 요인들을 개괄적으로 나타낸 것인데, 이러한 요인들은 자신의 본거지에서 계속 살아가고자 하는 동기부여 또는 거주 지역을 이전해야 하는 동기부여와 관련이 있으므로 재가사정에서 반드시 다루어져야 한다.

12) 환경적 적합성

노화 과정은 우리가 환경과 상호작용하는 방법에 영향을 미칠 수 있는 수많은 물리적, 사회적, 재정적 변화들이 동반되어 나타난다.

〈표 7-2〉 주거 변화의 결정과 연관된 요인들

본거지에서 계속 살아가고자 하는 동기 부여	주거지 이전 이유
가정의 물리적 구성과의 친숙성 오랜 이웃 및 친구들을 떠나고 싶지 않음 높아지는 의존성을 자인하는 두려움 정서적 애착	건강 악화 주변 환경을 극복할 수 있는 능력의 저하 배우자 또는 동거인의 사망 친구들이 죽거나 멀리 떠남으로써 더욱 심화된 사회적 고립 상태 주거지를 유지 관리할 수 있는 육체적 능력의 부족

출처: Carstensen L. 및 Edelstein, B.,(Eds.) Handbook of Clinical Gerontology.

대개 중년에 이르면, 개인적인 요구와 처해진 환경이나 주거지 사이에서 어느 정도의 일치점 또는 적합도를 찾게 된다. 하지만, 고령이 되면서, 우리의 개인적 요구와 환경은 변화를 겪게 되고, 생리적, 경제적, 사회적 필요와 능력은 물론 건강상의 필요와 능력도 실질적인 변화를 피할 수 없게 된다. Rowles가 언급한 바와 같이, 이러한 변화들은 매우 서서히 진행되고 시간이 경과함에 따라 심화되므로, 수년에 걸쳐 발생되는 경우가 많으며, 이러한 변화들은 인간-환경간의 적합성상의 부조화를 포함하여 각양각색의 반응을 초래할 수 있다. Kahana의 인간-환경간의 적합성 이론에 따라 구체적인 개인별 요구와 환경간의 불일치가 스트레스의 주범이라고 주장하고 있다. 이러한 적합성과 관련하여 노인들이 경험하는 공통된 문제는 자신이 익숙해져 있는 방식으로 집을 유지 관리하는 것이 점차적으로 불가능해진다. 노인들이 지닌 여러 문제점에 대한 기능적 해결책은 매우 다양하다. 어떤 경우에는 도움을 모색하거나 단순히 집을 유지 관리하는 정도를 낮추는 것만으로는 해결이 되지 않는다. 또 다른 경우에는 환경적 집중화를 통해 주거지의 이용을 수정하는 방법으로 적응해나가게 되는데, 개인과 그 환경 간의 관계가 작용하는 삶이라는 무대에서는 반드시 역량이라는 개념을 고려해야 한다.

Rubinstein 연구진은 환경적 압력에 대처할 수 있는 노인의 능력과 관련성이 있다는 점에서 역량이라는 용어를 육체적, 인지적, 행동적, 사회적, 심리적 차원에서 사정될 수 있는 개인별 일련의 능력이라고 정의내린 바 있다. 역량을 갖춘 노인들은 자기 자신의 능력과 기질에 따라 직면해 있는 환경적 변화를 적합하게 만든다.

13) 친밀감, 환경적 중심화

노인이 거주지 이동을 해야 하는가 여부는 처해진 환경에 적응할 수 있는 당사자의 능력에 달려있는 경우가 많다. 친밀감, 환경적 중심화, 환경적 적합성이라는 유사한 테마들은 노인의 적응행동의 원인이 될 수 있다. 이러한 개념들은 가정 내 노화의 심리적 역학과 실제적인 역학 모두를 다루고 있다.

노인들은 오랫동안 몸에 익은 일상생활을 통해 자신의 환경에 친밀감을 얻게 되는데, 이러한 일상생활은 시간이 경과됨에 따라 미세하게 변화된다. 결과적으로, 노인들은 집의 물리적 구조가 매우 낡았음에도 불구하고 자신의 주거지에 만족감을 느끼는 경우가 많다. 이와 같은 만족감은 한 집에서 오랫동안 머물러 삶으로써 형성되는 환경의 친밀감에서 비롯된다(Taylor & Townsend, 1976). 많은 노인들의 경우, 물리적 환경에 대한 이러한 두드러진 친밀감은 개인적 역량을 극대화시키는 작용을 한다(O'Bryant, 1982).

Rubinstein과 그의 동료 연구진은 이러한 친밀감과 더불어 entexturing의 개념을 제시했다. entexturing이란, 공간 및 환경과 관련하여 다양한 감각경험(예 : 쾌적감)을 촉진시켜주도록 일상생활을 맞춤화하는 것을 뜻한다. 이들의 주장에 따르면, entexturing은 구조적으로 낡았음에도 불구하고 노인이 가정환경에 지속적인 만족감을 갖는 이유를 설명해준다. 또한 대부분의 노인들은 환경적 집중화를 통해 증가하는 제약요소에 적응해나간다. 이러한 과정은 기능적 제약요소들을 수용하기 위한 가정환경의 조작을 수반한다. 가령, 노인들은 가정의 특정한 부분에 고립되어 생활할 수 있으므로 대부분의 생활을 정해진 협소한 공간에 집중화하여 보낼 수 있다. 중증 장애를 지닌 개인은 생활공간에서의 친밀도 및 집중도를 통해, 독립적인 생활을 지속할 수 있게 된다. 가정환경에 관한 질적 연구에서, Rubinstein은 노인들의 경우, 생활과 환경적 특성이 주관적으로 얽혀있다고 결론지었다. 아래 사례는 환경적 중심화의 한 예에 해당한다.

사 례

Mr. B와 Mrs. B는 결혼한 부부로, 두 사람 모두 연령이 60대 후반이다. 이들은 수년 전부터 이동주택(mobile home)에 살고 있다. 남편인 Mr. B는 한쪽 다리를 무릎 위까지 절단한 상태이며, 중풍으로 음성장애가 있으며 당뇨병으로 인해 실명하였다. 그의 아내는 류마티스 관절염으로 심각한 장애가 있다. 독립 보행 능력이 없으며, 혼자서 식사를 하거나 옷을 입을 수도 없다. Mrs. B는 침상에 누워있지 않을 때에는, 거실에 있는 의자에 앉아 온종일을 보낸다. 주방은 고용된 간병인에 의해서만 사용되고, 다른 공간은 거의 사용되지 않는다. Mrs. B는 가장 편안해하는 특정한 의자에 항상 앉아있고, 침상에 누워있을 때를 제외하고는 휠체어를 타고 아내 옆에 앉아 있다. 깨어있는 시간의 거의 전부를 거실이라는 중심화된 장소에서 보낸다.

14) 가정의 심리적 중요성

재가사정 시, 가정의 심리적 중요성과 노인에게 있어 가정이 의미하는 바를 반드시 염두에 두어야 한다. Fogel의 말을 인용하자면, 보편적으로 가정에 대한 애정은 이로운 점에 대한 이성적 계산을 초월한다. 우리는 재가 노인을 사정하는 전문가로서, 각 개인을 저마다 다른 의미의 고유한 체계를 지니고 있는 실체로서 바라보아야 한다. Rubinstein에 따르면, 개인마다 지닌 고유한 체계는 일련의 필요와 목표, 변천사, 경험으로 이루어져 있다. 이러한 체계의 대부분이 가정에서 분명하게 나타난다.

가정의 의미나 중요성은 노화 과정의 일환으로써 체력약화나 허약정도의 증가를 경험하면서 달라질 수 있다. 쇠약해지는 건강상태는 우리 생활의 다양한 측면에 걸쳐 타인에 대한 의존도의 증가 및 통제력의 부수적 상실로 가시화되는 경우가 많다. 따라서 신체적으로 장애가 심한 노인들에게 있어 가정은 세상에서 불변하는 유일한 것으로 통제력 상실 및 자기결정력의 상실로 위협을 받을 수 있다. Fogel이 지적한 바처럼, 보편적으로 제자리에 머물러 있는 것의 심리적 장점이 다른 주거지로 이전하는 것의 잠재적 이점이나 편의를 능가한다. 이러한 감정은 새로운 주거지가 간호를 받기에 훨씬 용이하고 증대된 지원서비스와 안전성을 보장받을 수 있다는 사실에도 불구하고, 가정은 노인에게 있어 독립성과 자율성을 실질적으로 나타내는 유일한 상징으로 보인다.

15) 노인과의 면담

재가 노인을 사정하려면 사정수행 전문가가 구조화되거나 준 구조화된 면담을 실시해야 한다. 노인 면담 시에는 면담 기본규칙 중 다수가 적용된다. 단, 반드시 다루어야 할 특정 쟁점 및 사안들이 있다. 일반적으로, 모든 면담은 본질적으로 2가지 기본 원칙인 비밀보장과 자기결정에 준한다. 비밀보장이란, 면담 시 얻게 된 정보가 이용자와의 서면상의 동의 없이 타인에게 누설되지 않도록 하는 것을 의미한다.

의무적인 학대 보고의 경우에는 비밀보장에 대한 예외가 존재할 수 있다. 노인을 대상으로 근무하는 의료전문가는 여러 다양한 기관과의 공조는 물론 가족구성원과 자료를 공유하는 과정에서 기밀성 문제에 각별한 주의를 기울여야 한다. 자기결정이란 이용자가 자신이 어떤 정보를 공유할 것인지, 어떤 문제점을 기꺼이 처리할 것인지를 최종적으로 결정한다는 것을 말한다. 예를 들어, 사례관리자는 이용자의 집에 들어가서 쌓여 있는 신문더미와 집안 여기저기에 놓여 있는 도시락배달서비스의 도시락을 보고 집안이 어지럽혀 있다는 것을 알 수 있다. 이 할머니가 파악하고 있는 자신의 주된 문제는 병원에 갈 수 있는 교통편을 이용할 능력이 없다는 것이다. 사례관리자는 집안 청소에 대한 개인적 필요성을 잊어버려야 하고, 어지럽혀 있는 집안을 문제로 대두시키지 말아야 한다.

참고 2 노인 면담 요령

- 이용자를 직접 대면한다.
- 다소 가깝게 앉는다.
- 손이나 다른 물건으로 얼굴을 가리지 않는다. 사례관리자가 남성인 경우에는 얼굴에 난 수염이 잠재적인 문제가 될 수 있음을 알아둘 필요가 있다.
- 천천히 말하고 간단한 문장을 사용한다.
- 경어체를 사용하며 말을 간결화 하는 과정에서 본인의 감정을 일정하게 유지한다.
- TV나 라디오를 꺼서 배경 소음을 없애고 다른 사람들의 대화가 계속 진행되는 공간에서는 면담하지 않도록 한다.
- 청력 장애가 있는 사람들을 대하는 경우에는 목소리 톤을 낮추되 고함을 지르지 않는다.
- 청력장애인들과의 대화를 보조하기 위해 앰프와 같은 적절한 보조 장치를 활용한다.
- 다른 단어를 사용하여 중요한 요점을 여러 번 반복하여 말하고 면담의 내용을 요약하여 언급한다.

Harbert 및 Gingsberg의 주장에 따르면, 사례관리자가 노인을 대상으로 한 면담기술을 발휘하기 위해서는, 이용자와 우호적인 관계를 형성하고, 이용자가 자신의 문제를 규정하고 명확히 파악할 수 있도록 도와주며, 파악한 문제를 한 번에 하나씩 처리할 수 있도록 문제를 세분화하며, 우선순위를 매기고, 면담의 중요 요소 및 결론을 요약해야 한다. 또한 사례관리자 이용자의 감각상실을 고려하며 노인과 효과적으로 의사소통을 할 수 있어야 하고, 서로의 말을 알아들 수 있어야 한다. 많은 노인들은 어느 정도의 감각 장애 또는 인지력 상실을 경험하는데, 이러한 사실은 사정의 필요성에 영향을 미칠 수 있다. 사람의 감각은 효과적인 의사소통에 매우 중요한 역할을 하기 때문에, 필수적으로 이 사안을 감안해야 한다(Nussbaum, Thompson, & Robinson, 1989).

시력장애는 사람들이 타인과 상호작용하는 방식에 영향을 미친다. 시력장애가 있을 때에는 대화 중 자연스럽게 사용되는 여러 가지 비언어적 표현들을 놓칠 수 있다. 청각장애는 노인들에게 있어 흔한 증세이다. 사실, 전체 노인인구 중 32% 정도가 청각장애를 갖는 것으로 추산되며, 이러한 청각장애는 일상 활동에 제약을 준다(Hooyman & Kiyak, 1993). 청력손실의 공통된 원인 중 하나가 노인성 난청이라는 질환이다. 노인성 난청이 있는 사람들은 단어가 뒤섞여 나오고 어눌한 말소리를 내는 등의 이상증세를 호소하는 경우가 많다. 사람들이 빠르게 말하거나 외부에 방해요인이 있을 때, 노인들은 소리를 듣기가 더욱 어렵게 된다(Corso, 1997).

시청각 장애는 타인과 소통할 수 있는 능력에 치명적인 영향을 줄 수 있다. 많은 사람들은 이러한 손실을 보상하기 위해, 흔히 독순(입모양 읽기)이라고 일컫는 방법 등과 같이 다른 감각기관들을 총동원한다. 이외에도, 자기 자신과 면담자와의 거리를 좁히는 방법으로 자신의 기능적 장애를 보상하기도 한다. 이를 근접학적 침해라고 부른다(Nussbaum et al., 1989). 사례관리자는 이러한 사실을 고려하여 사유공간의 침해가 발생할 수 있으나, 이러한 침해가 노인과의 효과적인 커뮤니케이션을 위해 필요할 수 있다는 점을 미리 알고 있어야 한다. 노인들이 메시지를 만들거나 해독하는데 걸리는 시간이 증가하였다는 몇 가지 증거가 있다(Nussbaum et al., 1989). 이는 메시지 전달에 필요한 시간이 증가될 수 있다는 점을 시사한다. 사람들은 이렇게 증가된 메시지 전달 시간이나 청력손실의 영향을 쇠퇴한 인지능력의 증거로 간주하는 경향이 있다. 의료전문가들 뿐만 아니라 가족구성원들도 이러한 오해를 할 수 있다. 다음에서 그러한 예를 살펴볼 수 있다.

사 례

Mrs. Smith는 80대 중반의 미망인으로, 딸과 사위가 바로 맞은편에 살고 있는 이동식 주택단지에서 독거생활 중이다. 가족구성원을 잘 분간하지 못하는 까닭에 Mrs. Smith가 노인성 치매를 앓고 있다고 생각한 그녀의 딸은 적절한 시설을 찾기에 앞서, 사정을 요청했다. 공중보건 간호사와 사례관리자가 Mrs. Smith의 이동주택을 방문했을 때, 간호사는 Mrs. Smith에게 아마도 중증 청각장애가 있다는 사실을 알게 되었다. 또한 Mrs. Smith는 문간에 서있는 사례관리자를 보지 못했고, 간호사가 남성인지 여성인지도 분간하지 못했다. 이 사정 팀은 과거에 Mrs. Smith가 자신의 사위가 집에 들어왔을 때 그가 누구인지 알아보지 못했던 일을 알게 되었다. 당시, Mrs. Smith는 당황하지 않을 수 없었다. 이런 경우, Mrs. Smith는 그가 누구인지 직접 물어보아야만 했다. 이런 반응에 사위는 어리둥절할 수밖에 없었고 결국 장모님이 치매에 걸린 것 같다는 추측을 하게 되었다. 사정 결과, 중증 시력장애 및 청력장애가 사람을 분간하지 못한 잠재적 원인인 것으로 밝혀졌다. 시력 및 청력 검사일자가 잡혔고, 시력 및 청력을 교정 받은 Mrs. Smith는 그 후로도 오랫동안 자신의 이동주택에서 살 수 있었다.

참고문헌

American Society on Aging.(1992). *Serving elders of color: Challenges to providers and the aging network.* San Francisco: American Society on Aging.

Baker, G.T.(1998). Aging and the aged in America. In Select Committee on Aging, United States Senate(Eds.), *Proceedings of a congressional forum, legislative agenda for an aging society:* 1998 and beyond(pp.13-17). Washington, DC: U.S. Government Printing Office.

Benjamin, A.E.(1992). An overview of home health and supportive services for loder adults. In M.G. Ory & A.P. Ducker(Eds.), *In home care for older people: Health and supportive services*(pp.9-52). Newbury Park, CA:Sage.

Boult,C., Kane, R.L., Louis,T.A.,Boult, L., & McCaffrey, D.(1994). Chronic conditions that lead to functional limitations in the elderly. *Journal of Gerontology*, 49(1), M28-M36.

Branch, L.G., Goldberg, H.B., Cheh, V.A., & Williams, J.(1993). Medicare home health:A description of total episodes of care. *Health Care Financing Review*, 14(4), 59-74.

Branch, L.G., Wetle, T.T., Sherr, P.A., Cook, N.B., Evans, D.A., Hebert, L.E., Nasland, E.N., Keough, N.E., & Taylor, J.O.(1998). A prospective study of incident comprehensive medical home care use among the elderly. *American Journal of Public Health*, 78, 255-259.

Browne, C. & Broderick, A.(1994). Asian and Pacific Island elder: Issues for social work practice and education. *Social Work*, 39, 252-259.

Brubaker, E.(1987). *Working with the elderly: A social systems approach.* Newbury Park, CA:Sage.

Brummel-Smith, K.(1990). Introduction. In B. Kemp, K. Brummel-Smith, & J.W. Ramsdell(Eds.), *Geriatric rehabilitation*(pp.3-21). Boston: College-Hill.

Burton, L.(1992). families and the aged: Issues of complexity and diversity. *Generations*, 17, 5-6.

Callahan, J.J. Jr.(1992). Aging in place. *Generations*, 16, 5-6.

Cambell, L.J., & Cole, K.D.(1987). Geriatric assessment teams. *Clinics in Geriatric medicine*, 3(1), 99-110.

Corso, J.(1997). Sensory process and age effects in normal adults. *Journal of Gerontology*, 26, 90-105.

Coulam, R.F., & Gaumer, G.L.(1991). Medicare's prospective payment system: A critical appraisal. *Health Care Financing Review*(annual supplement),pp.45-77.

Crimmins, E.M.(1990). Implications of demographic and epidemiological trends for California's long term care policies. In P.S. Liebig & W.W. Lammers(Eds.), *California policy choices for long term care*(pp.7-27). Los Angeles: University of Southern California.

Cuellar, J.(1990). *Aging and health: Hispanic American elders.* Stanford Geriatric Education Center Working Paper Number 5. Palo Alto, CA:Stanford University.

Dillard, M., Andonian, L., Flores, O., Lai, L., MacRae, A., & Shakir, M.(1992).

Culturally competent occupational therapy in a diversely populated mental health setting. *American Jounal of Occupational Therapy*, 46(8), 721-726.

Estes, E.L., & Binney, E.A.(1989). The biomedicalization of aging: Dangers and dilemmas. *The Gerontologist*, 29, 587-596.

Fogel, B.S.(1992). Psychological aspects of staying at home. *Generations*, 16(2), 15-19.

Golant, S.M.(1984). *A place to grow old: The meaning of environment in old age*. New York: Columbia University Press.

Goldberg, R.J., Tull, R., & Sullivan, R.(1984). Defining discipline roles in consultation psychiatry: A multidisciplinary team approach to psychosocial oncology. *General Hospital Psychiatry*, 6, 17-23.

Green, J.W., & Leigh, J.W.(1989). Teaching ethnographic methods to social service workers. *Practicing Anthropology*, 11, 8-10.

Harbert, H.S., & Ginsberg, L.H.(1990). *Human services for older adults: Concepts and skills(2nd ed.)*. Columbia: University of South Carolina Press.

Harper, M.S.(1992). Home and community based mental health services for the elderly. In M.G. Ory & A.P. Ducker(Eds.), *In home care for older people: Health and supportive services*(pp. 126-135). Newbury Park, CA:Sage.

Hendriksen, C., Lund, E., & Stromgard, E.(1984). Consequences of assessment and intervention among elderly people: Three year randomized control trial. *British Medical Journal*, 289, 1522-1524.

Herzog, A.R., & House, J.S.(1991). Productive activities and aging well. *Generations*, 15(1), 49-54.

Hing, E., & Bloom, B.(1990). Long-term care for the functionally dependent elderly. National center for Health Statistics. *Vital and Health Statistics*, 13(104), 1-49.

Holmes, D., Teresa, J., & Holmes, M.(1983). Differences among Black, Hispanic and white people in knowledge about long term care services. *Health Care Financing Review*, 5, 51-67.

Hooyman, N.R., & Kiyak, H.A.(1993). *Social gerontology: A multidisciplinary perspective*(3rd ed.). Needham Heights, MA: Allyn & Bacon.

Hughs, S.L.(1992). Where we are and where we need to go. In M.G. Ory & A.P. Duker(Eds.), *In home care for older people: Health and supportive survices*(pp.53-74). Newbury Park, CA: Sage.

Huttman, E.D.(1985). *Social services for the elderly*. New York: Free Press.

Jennings, B., Callahan, D., & Caplan, A.L.(1998, February/March). Ethical callenges of chronic illness. *Hastings Center Report*(special supplement), pp.1-16.

Kahana, E.(1975). A congruence model of person-environment interrelation. In M.P. Lawton, P.G.

Windeley and T.O. Byerts(Eds.), *Aging and the environment: Theoretical approaches*(pp.97-121). New York: Springer.

Kane, R.A.(1985). Assessing the elderly client. In A. Monk(Ed.), *Handbook of gerontological services* (pp.43-69). New York: Van Nostrand Reinhold.

Kane, R.A., & Kane, R.L.(1981). Assessing the elderly: *A practical guide to measurement*. Lexington, MA: Lexington Books.

Kapp, M.B(1989). medical empowerment of the elderly. *Hastings Center Report*, 19, 5-7.

Katz, S., Halstead, L., & Wierenga, M.(1975). A medical perspective of team care. In S.Sherwood(Ed.), *Long term care: A handbook for researchers, planners and providers*(pp.213-252). New York: Spectrum.

Katz, S., Vignos, P.J., Moskowitz, F.J., Thompson, H.M., & Suec,K.H.(1968). Comprehensive outpatient care in rheumatoid arthritis. *Journal of the American medical Association*, 206, 1249-1254.

Keenan, M.P.(1989). *Changing needs for long term care: A chartbook*(Public Policy Institute Publication No. WI 4269 89, D13535). Washington, DC: American Association of Retired Persons.

Kellager, L.A.(1985,July). *The meaning of home for older people.* Papter presented at the XVIIIth International Congress of Gerontology, New York, NY.

Kinght, B., & Walker, D.L.(1985). Toward a definition of alternatives to Institutionalization for the frail elderly. *Gerontologist*, 25, 358-363.

Koff, T.H.(1988). *New approaches to health care for an aging population: Developing a continuum of chronic care services.* San Francisco: Jossey-Bass.

Koff, T.H.(1992). Aging in place: Rural issues. *Generations*, 16(2), 53-55.

Krefting, L.H., & Krefting, D.V.(1991). Cultural influences on performance. In C. Christiansen & C. Baum(Eds.), *Occupational therapy: Overcoming human performance deficits*(pp.101-122). Thorofare, NJ: Slack.

LaPlante, M P.(1989) disability and basic life activities across the life span. *Disability Statistics Report*, 1, 1-42.

Lawton, M.P.(1987). Environment and need satisfaction of the aging. In L.L. Carstensen & B.A. Edelstein(Eds.), *Handbook of clinical gerontology*(pp. 33-40). New York: Pergamon.

Manton, K.G., Corder, L., & Stallard, E.(1993). Changes in the use of personal assistance and special equipment from 1982 to 1989: Results from the 1982 and 1989 NLTCS. *Gerontologist*, 33, 168-176.

Maraldo, P.J.(1989). Home care should be at the heart of a nursing sponsored national health plan. *Nursing and Home Care*, 10(6), 301-304.

Marion Merrell Dow.(1994). *Managed care digest, long term care edition*. Kansas City, MO: Author.

McBride, T.D.(1989, March). *Measuring the disability of the elderly: Empirical analysis and projections into the 21st century*. Paper presented at the meeting of the Population Association of American, Baltimore, MD.

McMillan,A.(1993). Trends in Medicare health maintenance organization enrollment:1986-93. *Health Care Financing Review*, 15, 135-146.

Montgomery, J.E., Stubbs, A.C., & Day, S.S.(1980). The housing environment of the rural elderly. *Gerontologist*, 20, 444-451.

National Council on the Aging.(1975). *The myth and reality of aging in America*. Washington, DC: Author.

Nussbaum, J.F., Thompson, T., & Robinson, J.D.(1989). *Communication and aging*. New York: Harper & Row.

O'Bryant, S.L.(1982). The value of home to older persons and its relationship to housing satisfaction. Research on Aging, 4, 349-363.

O'Bryant, S.L.(1983). The subjective value of home to older homeowners. *Journal of Housing for the Elderly*, 1, 29-43.

Opacich, K.J.(1991). Assessment and informed decision-making. In C. Christiansen & C. Baum(Eds.), *Occupational therapy: Overcoming human performance deficits*(pp.355-372). Thorofare, NJ: Slack.

Ory, M.G., & Ducker, A.P.(Eds.).(1992). In home care for older adults: Health and supportive services. Newbury Park, CA: Sage.

Pepper Commission(U.S. Bipartisan Commission on Comprehensive Health Care).(1990, March). *A call for action*. Washington DC: Author.

Perkinson, M.A(1992). Maximizing personal efficacy in older adults: The empowerment of volunteers in a multipurpose senior center. *Physical and Occupational Therapy in Geriatrics*, 10(3), 57-72.

Roper,, W.L.(1998). Preface. *Health Care Financing Review*(annual supplement), preface.

Rowles, G.D.(1987). A place to call home. In L.L. carstensen & B.A. Edelstein(Eds.), *Handbook of clinical gerontology*(pp. 335-353). New York: Pergamon.

Rubenstein, L.Z.(1987). Geriatric assessment: An overview of its impacts. *Clinics in Geriatric Medicine*, 3(1), 1-15.

Rubinstein, R.L.(1989). The home environments of older people: A description of the psychosocial processes linking person to place. *Journal of gerontology*, 44, S45-S53.

Rubinstein, R.L., Kilbride, J.C., & Nagy, S.(1992). *Elders living alone: Frailty and the perception of choice.* New York: Aldine De Gruyter.

Sager, M.A., Easterling, D.V., Kindig, D.A., & Anderson, O.W.(1989). Change in the location of death after passage of Medicare's prospective payment system: A national study. *New England journal of Medicine*, 320(7), 433-439.

Scanlon, W.J.(1990). Demographics of long-term care: Populations, burdens of illness and costs. In R.W. Weltge(Ed.), *Long-term care: Economic imacts and financing dilemmas*(pp.1-10). New York: National Health Council.

Schmitt, M.H., Farrell, M.P., & Heinemann, G.D.(1988).Conceptual and methodological problems in studying the effects of interdisciplinary geriatric terms. *Gerontologist*, 28, 753-764.

Soldo, B.J.(1998). The demographic imperative: A policy perspective. In Select Committee on Aging, House of Representatives and the Special Committee on Aging, United States Senate(Eds.), *Proceedings of a congressional forum, legislative agenda for an aging society: 1988 and beyond*(pp.195-199).

Washington, DC: U.S. Government Printing Office.

Spence, D.A., & Wiener, J.M.(1990). Nursing home length of stay patterns: Results from the 1985 National Nursing Home Survey. *Gerontologist*, 30, 16-20.

Taylor, C.C., & Townsend, A.R.(1976). The local sense of place as evidenced in north-east England. *Urban Studies*, 13, 133-146.

Meulen, Topinkova, E., & Callahan, D.(1994). What do we owe the elderly? Allocating social and health care resources. *Hastings Center Report*, 24(suppl.), S1-S12.

U.S. General Accounting Office.(1991). *Administration on Aging: More federal action needed to promote service coordination for the elderly: Report to the Congressional Committees, U.S. Senate and House of Representatives*(Publication No. GAO/HRD-91-45). Wash-ington, DC: Author.

U.S. Senate Special Committee on Aging, The American Association of Retired Persons, Federal Council on the Aging, U.S. Administration on Aging.(1991). *Aging America: Trends and projections*(DHHS Publication No. FCoA 91-28001). Washington, DC: U.S. Department of Health and Human Services.

Wallace, S.P.(1990). The no-care zones: Availability, accessibility and acceptability in community based long term care. *Gerontologist*, 30, 254-261.

Wasik, B.H., Bryant, D.M., & Lyons, C.M.(1990). *Home visiting: Procedures for helping families*. Newbury Park, CA: Sage.

Zimmer, J.G.(1992). A model of a comprehensive care system: Case management, assessment and quality assurance. In M.G. Ory & A.P. Ducker(Eds.), *In home care for older people: Health and supportive services*(pp.115-125). Newbury Park, CA: Sage.

Zimmer, J.G., Groth-Junker, A., & McCusker, J.(1985). A randomized controlled study of a home health care team. *American Journal of Public Health*, 75, 134-141.

2. 접근성 및 안전성

학습목표

지역사회에서 살고 있는 노인들의 접근성 및 안전성 사정에 관한 전문용어 및 기본원칙, 구성요소에 대해 논의하고 독립생활에 있어서의 건축 상의 장애 및 기능적 장애에 역점을 둔 사정 방법을 이해한다.

가정 내에서 접근성 및 안전성을 고려할 때, 대다수의 사람들은 건축 상의 장애만을 생각하기 쉽지만, 기능적 특성도 장애가 될 수 있다. 가령, 기능적 제약은 인지장애나 시청각 장애 또는 체력, 운동능력, 균형감각 이상의 결과가 될 수 있다. 통제력을 거의 벗어난 통증, 족부 변형, 심장 이상, 호흡계 이상, 약물 부작용 등과 같은 부가적 문제가 발생하는 경우, 가정 내에서 낙하로 인한 상해 위험 및 감금 가능성이 현저하게 높아진다. 심리사회적 요인, 문화적 요인, 경제적 요인 역시 중요한 역할을 한다.

고령자의 장애는 다인성(多因性)이므로, 해결책 역시 다 학제적이어야 하며, 이용자도 사정 팀의 일원이 되어 의사결정 과정에 참여해야 한다. 점차 건강이 쇠약해지고 신체적 장애가 악화되는 노인인구의 기능적 필요를 충족시키기 위해서는 의료전문가, 이용자, 간병인 등 모두가 이러한 인구에 대한 새로운 법규의 영향을 이해하고 다양한 사회적 서비스를 활용할 수 있어야 한다. 예를 들어, 우리는 노인들이 신체적 쇠약이나 다양한 중증 질환의 악화에도 불구하고 재가 생활을 지속하고자 하는 경향이 있다. 가정 내에서 운동성 및 안전성을 향상시키므로, 간병인의 짐을 크게 덜어줄 수 있는 장비를 계획하고 확보하는데 있어 물리치료사나 작업치료사의 사정은 큰 도움이 된다.

Paulson 연구진이 주장한 바와 같이, 노인을 위한 기능적이고 안전한 환경을 조성하고자 함에 있어 의료전문가와 간병인이 마주치게 되는 또 다른 장벽은 65세 이상의 고령자들이 개인적 필요 요건과 우선순위를 가지고 있다는 점에서 다른 연령 군과 다를 바가 없다. 더 나아가, 이들은 처해진 환경 내에서 자신의 기능이나 안전성을 증대하기 위해 제시된 해결책에 반드시 동의하지 않을 수도 있다. 어떤 이들은 이동 장비를 사용하는 반면, 이러한 장비 사용이 독립성 및 안전성 증가를 보장할지라도 이를 거절하는 사람들도 있을 것이다. 사람의 도움을 요청하는 이들이 있는가 하면, 이러한 유형의 도움을 거부하는 이들도 있다. 74세 이상에 해당하는 고령자 280명을 대상으로 한 Wister의 연구에서는 이 점을 더욱 심층적으로 논하고 있다. 그의 연구 결과, 실험 모집단은 큰 변화

보다는 심리적으로 현 상황에 적응하려는 경향이 있다는 것을 알 수 있었다.

본 장의 목적은 지역사회에 살고 있는 노인들의 접근성 및 안전성 사정에 관한 전문용어 및 기본 원칙, 구성요소들을 살펴보고, 이용자들이 보다 접근 용이하고 안전한 가정환경을 설계할 수 있도록 원하는데 있어 물리치료사 및 작업치료사의 역할에 대해서도 논의한다.

더욱이, 작업치료사와 물리치료사의 실무범위가 일부 사정 및 치료 부분에서 중복되고 다른 부분에서는 고유하다는 것은 주목할 만한 점이다. 필요에 따라 다른 전문가에게 특별 추천이 이루어지기도 한다. 단, 지역마다 역할의 세부내용은 다를 수 있다. 교육훈련 및 전문기술의 분야 역시 각 직업 내에서 치료사들 간에 크게 차이가 있다. 그러므로 본 장의 취지는 각 직업의 전문기술을 최적으로 활용한 학제 간 접근법을 모색하고 어떠한 전문 영역의 경계를 결정짓는데 있어도 권한을 주장하지 않는 것이다.

1) 접근 용이한 환경을 조성하기 위한 법률상의 노력

대체로, 전통적인 건축설계는 노인인구의 변화하는 기능 요구를 충족시키지 못한다. 건축설계는 장애인에게 있어서는 환경적 장애물을 뜻하는 경우가 많다(Williams, 1993). 건축설계는 어떤 구역의 출입구 및 통로가 환경적 장애물을 뜻 하는가 염두에 두어야 한다.

1) 이용자의 상해 위험을 증가시키는 경우,

2) 이용자의 막대한 정신적 혹은 신체적 수고를 요하는 경우,

3) 이용자가 극복할 수 없는 경우에 장애 요인이 된다.

이러한 장애는 환경적 불일치라는 말로도 기술된 바 있다(Paulson et al., 1993). 예를 들어 계단이나 연석, 울퉁불퉁한 바닥표면의 존재는 지역사회 접근성을 저해할 수 있다. 휠체어에 의존하는 사람들의 경우에는, 출입구의 경사로의 부재가 접근성을 제약할 수 있다.

환경 개조를 요구하는 최근의 여러 법규 시행은 점차 체력이 쇠약해지고 기능적으로 무력화되는 노인 인구의 기능적 욕구를 충족시키는데 긍정적인 기여를 하고 있다.

Paulson 외 공동연구자들이 기술한 바와 같이, 1988년의 공정주택개정법(Fair Housing Amendments Act)의 통과를 계기로 개조식 주택에 대한 새로운 철학이 출현하였다. 1973년의 재활법(Rehabilitation Act) Section 504에 의거하여 ANSI가 마련한 최초의 연방정부 지침은 연방정부 재정지원 시설 혹은 국가보조 시설 내 아파트의 최소 5%는 반드시 신체 장애인이 접근이 용이하도록 만들어야 한다고 명시하였다. 현재, 이 5% 규정은 연방정부 재정지원이나 국가보조를 받고 있는 주택 내 모든 구성부분의 보다 보편적인 접근성 및 개조성을 이유로 무시되고 있다. 일반적인 접근성 규격에 부합

하는 것 이외에도, 새롭게 구성된 요소들 역시 개조가 용이해야 한다. 이와 같은 요소들은 신체 장애인을 수용하기 위한 목적으로 손쉽게 개조가 가능하도록 설계되어 있다. Paulson 연구진에 의하면, 개조성이란 개인의 필요를 충족시키기 위해 손쉽게 교체될 수 있거나 수공구를 이용하여 조정될 수 있는 것을 말한다. 그 예로 욕실에 욕조손잡이를 설치하는 것, 주방 찬장, 옷장, 선반, 화장실 변기의 높이를 변경하는 것을 들 수 있다. 장애를 지닌 잠재적 거주자는 자비를 들여 필요한 개조를 하는 것이 허용되어야 하며 이사를 나갈 때에는 이러한 개조설비를 제거할 수 있어야 한다. 가령, 3층 계단을 오르내리는 대안으로 경사로를 설치해야 하는 경우, 집주인은 이를 반드시 허용해야 한다.

참고 3 사회적 장애인의 수용시설을 위한 시방서

성인용 휠체어 사이즈	
좌석 높이	48.5cm
팔걸이 높이	76cm
푸쉬핸들(push handle)	91.5cm
발 높이	20.5cm
무릎 높이	68.5cm
눈높이	109-129.5cm
의자너비	66cm
의자너비 + 양손 공간	76cm
의자길이	106.5cm
의자길이 + 발 공간	122cm
발판 너비	45.5cm

방향전환에 필요한 공간	
벽사이의 U턴	152.5cm 이상
U턴 완료 길이	196.5cm
회전 공간(180°~360°)	152.5cm 직경 이상
복도 너비(T자형)	91.5cm 이상

통로 너비	
출입구(밝은 공간)	81.5cm 이상
복도(휠체어 1대)	91.5cm 이상
복도(휠체어 1대+보행자 1인)	122cm 이상
복도(휠체어 2대)	152.5cm 이상

경사로	
기울기 1:12 오르막길	76 cm 이하
기울기 1:12 내리막길	9m 이하
기울기 1:16 오르막길	76cm 이상
기울기 1:16 내리막길	12m 이하
기울기 1:20 오르막길	76cm 이하

손이 닿는 높이	
조절장치(측면방향)	137cm 이하(ANSI) 122cm 이하(연방규정)
순수높이(측면방향)	23cm 이상
조리대 위(측면방향)	117cm 이하
조절장치(전면 방향)	122cm 이하
51cm 조리대 위(전면방향)	122cm 이하
옷걸이	137cm 이하

음수전(drinking fountains)	
주둥이 높이	91.5cm
무릎과의 거리	68.5cm 이상
벽면으로부터의 돌출부	43-48.5cm

주방	
통로 폭	101.5cm 이상
U턴이 필요한 통로	152.5cm 이상
조리선반 너비	76cm 이상
조리선반 높이	91.5cm
대체값	81.5cm 조정가능
대체값	71cm 조정가능
조리선반 두께	5cm 이하
붙박이식 수납장 (바닥높이)	122cm 이하
다리 공간(가로)	76cm 이상
다리 공간(세로)	68.5cm 이상
다리 공간(높이)	48.5cm 이상

욕실 세면대	
세면대 돌출부	43cm 이상
무릎과의 거리(세로)	73.5cm 이상
무릎과의 거리(높이)	20.5cm 이상
발끝과의 거리(세로)	23cm 이상

기울기 1:20 내리막길	15m 이하
연석 간격	91.5cm 이상
연석 높이	5cm 이상 (너비는 맞춤)
두 난간 사이의 거리	91.5cm 이상
난간과 경사로 마루 사이의 거리	30.5cm 이상(연석 없음) 3.8cm 이상(연석 또는 벽면이 있음)
난간 사이즈(직경)	4.8cm 이하
연석 경사로:	
기울기	1:12
너비	122 cm 이상
엘리베이터 바닥 공간	(높이바닥 설치)
너비(중심구)	203cm 이상
너비(측면구)	173cm 이상
뒷벽 ~ 엘리베이터 문	137cm 이상
뒷벽 ~ 전면 벽	129.1cm 이상
문 열림	81.5cm 이상

발끝과의 거리(높이)	15cm 이하
거울 높이(바닥)	101.5cm 이하
바닥 공간(가로)	76cm 이상
바닥 공간(높이)	122cm 이상
욕실 변기	
변좌 높이	43-48.5cm
변좌 중심 ~ 측벽	45.5cm 이상
변좌 중심 ~ 세면대	45.5cm 이상
화장지걸이 높이	48.5cm 이상
뒷벽에서부터 화장지걸이	91.5cm 이하
까지의 거리	152.5cm
표준 스톨(stall) 너비	
표준 스톨	142cm 이상
(높이벽면 설치)	
표준 스톨	5 150cm 이상

대체 스톨 가로	91.5-122cm
대체 스톨 높이(벽면 설치 시)	167.5cm 이상
대체 스톨 높이(바닥 설치 시)	174.5cm 이상
욕조손잡이 높이	84-91.5cm
욕조손잡이 직경	3.2-3.8cm
욕조손잡이와 벽면과의 거리	3.8cm 이상
욕조	
대형욕조(상부 좌석)	152.5cm 이상
대형욕조(바닥 좌석 내장식)	190.5cm 이상
머리쪽 좌석(너비)	38cm
욕조로의 전면 접근	122cm 이상
욕조로의 측면 접근	76cm 이상
욕조손잡이 높이(바닥까지)	84-91.5cm
욕조손잡이 직경	3.2-3.8cm
욕조손잡이와 벽면과의 거리	3.8cm 이상

샤워시설	91.5cm
샤워부스	45.5cm
좌석 높이(측벽에서)	84-91.5cm
욕조손잡이 높이	3.8cm 이상
욕조손잡이와 벽면까지의 거리	
시각장애인을 위한 안전성	
지팡이 범위(세로)	68.5cm
지팡이 범위(가로)	81.5cm
지팡이 보폭	91.5-152.5cm
벽면 돌출부	
(바닥까지의 세로거리)	68.5cm 이하
벽면 돌출부(높이)	30.5cm 이하
벽면 돌출부	68.5cm 이상
(바닥까지의 높이)	
벽면 돌출부(높이)	10cm 이하
부수적 돌출부	10cm 이하
머리와의 거리	203cm 이상

참고문헌

American National Standard Institute(1980) #ANSI A117.1.
Federal Register(1980) Part III

출처: *The Rehabilitation Specialist's Handbook*(pp.824-828). 저자: J.M.Rothstein, S.H. Roy, S.L. Wolf Copyright© 1991 by F.A. Davis Company 허가 하에 발췌 인쇄함.

2) 노인들의 가정 내 안전성 및 접근성 요건

지역사회에 살고 있는 노인들의 안전성은 건강유지와 최적의 기능, 신체의 안전(personal security)과 관련이 있다. 지역사회 환경에서 독립적으로 생활을 영위하고자 하는 노인들은 반드시 기본적으로 다음 세 가지 기준에 부합해야 한다.

(1) 집안에서 A지점에서 B지점까지 안전하고 효율적으로 이동할 수 있는 능력
(2) 일상생활의 기본 활동을 안전하게 수행할 수 있는 능력
(3) 집밖으로 안전하게 나갈 수 있는 능력

*노인의 가정 내 안전성에 각별히 주목해야 할 이유는 다음과 같다.

① 노인의 경우 집안에서 보내는 시간은 늘어나는 반면, 지역사회에서 활동하는 시간은 줄어들기 때문에 집은 모든 활동을 위한 지주(支柱)가 되는 동시에, 육체적, 정서적 안정감을 찾는데 있어 가장 크게 의존하는 장소가 된다(Yerxa & Baum, 1987).
② 지역사회에 거주하는 65세 이상의 고령자 중 30%가 매년 넘어져 사고를 당하는 것으로 추산되며(Chandler & Duncan, 1993), 신체적 허약 및 낙상은 노인의 신체기능 및 삶의 질을 위협할 수 있는 최대 위험요소로 꼽힌다. 신체허약은 장기적 간호요구를 증가시킬 뿐 아니라, 노인들에게 가장 높은 상해 원인인 낙상의 위험을 현저하게 가중시킨다(Ory et al. 1993).
③ 노인들은 전체 연령 군 중 화재사고를 당할 위험이 가장 높다(Yerxa & Baum, 1987). 예를 들어, 감각기능(시각, 청각, 후각)은 노화가 진행됨에 따라 감도가 낮아지므로 노인이 주변 환경의 변화에 둔감하게 만들 수 있다(Wharton, 1993). 가령, 후각이 둔해진 노인은 가스선 누출이나 연기를 감지하지 못할 수 있다. 화재로 인한 사망 가운데 우연히 옷에 불이 붙어 사망한 경우가 65세~80세 고령자들 중 49%를, 80세 이상의 연령 군에는 73%를 차지한다(Christenson, 1990).
④ 노인의 개인적/신체적 안전은 기억상실이나 착란, 지남력장애로부터 유의한 영향을 받는다. 치매는 가장 일반적인 정신 질환이다. 알츠하이머병 환자가 전체 치매 환자의 60%를 차지한다. 인지장애의 발병률은 65세~74세의 경우 3%에서 85세 이상의 연령군의 경우 47% 이상에 해당한다. 그러므로 인지력 저하의 결과로 연령이 높을수록 안전 결여 위험도 높아진다.

3) 가정 안전성 및 접근성 사정을 위한 기본골자

(1) 사례관리자의 역할

지역사회 환경에 있는 노인들의 신체기능 및 안전성을 사정할 때 물리치료사 및 작업치료사의 역할은 환경과 관련하여 이용자의 기능적 필요요건을 사정하는 것이다. 환경의 안전성 및 접근성을 효과적으로 분석하기 위해 필요한 기본 기술은 다음과 같다.

① 심리적 노화 과정과 그 과정이 신체기능에 미치는 영향에 관한 이해
② 운동과학에 대한 지식과 그 지식을 과제 분석 및 상해 예방, 신체역학 교육, 특정 활동의 창의적 변형에 활용할 수 있는 능력
③ 일시적 기능/환경 요건과 영구적인 기능/환경 요건을 구별할 수 있는 능력, 향후 요건을 전망할 수 있는 능력
④ 환경 안전성 및 건축 상의 장애(물)에 대한 지식
⑤ 병약자나 진행성 만성질환자를 위한 개조 또는 보조 장비를 동원하여 환경에 적응해 나갈 수 있는 창조적 해결방안을 제시하는 능력

(2) 기본 개념

어떤 사람이 지닌 안전성과 그 환경에서 기능할 수 있는 능력은 환경적 요인과 환경외적 요인 모두에 의해 달라진다는 점에서, 재가 노인의 안전성 사정은 반드시 2가지 요소를 포함하고 있어야 한다. 즉, 신체적, 기능적 한계에 대한 규명과 생활환경에 대한 사정이 포함되어야 한다. 또한 개인적 한계와 생활환경 요건 사이에 반드시 관계가 성립되어야 한다.

Bailey(1982)가 기술한 인간 수행 모델에는 기능 요건에 영향을 미치는 요인들에 대한 간단하고 명료한 분류방법이 제시되어 있다. 이 모델에 따르면, 어떤 주어진 과제의 완수는 이용자, 실행, 환경이라는 3가지 요소의 상호작용에 의해 좌우된다. <그림 7-3>는 이와 같은 인간수행도 기본요소간의 상호의존성과 밀접한 관계를 보여준다.

사례관리자가 수행하는 초기 선별과정은 문제가 되는 한계점들이 기능적인지, 환경적인지, 혹은 심리사회적인지 이해할 수 있다.

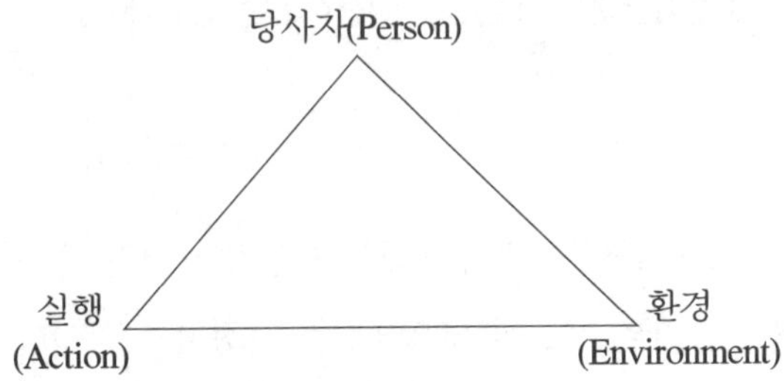

〈그림 7-3〉 Bailey(1980)가 기술한 바 있는 3가지 인간수행도 기본요소 간의 밀접한 관계 및 상호의존성

(3) 이용자(Person)

가정 내 접근성 및 안전성 문제에 대한 해결책은 당사자가 그 문제를 어떻게 바라보고 있는가, 어떻게 이해하고 있는가, 권고사항에 어떻게 반응하느냐에 따라 크게 달라진다. 경제적, 문화적, 교육적 배경도 개인별 반응에 영향을 미치므로 반드시 고려사항에 넣어야 한다.

(4) 실행(Action)

실행과정을 통해 해당 과제가 제시된다. 과제는 잠자리에서 일어나는 것에서부터 식사를 준비하는 것에 이르기까지 다양할 수 있다. 활동 보조는 피보호자의 기능적 요건 및 안전성 요건을 뒷받침해주어야 한다(May, 1993). 피보호자를 주요 팀원으로서 포함하기 위해서는 활동 보조를 계획하고 이행하는 단계에서 피보호자가 적극적으로 참여할 수 있도록 유도해야 하며, 해결방안의 장단점을 이용자에게 정확히 알려주는 것 역시 중요하다.

(5) 환경(Environment)

환경은 해당 과제의 수행이 일어나는 배경이 되며 수행에 영향을 미치는 각종 외적 요인들이 포함된다. 가장 분명한 요인들로는 구조적 환경과 사회적 환경을 들 수 있다. 단, 환경의 정의를 확대하여 지리적(시골 또는 도시) 위치는 물론 경제적 기회도 포함시킬 수 있다(Yerxa & Baum, 1987).

(6) 가정 내 안전성 및 접근성에 대한 장애요소

여러 장애요인들은 지역사회에 거주하는 노인들에게 접근성이나 활동성에 방해를 주어 결과적으로 안전을 위협한다.

모든 장애요소들을 제거할 수는 없지만, 장애요소의 수와 영향력을 최소화하게 되면 가정 내 안전성 및 접근성의 수용한계를 유지하거나 회복시키는데 긍정적 해를 주기 때문에, 다양한 장애요소들의 관련성을 확인 및 파악할 필요가 있다.

4) 환경적 장애요소

(1) 건축 상의 장애요소

구조적 환경의 설계는 개인의 일상생활을 제약하는 것이 아니라 용이하게 하고, 신체적, 심리적, 사회적 요구를 충족시킬 수 있게 해주며, 행복감과 안전감을 증진시켜주어야 한다(Yerxa & Baum, 1987).

일반적인 접근성 문제로는 휠체어나 보행용 보조 장치를 이용하는 경우 이동하기에 너무 좁은 현관 및 출입구, 복도, 너무 낮은 화장실 변기, 계단, 손에 닿지 않은 물건 등이 포함된다. 전형적인 안전성 문제로는 어두운 조명, 눈부심, 울퉁불퉁하거나 미끄러운 바닥, 난간이 없는 계단, 정리정돈이 되어 있지 않는 실내 환경 등이 있다.

(2) 사회적 장애요소

지역사회 접근성의 결여는 노인에게 사회적 장벽이 높다는 것을 의미한다. 지역사회에 접근하고자 하는 노인의 요구나 바램은 진료예약에 맞춰 병원을 가거나, 비즈니스에 신경을 쓰거나, 식료품점에서 쇼핑을 하거나, 미용실에 가거나, 교회에 다니거나, 친구 또는 친지를 방문하는 것과 같은 여러 활동을 필요로 할 수 있다. 집안에 갇혀 외출할 수 없게 되는 이유는, 운전을 할 수 없거나, 대중교통을 이용할 수 없다는데 있다. 이렇듯 실외 환경을 이겨낼 수 없는 것은 심리적 원인이나 신체적 원인에 의해 유발될 수 있다.

일상 기능을 수행하기 위해 부분적으로 타인의 도움을 받아야하는 노인들이 상당수이다. 1984년도에 65세 이상의 지역사회 거주 노인 2천 6백 4십만 명을 대상으로 한 국민건강실태조사에서, 19%가 보행 장애를, 10%가 목욕곤란, 6%가 의복착용 곤란을 호소하였고 27%는 복합적인 문제를 가지고 있었다. 이에 따라, 간병인의 존재는 물론, 간병인의 능력과 가용성, 피보호자와의 관계, 피보호자의 보호요건에 관한 교육 등이 건강 쇠약 및 신체 기능 저하를 겪고 있는 노인의 안전하고 기능적인 지역사회 거주에 결정적인 매개변수가 된다.

(3) 기능적 장애요소

기능적 장애요소는 본질적으로 환경외적인 것들을 일컫는다. 이러한 장애요소들은 당사자 내부의 문제이다. 이와 같은 문제들은 연령이나 관련 질환이 될 수도 있고, 신체장애 혹은 내재요인이라고 칭하며, 범주는 다음과 같다(Chandler & Duncan, 1993; Guccione, 1993)

- 근육골격계(예 : 한정된 관절운동범위)
- 신경근육계(예 : 근육무력)
- 심폐계(예 : 폐활량 감소)
- 감각기관(예 : 시력 감퇴)
- 피부계통(예 : 욕창)
- 정신상태(예 : 착란)

이러한 사정부문의 주요 목표는 이용자의 신체장애와 기능적 한계 사이의 관계를 규명하는 것이다. 예를 들어, 체력, 운동범위, 협동운동능력에 대한 측정값은 사례관리자가 일반적으로 수집하는 주요 자료가 된다. 단, 이러한 정보를 실무 용어로 바꾸는 것이 필수적이다. 여기에서 해답을 찾아야할 핵심 질문으로는 이용자의 어떤 신체적 문제가 일상생활에 필요한 활동을 안전하고 효율적으로 수행할 수 있는 그의 능력에 제약을 주는가이다. 예를 들면, 잠자리에서 일어나기, 옷 입기, 집에서 나가기 등과 같은 정보를 바탕으로 신체적 문제를 변화시킬 수 있는 가능성에 관한 결정을 내릴 수 있다. 일을 수행할 수 있는 능력은 신체적 문제를 교정하는 방법으로 회복이 가능하며, 해당 문제를 정상적으로 회복시키는 것이 전혀 불가능한 경우에는 환경을 개조하거나 일을 수행하는 방식을 바꾸는 방법으로 문제를 해결할 수 있다.

(4) 시각적 장애요소

65세 이상의 미국인들 중 3분의 2가량이 시력감퇴를 경험한다. 시각기능의 결함은 집안에서 안전성과 접근성 모두에 영향을 미친다(Dickman, 1983). 안전성 문제의 대표적 예는, 발을 헛딛거나 늘어진 전선, 문지방 같이 보이지 않는 장애물에 발이 걸려 넘어지는 낙상 위험, 켜져 있는 가스버너를 잘못 건드려 발생할 수 있는 화재 및 화상의 위험이 있다. 약품라벨과 같이 작은 인쇄 글자를 읽을 수 없는 것 역시 안전성에 영향을 미치며, 시력손실로 운전이 불가능한 경우, 지역사회에 대한 접근성이 제한될 수 있다.

노안은 정상적인 눈의 노화과정으로써, 시력은 물론 원거리 물체와 근거리 물체간의 초점 변경능력에 주로 영향을 미친다. 또한 눈은 노화가 진행될수록 어둠에 적응하는데 어려움이 커지게 된다. 30세의 경우, 눈이 어두운 공간에 적응하는데 걸리는 시간이 2~3분인 반면, 80세의 노인은 10분이나 걸린다. 시력변화의 발생률 및 시력감퇴속도는 개인마다 크게 차이가 있다.

노인인구에서는 시력에 영향을 주는 병적 변화도 만연하다. 이러한 변화들은 야맹증, 터널시야, 중심시력 상실, 법적시각상실을 야기할 수 있다. 백내장은 노인들 사이에서 가장 흔한 질환이며, 당뇨병성 망막병증 다음으로 법적시각상실의 가장 주된 원인이 된다.

초기 발견 및 치료를 통해, 이러한 연령 관련 시력변화의 발병 및 진행을 예방할 수 있다. 예를 들어, 70세 이상의 노인들은 1년을 주기로 안과 검진을 받는 것이 좋다.

나안시력, 주변시야, 지각력 검사는 종합적인 안전성 사정의 일환으로 이용자의 집에서 손쉽게 수행될 수 있다. 시력 검사의 경우, 피검사자로 하여금 주머니 크기의 Snellen [illegible] 읽어보게 함으로써 매우 작은 항목의 식별능력을 확인할 수 있다. 20/[illegible]00이라는 점수는 시력이 피검사자의 불안정에 기여하고 있다는 것을 말해준다. 주변시야의 경우에는 검사자가 자신의 손가락을 피검사자의 눈높이의 머리 뒤쪽에서부터 움직이되, 이 때 피검사자는 정면을 똑바로 바라보고 있어야 한다. 피검사자는 자신의 측면 시야에 검사자의 손가락이 처음 보일 때를 말해준다. 심도지각(depth perception)의 경우에는, 검사자가 양쪽 엄지손가락을 평행하게 놓고 피검사자의 정면을 바라본 채 눈높이에서 위쪽을 가리킨다. 검사자가 양손가락이 서로 멀어지게 움직일 때(한쪽은 앞으로, 한쪽은 뒤로), 피검사자는 손가락이 같이 뒤에 있는 것으로 보일 때(평행한 상태)를 말해준다. 피검사자가 8cm 이상까지 떨어져 있는 경우, 심도지각에 문제가 있을 수 있다. 안경착용자의 경우에는 원, 근시 겸용안경이 물체를 크게 보이게 하는 경향이 있어 층계와 같은 주변사물을 왜곡시킬 수 있으므로, 착용하고 있는 안경사용도 권장된다.

SNELLEN CHART

(피검사자의 눈과의 거리는 35cm, 밝은 조명하에서 카드를 들고 검사함)

874	20/400
2 8 4 3	20/200
6 3 8 E ш E X O O	20/100
8 7 4 5 Ǝ m ш O X O	20/70
6 3 9 2 5 m E Ǝ X O X	20/50
4 2 8 3 6 5 ш E m O X O	20/40

〈그림 7-4〉 나안시력 검사를 위한 주머니 크기의 Snellen 차트. 출처: 노인을 위한 물리치료(Geriatric Physical Therapy).

저자: J.M. Chandler 및 P.W. Duncan. Copyright© 1993 by Mosby-Year Book..

시력이 감퇴한 노인들을 위한 변형이나 치료는 안전성과 삶의 질 모두를 개선할 수 있다. 이것은 환경을 보다 구조화하고 예측가능하게 만듦으로써 실현될 수 있다(Christenson, 1990). 이와 같은 변화를 통해, 자신의 환경에 보다 큰 통제력을 발휘할 수 있게 된다. Kiernat 은 본인이 위험에 대비할 수 있게 해주는 일종의 통제력의 형태로써 예측성(predictability)을 구체적으로 거론하고 있다. 여러 연구문헌에서, 무기력감, 건강쇠약, 생존율 감소와 통제력 부족의 연관성을 시사하는 명백한 증거를 찾아볼 수 있다. 예측성은 특히 시각장애에 의해 위협을 받는 것으로 보인다. 따라서 가정 내 안전성 사정 시에 시각결손과 이러한 결손이 노인의 신체적/심리적 기능에 미치는 영향을 고려사항으로 포함시키는 것이 중요하다.

<표 7-3>은 연령에 따른 시력변화에 있어 일반적으로 고려해야할 사항들을 개략적으로 정리한 것이다. 이외에도, 미국시각장애인재단(American Foundation for the Blind)을 통해 개조 및 변형에 대한 추가 제안정보를 입수할 수 있다.

(5) 청각적 장애요소

청력손실은 타인과의 상호소통에 제약을 받는 것 이외에도, 개인의 기능적 능력 및 안전성에 영향을 줄 수 있다. 청력장애와 관련된 중요한 안전성 문제로는 전화 통화나 초인종 소리, 화재 경보음, 기타 비상사태를 알리는 소리, 물건이 떨어지는 소리, 흐르는 물소리, 깜박 잊고 있는 상태에서 물이 끓어 주전자가 삑하고 울리는 소리 등을 들을 수 없는 것(또는 간혹 들을 수는 있으나 일관성이 없음)을 들 수 있다.

〈표 7-3〉 시력 및 지각력 손실에 대한 환경 설계

연령관련 시력변화	문제점	영향	환경적/행동적 보조
주변시야의 시각결손	정면을 바라보는 상태에서 머리 옆에 있는 움직임이나 형태, 색상을 감지할 수 없음	측면 시야에서 벌어지는 환경적 위험이나 사람의 몸짓 등을 파악할 수 있는 능력의 한계	특히 낯선 환경에 있거나 운전 중에 자주 머리를 돌려보는 습관을 몸에 익혀 문제점을 보완.
위쪽 시야의 시각결손	상반시야가 20°까지 손상됨.	머리높이에서 벌어지는 몸짓이나 주변변화를 쉽게 놓침.	눈높이에 설명서나 기억해야 할 메모 부착; 샤워실이나 수납장의 경우, 눈높이에 혹은 그 아래쪽에 물건을 놓음.
조절력 감퇴	초점을 맞추는 능력의 상실; 근시가 우선 발현	작은 활자를 읽기가 힘듦; 처음에는 가까운 물체에, 나중에는 먼 거리의 물체에 정확히 초점을 맞출 수 없음	돋보기; 큰 활자체의 전화다이얼기기, 라벨, 약속달력, 전화번호부, 등.
심도지각력	물체에 대한 원근거리 및 부	장애물, 계단, 울퉁불퉁한 바	조명개선, 눈부심 조절, 색상대조,

감소	조를 판별 불가	닥과 같은 위험요소를 육안으로 판단할 수 있는 능력 감소	감각단서(sensory cue)에 관한 교육 등으로 문제 보완.
지연되거나 감소한 적응력	밝은 곳에서 어두운 곳으로 이동시 혹은 빛의 변화가 극심할 때 이에 시각적으로 적응하는데 어려움이 있음	빛의 변화에 즉각적으로 적응해야하는 상황에서 암시 및 시력 감퇴	야간등 사용; 어둠 적응의 소요시간을 단축시켜주는 빨간색 전구 사용; 방 입구 가까이와 침대 옆에 전원콘센트나 형광등 스위치를 설치; 자동타이머 사용; 조명이 희미한 곳에 조도를 높여줌.
도(圖)-지(地) 구별 불능	패턴별로 나타나는 착시현상	복잡한 형상 배경에 묻혀 있는 시각적 형상을 인지할 수 없음.	특히 복도나 거실에, 무늬가 있는 장판지나 바닥깔개는 사용하지 않음.
색감 및 색상 식별력의 상실	전체 색스펙트럼에 대한 감도 상실; 파란색, 녹색, 보라색 등과 같이 스펙트럼의 파란색 끝에 있는 색상에 대한 식별력이 가장 떨어짐	바닥면과 벽면 혹은 가구가 모두 어두운 색채인 곳에서 견디기 힘듦.	색 대비를 활용; 빨간색, 주황색, 노란색 등 따뜻한 계열의 색상이 어두운 배경에 대해 식별이 더 용이함.
저(抵)대비 식별력 상실	밝기 정도를 구별하는 능력이 감퇴; 그림자에 의해 착시가 나타날 수 있음.	특히 배경색이 밝으면서, 대비가 낮은 물체를 알아보기 힘듦; 천장 중앙에 달려있는 조명등은 그림자 형성을 악화시킴.	바닥과 벽면, 가구 간에 선명한 대비를 줌; 특히 대비를 위해 따뜻한 계열 색을 사용; 어두운 배경색에 밝은 색의 디테일을 사용(예 : 검정 배경에 흰색 글씨); 벽면 설치형 조명등 및 바닥용 램프 등과 같은 흐릿한 배경 등을 사용; 작업공간에서는 고조도 조명을 사용.
눈부심 민감도	노출된 전구나, 창문을 통해 들어오는 매우 강한 일광으로 인해 직접 눈부심 증상이 나타남; 윤이 나는 바닥이나 유리, 플라스틱, 광택이 있는 가구로부터의 빛 반사로 인해 간접적 눈부심이 나타남.	눈부심 증상은 선명한 시야 및 물체 식별을 방해함.	광원을 개조; 번쩍이는 표면으로부터 반사를 막기 위해 조명기구를 재배치할 수 있음; 반사면의 개수를 줄여 눈부심을 최소화; 창문을 통한 눈부심은 커텐 등으로 최소화가 가능; 실외에서는 선글라스나 얼굴가리개, 챙이 큰 모자, 우산 등으로 눈부심을 줄일 수 있음.

또한 의료진이나 간병인이 말한 중요한 지시사항을 놓칠 수도 있다.

노인성 난청은 고령의 생리적 퇴행성 변화로 인해 양측 청력이 점차적으로 상실되는 것을 말한다. 65세 이상의 노인인구에서 청력상실의 발병률은 청력상실을 측정하기 위해 사용되는 기준에 따라 약 30%～ 83% 범위에 이른다. 65세 이상의 고령자들의 경우, 신체 기능에 가장 큰 제약을 주는 장애인 관절염 다음으로 청력장애가 꼽힌다. 노인들이 노화와 관련된 특정 문제를 안고 살아가야한다고 이야기를 듣는 경우가 잦은 것은 사실이나, 청력손실이 반드시 이 범주에 속하는 것은 아니다.

노인을 대상으로 한 의료전문가는 진행성 청력상실 및 청력상실을 앓고 있는 사람들을 전문의료진이나 시설에 추천함에 있어 적극적인 역할을 해야 한다. 점진적인 퇴행으로 인해 노인들이 청력 장애를 초기에 호소할 가능성이 낮고 이에 따라 완전히 청력을 잃어버리게 될 수 있다고 경고하였다. 다음과 같은 특정 행동이 청력 상실을 나타내므로 종합적인 안전성 검사 시에 주의하여 살펴보아야 한다. 주의산만, 큰 소리로 말하기, 동문서답, 상대방에게 다시 한 번 말해줄 것을 빈번하게 부탁하는 것, 말하는 사람 쪽으로 계속해서 귀를 향하고 있거나 기울이고 있는 동작 등, 청력 문제에 관해 당사자에게 직접 물어보는 것도 중요하다.

(6) 인지적 장애요소

인지 기능의 변화는 다중적 요인들에 의해 영향을 받을 수 있다. 이러한 요인들로는 심리사회적 요인(예 : 우울증, 사회적 고립, 불안, 비애, 등)과 의사소통 장애 등이 있다. 잠재적인 의학적 요인들로는 약물 상호작용이나 약물과다복용을 들 수 있다. 또한 감염 및 영양 불균형 및 대사 불균형이 인지적 상태의 변화에 영향을 미칠 수 있다. 현재 증상들로는 손상된 단기 기억력 및 지남력장애 등이 포함된다.

몇몇 치매성 질환은 점진적으로 발현이 되므로, 조기 발견이 어렵다. 환자가 친숙한 환경에서 벗어나 있거나 일상생활에 변화가 있는 경우에만 증상이 밖으로 드러난다. 또한 인지적 변화 및 행동적 변화가 발견되는 경우에는 중독 및 금단 증상이 아닌지 고려해보아야 한다.

- Folestein Mini Mental State : 11개의 질문항목이 포함되어 있고, 수행소요시간은 5~10분 정도로, 정신기능의 인지적 측면에 초점을 맞추고 있다.
- Pfeiffer Short Portable Mental Status Questionnaire : 10개의 질문항목이 포함되어 있고, 중등도 및 중증 인지장애를 선별하기 위한 용도로 사용 가능하다.

이것은 이용자가 시간과 장소, 간병인의 정체성을 정확히 파악할 수 있게 해주는 일정한 상기도구로 환경을 보강함으로써 더욱 촉진된다.

> **"사소한 배려가 효과성을 높인다"**
>
> 종종 적절한 변화가 장애를 최소화하고, 안전성을 증진하며, 일상생활 활동을 지원하며, 간병인의 짐을 덜어줄 수 있다. 결과적으로, 한 인간이 독립적으로 지낼 수 있으며 자신의 가정에서 안전하게 삶을 영위할 수 있다. 다음은 일반적인 접근성 및 안전성 문제와 그 해결책을 보여주는 일례이다.
>
> 이용자는 지난 50년간 자기 소유의 농장이 있는 고향 마을에서 살아온 70세 노인이다. 그의 침실과 욕실은 2층에 있다. 거실과 주방으로 내려오고 이웃 친구들과 체스를 둔다. 최근까지도, 장작패기와 정원가꾸기, 볼링을 즐겨했다. 그런데, 얼마 전부터 시야가 흐려지고 청력이 현저하게 감퇴하기 시작했다. 관절염이 심해 계단을 오르내리거나 앉은 자세에서 서는 동작을 하기가 어려웠다.
>
> 사정 결과, 안전성을 개선하는 동시에 그의 생활을 훨씬 편안하게 해줄 수 있는 몇 가지 방안이 있는 것으로 판단되었다. 그가 체스를 두는 거실의 조도를 높여주고, 번호버튼의 활자가 크고 전화벨 소리가 큰 전화기를 설치하였다. 층계의 양쪽에 난간을 설치하고 높이가 낮은 변기를 교체함으로써, 무릎에 가해지는 부담을 덜어주었다.

5) 가정 내 안전성 및 접근성 사정의 구성요소

물리치료사나 작업치료사가 가정 내에서 수행하는 초기사정이 반드시 특정 절차를 따라야 하는 것은 아니다. 다만 안전성 체크리스트, 설문지, 수행등급척도 등과 같은 형식적인 사정도구를 사용할 수는 있다.

이러한 형식적 도구의 장점은 정보에 일관성을 보장할 수 있다는 점이다. 또한 가정환경에서의 사정을 수행하게 되는 초보 사례관리자에게는 하나의 길잡이가 될 수 있다. 반면에, 이러한 보편적인 자료수집 도구를 사용하는 방법의 단점은 불필요한 정보를 수집하거나, 이용자의 고유한 환경이나 기능적 필요에 관한 정보가 간과될 수 있다는데 있다.

표준화된 접근법 혹은 체계성이 다소 떨어지는 접근법을 사용하느냐의 여부와는 별개로, 이용자에게 실권을 쥐어주어야 한다. 이는 이용자에게 직접 자신이 인지하고 있는 가장 큰 문제나 제약이 무엇인지를 물어보고 해결책 모색에 이용자의 적극적인 참여를 장려함으로써, 성취될 수 있다. 전략과 대안, 잠재적 해결책 각각의 장점과 단점에 관한 공동 논의는 적극적인 참여를 고무할 뿐만 아니라, 해당 이용자의 수용도, 동기, 적응력, 안전성, 인지도, 독립적 문제해결능력 등에 관하여 담당 치료사에게 적절한 피드백을 제공해준다.

물리치료사 및 작업치료사에 의한 완전한 사정은 이용자의 주거지에 대한 환경적 사정과 이용자에 대한 기능적 사정을 포괄하며, 이와 같은 구성요소들을 상호 보완적인 실체로서 간주하고 종합적으로 사정해야 한다. 가령, 환경의 안전성 및 접근성을 조사하는 동안 이용자가 자신의 집에서 치료를 받을 수 있는 신체적 조건을 지니고 있다고 가정하는 치료사는 이용자와 그의 신체적 기능, 안전성 인지도에 대한 중요한 관찰 결과를 얻을 수 있다.

환경적 사정	기능적 사정
건축 상의 환경	* 안전성 인지도/판단
• 실내 환경	* 가용한 장비를 활용할 수 있는 능력
• 실내에서 실외로의 접근성	* 기본 운동 기술
• 설비/개조물	* 지역사회의 기동력
사회적 환경	* 문제해결 능력
• 주 간병인	* 신체/감각 장애
• 가족 및 친구	
• 기타 지원시스템	

Chandler와 Duncan(1993)은 환경적 사정(환경요인)과 기능적 재가사정(이용자와 가정의 상호작용)를 명확하게 구분한 바 있다.

6) 실내 환경

이용자 집의 내부를 사정할 때에는 첫째, 안전성 및 접근성 문제가 있는 특정 위치를 기록할 수 있으며, 둘째, 비상탈출계획을 마련할 수 있다는 것이다(Iderstine, 1989). 아래의 3가지 질문에 대한 답에 따라, 실내 환경 사정 시 가장 중요한 공간에 대한 우선순위를 매겨야 한다.

(1) 각 공간에서 보내는 시간은 어느 정도인가? 거주자가 하루 중 가장 많은 시간을 보내는 공간으로써 정의되는 생활공간이 거실이나 주방, 침실도 될 수 있다.
(2) 이용자가 가장 많은 시간을 보내는 공간(방)은 어디인가? 이용자에게는 가장 편안해하는 의자가 있을 수도 있다. 이용자가 가장 자주 앉아 있는 곳이 안락의자가 될 수도 있고, 휠체어가 될 수도 있고, 어떤 이들은 침상에서 가장 많은 시간을 보낼 수도 있다.
(3) 이용자나 간병인이 말하는 문제는 어떤 것이 있는가?

*일반적인 실내 안전성 및 접근성 사정 시 고려사항에는 다음과 같은 것들이 포함된다.
①바닥 : 바닥깔개나 장판의 종류(원목, 리놀륨, 양모 또는 플러시 카펫, 작은 융단, 등), 각 방마다 바닥깔개 종류의 변화, 바닥상태(균열이 있음 또는 미끄러움)
③층계 : 층계의 개수 및 높이, 난간의 유무(견고성), 덮개(깔지 않음 또는 카펫을 깔아 놓음)
④조명 : 적절한 조명의 사용(즉, 이용자가 안전하게 형광등 스위치까지 도달하여 조작할 수 있는가? 또한 이용자가 낮은 조도나 눈부심으로 인한 안전성 위험을 알고 있는가?)
⑤화상이나 화재의 위험 요인 : 전기콘센트의 과부하, 전기코드의 손상, 가전제품(예 : 전기밥솥, 전자레인지)의 위치 및 사용법, 가스/전기 겸용 스토브, 온수관 노출(특히 주방 싱크대 및 욕실 세면기 아래)의 가능성
⑥통신 요건 : 전화기(유/무선)로의 접근성, 전화기 종류(버튼식 또는 다이얼식), 비상 통신장치
⑦특수공간으로의 접근 요건 : 욕실(욕조 및 샤워기 포함), 세탁실, 지하실, 주방, 창고, 세제, 청소용구, 주방용품, 식품의 접근성; 온도조절장치의 접근성

참고 4 가정내 안전성 체크리스트

집의 유형

주택 : 아파트 : 단층 : 복층(엘리베이터) :

복층(엘리베이터 없음):

시내 : 근교 : 전원(시골) :

집의 외부

이용자의 주요 출입구로의 통로(핵심 요소를 기술) :

외부 계단 : 난간(예/ 아니오/ 올라가는 쪽/ 내려가는 쪽) :

현관 베란다(예 / 아니오) : 이용자의 필요와 관련하여 현관상태를 기술하시오 :

문(이용자의 필요와 관련하여 문의 잠금장치, 종류, 중량, 망으로 된 문이나 방풍/방한용 문의 유무, 문지방 높이 등에 대해 기술하시오 :

기타(이용자의 독립성에 영향을 미칠 수 있는 기타 중요 항목을 기술하시오) :

집의 내부

조명:

전체 조명의 적합성(상세히 기술하시오) :

모든 방의 출입문 가까이에서 쉽게 접근할 수 있는 형광등 스위치(예외를 기재):

야간등의 유무 침실 : 욕실 : 현관복도 :

통로:

현관복도의 너비 : 욕실문 너비 : 침실문 너비 ;

특이사항(모든 위험요소 또는 특정 요건을 기술하시오) :

거실:

의자나 소파의 접근성(상세히 기술하시오) :

다음에 대한 접근성 전화 : TV : 라디오 : 사이드테이블 :

특이사항(모든 위험요소 또는 특정 요건을 기술하시오) :

식사 공간(식당) :

이용자가 테이블간 이동 공간 : 좌석 배치 :

주방 :

접근성 및 유용성(의견):

가스레인지: 냉장고:

싱크대: 찬장:

조리대: 테이블:

바닥 덮개(상세히 기술하시오):

특이사항(모든 위험요소 또는 특정 요건을 기술하시오):

세탁실:

가정 내의 세탁시설(예/아니오) : 접근성 :
욕실:
접근성 및 유용성(의견) :

욕조 :
샤워기 :
변기 :
세면기 :
바닥 덮개(상세히 기술하시오) :
욕조손잡이의 유무 :
특수 장비 :

침실:
접근성 및 유용성(의견) :
침대 : 소탁자 : 화장대 :
벽장 :
특이사항(모든 위험요소 또는 특정 요건을 기술하시오):

일반적 고려사항
여러 실내 공간에 있는 바닥깔개를 기술하고, 문제점과 위험요소를 지적하시오(긴 보풀이나 작은 융단, 등) :
집안에 존재하는 모든 안전위험요소들을 기술하시오(닳아 해진 전기코드, 울퉁불퉁한 바닥면, 날카로운 가구 모서리, 혼잡한 상태) :
비상사태를 대비하여 이용자가 전화기에 접근하기가 용이합니까?
비상 시 이용자가 혼자 힘으로 집을 빠져나갈 수 있습니까?
기타:

권장사항
해당 이용자와 가족과 논의한 구체적 권장사항 및 제안사항들을 모두 기재하시오:

출처: Home Health and Rehabilitation: Concept of Care(pp.190-192) 저자: B.J. May. Copyright © 1993 by F.A. Davis Company. 허가 하에 발췌 인쇄함.

7) 집의 개조를 위한 일반적인 고려사항

구조적인 집의 개조는 담당 치료사가 직접 수행하지 않는다. 그러나 이용자가 필요한 자원 및 정보를 확인하여 집을 개조하거나 보험보상범위에 속하지 않는 제품을 구할 수 있도록 도와줄 수는 있다.

가장 간단한 개조가 안전손잡이를 설치하는 것이다. 욕실은(변기 옆, 샤워시설, 욕조 등) 안전손잡이를 설치하는 가장 일반적인 곳이기는 하나, 거주자가 몸을 지탱하기 위해 불안정하거나 약한 시설물을 사용하는 경향이 있는 곳이 있다면, 안전손잡이 설치를 고려한다.

(1) 가정용 의료장비

고내구성 의료장비란 반복적인 사용을 견뎌낼 수 있으며, 통상적으로 의료용도로 사용되며, 대개는 질병이나 손상이 없는 경우에는 효용이 없고 가정에서 사용하기에 적합한 장비를 말한다. 재가노인들의 안전성 증대와 이동성 및 개별간호의 용이함을 위해 공급되는 장비들 가운데, 다음 항목들이 가장 일반적으로 사용된다. 보행보조기(높이 조정형, 휠의 유무), 지팡이(표준형 및 삼지창형), 휠체어, 휠체어 쿠션(포말, 젤, 공기), 욕소 및 샤워시설, 의자 및 벤치(높이 조정형 및 패드형), 병원용 침대(반전동식 또는 전동식 조정형; 표준 치수가 228 x 203cm이나 특대 침대는 91 x 218cm이며, 욕창 치유를 보조하기 위해 특수 매트리스를 사용할 수도 있다.)등이 가장 일반적으로 사용된다.

사례관리자가 DME 사용을 권고하는 경우에는 반드시 안전한 사용을 위한 공간은 물론, 사용하지 않는 때의 보관을 위한 공간을 염두에 넣어야 한다.

사례관리자는 최적의 환경을 설계하는데 있어 매우 중요한 역할을 할 수 있다. 예를 들어, 병원 침대와 휠체어, 의자형 이동식변기를 주문했다고 가정해보자. 이 모든 장비를 사용할 주요 공간은 이용자의 침실이다. 휠체어를 탄 채 침대에 접근 할 경우의 안전성, 이용자가 침대에 오르거나 침대에서 내려올 때 사용하는 쪽, 머리맡에 놓는 탁자를 위한 공간, 안락의자 및 TV나 라디오를 위한 공간, 사용하지 않는 휠체어와 이동식변기를 보관할 수 있는 공간을 반드시 고려해야 한다.

새로운 장비만으로는 안전성 및 접근성을 개선하기에 충분하지 않다. 새로운 장비 및 사용절차에 익숙하지 못한 것은 사실 상 이용자에게 상해 위험을 안겨줄 수 있다. 올바른 사용법에 관한 교육과 안전한 범위 내에서의 제세석 반복훈련 역시 사례관리자의 의무에 속한다.

(2) 실내에서의 휠체어 접근성

휠체어 접근성을 위한 주요 공간으로는 출입구, 주방, 식탁, 침실과 욕실에서의 휠체어 조종 공간, 가구 배치, 바닥 깔개의 종류, 통로 너비 등이 있다.

휠체어의 숙련된 조종은 간병인에게 있어 중요하다. 간병인에 대한 요구는 발판 및 팔걸이를 탈착하는 것에서부터, 휠체어 브레이크 관리, 휠체어로 문지방을 넘거나 협소한 공간을 통과하는 것, 경사로나 연석 위로 휠체어를 몰고 내려가는 것, 자동차의 트렁크로 휠체어를 들어 올리는 것 등 다양할 수 있다.

8) 지역사회 접근성

(1) 실내에서 실외로의 접근성

집 밖으로 나갈 수 있는 능력, 비상 시 탈출할 수 있는 능력, 진료예약에 맞춰 외출할 수 있는 능력, 일상적으로 외출할 수 있는 능력 이렇게 4가지 수준으로 나누어 볼 수 있다. 개인의 필요와 신체적 능력, 보행, 휠체어, 스쿠터 등에 따라, 지역사회 접근성을 사정해야 한다.

건축 상의 안전성 및 접근성을 위한 주요 사정기준으로는 집으로 들어오는 출입문의 수, 옥외 조명의 범위, 층계의 갯수 및 높이, 난간의 유무, 문지방의 유무 및 높이, 통로의 상태, 과도하게 자란 식물 및 초목의 유무, 바닥면의 종류(예 : 포장면, 잔디, 자갈), 우편함 및 쓰레기통의 위치 및 접근 용이성, 차도나 보도의 경사도 등이 포함된다. 8°의 경사도는 보행 장애인나 휠체어 사용자를 위한 안전 경사도이다.

휠체어 사용자를 위한 접근성 및 안전성 고려사항들로는 건축 설계도면에 근거한 경사로와 유

효공간의 타당성 측정 또는 기존 경사로의 설계 검토를 들 수 있다. 안전성을 높이기 위해서는 미끄럼방지 표면과 편측 난간이 권장된다. 층계의 정상에는, 휠체어 사용자가 출입문을 안전하게

〈그림 7-5〉 현관문으로의 층계 진입로

〈그림 7-6〉 뒷문 층계로 이어지는 포장된 보도

열고 닫을 수 있도록 휠체어 층계참이 필요하다(Iderstine, 1989).

대체로, 경사로 공사는 이용자나 가족이 책임을 진다. 적절한 물질적 혹은 재정적 자원의 부족으로 이용자가 불가피하게 이를 포기해야 할 때도 있다. 이런 상황에서는, 해당 지역사회의 자원봉사단이 자원으로서의 역할을 할 수 있다(May, 1993).

보행 진입로의 경우, 가장 안전한 출입구를 사용해야 한다. 이상적으로는, 층계가 15cm 높이 이내여야 하고 적어도 한쪽에는 난간이 있어야 한다. <그림 7-5>에 보이는 계단은 왼쪽에 견고한 난간이 있어 적당한 진입로를 제공해 준다. 보행 장애가 있는 노인들에게는 잠재적인 안전 위험이 있기는 하나, 18cm의 층계 높이와 약간 둥글게 처리한 층계면의 가장자리에 균열이 있고 수평도 및 경사도가 고르지 못한 좁은 포장길을 따라 나있는 대안적 진입로인 <그림 7-6>에 비해 우려를 줄여주고 있다. 게다가, 무성하게 자란 풀들이 이 길을 더욱 좁게 만들고 가장자리를 보이지 않게 하여 결과적으로 발이나 보행보조기, 지팡이의 안전한 위치설정에 위험을 안겨준다.

어떤 사람이 스스로 집에서 빠져나갈 수 있는 육체적 상태를 지니고 있다 하더라도, 반드시 기능적으로도 그렇게 할 수 있다고는 볼 수는 없다. 이와 같은 활동이 인지적 혹은 신체적 이유로 안전하지 않다면, 그래서 일상적인 지역사회 접근성이 차단되어 있다면, 지역사회 접근성은 비기능적이라고 사료된다. 이러한 구별은 외출 불가한 상태 및 가정간호서비스의 적격성을 확인하는데 특히나 중요하다. 이동성은 제약을 받지 않는 지역사회 보행자, 제약을 받는 독립적인 지역사회 보행자, 제약과 원조를 받는 지역사회 보행자, 독립적인 재가 보행자, 제약을 받거나 원조를 받는 재가 보행자, 비기능적 보행자/이동을 위해 휠체어에 의존하는 자와 같이 6단계의 접근성으로 세분될 수 있다.

이와 같은 분류의 기준이 <표 7-4>에 개략적으로 나와 있다. 일정 범주에 적용되는 기준은 해당 범주에 속하는 사람들에게 가장 일반적인 공통분모가 되는 것으로 밝혀진 바 있다. 이와 같은 기준이 반드시 각 개인이 지닌 고유한 한계나 상태에 부합하는 것이 아니므로, 사상 적합한 것을 기준으로 범주를 선택할 수 있다. 단, 이러한 분류는 개인의 신체적 능력(즉, 어떤 일을 수행할 수 있는 신체적 조건을 가지고 있는지 여부) 즉, 그가 지속적으로 수행할 수 있는 수준에 따라 순위를 매기는데 목적이 있다. 가령, 물리치료사가 자신이 돌보는 이용자와 길을 걷고 있다고 가정해보자. 이번이 이 이용자가 밖을 처음으로 거니는 것이다. 이제껏 그의 보행은 보행보조기를 사용한 관계로 집안공간에 한정되어 있었다. 이용자가 제한된 보행상태로 지역사회에 나아갈 수 있는 잠재력을 보이고 있으나, 사실상 더 높은 수준으로 기능하게 되기 전까지는 독립적인 보행자의 수준으로 한정된다.

〈표 7-4〉 보행 이동성의 범주

범주	설명
무제한 지역사회 보행자	휠체어나 보행보조기를 사용하지 않음; 기능적 시간 내에 600m 이상을 보행함; 각종 지대 및 경사로에 의존하지 않음; 난간이 없고 18cm 높이의 계단(버스 계단)을 혼자 힘으로 오를 수 있음; 독력으로 바닥에 앉았다가 설 수 있음.
독립적인 제한 지역사회 보행자	600m 초과 거리는 휠체어를 이용함; 기능적 시간 내에 30m - 600m를 보행함; 각종 내/외부 평면에 의존하지 않음; 경사로, 연석 3층 계단에 의존하지 않음; 독력으로 바닥에 앉았다가 설 수 있음.
지원 및 제약을 받는 지역사회 보행자	때때로 집 밖에서 휠체어를 사용함; 기능적 시간 내에서 30m - 600m를 보행함; 평평한 바닥이나 경사로, 연석, 3층 계단에서 외부 보행을 위해 신체적 도움이나 감독을 필요로 함; 독력으로 앉은 자세에서 설 수 있음.
독립적인 가정 보행자	대체로, 집밖에서 이동을 위해 휠체어를 이용함; 기능적 시간 내에 8m-30m를 보행; 내부의 평평한 모든 면에서는 독립적 보행가능; 기본적인 일상생활활동을 하며 독립적으로 균형 있게 서있을 수 있음; 독력으로 앉은 자세에서 설 수 있음.
지원이나 제약을 받는 가정 보행자	집밖에서 휠체어를 사용함; 때때로 집안에서도 휠체어를 사용할 수 있음; 신체적 도움이나 감독을 받으면서 기능적 시간 내에 30m - 600m를 보행함, 또는 비기능적 시간 내에 8m-30m를 독립 보행함; 집을 출입하기 위해 신체적 도움이나 감독이 필요함, 또는 경사로가 필요함.
비기능적인 보행자/이동을 위해 휠체어 의존하는 자	집 안팎에서 휠체어를 사용함; 평평한 면에서 8m 이내를 보행함, 또는 치료 목적으로만 보행하고 고정지지물(수평봉, 난간, 가구)이나 상당한 신체적 도움을 필요로 함.

Courtesy of Kaiser Permanente of Northern California, Department of Home Care Services, Vallejo, California

(2) 교통

이용하는 교통 종류는 이용자의 특정한 실외 이동성 요건을 결정한다. 예를 들어, 개인 교통편에 의존하는 것이 목적인 경우에는, 집에서 나와 자가용으로 이동하고 그 반대 방향으로도 진행할 수 있는 능력과 자가용에 타고 내릴 수 있는 능력이 안전성 및 지역사회 접근성 사정의 구성요소가 된다.

실내에서 실외로의 접근성 기준에 더하여, 주택과 자동차 사이의 거리와 자동차를 타고 내릴 수 있는 여유 공간(예를 들어, 자동차와 차고 안 벽면 사이에 휠체어를 위한 공간)을 고려해야 한다 (Iderstine, 1989; May, 1993; Nixon, 1989).

노인이 개인 교통편을 이용할 수 없는 경우에는, 대중교통이나 이외의 다른 특수 지역사회 교통서비스에 의존해야 할 수 있다. 이러한 서비스의 적합성과 그것들을 안전하게 이용할 수 있는 능력을 반드시 사정해야 한다.

(3) 기능적 사정

기능적 사정은 처해진 환경 내에서 특정한 일을 육체적으로 수행할 수 있는 개인의 능력을 측정한다. 육체적 기술 이외에, 일상적으로 기능적 일을 수행할 수 있는 능력은 안전성 인지도와 지속적인 문제해결 능력에 달려있다. 우선, 기능적 사정에는 어떤 기술을 안전하고 효과적으로 수행할 수 있는지를 확인하는 과정이 포함된다. 두 번째로는, 필요한 활동 중 완수하지 못하거나 안전하게 수행할 수 없는 활동을 확인하고, 선택적 활동을 안전하게 수행할 수 있는 이용자의 능력이나 잠재 능력을 제약하고 있는 환경적, 신체적 , 정신적 측면에는 어떤 것이 있는가를 조사하는 과정이 이어진다.

(4) 현실적 고려사항

안전성 및 접근성에 대한 재가 사정은 특히 가정환경과 이용자 모두를 사정하는 경우, 장기간의 과정이 될 수 있다. 사례관리자는 가능하다면 이용자의 간병인이나 친구, 함께 거주하고 있는 가족구성원과 면담을 하고, 거주하고 있는 주택을 살펴보며, 기본적인 일상생활활동을 극복하고, 수행할 수 있는 이용자의 능력에 대한 세심한 관찰을 포함해야 한다.

특히 장애가 있는 노인을 사정할 때에는, 의사소통에 어려움이 따르고 휴식기간이 자주 필요하며, 절박뇨(urgent urination)로 인해 사정과정이 중단되거나, 노인이 어떤 일을 완수하기까지 상대적으로 오랜 시간이 걸리는 관계로, 사정과정이 더딜 수 있다.

이러한 까닭에, 재가사정의 초기 주안점이 안전성 및 접근성이 필요한 우선사항으로 한정될 수 있다. 다시 말해, 1차 방문 시에는 사정 범위를 이용자가 현재 활동하고 있는 장소로 한정하거나, 진료예약에 맞춰 안전하게 병원에 갈 수 있는 이용자의 능력을 사정해야 한다. 이용자의 기능이 향상됨에 따라, 주방이나 거실, 가정 내의 비상출구 등과 같은 다른 공간을 사정할 수 있다. 일단 기본적인 운동성 및 안전성과 같은 필요요건이 충족된 다음에는, 이용자와 간병인이 문제가 있는 주거공간과 향후 계획을 위한 나름대로의 필요요건에 대한 중요한 추가 정보를 제공할 수 있다 (Iderstine, 1989; May, 1993).

사 례

파킨슨병을 앓고 있는 81세의 Bill은 차고가 따로 떨어진 단층 주택에서 아내와 함께 살고 있다. Bill은 최근에 여러 번 넘어진 경험이 있고 운동력이 감퇴한 까닭에, 가정 안전성 사정을 물리치료사에게 의뢰했다. 물리치료사는 Bill의 집에 대해 다음과 같은 측면을 지적하였다. 양쪽에 난관이 있는 현관문 층계는 높이가 15cm로 3개의 계단이 있다. 옥외 바닥면은 콘크리트로 되어 있고, 집과 차고 사이의 통행로에 심각한 균열이 여러 곳 발견되었다. 집 내부의 바닥 중 현관문 앞쪽에는 리놀륨이, 다른 공간에는 털이 짧은 카펫이 깔려 있다. 침실로 가는 복도가 꽤 좁은 편이고 어두우며, 한쪽에는 책장이 세워져 있다.

그의 아내와의 첫 면담은 그가 낙상을 당하고 누워있게 된 3번째 날에 침대 곁에서 이루어졌다. Bill은 지난 3일간 자신이 침상에서 가장 많은 시간을 보냈고 지난달에는 잠자리에서 일어나거나 의자에서 앉았다가 일어서는 동작, 걷기 등과 같은 기본적인 운동기술에 점점 더 어려움을 느꼈다고 고백했다. 그의 아내는 Bill이 낙상을 당할 때마다 1~2일 동안을 침대에 누워 지낸다고 알려주었다. 그녀 역시 자신이 육체적으로 도움을 줄 수 없기 때문에 너싱홈 입소의 필요성에 대한 우려를 나타냈다. Bill은 비록 스스로 의기소침해지는 기분이 들기는 하지만, "원기를 되찾아" 아내의 "부담을 덜어줄 것"이라는 결심을 드러내보였다.

*위의 경우에서, 치료사는 다음과 같이 이용자에게 있어 안전성이 필요한 가장 첫 번째 우선사항을 결정하였다.

① 몸을 옆으로 구를 수 있는 능력(욕창 위험을 저하시키기 위해)
② 심호흡 훈련을 할 수 있는 능력(폐렴을 예방하기 위해)
③ 팔다리를 활동적으로 움직일 수 있는 능력(응혈 예방을 위해)
④ 환자용 변기를 사용할 수 있는 능력(야간 낙상 위험을 줄이기 위해 환자용 변기로 이동할 수 있는 능력을 포함)
⑤ 비상탈출계획

*침상에 누워있는 환자를 위한 효과적인 의사결정 및 서비스 계획을 위한 일반적 고려사항
① 이용자가 오늘 침상에서 일어나 앉았습니까? 이 때, 어느 정도의 도움을 필요로 했습니까? 예상치 못하게 부딪힌 문제에는 어떤 것이 있습니까?
② 이동이 안전하고 모든 필요한 장비가 사용 가능합니까? 병원 침대, 오버헤드 트라피즈, 보행보조기, 이동식 변기의 필요성을 고려해본다.
③ 장비가 이미 가정 내에 있는 경우, 장비가 작동상태에 있고 적절하게 조정되어 있습니까? 이용자가 올바른 사용법에 따라 사용할 수 있고 간병인 없이도 안전하게 사용이 가능합니까?
④ 집안에서 휠체어에 대한 접근성은 어느 정도입니까?
⑤ 이용자가 불편함이나 통증을 겪고 있습니까?

⑥ 이용자가 관련이 있는 의학적 문제나 병력을 가지고 있습니까?

⑦ 현재 어떤 약물(예 : 진정제는 낙상위험을 증가시킴)을 복용하거나 투여하고 있습니까?

⑧ 기능의 이전단계는 어떤 수준이었습니까(6개월 전에 이용자의 기능 수행도는 어느 정도였습니까)? 이전에 유사한 좌절 경험이 있습니까? 있다면, 어떤 내용이었습니까?

⑨ 다음 진료 예약일 까지 얼마나 남았습니까?

⑩ 이용자가 외출을 하거나 귀가하는 것을 도울 수 있는 교통편이나 기용한 인력 도움에는 어떤 것들이 있습니까(친구, 가족, 이웃)?

⑪ 이용자의 간병인이 휠체어를 실내/실외/경사로에서 능숙하게 조종합니까? 지난 며칠 동안 또는 몇 주간 하루 24시간을 일반적으로 어떻게 보냈습니까?(수면 패턴, 침상에서 총 몇 시간을 보냈는가, 식사 메뉴 및 식사 장소, 개인 간호, 화장실 이용 능력)

⑫ 신체적 능력, 제약, 이용자 부인의 명백한 감정적 대처는 어떠하며, 주 간병인이 누구입니까?

⑬ 가정 방문 시 이용자와 그의 부인의 관계는 어떠하였습니까?

이러한 정보는 면담과 관찰을 병행할 때 가장 최상으로 얻을 수 있다. 면담 시에 …이용자에게 침대에서 일어나거나 적어도 침대에 앉아 있도록 격려하는 것은 실전에 유용한 수많은 의미를 갖는다. 이러한 활동을 도입하는 것은 간병인이나 원조자로부터의 초점을 재조정하여 올바른 서비스가 이용자에게 되돌아갈 수 있게 해준다. 이와 같은 유형의 활동은 이용자가 사정의 일환으로서 특정한 일을 수행하기 앞서 생리학적으로 똑바로 선 자세에 적응할 수 있게 도와준다. 또한 치료사에게 이용자로 하여금 침상에서 일어나 참여하고자 하는 동기부여 또는 앉아 있는 인내력에 관한 추가 피드백을 제공해준다.

여러 예에서 보듯이 간병인과의 면담을 통해 보다 신속하게 정보를 수집할 수 있는 있지만, 사례관리사는 반드시 세심한 균형을 마음속에 명심하고 있어야 한다. 예를 들어, 간병인은 집 밖까지 배웅하고 차고에 보관되어 있는 장비를 보여줄 수 있다. 그러나 대다수의 면담은 이용자와 직접 이루어져야 하며, 이것이 불가능한 경우에는 이용자가 소리를 들을 수 있는 동일한 공간에서 면담이 진행되어야 한다. 말로 표현한 것이든 감정으로 나타낸 것이든 간에, 현실적 기대치를 확인하는 사례관리자에게는 당사자의 대답이 큰 의미를 갖는다.

9) 결론

노인의 재가 사정은 당사자와 그가 처한 환경, 그리고 그의 신체적, 기능적 상태에 대한 적절한 정보를 함축하고 있다. 특히 안전성 및 접근성을 조사하는 경우에는 사정의 초점이 당사자와 환경

사이의 상호작용에 놓여 있게 된다. 비용 효율성과 간호의 질은 의학적 자원 및 지역사회 자원에 대해 물리치료사 및 작업치료사가 보유하고 있는 지식과 이용자의 현 안전성 및 접근성 요건을 확인할 수 있는 능력, 향후 필요요건을 예측할 수 있는 능력에 의해 좌우된다. 가정 내 안전성 및 접근성 사정에 대한 접근법은 사례관리자에게 이용자를 관찰하는데 필요한 시간을 주고 이용자와 간병인 또는 가족으로 하여금 조정할 수 있게 도와준다. 마지막으로, 이용자에게 권한을 부여하여 스스로의 참여를 모색하게 하는 경우, 성공적인 성과를 얻을 수 있는 확률이 높아진다.

참고문헌

American Association of Retired Persons.(1990). Understanding senior housing for the 1990's Washington, DC: Consumer Affairs Program Department.

Bailey, R.(1982). *Human performance engineering:* A guide for systems designers. Englewood Cliffs, NJ: Prentice-Hall.

Barris, R.(1982). Environmental interactions: An extension of the model of occupation. *American Journal of Occupational Therapy*, 36, 637-644.

Chandler, J.M., & Duncan, P.W.(1993). Balance and falls in the elderly: Issues in evaluation and treatment. In A.A. Guccione(Ed.), *Geriatric physical therapy*(pp.237-251). St. Louis: Mosby.

Christenson, M.A.(1990). Adaptations of the physical environment to compensate for sensory changes. *Physical and Occupational Therapy in Geriatrics*, 8, 3-30.

Dickman, I.R.(1983). *Making life more livable: Simple adaptations for the homes of blind and visually impaired older people.* New York: American Foundation for the Blind.

Folstein, M.F., Folstein, S.E., & Mchugh, P.R.(1975). "Mini-Mental State": A practical method for grading the cognitive state of patients for clinicians. *Journal of psychiatric Research*, 12, 189-198.

Guccione, A.A.(1993). Environmental design: Accommodating sensory changes in the elderly. In A.A. Guccione(Ed.), *Geriatric Physical Therapy*(pp. 125-137). St. Louis: Mosby.

Iderstine, C.V.(1989). Home environment analysis. In R.M. Scully & M.R. Barnes(Eds.), *Physical therapy*(pp.644-651). Philadelphia: Lippincott.

Jette, A.M.(1986). Functional disability and rehabilitation of the aged. *Topics in Geriatric Rehabilitation*, 1(3), 1-7.

Kiernat, J.M.(1987). Promoting independence and autonomy through environment approaches. *Topics in Geriatric Rehabilitation*, 3(1), 1-6.

Maguire, G.H.(1990). The changing realm of the senses. In C.B. Lewis(Eds.), *Aging: The health care challenge*(pp.116-1103). Philadelphia: Davis.

May, B.J.(1993). The home environment. In B.J. May(Ed.), *Home health and rehabilitation: Concepts of care*(pp.173-189). Philadelphia: Davis.

Nixon, B.J.(1993). The home environmental modifications. In R.M. Scully & M.R. Barnes(Eds.), *Physical therapy*(pp.1073-1103). Philadelphia: Lippincott.

Olin, D.W.(1987). The therapist's role in improving the person-environment fit. *Topics in geriatric Rehabilitation*, 3(1), 43-47.

Ory, M.G., Schechtman, K.B., Miller, J.P., hadley, E.C., Fiatarone, M.A., Province, M.A., Arfken, C.L., Morgan, D., Weiss, S., Kaplan, M., & the FICSIT Group.(1993). Frailty and injury in later life: The FICSIT trials. *Journal of the American Geriatric Society*, 41(3), 283-286.

Palmer, C.V.(1993). Assistive devices: Identification, selection, and evaluation. *Topics in Geriatric Rehabilitation*, 9(2), 39-58.

Paulson, C., Dahl, R., & Wasch, W.K.(1993). Eliminating architectural barriers: A multidisciplinary approach. *Topics in Geriatric Rehabilitation*, 9(2), 59-73.

Pfeiffer, E.(1975). A short portable mental status questionnaire for the assessment of organic brain deficit in elderly patients. *Journal of the American Geriatric Society*, 23, 433-441.

Rothstein, J.M., Roy, S.H., & Wolf, S.L.,(Eds.).(1991). *The rehabilitation specialist's handbook.* Philadelphia: Davis.

Schmitz, T.S.(1998). Environmental assessment. In B.B. O'Sullivan & T.J. Schmitz(Eds.), Physical rehabilitation: *Assessment and treatment*(2nd ed.,pp.237-252). Philadelphia: Davis.

Schunk, C.(1993). Cognitive impairment. In A.A. Guccione(Ed.), *Geriatric physical therapy*(pp. 139-148). St. Louis: Mosby.

Sorock, G.S.(1998). Falls among the elderly: Epidemiology and prevention. *American Journal of Preventive Medicine*, 4(5), 282-288.

Swanson, G.(1993). functional outcome report: The next generation in physical therapy reporting. In D.Stewart & S.H. Abeln(Eds.), *Documenting functional outcomes in physical therapy*(pp.101-134). St. Louis: Mosby.

Wharton, M.A.(1993). The Americans with Disabilities Act: Impact on older adults and rehabilitation professionals. *Topics in Geriatric Rehabilitation*, 9(2), 29-38.

Wister, A.(1989). Environmental adaptations by persons in their later life. Research in Aging, 11, 267-291.

Yerxa, E.J., & Baum, S.(1987). Environmental theories and the older person. *Topics in Geriatric Rehabilitation*, 3(1), 7-18.

가정 개조 및 가정 내 안전성 증진방법에 관한 다음과 같은 자원 목록은 이와 같은 화제에 대해 이용 가능한 정보이다. 본 목록 및 검토 자료는 정보용이다. 이 자료나 그 사용에 대해서는 어떠한 책임도 지지 않는다. 어떤 제안사항을 실시하기 앞서, 추가적인 전문가 자문을 구하도록 한다.

장애인의 가정 개조 정보를 위한 자원

The Barrier-Free Design Center
444 Yonge Street
College Park
Toronto, Ontario M5B 2H4, Canada
(416)977-5057

A Consumer's Guide to Home Adaptation(1989)
Adaptive Environment Center
374 Congress Street, Suite 301
Boston, MA 02210
(617)695-1225

Creation of the Barrier-Free Interior(1988)
A Positive Approach
Laurel Lane
Rosenhayn, NJ 08352
(609)451-4777
The Do-Able Renewable Home(1991)
American Association of Retired Persons
601 E Street, NW
Washington, DC 20049
(202)434-2277

National Directory of Home Modification/Repair Program(1991)
Longterm Care National Resource Center
University of Southern California

Los Angeles, California

(213)740-1364

가정 내 안전성 증진방법에 관한 자원

Age Page

National Institute on Aging(NIA)

Gaithersburg, MD

(800)222-2225

Age Page는 NIA가 발행하는 무료 간행물이다. 이 간행물은 노인들의 주요 관심거리인 건강을 토픽으로 빠르게 볼 수 있고 실용적인 내용을 담고 있다. 선정된 제목은 스페인어로도 볼 수 있다.

Home Caregiver's Guide: Articles for Adult Daily Living(1993)

J.L. Crabtree & D. Crabtree

Therapy Skill Builders

Tucson, AZ

(602)323-7500

자세한 설명이 나와 있는 이 매뉴얼은 신체적 제약이나 기억력 문제가 있는 재가 노인들을 안전하게 돕는 방법에 관한, 실전에 적용하기 쉬운 실용안내서이다. 개인적 필요요건을 고려하여 운동성과 같은 일상생활 요건과 물리적 가정환경의 범주에 따라 여러 부분으로 나뉜다. 국가적 차원 혹은 지역사회 차원의 자원은 물론 개조장치 및 보조장치에 대한 일반 정보도 포함되어 있다.

How to Prevent Falls(1993)

B. Perkins-Carpenter

St. Martin's Press

New York, NY

(800)221-7945

이 책은 일종의 자기지침서(self-help)로써, 활자체가 크고 다양한 삽화가 담겨 있다. 저자는 노인의 낙상 위험을 언급하면서, 유연성, 체력, 균형 개선에 도움을 수 있는 피트니스 프로그램을 안내한다. 이 책의 궁극적 목표는 노인의 생활에서 발생하는 낙상사고에 기여하는 위험요소들을 최소화하는 것이다.

Making Life More Livable: Simple Adaptations of the Homes of Blind and Visually Impaired Older People(1983)

Irving Dickman

American Foundation for the Blind

New York, NY

(212)620-2147 /(800)232-5463

이 책은 독자로 하여금 주택의 각 방을 둘러보게 하면서, 실명을 하였거나 시각적으로 장애가 있는 노인들을 위한 간단하고 실용적이면서도 저렴한 해결방안을 제시한다. 다양한 사진과 큰 활자체로 구성되어 있다. 이 발행물은 임상의와 간병인은 물론, 시각 장애인들에게 유용한 지침서가 된다.

추가 자원

Home Safety Guide for Older People: Check It Out, Fix It Up(1990)

J. Pynoos & E. Cohen

Serif Press

Washington, DC

(202)737-4650

Safety for Older Consumers: Home Safety Check List(1986)

US Consumer Product Safety Commission

Bethesda, MD

(800)638-2772

"Alzheimer's Disease: Providing a Meaningful Existence in the Absence of Definitive Management"(1987)

J.K. Glickstein & S. Bottorf

In Focus on Geriatric Care and Rehabilitation

Aspen Publishers

Gaithersburg, MD

(301)417-7500

부록 5-A 미국 국립노화연구소(National Institute on Aging) Age Page에서의 발췌 샘플

낙상 및 골절 예방(Preventing Falls and Fractures)

낙상은 활동적이고 독립적인 생활을 주도할 수 있는 인간의 능력에 제약을 줄 수 있다. 특히 노인의 경우에는 더욱 그러하다. 매년 수천 명의 노인들이 낙상사고로 신체적인 손상을 입고 경우에 따라서는 영구적 장애인이 되며, 뼈가 부러진다. 그러나 이러한 사고들의 많은 경우가 가정 내에 간단한 변화를 만들어 예방이 가능하다.

사람이 늙어갈수록 시력이나 청력, 근력, 협동운동능력 및 반사력 등에 변화가 생기게 되고 이러한 변화들이 낙상사고로 이어질 수 있다. 노인들은 또한 당뇨병이나 심장, 신경계, 갑상선 이상과 같이 몸 전체의 균형에 영향을 줄 수 있는 치료 가능한 질환을 앓고 있을 가능성이 높다. 게다가, 젊은 사람들에 비해 노인들은 현기증이나 어지럼증을 야기할 수 있는 약물을 복용하고 있는 경우가 많다.

낙상사고 예방은 특히 골밀도가 감소하여 약해진 뼈가 쉽게 부러지는 경향이 있는 질환인 골다공증 환자들에게 있어 매우 중요하다. 골다공증은 폐경 후 여성과 노인들 사이에서 골절사고의 주된 원인이다. 중증 골다공증 환자들의 경우에는, 경미한 낙상도 심각한 골절로 이어질 수 있다.

예방 단계

낙상 사고는 "그저 우연히 발생하는" 경우가 드물기 때문에 많은 경우 예방이 가능하며, 가정환경을 보다 안전하게 만들어 낙상의 가능성을 줄일 수 있다. 여기에서는, 낙상 및 골절 예방에 도움이 되는 지침사항들이 제시되어 있다.

- 정기적으로 시력 및 청력 검사를 받고 이상이 있는 경우 적절한 치료나 교정을 받는다.
- 현재 복용중인 약물에 대한 부작용과 그러한 부작용이 자신의 운동능력 및 균형감각에 영향을 미치는지 여부에 대해 의사 혹은 약사와 상담한다.
- 음주를 자제한다. 소량의 알코올이라도 이미 손상된 균형능력 및 반사력을 악화시킬 수 있다.
- 음식을 먹거나 드러누워 있거나, 휴식을 취한 다음 너무 빠르게 일어날 때에는 주의를 기울인다. 이런 경우, 저혈압으로 인한 현기증을 유발할 수 있다.
- 야간시간의 집안 온도는 최소 18°C가 되도록 한다. 저온에 장기간 노출되는 경우, 체온 저하가 발생할 수 있는데, 이러한 체온 저하는 결국 현기증 및 낙상사고로 이어질 수 있다. 대부분의 노인들은 젊은이들만큼 추위를 견딜 수 없다.
- 현기증이 느껴지는 경우나, 혹은 고르지 못하거나 익숙하지 않은 바닥에서 균형을 유지하

기 위해서는 지팡이나 보행보조기 등을 사용한다. 물에 젖어 있거나 얼음이 얼어있는 집 밖 포장길을 걸을 때에는 각별한 주의를 기울여야 한다.

- 고무바닥으로 되어 있거나 굽이 낮은 신발을 착용한다. 바닥이 미끄러운 슬리퍼를 신지 않도록 하고, 계단이나 왁스를 칠한 바닥에서 양말만 신지 않도록 한다. 이런 경우, 미끄러지기 매우 쉽다.
- 체력 및 근긴장도를 향상시키기 위해 규칙적인 운동프로그램에 지속적으로 참여하여, 관절 및 힘줄, 인대를 보다 유연하게 유지한다.

산책이나 수영을 즐기는 노인들이 많다. 걷기나 계단 오르기 등과 같은 가벼운 체중부하(weight-bearing) 활동은 골다공증으로 인한 골의 손실도를 줄여줄 수도 있다. 담당 주치의나 물리치료사와 상의하여 적절한 운동프로그램을 마련한다.

안전한 집 만들기

많은 노인들은 가정 내의 위험한 조건들로 인해 낙상 사고를 입는다. 여러 위험요소들로부터 스스로를 안전하게 지키는데 유용한 다음 체크리스트를 사용해보자.

계단, 복도, 통로

- 조명이 밝고 깨끗하게 정리정돈이 되어 있어야 한다.
- 발을 안전하게 디딜 수 있도록, 확실하게 카펫이 부착되어 있거나 재질이 거칠거칠한 소재여야 한다.
- 나아가는 길을 따라 전체적으로 난간이 흔들리는 부분 없이 설치되어 있어야 하고, 계단의 경우에는 양쪽 모두에 난간이 설치되어 있어야 한다. 동시에, 위와 아래에 조명스위치가 장착되어 있어야 한다.

욕실

- 욕조와 샤워시설의 안쪽과 바깥쪽, 변기 가까이에 안전손잡이가 달려 있어야 한다.
- 미끄럼 방지용 매트나 거칠거칠한 소재의 카펫이 물기가 묻을 수 있는 모든 바닥면에 깔려 있어야 한다.
- 야간등

침실

- 야간 등이나 조명스위치가 침대에 누운 상태에서 손이 닿을 수 있는 곳에 있어야 한다.
- (손이 쉽게 닿을 수 있는) 침대 곁에 전화가 놓여 있어야 한다.

거실

- 전선 및 전화선이 보행통로에서 멀리 떨어져 있어야 한다.
- 바닥에 깔려 있는 양탄자나 카펫은 바닥에 움직임 없이 고정되어 있어야 한다.
- 가구(특히 키가 낮은 소형탁자) 및 다른 물건을 잘 정돈하여 다니는 길에 방해가 되지 않도록 해야 한다.
- 소파 및 의자의 높이가 적절하여 손쉽게 앉고 일어설 수 있어야 한다. 부록 5-B 국립노화연구소 Age Page - 사고예방 -

사고는 "우연히 발생하는" 경우가 드물기 때문에, 많은 경우가 예방이 가능하다. 우연한 사고로 인한 신체 상해는 인생의 황혼기로 접어들수록 발생빈도가 높아지고 더욱이 보다 심각한 손상으로 이어질 수 있다는 점에서, 안전성에 대한 주의는 노인들에게 있어 특히 중요하다.

노인들은 시력 및 청력이 감퇴함으로써 사고에 노출될 확률이 높다. 또한 관절염, 신경계 질환, 균형성 문제 등은 노인들을 더욱 불안정하게 만든다.

다양한 질병과 약물복용, 음주나 사적 문제에 대한 몰두 등은 나른함이나 정신산란을 야기할 수 있다. 불행한 사고 역시 정신적 우울증이나 건강쇠약의 결과가 될 수 있다.

사고를 당한 노인들은 심각하게 상해를 입고 치유 속도가 더딘 경우가 많다. 특히 여성의 경우, 노화가 진행될수록 뼈가 얇아지고 부서지기 쉬워져서 경미한 낙상으로도 골반뼈가 부서지는 결과를 낳을 수 있다.

몸과 마음을 건강하게 유지하고 안전성에 관련된 생활습관을 개선함으로써 많은 사고를 예방할 수 있다.

낙상은 노인들에게 치명적인 상해를 입힐 수 있는 가장 일반적인 원인이다. 낙상사고를 미연에 방지하기 위해 취할 수 있는 조치들은 다음과 같다.

- 계단이 있는 곳이면 어디든지 환하게 조명을 밝혀둔다.
- 침대 곁에 두는 리모콘형 조명스위치나 야간 등을 사용한다.
- 계단의 양 옆에 튼튼한 난간이 설치되어 있도록 한다.
- 계단에 깔려 있는 카펫을 압정이나 못으로 고정하고 미끄럼 방지용 디딤판을 사용한다.

- 미끄러지기 쉬운 작은 깔개를 치워버린다.
- 가구 및 작은 물건들을 깨끗하게 정리 정돈하여 방해가 되지 않도록 한다.
- 욕실벽에는 안전손잡이를 달고 욕조에는 미끄럼 방지용 매트나 테이프를 깔거나 붙여놓는다.
- 옥외 계단 및 보행로를 확실하게 수리한다.

개인의 건강도 낙상 예방에 중요한 요소이다. 노인은 급작스럽게 일어설 경우 현기증이 나는 경향이 있기 때문에, 전문가들은 앉거나 누워있는 자세에서는 천천히 일어날 것을 권고한다. 질병과 약물부작용 모두 낙상사고 위험을 가중시킨다.

화상은 노인들을 특히 무력화시키는 사고로, 이러한 손상은 회복 속도도 매우 느리다. 화재 및 화상을 예방할 수 있는 조치들은 다음과 같다.

- 침대에 누워서 혹은 졸린 상태에서 담배를 절대 피우지 않는다.
- 요리를 할 때에는, 헐렁한 옷이나 가연성 옷을 입지 않는다. 실내가운이나 파자마 등에 불이 붙기 쉽다.
- 피부가 물에 데지 않도록, 온수기 온도조절장치나 물꼭지를 적절하게 설정해둔다.
- 화재 시 어떤 비상탈출구를 사용할 것인지 미리 계획해둔다.
- 특히 실내난방기를 포함하여 각종 가전제품 사용에 주의를 기울인다.
- 많은 노인들은 비상 시 열기 어려운 여러 개의 문 잠금장치로 인해 곤란한 상황에 부딪치게 된다. 여러 개의 저렴한 잠금장치 보다는, 안쪽에서 빠르게 열 수 있는 한 가지 성능 좋은 잠금장치를 설치하도록 한다.
- 교통사고는 65세~74세 연령군에서 사고사의 가장 일반적인 원인이며, 전체적으로 보았을 때에는 고령자들에게 있어 두 번째로 흔한 원인이다. 측면 시야의 저하나 야간시력 감퇴, 늦은 반응시간과 같은 연령 변화로 인해 운전능력이 떨어질 수 있다. 이러한 변화들에 대비하여 야간 운전을 피하고 혼잡한 교차로에서는 좌회전을 하지 않은 노선을 계획한다. 또한 주차 시 각별한 주의를 기울이고, 가능하다면 후진하는 일이 거의 없도록 차를 주차한다. 차에 타고 있을 때에는 반드시 안전벨트를 착용한다.

보행해야 할 경우, 특히 날씨가 좋지 못한 날에는 길을 건널 때 충분한 시간을 잡는다. 길을 건널 때에는 횡단보도로 건너고, 가장 안전한 장소에서 길을 가장 적게 건널 수 있는 경로를 계획한다. 빨간불에서 우회전이 가능한 교통신호등에서 길을 건널 때 특히 조심한다.

노인들에게는 대중교통 이용이 장려된다. 대중교통편에 탈 수 있는 경우,

- 버스가 속도를 늦추거나 커브를 돌 때 스스로 주의를 기울여 손잡이를 잡는다.
- 차량에 타거나 내릴 때에는 미끄러운 포장도로 및 다른 위험요소들을 주의하여 살펴본다.

• 동작을 바꾸려고 주춤거리는 동안 몸의 균형을 잃어버리지 않도록 요금을 미리 준비해둔다.
• 너무 많은 짐을 들고 다니지 말고, 한 손을 손잡이를 잡을 수 있게 자유롭게 남겨둔다.

65세 이상의 고령자들은 전체 인구의 약 12%를 차지하며 각종 사고사의 27%를 겪는다. National Safety Council이 보고한 바에 따르면, 매년 약 27,000명의 65세 이상 고령자가 사고로 인한 상해로 사망하며 수천 명의 다른 이들도 중증 상해를 입는다. 안전주의는 인생의 황혼기에 특히 중요한 장애와 때이른 죽음을 크게 예방할 수 있다.

3. 일상생활 활동 사정

학습목표

재가 노인들에게 있어서 ADL의 독립성이 의미하는 바를 살펴보고, 세계보건기구(WHO)의 분류법에 의거하여 ADL 수행도를 탐구하며, 가정 내에서의 이러한 활동을 수행할 수 있는 개별능력을 측정하기 위한 목적으로 사용되는 다양한 사정도구를 이해한다.

1) ADL 의존성의 발병률

목욕하기, 화장실 가기 또는 쇼핑하기 등과 같은 주요 활동의 수행은 인구의 노령화가 진행될수록 새로운 의미를 갖게 된다. 고령자의 경우, 이러한 ADL의 독립성이 지역사회에서 독립적으로 거주하는데 결정적인 역할을 하기 마련이다. 현재, 이와 같은 간단한 ADL은 의료전문가와 계획자, 정책입안자에게 중요한 이유는 미국 노인인구의 수와 그 비율의 증가, 노령화와 함께 장애의 발병률이 증가, ADL 의존성의 높은 예언적 가치이다. 가령, 1987년 국민의료비지출조사(National Medical Expenditure Survey)에서 얻은 자료를 분석한 Leon 및 Lair은 건강상태의 질병중심 모델에 비해 기능적 ADL 척도가 고령자의 서비스 요구를 기술함에 있어 판별력이 우수하다고 결론 내렸다. 사실상, ADL 의존성은 지난 몇 3～4년간에 걸쳐 의회에 제출한 실질적인 모든 장기적 보호 안(安)을 위한 표준 적격성 기준이 되었다(Somers, 1991). 마지막으로, 노인들이 의료서비스의 가장 큰 사용자라는 사실은 이미 입증된 바 있다(U.S. Seneate Special Committee on Aging, 1991).

ADL 장애가 증가함에 따라 보호시설에 입소하는 사람들의 수가 늘어나고 있지만, ADL 장애를 가진 대다수의 노인들이 가정에서 간호를 받고 있다. 최근의 여러 추세들은 간호를 필요로 하는 의존적인 재가 노인들의 수요가 점차 증가하고 있다는 것을 말해준다. 예를 들어, Branch, Goldberg, Cheh, Williams는 1983～1989년 사이에 재가의료기관의 수가 43%까지 증가했다는 사실을 연구를 통해 보고된 바 있다. 메디케어 이용자 중 고령자들의 수요가 증가함으로 인해 발생한 것으로 보이는 메디케어 인증 제공자 수의 증가가 앞으로도 지속될 전망이며, 예상 한계치 이상으로까지 서비스 수요를 증폭시킬 것으로 예상된다. 메디케어 예산 수치가 이러한 재가보호 서비스의 예상 수요를 뒷받침해준다.

2) 가정에서 사는 노인들에게 있어 ADL 독립성의 의미

Reilly(1962)는 "양손에 정신과 의지로 활력이 충만해진 인간은 그러한 손을 사용하여 자기 자신의 건강 상태에 영향을 미칠 수 있다"라고 주장하였다. 이 주장이 시사하고 있는 바와 같이, 공예와 자원봉사에서부터 가정관리 및 자기건강관리에 이르기까지 각종 활동이 노인의 행복과 건강에 중요한 역할을 한다는 사실을 인식해야 한다. 활동 의미의 범위 및 정도는 본 장에서 논의에서 제외하겠으나, 대다수의 공인 간병인이 사용하는 한정적인 협의의 ADL 개념이라는 점에서 이러한 인식은 필히 요구된다.

팔, 다리가 부러져서 도움 없이는 더 이상 오른손으로(왼손잡이는 왼손으로) 칫솔질이나 옷을 입을 수 없기 전까지는, 옷 입기나 몸단장하기와 같은 가장 기본적인 ADL을 스스로 하는 것을 당연하게 생각하는 경향이 있다. 이러한 일을 제대로 또한 시기적절한 방식으로 해낼 수 있는 능력은 사실상 모든 성공적인 역할 수행에 있어 결정적인 작용을 한다. 충족시켜야 할 역할이 더 적어진 노인들에게 있어서는 이것이 당연한 일이 아니다. 만성질환이나 외상, 접근이 어렵거나 안전하지 못한 환경, 그 외의 요인을 떠나, 기본적인 ADL의 수행에 해결되지 않는 장애가 있는 노인들은 훌륭한 할아버지, 할머니나 자원봉사자가 될 수 없고, 인생의 황혼기에 접어들면서 이루려고 했던 어떠한 역할도 수행할 수 없게 된다. 더욱이, ADL 의존성이 축적되면 개인이 그동안 이러한 활동을 수행하던 자신의 방식을 불가피하게 변경해야 한다. 이러한 상황에 처한 노인들은 이러한 낮아진 행동기준을 불만스럽지만 받아들여야 하고 타인에 대한 달갑지 않은 의존을 수용해야 한다.

따라서 이러한 활동에 대한 노인의 수행도 사정은 중요한 의미를 갖는다. 사정 결과는(100% 독립적이지 않은 경우) 수행정도에 따라 달라지는 인위적 개입으로 이어질 수 있으며, 이러한 개입은 노인이 지역사회에서 가능한 오랫동안 안전하고 합리적으로 삶을 영위할 수 있도록 도와준다. 세계보건기구 WHO의 1980년도 국제장애분류법(ICIDH)은 ADL 사정을 검토하기에 매우 유용한 체계를 제공한다. ICIDH는 그 분류안의 장애수준에서 질병의 의학적 모델을 통합하고는 있으나, 질병 경과를 초월하여 만성질환이 인간에 주는 복잡하고 지속적인 결과를 포괄하고 있다. 그렇기 때문에, 이 모델은 재가 보호 이용자의 필요요건을 사정하고 치료서비스를 제공하는 공인 간병인에게 매우 유용하다. ICIDH는 다음과 같이 기능상실(impairment), 기능적 장애(disability), 사회적 장애(handicap)을 정의하고 있다.

(1) 기능상실(impairment) : "건강상의 경험 상, 기능상실이란 심리적이거나 생리적인 또는 해부학적인 구조나 기능의 상실이나 비정상 상태를 말한다."

(2) 기능적 장애(disability) : "인간에게 정상이라고 생각되는 방식으로 혹은 범위 내에서 어떤 활동을 수행할 수 있는 능력의 제약이나 부족(기능상실이 원인이 됨)."

(3) 사회적 장애(handicap) : "개인별로(연령, 성, 사회적 요인, 문화적 요인에 따라) 정상 역할의 이행을 한정하거나 불가능하게 만드는 것으로서, 어떠한 기능상실이나 기능적 장애에서 비롯된 개인의 약점."

질병에 대한 개인의 반작용이라는 관점에서 ADL 수행을 바라보는 것의 중요성을 이해해야 한다. 이와 같은 개념을 가정간호 환경에서 표현하는 방식의 일례는 다음과 같다. 십대 시절에 오른손 새끼손가락과 약지, 중지가 동시에 절단되는 사고를 당한 노인은 기능상실이라는 장애를 가지고 있으나, 각종 ADL을 수행할 수 있는 능력에는 한계가 없으므로 기능적 장애를 가진 것이 아니다. 위의 정의에 근거해 볼 때, 이 노인의 기능상실이 사회적 장애의 일부가 되는지 여부는 그의 직업이나 주변 환경에 의해 좌우된다. 젊은 시절에 그는 사회적 장애를 지니고 있었다고는 볼 수 없다. 다시 말해, 이 노인은 양손을 매우 능숙하게 사용해야 하는 직업을 갖고자 했다면, 자신에게 있어 정상적인 역할을 수행하는데 제약을 받거나 아예 수행할 수 없었을 것이다. 이 노인은 심혈관 사고 후 왼팔이 마비되었고 손가락 절단으로 인한 기능상실과 더불어 더욱 복잡한 기능상실을 갖게 되었다. 현재, 이 노인은 자신에게 정상적이었던 방식으로 ADL을 수행할 수 있는 능력에 제약을 받고 있으므로, 기능적 장애인이라고도 할 수 있다.

또 다른 예를 들면, 발달지연을 앓고 있는 한 할머니는 기능 상실을 지니고 있었으나, 이러한 기능 상실은 그녀의 남편이 가족을 위한 주요 의사결정 및 문제해결을 대부분 책임지고 있었기 때문에 ADL 수행 능력 저하라는 결과를 낳지 않았다. 이 부부는 지역사회에서 살기 위해서는 정신적 민첩성과 사회적 경쟁이 요구되는 도시 지역에서 살고 있었으므로, 이 할머니는 경증 사회적 장애인에 해당되었다. 남편과 사별 후, 그녀는 은행업무 및 청구서 지불 등과 같은 ADL을 일관성 있고 올바르게 수행할 수 없었기 때문에, 기능적 장애인이 되었다.

3) ADL 사정

ADL 의존성 사정도구 개발을 시도하였던 최초의 연구자인 Brown(1950a, 1950b, 1951)은 일상생활 활동 목록에 말하기, 침상활동, 목욕, 몸단장, 옷 벗고 입기, 먹기, 책상 업무, 휠체어 운동성, 욕조 운동성, 인공장치 및 교정기구를 사용할 수 있는 능력, 걷기를 포함시켰다. Lawton 및 Brody(1969)는 학계 최초로, 목욕하기, 먹기, 화장실가기 등과 같은 일반 ADL과, 가사와 은행업무,

쇼핑, 음식 준비 등과 같은 IADL을 형식적으로 구분하였다. 이들은 ADL의 수준 간의 계층적 관계론을 제안하였다. 다시 말해, "가장 하위 수준인 생활유지를 시작으로, 기능적 건강, 지각력-인지력, 육체적 자가관리, 수단적 자가관리, 기대, 사회적 행동이 차례대로 연속된 층을 이루고 있다"(Lawton & Brody, 1969).

4) ADL 사정의 목적

Smith(1992)에 따르면, ADL 능력을 사정하는데 있어 서로 상충되는 2가지 주된 목적이 있다. 하나는 성과를 측정하는 것이고, 나머지 다른 하나는 개인의 문제점을 진단하고 정량화하는 것이다. 첫 번째의 경우인 성과 측정에서는 다음과 같은 질문의 해답을 찾고자 한다. 이 프로그램이 비용 효과적인가? 프로그램이 그 목적을 충족하였는가? 이 프로그램의 구성요소가 최소한도의 실무 표준에 부합하였는가? 이 프로그램이 무상원조 요건 및 계약 조건을 충족시킬 것인가? 이러한 질문에 대한 답이 어떤 기관이나 프로그램의 존폐에 중요한 작용을 할 수는 있지만, 공인 간병인이 효과적인 간병계획을 마련하기 위해 재가보호에 대한 충분한 정보를 얻는 데에는 전혀 도움이 되지 않는다.

공인 간병인은 다음과 같은 질문에 대한 답을 모색하게 된다. 이 사람이 왜 서있을 수 없는가? 이 사람이 약물 복용할 것을 정확하고 확실하게 기억할 수 있는가? 이 이용자가 자신의 아내가 생각하는 바와 동일하게 자신의 딜레마를 인지하고 있는가? 이와 같은 유형의 질문에 대한 답은 해당 문제점을 진단하여 필요한 치료 개입을 마련할 수 있는 공인 간병인의 능력에 결정적 역할을 한다. 뿐만 아니라, 재가 간호 이용자인 고령자로 하여금 간호 및 거주지에 대한 의사를 결정할 수 있도록 도와주고, 가족은 물론 노인을 위한 비공식적인 간병인을 도와줄 수 있다.

Donaldson, Wagner, Gresham(1973)은 효과적인 ADL 수단의 목적에 대해 보다 상세한 요약을 제시하였다.

(1) 어떤 일정한 시기에 환자의 기능적 상태를 객관적으로 기술해야 한다.
(2) 연속된 재사정을 수행함으로써 기능적 상태의 호전 혹은 악화를 밝혀낼 수 있어야 한다.
(3) 기능적 상태를 모니터링하고 환자와 그를 돌보는 사람들의 진행경과를 강화할 수 있는 척도이어야 한다.
(4) 의료시설과 개인 간의 환자 정보 전달을 향상시킬 수 있어야 한다(가령, 다른 전문시설로 진료 추천을 하거나, 퇴원계획의 도움을 주는 형태).
(5) 의학재활 연구에서 임상적 관찰내용의 비교가능성을 촉진해야 한다.

긴 안목에서 ADL 사정을 바라보자면, ADL 사정에서 비롯되는 5가지 공인 간병인 개입유형을 확인하는데 매우 유용하다. 이러한 개입유형으로는, ADL 장애를 초래하는 기능상실의 저하, ADL을 수행할 수 있는 보상적 방법의 교육, ADL을 수행할 수 있는 보조기술의 활용, 활동의 대체 또는 변경, ADL을 수행하기 위해 타인의 도움을 이용하는 것이 포함된다(Smith, Benge, & Hall, 1994). 어떤 유형의 개입을 선택할 것인지는 2단계 혹은 3단계 사정 결과에 달려 있다. 해당 상황에서 발언권을 지닌 모든 이해관계자들은 자기 자신의 기대치와 가치관, 도덕적으로 타당한 이유를 가지고 있기 마련이다.

이에 따라 공인 간병인은 피보호자인 노인이 화장실에 혼자서 갈 수 있는 치료를 받기를 기대하는 한편, 딸은 어머니가 돌아가실 때까지 이러한 활동을 보조받기를 바란다. 비록 간병인은 노인이 욕조의자에 앉아 손에 쥐고 샤워 분무기를 사용하기 바랄 수 있지만, 재가보호 이용자인 노인은 아마도 욕조 밖으로 나오는 것이 얼마나 어려운지 상관없이 욕조 맨 밑바닥에 앉아 계속해서 목욕하기를 원할 수 있다.

이해관계자들의 기대하는 바에 따른 잠재적 갈등 이외에도, 특정 활동의 의의와 특정 ADL 의존성이 재가 노인들에게 의미하는 바는 복잡하고 미묘하나, ADL 사정과정에서는 물론 개입과정에서도 고려사항에 포함시켜야 한다.

어떤 ADL 수행 시 타인의 도움에 의존하는 것이 굴욕적이라고 생각하는 재가보호 이용자가 있는 한편, ADL 의존이 너싱홈에 들어가게 되는 끔찍한 미래에 첫 발을 내딛는 것이라고 보는 이들도 있다. 반면에, 다른 이용자들은 목욕이나 이외의 ADL을 타인에게 의존하는 것을 단순히 좀 불편한 일로 여긴다. 개입에 대한 이러한 갈등 가능성과는 별개로, 아래의 범주는 간병인에게 유효한 선택사항의 범위를 반영한다.

① ADL 장애를 초래하는 기능상실의 저하 : 이러한 개입은 이용자가 ADL을 독립적으로 수행할 수 있는 체력과 인내력을 회복한다는 목적으로, 체력강화 운동을 수반할 수 있다.

② ADL을 수행할 수 있는 보상기술의 교육 : 완벽한 개선이 불가능한 경우, 재가보호 이용자는 동일한 활동을 수행하는데 각기 다른 방법을 적용하는 것을 배울 수 있다. 가령, 양손을 사용할 수 없는 노인들은 한 손으로 신발끈을 묶거나 셔츠의 버튼을 잠근 채 머리 위로 올려 입는 기술을 배울 수 있다.

③ ADL을 수행할 수 있는 보조 기술의 활용 : 문제점의 개선과 보상방법의 활용 이외에, 공인 간병인은 보조 기술을 이용자에게 제공함으로서 도움을 줄 수 있다. 이러한 기술은 손잡이가 긴 구두주걱이나 큰 스푼과 같이 간단한 장치가 될 수도 있고, 스위치를 켜거나 끄고 실내온도와 습도를 조절하며 다른 기능을 포함하고 있는 컴퓨터 조작 환경의 제어시스템과

같이 복잡한 기기가 될 수도 있다.

④ 활동의 대체 또는 변경 : 개선과 대안적 방법, 보조 장치가 개인의 요구에 부응하지 못한 경우에는, 이용자가 가능한 한 독립적으로 활동할 수 있도록 해당 활동의 일부분을 교환할 수 있다.

⑤ ADL을 수행할 수 있는 타인의 도움을 이용 : 어떤 사람이 어떤 활동의 전체 또는 일부를 수행할 수 있도록 훈련을 할 수 있다. 이렇게 훈련을 받은 사람이 재가보호 이용자인 노인을 위해 할 수 있는 것은 식사준비, 목욕 및 머리 감겨주기와 같이 광범위한 것이 될 수도 있고, 이용자의 옷을 챙겨주거나 식탁에 식사준비를 하는 것과 같이 단순한 것일 수도 있다.

ADL과 관련한 노인의 욕구와 필요요건으로 인해, 주어진 시간에 이러한 모든 선택사항들을 실질적으로 적용하는 경우에 지장을 줄 수 있다. 개입 유형을 선택하거나 여러 개입의 일부분을 선택하기 위해서는, 신중한 임상적 사유와 현명한 임상적 의사결정, 개인의 사회적 환경 및 사적 환경에 대한 고려가 요구되며, 이러한 선택은 해당 노인이 지닌 ADL을 수행할 수 있는 능력에 대한 건전하고 철저한 사정에 준해야 한다.

사정에 대한 우리의 논의는 1단계, 2단계, 3단계 사정 전략을 포함하는 3단계 접근법을 이용한다(Opacich, 1991). 일반적으로 선별검사(screening)라고 불리는 1단계 사정 전략은 최소한의 시간과 훈련수행을 수반하는 경우가 많고, 대체로 정상, 비정상, 의심됨 등과 같이 육안적인 결과를 낳는다. 비정상이나 의심됨이라는 결과를 얻은 경우에는, 추가적인 심층사정이 필요하다. Parachek Geriatric Rating Scale(노인등급척도)(Miller & Parachek, 1974; Plutchik, Conte, Lieberman, Bakur, Grossman, & Lehrman, 1970)은 ADL 선별도구의 좋은 예가 된다. 이 도구의 각 항목은 5점 척도로 점수가 매겨진다. 점수가 낮을수록 장애 정도가 심각해진다. 여기에서의 항목들은 해당 환자의 기능수준을 잘 알고 있는 비공식 간병인에 의해 3~5분 이내에 작성되어 그래프로 나타내진다(Christiansen, 1991).

선별검사 도구의 부주의한 관찰이나 활용 여부와는 관계없이, 비공식 간병인이 재가보호 이용자가 비정상적이거나 의심되는 ADL 수행을 보인다는 것을 확인한 때에는, 해당 장애의 특질에 대한 보다 자세한 정보를 수집하고 문제점을 진단하거나 기술하기 위해 2단계 사정 전략이 사용된다. 이러한 사정은 치료계획을 마련하기 위해 직업적 전문 치료사와 같은 공인 간병인에 의해 수행될 수도 있고, 간병계획을 짜기 위해 사례관리자에 의해 실시될 수도 있다. 2단계 ADL 사정의 예로는 Barthel Index와 Katz Index of ADL를 들 수 있으며, 아래 기술되어 있는 ADL 사정방법 대부분이 이에 해당한다.

5) ADL 선별검사 및 사정도구

ADL 사정은 의료전문가에게 있어 진화를 거듭하는 도전과제이므로, 효과적인 ADL 사정도구를 만드는 것에 대해 전적으로 동의하는 경우가 매우 드물다. 연령별 인구를 위해 혹은 진단용으로 수많은 사정방법이 개발되어 왔다. Granger(1985), Law와 Letts(1989) 등은 하나의 기준은 도구 사용을 특정 진단이나 연령군으로 한정하지 않으므로, 이 대신 하나의 보편적인 장애 분류기준이 각종 ADL사정도구의 기틀을 만들어야 하다고 주장한 바 있다. 가정환경에 있는 재가보호 이용자들은 사실 상 모든 만성질환과 장애가 알려져 있다는 점에서, 이러한 기준은 재가보호에 종사하는 공인 간병인들에게 매우 유용할 것으로 사료된다.

또한 사정척도로부터 수집한 자료가 오해를 불러일으킬 수 있다. Morris(1994)는 현장의 실무자들이 이러한 도구를 사용할 때 주의를 기울여야 하는 여러 가지 이유를 언급한 바 있다.

첫째, 사정채점자가 편견을 가지고 있을 수도 있다.

둘째, 이러한 척도 대부분이 이용자의 자연발생적인 회복으로 고려사항에 포함되지 않을 수도 있다.

셋째, 총점이 해당 이용자의 삶의 질에 대한 필요요건을 측정하기에 미흡할 수 있다.

더욱이, 개입의 성공을 나타내고자 하는 경우에는, ADL 사정척도의 총점이나 독립성의 측면에서는 물론, 자신의 삶을 실제로 관리하는 방식 면에서 이루어져야 한다. 우리는 사람들이 스스로를 얼마나 잘 돌볼 수 있고 어느 정도로 독립적일 수 있는지 뿐만 아니라, 스스로에 대해 어떻게 느끼고 있는지, 세계관은 어떤지, 그리고 앞으로 자신과 세상에 어떤 방식으로 대응할 것인지에 주목한다(Morris, 1994).

최근 한 문헌에서 30가지가 넘는 ADL 사정수단을 검토하였다. 이는 공인 간병인이 선별하기에 사정수단이 혼란스럽게 많이 존재한다는 점을 시사한다. 너무 많은 각양각색의 사정도구들이 존재하고, 작업치료사들이 주로 2단계 ADL 사정을 수행하는 경향이 있는 관계로, 본문에서는 이러한 도구들 중 몇 가지에 한해서만 그 역사와 적용범위에 대한 개략적인 설명이 제공되어 있다.

또한 포함된 항목들에 대한 간단한 논의와 해당 수단의 관리 및 점수계산에 관한 설명도 함께 제공된다. 이와 같은 ADL 사정도구에 대한 타당성 및 신뢰성, 기타 기술정보에 관심이 있는 독자 여러분은 해당 사정도구의 설계자에게 문의하도록 한다.(본문의 논의에 이와 같은 사정도구들을 포함시킨 것이 특정 ADL 사정도구의 사용을 권장하는 것이 아님을 명백히 밝힌다. 또한 논의에서 제외되었다고 해서 해당 사정도구가 아무런 가치를 가지고 있지 않다는 것을 의미하지 않는다.)

6) Barthel 지표

Barthel이 개발한 이 도구는 "신경근육계 장애나 근골격계 장애가 있는 환자가 지닌 스스로 돌볼 수 있는 능력을 점수로 나타내고, 정기적으로 반복 검사를 통해 호전도를 사정할 수 있도록 설계되었다"(Mahoney & Barthel, 1965, 61p.). 급식, 이동, 몸단장, 위생, 목욕, 화장실 가기, 걷기, 계단 오르내리기, 대변 조절, 소변 조절, 이렇게 10가지 항목이 포함된다. 항목에 대한 점수 환산은, 해당 요소에 대한 판단기준을

① 독립적으로 충족할 수 있는 것.

②도움을 받아 충족할 수 있는 것.

③어떠한 기준에도 충족되지 않는 것.

이 3가지의 선택사항을 제공하는 가중제에 기반한다. 사정척도에서 100점 만점을 얻은 개인은 혼자서 음식을 먹고 옷을 입고 몸단장을 할 수 있으며 최소 한 블럭을 걸을 수 있고 층계를 오르내릴 수 있는 자로서 정의된다.

7) 기능적 독립성 척도

기능적 독립성 척도(Functional Independence Measure)는 미국 재활의학회와 미국재활의학회의 프로젝트 팀이 실현한 성과물이다. 이 프로젝트 팀은 실무자들에게 신뢰성이 높고 근거가 타당하며 특정 학문분야에 한정되지 않으며, 실용적이면서도 수용도가 높은 정보를 제공하는 하나의 척도를 개발하고자 하였다(Christiansen, 1991). 기능적 독립성 척도는 자기건강관리, 괄약근 관리, 이동성, 이동력, 의사소통, 사회적 인지를 사정하며, 인구통계학적 정보, 진단, 장애군, 병원입원기간, 병원비를 포함한다. Christiansen(1991)의 말에 따르면, 기능성 독립성 척도는 피사정자가 현재 할 수 있는 일 보다는 실제적인 수행도를 측정할 수 있도록 설계되어 있다. 이 사정도구는 개조나 보조 장치, 도움 없이 적절한 시간 내에 일반적으로 활동을 안전하게 수행하는 완전한 독립성과 해당 활농이 적절한 시간이나 안전 고려사항 이외에 보조 장치를 필요로 하는 변형된 독립성 사이를 구별한다.

이 사정도구는 18개의 항목으로 구성되며, 각 항목은 1～7 범위의 점수로 매겨져 있다. 검사에 응할 수 없거나 전적인 도움을 필요로 하는 사람은 각 항목마다 1점의 점수를 받게 된다. 18개의 모든 항목에 대해 완전한 독립성을 입증해 보이는 사람은 총 126점을 받게 된다. Christiansen (1991)은 다음과 같이 말한 바 있다.

기능적은 장애의 중증도나 독립성 수준에 대한 타당한 결론으로 이어지는 충분한 정보를 제공해주는 인프라로서 간주되어야 한다. 또한 전국적인 재활환자 표본 데이터 수집 및 분석을 가능하게 해주는 통일성 있는 전문용어 및 절차를 제공해준다.

8) 기능적 상태 지표

기능적 상태 지표(Functional Status Index)는 ADL에 대한 초기의 Katz 지표에서 유래하였으며, 관련 시설외의 환경에서 거주하는 만성장애인을 대상으로 기능적 결과를 사정할 수 있도록 설계되어 있다(Jette, 1980a, 1980b). 이 지표에는 6개의 범주(운동성, 개인적 건강관리, 가사일, 손동작, 직업상의 활동, 취미활동) 이내의 1~5가지 특정 활동이 포함된다. 이것은 자기건강관리 및 수단적 ADL의 자가보고 수단이다. 독립성에서부터 의존성의 범위를 갖는 5점 척도를 사용하여(0점: 완전 의존적 ~ 4점: 완전 독립적) 기능적 의존성을 사정한다. 해당 과제를 수행하는데 있어 개인별 난이도는 '전혀 어려움이 없음'에서부터 '매우 어려움'에까지 이르는 범위의 별도의 4점 순서척도로 측정된다.

〈표 7-5〉 ADL 척도 심사 결과

기준	ADL 등급척도 (Dinnerstein, Lowenthal, & Dexter, 1965)	ADL 검사 (Lawton, 1980)	Barthel 지표(Mahoney & Barthel, 1965)	Burke Stroke 시간지향적 프로필 (Feigenson, Polkow, Meikle, & Ferguson, 1979)	Donaldson ADL 사정양식 (Donaldson, Wagner, & Gresham, 1973)	ADL 지표 (Katz, Ford, Moskowitz, Jackson & Jaffe, 1963)
목적						
기술적 목적	예	예	예	예	예	예
예측적 목적	아니오	아니오	예	아니오	아니오	예
사정적 목적	예	아니오	예	예	예	아니오
임상적 효용						
지침 양식	매우 우수 수행	매우 우수 수행	매우 우수 수행	양호 수행	매우 우수 수행	매우 우수 수행
모집단	성인 재활	성인 재활	성인 재활	뇌졸중	성인 재활	노인학
완료시간	1-2시간	1시간	1시간	2-3시간	1-2시간	1-2시간
척도 구성						
항목선택	양호	양호	매우 우수	매우 우수	매우 우수	양호

체중측정	보통	보통	보통	보통	해당사항 없음	매우 우수
측정레벨	해당사항 없음	해당사항 없음	해당사항 없음	해당사항 없음	보통	보통
표준화						
매뉴얼	미흡	양호	미흡	미흡	양호	미흡
표준화 연구	미흡	미흡	매우 우수	미흡	미흡	양호
신뢰성						
내부적 일관성	미흡	미흡	미흡	미흡	미흡	매우 우수
관찰자 (observer)	매우 우수	미흡	매우우수	미흡	미흡	양호
검사-재검	미흡	미흡	매우 우수	미흡	미흡	미흡
타당성						
내용	양호	양호	매우 우수	양호	미흡	양호
구성	미흡	미흡	매우 우수	미흡	미흡	매우 우수
응답성	미흡	해당사항 없음	양호	미흡	양호	매우 우수
종합적 효용	적절	미흡	매우 우수	미흡	미흡	양호

9) ADL에 대한 Katz 지표

이 지표는 고관절 골절 환자들에 대한 관찰을 바탕으로 개발되었다. 이 지표의 목적은 고령자 및 만성질환자의 치료 결과를 사정하는 것이며, 개인의 수행도는 목욕하기, 옷 입기, 화장실 가기, 이동하기, 대소변 조절, 음식 먹기와 같은 6가지 범주로 재집된다.

독립성에 대한 종합 등급은 이 6가지 하위척도 점수에 근거하여 결정된다. 이 지표는 A에서부터 G까지에 해당하는 등급을 산출하며, 이 등급은 진행되고 있는 독립성의 손실도를 반영한다. 모든 하위척도 부분에서 독립적인 사람은 종합등급을 A로 받는 반면, 6가지 모두 범주에서 의존적인 사람은 종합등급 G를 받게 된다.

10) ADL에 대한 Kenny 지표

Kenny 재활협회의 직원들이 구체적인 자기건강관리 활동을 체력 및 협동운동능력, 이동성 요건들의 유사성을 통해 보다 포괄적이고 일반적인 범주로 분류하는 방법으로 이 지표를 개발하였다. 이 지표는 침상운동, 이동, 이동력, 옷 입기, 개인위생, 음식 먹기와 같은 건강관리의 6가지 범주를 측정 한다. ADL에 대한 Kenny 색인의 17가지 항목은 5점 척도로 등급이 매겨지고, 6가지 범주 각각에 대한 평균값의 총계를 산출한다.

〈표 7-5〉 계 속

Kenny 자기건강관리 사정(Schoening 외. 1965)	Klein-Bell ADL Scale(Klein & Bell, 1982)	재활수준 척도(LORS-II) (Carey & Posavac, 1982)	신체적 자가관리(Lawton & Brody, 1969)	PULSES 프로필(Granger, Greer, Liset, Coulombe & O'Brien, 1975)	모의실험형 ADL 검사 (Potvin 외. 1972)	시간관리 프로필(Halstead & Hartley, 1975)
예	예	예	예	예	예	예
예	예	아니오	아니오	아니오	아니오	아니오
예	예	예	예	예	아니오	아니오
매우 우수 수행	매우 우수 수행	매우 우수 관찰 기반 면담	매우 우수 스태프 보고	매우 우수 관찰 기반 스태프 보고	매우 우수 시한이 정해진 수행	양호 일상/수행
성인 재활	매우 우수	뇌졸중/성인 재활	노인학	성인 재활	성인 재활	뇌졸중
1-2시간	1-2시간	10-15분	15분	15-20분	30분	하루 24시간
매우 우수	매우 우수	매우 우수	양호	양호	미흡	양호
해당사항 없음	매우 우수	해당사항 없음	해당사항 없음	해당사항 없음	해당사항 없음	해당 사항 없음
보통	보통	보통	보통	보통	비율	비율
매우 우수	양호	매우 우수	미흡	미흡	양호	미흡
양호	양호	양호	양호	양호	양호	미흡
미흡	미흡	매우 우수	매우 우수	미흡	미흡	미흡
미흡	매우 우수	매우 우수	매우 우수	매우 우수	미흡	미흡
미흡	양호	미흡	미흡	매우 우수	양호	미흡
양호	매우 우수	매우 우수	양호	매우 우수	미흡	양호
매우 우수	양호	매우 우수	양호	양호	미흡	미흡

Kenny 자기건강관리 사정(Schoening 외. 1965)	Klein-Bell ADL Scale(Klein & Bell, 1982)	재활수준 척도(LORS-II) (Carey & Posavac, 1982)	신체적 자가관리(Lawton & Brody, 1969)	PULSES 프로필(Granger, Greer, Liset, Coulombe & O'Brien, 1975)	모의실험형 ADL 검사 (Potvin 외. 1972)	시간관리 프로필(Halstead & Hartley, 1975)
양호	미흡	양호	미흡	미흡	미흡	미흡
적절	매우 우수	양호	양호	양호	미흡	미흡

해당 사항 없음: 미흡하거나 미흡하지 않거나 고려되지 않음
출처: "A Critical Review of Scales of Activities of Daily Living" 저자: M. Law 및 L. Letts, 1989, American Journal of Occupational Therapy, 43(8), pp.522-528. Copyright® 1989 by American Occupational Therapy Association, Inc. 허가 하에 발췌 인쇄함.

11) Klein-Bell ADL 척도

일관성 없는 점수 값 할당과 과제 수행에 필요한 도움 수준 간의 구별부족, 모든 환자들에 대한 일부 척도 항목의 적용성 부재 등과 같이 전통적이고 광범위하게 적용되는 ADL 척도의 여러 가지 단점들을 보완하고자 Klein-Bell ADL 척도가 개발되었다. 이 척도에는 옷 입기, 이동성, 배설, 목욕/위생, 섭식, 비상 통신과 관련된 170가지 항목을 포함한다. 각 항목은 이용자가 언어적 혹은 물리적 도움 없이 주어진 과제를 수행 능력정도에 따라 점수가 매겨진다. 보조 장비를 사용한 항목 수행은 이러한 장비의 목적이 독립적인 기능성을 증진시키는 것이라는 점에서 수행성공으로 점수가 채점된다. 총점은 0~313점 범위이나, 총점에 대한 백분율로서 표기된다.

12) 다단계적 사정도구

이 도구는 행동적 역량, 심리적 행복, 인지되는 삶의 질, 객관적 환경이라는 부분에서 노인의 행복감을 측정하기 위해 개발되었다(Lawton, Moss, Fulcomer, & Kleban, 1982). 이것은 행동적 역량이 육체적 건강, 인지력, ADL, 시간활용, 사회적 상호작용 등과 같은 여러 가지 영역들로 구성된 복합적 계층을 수반하고 있다고 간주한다. 시간 활용을 제외한 이러한 영역의 각각에는 2가지 이상의 하위척도가 포함되어 있다.

신체적 자가관리척도와 IADL 척도(Instrumental ADL Scale)는 노인들의 자가건강관리 수행도를 사정할 수 있도록 설계되었다. 전체적으로 볼 때, 이 도구는 면담자가 작성하는 135가지 항목으로 구성되어 있다.

13) 작업치료 기능적 사정 편집 도구

이용자의 수행을 요약 및 문서화하기 위해 사용되는 컴퓨터 기반 도구이다. 지역사회의 거주민은 물론 관련 시설에 입소해 있는 사람들이나 입원치료를 받고 있는 사람들을 대상으로 사용된다. 이 도구를 고찰한 Christiansen(1991)은, 기능적 수행에 영향을 미칠 때 환경의 포괄적 적용범위와 역할에 대한 식별력의 주요 특징을 말한 바 있다. 이 도구는 역할 관련 활동의 차원에서 수행도를 검사하는 동시에 그 기저가 되는 수행 하위체계의 결함에도 주의를 기울이고 있다. 따라서 기능적 수행과 관련하여 기능상실과 기능적 장애가 명확하게 구분된다.

14) zzaaParachek 노인 등급척도

이 척도는 신속한 선별검사도구로서 개발되었다(Miller & Parach다, 1974; Plutchik et al., 1970). 신체적 조건과 종합적인 자기건강관리(용변습관, 섭식, 위생, 몸단장), 피후견인 협조, 개인별 사회적 대응, 그룹 관여도와 같은 사회적 행동에 초점을 맞춘 10가지 항목이 포함되어 있다. 각 항목은 5점 척도로 점수가 매겨지며, 점수가 낮을수록 장애가 심각한 것으로 간주한다. 앞서 언급한 바와 같이, 항목들은 해당 환자의 기능수준을 잘 알고 있는 간병인에 의해 작성되고 3~5분 이내에 그래프로 변환된다.

PULSES 프로필

Moskowitz와 McCann(1957)은 만성질환자 및 고령자를 위해 고안된 이 프로필이 신체조건에 한계가 있는 동시에 환경에 제약이 있는 자에게 안성맞춤인 수행테스트로 보았으며, 이 도구는 다양한 질환 진단을 받은 성인 및 고령자를 대상으로 사용되어 오고 있다.

기능에 대한 전면적인 사정은 5가지 범주(P는 질병에 의한 도움의 필요성을 반영한다. / U는 자기건강관리 활동에 도움의 필요성을 반영한다. / L은 운동 활동에 도움의 필요성을 반영한다. / S는 언어나 시각장애로 인한 도움의 필요성을 반영한다. / E는 대소변 기능의 조절에 있어 도움의 필요성을 반영한다.) 각각에 대해 환자를 등급으로 매김으로서 이루어질 수 있다(Granger et al., 1975). 각 항목은 독립적(1)인 것에서부터 의존적(4)인 것에 이르기까지 4점 척도로 점수가 매겨진다. 점수의 범위는 완전 독립적인 6/6에서부터 완전 의존적인 6/24에 이른다.

결론

평범하고 당연한 일로 여겨지는 일상생활 활동은 노인들이 지역사회에서 안전하고 독립적으로 생활하고 가족과 사회의 정상적인 기대치를 만족시키기 위해서는 반드시 성공적으로 수행해야만 하는 복잡한 활동이다. 이러한 주요 일상생활 활동에서의 독립성 상실은 재가보호 이용자의 ADL 수행도를 철저하게 사정하고 필요한 경우 기능을 회복시킬 수 있는 작업치료에 의해 예방이 가능하다.

ADL 사정은 수많은 분야의 사람들에 의해 완수될 수 있으나, 해당 개인의 임상적 전문지식에 따라 일부 의료 제공자는 추가 사정 및 치료를 위해 확인된 문제점을 작업치료사에게 알려줄 필요가 있다.

참고문헌

Agich, G.J.(1990). Reassessing autonomy in long-term care. *Hastings Center Report*, 20(6), 12-17.

Branch, L.G., Goldberg, H.B., Cheh, V.A., & Williams, J.(1993). Medicare home health: A description of total episodes of care. *health Care Financing Review*, 14(4), 59-74.

Brown, M.E.(1950a). Daily activity inventory and progress record for those with atypical movement. *American Journal of Occupational Therapy*, 4(5), 195-204.

Brown, M.E.(1950b). Daily activity inventory and progress record for those with atypical movement, part II. *American Journal of Occupational Therapy*, 4(6), 261-272.

Brown, M.E.(1951). Daily activity inventory and progress record for those with atypical movement. *American Journal of occupational Therapy*, 5(1), 23-29,38.

Carey, R.G., & Posavac, E.J.(1982). Rehabilitation program evaluation using a revised Level of Rehabilitation Scale(LORS-II). *Archives of Physical Medicine and Rehabilitation*, 63, 367-370.

Christiansen, C.(1991). Occupational performance assessment. In C.Christiansen & C. Baum(Eds.), *Occupational therapy Overcoming human performance deficits*(pp.375-424). Thorfare, NJ: Slack.

Dinnerstein, A.J., Lowenthal, M., & Dexter, M.(1965). Evaluation of a rating scale of ability in activities of daily living. *Archives of Physical Medicine and Rehabilitation*, 47, 579-584.

Donaldson, S.W., Wagner, C.C., & Gresham, G.E.(1973). A unified ADL evaluation form. *Archives of Physical Medicine and Rehabilitation*, 54, 175-179, 185.

Feigenson, J., Polkow, L., Meikle, r., & Ferguson, W.(1979). Burke Stroke Time Oriented Profile(BUSTOP): An overview of patient function. *Archives of Physical Medicine and Rehabilitation*, 60, 508-511.

Gallo, J.J., Reichel, W., & Anderson, L.(1988). *Handbook of geriatric assessment*. Gaithersburg, MD: Aspen.

Granger, C.V(1985). Outcome of comprehensive medical rehabilitation: An analysis based upon the impairment, disability, and handicap model. *International Rehabilitation Medicine*, 7, 45-50.

Granger, C.V., & Clark, G.S.(1994). Functional status and outcomes of stroke rehabilitation. *Topics in Geriatric Rehabilitation,* 9(3), 72-84.

Granger, C.V., Greer, D.S., Liset, E., Coulombe, J., & O'Brien, E.(1975). Measurement of outcomes of care for stroke patients. *Stroke*, 6, 34-41.

Granger, C.V., Hamilton, B.B., Keith, R.A., Zielezny, M., & Sherwin, F.S.(1986). Advances in functional assessment for medical rehabilitation. *Topics in Geriatric Rehabilitation*, 1(3), 59-74.

Gresham, G.E., Phillips, T.F., & Labi, M.L.C.(1980). ADL status in stroke: Relative merits of three standard indexes. *Archives of Physical Medicine and Rehabilitation*, 61,3550358.

Halstead, L., & Hartley, R.B.(1975). Time Care Profile: An evaluation of a new method of assessing ADL dependence. *Archives of Physical Medicine and Rehabilitation*, 61, 355-358.

Hamilton, B.B., Granger, C.V., Sherwin, F.S., Zielezny, M., & Tashman, J.S.(1987). A uniform national data system for medical rehabilitation. In M.J. Fuhrer(Ed.), *Rehabilitation outcomes: Analysis and measurement*(pp.137-147). Baltimore: Brookes.

Hasselkus, B.R., & Maguire, G.H.(1998). Functional assessments used with older adults. In B.J. Hemphill(Ed.), *Mental health assessment in occupational therapy*(pp.165-177). Thorofare, NJ: Slack.

Hing, E., & Bloom, B.(1990). Long-term care for the functionally dependent elderly. National Center for Health Statistics. *Vital and Health Statistics*, 13(104), 1-49.

Jette, A.M.(1980a). functional capacity evaluation: An empirical approach. *Archives of Physical Medicine and Rehabilitation*, 61, 85-89.

Jette, A.M.(1980b). functional Status Index: Reliability of a chronic disease evaluation instrument. *Archives of Physical Medicine and Rehabilitation*, 61, 395-401.

Kane, R.A., & Kane, R.L.(1981). *Assessing the elderly: A practical huide to measurement*. Lexington, MA: Lexington Books.

Katz, S., Ford, A.B., Moskowitz, R.W., Jackson, B.A., & Jaffe, M.W.(1963). Studies of illness in the aged. The Index of ADL: A standardized measure of bilolgical and psychosocial function. *Journal of the American Medical Association*, 185(12), 914-919.

Kelley, F.A., Kawamoto, T.T., & Rubenstein, L.Z.(1991). Assessment of the geriatric patient. In J.M. kiernat.(Ed.), *Occupational therapy and the older adult: a clinical manual*(pp.76-98). Gaithersburg, MD:Aspen.

Klein, R.M. & Bell, B.(1982). Self-care skills: Behavioral measurement with Klein-Bell ADL scale. *Archives of Physical Medicine and Rehabilitation*, 63, 335-338.

Law, M., & Letts, L.(1989). A critical review of scales of activities of daily living. *American journal of occupational Therapy*, 43(8), 522-528.

Lawton, E.B.(1980). Activities of daily living tests: Geriatric consideration. *Physical and occupational Therapy in Geriatrics*, 1, 11-20.

Lawton, M.P. & Brody, E.M.(1969). Assessment of older people: Self-maintaining and instrumental activities of daily living. *Gerontologist,* 9. 179-186.

Lawton, M.P., Moss, M., Fulcomer, M.A., & Kleban, M.H.(1982). A research and service oriented multilevel assessment instrument. *Journal of Gerontology*, 17(1), 91-99.

Leon, J., & Lair, T.(1990). Functional status of the noninstitutionalized elderly: Estimates of ADL and IADL difficulties.(DHHS Publication No. PHS 90-3462; National Medical Expenditure Survey Research Findings 4, Agency for Health Care Policy and Research). Rockville, MD: Public Health Service.

Letsch, S.W., Laxenby, H.C., Levit, K.R., & Cowan, C.A.(1992). National health expenditures, 1991. *Health Care Financing Review*, 14(2), 1-30.

Mahoney, F.I. & Barthel, D.W.(1965). Functional evaluation: The Barthel Index. *Maryland Sate Medical Journal*, 14, 61065.

Miller, E.R., & Parachek, J.F.(1974). Validation and standardization of a goal-oriented, quick screening geriatric scale. *Journal of the American Geriatrics Society*, 22(6), 278-283.

Morris, J.(1994). Some cautions when using functional assessment scales. *Topics in Geriatric Rehabilitation*, 9(3), 2-7.

Moskowitz, E., & McCann, C.B.(1957). Classification of disability in the chronically ell and aging. *Journal of Chronic Diseases*, 5(3), 342-346.

Opacich, K.J.(1991). Assessment and informed decision-making. In C.Christiansen & C. Baum(Eds.), *Occupational therapy: overcoming human performance deficits*(pp.355-372). Thorofare, NJ: Slack.

Plutchik, R., Conte, H., Lieberman, M., Bakur, M., Grossman, J., & Lehrman, N.(1970). Reliability and validity of a scale for assessing the functioning of geriatric patients. *Journal of the American Geriatric Society*, 18(6), 491-500.

Potvin, A.R., Tourtellotte, W.W., Dailey, J.S., Albers, J.W., Walker, J.E., Pew, R.W., Henderson, W.G., & Snyder, D.N.(1972). Simulated activities of daily living examination. *Archives of Physical Medicine and Rehabilitation*, 53, 476-487.

Reilly, M.(1962). Occupational therapy can be one of the great ideas of the 20th century medicien. *American Journal of Occupational Therapy*, 16, 1-9.

Sarvela, P.D., & McDermott, R.J.(1983). *Health education evaluation and measurement. A practitioner's perspective.* Dubuque, IA: Brown & Benchmark

Scanlon, W.J.(1988). A perspective on long-term care for the elderly. *Health Care Financing Review*(annual supplement),pp.7-15.

Schoening, H.A., Anderegg, L., Bergstrom, D., Fonda, M., Steinke, M., & Ulrich, P.(1965). Numerical scoring of self-care status of patients. *Archives of Physical Medicine and Rehabilitation*, 46, 689-697.

Smith, R.O.(1990). *Administration and scoring manual.* OT FACT(*Occupational therapy Functional Assessment Compilation Tool*). Rockville, MD: American Occupational Therapy Association.

Smith, R.O.(1992). The science of occupational therapy assessment. *Occupational Therapy Journal of Research*, 12(1), 3-15.

Smith, R.O., Benge, M., & Hall, M.(1994). Technology for self-care. In C. Christiansen(Ed.), *Ways of living: Self-care strategies for special needs*(pp.379-422). Rockville, MD: American Occupational Therapy

Association.

Somers, F.P.(1991). Long-term care and federal policy. *American Journal of Occupational Therapy*, 45(7), 628-635.

Staff of Benfamin Rose Hospital.(1959). Multidisciplinary studies of illness in aged persons II. A new classification of functional status in activities of daily living. *Journal of Chronic Disease*, 9(1), 55-62.

U.S. Senate Special Committee on Aging, The American Association of Retired Persons, Federal Council on the Aging, U.S. Administration on Aging.(1991). *Aging America: Trends and projections*(DHHS Publication No.FCoA 91-28001). Washington, DC: U.S. Department of Health and Human Services.

Vladeck, B.C., Miller, N.A., & Clauser, S.B.(1994). The changing face of long-term care. *Health Care Financing Review*, 14(4), 5-23.

World Health Organization.(1980). *International classification of impairments, disabilities, and handicaps.* Geneva: Author.

4. 기본 운동의 필요성

학습목표

노인 운동성 사정의 요소 및 의미에 대한 개요를 파악하고, 본 운동의 필요성에 중점을 두고 가정에서의 노인의학 운동성 사정을 중요하게 고려하여 탐구한다. 기본 운동의 필요성 사정에서 물리치료사, 작업 치료사의 역할 및 운동성 문제의 문서화 및 대화 제안 등을 논의한다.

운동에 문제가 있는 노인을 구별하는 것은 가정에서 각 분야에서 노인을 사정하는데 있어 중요한 요소이다. 운동성의 한계는 개인 뿐 아니라 가족 및 간병인에게도 문제와 좌절감을 가져온다. 일단 개인의 운동성이 심하게 손상된 경우, 입원이나 기타 비용이 드는 방법만이 유일한 대안이 될 것이다.

운동성 문제를 초기에 감지하면 운동성에 미치는 노화 및 질병의 효과를 최소화하는데 필요한 전략을 식별할 수 있다. 기존 운동성에 한계가 있거나 기능이 점차 퇴화되는 노인의 경우, 기능적 독립성을 유지하기 위한 독창적인 방법이나 간병인의 부담을 줄이는 방법을 탐구해야 한다.

이 장에서는 기본 운동의 필요성에 중점을 두고 가정에서의 노인의학 운동성 사정을 중요하게 고려하여 탐구한다. 또한 노인의 건강한 삶의 질 및 지역사회에서 안전하게 기능할 수 있는 능력에 있어 운동성 문제가 미치는 영향을 탐구한다. 여기에서는 운동성 관련 용어 및 측정의 규정, 임상이나 제도적 노인의학 운동성 사정과 가정 내 사정을 크게 구분하는 요소, 가정환경의 독특하고 참작할만한 요소를 고려한 결과의 해석, 가정 내 운동성 사정의 목적 및 지수, 넘어짐, 통증 및 요실금 등 노화에 관련된 운동성 문제, 기본 운동의 필요성 사정에서 물리치료사, 작업 치료사의 역할 및 운동성 문제의 문서화 및 대화 제안 등을 논의한다.

1) 기본 운동성 사정의 정의 및 범위

운동성은 자신의 환경 내에서 돌아다닐 수 있는 능력이다. 운동성은 의자에서 일어나고 서고 돌아다니고 굽히고 걸어가는 등의 다중 행동으로 구성된다(Tinetti, 1986). 기본 운동성 기술에는 일상생활에서 필요한 안전하고 기능적인 행동을 실행하는데 필요한 운동성 기술이 모두 포함된다.

실제적인 목적에 있어 기능은 3가지 영역으로 하위 구분할 수 있다.

(1) 기본 운동성 기술, (2) 개인위생 등 일상생활의 기본적 활동, 식사 준비 및 쇼핑 등의 활동이 포함되는 도구적 ADL로 지칭되는 더 복합적인 기능 등이 있다.

기본적 운동성은 ADL의 중요한 부분이므로, 가정에서의 기본 운동성 기술 사정이 때로는 기타 기능적 영역과 중복되기도 한다.

기본적 운동의 필요성은 사례별로 다르다. 지역사회에서 혼자 사는 노인의 기본적인 운동의 필요성은 정규 간병인이 있는 약한 노인과 매우 다를 것이다. 하지만 이 두 경우에 모두 최적의 기능 레벨을 판별하는 것이 중요하다.

기능 손실이나 기능 장애는 개인에게 정상적인 것으로 간주되는 방식이나 범위 내에서 활동을 수행할 수 없는 것이다(Jette, 1986). 기능 장애는 신체적 기능 손실(신체적 기능 장애), 정신적 기능의 손실(정신적 기능 장애), 감정적 기능의 손실(감정적 기능 장애) 및 또는 사회적 기능의 손실(사회적 기능 장애)의 결과이다.

〈표 7-6〉 신체적 기능의 영역

기본적 운동성 기술	기본적 ADL	도구적 ADL
침구 운동성 측면으로 구르기 침구에서 획 달려 나가기 누워 있다가 앉기 침구 끝에서 달려 나가기 이동 앉아 있다가 서기 바닥 간 이동 바닥에서 일어나기 뒤로 물러나기 옆으로 걷기 돌아서 일어나기 서기의 균형 서서 도달하기 (위, 앞, 측면, 뒤) 바닥에서 물건 집기 걷기 평지에서 계단에서 평평하지 않은 바닥에서 보조 기기 또는 휠체어 작동	목욕 옷 입기 손질 화장실가기 배설 억제 능력 먹기	식사 준비 쇼핑 돈 관리 전화하기 집안 청소 세탁 공공 교통수단 또는 차량 이용 약물 사용에 대한 책임감

신체적 기능 장애 : 시각이나 청각 문제 또는 균형을 이루고 넘어질 위험이 있는 관절 운동 범위(ROM) 손실 등이 있다.

정신적 기능 장애 : 신체적 기능 장애를 보상하는데 필요한 판단력이나 문제해결 능력의 손실이 있다.

감정적 기능 장애 : 환경에의 자극 및 주의가 손실됨에 따라 운동성에 미치는 영향이 급강하할 수 있는 감정적 손실이 있다.

사회적 기능 장애 : 요양원 배치의 이유가 될 수 있는 가족이나 친구를 통한 비공식적 사회지원 시스템의 손실이나 비이용성이 있을 수 있다.

이들 기능은 모두 상호 의존적이므로 이들 영역 중 하나라도 기능 장애가 발생하는 경우 운동성에 역효과를 일으킬 수 있다. 그러므로 기본 운동성 사정 시 이들 요소를 모두 고려할 필요가 있다.

2) 기본 운동성 기술 측정하기

(1) 지원 범주 레벨

일을 완료하는데 필요한 사람의 지원 수준에 따라 일의 수행(의자에서 일어나기 등)을 등급으로 정한다. 이 방법은 재활 전문가들 사이에 가장 널리 사용되는 사정 방법이다. 일반적으로 사용되는 범주는 독립적, 의존적 및 불가능으로 구분된다. 의존적 상태에는 감독, 접촉 보호, 최소 지원, 약간의 지원 및 최대 지원 등이 있다. 보통 등급을 정한 일에는 침실 운동성, 이동 및 걸음걸이 등 기본 운동의 필요성과 화장실 가기, 차림새 손질, 옷 입기 및 먹기 등 기본적인 ADL 등이 있다. 메디케어(Medicare, 노인의료보험제도)는 현재 이들 등급을 사용하여 보행 및 이동 등 기능적 활동에 필요한 지원을 기록하도록 요구한다(May, 1994). 이 방법은 입원 환경에서 가정환경 및 외래 환자 치료에 이르는 모든 치료 환경에 적용되었지만, 환자, 사정자, 검도자 및 환경 유형에 관련된 변수에 따라 이들은 크게 달라질 수 있으므로 제공되는 점수를 해석할 때 주의해야 한다. 이러한 인식에 따라 독자는 과거와 현재의 치료를 둘러싼 전제를 비판적으로 조사하도록 권고된다. 다음은 지원 범주 레벨을 간략히 정의한 것이다.

① 독립적 상태

독립성은 개인이 다른 사람의 물리적 지원, 감독 또는 구두 신호 없이 일을 수행할 수 있음을 의미한다. 특정 시도 중에(예 : 4번의 시도 중 3번) 일을 독립적으로 수행하는 경우, 개인은 75%의 독립성이 있는 것으로 간주될 수 있다.

한 가지 사정도구인 기능적 독립성 기준은 완전한 독립성(수정, 보조 기기 또는 보조 기구 없이 타당한 시간 내에 보통 안전하게 활동을 수행)과 수정된 독립성(활동 시 보조 기기가 필요하거나 시간이 오래 걸리거나 기타 안전상의 고려(Granger, Hamilton, Keith, Zielezny, & Sherwin, 1986))을 심층적으로 구분한다.

② 의존적 상태

감독 지원 또는 지원대기 : 이 레벨의 경우 사람이 물리적 지원 없이 의도한 일을 완료할 수 있지만 다른 사람이 있거나 즉시 도와줄 수 있어야 한다. 봉사원의 책임은 가청 범위 내에 있어 지도하거나(구두 신호) 도달할 수 있는 거리를 유지하여 문제 발생 시 일에 간섭하도록 충분히 집중하는 것 등이다.

접촉 보호 지원 : 개인은 실제 신체적 접촉으로 활동을 안전하게 수행하도록 요구된다. 활동 일부에만 접촉이 필요한 경우 접촉 보호/감독으로 등급을 정하게 된다.

최소 지원 : 개인은 인적 지원의 50% 이하를 요구한다(봉사자는 개인보다 에너지 덜 소비).

약간의 지원 : 개인은 인적 지원의 50%를 요구한다(봉사자와 개인은 같은 노력 소비).

최대 지원 : 개인은 인적 지원의 50% 이상을 요구한다(봉사자가 개인보다 더 많은 노력 소비).

불가능 : 개인은 지원을 해도 활동을 수행할 수 없다(활동은 개인에게 부당하거나 의학적으로 금기되는 것으로 간주됨; Granger et al., 1986; May, 1994).

(2) 주요 고려사항

수행 관찰은 치료 기간의 효과성 또는 기능적인 능력을 측정하는 간단하고 실용적인 방법이다. 그러나 관찰에 기반한 수행 레벨의 사정은 중요성과 가치가 크게 달라질 수 있다. 같은 사람이 사정하는 안전 및 수행 레벨도 환경에 따라 달라질 수 있음을 인식하는 것이 중요하다(예 : 병원에서 집으로 또는 집에서 야외로). 그러므로 환경 조건은 사람의 수행에 긍정적 또는 부정적 영향을 미칠 수 있다. 걷는데 문제가 있는 사람은 친숙하지 않은 임상이나 병원 환경보다는 자신의 집에서 더 안전하게 거동할 수 있을 것이다. 반대로, 단단하고 부드러운 바닥, 방해 받지 않는 공간 및 호출벨의 보안 등을 갖춘 병실 등 구조화된 환경에서는 보행자를 솜씨 있게 다루는데 있어 다른 사람이 신뢰하고 안심할 수 있다. 특정한 연습의 효과는 일에 따라 큰 차이가 있음을 인식하는 것도 중요하다. 예를 들어, 무게만 이동하는 서기 활동을 통한 균형 교육을 걷기의 균형 개선보다 우선시한다는 증거는 거의 없다(Chandler & Duncan, 1993). 의자에서 일어날 때 균형을 유지하는데 필요한 근육의 반응은 계단에 오르는데 필요한 반응과 다르다. 이러한 이유로 이용자의 기능 레벨에 관련하여 조기에 일반화 및 예측을 하는 경우에 주의하도록 권고된다.

(3) 수행 대 학습 사정

특정한 일에서 독립적인 것으로 사정된 사람은 이 특정한 일에 있어 비 감독 기능에 필요한 최저 기술이 있는 것으로 해석할 수 있다. 그러므로 측정하는 것이 수행인지 학습인지 여부를 구분하는 것이 중요하다. 개인의 일에 대한 기능적 독립성을 사정하고 퇴원 후 가정에서의 물리치료 등 심층 서비스의 정당성을 입증할 때 이러한 구분이 특히 중요하다.

학습은 지속적으로 기술을 수행할 수 있고 시간이 지나도 유지되며 전달할 수 있음을 의미한다(연습한 기술을 전달하거나 조건의 변화에 따라 다른 유사한 활동으로 일반화). 수행은 학습과 달리 연습 직후 기술을 수행할 수 있는 능력이다. 그러나 기술의 유지나 다른 유사한 기술이나 조건의 이행은 제한될 것이다(Schmidt, 1991). 그러므로 기능적 결과를 기록할 때, 구체적 맥락 내에서 등급을 정한 일의 틀을 정하는 것이 중요하다. 예를 들어, S여사는 둔부 골절 후 둔부 전체를 이식한 후 퇴원한 90세의 여성이다. 물리치료 퇴원 기록에는 "전륜 보조기로 평지에서 보행 시에만 혼자서 가능하며 50피트만 허용함" 이라고 쓰여 있다. 그러나 보행은 가정환경에서 더 복잡하고 가변적 조건에서 보행할 수 있는 능력이 필요할 것이다. 그러므로 일의 특성(평지에서의 보행) 및 환경(가정환경) 이외에, 상황의 가변성도 고려해야 한다. 상황 변화의 예는 병원 환경과 비교할 때 방마다 바닥재 유형의 차이, 더 큰 공간 제약 및 더 많은 장애물 등이 있다. 신발 유형 변경 또는 신발 없음, 안경 착용의 비일관성 및 의복으로 인한 제약 가능성(예 : 긴 가운) 등도 여기에 포함된다. 또한 가족 및 친구의 존재 등으로 주의가 산만해지거나 어두울 때 수행할 필요가 있거나 피로한 경우 등 상황이 바뀔 수도 있다.

S여사의 경우 가정에서의 사정을 통해 병원에서 익힌 보행 기술을 유지하는지 확인할 것이다. 그녀는 전륜 보행기를 사용함으로써 신체적으로 독립적인 것으로 나타났다. 신체적으로는 가능하지만 느슨한 신발을 신거나 좁은 공간에서 두꺼운 카펫 위를 보행기로 거동할 때 균형과 안전성이 떨어지는 것으로 나타났다. 또한 아침에 처음 일어날 때 다리가 뻣뻣하여 보행기를 사용할 때 편안하지 않음을 호소하기도 했다. 그러므로 S여사는 아직 가정에서 완전히 독립적인 보행 상태가 아닌 약간 독립적인 보행 상태를 유지하고 있다. 이용자의 환경을 변화시켜 이용자가 적극적으로 문제를 해결하는 연습 조건을 구성하는 것이 가장 적절하다(Winstein, 1991). 위에서 말한 것처럼, 가정과 지역사회에서 안전과 독립성을 유지하는 중요한 요소는 학습 능력 및 기능적 기술을 지속하는 것이다. 현재의 물리치료 및 작업 치료 문헌을 통해 노인의 치료 및 기능적 사정에서 운동 학습 원칙에 대한 관심이 높아지고 있다.

일련의 표준화된 사정도구를 사용하여 노인의 기능적 기술을 측정하고 균형 문제를 심사할 수 있다. "일어나서 걷기" 시험(이후 설명) 등 수행 기반 시험으로 이용자가 일련의 기능적 기술을 얼마나 잘 수행할 수 있는지 판별할 것이다. 그러한 시험은 이용자의 기능적 독립성 레벨의 기준선을 제공하고 문제 목록을 작성하는데 도움이 되므로 중요하다. 그러나 그러한 수행 기반 시험 등을 통해 얻은 정보가 시험 상황 이외에 유사한 실제 일을 수행하는 능력이나 일관성을 반드시 나타내는 것은 아니다. 이용자의 기능적 수행은 매우 제한된 환경에서 시간 내에 한번만 조사하는 것이다. 그러므로 이상적이지 않은 상황에서 사람이 어떻게 수행할지 예측하는데 도움이 되도록 추가 정보를 수집해야 한다. 기존 물리적 환경 내에서 이용자의 행동은 상황별로 기능적 기술을 얼마나 잘 수행할 수 있는지 판별하는데 도움이 될 수 있다. 그러므로 사정 시 이용자가 문제해결에 있어 비일관성 또는 한계를 드러내는데 도움이 될 수 있는 다양한 시나리오를 적용해야 한다. 또한 이용자나 필요한 경우 간병인이 한두 가지 과거의 문제해결 결과를 떠올리도록 요청해야 한다(예 : 넘어진 후 바닥에서 일어나는데 사용되는 과정이나 시력의 한계를 보상하는 것으로 확인된 해법). 과거와 현재의 시나리오를 종합하여 학습 및 지속에 관련하여 중요한 예측 가능 정보를 더할 것이다.

개인의 기본적 운동의 필요성을 사정하는 시나리오를 선택할 때, 사정자는 고객의 일상생활의 필요에 있어서의 실용성과 일을 완료하는데 걸리는 시간, 이를 수행하는데 있어 필요한 경우 이용자에게 미치는 시나리오의 영향을 고려해야 한다. 가정에서의 운동성 사정에는 특정 이용자에 전형적인 일일 운동성 및 활동 필요성이 포함되는 것이 이상적이다. 여기에는 좋아하는 의자에 앉았다 일어나기, 우편물 받기, 차 준비 및 TV 켜기 등이 있다.

(4) 표본 사례

아래 제시된 사례는 이용자별로 실제적인 시나리오의 사용을 나타낸다. 여기에서는 기능적 운동성 측정이 개인의 필요성에 따라 어떻게 개별화되어야 하는지 설명한다. 또한 사정자가 어떤 특정 관찰을 통해 문제해결 가능성과 학습 한계를 더 명확히 식별해야 하는지 자세히 지적한다. 가장 중요한 관찰에는 일을 완료할 수 있는가? 그렇지 않은 경우 그 이유는? 일을 수행하는데 사용되는 전략은 무엇이며 그 전략은 안전하고 효율적인가? 문제를 해결하도록 모색하는 기회와 해법은 무엇인가? 일을 완료하는데 걸린 시간은 얼마나 되며 타당한 시간 내에 완료되었는가? 다양한 조건에서 기술을 적용할 수 있는가? 등이다(May, 1993a, 1993b; Schmidt, 1991; Winstein, 1991). 사례는 가정환경에서 이들 의문사항을 적용하는 방법을 나타낸다.

사 례

S여사는 자신의 3층집에서 독립적으로 살아나가는데 필요한 기본적 운동성 기술을 수행하도록 요청받았다. 그녀는 노화에 따른 골다공증과 최근의 좌측 둔부 골절로 둔부 전체 이식을 받은 병력이 있어 허리를 굽히거나 돌리지 않아 척추의 압박 골절이 심화되지 않도록 하며, 고관절을 90도 이상 굽히거나 다리를 꼬거나 언제든지 발끝이 안으로 향하지 않게 하며 느리게 조절하면서 팔 다리를 움직이도록 학습하는 등 특정한 운동에 대한 주의사항이 요구되었다(예 : 침대에서 다리를 흔드는 습관이 있는 경우 저절로 둔부 골절이 생기므로 이러한 습관을 버림).

(5) 침실 운동성

<그림 7-7~7-10>은 S여사가 잠자리에서 일어나는 순서를 보여준다. 필요한 일에는 담요 걷기, 베개 밀기(다리 사이의 외전근 쐐기 역할), 침대 가장자리에 앉기 및 보행기 끝을 잡고 일어나기(잠자리에 들 때 배치됨) 등이 있다. 그녀는 반듯이 누운 상태에서 옆으로 눕는 로그롤링(log-rolling) 전략(척추 보호를 위해)을 사용한 후 앉는 것이 이상적이다. 그러나 이를 위해서는 벽에서 침대를 떼어 반대편에서 일어날 수 있도록 해야 한다(둔부 이식으로 인해 왼쪽으로 구를 준비가 되어 있지 않음). S여사는 침대를 옮기지 않기를 원했다. 효율성이 떨어지지만 그녀의 앉기 전략은 안전하게 보였다. 또한 계속 익숙한 측면으로 잠자리에 들고 일어나면(특히 밤에 일어나 화장실에 갈 때와 아침에 경직감이 커짐을 고려해볼 때) 익숙한 순서에 의존할 수 있으므로 더 유효하였다.

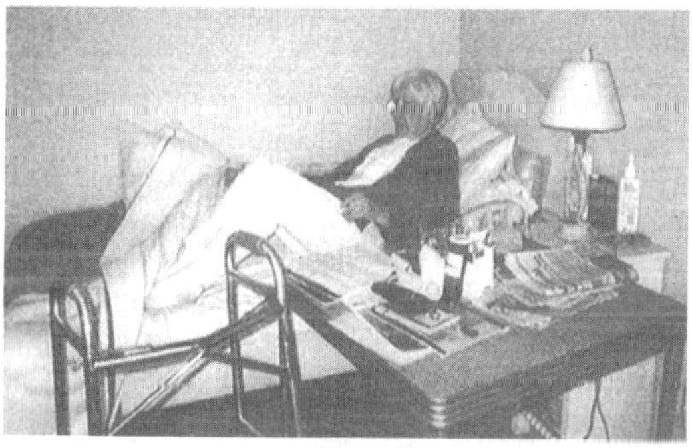

〈그림 7-7〉 S여사가 침실에서 일어나는 모습

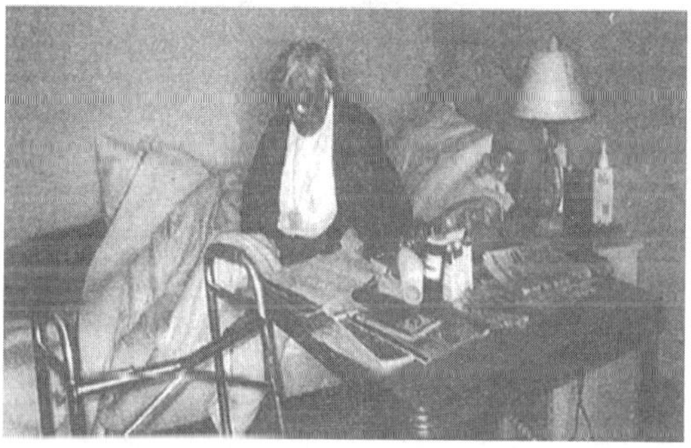

〈그림 7-8〉 S여사가 잠자리에서 일어나는 모습

(6) 평지에서 걷기

S여사는 보통 양말을 신고 움직인다. 그녀는 미끄러질 위험이 없도록 계속 주의하고 단단한 목재 바닥에 왁스칠을 하지 않았다. 또한 양말을 신고 걷는 것에 익숙해져 있었다. 그녀는 앞으로 안전한 야외 보행을 위해 테니스 슈즈나 쉽게 신을 수 있는 신발을 구매할 것을 고려중이다. S여사는 지팡이로 바꾸었지만 침실에서는 계속 보행기를 사용하여 잠자리에 올라갔다. 아침에 다리의 경직감이 커져 보행이 더 어렵고 밤중에 일어나면 넘어질 위험이 더 크다는 것을 알고 있으므로 그녀는 이때 보행기에 의존한다.

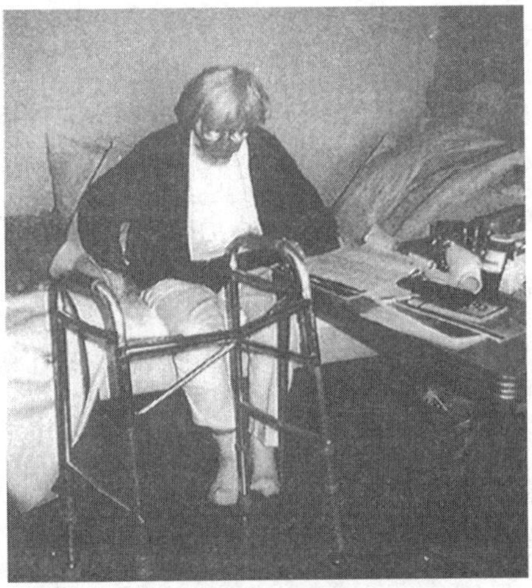

〈그림 7-9〉 S여사가 침대 가장자리에서 일어나는 모습

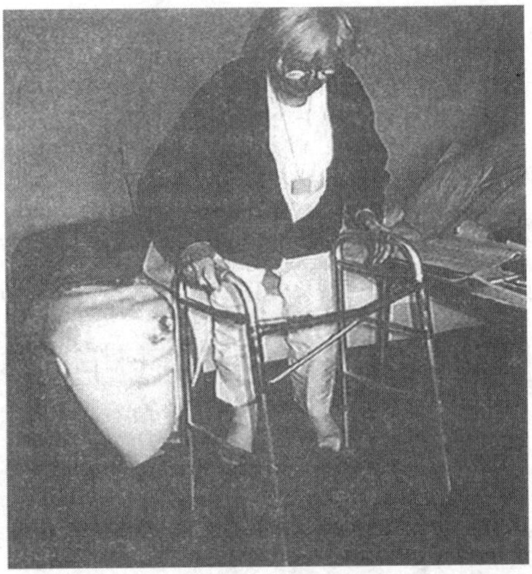

〈그림 7-10〉 S여사가 보행기로 이동하는 모습

(7) 계단 오르내리기

<그림 7-11>은 보행기에서 모서리의 지팡이로 옮겨가는 순서를 보여준다. S여사가 다시 올라갈 때까지 계단 맨 위에 보행기를 그대로 둔다. 그녀는 7개의 계단을 오르내릴 때 한쪽은 난간에, 반대편은 지팡이에 의지한다(그림 7-11).

그녀는 둔부에 대한 주의사항으로 계단을 내려갈 때는 왼쪽 다리로 이끌고 올라갈 때는 오른쪽 다리로 이끌 것을 기억해야 한다(그림 7-10). 그녀는 매일 이 계단을 몇 번씩 오르내려야 하는데 침실과 1개뿐인 화장실이 위층에 있기 때문이다. 주방에서 지하실과 차고에 이르는 계단은 더 오르내리기 어렵다(그림 7-11).

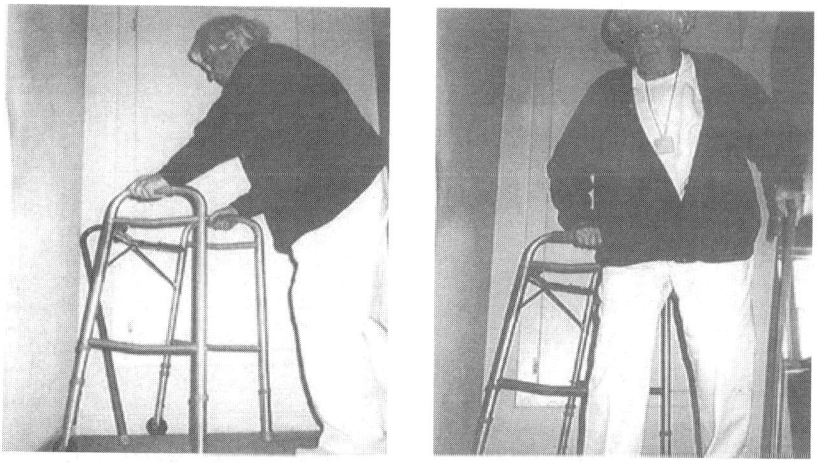

〈그림 7-11〉 S여사가 계단 맨 위에서 보행기를 지팡이로 바꾸는 모습

계단은 좁아지며 높이가 8cm로 계단 바닥의 구멍과 마찰이 적고 조명이 약하고 평평하지 않은 바닥으로 이어진다. 좌측에 장착된 난간이 느슨해졌고 충분히 지지하기에는 너무 높다. 그럼에도 불구하고 S여사는 매일 내려가 우편물을 확인하고 싶어 한다(실제로도 스스로 그렇게 해왔다).

이때 그녀는 이웃과 친구의 도움에 의존하지 않는 것을 중요시 한다. 또한 그녀는 차고에 위치한 세탁기와 탈수기를 사용하여 이에 따라 우편물을 수령하거나 세탁을 하면서 계단을 오르내리는 문제해결을 위해 사정이 필요시 되었다.

S여사는 이들 각 시나리오의 해법을 제시하였다. 그녀는 쇼핑백에 우편물을 넣어 팔에 걸칠 수 있고 세탁물을 계단 아래로 던진 후 지팡이로 집어내 세탁기에 넣었다. 또한 시험 시나리오를 수행하여 그녀의 유능함과 안전성을 확인하였다. 그녀는 깨끗한 세탁물을 계단 위로 옮길 때 도움이 필요하다는 것을 인정하였다. 환경적 변형에는 튼튼한 난간 설치 및 각 계단에 미끄러지지 않는 테이프와 각 계단 가장자리에 적색 테이프 붙이기 등이 요청되었고, 더 밝은 백열전구를 설치하여 조명가시성을 개선하였다.

〈그림 7-12〉 S여사가 지팡이와 난간에 기대 계단을 내려오는 모습

〈그림 7-13〉 S여사가 좌측 전체 둔부 이식 주의 사항에 따라 권고되는 순서로 계단을 오르는 모습

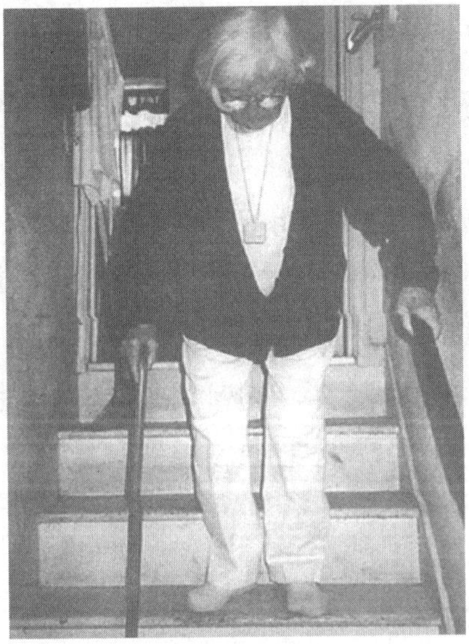

〈그림 7-14〉 S여사가 더 위험한 지하실 계단을 내려가는 모습

〈그림 7-15〉 S여사가 차고에서 세탁기에 접근하는 모습

(8) 운동 및 안전 주의사항 검토

S여사는 독서를 하거나 친구가 방문하면 자신이 좋아하는 의자에 앉을 때, 둔부 및 척추 운동 주의사항을 준수함을 입증하였다. 의자는 나무 블록에서 8㎝ 높여(딸이 높임) 앉고 일어날 때 굽힐 필요성을 줄인다. 의자에 팔걸이가 있어도 여기에 도움이 된다. 마지막으로 그녀의 운동 프로그램 및 운동 주의사항을 모두 구두로 검토했으며 그녀는 별도의 지도 없이도 이를 모두 암기할 수 있게 되었다.

(9) 기본 운동성 기술 사정의 결론

사정 시 S여사는 모든 기본적 운동성 행동을 수행하여 가정에서 독립적으로 살아나갈 수 있었다. S여사는 필요한 안전 과정을 일상과 운동의 필요성에 확실히 통합했다.

(10) 기타 운동의 필요성 고려

S여사는 스펀지 목욕을 선호하므로 샤워 설비나 욕조 이동 사정은 필요하지 않았다. 그녀에게 바닥 이동 시도는 너무 격렬한 것으로 간주되었지만, 넘어질 경우에 어떻게 해야 하는지 설명하였다. 그녀는 이미 비상용 통신기기를 항상 착용하고 있다. 또한 당분간은 운전을 그만두고 친구나 가족이 이송해 주도록 예정되어 있다. 가파른 차도에 일단 고정된 난간이 설치되면, 다른 사람의 물리적 도움 없이도 일어나고 앉을 수 있게 되고 거리에 주차된 차까지 안전하게 갈 수 있게 될 것이다. 일시적인 지원으로 친구가 매주 장을 봐주고, 아들이 병원과 은행에 바래다주고, 또한 가정부를 고용하였다.

(11) 요약

실제 및 가상 시나리오 모두 좋지 않은 상황에서 S여사의 수행과 문제해결 능력에 대한 통찰력을 제공하였다. '필요한 특정일을 완료할 수 없다거나 안전하거나 더 효율적인 전략을 사용하여 일을 수행할 수 있다', '직면한 운동성 문제에 대하여 이용자가 제한된 해법을 제공하였다', '타당한 시간 내에 직무를 완료하지 못했다', 또는 '제한된 조건에서만 기술을 수행할 수 있다(예 : 치료사가 있는 경우에만)' 등의 관찰에 대한 긍정 응답을 통해 간섭 또는 각 분야 간 참고의 필요성을 판별한다.

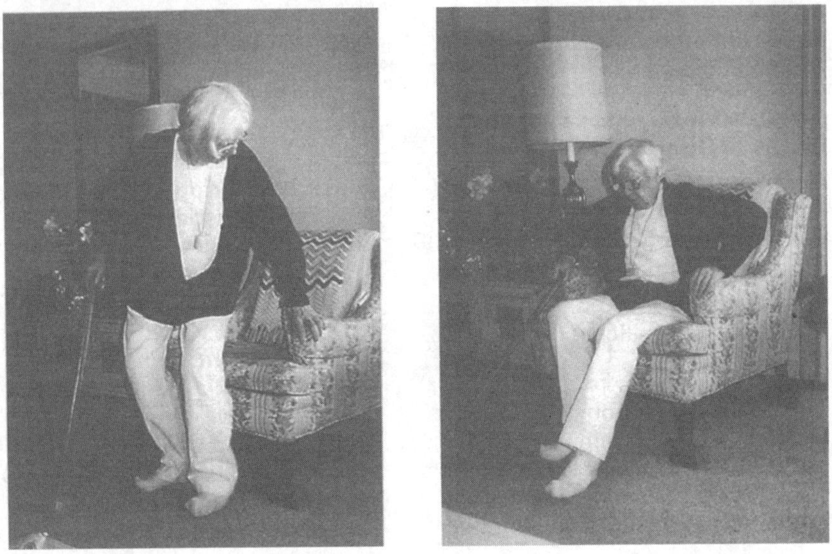

〈그림 7-16〉 S여사가 좋아하는 안락의자에 앉아 있는 모습, 8cm 목재 블록으로 높임

이 사정 방법은 이용자별 및 환경별 운동의 필요성을 식별하고 이용자가 물리적 환경에 따른 다양한 문제를 신체적으로 얼마나 잘 대응할 수 있는지 판별하는데 도움이 된다. 이러한 임상적 사정 내에서 이용자가 할 수 있는 것(신체적 능력) 및 이용자가 일을 완료하는 방법(사용하는 전략)들을 파악할 수 있다. 이러한 사정도구 내에서 쉽게 파악할 수 없는 것으로 이용자가 일을 완료할 수 있는 또는 없는 이유 및 여러 방법 중에서 특정한 방법을 사용하는 이유가 있다. 이러한 질문과 그 임상적 관련성은 다음 부분에서 알아보고자 한다.

3) 기능을 기준으로 한 간호 계획 대 질병 지향 사정

Tinetti(1986)는 노인 간호의 초점이 단순한 병의 진단 및 치료에서 기능의 인식 및 최적화로 옮겨갈 필요가 있다고 주장하였다. Jette(1986)는 다음과 같이 말했다.

> 노인 간호에서 기능적 사정은 매우 중요하다. 기능적 장애는 질병 간 상관관계가 없는 것으로 점차 인정되고 있으며, 노인의 질병 누적이 반드시 심각한 장애로 이어지는 것은 아니다.

Tinetti(1986)가 더 자세히 설명한 것처럼, "대부분의 노인 의학 문제와 같이 운동성 손상 및 넘어짐은 여러 요소가 중복된 것이다. 사람의 임상적 상태는 개별적인 질병 과정의 단순한 누적 이상으로 나타난다."

이러한 사정 방법의 기본은 세계 보건 기구의 병의 분류에 대한 개념적 이해이다. 손상, 장애 및 불구에 대한 국제적 분류(WHO, 1980)에서는 실제 재활에 일반적인 것으로 자주 사용되는 많은 개념의 의미를 다음과 같이 규정한다.

- 이상 : 잠재적인 질병 또는 병소
- 손상 : 병의 직접적인 신체적 및 심리적 결과. 손상은 임시적이거나 영구적일 수 있음
- 장애 : 기능적 결과(즉, 일이나 활동을 수행할 수 있는 기능이 손실되거나 부족함)
- 불구 : 손상 또는 장애로 인한 사회적 결과(즉, 특정한 사회적 역할에서 보통 기대되는 광범위한 일 및 활동을 영구적으로 수행할 수 없음)

(1) 임상 의사결정구조

일단 사정 결과를 구성하면 3가지 개입 범주로 구분한다. 손상의 특성 및 수준으로 각 범주를 판별한다. 이들 범주는 위에서 설명한 대로 WHO의 병의 분류를 기준으로 하였으며 본질적으로 개인의 재활 가능성과 상관관계가 있다.

- 치료 가능성 : 손상을 줄임으로써 신체적 기능을 개선할 가능성이 있다.
- 보정 가능성 : 손상은 영구적이지만 일의 조건을 변화시켜 장애 레벨에 영향을 미칠 수 있는 가능성이 있다.
- 대리 가능성 : 손상과 신체적 기능에는 영향을 줄 수 없지만 간호의 책임을 이전할 가능성이 있다(예 : 간병인).

치료 및 보정 가능성은 개인이 자신의 환경 내에서 기능할 수 있는 능력을 개선하여 장애 레벨을 줄일 수 있음을 의미한다. 대리 가능성은 적절한 지지 시스템을 실행함으로써 장애의 효과를 완화할 수 있음을 의미한다. 그러나 주어진 개입이 보정과 대리의 특성을 모두 갖는 등 범주는 실제로 중복될 수 있음을 인식해야 한다. 또한 2개 또는 3개의 모든 범주에서 동시에 개입을 선택하는 것이 적절할 것이다.

세 범주 간 구분할 수 있는 것 이외에 어떤 개입 전략 또는 개입 전략의 조합이 가장 적합한지에 대한 임상적 결정을 내리는데 필요한 구체적인 사정 데이터를 수집할 수 있는 것이 중요하다. 3가지 범주에 대한 자세한 논의는 가설을 세우는 능력과 사정에 중점을 두는데 도움이 될 중요한 임상 표지를 강조하여 이용자의 재활 가능성과 예측된 기능적 결과를 효과적으로 예측하기 위한 것

이다. 이 의사결정구조는 어떤 특정 임상 시험에도 연계되어 있지 않으므로, 사정하는 의사가 사정 형식과 시험을 선택한다.

① 치료 가능성

이 범주의 의미는 신체적 기능의 손상 효과를 최소화하거나 치료하기 위해 손상 자체를 치료하거나 영향을 줄 가능성이 있다는 점이다. '치료'라는 용어는 이 문맥에서 기본적인 조건을 뒤집거나 치료로 개선할 수 있다는 점에서 일반적인 정의보다 좁은 의미로 정의된다.

예를 들어, 물리치료사가 주로 관여하는 손상부분에는 운동성에 해가 될 수 있는 심폐, 근육골격 및 근육신경계 등이 있다(Guccione, 1993a, 1993b). 근육쇠약의 원인은 일부만 알려져 있다. 근육쇠약의 명확한 원인은 특정 근육의 손상이나 발작 등 내재된 이상 등이 있다. 그러나 쓰지 않아서 쇠약해지는 경우도 있다. 다른 경우에는 근육쇠약의 원인이 여러 요소가 복합되어 분리하기 어려울 수도 있다.

임상 결정에 관련하여 가장 중요한 고려사항은 손상이 실제로 운동성의 문제와 연계되어 있는지의 여부와 치료를 통해 손상을 줄일 수 있는지 여부이다(Swanson, 1993). 활동하지 않아서 나타난 근육쇠약의 예를 통해서 이 점을 입증한다. 사두근육(무릎 연장대)이 쇠약해지면 낮은 의자에서 일어나는 능력이 제한될 수 있다. 사두근육을 강화하여 낮은 의자에서 일어날 수 있는 능력이 개선되면, 손상(사두근육 쇠약)이 기능적 일(낮은 의자에서 일어나기)을 방해한다는 가설은 정확한 것이다. 손상 자체에 영향을 줄 수 있는 가능성을 기준으로 치료 범주를 선택한다. 발작으로 인한 근육쇠약은 강화 양생법보다는 보정 방법이 요구될 것이다.

사두근육을 사용하지 않아 쇠약해진 사람이 양쪽 하지의 말초 신경장애, 시력 상실, 제한된 발목 손상 및 넘어짐에 대한 두려움도 있는 경우, 이들 손상 중 어떤 것이 운동성 문제의 주요인이 되는지 찾아내기가 더 어려워진다.

신체적 기능 활동의 한계가 손상에 연결되는 수준은 충분히 설명하지 않았다(Guccione, 1993a, 1993b). 그러나 손상을 크게 바꿀 수 있는지 여부는 특정 연령 그룹, 성별 또는 질병에 관련한 연구를 통해 수집된 데이터와 역학적 결과의 관점에서 검토해야 한다. 예를 들어 노인 여성은 골다공증으로 인해 척추 압박 골절을 겪을 가능성이 더 커진다. 신체적 조사와 치료 계획 시 묻는 질문은 이러한 지식을 기준으로 해야 한다(Goodman & Snyder, 1990).

또한 기능적 결과 목표 및 그 비용(이익 비율)에 관련하여 사례별 사정이 필요하다. 메디 케어 프로그램은 배상할 수 있는 가정의 치료 서비스는 합리적이고 필수적이며 치료사의 기술을 요구해야 한다고 규정한다. 이렇게 매우 엄격한 배상 지침과 의료비 상승에 대한 민감성의 필요에 비추어 볼 때 타당한 시간 내에 기능, 삶의 질을 향상시킬 특정한 손상 치료를 지원하는 사례별 증거 제공이 가장 중요하다(Peteet, 1993).

이 책은 치료 양식에 대한 철저한 논의를 목적으로 하지 않는다. 독자는 특정한 개입 전략에 대한 물리치료 및 작업 치료서를 참조하는 것이다.

② 보정 가능성

이 범주는 내재된 손상에 영향을 주기 보다는 이용자의 기본적 필요에 따라 환경 조건을 조절하여 이용자의 독립성을 높이는 것이다. 치료에 반응하지 않을 결함을 보정하도록 가르치는 것이 지역사회의 개인으로서의 삶에서 기능과 기능적 독립성을 개선하는 유일한 방법이다.

사 례

N여사는 둔부와 무릎 관절의 골관절염이 심한 86세의 이용자이다. 의료 및 연령에 따른 이유로 수술을 통한 고통 경감은 제외되었다. 증상으로 인해 그녀의 활동이 점차 줄어들면서 기본적인 운동성 기술의 독립성이 손실되어 지역사회에서 주민으로서의 역할을 하기 어려울 위험이 커지게 되었다. 의자에서 일어나는 것은 그녀가 가장 자주 반복한 활동이었으므로 초기 치료의 초점으로 선택하였다. 선택한 치료 전략은 침대를 높이고 블록 위에 가구를 배치하는 등의 환경 조정 및 최적의 운동 역학에 관련하여 무릎과 둔부 관절의 비틀림 압박을 최소화하는 교육 등 특성상 보정에 해당된다. 그러므로 이 개입의 의도는 손상(만성 염증성 관절통)을 고치기보다는 신체 활동의 수요를 줄여 내재된 손상의 효과를 최소화하는 것이다.

③ 대리 가능성

일반적으로 대리 필요성으로 이어지는 요소는 노인의 자율성 및 생활양식에 가장 큰 영향을 미친다. 병의 특성(만성 대 급성, 신체적 장애 대 정신적 장애), 장애 수준 및 사회적 지원 시스템은 3가지 범주(치료, 보정 및 대리)에 대한 의사결정의 주요소이다. 그러나 경제적, 문화적 및 윤리적 요소는 이용자와 가족의 범주 해법 수용에 큰 영향을 미칠 수 있다. 비공식 간병인 활용, 공식 간병인 고용 또는 높은 수준의 간호로 전환하는 것은 가장 일반적인 대리 전략이다. 이 범주에서 개입의 예는 가정에서 환자 유압 승강기의 도입부터 숙련된 간호 설비 배치에 이른다.

대리 필요성은 임시적일 수도 있고 영구적일 수도 있다. 예를 들어 장애가 있는 노인을 숙련된 간호 설비에 임시로 배치하는 일반적인 이유에는 질병이나 손상으로 인한 일시적 운동장애, 독립성을 높일 가능성이 있는 경우 단기간 집중적 재활 서비스의 필요성 또는 공식 간병인을 고용할 때까지 임시 간호의 필요성(예 : 심한 파킨슨병을 앓고 있는 남편의 물리적 간호 필요성이 커져 부인이 큰 부담을 느끼는 경우) 등이 있다. 마지막 예의 경우 간병인이 없거나 간병인이 신체적 또는 감정상 필요한 간호를 할 수 없는 경우 장기적으로 배치할 수도 있다. 일반적으로 의료 사례관리자 또는 기타 노인학 제공업체에서 개입하여 이러한 의사결정과 전환을 촉진할 것이다(Kiel, O'Sullivan, Teno, & Mor, 1991).

> **사 례**
>
> 정신적으로 명료하고 감정적으로 안정적인 M씨는 발작으로 인해 치료 환경 외에서는 안전하게 보행할 수 있는 능력을 상실하였다. 입원환자 재활교육을 받으면서 이 이용자는 휠체어를 독립적으로 작동하고 독립적으로 휠체어에 타고 내릴 수 있도록 배웠다. 재활 설비에서 퇴원할 때 가정에서의 사정을 수행하여 가정환경에서 이동성 기술 수행, 주의 산만에 대응하는 능력 및 뜻밖의 문제 발생 시 문제를 해결하는 능력을 판별하였다. M씨는 살아있는 가족이 없지만 시간제 간병인이 돌보았다. 당시 적절한 보정 전략으로 가정 및 지역사회에서의 운동성을 위한 휠체어 의존과 입구 경사로 설치, 기존 욕실 문을 미닫이문으로 교체, 가정에서의 가구 재 정렬로 통로 넓히기 등 가정에서의 휠체어 접근성 적응 등이 있었다. 이러한 적응과 네 번의 물리치료 가정 방문 이후 이 이용자가 시간제 공식 간병인의 도움으로 최소한 가정에서 살아나갈 수 있게 되었다.
>
> 6개월 후 물리치료, 숙련된 간호 및 사회적 서비스에 대하여 가정 보건 기관에서 다시 이용자를 방문하였으며 의사는 다음과 같이 말했다. "M씨는 지난주에 집에서 몇 번 넘어졌다. 알코올 중독으로 의심된다(간병인의 보고). 가정 상황과 넘어진 이유를 찾아보아야 한다."
>
> 이용자의 가정에 처음 방문하였을 때, 환경과 이용자의 행동이 뚜렷하게 변해 있었다. 집이 어질러져 있었으며 왼쪽 편마비성 팔이 경축되고 좌측 어깨에 통증이 있음을 호소하였으며 마비된 측면의 몸통, 둔부 및 전박에 타박상이 커졌으며 좌측 관자놀이가 1.27cm 길이로 찢어져 있었으며 재활 시 받은 다리 교정기를 찾아볼 수 없었고 휠체어 제동 연장부가 잘못 배치되었으며 간병인은 이용자를 돌보기가 점차 어려워졌다고 호소했고 이용자의 몇 번의 휠체어 이동은 판단력이 떨어짐을 입증하였다. 의료 차트에 따르면 반복적인 발작은 제외되었고 발작 이력이 없었으며 처방은 아스피린과 고혈압 처방전으로 제한되었고 알코올 중독 이력은 없었다.
>
> 이 이용자에게는 가정의 상황이 더 이상 안전하거나 적합하지 않았다. 이 상황에서 물리치료사의 주요 역할은 이용자의 안전 문제와 운동성의 한계를 기록하고 참석한 의사, 공중위생 간호사 및 의료 사례관리자와 그 결과를 논의하는 것이었다. 이때 치료 및 보정 전략은 타당하지 않았으므로 대리적 대안을 탐구할 필요가 있었다. 물리치료는 진찰 역할만 담당하는 서비스로 결론을 내렸다. 공중위생 간호사가 피부 손상을 간호하고 의료 사례관리자가 가정 이외 배치 계획을 개발하였다.

요약

사례별로 확인된 문제를 다루는데 필요한 특정 서비스 및 가장 적절한 개입을 결정해야 한다. 때로는 포괄적인 각 분야 간 사정으로 가장 적합한 개입 레벨을 결정해야 하며, 선택의 개입 범주는 치료, 보정 또는 대리의 특성을 갖거나 복합적일 수도 있다. 어떤 경우에는 가장 적합한 개입 범주를 식별하는 것이 간단할 것이다. 대리적 대안에 의존하기 전에 치료 또는 보정 개입을 시도해보야 야 하는 경우도 있다.

결정 트리 <그림 7-17>을 제공하여 개입 범주 내의 의사 결정 과정을 보여준다. 이 경우에 운동성 문제는 가정의 사정에서 첫 번째로 확인된 필요성이다.

넘어짐, 통증 및 요실금에 관련된 운동성 손실 심사

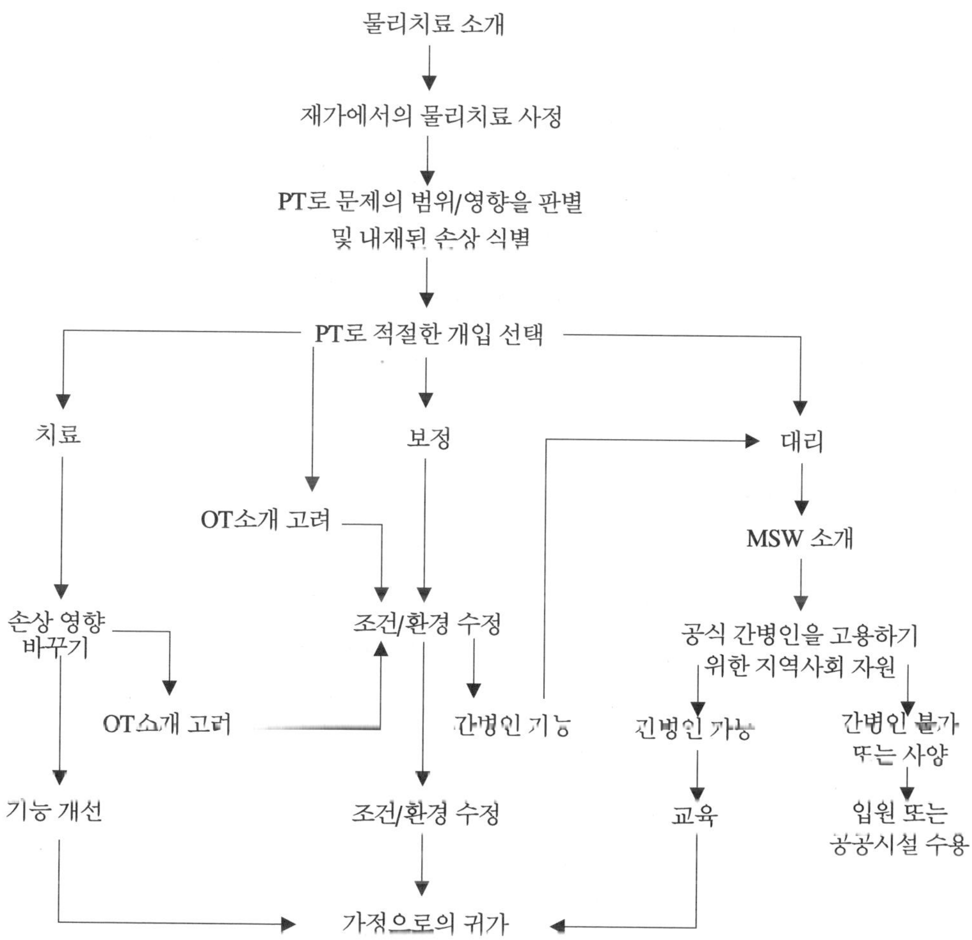

〈그림 7-17〉 운동성 문제의 결정 트리. 문제 : 파킨슨병을 앓고 있는 89세의 남자로 최근에 보행 기능과 독립적으로 이동할 수 있는 능력이 상실되었다.

노인과 일할 때 제한된 운동성을 확립하고 운동성 손상을 설명할 가능성이 있는 연령 및 질병 관련 요소를 식별하는 것이 중요하며, 운동성 심사를 통해 이를 시작할 수 있다. 이 초기 심사 중에 묻는 질문은 일상 속에서 24시간 동안 개인의 활동과 이용자 또는 간병인의 운동 필요성, 문제 및 한계 인식을 판별하는데 도움이 되어야 한다.

일반 심사의 일부로서 특수 질문은 운동성 문제 또는 비 활동으로 이어지는 내재된 원인 가능성을 식별하는데 도움이 될 수 있다. 노인의 운동성 한계에 관련된 가장 일반적인 요소는 한번 이상 넘어진 경험, 정기적 또는 지속적인 근골격성 통증 및 방광 조절 기능 손실 등이다. 그러므로 운동성 심사를 할 때 이용자와 간병인은 특히 최근에 넘어지거나 통증을 조절할 수 없었거나 방광 조절 기능이 상실된 적이 있는지에 대하여 간략히 설명해야 한다. 초기 심사에서 얻은 정보는 운동성 한계의 요인 가능성을 식별하고 참고 필요성을 판별하고 치료할 수 있는 조건을 감지하는데 도움이 될 것이다. 이들 질문의 목적을 이용자에게 설명하는 것이 도움이 되는 경우가 많다. 이는 특히 자율성 상실의 두려움이 있는 경우 이용자를 안심시키는데 도움이 될 것이다. 그러므로 노인의학 제공업체에서는 요실금, 통증 및 넘어짐 등의 문제와 운동성 문제가 어떻게 연계되어 있는지 이해하는 것이 중요하다.

4) 요실금 및 운동성의 한계

(1) 문제의 정의 및 범위

요실금은 문제로 제기되기에 충분하다. 보건 전문가는 노인의 운동성 손상 및 요실금 문제의 밀접한 관계를 제대로 이해하거나 감지하지 못하는 경우가 종종 있다(미 보건후생부, 1992). 이 분야의 문헌이 적고 이 문제에 대한 관심이 거의 없었다. 보건 전문가와 가정에서 서비스를 제공하는 간병인이 요실금을 겪는 노인을 식별하는데 큰 기여를 하고 있음을 인식하는 것이 중요하다.

현재 정규 업무가 아니지만 치료사들은 이용자에게 요실금과 관련하여 안전상의 위험에 대하여 교육하는데 중요한 역할을 하고 이들은 안심시키며 넘어질 위험과 요실금으로 야기될 수 있는 손상을 줄일 수 있는 제안을 할 수 있다.

미 보건후생부(1992)에서는 요실금이 60세 이상 지역사회 거주자의 약 15~30%에 영향을 미치는 것으로 보고하였다. 하지만 요실금은 크게 진단하거나 보고하지 않는 경우가 대부분이다. 대부분의 개인은 요실금에 대한 도움을 요청하지 않는데 주로 창피하거나 도움을 받을 수 있음을 인식하지 못하기 때문이다. 요실금은 특히 노인에게 있어 큰 건강상의 문제이므로 보건 정책 연구 기관(미 보건후생부, 1992)에서는 대중 및 모든 보건 전문가들에게 이에 대한 교육을 강화할 것을 요청했다.

(2) 보건 및 기능적 의미

미 보건후생부의 간행물인 Urinary Incontinence in Adults(1992)에서는 생활에서 이 문제가 갖는 기능적 및 삶의 질의 의미를 논의하고 절충적 치료 방법을 논의하였다. 여기에서는 노인의 운동성 문제를 사정 및 치료하는 보건 전문가에 관련된 정보의 개요를 제공한다.

요실금의 원인 중에는 치료하고 개선할 수 있는 요소가 많다. 하부 요로 이상이 나타나더라도 단순히 개인의 기능적 상태 개선, 다른 의학적 조건 치료, 특정한 처방 유형 중단(특히 안정제) 또는 환경적 장애물 감소를 통해 요실금을 개선하거나 고칠 수 있는 경우가 많다.

요실금 악화에 따라 간병인을 더 의존하게 된다. 요실금의 심리 사회적 영향은 개인, 가족 및 간병인들에게 부담이 된다. 여성이 요실금을 겪으면 우울증이나 자신의 모습 및 냄새에 대하여 창피해하는 것으로 보고되는 경우가 많다. 결과적으로 야외 나들이를 하거나 친구 및 가족과의 교류를 제한하거나 완전히 피할 수도 있다. 또한 신체적, 인식적 기능의 만성적 손상과 비운동성이 요실금의 원인이 될 수 있다는 점도 주목할 만하다. 운동성 문제 이외에 요실금은 넘어지는 주요인이 될 수 있다. 특히 절박성 요실금을 겪는 노인은 넘어질 위험이 커질 것이다. 이러한 요실금 유형은 갑자기 화장실에 가고 싶은 것과 관련이 있으므로 최대한 빨리 화장실에 가야 한다. 빨리 행동해야 하므로 균형이 손실되어 뜻밖의 장애물에 걸려 넘어질 수 있다. 사고로 인해 바닥이 젖은 경우에도 미끄러지고 넘어질 수 있다(Tideiksaar, 1987).

(3) 요실금 사정

일반적으로는 간호 사정에 포함되지만 요실금 심사는 표준 물리치료 및 작업 치료 인터뷰 또는 사정의 일부로도 포함되어야 한다. 요실금으로 의심되면 신체검사 및 소변검사를 참조하도록 권고된다. 처방전 검토도 필요하다. 다음은 도움이 될 수 있으며 요실금 이용자의 사정에 포함될 수 있는 보완적 사정에 해당한다.

- 소변 기록 사용 - 이용자나 간병인이 며칠간 소변 빈도, 시간 및 양의 기록을 보관하여 조건의 심각성을 사정하는 기준의 역할을 할 수 있다.
- 환경적 요소의 심사 - 화장실 접근 또는 화장실 대용품 등 가장 중요한 환경적 요소를 고려해야 한다.
- 사회적 요소의 심사 - 생활의 정렬, 사회적 접촉 및 간병인 개입 등이 포함된다.

전통적인 보건의 초점은 요실금 환자인지 사정하여 치료하는 것이다. 그러나 건축 및 사회적 환경도 개인, 특히 운동성에 제약이 있는 노인의 요실금에 기여하므로, 환경은 포괄적인 가정 운동성 사정의 일부가 되어야 한다.

환경적 사정에는 주야 화장실 접근 측정, 욕실에서 바를 잡고 변기 좌석 높이를 조정할 필요성 사정, 욕실 조명의 적당함, 욕실 벽과 입구의 컬러 대비 효과, 세면대 및 소변기 등 화장실 설비의 필요성 등이 포함되어야 한다. 보행기, 지팡이 및 기타 운동 보조 장치도 이용자가 적시에 안전하게 화장실에 갈 수 있는데 도움이 될 것이다. 의복을 조정하여 쉽게 옷을 벗을 수 있도록 할 필요성의 사정도 고려해야 한다. 예를 들어, 버튼 혹은 지퍼 대신 스냅(fastener)을 사용하여 옷을 벗는 시간과 사고 위험을 크게 줄일 수 있다. 이는 인지능력이 손상된 경우 특히 유용하다. 화장실에 갈 때 도움이 필요한 사람의 경우 쉽게 호출할 수 있는 시스템이 중요하다. 또한 쉽게 일어날 수 있도록 설계된 의자가 유용하다. 특히 전기 좌석 리프트 의자는 시간 내에 의자에서 일어나 욕실에 가는데 문제가 있는 노인에게 큰 도움이 될 수 있다. 휠체어에 의지하는 사람은 시간을 정하여 소변을 보는 것이 더 쉬울 수 있다. 휠체어를 탄 남성은 화장실 가까이 움직여 앞으로 기울여 소변을 볼 수 있도록 한다. 여성의 경우 화장실 앞으로 가서 깔때기형 기기를 사용하여 변기에 소변을 볼 수 있도록 한다.

어떤 요실금 유형은 방광 훈련이나 습관 훈련 등 행동에 개입하여 효과를 얻는다. 다른 행동 치료 기법과 연계하여 사용되는 생체 자기 제어도 일부 요실금 유형을 줄이는데 도움이 될 수 있다. 행동 치료를 사용한 경우 54～95%는 요실금이 크게 개선되었고, 12～16%는 치료되었다. 다른 치료 대안으로 약물 치료 관리 또는 수술 등이 있다.

골반 근육 운동은 특히 복압성 요실금을 겪는 여성들을 위한 것이다. 복합성 요실금은 신체적 피로 시 불수의적 요실금을 일으킨다(예 : 침대에서 일어나거나 의자에서 일어날 때, 운동하거나 혹은 걷거나 또는 재채기, 기침을 하거나 웃을 때). 권고되는 운동 빈도수는 최소한 6주간 매일 30～80회이다(또는 필요에 따라 계속 지속함).

5) 통증 및 운동성 한계

(1) 문제의 정의 및 범위

노인의 85% 이상은 최소한 한 가지 이상의 만성 질환 증상이 있는 것으로 추정되었다(Barr, 1993). 60대의 50%, 80대의 78%가 골관절염을 겪고 있다. 관절통, 경직, 비대 및 운동력 손실이 서서히 발전하면서 골관절염이 명확해진다. 둔부, 무릎 및 발목 관절이 가장 일반적으로 영향을 받는 부분이다. 골관절염의 약화 증상은 실제로 균형을 깨서 노화에 따른 기능 쇠퇴를 촉진할 수 있다(Kreindler, Lewis, Rush, & Schaefer, 1989).

노인의 가장 일반적인 급성 통증 원인은 골절이다. 넘어짐에 따른 둔부 및 팔목 골절 이외에도 골다공증으로 인한 자연발생적(비 외상) 골절은 운동할 수 없고 통증이 지속되는 원인이 될 수 있다. 골다공증(탈염으로 인한 뼈의 약화)으로 뼈의 골절에 대한 취약성이 높아진다. 골다공증이 발전한 경우 힘을 거의 가하지 않아도 뼈에 금이 갈 수 있다(Lewis & Bottomly, 1990). 골 다공증성 골절의 일반적인 유형으로 척추 압박 골절이 있다. 이 골절은 척추가 부서지므로 요통이 심해지고 활동이 크게 제한되며 침대에서 장기간 요양해야 하는 경우가 많다.

(2) 건강 및 기능적 의미

통증은 특정한 날에 개인이 용인할 수 있는 활동의 양과 레벨을 지정한다. 노인은 특히 매일 느끼는 통증이 장애가 될 수 있는데 신체적인 활동을 하지 않음으로써 뼈, 연결 조직 및 근육의 생리적인 노화 효과가 복합적으로 악화되기 때문이다(Lanyon, 1989). 가장 해가 되는 효과는 뼈 손실 악화 및 이후 뼈의 약화, 유연성 손실, 진행성 근위축증 및 컨디션 악화이다(Kreindler et al., 1989). 노인과 젊은이를 구분하는 통증에 관련된 기타 추세는 다음과 같다.

- 노인은 통증의 위치를 제대로 찾지 못하는 경우가 종종 있다(Lewis & Bottomly, 1990).
- "노인은 통증이 노화에 따른 불가피한 결과이므로 불만 없이 견뎌야 하는 것으로 보는 경우가 많다."(Barr, 1993, p.285)
- 노인은 "불평만 제기"하는 것으로 인식하지 않도록 또는 독립성 상실 및 입원 가능성을 두려워하여 통증을 호소하지 않을 것이다(Barr, 1993).

급성 발작 시 통증을 느끼거나(류머티즘 관절염의 재발로 인한 관절 및 근육 통증) 만성 통증으로 나타나기도 한다(알려진 시간의 한계 없이 나타나는 통증). 통증을 모두 치료할 수 있는 것은 아니지만, 대부분의 통증은 해결할 수 있다.

첫 번째 단계는 내재된 원인을 찾아내는 것이다. 통증은 보통 신체의 구조적 또는 기능적 완전성에 문제가 있다는 신호이다. 임상적으로 인식되지 않았거나 관리하지 않은 통증은 장기적으로 장애가 되며 그 영향을 돌이킬 수 없다. 또한 신체적 징후 및 증상 뿐 아니라 심리적 및 사회적 행동의 변화를 통해서도 통증이 명확해질 수 있음을 인식하는 것도 중요하다. 심리적 행동 변화의 예로는 수면 장애 또는 흥분 및 우울증 등 부정적인 감정이 있다. 또한 수면 패턴이 부족하고 부정적인 감정이 있는 경우에도 실제의 통증을 더 크게 인식할 수 있음도 유의한다. 사회적 행동 변화의 예는 움츠림 및 집에서 벗어나지 않으려는 태도 등이 있다. 부정적 효과가 누적되고 이들 과정과 밀접하게 상호 의존하면서 급격히 악화되고 시기적절하게 대응하지 못하는 경우 장기적으로 입원해야 할 수도 있다. 예를 들어 요통과 무릎 관절 통증이 심하여 활동이 점차 제한되는 개인은 근육쇠약, 유연성 손실 및 지구력 손실 등 비운동성의 부작용을 경험할 뿐 아니라 사회적으로 점차 고립되어 집에만 있게 되고 일상생활에서도 다른 사람의 도움을 받아야 하는 지경에 이르게 된다. 이러한 쇠퇴로 넘어지는 경우가 많고 기타 건강상의 위협을 받는 등 또 다른 위험에 노출된다. 특히 노인이 침대에서 벗어나지 않는 경우 건강이 크게 악화된다.

(3) 통증의 사정

통증은 보통 질병과 연계하여 생각한다. 물리치료 문헌에서 운동 장애로 지칭되는 장애 생체역학으로 인해서 통증이 발생할 수도 있다. 병을 식별하거나 제외하는 것은 의사의 역할이며 운동장애와 통증과의 관계를 사정하는 것은 물리치료사의 영역에 해당한다(Barr, 1993; Paris, 1985). 특정 관절(예: 무릎) 또는 신체적 기능 전체의(예 : 침대에서 일어나기) 이상 또는 운동 결여를 운동 기능장애로 명시한다. 한 가지 방법으로 통증을 사정할 수는 없다. 다음 목록은 통증 사정에 포함될 중요한 단계를 제공한다.

〈표 7-7〉 침대에서의 장기 요양 연장에 따른 부작용

영향	예방 및 의료
근골격 영향 · 근위축증 · 관절 경직 · 골의 탈회	사용할 수 있는 근력으로 일찍 침대에서 활동, ROM 운동, 골격계의 축방향 응력
심혈관 기능 · 자세성 저혈압 · 부종 · 혈전증	최대한 일찍 일어나기, 잦은 자세 변경, 활동적 사지 운동, 등척성 근수축
호흡기능 · 얕은 호흡 · 폐 관류 불충분 · 분비 운동 불충분 · 침강성 폐렴	깊은 호흡 운동, 기침, 잦은 자세 변경
위장관 기능 · 변비	조기 운동, 수직 자세, 충분한 수분 섭취
비뇨 생식기 기능 · 감염 · 요실금	잦은 자세 변경, 수직 자세, 충분한 수분 섭취, 변기 보조 장치 사용
피부 보전 · 욕창	잦은 회전, 압력 분산, 뼈 돌출 보호

대사 기능 · 혈관 확장 · 땀 증가 · 배뇨 증가 · 전해질 손실	소형 면 침구, 시트와 베갯잇 교체로 건조하고 적절한 수분 유지, 잦은 수직 자세
정신적/심리적 기능 · 감각적 인식 감소 · 신체 인식 변화 · 방향감각 상실 · 우울	구체적인 실제 환경 모의실험(예 : 시계, 달력, TV, 라디오, 신문, 방문객, 창문, 자연광, 방 변경)을 통해 의료 상의 결정을 내림

- 내재된 병소
- 통증의 심각성(만성 또는 급성 : 1 ~ 10(10은 가장 심한 경우)의 시각 아날로그 눈금을 기준으로 한 통증의 강도)
- 통증의 상태(24시간 통증 패턴, 지속적 또는 간헐적, 특정 활동으로 인해 유발되거나 완화됨)
- 통증에 따른 운동 기능장애
- 활동 레벨
- 통증에의 대처
- 현재 통증 관리(예 : 약물 치료, 휴식, 부목 대기)
- 회복 및 재활 목표에 영향을 줄 수 있는 기타 관련 이력 또는 요소(Moon, 1985)

다음 사례는 이들 단계를 급성 통증 사정을 요구하는 특정 이용자에게 적용하는 방법을 입증한다.

사 례

C여사는 척추의 골다공증이 심한 86세의 여성이다. 1주일 전에 그녀는 허리를 굽혀 바닥의 고양이 밥 그릇을 집을 때 심한 급성 하부 요통을 경험했다. 그녀는 요추 압박 골절로 진단을 받았다(L-2 및 L-3). 초기 사정 정보에는 다음이 포함되었다.

- 내재된 병소 : C여사는 L-2 및 L-3에서 척추의 압박 골절 및 골다공증으로 진단받았다.
- 통증의 심각성 : 그녀는 누워있을 때 등급 5/10, 침대에서 움직이려고 할 때 8/10, 환자용 변기를 사용하려고 할 때 10/10의 급성 통증을 경험한다.
- 통증의 상태 : C여사의 통증은 지속적이며 시각적 아날로그 눈금에서 5~10의 범위를 유지하면서 하배부에 날카롭게 찌르는 듯한 통증을 느낀다.
- 운동 기능장애 : 베개에서 머리를 올리는 등 몸통을 약간 움직이거나 긴장시켜도 하배부에 통증 및 근 경련이 심해진다. 그녀는 침대 가장자리에서 앉거나 침대에서 움직일 수 없다.
- 활동 레벨 : C여사는 현재 일주일 간 침대에서 요양하고 있다. 현재 환자용 변기에 의존한다. 빨대로 음료를 마시고 2개의 베개로 머리를 받쳐 음식물을 섭취한다. 침대 옆 테이블에 있는 전화를 받기도 어려운 상황이다. 발목 관절 이외에 C여사는 어떤 운동도 적극적으로 하지 않는다.
- 통증에의 대처 : C여사의 남편이 머리맡에서 도와주지만 현 상황에 부담을 느낀다. C여사는 당혹스러워 하고 있다(사고 이전에 그녀가 식사 준비, 쇼핑 및 세탁을 담당했으며 가정에서 유일하게 운전함).
- 현재 통증 관리 : C여사는 진통제로 필요에 따라 히드로코돈을 복용하며 통증이 너무 심해 견딜 수 없을 때까지는 복용하지 않는다. 현재로서는 누워있을 때만 참을 수가 있다. 그녀는 백 브레이스를 착용하지 않았다.
- 기타 고려할 요소 : C여사와 매우 가까운 누이가 8주 전에 사망하였다. 이때 C의 통증을 충분히 조절하지 못했을 뿐 아니라 비운동성과 탈수의 역효과 위험이 크다. 이들 효과는 아마도 그녀의 슬픔과 남편의 대응 한계로 인해 복잡해질 것이다.

C여사의 경우 각 분야 간 제휴 팀의 초기 타깃 개입에는 약물 치료 개선 및 수화 양생법(간호사의 관리), 대응 및 자원 지원(사례관리자의 관리), 백 브레이스를 한 채 침대에서 가동(물리치료사의 관리) 및 스펀지 목욕 등 기본 ADL에 대한 보정 기법(작업 치료사의 관리) 등이 포함되어야 한다. 특히 조기 가동 기간에 활동 목록을 사용하여 동통 조절 및 운동성의 점진적 개선을 반영하는 것이 도움이 된다. 이는 기록의 목적과 이용자에 대한 피드백 역할을 한다(즉, 이용자의 집에 두고 이후 방문 시 변화사항을 기록함).

6) 넘어짐 및 운동성 한계

(1) 문제의 정의 및 범위

노인이 넘어지는 문제는 동일하지 않다. 활동적인 68세의 남성노인이 흔들리는 사다리에 올라 지붕을 고치려다 떨어지는 것은 약한 84세의 여성노인이 침실에서 욕실로 이동하다가 넘어지는 것과 의학적으로 크게 다른 의미를 갖는다. 전자의 경우 개인은 기능적으로 제한되어 있지 않지만 판단력과 장비 부실로 인해 떨어진 것이다. 후자의 경우 환경은 대부분의 사람에게 비교적 안전하지만 이 환경에서 넘어지는 것은 보통 개인이 하나 이상의 손상에 관련한 기능에 손상을 겪고 있음을 암시하는 것이다(Hindmarsh & Estes, 1989, p.2217).

넘어지는 것은 65세 이상 노인의 질병률과 사망률의 주요 원인이 된다. 젊은이가 넘어지는 경우 그 영향이 미미하지만, 노인이 넘어지면 기능적 독립성이 크게 손실되고 사망에 이르기도 한다. 지역사회에 거주하는 65세 이상 노인의 30%와 80세 이상의 40%가 매년 넘어지는 것으로 추정된다(Nickens, 1985). 또한 85% 이상이 집에서 넘어지며 주로 계단에서 욕실을 오가는 동안과 침실에서 침대에서 의자로 옮겨가는 등의 활동 시 발생한다(Tideiksaar, 1987).

참조 5 활동 이력 서식

고객이름 :___		의료기록번호#___	
일자			
기능적 운동성 상태			
수면 능력			
개인위생			
배변			
식사			
침대에서 벗어나 있는 총 시간			
기타활동			

Courtesy of Kaiser Permanente Medical, Department of Home Care Services, Vallejo, California

(2) 위험 요소

한 연구에서 언급한 것처럼(Yale FICSIT, 1993) "넘어지는 노인의 대부분은 활동, 내적 외적 요소가 다양하게 복합되면서 병인이 복합적으로 나타난다." 내적 요소에는 체위성 저혈압, 발 문제, 시각 손상, 균형 및 보행 이상, 근육쇠약 및 인지 손상 등의 증상이 포함된다. 넘어지는 내적 위험 요소 목록에 약물 치료 부작용 및 알코올 섭취도 포함되어야 한다(Daleiden & Lewis, 1990). 내적 원인은 지역사회 거주 노인이 넘어지는 원인의 약 45%를 차지한다(Chandler & Duncan, 1993). Hindmarsh와 Estes(1989)는 넘어지는 것과 가장 큰 관련이 있는 내적 요소로 노화, 여성, 하나 이상의 병이 있음, 복합적 약물 투여, 보행 또는 시각적 인식 변화, 서있을 때 흔들림, 운동성 감소, 집에만 있음, 치매, 우울증, 급성 질환 및 넘어진 이력 등이 있음을 알아냈다. 놀랍게도 발작, 졸도 및 파킨슨병 등 대부분의 의학적 사고는 노인이 넘어지는 데 있어 낮은 비율을 차지하는 것으로 나타났다(Chandler & Duncan, 1993).

참조 6 C 여사에 대한 3주간 활동 이력

고객이름 : Mrs. C　　　의료기록번호# 00000

일자	1994년 6월 16일	1994년 6월 23일	1994년 6월 30일
기능적 운동성 상태	침대에 누워있음 반듯이 누운 자세로 제한됨 침대에서 움직이려고 할 때 통증 레벨은 1~10중 8에 해당	침대에서 옆으로 누워서 뒤척일 수 있고, 침대 가장자리에 앉을 수 있음 w/brace x 5' w/pain 7/10	백 브레이스를 착용하여 일어나고 w/brace로 10피트 w/walker 걸을 수 있음, 통증 레벨 4/10
수면 능력	요통으로 인해 매 1-2시간 깨어 있음, 잠들려면 최소 1시간이 소요됨	통증으로 인해 밤에 1-2번 깨고 30분 내에 다시 잠들며 백 브레이스를 착용하고 수면을 취함	아직도 밤에 1-2번 깨어남 백 브레이스를 사용하여 수면 시 "불편"하게 여김
개인 위생	남편이 부분적으로 스펀지 목욕을 시켜주고 이용자는 똑바로 누워있음	남편이 전체적으로 스펀지 목욕을 시켜주고 이용자는 똑바로 누워있음	앉아서 스펀지 목욕을 함, 이제 상체는 혼자서 가능
배변	도움을 받아 환자용변기를 사용하며 통증 레벨은 10/10	독립적으로 환자용변기를 사용하며 통증 레벨은 7/10	낮에는 침대 옆 실내 변기 사용, 밤에는 환자용 변기 사용, 통증 레벨 4/10
식사	남편이 침대에서 머리와 어깨를 받쳐 식사를 함	병원 침대로 교체 머리를 부분적으로 들어 식사하고 수분 섭취	매일 3번, 30분을 앉아서 식사함
침대에서 벗어나 있는 총 시간	없음	없음	2시간
기타 활동	없음	침대 측면의 전화를 사용할 수 있으며 물 컵이나 TV/라디오 사용 가능	브레이스를 독립적으로 사용, 처음으로 외출복에 착용

Courtesy of Kaiser Permanente Medical, Department of Home Care Services, Vallejo, California

외적(환경적) 요소에는 미끄러운 바닥, 깔개가 느슨함, 조명 부실 및 신발이 잘 맞지 않는 경우 등의 조건 등이 있다(Sorock, 1988). 환경적 요소는 넘어지는 요인의 39%를 차지한다(Chandler & Duncan, 1993). 환경적 요인으로 걷다가 갑자기 넘어지는 것은 주로 카펫, 깔개 또는 문지방에 걸려 넘어지거나 바닥이 젖어서 미끄러지는 경우가 있다(Daleiden & Lewis, 1990; Tideiksaar, 1987). 계단을 내려가다가 마지막 계단을 딛지 않아서 넘어지는 경우도 많다(Sorock, 1988). Yale FICSIT 연구(1993)에서는 최근의 지역사회 연구 결과 위험 요소가 0에서 4이상으로 증가함에 따라 넘어질 위험이 8%에서 78%로 증가했다고 보고했다.

(3) 건강 및 기능적 의미

넘어져서 다치는 경우 주로 골절 및 연조직 손상으로 움직이지 못하거나 입원해야 한다. 넘어져서 부상을 당하지 않는 경우에도 다시 넘어질지도 모른다는 두려움으로 인해 전체적으로 활동 수준이 감소할 수 있으며 Tinettc(1986)는 이를 "운동성 감소-넘어짐-운동성 감소의 악순환 문제"라고 설명했다. 비운동성이 지속되면 관절 경축, 욕창, 요로 감염 및 우울증 등이 나타나 기능적 쇠퇴가 악화되어 입원 가능성이 높아진다(Tideiksaar, 1987).

넘어진 후에 다른 사람의 도움 없이 일어날 수 없는 경우 노인의 건강 또는 생명까지도 심각하게 위협할 수 있다. Daleiden과 Lewis(1990)는 넘어진 후 바닥에서 6시간 이상을 보낸 노인 중 50%가 6개월 내에 사망했음을 보여주는 한 연구를 인용했다.

(4) 넘어짐과 위험 요소 사정

앞서 말한 것처럼 특성상 여러 요소가 복합되어 넘어지게 된다. 노화에 따른 신경 및 근 골격계의 변화, 골격 이상 및 생화학적 불균형 등으로 요약할 수 있는 내적 요소가 넘어지는 주요인이 될 수 있다. 환경적 요소 또는 활동 자체에 따라 넘어질 위험이 더 커질 수 있다. 그러나 넘어지는 것은 의학적 문제를 감지하지 못했다는 신호가 될 수도 있다. 예를 들어, 넘어졌는데 이유를 마땅히 설명할 수 없는 경우 호흡기, 담낭 또는 요로 감염의 첫 번째 징후가 될 수도 있다. 무엇보다도 여러 요소가 복합되어 넘어지므로 팀 접근의 중요성을 강조한다. 즉, 의사, 물리치료사, 작업 치료사, 간호사, 의료 사례관리자 및 기타 노인의학 보건 일반의 간의 대화를 통한 결과 및 협력 서비스로 넘어지는 원인을 효과적으로 식별하여 치료해야 한다(Daleiden & Lewis, 1990; Tinetti, 1986). 포괄적으로 넘어짐을 사정할 때는 다음 사항을 포함한다.

- 환경적 사정
- 약물 치료 기록
- 병력
- 넘어진 이력
- 감각계 사정
- 근골격 사정
- 운동성 및 균형 시험

① 환경적 사정

2장은 가정에서의 안전을 논의하고 가정환경 사정에 대하여 제안한다. 그러나 넘어진 이력이 있거나 넘어질 위험이 큰 것으로 확인된 노인의 경우, 넘어질 위험을 사정하는 것이 더 도움이 될 것이다. 이러한 목적으로 Tideiksaar(1987)는 가정환경에서의 위험 체크리스트(참조 5)를 개발하였다.

② 약물 치료 기록

이용자의 현재 및 과거 약물 치료에서 상호작용 및 부작용 가능성을 조사하는 것이 중요하다. 타깃 약물에는 수면제, 진정제, 삼환계 항울제, 정신 안정제, 항고혈압성 약물 및 이뇨제 등이 포함되어야 한다. 넘어질 위험이 커지는 것으로 알려진 이들 약물의 부작용으로 진정 작용 및 체위성 저혈압이 있다(Ray & Griffin, 1990).

Sorock(1998)은 둔부 골절에 관한 사례-대조군 연구에서 장기적으로 진정제, 항울제 또는 향정신병 약물을 오랫동안 투약하는 경우 넘어져서 둔부 골절이 될 확률이 2배가 된다. 진정 작용은 사람의 환경적 위험에 대한 인식을 떨어뜨린다. 감각을 통한 지각력이 떨어지면 이미 불안정한 걸음걸이가 악화될 것이다. 체위성 저혈압은 서있을 때 평균 혈압이 20mm Hg 이상 떨어지는 것으로 규정된다. 한 연구 결과 약물로 인한 저혈압이 실신하여 쓰러지는 가장 일반적인 원인인 것으로 나타났다(Jonsson & Lipsitz, 1990). 또한 4가지 이상의 약물을 동시에 투여하는 경우 넘어질 위험이 더 커지는 것으로 나타났다(Yale FICSIT, 1993).

③ 병력

넘어지는 요인이 되는 의학적 조건을 식별하는 것도 중요하다. 여기에는 신경 손상, 심혈관 상태, 체위성 저혈압 및 평형에 영향을 미치는 질병 등이 포함된다(Chandler & Duncan, 1993). 넘어짐을 유발할 수 있는 특이성 질환 과정에는 하지 관절염, 우울증, 노인성 치매 및 알코올 중독 등이 있다(Hindmarsh & Estes, 1989).

참조 7 넘어질 위험에 대한 재가 사정 체크리스트

실외
- 계단 표면이 미끄럽지 않은가?
- 계단 가장자리가 시각적으로 넘어지지 않도록 표시되어 있는가?
- 계단이 제대로 수리되어 있는가?
- 계단 난간이 있는가? 난간이 안전하게 고정되어 있는가?
- 통로 표면이 미끄럽지 않으며 걸려 넘어질 수 있는 물건이 없는가?
- 실외 조명이 충분하여 밤에 안전하게 보행할 수 있는가?

실내
- 조명이 밝아 시각 제한을 보정하는가? 환자가 방에 들어가기 전에 조명 스위치에 접근할 수 있는가?
- 조명이 강렬하지 않은가?
- 계단의 조명이 충분한가?
- 계단 양측에 난간이 있는가?
- 난간이 벽에 안정하게 고정되어 있는가?
- 계단 가장자리에 컬러 접착테이프 및 미끄러짐 방지 처리가 되어 있는가?
- 작은 융단이 미끄러짐 방지 안감으로 고정되어 있는가?
- 카펫 가장자리를 테이프나 압정으로 고정하였는가?
- 방을 어질러 운동성에 방해가 되지 않는가?
- 집안 전체의 의자가 단단하여 이동 시 지지할 수 있는가? 의자에 팔걸이가 있어 이동 시 도움이 되는가?
- 테이블(식당, 주방 등)에 기대면 지지할 수 있을 만큼 안전한가?
- 낮은 물체(커피용 탁자, 계단식 걸상 등)가 있어 걸려 넘어질 위험이 있는가?
- 테이블에 접근할 수 있는가?

주방
- 발끝으로 서거나 의자를 사용할 필요 없이 보관 구역에 쉽게 닿는가?
- 리놀륨 바닥이 미끄러운가?
- 싱크대에 미끄러짐 방지 매트가 있어 흘린 물을 흡수하는가?
- 의자에 바퀴가 없고 팔걸이가 있으며 안전하게 이동할 수 있는 적절한 높이인가?
- 가스난로의 점화용 불씨가 꺼진 경우 환자가 감지할 만큼 가스 냄새가 강력한가?
- 계단식 걸상이 강력하여 지지할 수 있는가?
- 걸상 발판이 제대로 수리되어 있으며 미끄러짐 방지 처리가 되어 있는가?

욕실
- 문이 넓어 기기가 있어도 쉽게 들어갈 수 있는가?
- 문지방에 걸려 넘어질 위험이 있는가?
- 바닥에 특히 물기가 있을 때 미끄러운가?
- 욕조나 샤워설비에 미끄럼 방지 띠나 매트가 배치되어 있는가?
- 욕조 및 변기 손잡이를 사용할 수 있는가? 손잡이를 벽에 안전하게 고정하였는가?
- 변기 높이가 낮은가? 높은 변기 시트를 사용할 수 있는가?
- 강렬하지 않고 접근할 수 있는 충분한 조명을 사용할 수 있는가?

침실
- 접근할 수 있는 충분한 조명을 사용할 수 있는가?
- 야간에 욕실에서 넘어지지 않도록 야간 조명 또는 침실 램프를 사용할 수 있는가?
- 침대에서 욕실로 가는 경로가 명확하여 운동성에 방해가 되지 않는가(특히 야간)?
- 침대 높이가 적절하여 안전하게 이동할 수 있는가?
- 바닥이 미끄러짐 방지 표면으로 덮여 있고 넘어질 수 있는 물체가 없는가?
- 환자가 발끝으로 서거나 의자를 사용할 필요 없이 옷장 선반에 닿을 수 있는가?

출처: "Fall Prevention in the Home" 저자 R. Tideiksaar, 1987, *Topics in Geriatric Rehabilitation*, 3(1), p. 59. Copyright© 1987 by Aspen Publisher, Inc.

④ 넘어진 이력

넘어질 당시 행동, 환경 조건 및 약물 투여 일정 등의 요소에 관련된 정보를 수집하는 것이 중요하다. 최근에 넘어진 명확한 주요인을 확인하면 문제를 차별적으로 진단하고 정밀검사의 필요성을 판별하는데 도움이 된다. 예를 들어, 서 있을 때 피로를 느끼거나 어지러운 사람에게는 목을 돌릴 때의 현기증(경동맥동 증후군), 식사 직후 현기증(식후 저혈압) 및 스트레스, 기침 또는 배변으로 인한 현기증(대동맥관협착증; Jonsson & Lipsitz, 1990)에 관련하여 자세히 조사한다. 이용자와 가족의 넘어짐에 대한 인식과 넘어질 위험에 대한 조사를 통해 사정을 어떻게 진행할 방법의 유용한 틀을 얻을 수도 있다(Chandler & Duncan, 1993).

⑤ 감각계 사정

시력, 청력 및 고유신경감각의(사지의 위치 감각) 감소는 질환이 진행됨에 따라 더 복잡해질 수 있다. 이들 영역에서 하나 이상의 장애가 발생하면 환경의 중요한 신호 인식이 지연되어 균형적 반응이 지연됨으로써 넘어질 위험이 커진다(Gerson, Jarjoura, & McCord, 1989). 간단한 위치 감각 시험은 엄지발가락의 수동 운동을 수반한다. 고유신경감각이 손상되지 않은 사람은 운동의 최소 5mm까지 식별할 수 있어야 한다(Chandler & Duncan, 1993). Semmes-Weinstein 압력 esthesiometer를 사용하여 발의 감각 손실량을 측정하는 피부압 지각을 사정할 수 있다. 이 시험은 간단하며 나일론 단섬유 탐침만 필요하므로 가정에서 쉽게 시행할 수 있다. 하지 당뇨 말초 신경병증에는 감각 손실 범위 사정이 특히 중요하다(Holewski, Stess, Graf, & Grunfeld, 1988).

⑥ 근 골격 사정

넘어짐 사정에서 운동 및 강도의 한계를 식별하는 것이 중요하다. 특히 발목, 무릎, 둔부, 몸통 및 경추의 관절운동범위(ROH)와 인접 둔부 및 몸통 근육의 등척성 강도는 안정성의 균형을 이루는데 중요하다. 족관절 배측굴곡이 취약한 경우에도 균형이 떨어졌다(Grimby, 1990). 체위 사정 및 체위지지 또는 수정 필요성도 넘어짐을 방지하는 중요한 부분이다. 지구성이 부족하면 조기에 근피로를 겪어 균형 반응에 영향을 미칠 수 있다는 점에서 근지구성 사정은 중요하다. 또한 기형, 발의 문제, 관절성 변화 및 통증 여부도 이 조사의 일부가 되어야 한다. 개인별로 신중하게 사정한 후에 이들 영역을 하나 이상 다루기로 결정해야 한다. 보행기나 지팡이 등 보조 기기를 사용하여 균형을 개선할 수 있는 경우가 많다. 백 브레이스 등 정형 장치도 체위 이상이나 통증을 극복하는데 필요한 안정성을 제공할 것이다. 특히 하지의 강도와 관절운동범위(ROH)을 개선하는 운동과 유산소 능력 개선도 노인의 균형을 개선하는 것으로 나타났다(Daleiden & Lewis, 1990; Grimby, 1990; Kauffman, 1990; Nasca, 1990). 노인의 넘어짐 방지와 여러 연령 그룹별 필요성을 위한 운동 양생법의 유형 및 강도에 대한 세부적 논의는 이 장의 범위에 해당되지 않는다. 그러나 이 주제에 대한 문헌이 대부분 존재한다.

⑦ 운동성 및 균형 시험

가정환경에서 쉽게 시행하는 노인의 운동성, 균형 및 넘어질 위험을 사정하는 몇 가지 방법을 개발하였다. 다음은 가장 일반적으로 기록된 것이다.

이들 방법은 저렴하고 실용적이며 장비가 거의 필요 없다. 또한 구조화된 임상 환경 외부에서 신뢰할 수 있는 결과를 얻을 수 있다는 점에서 중요하다.

• 활력 시험 : 활력 시험은 노인의 균형 문제를 탐지하는 신속한 검사 도구로 개발되었다. 이 시험에서 이용자가 기초적인 운동성 과제를 수행하는 동안 넘어지는 경향을 관찰한다. 이용자는 의자에 앉고 일어서고 정적인 직립 균형을 잠시 유지하고 3m의 거리를 걷고, 도움 없이 돌아서고 다시 의자로 걸어가서 의자에 앉도록 요구된다. 일반 신발을 신고 지팡이 또는 보행기 등 이용자가 평소에 사용하는 보조 기기를 사용한다. 이용자의 넘어질 위험에 대한 관찰자의 인식은 5점 눈금으로 등급을 정한다. 넘어질 위험은 보행 시 주춤거림, 비틀거림 또는 흔들림 등을 기준으로 정한다. 지나치게 느린 경우를 제외하고 보행 속도는 이 시험에서 균형 안전 범주로 간주되지 않는다. 활력 시험은 신뢰할 수 있는 것으로 간주되며 총점 3점 이상인 경우 넘어질 위험이 있는 것으로 예측한다(Mathias, Nayak, & Issacs, 1986).

• 시간을 잰 활력 시험 : 때에 맞는 활력 시험은 활력 시험을 수정한 것이다. 위에서 설명한 대로 이용자의 수행을 관찰하는 것 이외에 사정자는 스톱워치로 이용자의 수행 시간을 측정한다. 수행 시간을 재기 전에 이용자가 과제에 익숙해지도록 한 번의 연습 기회가 주어진다. 신경이나 운동성 문제가 없는 노인의 대부분은 10초 만에 이 과제를 완료할 수 있다. 넘어짐에 대한 예측 값이 보고 되지 않았지만, 25초 이상의 경우 넘어질 위험이 매우 크다는 신호인 것으로 제안하였다. 활력 시험은 검사자간 및 검사자내 높은 신뢰도를 보여주었다. 또한 시험은 Barthel 지수로 측정한 대근 기능성과 상호 관련성이 크다(Cole, Finch, Gowland, & Mayo, 1994; Shumway-Cook & Woollacott, 1995; Whitney, 1995).

• 기능적인 도달 시험 : 기능적인 도달 시험은 노인의 균형 문제를 신속하게 검사하는 또 다른 방법이다. 이 측정은 개인이 계단을 밟지 않고 지원 부분의 가장자리로 가는 능력이나 의지를 시험한다. 기능 도달 시험에 필요한 장비는 줄자와 보호 테이프뿐이다. 개인은 벽면에 서고 여기에서 줄자를 어깨 높이에 붙인다. 어깨 너비로 벌려 서서 벽에 닿지 않고 편안하게 선 상태에서 최대한 앞으로 몸을 기울인다. 도달하는 시작과 끝의 위치 간 거리를 측정한다. 70세 이상의 건강한 노인들은 대부분 25cm 이상 도달할 수 있다. 기능 도달 표준은 보통 여성보다 남성이 몇 인치 더 높다. 도달거

리가 감소함에 따라 넘어질 위험이 커진다. 한 연구 결과 도달 거리 15cm 미만인 약한 노인은 45cm 이상인 노인보다 넘어질 가능성이 4배 높은 것으로 나타났다(Chandler & Duncan, 1993). 이 시험에 대한 검사자간 및 검사자내 신뢰도가 높은 것으로 기록되었다. 기능 도달은 노인의 넘어질 가능성을 강력하게 예측하는 것으로 나타났다. 그러나 지금까지 예측할 수 있는 유효성 시험은 남성 노인 인구로 제한되었다(Cole et al., 1994; Shumway-Cook & Woollacott, 1995).

• 운동성의 수행 사정 : 균형과 보행을 관찰하는 간단하고 신뢰할 수 있는 방법이다. 필요한 장비는 줄자와 스톱워치뿐이다. 이 방법은 특히 일반적 기능을 측정하고 지역사회에서 거주하는 노인을 대상으로 가정에서의 운동성 효과 및 안전을 사정하기 위해 시행하도록 설계되었다. 지침이 간단하고(개인에게 각 기동을 선보임) 활동은 정기적으로 수행되는 사람으로 제한되므로 인지의 필요성이 가장 적다.

서있는 균형 활동 이외에 이 시험에서 기동 시간을 제외하여 기동 수행 시 가장 안전한 속도를 권장한다. 시험한 균형 활동에는 의자에 앉고 일어나는 것, 서 있고 침대나 소파에 눕거나 일어날 때의 균형 활동이 포함된다. 특정한 기동에는 의자에 앉기 및 앉아서 균형 유지, 의자에서 일어난 직후 서서 균형 유지, 발을 모아 서서 균형 유지(최대 10초), 당김 시험(발을 모아 서있는 이용자의 허리를 사정자가 약하게 당김), 도움 없이 외발로 서기, 나란히 자세와 종렬 자세의 중간으로 발배치, 종렬 자세(발꿈치에서 발끝까지 발을 일렬로 함), 바닥에서 연필 집기, 발끝으로 서기 및 발꿈치로 서기 등이 있다. 보행 사정에는 맨바닥과 카펫을 깐 상태에서 모두 10피트 걸어보는 것이다. 맨바닥 과정은 장애물을 두 번 반복한다(예 : 과정 시작부분에서 4피트와 8피트에 신발 배치). 필요한 경우 보행기를 사용하여 평소 속도로 걸으면서 보행 시작, 경로, 실족 및 과정의 끝에서 돌아서기 등의 보행 항목을 사정한다(Tinetti, 1986).

Tinetti(personal communication, 1994)는 조사 인구에 따라서 넘어질 위험을 예측하는 점수를 깎을 수 있다고 주장한다. 절대적인 점수 삭감 기준은 없다. Tinetti의 연구에서 사용되는 삭감(1986)은 특정한 대상을 가장 잘 구분하며 다른 가정의 설정 인구와 연관이 없다. 일부 기동만 치료기간의 기동과 동일하기 때문에 이 시험은 연습한 과제의 수행을 조사하는데 유용하다.

요약

유연성, 강도 및 시력 상실 등 일반 연령 관련 변화는 운동성에 제약을 가져온다. 질환, 비활동, 요실금, 통증, 넘어짐 및 약물 투여는 노인의 기능 감퇴를 촉진할 수 있다. 많은 요인으로 인해 넘어질 위험이 커지므로, 각 요소의 효과를 없애거나 줄이기 위해 노력해야 한다. 당뇨병과 말초 신경장애가 심각하며 시력이 나쁘고 심근병증이 있어 항고혈압 및 항울제 등 여러 약물을 복용하는 80세 환자의 경우, 카펫 가장자리에 걸려 넘어지거나 침대에서 일어날 때 균형을 잃을 수 있는 가능성이 매우 크다. 각 분야 간 팀 멤버의 협력과 수정할 수 있는 요소를 주의하여 확인하는 것이 넘어질 위험을 줄이는 목표에 부합하고 노인이 최대한 기능적 자율성을 유지하는데 도움이 되는 가장 중요한 시작점이 될 것이다.

노인의 운동 필요성 사정

노인 운동성 사정 범위 내에서 특정 운동의 필요성을 식별하는 것이 중요하다. 일반적으로 약한 노인을 비롯한 노인들에게 운동을 권고한다(Seattle FICSIT, 1993). 특히 운동으로 골 손실, 근위축증, 관절 경직, 신체지각 상실 및 심폐 기능 악화 등 비운동성과 침대 장기 요양의 손상 효과를 완화할 수 있다(Lanyon, 1989; Lewis & Bottomly, 1990; Seattle FICSIT, 1993). 골 질량을 개선할 운동(하중이 높고 반복이 거의 없음)은 심폐 성능에 가장 큰 효과를 미치는 운동(강도가 낮고 많이 반복)과 다르다. 그러므로 개인의 필요와 내성에 따라 프로그램을 처방하는 것이 중요하다. 물리치료사와 의사가 공동으로 이를 결정하는 경우가 많다.

다음 운동 목록이 전부는 아니며 특정 조건에 대한 예로 권고되지는 않는다. 이는 약하거나 운동성이 부족한 노인을 위한 운동에 창조적 방법의 샘플을 제공하기 위해 포함된 것이다.

정신 활동

Fansler, Poff 및 Shepard(1985)가 설명한 대로 수용되는 정신적 연습의 정의는 "전체 근육 운동이 없는 상태에서 신체적 기술의 인식적인 시연"하는 것으로 볼 수 있다. 이들 연구원들은 기능적으로 독립적인 노인 여성 그룹을 대상으로 균형 수행에 정신활동이 미치는 효과를 조사하였다. 연구 결과 정신활동이 신체적 수행에 긍정적인 효과를 갖는 것으로 나타났다. 임상 응용 제안에는 특히 일시적으로 침대에서 요양하는 이용자를 대상으로 정신활동을 재가 프로그램으로 통합하여 이를 통해 회복에 더 많은 책임을 갖도록 독려했다(Fansler et al., 1985).

T'ai Chi

T'ai chi는 몸 전체를 사용하는 일련의 느리고 춤과 같은 부드러운 흐름 운동으로 구성되어 있으며 마음을 충분히 집중해야 하는 전통적인 중국 운동이다. 한 연구에서 노인의 체위 조절에 미치는 t'ai chi 연습의 효과 가능성을 조사했지만, 지금까지 명확한 관계가 확립된 것은 아니다(Tse & Bailey, 1992). 그러나 검토 문헌에서 Tse 및 Bailey(1992)는 조기 연구를 논의하면서 t'ai chi가 심폐기능, ROM 및 긴장 완화에 긍정적 효과가 있다고 주장하였다.

관절운동범위(ROH) 동작 순서

관절운동범위(ROH) 동작은 노인을 위한 또 다른 창조적 운동법이다(Johnson, Searles, & McNamara, 1993). t'ai chi 강사와 작업 치료사가 이 운동을 개발하였다. 이는 철학적으로 t'ai chi 원리에 기반을 두고 있으며 체위 정렬, 횡격막 호흡 및 느린 운동에 중점을 둔다. 음악과 심상을 통해 관절운동범위(ROH) 운동이 진행된다. 관절운동범위(ROH) 동작은 의자에 앉아서도 할 수 있으므로 신체적으로 악화된 노인과 보행할 수 없는 이용자에게 적합하다.

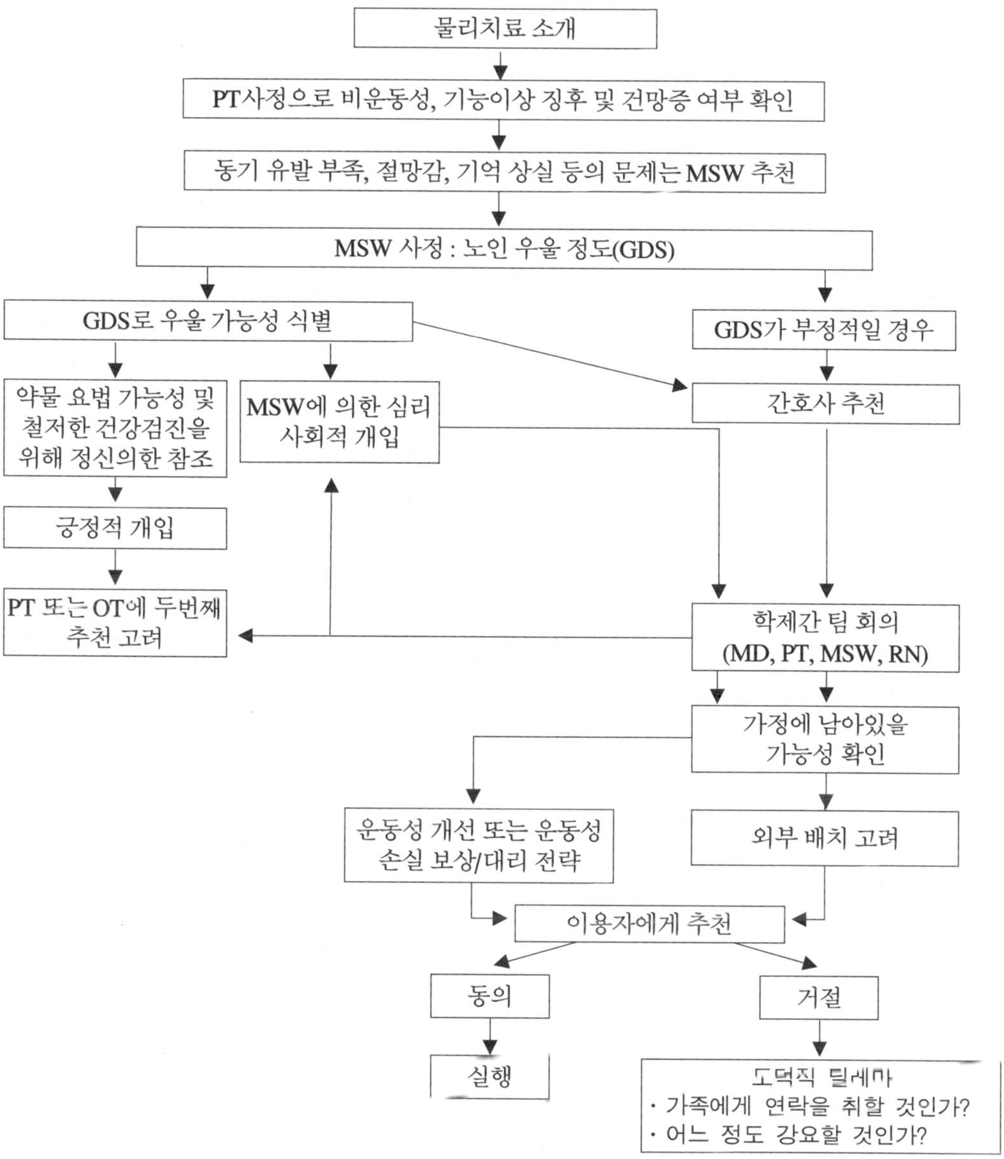

〈그림 7-18〉 학제 간 추천 과정 및 의사 결정. 당면한 문제 : 여성 노인이 혼자 살고 있으며 넘어질 위험이 크고 넘어짐에 대한 의학적 설명이 없음.

참조 8 가정 보건 학제간 추천 서식 샘플

KAISER PERMANENTE

PLEASE IMPRINT OR PRINT

DATE OF SERVICE	LOCATION	STATION
LAST NAME	FIRST NAME	INITIAL
BIRTH DATE (MO / DAY / YEAR)	HEALTH INSURANCE CLAIM NUMBER	
MEDICAL RECORD NUMBER		CHECK DIGIT
SEX / COVERAGE	GROUP NUMBER / ACCOUNT NUMBER	SUB GROUP

HOME HEALTH INTERDISCIPLINARY REFERRAL

CASE MANAGER　　TEAM　　DATE OF REQUEST

EMERGENCY CONTACT & PHONE　　ORIGINAL S.O.C. DATE:　　DO CPR? ☐ YES ☐ NO

ESTIMATED CLOSURE DATE:　　PRIMARY M.D.

CAREGIVER:

DIRECTIONS TO HOME:　　☐ REFERRAL DISCUSSED WITH CLIENT/FAMILY

DIAGNOSIS (1) PRIMARY
(2) OTHER

PRIORITY	CHECK DISCIPLINES CURRENTLY INVOLVED:		
☐ ROUTINE	☐ AIDE	☐ S.N.	☐ P.T.
☐ URGENT	☐ M.S.W.	☐ O.T.	☐ S.T.

PRESENTING PROBLEM/SPECIAL FACTORS:

DISCIPLINE & ASSISTANCE NEEDED: CIRCLE DISCIPLINE AND CHECK NEEDS

M.S.W. EVAL. OF:
- ☐ In-home Support
- ☐ Financial Problems
- ☐ Meals/Food/Transportation
- ☐ Counseling
- ☐ Depression, Anxiety, Poor Coping, Substance Abuse, Suicide Risk, Poor Compliance
- ☐ PCG/Patient Conflict, Neglect, Abuse, Lack of Support, Stress
- ☐ Long-Range Planning Options/Placement
- ☐ Terminal Illness, Unresolved Grief/Loss
- ☐ DPOA for Health Care
- ☐ Community Resources Needed
- ☐ High Risk Intervention Adult/Infant
- ☐ Other (explain):

O.T. EVAL. OF:
- ☐ Self-Care/ADLS
- ☐ Equipment
- ☐ Energy Conservation
- ☐ Swallowing
- ☐ UE Loss of Motion/Coordination/Sensation
- ☐ Home Safety
- ☐ Mobility
- ☐ Transfer Safety
- ☐ Splinting
- ☐ Leisure/Recreation
- ☐ Rehab. Potential
- ☐ Reasons for Falls
- ☐ Cognitive/Perceptual Problems
- ☐ PCG/Pt. Training
- ☐ Prevoc./Vocation
- ☐ Other (explain):

P.T. EVAL. OF:
- ☐ Home Safety
- ☐ Equipment Mobility
- ☐ Skills
- ☐ Family Training
- ☐ Strengthening
- ☐ ROM
- ☐ Musculo-Skeletal Pain
- ☐ Rehab Potential
- ☐ Orthotic/Prosthetic Needs
- ☐ Transfer Safety
- ☐ Reasons for Falls
- ☐ Other (explain):

S.T. EVAL. OF:
- ☐ Speech/Language Difficulties
- ☐ Cognitive Deficits
- ☐ Swallowing
- ☐ Other (explain):

S.N. EVAL. OF:
- ☐ Medical Status
- ☐ Wound Care
- ☐ Medications
- ☐ Indwelling Catheter
- ☐ Special Diet
- ☐ New O_2 R_x
- ☐ Other (explain):

NUTRITIONIST EVAL. OF:
- ☐ Unintentional Weight Loss
- ☐ Difficulty Chewing/Dysphagia
- ☐ Complex Diet
- ☐ New Diabetic
- ☐ Decubitus Ulcer
- ☐ Diarrhea/Constipation
- ☐ Tube Feeding
- ☐ TPN
- ☐ Instruct on Diet:
- ☐ Other (explain):

PSYCH NURSE EVAL. OF:
- ☐ Psychiatric Status
- ☐ Anxiety/Mood
- ☐ Depression/Potential Suicide Risk
- ☐ Poor Compliance w/Treatment Plan
- ☐ Relaxation/Guided Imagery for New Coping Strategies/Symptom Control
- ☐ Pain Unresolved by Medical Treatment
- ☐ Substance Abuse/Eating Disorder
- ☐ Counseling
- ☐ Behavior Modification
- ☐ Problem Solving
- ☐ Schizophrenia
- ☐ PCG/Pt. Decreased Coping
- ☐ Other (explain):

STAFF SIGNATURE	TIME OF SERVICE	DATE

03654-200 (REV. 10-93)　　DISTRIBUTION: WHITE = HHA FILE • CANARY & PINK = HHA OPTION

운동성 문제 및 재가 사정에 대한 의뢰

재가 사정을 전문의에게 의뢰하도록 이끄는 특정 유발 사건이 있는 경우가 종종 있다. 의학적 이유를 제외하고, 유발 사건에는 이용자나 간병인의 대응 능력에 영향을 미치는 요소가 포함될 것이다. 이용자의 정규 진료 시 혹은 이용자나 가족이 의사 혹은 기타 서비스 제공업체의 방문을 요청하는 긴급 전화를 할 때 이에 대응하여 재가 사정 추천을 구성할 것이다. 요청 서비스는 초기 사태의 특성에 따라 달라질 것이다.

예를 들어, 75세 남성 노인환자 F씨는 48시간 전 넘어진 후 안락의자에서 일어날 수 없었다. 이에 따라 가정 보건 물리치료사에게 소개되었으며 초기 검사는 문제의 심각성과 다른 서비스의 필요성을 식별하는데 도움이 되었다. 여기에는 내구적인 의료 장비 임대(침상, 환자 유압 승강기, 휠체어 및 이동식 변기)초기의 기본적 이동성 및 개개인 의료 필요성 및 사례관리자의 개입 필요성을 지원하여 병원 응급실에서 방사선사진을 찍도록 이송하는 등 배치 및 서비스를 지원하도록 하는 일 등이 있다.

의료 진단 및 명확한 증상에 관계없이 신체적, 심리적 및 사회적 기능은 개인의 일상 기능 측정에서 통합된 것으로 인식해야 한다. 사정 전문가의 초기 검사 결과 범위나 면허 이상의 필요성이 드러나므로 각 과간 회부가 필요하다. 그러므로 초기 원칙을 잘 준비하여 어떤 손상이 이용자의 기능적 장애를 가져오며 이들 장애가 장·단기적으로 어떤 결과를 가져오는지에 대하여 사정하여 가설을 세우는 것이 시급하다.

간단히 말해서 각 과간 서비스를 비용 효과적이고 적절하게 활용하려면 각 영역의 기능적 결함을 찾아내 회부할 필요성을 판별하는 능력, 각 서비스의 기준 역할 및 범위를 명확히 이해하여 적절한 회부 지시 및 학과 간 대화를 통한 효과적인 협력이 요구된다.

결론

독립적인 운동성의 상실은 노인에게 심각한 문제가 될 수 있다. 신체적, 사회적 및 심리적 환경의 통제 상실은 노인에게 가장 끔찍한 경험이 된다. 또한 지역사회에 기반한 장기 의료 또는 입원 등 비용이 드는 대안을 요구할 수도 있다. 기능을 회복하거나 개인이 손실된 기능을 보정하거나 대신할 수 있는 전략을 찾도록 도와줌으로써 독립성의 상실 및 입원 필요성을 방지할 수 있다. 그러므로 운동성 사정은 노인의 재가 사정에서 중요한 요소가 된다.

참고문헌

Barr, J.O.(1993). Conservative pain management of the older patient. In A.A. Guccione(Ed.), *Geriatric physical therapy*(pp.283-306). St. Louis: Mosby.

Chandler, J.M., & Duncan, P.W.(1993). Balance and falls in the elderly: Issues in evaluation and treatment. In A.A. Guccione(Ed.), *Geriatric physical therapy*(pp.237-251). St. Louis: Mosby.

Cole, B., Finch, E., Gowland, C., & Mayo, N.(1994). *Physical rehabilitation outcome measures*. Toronto, Ontario: Canadian Physio-therapy Association.

Daleiden, S., & Lewis, C.B.(1990). Clinical implications of neurologic changes in the aging process. In C.B. Lewis(Ed.), *Aging: The health care challenge*(pp.162-180). Philadelphia: Davis.

Fansler, C.L., Poff, C.L., & shepard, K.F.(1985). Effects of mental practice on balance in elderly women, *Physical Therapy*, 65(9), 1332-1337.

Gerson, L.W., Jarjoura, D., & McCord, C.(1989). Risk of imbalance in elderly people with impaired hearing or vision. *Age and Aging*, 18(1), 31-34.

Goodman, C.C., & Snyder, T.E.(1990). *Differential diagnosis in physical therapy*. Philadelphia: Saunders.

Granger, C.P., Hamilton, B.B., Keith, R.A., Zielezny, M., & Sherwin, F.S.(1986). Advances in functional assessment for medical rehabilitation. *Topics in Geriatric Rehabilitation*, 1(3), 59-74.

Grimby, G.(1990). Muscle changeability and trainability in the elderly. *Topics in Geriatric Rehabilitation*, 5(2), 54-62.

Guccione, A.A.(1993a). Functional assessment of the elderly. In A.A. Guccione(Ed.), *Geriatric physical therapy*(pp.113-123). St. Louis: Mosby.

Guccione, A.A.(1993b). Health status: a conceptual framework and terminology for assessment. In A.A. guccione(Ed.), *Geriatric physical therapy*(pp.101-111). St. Louis: Mosby.

Hindmarsh, J.J., & Estes, E.(1989). Falls in older persons. *Archives of Internal Medicine*, 149, 2217-2222.

Holewski, J.J., Stess, R.M., Graf, P.M., & Grunfeld, C.(1988). Aesthesiometry: Quantification of cutaneous pressure sensation in diabetic peripheral neuropathy. *Journal of Rehabilitation Research and Development*, 25(2), 1-10.

Jette, A.M.(1986). Functional disability and rehabilitation of the aged. *Topics in Geriatric Rehabilitation*, 1(3), 1-7.

Johnson, J.H., Searles, L.B., & McNamara, S.(1993). In-home geriatric rehabilitation: Improving strength and function. *Topics in Geriatric Rehabilitation*, 8(3), 51-64.

Jonsson, P.V., & Lipsitz, L.A.(1990). Cardiovascular factors contributing to falls in the older adult. *Topics in Geriatric Rehabilitation*, 5(2), 21-33.

Kauffman, T.(1990). Impact of aging-related musculoskeletal and postural changes on fals. *Topics in Geriatric Rehabilitation*, 5(2), 34-43.

Kiel, D.P., O'Sullivan, P., Teno, J.M., & Mor, V.(1991). Health care utilization and functional satus in the aged following a fall. *Medical Care*, 29(3), 221-228.

Kreindler, H., Lewis, C.B., Rush, S., & Shaefer, K.(1989). Effects of three exercise protocols on strength of persons with osteoarthritis of the knee. *Topics in Geriatric Rehabilitation*, 4(3), 32-39.

Lanyon, L.E.(1989). Strain-related bone modeling and remodeling. *Topics in Geriatric Rehabilitation*, 4(2), 13-24.

Lewis, C.B., & Bottomly, J.M.(1990). Musculoskeletal changes with age: Clinical implications. In C.B. Lewis(Ed.), *Aging: The health care challenge*(2nd ed.,pp.135-180). Philadelphia: Davis.

Mathias, S., Nayak, U., & Issacs, B.(1986). Balance and elderly patients. *Archives of Physical Medicine*, 67, 387-389.

May, B.J.(1993a). Assessing status and function. In B.J. May(Ed.), Home health and rehabilitation: Concepts of care(pp.75-102). Philadelphia: Davis.

May, B.J.(1993b). Mobility. In B.J. May(Ed.), *Home health and rehabilitation: Concepts of care*(pp.143-172). Philadelphia: Davis.

May, B.J.(1994). Ideas and concerns: Documentation revisited. *Community Health Care Section of the American Physical Therapy Association*, 29(1), 1-6.

Moon, M.H.(1985). Psychological approach to the treatment of chronic pain. In T.H. Michel(Ed.), *International perspectives in physical therapy: pain*(pp.48-72). New York: Churchill Living stone.

Nasca, R.J.(1990). Back pain in the aging spine. Topics in Geriatric Rehabilitation, 6(2), 18-33.

Nickens, H.(1985). Intrinsic factors in falling among the elderly. *Archives of Internal Medicine*, 145, 1089-1093.

Paris, S.V.(1985). Manual therapy: Treat function not pain. In T.H. Michel(Ed.), *International perspectives in physical therapy: Pain*(pp.152-167), New York: Churchill Livingstone.

Peteet, J.O.(1993). Reimbursement issues in geriatric physical therapy. In A.A. Guccione(Ed.), *Geriatric physical therapy*(pp.353-362). St. Louis: Mosby.

Ray, W.A., & Griffin, M.R.(1990). Prescribed medications and the risk of falling. *Topics in Geriatric Rehabilitation*, 5(2), 12-20.

Schmidt, R.A.(1991). Motor learning principles for physical therapy. In M.J. Lister(Ed.), *Contemporary management of motor control problems: Proceedings of the II Step Conference*(pp.32-47). Alexandria, VA: American physical Therapy Association

Seattle FICSIT/MoveIt Study (1993). The effect of exercise on gait and balance in oldr adults. *Journal of the American Geriatric Society*, 41(3), 315-320.

Shumway-Cook, A., & Woollacott, M.(1995). Assessment and treatment of patients with postural disorders. In Motor Control: *Theory and practical applications*(pp.207-238). Baltimore: Williams & Wilkins

Sorock, G.S.(1988). Falls among the elderly: Epidemiology and prevention. *American Journal of Preventive medicine*, 4(5), 282-288.

Swanson, G.(1993). Functional outcome report: The next generation in physical therapy reporting. In D.L. Stewart & S.H. Abeln(Eds.), *Documenting functional outcomes in physical therapy*(pp.101-134). St. Louis: Mosby.

Tideiksaar, R.(1987). Fall prevention in the home. *Topics in Geriatric Rehabilitation*, 3(1), 57-64.

Tinetti, M.E.(1986). Performance-oriented assessment of mobility problems in elderly patients. *Journal of the*

American Geriatric Society, 34, 119-126.

Tse, S., & Bailey, D.M.(1992). T'ai Chi and postural control In the will elderly. *American Journal of Occupational Therapy*, 46(4), 295-300.

U.S. Department of Health and Human Services.(1992). Urinary incontinence in adults: clinical practice guideline. *Agency for Health Care Policy and Research.* Washington, DC: U.S. Department of Health and Human Services.

Whitney, S.(1995, March). *Functional assessment in the home care setting*(course notes). Long Beach, CA: Author.

Winstein, C.J.(1991). Designing practice for motor learning: Clinical implications, In M.J. Lister(Ed.), *Contemporary management of motor control problems: proceedings of the II Step Conference*(pp.65-76). Alexandria, VA: American Physical Therapy Association.

World Health Organization.(1980). *International classification of impairments, disabilities, and handicaps.* Geneva: Author.

Yale FICSIT.(1993). Yale FICSIT: Risk factor abatement strategy for fall prevention. *Journal of the American Geriatric Society*, 41, 315-320.

5. 신체 사정

학습목표

신체를 다각적으로 검토하여 신체 특정 부분에 대한 기본 정보를 익힌다. 방문면접을 정하는 실제적인 양상과 수집한 정보의 활용방법을 이해한다.

노인의 가정을 방문하는 건강관리 전문가와 전문가 보조는 항상 건강상태를 사정한다. 사정의 범위는 학과와 방문자 교육에 따라 매우 다양하다. 등록된 간호사나 의사는 점심을 가져다주는 사람보다 더 많은 여러 가지 사항을 볼 수 있다고 느낄 수 있으나, 다양한 과정의 사정이 필요하다. 예를 들어, 간호사는 "환자의 에너지 감소 이외에도 피부 탄력성이 부족하고 눈이 움푹 들어가 있다."라고 말하며 탈수 여부를 검사하는 반면, 자원봉사자는 "Littleton여사는 다른 때보다 훨씬 지쳐있고 활기가 없어 보인다."라고 사정할 수도 있다. 두 가지 사정은 환자의 신체적 상태를 나타내며, 이용자는 회부를 통해 심층적으로 사정해야 한다(자원봉사자의 사정을 기준으로 이용자의 의지에 따라 의사 또는 방문 간호사의 진단 및 시험을 거치도록 함).

신체 사정 및 노인 사정에 대하여 쓴 좋은 책들이 많다. 이들 자료의 대부분은 광범위하고 신체를 철저히 검사한 후 쓴 것이다. 가정환경은 이러한 검사 유형에 가장 적절하지는 않지만 철저한 신체검사를 할 수 있다. 신체검사의 강도는 학과 및 검사자의 기술과 검사를 받는 사람의 필요와 문제에 따라 달라진다.

가정을 방문하여 이용자를 만나는 순간부터 시작하여 기록을 끝내고 적절한 회부, 호출, 다음 약속 등을 정한 후에 신체 사정이 종료된다.

기존 신체검사 이외에 가정에서 노인을 신체 사정하는 간호사는 정신 상태, 운동성, 일상생활 수행 능력, 대화 능력, 가족 및 친구 등 환경 및 이용자가 안전하고 적절한 가정을 유지하고 음식, 약물 및 의료를 확보하는 능력에 관련되어 있는 재정적 상태 등의 요소를 심사할 것이다. 이 장에서는 신체 사정 요소를 다룬다.

1) 가정 방문

노인의 가정을 방문하는 전문가는 손님이므로 여기에 맞게 행동해야 한다. 존경과 이해심을 갖고 노인을 대해야 한다. 대부분의 사람들은 전문가에게 필요하고 적절한 수준의 광범위한 조사를 허용할 것이다. 예를 들어, 욕창 궤양이 의심되는 경우 일반적으로 간호사는 엉덩이를 살펴볼 수 있지만, 사례관리자는 욕창이 의심되면 질문을 하여 욕창 궤양이 있다고 판단될 때 다른 학과에 위탁할 것으로 기대된다.

Couser, Moehrlin, Deitrich 및 Hess(1990)는 가정환경에서 노인을 적절하게 사정할 필요성에 대하여 언급했다. 장비의 필요성이나 일반 지역사회 또는 공중위생 간호사와 다른 기술 레벨의 요건으로 인해 신체검사의 특정 부분은 임상 환경에서 실시하는 것이 좋다. 예를 들어, 임상 환경의 견습간호사는 노인의 전립선을 검사하지만, 이 환자의 가정을 방문하는 간호사는 직장 검사로 전립선 크기를 점검하지 않을 것이다. 가정에서도 이를 할 수 있지만 반드시 적합하지는 않다. 간호사는 그러한 검사를 할 수 있지만 환자의 가정은 긴급 상황 이외에는 모욕을 당하지 않는 안전한 안식처가 되어야 한다. 어떤 상황에서는 임상 환경에서 더 완벽하게 사정할 것을 요구한다.

Hillman(1986)은 "가정의료 간호사는 사정을 통해 가족 구조 및 지역사회 환경 내에서 환자 복지 상태의 전체론적 관점을 얻는다"라고 말했다. 임상 환경에서는 임상의의 사정을 기준으로 환자와 환자의 문제를 신속히 규정하고 약식 검사에서 이를 언급한다. 병원 진료 시에는 환자의 상황 중 일부만 드러나게 마련이다. 다음의 예에서 병원 진료 대 가정 방문 시 얻을 수 있는 정보량의 차이를 살펴본다.

사 례

홍상미 씨는 이웃을 통해 공중위생 간호사에 위탁되어 간호사가 방문하여 혈압과 투약을 모니터한다. 약한 65세 여성 노인인 홍상미 씨는 허리를 잡은 채 앞문에서 의자로 절뚝거리며 간다. 손주들은 바닥에 장난감을 어질러놓고 엄마가 치우라고 소리 지른다. 홍상미 씨는 지난주에 장난감에 걸려 넘어졌으며 아직 통증이 있지만 딸이 일하느라 바쁘고 홍상미 씨가 손주들을 돌봐야 하므로 병원에 갈 시간이 없다고 간호사에게 말했다. 그녀는 아스피린을 복용해보았지만 진정 효과가 거의 없었다. 홍상미 씨는 6개월 전에 남편이 사망했으며 퇴직금이 없다고 한다. 그녀는 불과 1개월 전부터 연금을 받기 시작했으며 돈이 없어서 딸에게 신세지게 되었다. 자신이 딸에게 짐이 되고 있다고 느끼며 손주들을 돌보면서 도와주려고 애쓰고 있다. 그녀 자신은 가족을 사랑하지만 남편과 살 때가 더 평화로웠으며 계속 시끄럽게 아이들이 뛰어다니므로 불편하다고 방문 간호사에게 말했다.

방문 간호사는 방문 시 홍상미 씨에 대한 많은 정보를 얻었으며, 요통에 대해 야간 진료를 하기로 약속하였다.

사 례

홍상미 씨는 요통에 대해 야간 진료 받았다. 그녀의 딸은 차를 주차시키고 손주들과 함께 대기실에서 홍상미 씨를 기다렸다. 홍상미 씨는 진찰실에 들어서며 손주들이 잠잘 시간이 지났는데 밖에서 기다리고 있다고 걱정하였다. 의사가 병원에 온 이유를 묻자 그녀는 지난주에 집에서 넘어져 요통이 생겼다고 말했다. 잠시 진찰한 후 의사는 얼음찜질과 근육 이완제를 처방하고 홍상미 씨에게 쉬면서 1주일 후 통증이 개선되지 않으면 다시 오도록 했다.

두 방문은 일반적인 상황이다. 이는 사정이 아닌 사실이며 가정 방문 시 전문가는 자세히 이야기를 들을 시간이 더 많고 환자의 환경과 친구, 가족들을 살펴볼 수 있다. 가정환경에서 광범위한 정보를 얻을 수 있다. 이러한 정보 유형을 통해 노인 문제의 해법을 찾는 경우가 많다. 시간적 제약과 편안함으로 인해 억제되기도 하는 임상 환경(종이 가운 차림의 진찰내 대 실내복 차림의 가정)은 포괄적인 검사 및 차별적 진단을 위한 최적의 환경이다.

2) 환경 조성

가정방문시에 많은 의료 전문가들은 자신을 소개하고 신분증을 보여주며(노인들은 혼자 사는 경우가 많으므로 낯선 방문자가 의료 전문가임을 확인함으로써 안심해야 함) 방문 목적을 밝힘으로써 편안한 분위기가 조성될 것이다. 손님임을 기억하여 방문객의 어조를 유지한다. 노인은 독립적이며 가정에서 일어나는 일을 책임지고 누군가가 방문하도록 할 것인지 여부 및 사정 받을 것인지의 여부를 선택할 권한이 있음을 기억한다.

자기소개 시 노인의 이름을 확인하고 격식적 호칭을 사용하도록 한다. 이용자는 더 격의 없이 부르도록 요청할 수도 있다. 그때까지는 격식적인 이름 및 경칭을 붙이도록 한다.

처음 소개 시 정확히 방문 시간이 얼마나 걸리며 방문 시 무엇을 할 것인지 설명하는 것이 좋다.

이것은 대화의 한계를 설정하는데 도움이 된다. 일부 노인들은 방문객이 적어서 어울리는 것을 좋아하기도 한다. 일부 지침을 확립하면 쉽게 초점을 유지하고 시간에 따라 방문을 끝내고 방무의 목적을 수행할 수 있다. 충분한 시간을 허용하여 노인이 재촉한다는 느낌 없이 방문이 일반적이고 의료 전문가는 설문지 작성에 관심을 집중한다고 인식하도록 하는 것이 중요하다.

방문을 더 철저히 준비하기 위해 전문가는 TV를 끄고 라디오 볼륨을 줄이고 불을 켜거나 커튼을 열도록 요청하고 빨리 기록하거나 조사하도록 한다. 제대로 방문하려면 조용하고 가벼운 실내온도 및 사생활보호를 모두 충분히 유지해야 한다.

사생활보호를 충분히 유지하기 위해 손님이 있을 때 다른 상황에서 조사할 수 있는지 물어보아야 한다. 손님이 가족이며 같이 있기를 원하는 경우, 시작하기 전에 노인의 허락을 받아야 한다. 노인이 대화를 할 수 없거나 손님이 법적 후견인이거나 노인의 보호자인 경우가 아니라면 노인의 의사를 존중해야 한다. 검사 시 다른 사람이 같이 있도록 허락한 경우라도 노인의 개인적 사생활보호를 유지해야 하며 기밀성이나 충분한 사생활보호를 유지하기 위해서 질문이나 일부 신체검사를 다음 번 방문으로 연기할 수도 있다.

약물투여는 방문 결과에 영향을 미칠 수도 있으며 약물 투여의 부작용으로 인터뷰나 검사에 방해가 되는 경우 방문을 연기하는 것이 좋다. 예를 들어, 노인이 복용하는 약물로 인해 아침에 일어나서 한두 시간 졸릴 경우 오전 늦게 방문일정을 세운다.

특히 하나 이상의 만성 질환을 겪고 있는 많은 노인들은 쉽게 지치며 건강기록과 신체검사를 완료할 때까지 견딜 수 없다. 두 번으로 나누어 짧게 방문하여 정보를 얻는 경우 신뢰도가 높아지며 노인은 장시간 방문으로 인해 지치는 것보다 더 편안하게 느낀다.

특히 의료 전문가가 조직되어 있지 않거나 노인이 망설이는 경우 가정 방문 시간이 오래 걸릴 수 있다. 시작하기 전에 신뢰를 구축하고 인터뷰 및 검사를 유도할 수 있는 환경을 조성한다.

3) 건강기록

개인의 건강기록을 논의할 때 얻은 정보는 신체사정에 집중할 때 도움이 되며 개인의 건강에 관련된 정보의 기준선을 제공한다. 이용자와 시간을 보내면서 신뢰감과 협력을 구축하고 노인의 신체 조건에 대한 중요한 정보를 제공한다.

사정 시 환자의 체력과 능력을 찾아내서 여기에 집중하면 잠재력과 독립성을 최대한 지원하는데 도움이 된다. Carlsson, Berg 및 Wenestam(1991)은 85세 이상 노인의 가정 내 의존성과 적응 패턴을 연구하였다. 독립성과 삶의 만족도 사이 관계는 명확했지만 이 패턴에 맞지 않는 경우도 있었다. 사람이 인생을 통해 상황에 적응하는 방법인 삶의 경험이 신체의 의존성 또는 독립성 상태보다 현재의 만족도를 나타내는 더 확실한 지표가 된다. 의료 전문가 및 간병인들은 노인이 살면서 상황을 처리한 긍정적인 방식을 찾아보아야 한다. 그들은 어떤 성공을 경험했으며 어떻게 성공했으며 무엇에서 행복감이나 만족감을 느꼈는가? 시간이 좀 걸리지만 이 정보를 사용하면 이용자가 더 높은 수준으로 기능하는데 도움이 될 것이다. 컨트리 뮤직을 통해 항상 긴장을 풀고 즐거웠던 때를 기억하는 것이 그 예가 된다. 컨트리 뮤직을 들으면 기분이 좋아질 것이다. 우울하거나 아픈 사람들은 항상 긍정적이고 즐거운 것을 기억하지 못하며 의료 전문가들은 그들이 긍정적인 경험에 집중하여 그 메커니즘에 대응하도록 도와줄 수 있다. 다음은 체력을 활용하여 노인을 도와주는 사례이다.

Carlsson와 그의 동료들은(1991) "자아실현"을 주목하여 노년에 가장 잘 적응하는 노인들은 "노년이 인생에서 가장 의미 있고 즐길 수 있는 기간이며 현재 그들은 책을 읽고 회고하며 다른 사람을 도울 시간이 생겼다"라고 생각한다는 사실을 알아냈다. 학습, 교육, 예술 또는 정원 손질이든 무언가 가치 있는 일을 하는 것은 인생을 받아들이고 즐기는데 중요하며 여기에 집중함으로써 건강이나 상황으로 인한 부정적인 감정을 보상할 수 있다. 희망적 성격, 지능, 위트, 매력, 자기 제어 등을 통해 적응 패턴을 구성하여 삶을 지속하고 때로는 이를 재발견하여 이용하기도 해야 한다.

사 례

이 여사는 방문 간호사에게 항상 자신의 문제를 논의하는 친구가 많다고 말했다. 그녀는 기꺼이 들어주었으며, 들어줘서 고맙다고 친구들이 말할 때면 매우 기분이 좋았다. 이 여사는 현재 관절염이 심하여 큰 도움 없이는 집에서 나올 수 없으며 고립감과 함께 자신이 가치가 없다고 느끼고 있다. 그녀는 밖으로 나와 친구들을 만나서 도와줄 수 없다는 점 때문에 괴로워한다. 가끔 친구들과 전화는 하지만 예전에는 대화를 나누었고 전화로는 같은 즐거움을 느낄 수가 없었다. 간호사는 집안에만 있는 노인들을 위한 노인 전화 프로그램을 이 여사에게 알려주어서 거기에 전화하여 노인들이 안전하게 잘 지내는지 매일 확인하는 자원봉사역할을 해보라고 제안하였다. 이 서비스의 가치를 얘기하자 이 여사는 남을 도와준다는 점에 관심을 보였다. 다음에 이 여사를 방문하자 훨씬 즐거워보였으며 전화하는 것을 즐겼고 다시 자신이 유용함을 깨닫고 자신의 체력(간호와 들어주는 능력 및 남을 돕겠다는 의지)에 집중하면서 신체적 문제에 대한 관심이 줄어들었다.

회상을 이용하여 건강기록에 대한 정보를 성공적으로 수집할 수 있다. Burnside(1990)는 간호사가 다양한 환경에서 회상을 활용한 경우를 논의하며 데이터를 수집하는 기법이 중요하지만 때로는 기억을 중단하기 어려우므로 이 기법에 대하여 부정적인 전문가도 있다. 전문가와 이용자의 스트레스를 피하기 위해서 충분한 시간이 필요하고 세부적인 데이터를 필요로 하는 경우 이 기법을 현명하게 사용해야 한다.

4) 데이터 수집 형식 또는 도구

관계를 확립하여 분위기를 조성한 후, 건강 기록을 확인한다. 종합적인 도구를 사용하여 기록에 집중하는 것이 훨씬 쉬우며, 어떤 영역도 누락되지 않도록 한다. 도구나 형식은 주요 질문 분야가 있어 협력하여 논의하고 자유롭게 기록하는 코팅 카드 또는 전문가가 작성하는 체크리스트로 되어 있다. 또한 방문하기 전에 광범위한 기록을 완료한다. 일부 도구는 간호를 받는 사람이 작성하도록 되어 있다. 자체적으로 서식을 작성하는 경우 인쇄물이 크고 배경이 밝고 글씨는 어두운 색이며 인쇄 여백이 충분하여 쉽게 읽을 수 있는지 확인한다. 당사자가 서식을 배제하고 나중에 작성하겠다고 하는 경우, 읽을 수 없거나 시력이 좋지 않아 서식을 작성하지 못할 가능성이 있다.

참조 9 현장 직원이 건강 기록을 얻기 위해 물어보는 적절한 질문을 떠올릴 수 있도록 하는 샘플카드

건강 기록

· 병력
· 수술 이력
· 가족사
· 건강 습관(담배, 약물, 음식 및 수액 섭취, 수면)
· 현재 받은 예방접종(감기, 폐렴, 간염)
· 현재 투여 중인 약물-알레르기(처방전이 있는 약과 없는 약)
· 현재의 문제-증세

"많은 사람들이 서식을 작성하라고 합니다. 제가 도와드려도 될까요? 질문을 읽고 답을 받아 적도록 하겠습니다."라고 하여 이 상황에서 도움을 주도록 한다.

다음과 같이 간단한 건강기록이 포함될 것이다.

• 건강상의 문제, 통증, 당신이 하고자 하는 활동을 제한하는 문제는 무엇입니까?("지금 어떠세요?"라고 묻는다면 보통 "좋습니다."라고 대답함)
• 과거의 병력이나 부상 경험에 대해 말씀해주십시오.
• 처방한 약물, 처방전 없는 약, 한방 치료 또는 복용하는 비타민 등을 모두 알려주십시오.
• 마지막으로 진료(치과 포함)를 받은 적이 언제였습니까?
• 요리, 쇼핑 및 청소를 스스로 합니까?
• 오늘 무엇을 드셨습니까? 어제는 무엇을 드셨나요?
• 다른 가족의 건강 상태에 대하여 말씀해주십시오.

인터뷰를 통해 알아낸 모든 증상을 신체검사 및 면담 시에 조사한다. 구체적인 정보가 필요하며, 통증을 설명하는 경우 다음과 같은 추가 정보를 얻어야한다.

참조 10 초기 간호 사정의 첫 페이지로 건강기록 정보가 포함되어 있으며 간호사가 작성한다. 이 샘플은 건강기록 정보를 가정 간호 사정에 통합하는 방법을 보여준다. Courtesy of Premier Health Connection, Walnut Creek, California.

인터뷰
현재 의료 기록
각 과별 의료 진단 I(11): ____
____ 일 자 :
수술 과정:(12) ____
____ 일자: ____
진단 II:(13) ____
____ 일자: ____
____ 일자: ____
입원 일자: ____
퇴원 일자: ____
SNF 입원 일자: ____
SNF 퇴원 일자: ____
신난 인식( )그렇다( )아니다

생일:(8)
성별( )남성( ) 여성
알레르기 유무 ____
____

심각성 유무:
( )위급( )긴급( )안정 상태
환자가 사전 지침을 실행 했는가
( )그렇다( )아니다
DNR 지시를 보냈는가
( )그렇다( )아니다( )해당 없음

과거 의료 기록			일자
알코올 중독	( )그렇다	( )아니다	____
빈혈	( )그렇다	( )아니다	____
관절염	( )그렇다	( )아니다	____
암	( )그렇다	( )아니다	____
백내장	( )그렇다	( )아니다	____
순환기 문제	( )그렇다	( )아니다	____
변비	( )그렇다	( )아니다	____
당뇨	( )그렇다	( )아니다	____
약물 남용	( )그렇다	( )아니다	____
위장 장애	( )그렇다	( )아니다	____
녹내장	( )그렇다	( )아니다	____
난청	( )그렇다	( )아니다	____
심장질환	( )그렇다	( )아니다	____
고혈압	( )그렇다	( )아니다	____
법적 맹인	( )그렇다	( )아니다	____
간 질환	( )그렇다	( )아니다	____
정신질환	( )그렇다	( )아니다	____
심박 보조 조정기	( )그렇다	( )아니다	____
신장질환	( )그렇다	( )아니다	____
호흡 곤란	( )그렇다	( )아니다	____
발작	( )그렇다	( )아니다	____
결핵	( )그렇다	( )아니다	____
시각장애	( )그렇다	( )아니다	____

흡연 ( )그렇다 ( )아니다 갑/일( )
수술 ____
____
최근 재입원 일자: ____

D.M.E.
가내 장비 ____
____
사용 업체: ____ 전화번호: ____
약국명: ____ 전화번호: ____
I.V. 기업: ____ 전화번호: ____
실험실: ____ 전화번호: ____
의사:(24) ____
의사 주소:(24) ____
____
의사 전화번호#: ____
환자의 마지막 진료 일자: ____

정신 상태
( )온전함 ( )제정신이 아님 ( )혼수상태
( )무기력함 ( )잘 잊어버림 ( )흥분함
( )우울함 ( )기타

사회적/안전 기록		
전통 의료에 대한 문화적 장벽이 있음	( )그렇다	( ) 아니다
언어 장벽 또는 의사소통 문제	( )그렇다	( ) 아니다
감정 기복이 심함	( )그렇다	( ) 아니다
병에 대처하기 어려움	( )그렇다	( ) 아니다
____환자____가족		
무시/남용	( )그렇다	( ) 아니다
혼자 살고 있음	( )그렇다	( ) 아니다
가정에 간병인이 많음	( )그렇다	( ) 아니다
간병인이 제 기능을 하지 못함	( )그렇다	( ) 아니다
가정환경 불안정	( )그렇다	( ) 아니다
가정에서의 신체적 장애물	( )그렇다	( ) 아니다
다중 서비스 필요성	( )그렇다	( ) 아니다
지역사회 자원 필요성	( )그렇다	( ) 아니다
재정적 도움 필요	( )그렇다	( ) 아니다
교통 문제	( )그렇다	( ) 아니다

"그렇다"인 경우 결과별 기록
____
____
____
____
____
간병인 이름 ____
간병인 한계/참가/태도
____
____

가정 의료 단계에서 신체 훈련에 도움을 준다( ) 그렇다( )아니다
"아니다"인 경우 결과별 기록: ____
____
____
환자 이름: ____
(간호사/치료사) 서명: ____
일자:(Soc) ____ 시간: ____

참조 11 철저한 건강 기록을 나타내는 건강 사정 샘플로 건강 계획 멤버가 작성한다.
Courtesy of Kaiser Permanente, Health Care Program, Oakland, California.

사전 방문 질의서

이름: ____________________

다음 페이지의 질문에 모두 답해주시기 바랍니다. 여러분의 답변에 따라 견습 간호사가 여러분의 건강 상태를 파악하고 건강해지도록 최적의 권고를 할 수 있습니다. 모든 정보는 기밀로 유지됩니다.

I부-개인 건강
다음 중 해당되는 부분에 체크해주십시오:
천식 □그렇다 □아니다
당뇨 □그렇다 □아니다
심장질환 □그렇다 □아니다
발작(간질) □그렇다 □아니다
고혈압 □그렇다 □아니다
녹내장 □그렇다 □아니다
심각한 우울증이나 불안 □그렇다 □아니다
결핵(TB) 양성 피부 시험 □그렇다 □아니다
방사능 치료를 받은 부분이 있음 □그렇다 □아니다
DES 노출(여러분을 임신했을 당시 모친이 호르몬을 투여 받은 적 있음) □그렇다 □아니다
면역:
최근 10년 간 파상풍 두 번째 예방주사를 맞은 적이 있는가 □그렇다 □아니다
B형 간염 백신을 맞은 적이 있는가 □그렇다 □아니다
50세 이상인 경우, 폐렴 백신을 맞은 적이 있는가 □그렇다 □아니다
작년에 독감 백신을 맞았는가 □그렇다 □아니다
홍역-이하선염-풍진 백신을 맞았는가 □그렇다 □아니다
여성인 경우:
임신 횟수 ____________ 및 출산 횟수 ____________
최근 월경 기간 일자 ____________
현재의 피임 방법 ____________
마지막 골반 시험 및 자궁경부암 검사 일자 ____________
풍진 시험을 한 적이 있는가 □그렇다 □아니다
그렇다면, 결과는 어떠했는가?
약물(아스피린, 호르몬, 제산제, 칼슘, 비타민, 완하제 및 피임제)

	약물명	복용량
A		
B		
C		
D		
E		
F		
G		

약물 알레르기(반응 설명)

	약물명	반응
A		
B		
C		

참조 11 계속

D ____
E ____

주요 수술, 부상 및 입원

연도 질환, 부상 또는 수술 유형 명시 병원 명

A ____
B ____
C ____
D ____
E ____
F ____
G ____

II부–가족 건강

다음 질환을 겪은 가족이 있는지 체크하시오: 해당자(관계 및 사망한 경우 사망시 연령 기록)

당뇨 ······ □그렇다 □아니다 □모름 ____
고혈압 ······ □그렇다 □아니다 □모름 ____
심장마비 ······ □그렇다 □아니다 □모름 ____
뇌일혈 ······ □그렇다 □아니다 □모름 ____
유방암 ······ □그렇다 □아니다 □모름 ____
대장, 직장 또는 전립선 암 ······ □그렇다 □아니다 □모름 ____
결핵 ······ □그렇다 □아니다 □모름 ____
녹내장 ······ □그렇다 □아니다 □모름 ____
기타 가족의 건강 관련 상태 명시: ____

III부–사회적 및 생활양식

결혼 여부: □결혼함 □이혼함 □독신
□미망인 □홀아비 □별거 중
성생활 유무? □그렇다 □아니다
성적 관계를 맺고 있는 사람(sexual partner)이 있는가? □그렇다 □아니다
동거자가 누구인가?(배우자, 아들, 딸, 시어머니 등)
____

긴장 또는 걱정의 요인:
□직업 □결혼 □알코올
□아이들 □재정 □동료
□약물 □종교 □친척
□기타 ____
다음 중 가장 적합한 응답에 체크하시오.
담배
□담배 피운 적 없음. □담배 끊음. □언제? ____
□시가나 파이프로 피움. 양? ____
□담배 피움. 갑 수/일. ____ 년도 ____
□가족 중 담배 피우는 사람이 있는가? □그렇다 □아니다
□기타 담배 제품(즉, 담배를 씹거나 코담배를 맡는 등)?
이름: ____ 흡연량? ____

참조 11 계속

알코올

□6잔 이상/일　　□3-5잔/일

□1-2잔/일　　□1잔 미만/일　　□없음

운동(운동 유형, 기간 및 시간 설명)

____

____

____

기타

차안에서 안전벨트를 매는가?	□그렇다　□아니다
가정에 연기 탐지기가 있는가?	□그렇다　□아니다
가정에 소화기가 있는가?	□그렇다　□아니다
위험한 활동(예: 스카이다이빙, 스쿠버 다이빙)에 참가하는가?	□그렇다　□아니다
그렇다면 어떤 활동인가?	□그렇다　□아니다
최소한 연 1회 치과에 가는가?	□그렇다　□아니다
자전거나 오토바이를 타는가?	□그렇다　□아니다
탈 경우에 헬멧을 쓰는가?	□그렇다　□아니다
야외에 있을 때 자외선 차단제품을 쓰는가?	□그렇다　□아니다
소음 구역에서 일하는가?	□그렇다　□아니다
청력 보호 장비를 사용하는가?	□그렇다　□아니다

시스템 검토(긍정응답일 경우 모두 설명할 것)

1. 자신의 건강 상태는 어떠한가?　□좋음　□보통　□나쁨
   그 이유는? ______________________________

____

____

2. 최근 3개월 내에 이유 없이 체중이 3kg이상 줄었는가?　□그렇다　□아니다
   설명: ______________________________
3. 피부(모반 등)에 큰 변화가 감지되었는가?　□그렇다　□아니다
   설명: ______________________________
4. 시력상의 문제가 발생되었는가?　□그렇다　□아니다
   설명: ______________________________
5. 청력이 약하거나 기타 청각적 문제가 있는가?　□그렇다　□아니다
   설명: ______________________________
6. 쉰 목소리나 만성 기침이 계속되었는가?　□그렇다　□아니다
   설명: ______________________________
7. 호흡 곤란이 나타났는가?　□그렇다　□아니다
   설명: ______________________________
8. 활동 중에 가슴의 통증을 느꼈는가?　□그렇다　□아니다
9. 속쓰림, 위장통증 또는 궤양이 있는가?　□그렇다　□아니다
   설명: ______________________________
10. 배변 시 혈변이나 변의 특성에 변화가 있는가?　□그렇다　□아니다
    설명: ______________________________
11. 일이나 생활양식에 방해가 되는 큰 관절이나 골 문제 또는 요통/목의 통증이 있는가?
    □그렇다　□아니다
    설명: ______________________________

참조 11 계속

12. 가슴에 혹이 있는가? □그렇다 □아니다
설명: ______
13. 이상한 질 출혈(폐경기 이후 출혈 등)이 나타났는가? □그렇다 □아니다
설명: ______
14. 상담하고 싶은 성문제가 있는가? □그렇다 □아니다
15. AIDS 또는 HIV 시험에 대한 질문이 있는가? □그렇다 □아니다
설명: ______
16. 상담하고 싶은 기타 문제가 있는가? □그렇다 □아니다
설명하시오: ______

제공자 기록(이 선 아래는 쓰지 마시오.)

- 어디가 아픈가요? 보여주십시오. • 어떻게 아픕니까?(날카로움, 무딤, 무거움, 눌림 등)
- 언제 아픕니까?(항상, 일어날 때, 진통제 복용 2시간 후 등)
- 약물 투여를 합니까? 도움이 되나요? 어떤 약물을 언제 투여하나요?
- 약물 투여, 열탕에 목욕이나 기분전환 요법 등 통증을 완화하기 위해 무엇을 합니까?
- 언제부터 통증을 겪었습니까?
- 통증 수준이 달라졌거나 처음과 같습니까?
- 통증에 대하여 진료를 받았습니까? 의사는 어떤 진단을 내렸습니까?

5) 대체의학 기법

사정 시 모든 임상 기술을 활용해야 한다. 대체의학을 탐구할 때 예전의 많은 기법들이 재사용되거나 공개적으로 실행되며 다른 문화의 사정 및 치료 기법을 수용한다. 미 가정간호사 협회에서는 Therapeutic Touch와 유사한 관행인 Healing Touch 과정을 지원하고, 아메리카 인디언과 아시아 기법 및 관행을 활용한다. Trachtman(1994)은 미 국립 보건 협회 대체 의학 사무소의 대체의학 관행 조사에 대하여 설명하였다. 비 서양 치유 관행의 효과를 확인하기 위해 연구하였다.

모든 사정과 마찬가지로 무엇을 하려는 지에 대하여 설명하고 노인의 허가를 받은 후에 시작해야 한다. 대체 의학 방법을 사용하고자 하며 이 노인을 의사에게 위탁하려면, 의사에게 다른 기술을 설명하고 의사의 동의를 구하는 것이 현명하다. 의사의 허가가 필요 없더라도 "간호사 덕분에

마음이 편해져서 통증이 사라졌다."라거나 더 심한 경우 여러분이 무엇을 하는지 명확히 이해하지 못한 채 "간호사가 고쳤기 때문에 이제 약을 먹지 않는다."라고 환자가 의사에게 말했다면 의료 전문가 간의 신뢰 관계가 깨질 수 있다.

많은 대체요법 종사자들은 개인영업을 하거나 지역사회의 다른 의료 전문가들과 공동영업하기도 한다. 일반적으로 대체 요법에 대한 약간의 지식이 있거나 알고 있는 사람에게서 직접 위탁 얘기를 들은 이용자에 의해 대체요법 종사자에게 위탁이 이루어진다. 어떤 경우에는 의사 및 기타 의료 전문가가 직접 대체요법 종사자에게 위탁하기도 한다. 모든 종사자들은 상황의 전체 기록 및 지금까지 시행된 방법을 모두 파악하여 모든 의료 종사자들이 처방한 다양한 과정, 투약 및 기법이 효과를 발휘하도록 해야 한다.

6) 신체검사 및 사정

신체검사는 실제로 방문하여 정보를 얻은 후 집을 나설 때 끝난다. 방문 시 인사하여 건강기록을 시작할 때 얻을 수 있는 신체의 부분적인 정보는 다음과 같다.

- 환자가 환경 내에서 얼마나 잘 이동하는가?
- 빠르게 걷는가, 느리게 걷는가?
- 절뚝거리는가?
- 구부정하게 걷는가?
- 통증이 있는 것처럼 둔부나 등을 잡고 있는가?
- 아파서 끙끙거리는가?
- 발음이 명확한가, 똑똑치 않은가?
- 안색이 홍조를 띠었는가, 창백한가, 노란 빛인가?
- 행복해 보이는가, 슬퍼 보이는가?
- 의학적 문제나 위생 부실 등을 나타내는 냄새가 나는가?

방문시에 훨씬 많은 정보를 얻을 수 있는 기회를 갖는다.

신체사정을 모아 정리할 수 있는 방법은 여러 가지이다. 사람을 전체적으로 사정한다면, 종사자가 머리부터 발끝으로 내려가는지, 한 번에 하나의 신체적 문제를 조사하든지 또는 신체에 앞서 에너지를 사정하든지 여부는 문제가 되지 않는다. 중요한 점은 구성, 실행 및 검사에 익숙해져서 이용자에게 쉬워야 한다는 점이다. 자세 변화, 서두름 또는 방 변경 등으로 이용자가 지치지 않게 한다. 이용자에게 무엇을 해야 하는지 말하고 함께 최적의 장소를 정한다(예 : 주방, 거실 또는 침실). 예를 들어, 주방을 선택한 경우 욕실로 데려가 몸무게를 잰 후 시작한다.

노인에게 키와 몸무게를 물어본 후에 체중계가 있으면 재도록 한다. 가정에서 검사할 때 바이탈 사인, 혈압, 맥박 및 호흡 등을 재면서 편안하게 시작할 수도 있다. 사람들은 이러한 과정에 익숙하며 이러한 통계에 관심이 있는 경우가 많다. 때때로 이용자는 바이탈 사인이 정상인지 궁금해 하거나 "혈압이 높은가요?"라는 질문을 한다. 의사가 실험실에서 시험하도록 지시한 경우, 가정 보건 간호사는 표본을 취할 것이다. 표본이 필요한 경우 이 검사 부분은 끝에 이용자가 욕실로 갈 수 있을 때까지 미룬다.

이용자와 식탁에 함께 앉아 있으면 식탁 위에서 필요한 장비를 모두 사용할 수 있으므로 신체 사정을 하기에 편한 환경이 된다. 혈당 검사, 산소 측정법(혈액 속 산소 측정), 혈당 측정(분변 속 혈액) 및 혈액 전해질 등은 가정에서 시험할 수 있다. protime(환자의 혈액 응고방해 물질의 혈액 응고 시간)을 측정하는 기계 등 가정용 또는 개인용 기술이 발달하고 있다. 사정 과정에서 정보를 기록하여 정확성을 유지하는 것이 중요하다.

7) 인체 사정

신체검사에 관련하여 필요한 정보의 제시를 촉진하려면 각 시스템을 개별적으로 검토하며 인체의 일반 노화 과정을 논의한다. 각 계통에서 가장 많이 볼 수 있는 문제를 논의하면서 일반적인 재가 사정을 검토하며 위탁에 관련된 정보를 제공한다. 이는 완전히 독점적인 계통 검토나 신체 사정 텍스트가 아니다. 이 자료는 간호의 관점에서 간호사의 노인 재가 사정 계획 시 도움이 되는 재가 사정 지침이다. 참조 5-4는 가정 보건 간호 신체 사정 기록 서식의 예이다.

다른 학과에서는 간호사가 할 수 있는 일을 확인함으로써 언제 간호사에게 위탁할지 더 잘 알 수 있게 된다.

8) 피부계

피부계는 피부, 모발 및 손발톱 등 신체를 감싸는 것으로 구성된다. 피부계는 눈에 보이며 신체 중 가장 큰 기관이므로 쉽게 사정할 수 있다.

참조 12 신체 사정의 공개된 자료 부분을 보여주는 가정 건강 간호 문서기록

KAISER PERMANENTE

CPR ☐ Yes ☐ No (DNR)

☐ Home Health ☐ Hospice

INITIAL CASE MANAGER ASSESSMENT AND FIRST SKILLED VISIT — Page 1 of 5

PLEASE IMPRINT OR PRINT

DATE OF SERVICE	LOCATION	STATION
LAST NAME	FIRST NAME	INITIAL
BIRTH DATE (MO / DAY / YEAR)	HEALTH INSURANCE CLAIM NUMBER	
MEDICAL RECORD NUMBER	CHECK DIGIT	

SEX	COVERAGE	GROUP NUMBER	ACCOUNT NUMBER	SUB GROUP

RESPONSIBLE PERSON	PHONE #	CONTACT OUTSIDE HOME	PHONE #	PHARMACY	PHONE #

SOC/PSY

Current Medical Problem:
Pertinent Past Medical History:
Perceptions/Limitations/Strengths of Caregiver/Patient/Language/Compliance:
Patient/Family Goals Discussed:

ENVIRONMENT

SAFETY AND SUITABILITY OF HOME

TYPE OF DWELLING ☐ Home ☐ Apt. ☐ Mobile Home ☐ Board & Care ☐ Sr. Citizens' Complex ☐ Other: ______

CHARACTERISTICS OF HOME
☐ Stairs ☐ Elevator ☐ Ramps ☐ Spacious ☐ Clean ☐ Crowded ☐ Cluttered ☐ Dirty ☐ Ill Repaired

COMPOSITION OF HOUSEHOLD
☐ Alone ☐ Spouse/Significant Other ☐ Other: ______

OTHER AGENCIES/ORGANIZATIONS INVOLVED | OCCUPATION/FORMER OCCUPATION

HIS/PHY

HISTORY/PHYSICAL (CHECK ABNORMALITIES AND DESCRIBE SIGNIFICANT HISTORY AND PHYSICAL FINDINGS)

T ______ Oral/AX/Rectal P ______ ☐ Reg ☐ Irreg Radial Apical R ______ RBG ______ FBG ______

B/P (R): Lying ______ Sitting ______ Standing ______

Weight ______ Height ______ B/P (L): Lying ______ Sitting ______ Standing ______

Comment: ______

NEURO

Assess: motor function, sensation, LOC, strength, grip, gait coordination, speech, vision ☐ NO PROBLEMS NOTED

☐ Numbness	☐ Confused	☐ Weakness	☐ Side Neglect	☐ Speech	☐ Parkinson's
☐ Tingling	☐ Stuporous	☐ Unsteady Gait	☐ Headache	☐ Expressive Aphasia	☐ Hallucinations
☐ Tremors	☐ Lethargic	☐ Vertigo/Syncope	☐ Seizures	☐ Receptive Aphasia	☐ Reflexes
☐ Paralysis	☐ Comatose	☐ Grip	☐ Thought Change	☐ Ataxia	☐ Abnormal Pupils
☐ Sensory Loss	☐ Cognitive Change	☐ Proprioception	☐ Vision	☐ TIAs	☐ Sleep Disturbance
				☐ CVA	☐ Autonomic Dysreflexia

COMMENT

EENT

Assess: eyes, ears, nose, throat for abnormality ☐ NO PROBLEMS NOTED

☐ Impaired Vision	☐ Contact Lens	☐ Impaired Hearing	☐ Gums	☐ Burning	☐ Lesion
☐ Blind	☐ Cataracts	☐ Hearing Aid	☐ Teeth	☐ Edema	☐ Lumps
☐ Glasses	☐ Glaucoma	☐ Deaf	☐ Dentures	☐ Drainage	☐ Reddened

COMMENT

CV

Assess: heart sounds, rate rhythm, pulse, blood pressure, circulation, fluid retention, comfort ☐ NO PROBLEMS NOTED

☐ Arrhythmia	☐ Irregular	☐ Diminished/Absent Pulse	☐ Cyanosis	☐ Fatigue	☐ JVD
☐ Bradycardia	☐ Rub	☐ Palpitations	☐ Chest Pain	☐ Vertigo/Syncope	☐ Anti-Embolism Stockings
☐ Tachycardia	☐ Murmur	☐ Edema	☐ Numbness/Tingling	☐ Claudication	☐ Pacemaker

COMMENT

RESP

Assess: chest congestion, respiration rate, rhythm, depth, pattern, breath sounds, comfort ☐ NO PROBLEMS NOTED

☐ Asymmetric	☐ Tachypnea	☐ Apnea	☐ Rhonchi	☐ Sputum	☐ Cyanotic
☐ Barrel Chest	☐ Bradypnea	☐ Shallow	☐ Wheezing	☐ Nebulizer	☐ O_2 Therapy
☐ Dyspnea	☐ Orthopnea	☐ Crackles, Rales	☐ Cough	☐ Tracheostomy	

Lung Ausculation: Right ______ Left ______

COMMENT

STAFF SIGNATURE	NAME OF CONTRACT AGENCY IF APPLICABLE	TIME OF SERVICE	DATE

04593-1P1 (9-94) DISTRIBUTION: WHITE = HOME HEALTH/HOSPICE FILE • CANARY = FACILITY OPTION • PINK = HOME HEALTH/HOSPICE OPTION

참조 12 계속

KAISER PERMANENTE

☐ Home Health ☐ Hospice

INITIAL CASE MANAGER ASSESSMENT AND FIRST SKILLED VISIT — Page 2 of 5

PLEASE IMPRINT OR PRINT

DATE OF SERVICE	LOCATION	STATION
LAST NAME	FIRST NAME	INITIAL
BIRTH DATE MO. DAY YEAR	HEALTH INSURANCE CLAIM NUMBER	
MEDICAL RECORD NUMBER		CHECK DIGIT

SEX	COVERAGE	GROUP NUMBER	ACCOUNT NUMBER	SUB GROUP

GI

Assess: abdomen, bowel habits, swallowing, bowel sounds, comfort ☐ NO PROBLEMS NOTED

☐ Nausea ☐ Vomiting ☐ Anorexia ☐ Heartburn
☐ Diarrhea ☐ Constipation ☐ Impaction ☐ Cramping
☐ Distention ☐ Ascites ☐ Rigidity ☐ Dysphagia
☐ Hypoactive BS ☐ Hyperactive BS ☐ Flatulence ☐ Laxative Use
☐ Bleeding ☐ Stool ☐ Hernia ☐ Ulcers
☐ Ng/G-Tube

COMMENT

NUTRITION

Assess: home diet, food habits, caffeine amount ☐ NO PROBLEMS NOTED

☐ Appetite Decreased ☐ Hydration Inadequate
☐ Diet Noncompliance ☐ Enteral Feeding
☐ Eating Disorder ☐ Fluid Restriction
☐ New Diet ☐ Significant Wt Changes

COMMENT

BATH/SKIN

Assess: skin color, texture, turgor, integrity, bathing needs ☐ NO PROBLEMS NOTED

Current: ☐ Tub ☐ Shower
☐ Sponge ☐ Bed ☐ Assist
Who: ____________
☐ Flushed ☐ Diaphoretic ☐ Dry
☐ Poor turgor ☐ Rash ☐ Itching
☐ Ecchymosis ☐ Petechiae ☐ Swelling
☐ Stoma ☐ Intact

COMMENT

WOUND LOCATION

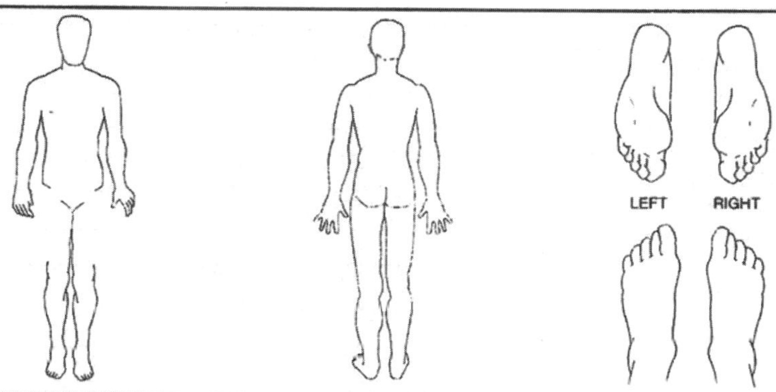

☐ No Wounds

Wound Location (specify letter on drawing)	A	B	C	D	E	F	G	H
Type	☐ Stasis Ulcer ☐ Pressure Ulcer ☐ Burn ☐ Incision	☐ Stasis Ulcer ☐ Pressure Ulcer ☐ Burn ☐ Incision	☐ Stasis Ulcer ☐ Pressure Ulcer ☐ Burn ☐ Incision	☐ Stasis Ulcer ☐ Pressure Ulcer ☐ Burn ☐ Incision	☐ Stasis Ulcer ☐ Pressure Ulcer ☐ Burn ☐ Incision	☐ Stasis Ulcer ☐ Pressure Ulcer ☐ Burn ☐ Incision	☐ Stasis Ulcer ☐ Pressure Ulcer ☐ Burn ☐ Incision	☐ Stasis Ulcer ☐ Pressure Ulcer ☐ Burn ☐ Incision
Size (in cms)	DIAM/DEPTH	DIAM/DEPTH	DIAM/DEPTH	DIAM/DEPTH	DIAM/DEPTH	DIAM/DEPTH	DIAM/DEPTH	DIAM/DEPTH
Drainage Amount	☐ 5cc ☐ 5cc	☐ 5cc ☐ 5cc	☐ 5cc ☐ 5cc	☐ 5cc ☐ 5cc	☐ 5cc ☐ 5cc	☐ 5cc ☐ 5cc	☐ 5cc ☐ 5cc	☐ 5cc ☐ 5cc
Drainage Color								
Odor								
Inflammation								
Wound Stage (see definitions on reverse)								
Necrotic Tissue								

COMMENT

STAFF SIGNATURE | DATE

04593-1P2 (9-94) **DISTRIBUTION:** WHITE = HOME HEALTH/HOSPICE FILE • CANARY = FACILITY OPTION • PINK = HOME HEALTH/HOSPICE OPTION

(conti

참조 12 계속

KAISER PERMANENTE

☐ Home Health ☐ Hospice

PLEASE IMPRINT OR PRINT

DATE OF SERVICE	LOCATION	STATION
LAST NAME	FIRST NAME	INITIAL
BIRTH DATE MO DAY YEAR	HEALTH INSURANCE CLAIM NUMBER	
MEDICAL RECORD NUMBER		CHECK DIGIT

SEX	COVERAGE	GROUP NUMBER	ACCOUNT NUMBER	SUB GROUP

INITIAL CASE MANAGER ASSESSMENT AND FIRST SKILLED VISIT — Page 3 of 5

ENDOCRINE METABOLIC

Assess: endocrine/metabolic ☐ NO PROBLEMS NOT

☐ IDDM ☐ NIDDM ☐ Gestational ☐ Hypoglycemic ☐ Hyperglycemic ☐ Test Device: ____ ☐ Urine Test ☐ Blood Test ☐ Freq. of Testing: ____ ☐ Jaundice ☐ Dry skin ☐ Sweats ☐ Hot/Cold Flashes ☐ Fatigue ☐ Hair Loss ☐ Exophathalmic

COMMENT

GU & GYN

Assess: urine frequency, control, color, consistency, odor, comfort ☐ NO PROBLEMS NOT

☐ Frequency ☐ Urgency ☐ Hesitancy ☐ Incontinent ☐ Burning ☐ Oliguria ☐ Nocturia ☐ Polyuria ☐ Hematuria ☐ Bleeding/Discharge ☐ Frequent UTI ☐ Urine Discolored ☐ Irrigation ☐ Foley Cath ____/FR ☐ Suprapubic ____/FR ☐ Condom Cath ☐ Date chgd ____ ☐ Neurogenic bladder ☐ Retention ☐ Sexually Active ☐ Pregnancy ☐ LMP/PAP: ____

COMMENT

MUSCULOSKELETAL

Assess: mobility, motion, gait, alignment, joint function ☐ NO PROBLEMS NOT

☐ Assistive Device ☐ Prosthesis ☐ Deformity ☐ Stiffness ☐ Swelling ☐ Arthritis ☐ Osteoporosis ☐ Neuropathy ☐ Fractures ☐ Abnormal Gait ☐ Falls ☐ Paralysis ☐ Atrophy ☐ Cast ☐ Contractures ☐ Assist Transfers ☐ Immobility ☐ Dependent ☐ Independent

Who assists client if needed? ____

COMMENT

PAIN

0 = No Pain, 1 = Mild, 2 = Discomforting Pain, 3 = Distressing Pain, 4 = Horrible Pain, 5 = Excruciating Pain

DESCRIPTION/LOCATION 0 1 2 3 4 5

PAIN REGIMEN Effective: ☐ Yes ☐ N

COMMENT

☐ NO PROBLEMS NOTE

INFUSION

DESCRIPTION TPN PPN ☐ Antibiotic ☐ Hydration ☐ Chemo ☐ Pain ☐ Other: ____

CATHETER TYPE ____ ☐ Peripheral ☐ Central Line SIZE

MODE OF INFUSION IV SQ VIA: ____

DATE LAST CHANGED Cap ____ Dressing ____ Ext. Cath. Length ____

INSERTION SITE

APPEARANCE

COMMENT

SKILLED CARE GIVEN

PROBLEM/NEEDS	INTERVENTION	OUTCOME/RESPONSE

LIST RESOURCE INFORMATION GIVEN	NEXT MD VISIT
PLAN FOR NEXT VISIT When: Assess:	DIRECT CARE
INSTRUCT	SUPPLIES NEEDED
STAFF SIGNATURE	DATE

04593-1P3 (9-94) **DISTRIBUTION:** WHITE = HOME HEALTH/HOSPICE FILE • CANARY = FACILITY OPTION • PINK = HOME HEALTH/HOSPICE OPTION

(1) 노화의 일반적 변화

피부계의 일반적 변화는 노인에게 큰 고민이 되는 경우가 많다. Dubin(1992)은 케라틴 생성 감소와 멜라닌 세포 분포의 불균형으로 인해 피부색이 변한다고 말했다. 케라틴은 피부 외피의 주성분인 경단백질이며, 멜라닌 세포는 멜라닌 색소를 합성하는 세포이다. 엘라스틴이 악화되고 피하지방 및 유체가 손실되고 혈기가 떨어지면 주름이 생기고 피부가 늘어진다. 피부의 상피층도 얇아진다. 모세관은 더 이상 지방층을 보호하지 못하므로 더 약해지고 노인은 사지에 노인성 자반병 또는 점상 출혈이 나타난다. 멜라닌세포를 구성하면서 검버섯이 생기며 보통 아래팔과 손등에, 때로는 얼굴에도 나타난다. 노인은 지루선이 손실되어 피부가 더 건조해지고 땀이 적게 난다. 건조하고 거칠며 각질이 벗겨진 피부는 번들거리고 가려울 수도 있다. 안검 하수증은 피하 지방과 근긴장이 감소함에 따른 것이다. 입술과 귓불이 더 커지기 시작한다. 피부 조직이 손실되면서 관절과 뼈 부분이 두드러진다. 하악과 상악의 골 손실로 코와 턱 사이의 거리가 짧아진다(Orientreich & Orientreich, 1985). 여기에 오랜 세월동안 중력의 영향으로 인해 피부가 늘어지고 처진다.

멜라닌세포 기능 감소에 따라 머리가 희어진다. 머리카락 수가 줄어들고 두께가 얇아지고 구조가 더 미세해진다. Dubin(1992)에 따르면 "머리카락 소낭에 붙은 피지선이 커지고 소낭 근육이 느슨해진다. 따라서 염색한 머리는 더 쉽게 빠진다." 대머리(유전적으로 결정됨)는 관자놀이에서 시작한다. Rossman(1986)은 남성의 모발 손실과 여성의 안모 증가는 남성의 테스토스테론과 여성의 에스트로겐 감소와 관련이 있다고 설명했다. 코와 귀의 털은 증가한다(Bates, 1991; Seidel et al., 1991). 손발톱, 특히 발톱은 두꺼운 황색층이 되며 더 쉽게 갈라진다. 이는 혈액순환 감소로 인한 것이다(Seidel et al., 1991).

인종에 따라 피부계의 차이가 있다. 예를 들어, 아메리칸 인디언과 아시아인은 백인과 비교하여 안모와 체모가 적다. 그러므로 백인을 표준으로 사람들을 사정할 수 없다(Bates, 1991). 흑인 및 황인종과 비만한 사람은 상대적으로 주름이 눈에 띄지 않는다(Seidel et al., 1991).

피부변화는 노화의 증거이다. 노인들은 때로 활동이 적기 때문에 이러한 문제가 더 커진다. 많은 사람들은 노화 과정을 받아들이기 힘들어하지만 이렇게 눈에 띄는 증상들을 무시할 수는 없다(Dubin, 1992).

(2) 재가 사정

가정환경에서 관찰 및 촉진은 피부계의 합리적인 사정 기법이다. 일반적으로 간호사가 방문 시 소개할 때 이용자를 처음 볼 때부터 피부계를 사정하기 시작한다. 이용자가 창백하거나 열로 인해 홍조를 띠는지, 황달기가 있거나 정상적인 건강한 피부색인가? 피부가 건조하거나 촉촉한가?

피부가 얽었거나 탈수처럼 눈이 움푹 들어가 있는가? 멍, 궤양, 뾰루지가 있거나 피부가 찢어졌는가? 이용자의 용모와 냄새가 깨끗한가? 피하지방이 보이는가(즉, 피부가 느슨하고 늘어져 있거나 살이 찌고 약간 단단한가)?

손발톱 사정에는 손발톱의 두께, 청결성 및 색조가 포함된다. 손발톱을 손질하였는가(즉, 부드럽게 다듬었는가)? 특히 발톱을 관찰하여 살로 파고들었는지 등을 확인하거나 이를 방지해야 한다. 머리는 깨끗하고 단정해야 한다. 특이하게 모발이 손실된 부분이 있는가?

(3) 가장 흔하게 볼 수 있는 문제

이 사정에서 볼 수 있는 일반적인 문제에는 가려움, 긁힘으로 인한 감염 가능성, 피부 찢어짐 또는 가구에 부딪혀 멍이 들거나 침대에서 돌 때의 층 밀림(shearing) 등이 있다. 감각이 줄어들면 이용자가 모르는 사이에 발 감염으로 인해 신발이 맞지 않거나 발톱이 살에 파고들거나 마찰하게 되는 피부 문제를 일으킬 수 있다. 특히 운동성이 부족하거나 전혀 없는 노인의 경우 울혈이나 욕창, 궤양이 심각한 문제가 될 수 있으며, 가능하면 이를 치료하고 예방해야 한다. 의료보험에서는 5가지 욕창 궤양 단계를 규정하였다.

1단계는 피부 발적으로 압력을 가하면 사라진다.

2단계는 상피 수포 및 박리를 수반하는 발적, 부종 및 경화 등이 있다.

3단계는 괴사성 피부로 지방이 노출된다.

4단계는 괴사로 피부에서 지방을 거쳐 근육까지 확장된다.

5단계는 광범위한 지방 및 근육 괴사 등이다.

피부암, 편평상피세포암 및 기저세포상피암도 노인들에게 문제가 된다.

피부 변색이나 병소는 의사가 사정해야 한다.

(4) 적절한 위탁

노인이 혼자 목욕이나 몸차림을 할 수 없거나 개인 의료에 도움이 필요한 경우 사회봉사 위탁이 필요할 것이다. 사회복지사는 이용자가 서비스 비용을 감당할 수 있는지 판단할 수 있으며 노인을 적절한 지역사회기관에 위탁하거나 가족이나 친구의 도움을 받도록 도와줄 수 있다.

진단이나 치료가 필요한 경우 의사의 위탁이 필요하다. 통증이 심한 피부 발진은 대상포진일 것이다. 모반이 변하거나 딱딱해진 경우 피부암일 수 있다. 특히 압력을 받는 부분의 피부가 찢어진 경우 발적 부분을 치료하여 궤양이 심해지지 않도록 예방한다. 의사는 보호막이나 압력 매트리스 교체 등 내구적인 특수 의료 장비를 사용하여 악화를 방지하는 특수 치료를 설명할 수 있을 것이다. 의사는 방문 간호사에게 위탁하여 예방 지침을 교육하거나 피부 문제나 상처를 치료하도록 하기도 한다.

탈수로 의심되는 경우에도 의사의 진료를 받아야 하며 실험실 검사를 거쳐야 한다. 탈수가 나타날 경우 이용자는 독립적으로 기능할 수 없으며 약해지고 사고가 흐려진다. 생명에 위협이 될 수 있으므로 간과해서는 안된다.

간호사가 초기 사정을 하지 못한 경우, 특히 압력 부분이 확인되는 경우 간호사에게 위탁하면 이용자에게 도움이 된다. 간호사는 특수 치료에 대하여 의사에게 상담하고 더 악화되지 않도록 방지하는 기법을 교육할 것이다. 간호사의 교육 계획에는 압력 완화, 발적 부분의 부드러운 마사지, 피부를 청결하고 건조하게 유지하기, 적절한 영양 및 수분 공급 등이 포함된다.

노인이 보행 불안정 또는 약화로 인해 하지에 멍이 들거나 상처가 생긴 경우 작업치료사 또는 물리치료사로의 위탁이 필요할 것이다. 치료사는 체력을 개선하고 장비를 권고하며 환경 안전 문제를 설명하는 프로그램을 진행하여 노인을 보호하고 더 다치지 않도록 방지할 것이다.

9) 비뇨 생식기 문제

비뇨 생식기는 남성 및 여성 생식기와 비뇨기계로 구성된다. 남성 생식기는 음경, 음낭, 고환, 부고환, 정삭 및 전립샘 등이 있다. 여성의 경우 외부에는 음핵, 질경, 요도 구멍, 바돌린샘, 대음순, 소음순, 전정부 및 회음부가 있고, 내부에는 질, 자궁, 나팔관 및 난소가 있다. 비뇨기에는 혈액을 여과하고 요를 생성하는 신장, 신장에서 방광으로 요가 흐르는 수뇨관 및 요를 저장하는 방광과 요가 배출되는 요도가 있다.

(1) 노화에 따른 일반적 변화

근육과 시시 소식의 손실과 함께 노인 생식기의 생리적 변화가 시작된다. 방광의 팽창력과 수축력이 떨어지고 감각 기능이 떨어지면서 방광 조절력이 떨어지고 요실금 또는 요폐가 생길 수 있다. 요폐로 인해 방광이 감염될 수 있다. 근긴장이 손실되면서 요도나 자궁 또는 방광이 탈수할 수도 있다.

신장 혈관이 경직되어 좁아지면 신장의 혈액 순환이 감소함으로 인해 실제로 신사구체에 들어가 여과되는 혈액이 줄어들고, 신장 크기가 줄어든다. 30～80세 사이에 신원의 50%가 손실되며, 신사구체의 수가 감소한다. 90세의 여과율은 20세의 50%가 된다.

가정환경에서는 문제가 있거나 카테터를 삽입한 상태가 아니면 생식기를 검사할 일이 거의 없다. 상처나 배변 문제가 있다면 검사해보는 것이 좋다. 여성 노인은 체모가 감소할 것이다. 음순이 건조하며 얇아진다. 자궁경부와 자궁이 수축한다. 음핵 크기가 줄어든다. 유방조직이 덜 단단해지고 가슴이 처진다. 남성의 체모도 감소하며 고환 크기가 줄어든다. 정액량이 감소하고 사정력이 줄어든다.

(2) 재가 사정

사정하는 모든 신체 중에 생식기가 가장 어렵다. 전문가는 노인과 관계를 확립하고 초기 질문을 통해 충분히 교감해야 한다. 노인은 노화에 관련된 많은 문제들을 창피하게 여기거나(예를 들어, 요실금) 개인적인 것으로 생각한다(예를 들어, 발기 부전이나 질이 건조하여 성교 시 통증을 느낌).

많은 노인들은 이러한 문제에 대해 이야기하는 것을 불편해하지만 다루어 주어야 한다.

비뇨 생식기 사정 시 다음과 같은 질문을 한다.

- 배뇨 시 문제나 통증이 있는가? 그렇다면 어떤 문제이며 얼마나 지속되는가?
- 음경/질에서 배출되는 분비물이 있는가? 그렇다면 설명하시오.
- 웃거나 기침할 때 복압성 요실금이 나타나는가?
- 매일 섭취하는 물과 음료수의 양은?
- 소변을 자주 보는가?
- 밤에 일어나서 소변을 보는가? 그 빈도수는?
- 성기능에 문제가 있는가?
- 성교 시 발기상태를 유지할 수 있는가?
- 성교 시 통증을 느끼는가?

사정 시 소변의 색과 냄새에 대하여 질문한다. 소변이 적갈색을 띤 경우 혈뇨일 수 있다. 냄새가 심하고 농축된 탁한 뇨는 탈수임을 나타낸다. 암모니아 냄새가 심한 요는 감염으로 인한 것일 수 있다. 소변 pH는 4.6～8.0이다(Dubin, 1992).

검사자가 명확하고 직선적으로 질문을 하면 노인은 같은 방식으로 대답할 수 있을 것이다. 성을 인생의 일부로 받아들이는 것이 중요하다. 사람들이 원하는 한 성생활의 필요성과 기능이 지속된다. 연령은 한계 요소가 아니다.

노인은 실제로 에이즈(HIV) 감염 위험에 노출되어 있다. HIV 감염 위험이 있는 것으로 알려진 파트너와 성관계를 하거나, 1977～1984년에 수혈을 받거나 수혈자 등 여러 파트너와 성관계를 맺는 경우(Stall & Catania, 1994) 등 다양한 요인으로 인해 그러한 위험에 노출될 수 있다. 여성노인, 특히 흑인의 경우 HIV/AIDS 위험이 크다(American Association of Retired Persons[AARP], 1994).

최근 데이터에 따르면 50세 이상의 많은 여성들이 남편의 HIV 상태를 모른다고 한다(AARP, 1994).

간호 종사자는 비뇨 생식기 문제의 실제 해법 또는 심층 사정을 논의할 준비가 되어 있다. 종사자는 요실금이나 성기능 장애 등의 문제를 섬세하게 다룸으로써 노인의 삶의 질이 높아진다.

(3) 가장 흔하게 볼 수 있는 문제

많은 노인들이 경험하는 비뇨 생식기에서 흔한 두 가지 문제는 요실금과 발기부전, 성교 통증 또는 성욕 감퇴 등의 문제이다. 이들은 노화에 따른 일반적인 변화가 아니며 이를 연구하여 노인을 위한 해법을 찾아야 한다.

요실금은 남녀 모두 갖고 있는 문제이다. 지역사회 거주 노인의 30%, 공공시설에 수용된 노인의 50% 및 입원한 노인의 30%는 요실금을 겪고 있으며 여성의 경우 그 수치가 남성의 2배 수준이다(Eliopoulos, 1993). 이 문제는 의사가 사정하여 의학적 개입이나 배뇨 기기로 조절해야 한다. 조절이 되지 않은 경우 사회적 고립 또는 장애, 우울증 및 요로 감염 등 기타 임상적 증상을 악화시킬 수 있다.

밤에 소변을 보는 야뇨증은 노화에 따라 흔히 발생하는 또 다른 문제로 남성에게 더 많이 나타난다. 방광 용량 및 긴장 감소, 전립선 비대 및 그에 따른 수축 또는 압력이 그 원인이 된다. 의사는 매일 밤 두 번 이상의 야뇨증 패턴을 사정해야 한다(Kain, Reilly, & Schultz, 1990).

남성은 노화에 따른 전립성의 결절성 과다 증식(보통 양성 비대)을 경험할 것이다. 이에 따라 방광을 비우는데 장애가 생겨 결과적으로 요폐를 일으킬 수 있다. 방광의 촉진과 함께 배뇨에 대하여 상세하게 질문함으로써(예를 들어, 처음 소변보는데 어려움, 잦은 소변, 소량 또는 통증이나 차 있음)의사에게 보고해야 하는 문제를 알 수 있다(Jackle, 1989). 노인에게는 악성 전립선 증식이 흔하게 일어나므로 80세까지 사는 남성 노인의 25%는 이 문제의 외과적 처치가 필요하다(Kain et al., 1990).

전립선암은 75세 이상 남성 노인에게서 두 번째로 많이 발생하는 암이다(Eliopoulos, 1993). 병이 진행됨에 따른 증상이 명확하지 않으므로 조기에 발견하려면 정기 검진이 필요하다. 일반적으로 가정환경에서는 직장 검진을 통한 전립선 촉진을 하지 않는다. 중급 실습 간호사는 기술을 익혀 이러한 유형의 검진을 할 수 있지만, 일반적으로는 병원에서 의사 또는 견습 간호사가 이 검진을 한다.

특히 이뇨제를 투여하는 노인의 경우 전해질 불균형에 더 취약하다. 매일 충분한 수분 섭취를 하도록 해야 한다. 신장이 노화되면 요를 만들기 어려우므로 수분을 유지하는데 문제가 생겨 탈수가 일어날 수 있다.

노인이 성기능에 관심이 있지만 문제가 있는 경우 보건 전문가에게 상담하면 도움이 된다. 신체가 노화됨에 따라 성에 대한 기술이나 개념이 바뀌어야 한다. 성문제에 대하여 구체적으로 배움으로써 해법을 찾을 수 있다. 성교 시 통증이 있으면 물 성분의 윤활제를 사용하여 만족도를 높이고 불안감을 줄인다. 노인의 약물 투여에 따른 부작용으로 발기부전 또는 성욕 감퇴가 나타날 수 있다. 의사와 이러한 문제를 상의한 후 약물 양생법을 바꾸어 성욕이나 기능을 높일 수 있다. 때로는 신체 상태에 따라 약해지고 피로해지면서 성욕 감퇴가 나타나기도 한다. 노인의 신체 상태 변화를 논의하여 최적의 건강과 성기능을 유지한다.

성 자극에 대한 반응을 얻는 시간을 늘리면 성문제에 많은 도움이 될 수 있다. 남성은 오랫동안 직접 자극하여 발기해야 한다. 발기하는데 걸리는 시간이 길어질 것이다. 많은 장년층은 나이가 들수록 성생활에서 얻는 즐거움이 커지는데 절정에 이르는 시간이 길어지기 때문이다. 그들은 젊었을 때보다 더 느긋하며 서로 충분히 즐길 시간을 갖게 된다. 나이가 들수록 사정하는데 걸리는 시간이 오래 걸리므로 서로 탐색하고 자극하는 기쁨이 커질 수 있다.

노인은 80대와 90대에 성적으로 활력을 유지할 수도 있지만 성에 관심이 없을 수도 있다. 현재의 성에 대한 강조는 사정하는 노인의 가치관, 관심 또는 필요에 맞지 않을 수도 있다. 의료 제공자는 성이 필수적이라고 하거나 부적절하다는 인상을 주지 않으면서 주목해야 하는 문제에 대한 정보와 질문을 이끌어낼 수 있어야 한다.

일반적인 상황에서는 노화에 따른 변화에 관계없이 비뇨 생식기가 충분히 기능할 수 있다. 그러나 병으로 인해 스트레스를 받을 때는 이 부분에 문제가 생기고 전해질 불균형 등이 일어나게 된다. 탈수, 고나트륨혈증 및 저칼륨혈증을 고려해야 하며 이들 문제의 증상이 나타나는 경우 즉시 의사에게 보고해야 한다.

(4) 적절한 위탁

노인이나 간병인이 색깔이 짙거나 냄새가 심한 소변, 배뇨 시 통증, 요실금 또는 혈뇨 등 요로 감염 증세를 확인한 경우 의사에게 상담해야 한다. 삐거나 다쳐서 요통이 생긴 경우가 아니라면 신장 감염일 수 있다. 노인의 표준에서 변화가 나타나 지속된다면 이에 대한 소견을 말하고 사정해야 한다. 성적 반응이 변화하는 경우, 의사와 상담하여 원인에 대한 자문을 얻는다.

노인이 의사의 진료를 받기 어렵다면 위탁 간호가 적절하다. 간호사는 문제를 사정하고 적절하게 의사와 협의할 수 있다. 또한 일반 노화 문제에 관련된 정보를 제공하고 노인이나 간병인이 어떤 증상이나 문제를 의사에게 보고해야 하는지 이해하도록 도와주거나 노인에게 카테터를 삽입하는 등 직접 의료를 제공할 수 있다.

비뇨 생식기 문제를 상담하거나 지역사회 자원에 위탁하는데 사례관리자가 필요하다. 수입이 적거나 정해져 있는 사람들에게는 요실금 기기가 부담이 될 수 있다. 사회 복지사의 상담 기술을 통해 성적인 문제가 있는 노인(부부)에게 도움이 되거나 상호 만족감을 높일 수 있는 새로운 방법을 찾아내는 것이 바람직하다.

10) 심장혈관계

심장혈관계는 심장과 혈관으로 구성된 순환계이다. Lakatta(1990)에 따르면 "최근 연구결과 일부의 경우 노화보다는 질병과 생활양식이 심장혈관 기능에 미치는 영향이 훨씬 큰 것으로 나타났다"(Lakatta, 1990, p.311)라고 한다. 아직 활력이 있고 신체적으로 건강한 노인들은 체지방 비율이 낮고 주로 앉아 있는 노인과 비교하여 작업 능력이 최대 2배에 이른다(Lakatta, 1990). Mezey, Rauckhorst 및 Stokes(1993)는 노인에게서 가장 흔히 나타나는 문제가 심장병임을 알아냈으며 Blair(1990)는 진단 이력이나 심전도 이상을 볼 때 65세 이상 노인의 과반수는 어느 정도의 심장 질환이 있다고 말했다. 60세 이상 노인의 과반수는 관상동맥이 심하게 좁아졌지만 이들 중 50%만 증상을 보였다(Lakatta, 1990). 50세 이상의 25~44%는 혈압 상승을 보였고 백인보다는 흑인의 경우 고혈압이 더 많았다(Mezey et al., 1993).

(1) 노화에 따른 일반적 변화

노화에 따라 심장 자체가 변화한다. 근육세포가 손실되고 탄력이 감소하므로 심장의 펌프 효과가 줄어든다. 노화에 따라 심박출량이 감소하는 것은 아니지만, 긴장에 대한 내성이 떨어진다(Blair, 1990). 특히 심장병 과거력이 있는 노인의 경우 울혈성 심부전 등 심장 반응을 촉진할 수 있으므로 열 및 화병 등 스트레스 요인에 주의해야 한다(Mezey et al., 1993).

노화에 따른 심장 내의 기타 일반적 변화로는 심장 내막(심장의 바깥 층) 증가 및 지방 침전물 증가 등이 있다. 칼슘 침전물, 섬유증 및 경화증에 따라 심장판막이 두꺼워지며 경직된다. 동방결절 부분이 두꺼워지며 전기 전도계의 변화로 인해 심부정맥을 일으킬 수 있다. 혈압이 정상인 노인도 좌심실 벽 두께가 약간 두꺼워질 수 있지만, 심장 크기 변화는 노화에 따른 일반적인 과정이기 보다는 질병과 더 관련이 깊다. 섬유상조직이 증가하여 심벽이 두꺼워지지만, 확인된 변화가 모두 노인의 심장 크기를 일반 심장크기 범위 이상으로 증가시키는 것은 아니다(Lakatta, 1990).

70세 이상 환자의 약 50%는 심혈관계에 아밀로이드(녹말)가 나타나며 이것이 노화에 따른 일반적인 징후인지 또는 생활양식이나 기타 요소에 관련되어 있는지에 대하여 아직 논란이 되고 있다(Lakatta, 1990). 정맥 및 동맥은 칼슘 침전물 및 탄력과 콜라겐의 변화로 인해 경직되는 노화 효과가 나타난다. 대동맥이 늘어나고 비틀리며 넓어지고 동맥압의 변화를 수용하는 기능이 떨어진다

(Dubin, 1992; Lakatta, 1990). 심장 수축 및 심박 감소는 심장의 노화에 따른 기능적 변화이다. 노화에 따라 심박출량 및 나머지 심박출량이 변화하지 않더라도 심장병, 혈관 제한 또는 심박 변화로 심박출량이 변화하여 증상을 나타낼 수 있다.

(2) 가정 사정

가정에서의 심혈관 사정은 노인의 일반 외관 관찰로 시작된다. 수족 등의 피부색 및 체온 관찰이 중요하다. 조생이나 발이 청색인 경우 혈액 순환이 원활하지 않은 것이다. 맥박 촉진으로도 혈액 순환을 사정하며 맥박이 균일하지 않고 약한 경우 문제가 있는 것이다(경동맥 맥박 촉진 시, 한 번에 한쪽만 점검하여 경동맥 압박 방지). 맥박은 1분당 60～100회로 강하며 규칙적이어야 한다. 가능하면 이용자를 눕힌 다음 앉히고 세워서 맥압을 사정하여 판독량의 차이를 사정해야 한다. 혈압은 160/95 미만이어야 하며 자세 변화로 혈압 변화량을 20mmHg 미만으로 줄여야 한다(Eliopoulos, 1993). 호흡 패턴 및 호흡의 질을 사정해야 한다. 노인은 가정 내에서 숨 가쁨 없이 대화하고 활동을 유지할 수 있어야 한다.

심박수와 리듬에 대하여 다음과 같은 질문을 해야 한다.

- 가슴이 철렁하거나 두근거린 적이 있는가? 언제, 몇 번이나 어떤 상황에서 그러한가?
- 심장이 때로 너무 빨리 뛰는가, 그런 경우에는 보통 어떻게 하는가?
- 가슴에 통증을 느끼거나 숨이 가쁜 적이 있는가? 그렇다면 어떤 상황에서 그러한가?
- 누워있을 때 호흡에 문제가 생기는가?
- 취침 시 몇 개의 베개를 사용하는가? 몇 개를 사용해야만 원활한 호흡에 도움이 되는가?

하지가 부종이 있었는지 점검하고 부종의 문제가 생기거나 그에 따라 기억나는 상황에 대하여 질문해야 한다. 단단한 판타롱 스타킹(부풀음 방지)속에 있는 것과 같은 속박 표지를 찾는다. 하지에 뜨겁거나 붉거나 무른 부분이 있어 정맥염(정맥 염증) 소지가 될 수 있는지 확인한다.

체중을 재고 최근에 체중이 갑자기 증가한 적이 있는지 질문해야 한다. 하루에 1kg 이상 또는 일주일에 2.2kg 이상 증가하는 경우 수분 보유로 인한 것일 수 있으며 울혈성 심부전이 나타날 수 있다. 체중이 이렇게 증가하는 것으로 확인되면, 이 기간에 음식 및 수분 섭취를 조사해야 하는데 휴일 후에 오는 우울증까지 많은 요소들이 식이 패턴을 변화시켜 체중 증가를 일으킬 수 있기 때문이다.

(3) 가장 흔하게 볼 수 있는 문제

Whitehouse(1992)는 65세 이상 환자의 50%가 수축기 고혈압 및 이완기 고혈압을 갖고 있으며 이에 따라 심혈관계 질환 및 심장마비 위험이 발생한다. 노화에 따른 동맥계의 변화로 고혈압이 발생할 수도 있다. 항고혈압(anti hypertensive) 요법의 부작용 때문에 혈압을 서서히 낮추며 환자를 주의 깊게 살펴보아야 한다(Stanley, 1989).

노인의 심혈관계에 관련된 한 가지 문제는 저혈압이다. 항고혈압 요법, 압력수용기의 민감성 감소(맥관 구조에서 혈압 변화에 반응하게 됨), 손상된 압반사(baroreflex) 조절, 질환, 탈수 또는 약물 등이 그 원인이다. 노인 검진 시 자세를 갑자기 바꿀 때 어떻게 느끼는지에 대한 질문으로 문제를 알 수 있다. 자세 변경에 따라 현기증이나 어지럼증이 나타날 수 있다(Eliopoulos, 1993; Stanley, 1989).

심근경색은 항상 심각하며 신속하게 조치하여 손상을 줄일 수 있다. 메스꺼움, 구토, 숨 가쁨, 착란 상태, 약화, 현기증 또는 의식 불명 등이 나타날 수 있다. 노인에게 가장 자주 나타나는 문제는 조용한 심근경색이다.

노인은 심한 흉통이나 왼쪽 팔로 퍼지는 통증을 경험할 수 없을 지도 모른다. 통증이 전혀 없을 것이다.

노인에게 자주 나타나는 또 다른 심혈관 문제로 울혈성 심부전이 있다. 일반적 징후는 숨 가쁨, 부종 및 갑작스러운 체중 증가이다. 협심증도 흉통과 숨 가쁜 증상이 나타나는 흔한 심혈관 문제이다.

울혈성 궤양은 노인에게 어려운 문제이다. 혈액 순환 장애, 감각 감소 및 피부 약화로 인해 하지가 쉽게 손상될 수 있다. 울혈성 궤양은 서서히 치유되고 분비물이 흘러나와서 곪기 때문에 자주 정기적으로 치료해야 완쾌된다. 한두 개의 궤양이 치유되면서 또 다른 궤양이 생기는 경우가 많다. 다리를 긁거나 부딪쳐 새로운 궤양이 생기지 않도록 특히 주의한다.

(4) 적절한 진료의뢰

활동 증가에 따라 보통 경험하는 것 이외에 숨이 찰 경우 의사와 상담해야 한다. 갑작스러운 체중 증가, 부종, 흉통 또는 다리 통증, 맥박의 강약이나 리듬 변화, 지끈지끈한 두통이나 다리가 뻣뻣하여 예상내로 치유되지 않는 경우 의사는 심층 사정을 해야 한다. 갑자기 숨이 차거나 흉통이나 심한 압박을 느끼고, 땀이 나거나 나지 않으면서 흉통을 느끼고 메스꺼우면 응급 치료해야 하며 응급 의료 서비스 시스템(1-1-9)이 활성화되어야 한다.

간호사는 심혈관계를 사정하고 그 결과를 노인 담당의에게 보고할 것이다. 노인이 심혈관 투약 섭생법에 불만이 없는 경우 간호의 위탁이 도움이 될 것이다. 간호사는 약물 투여에 대하여 교육하고 어떤 약물 복용 기억 시스템이 노인에게 가장 도움이 될지 사정함으로써 도움을 준다. 간호사는 심혈관 질환, 적절한 식이 및 운동 패턴 및 심장 진단으로 기능을 최대화하는 방법을 교육할 것이다. 의사의 지시에 따라 가정 보건 간호사는 실험실 검사용으로 혈액을 채취하거나 심장 수술 후 옷을 바꿔 입힌다.

노인은 지역사회 자원을 통해서 심장 상태를 관리할 필요가 있다. 그들은 산소나 약물이 필요하지만 여유가 없을 수도 있다. 병의 진행에 따른 쇠약증으로 우울해지거나 의료 사례관리자의 상담 서비스가 필요할 것이다. 심혈관 문제가 있는 노인들은 때로는 개인 의료 서비스나 심각한 경우 일상생활에 도움이 필요하다. 사회 복지사는 노인을 도와줄 노인의 친구나 가족의 소재를 파악하여 노인을 정부 지원 가정봉사 서비스에 위탁한다. 때로는 물리치료사와 작업 치료사는 노인의 지구력을 개선시키거나 적응기기를 사용하는 방법을 가르쳐주거나 에너지를 유지하도록 할 필요가 있다.

노인에게 도움을 주는데 관련된 모든 분야(의사, 간호사, 사회복지사, 치료사 등)에서 서로 대화하고 팀으로 협력하여 노인의 건강을 개선해야 한다. 노인과 간병인도 포함되어야 하는 팀은 서로 목표를 합의해야 한다. 팀을 자주 변경해서 의료의 연속성을 유지하고 원하는 결과를 위해 나아가야 한다.

11) 호흡계

호흡계는 폐를 보호하며 12개의 늑골이 등의 흉추 추골에 연결되어 있는 흉곽 내에 포함되어 있다. 앞에는 흉골이 늑골 2~10개의 늑연골에 붙어 있다. "8, 9, 10번째 늑골의 늑연골이 융합하여 연골 가장자리를 구성한다. 11번과 12번 늑골은 부유늑골이다. 늑연골은 전방 구조와 전혀 연결되지 않는다"(Lueckenotte, 1990, p.142). 호흡기관과 2개의 기관지가 폐로 이어진다. 우측 폐에는 3개의 엽이 있고 좌측에는 2개가 있다. 호흡계는 외부환경과 혈액 간 산소기체와 일산화탄소의 교환을 담당한다.

(1) 노화에 따른 일반적 변화

호흡에 영향을 줄 수 있는 노화에 따른 일반적 변화에는 노화에 따른 폐 기능 감소로 인한 점액 정체 및 가슴 확장 감소 등이 있다(Kuhn & McGovern, 1992). 노화에 따른 기타 변화로는 폐포(폐를 구성하는 공기 변화 기낭) 모세관 수 및 탄력성 감소로 인한 기체 교환 용량 감소에 따른 혈액 내 산소 운반량 감소 등이 있다. 흉곽과 횡격막의 근력 손실로 가슴이 두툼해지고 호흡 기능이 감소한다. 근력 감소에 따른 늑연골 석회화 증가 및 늑골 탈회로 인해 흉곽의 경직성이 증가하여 기침하기가 더 어려워진다. 이에 따라 기침으로 울혈이 제거되지 않아 감염될 수 있다. 점막이 건조해지면 분비물이 이동하지 않아 울혈이 생겨 감염될 수 있다(Kuhn & McGovern, 1992; Lueckenotte, 1990).

(2) 가정 사정

노인 이용자의 호흡계 사정에 사용되는 기법은 가정 방문 시 관찰로 시작된다.

문을 열고 이용자가 의료 복지사를 맞이할 때 어떻게 호흡하는가? 노인은 정상 어조로 말할 수 있거나 숨이 가쁘고 낮은 음조로 말하고 있는가? 숨이 가빠서 주춤거리며 말하는가? 문에서 거실로 가는 길에 노인이 멈추어서 호흡을 고르는가? 일단 앉아서 호흡이 문제가 되는 경우 이용자가 정상 호흡율을 되찾는데 얼마나 걸리는가(노인의 경우 분당 12~24회 호흡; Kuhn & McGovern, 1992)?

사정을 진행하면서 노인의 호흡 상태에 대해 질문해야 한다. 과거에 잦은 감기, 기침, 천명음, 숨 가쁨, 쉰 목소리, 오한, 이유 없는 체중 감소, 열, 피로, 혈담(결핵 발생), 천식, 기관지염 또는 폐렴 등 호흡기 증상이 있었는가? 폐렴 백신을 맞은 적이 있다면 언제인가? 매년 감기 예방주사를 맞는가? 마지막 결핵 테스트는 언제 받았으며 어떤 테스트였고 그 결과는 어떠했는가? 마지막으로 가슴 X선 검사를 언제 했으며 어떻게 나타났는가? 노인은 담배를 피우는가? 담배를 피운 적이 있는가? 그렇다면 얼마나 되었으며 매일 몇 갑씩 피우는가? 노인은 석면, 실트(미사), 화학물질 등 연기 나는 환경이나 구역에서 살거나 일했는가? 직업은 무엇이었는가(탄광에서 일한 경우 탄진폐 질환이 아직 남아있음)? 또한 노인의 자세를 관찰한다. 어깨가 앞으로 굽거나 척추 후만증이 있는 굽은 자세는 폐의 확장을 줄인다.

청진기로 폐를 청진하는 것은 방문 간호사의 정규 사정에 포함된다. 조용한 방에서 가능하면 이용자를 앞에 앉히고 등 한 면의 폐 아랫부분에서 시작한다. 양쪽을 듣고 비교하면서 한쪽에서 반대쪽으로 청진기를 움직이면서 등 위로 올라간다. 가슴 뒷부분을 끝낸 후 양쪽을 청진한 후 가슴 앞쪽으로 이동한다. 사정 시 이용자를 점검한다. 검진 시 깊게 호흡하도록 했으므로 호흡 항진하지 않는지 확인한다. 이용자는 간호사에게 현기증이 나는지 말해야 하며 현기증이 멈출 때까지 검진을 중단해야 한다.

호흡음을 들을 때 들숨에서 공기가 수분을 통과함에 따른 수포음이나 습기를 지나면서 나는 딱딱 소리, 날숨에서 공기가 좁은 통로를 지나면서 헐떡이는 소리, 또는 들숨과 날숨에서 모두 늑막 심낭마찰음(흉강과 폐를 연결하는 막 사이에 염증이 있을 때) 등 비정상적인 소리가 나는지 들어본다. 기침 시 명확하지 않은 들숨과 날숨 시 모두 들리는 큰 수포음은 문제가 되며 폐부종이나 울혈성 심부전을 나타낼 수 있다. 기관지 경련, 종양 또는 이물 폐색으로 인해 숨을 헐떡일 수도 있나 (Kuhn & McGovern, 1992).

피부색도 관찰해야 한다. 피부색이 발그레하거나 정상으로 보이면 산소공급이 충분함을 나타낸다. 인체에 산소 공급이 불충분하면 거무스름하거나 푸르스름한 빛깔(청색증) 또는 창백함을 감지할 수 있다(주변이 충분히 따뜻하며 추위로 인해 창백한 것이 아닌지 확인). 목, 가슴과 배를 살펴본다. 호흡 시 이 부분의 근육이 사용되는가?

(3) 가장 흔하게 볼 수 있는 문제

호흡계와 관련하여 노인에게 가장 흔하게 나타나는 문제는 폐기종, 폐렴 및 종양 등이 있다. 노인의 운동성과 활력이 떨어짐에 따라 폐 감염 위험이 높아진다. 폐렴구균성 백신을 1회 접종하고 매년 감기 예방 주사를 접종하면 겨울에 폐렴에 걸릴 위험이 줄어들 것이다. 집에만 있는 노인들도 자세를 규칙적으로 변경하고(침대에만 있는 노인의 경우 최소 매 2시간마다) 깊은 호흡을 하며 기침을 통해 분비물이 고여 감염되지 않도록 함으로써 폐 감염을 방지하는데 도움이 될 수 있다. 특히 가래 및 녹색 또는 혈액이 섞인 점액을 동반하는 기침, 고열, 호흡기 통증 또는 1, 2주 내에 제대로 진료를 받아도 알 수 없는 기타 호흡기 증후군은 치료를 받아야 한다.

(4) 적절한 진료의뢰

휴식, 균형 잡힌 식사 및 감기 치료제의 효과가 없을 때 공식 간병인은 이용자가 의학적 도움을 받을 수 있도록 해야 한다. 간병인이 걱정되거나 이용자가 진료를 거부하거나 간병인이 노인이 "감기"인지 "더 심한" 경우인지 잘 모르는 경우 공중위생 간호사에게 위탁한다. 방문 간호사는 사정 결과 의학적 중재가 필요한 경우 이용자의 의사에게 통보한다. 가정에서 지원이나 사정을 하는 간병인은 고열, 혼수, 울혈, 또는 일상생활 지속 불가 여부를 확인하고 이용자의 동의 하에 상황의 심각성에 따라 간호 사정나 의학적 중재에 대하여 적절히 진료의뢰 해야 한다.

간호사는 만성 호흡기 질환을 앓고 있는 노인의 건강을 개선하는데 효과적일 것이다. 이들 노인의 일상생활을 최대화하기 위해서는 교육과 동기 부여가 필요하다. 간호사는 약물 투여, 호흡 방법, 폐기능 훈련검사 기구 및 흡입용 마스크 등 기기 사용, 산소 및 폐 기능 보조기(pulmonary aid) 등 내구적인 의료 장비 사용에 대하여 교육할 것이다.

폐암을 앓고 있는 노인은 수술 후 의료 및 병의 진행에 관련된 교육에 대한 간호 지원이 필요하다.

치료사는 호흡기 환자의 지구력을 개선하고 에너지를 유지하도록 가르치는데 도움이 될 것이다. 사회 복지사는 폐암 등 끔찍한 진단이나 폐기종 등 장기적으로 진행되는 질병에 대처하는데 도움이 될 수 있다. 이들 문제는 비용과 감정상의 부담이 될 수 있다. 호흡기 문제가 있는 노인들은 개인 의료, 쇼핑 및 가사 등에 도움이 필요할 정도로 악화되는 경우가 많다. 사회 복지사는 지역사회 자원을 파악하고 상담할 수 있다.

12) 내분비계

내분비계는 혈액이나 림프로 호르몬을 분비하는 기관 및 구조로 구성된다. 분비물은 다른 기관이나 계통에 특별한 효과를 가지며 중추 신경계의 영향을 받아 작용한다(Carnevali & Patrick, 1993).

(1) 노화에 따른 일반적인 변화

노인에게 갑상선의 티록신과 췌장의 인슐린 생산 감소를 제외하고 호르몬 불균형은 큰 문제가 되지 않는다(Stilwell, 1992). 일반 내분비 변화에는 샘의 분비물 감소, 분비되는 호르몬에 대한 감도 감소 및 신체에서 분비되는 호르몬을 사용하거나 제거하는 기능 감소 등이 있다.

췌장은 위장 뒤 비장과 십이지장 사이에 있는 긴 선이다. 이 선의 외부 분비물에는 십이지장으로 흐르는 소화 효소가 포함되어 있다. 췌장의 β세포는 인슐린을 생성하여 탄수화물의 대사를 조절한다. α세포는 저혈당에 반응하여 분비되는 호르몬인 글루코겐을 생성한다. 노화에 따른 췌장의 일반적인 변화에는 혈당 농도가 갑자기 높아지고 고혈당 레벨이 오래 지속됨에 따른 β세포의 인슐린 분비 부족, 인슐린 순환에 대한 감도 감소 및 포도당 대사 기능 감소 등이 있다(Blair, 1990; Dubin, 1992; Eliopoulos, 1993).

갑상선은 목 앞의 하단부분에 있으며 기관 양측에 하나씩 두개의 엽이 있다. 이 샘은 대사율을 조절하는 티록신과 트리요오드사이로닌 호르몬을 분비한다. 또한 고칼슘혈증에 대응하여 타이로칼시토닌을 분비한다. 타이로칼시토닌 또는 칼시토닌은 혈액의 칼슘과 인산염 레벨을 낮추고 뼈의 재흡수를 억제한다. 노인의 경우 갑상선이 위축되어 섬유화 및 결절성이 된다. 갑상선 활동이 감소하면서 기초 대사율이 떨어진다. 노화에 따라 6시간 결정 지점에서 방사성 요오드의 흡수(방사성 요오드는 양성 및 악성 갑상선 질환의 진단 및 치료에 사용됨)가 감소한다(Carnevali & Patrick, 1993). 요오드 전체의 혈청 레벨이 감소하지만 단백질에 결합된 요오드 레벨에는 변화가 없다(Blair, 1990; Dubin, 1992; Eliopoulos, 1993).

뇌하수체는 두뇌 밑 부분에 있으며, 시상 하부에 연결되어 있고 2개의 엽(뇌하수체 전엽과 후엽)이 있다. 갑상선, 생식선, 부신피질 및 기타 내분비 기관의 성장과 기능을 조절하는 호르몬을 분비한다. 노인의 뇌하수체는 혈관 분포가 감소하고 연결 조직이 증가하며 크기가 줄어들 가능성이 있다(노인의 경우 최대 약 20%; Eliopoulos, 1993). 뇌하수체에서 분비하는 부신피질자극 호르몬은 부신피질의 호르몬을 조절한다. 일반적인 노화 과정에서 부신피질자극 호르몬이 감소하여 에스트로겐, 안드로겐, 프로게스테론 및 카테콜아민, 에피네프린, 노르에피네프린 등 스테로이드 호르몬을 생성하는 부신선의 호르몬이 감소한다(Eliopoulos, 1993).

(2) 가장 흔하게 볼 수 있는 문제

Dubin(1992)에 따르면 노인에게서 가장 흔하게 나타나는 내분비 문제는 당뇨, 갑상선 기능 저하 및 난소와 생식소의 위축 등이라고 한다. 노화에 따라 당뇨 발병률이 증가하여 전체 당뇨 환자의 80% 이상이 45세 이상이라고 한다(Penn, 1989). I 타입인 인슐린 의존성 당뇨병은 보통 젊은 사람에게서 나타나지만, 의술이 발달함에 따라 수명이 길어지고 많은 노인들이 인슐린에 의존하고 있다. 노인에게서 진단되는 새로운 당뇨병은 보통 II 타입이며 운동, 식이 및 때로는 경구혈당 강하제로 조절한다. 죽상 경화증, 모세혈관 두께 증가, 콜라겐 강직성 증가 및 피부 섬유아세포 이상 등 일반적인 노화 특성(Penn, 1989)이 당뇨병 과정의 증상이 되기도 하며 이에 따라 노화가 촉진된다.

노인에게는 갈증, 체중 감소 및 혈당 증가 등 기존 당뇨 증상들이 나타나지 않는다. 피로, 약화, 잦은 감염, 신경장애, 질염, 기립성 저혈압, 발기부전 및 착란상태 등 애매한 증세가 노인의 당뇨 가능성을 나타낸다. 포도당의 신장 문턱값의 증가로 인해 소변 검사로 알 수 없다(Eliopoulos, 1993).

인슐린 의존성 당뇨병이 있는 노인은 혈당 모니터링 기기를 더 자주 사용하여 인슐린 투약을 조절한다. 이들 기기를 제대로 사용하면 우수한 도구가 된다. 조절 샘플에 대하여 정기 점검하여 정확성을 유지하는지 확인해야 한다. 노인과 간병인들은 이들 기기 사용 지침에 유의하여 안전하고 효과적인 당뇨 조절을 해야 한다.

갑상선기능저하증은 노화에 따라 흔히 발생하는 또 다른 문제이다. 머리카락이 얇아지고 관절통, 변비 및 활기 부족 등의 증상이 나타난다. 많은 사람들은 이들 증상이 일반적인 노화 증상이므로 의학적 사정 및 혈액 검사를 받을 필요가 없다고 보고 있다. 그러나 Solomon(1990)에 따르면 "노인은 장애가 자주 나타나며, 임상적으로 진단하기 어렵고, 의사가 신속하게 혈액 검사를 지시해야 하는 실험 데이터를 기준으로 하면 매우 쉽다"라고 한다.

(3) 적절한 진료의뢰

내분비 문제를 나타내는 증상을 정확히 규정하기는 어렵다. 노인의 정상적 활동이나 신체적 변화는 모두 의료 제공자에게 보고하여 적절한 사정 및 시험을 하도록 해야 한다. 당뇨병이 있는 노인은 진단 결과가 새롭고 병의 진행이나 투약 섭생법에 대한 지식이 거의 없는 경우 간호사의 도움이 필요하다. 영양사는 노인이 현재의 식이를 사정하고 당뇨병의 생활양식에 맞는 치료 식이를 개발하는데 있어 큰 도움이 된다. 당뇨성 망막병증이나 신경병증이 있는 노인의 경우 시력 저하, 감각 저하 또는 사지 통증으로 일상생활에 문제가 생길 수 있으므로 작업 치료사가 도와주어야 한다. 투약 비용 부담, 새로운 진단에 대한 심리적 영향, 또는 지역사회 자원 접근 필요성으로 인해 의료 사회 복지사에 위탁해야 한다. 일부 당뇨병 환자들은 인슐린을 끌어올리고 식사를 준비하고 때로는 개인을 간호하는데 도움이 필요하다. 사지 감각 저하 가능성에 따라 필요한 경우 위생상의 도움을 받아 발을 청결하고 건조하게 유지하고 맞는 신발을 신도록 하고 정기적으로 발과 발가락을 관찰하여 상처나 감염이 생기지 않도록 해야 한다.

13) 근골격계

골격과 뼈에 붙은 근육을 통해 움직일 수 있는 근골격계는 인체의 토대가 된다. 뼈 사이에 형성된 관절은 노인의 활동 저하 및 많은 만성 질환에 따라 영향을 받는다.

(1) 노화에 따른 일반적 변화

신체의 다른 부분과 마찬가지로 노화에 따라 뼈와 근육의 질량이 감소되고 기능이 감소한다. 노화에 따라 근육 세포 수가 줄어들고 근육을 담당하는 혈관 수도 감소하므로 세포에서의 산소 및 노폐물 교환이 제한된다. 그 결과 근육 효율성이 감소한다. 근육은 자극에 더 느리게 반응하며 더 빨리 지친다.

골 밀도와 광물 손실로 뼈가 더 약해진다. 관절의 연골처럼 뼈의 표면과 끝부분이 악화되어 운동 범위가 감소한다(Eliopoulos, 1993). 척추에 압박을 받아서 키가 줄거나 척추가 굽는다. 뼈가 압박을 받고 더 약해짐에 따라 척추 압박골절이 발생할 것이다.

많은 노인들은 약해지고 지구력이 떨어지는 것을 노화에 따른 징후로 간주하지만, 노인의 생활양식 및 의학적 상태 변화가 일반적인 노화보다 더 큰 영향을 미칠 것이다. 활력을 유지하는 노인들은 앉아있는 생활을 주로 하는 경우 보다 근육량, 체력 및 지구력 손실이 줄 것이다. "사용하지 않으면 없어진다."라는 말은 모두에게 특히 노인에게 중요한 개념이다(Bahr, 1989; Kain et al., 1990)

(2) 가정 사정

모든 관절의 운동 범위를 사정한다. 노인이 방문 시 움직이는 방식을 관찰한다. 부드럽게 움직이고 유체 위치를 바꾸는가, 아니면 활동이 뻣뻣하거나 통증을 느끼거나 힘든 것처럼 보이는가? 관절이 충분히 확장되는가, 아니면 약간 경축되기 시작했는가? 이용자가 떨림이나 근경련을 경험했는가? 여기에 어떻게 대처했는가? 위의 문제가 이용자의 일상생활에 어떻게 영향을 미쳤는가? 이들 문제를 어떻게 보정했는가?

현재 활동 레벨과 최근 몇 년간의 변화에 관련된 질문으로 사정받는 사람의 일반 표준을 판별한다. 젊었을 때의 활동을 확인하여 현재의 체력과 지구력에 대한 중요한 정보를 제공하고 다른 질문을 이끌어낸다. 예를 들어, 젊었을 때 활동적으로 일했던 사람이 현재 주로 앉아서 생활하는 경우, 활동을 줄이기로 했는지 또는 체력과 지구력을 줄이는 일이 발생했는지(예 : 부상 또는 질병) 여부를 물어보아야 한다. 이용자가 식료품을 들고, 바닥을 닦고 욕조를 청소하고 버스 정류장에 걸어갈 수 있는가? 이러한 질문 유형은 심리 사회적 정보를 얻기 위한 것이 아니라 근골격계 문제를 찾아내기 위한 것이다.

"체력과 지구력에 문제가 있습니까?"와 같은 질문으로는 보통 유용한 정보를 얻을 수 없다. 일상적인 활동을 활용하여 이 계통의 결함을 사정하는 것이 더 유용하다. 이용자가 관절에 계속적으로 혹은 활동 시 통증을 느끼는지 여부를 질문한다. 경련이나 강직이 나타나는가, 그렇다면 어디에 언제 나타나는가? 체력 및 지구력 손실이 창피하여 정확히 대답하지 않을 수도 있으므로 최대한 직접 관찰하도록 한다(2, 3 및 4장에서 기타 정보 확인).

질량, 압통 또는 근육 마디를 촉진한다. 근육의 강도를 시험하고 보행 시 보행 패턴과 양쪽의 차이를 관찰한다.

(3) 가장 흔하게 볼 수 있는 문제

관절염, 골다공증 및 골절은 노인에게서 가장 흔하게 나타나는 문제이다. 뼈가 약해지거나 사고가 나는 경우 골절이 발생하며 넘어져서 생기는 경우가 많다(2장 참조). 노인에게서 관절 이식을 볼 수 있으며 이는 이식이 필요한 만성 질환의 경우 복잡해진다. 노인에게는 노인성 근 수척도 흔하게 나타난다. 이는 머리와 목이 앞으로 휘어져 있고 척추가 밖으로 굽어 있으며 관절을 구부린 노인의 자세를 나타낸다(Bahr, 1989).

여성 노인에게 더 많이 나타나는 골다공증은 뼈의 탈회를 말한다. 원인은 비활동, 쿠싱증후군, 에스트로겐과 안드로겐 감소, 게실염, 갑상샘과다증, 영양 부족, 헤파린 장기간 사용 및 당뇨 등이 있다. 이에 따라 통증, 병적 골절, 척추후만증 및 신장 감소 등이 나타난다(Bahr, 1989; Eliopoulos, 1993).

골관절염은 주로 노인에게 나타나는 비염증성 퇴행성 관절 질환이다. 류머티스 관절염은 후반부에 해당 관절의 변형을 일으키는 염증성 퇴행성 관절 질환이다. 둘 다 노인의 통증과 기능 감소를 통해 진단한다.

노인의 재활은 여러 가지 상황에서 중요하다. 일부 만성 질환은 활동을 거의 할 수 없이 숨이 가쁘고 통증을 수반하므로 재활 과정이 불가능하다(Resnick, 1991). 실재 재활 그룹이나 프로그램은 환자가 매일 지속되는 프로그램을 견딜 수 있어야 한다. 이 단계에 참가할 수 없는 노인의 경우 가정 재활을 통해 상태를 어느 정도 개선하고 가족과 간병인이 가장 안전하고 편리하게 도움을 주는 방법을 교육할 수 있다.

미국인은 남녀노소에 관계없이 운동 부족이 문제가 된다. 이는 근골격 등 인체의 여러 계통에 영향을 미친다. Whitehouse(1992)는 다음과 같이 말했다.

> 환자에게 "더 나은 기분을 느끼고, 더 나은 모습이 되며, 더 잘 기능하고, 체중을 조절하는데 도움이 되며 주기적 배변을 도와주고, 우울증을 줄이며 혈압을 낮추는 좋은 방법이 있습니다... 해보시겠습니까?"라고 물으면 그들은 "비용이 얼마나 드나요?"하고 묻는다. "전혀 들지 않습니다."라고 대답하면 환자들은 이것이 운동 프로그램의 이점이 맞는지 의심하게 마련이다(Whitehouse, 1992, p.S15).

노인이 활동 증가 프로그램을 시작하면 도움이 된다. 의료 전문가가 상담하여 현재의 신체 조건과 기본적인 급성이나 만성 질환 진행과정을 고려하여 노인과 생활양식에 도움이 될 프로그램을 설계하도록 해야 한다. 또한 활동을 늘려 체력, 지구력 및 건강을 증진시키는 방법 및 시기를 조언한다.

(4) 적절한 진료의뢰

근골격계 문제는 여러 가지 진료의뢰를 거쳐야 하는 경우가 종종 있다. 의사와 상담하여 진단 및 치료에 대한 지시를 받아야 한다. 근골격계 문제에 따른 프로그램을 구성하여 노인이 장애를 보정하고 체력과 지구력을 높이고 일상생활의 활동을 촉진하도록 하는데 물리치료사 및 직업 치료사가 가장 유용하다. 이들 치료사는 간병인에게 이용자를 도와주는 안전하고 효율적인 방식을 교육하기도 한다. 간호사는 새로운 진단을 교육하거나, 가정에서의 생활양식과 필요에 따라 노인을 사정하거나, 필요에 맞는 계획을 확립하거나, 이용자나 간병인에게 새롭거나 변경된 투약에 대하여 교육할 것이다. 간호사는 치료사와 의사와 연계하여 동통을 조절하는데 도움이 되며 약사와도 상의한다.

14) 신경 및 감각계

신경계는 두뇌, 척수 및 신경 요소로 구성된다. 신경계는 내분비계와 함께 내부 및 환경 조건에 따른 생물의 반응과 조정에 상호 연관된다. 신경계의 변화나 감각기관 자체의 변화에 따라 느끼고, 보고, 듣고, 냄새를 맡고 맛을 보는 기능이 영향을 받는다.

(1) 노화에 따른 일반적 변화

신경세포는 재생되지 않으며 성인기에 신경세포가 점차 손실되지만, 인지 손상은 일반적인 노화에 포함되지 않는다(Bouvette-Risey, 1989). 병에 걸린 것이 아니라면 지적 기능은 손상되지 않아야 한다. “원래 노화에 따른 기능적인 감퇴와 상호 연관된 것으로 알고 있었던 두뇌 퇴화 및 심각한 신경세포 손상은 현재 주로 알츠하이머병 등의 질환에 따라 제한되는 것으로 보고 있다”(Timiras, 1990, p.461). 신경세포가 손상되면 시력, 청력, 미각, 후각, 촉각 및 진동 감각, 반사 신경(구토 반사 등)을 감소시키며 운동이 자꾸 느려진다. 최근의 기억은 영향을 받을 수 있지만, 장기 기억은 개선되는 것으로 나타났다. 전반적인 노화로 인해 걷기와 같은 신체의 총 운동량부터 신경전도 속도에 이르는 신경계 기능이 느려지며 감소한다(Bates, 1991; Bouvette-Risey, 1989; Seidel et al., 1991).

수정체의 탄력이 손실되고 두꺼워지며 황색이 되므로 시력이 떨어진다. 암순응이 감소하므로 노인은 밝은 조명, 야간 조명 등으로 보정해야 한다. 노인이 효과적으로 기능을 하려면 젊은 사람보다 3배가량 많은 빛이 필요하다(Pastalan, 1976). 명암 간에 적응이 느리므로 어두운 도로에서 앞 유리창을 보다가 갑자기 밝은 계기판을 응시하여 표시기를 읽어야 하는 야간 운전이 더 어려운 문제가 된다. 눈이 조명 차이에 적응하려면 더 시간이 걸리며 노인은 즉시 표시기를 읽을 수 없다(Bates, 1991; Blair, 1990; Bouvette-Risey, 1989).

미국퇴직자협회(AARP, American Association of Retired Persons) 는 55 Alive라는 명칭의 교실 연수 과정을 개발하였다. 이 8시간 과정은 기존 기술을 다듬고 안전하고 방어적인 운전 기법을 개발하도록 설계된 것이다. 이 과정은 보통 2일간의 반나절 교육으로 구성된 형식으로 예방책을 가르친다.

중이(middle ear) 고막이 얇아지고, 이소골의 석회화가 나타나 청력이 감퇴한다. 내이 유체 감소도 노인의 균형 감각에 영향을 미친다. 고주파 음이 먼저 손실된다. 고주파 음에 대한 감도가 떨어짐에 따라 노인은 저주파 음만 듣게 되므로 말을 제대로 듣지 못해 사실상 일부 단어만 듣게 된다(Bates, 1991; Blair, 1990; Seidel et al., 1991).

노화에 따라 수면 패턴이 변화한다. 노인들은 밤에 더 자주 깨지만 매일 밤 총 수면량은 변하지 않는다(Bouvette-Risey, 1989). 일반 노화과정의 일부로 후각 및 미각 감소도 기록되어 있지만, Bates (1991)는 미각 및 타액 분비 감소는 노화보다는 질병 및 투약에 더 밀접한 관련이 있다고 밝혔다.

(2) 가정 사정

질병과 일반 노화의 효과를 비교하는 문헌의 대부분에서는 다른 계통의 사정보다 신경계 사정에 있어 노화와 질병 간 구분하는 것이 훨씬 어렵다고 기록하고 있다. 노인, 간병인 및 노인 환자 담당 전문가들에게는 임상적 문제나 질환을 나타내는 노화에 따른 일반적 변화 및 종합적 증상을 이해하는 것이 중요하다.

이 계통의 가정 사정은 사람의 모습과 움직임을 관찰함으로써 시작한다. 보행과 운동의 원활함 및 쉽게 앉고 설 수 있는지에 대해 살펴본다. 떨림이나 힘의 비대칭적 차이, 혹은 반사를 관찰한다.

동공 수축을 통해 빛에 적응하는 속도를 점검한다. 두 눈의 반응이 같아야 하지만 젊은이보다 느릴 것이다. 하지의 체력을 시험한다. 악수할 때 똑같은 강한 힘을 주어야 한다. 좌우 양측에서 감각을 느껴야 한다. 온도 감각이나 촉각 변화는 "오른쪽 손가락의 감각이 없고 환자에 따르면 미세한 움직임이 어려워 바느질을 할 수 없다."라거나 "양쪽 발이 차갑고 청색을 띠며 발의 맥이 없고 환자가 발목이 무감각하며 체중을 견디고 걸을 수 있다고 말한다."와 같이 기록한다. 가장 최근의 시력 및 청력 검사에 대하여 질문한다. 노인이 처방에 따라 안경이나 보청기를 사용하는 경우 이를 착용하고 있으며 효과가 있는가? 어떤 증상이 발견된 경우 일상생활에 어떤 영향을 미치며, 이 문제에 어떻게 대응했는지 질문한다. 청력이 손상된 경우, 참조 10의 제안을 활용하여 가장 효과적인 대화를 촉진한다. 음성 증폭기기는 저렴하며 정기적으로 가정을 방문하는 의료 제공자가 쉽게 가져올 수 있다.

말의 패턴을 들어본다. 음성이 강하고 단어를 명료하게 발음하는가? 검진 시 명령을 이해하는 것처럼 보이는가?

참조 13 청력 손상으로 제한된 활동 중재

- 먼저 말할 때 집중시킨다. 필요에 따라 앞에 서거나 앉아서 얼굴을 보고 입술을 읽어낼 수 있도록 한다.
- 최대한 집중하고 따뜻함과 배려를 느낄 수 있도록 접촉한다.
- 말할 때 얼굴을 가리지 않는다. 머리카락으로 인해 입술을 읽어내기가 어려워질 수 있음을 알아두어야 한다.
- 라디오, TV 또는 기타 주의가 산만해지는 배경 소음 요소를 줄이거나 끈다.
- 구두 메시지를 표현하는 몸짓이나 물체를 사용한다.
- 짧은 문장을 사용한다. 문장이 길어질수록 메시지가 더 자세해지며 무엇을 말하는지 정확히 이해하기가 더 어려워진다.
- 가장 잘 들을 수 있는 위치에서 귀로 들을 수 있도록 얘기해본다. 의심스러우면 질문해본다.
- 부담 없이 펜과 종이를 사용하여 쓰면서 대화해본다.

명확하게 적정 속도로 말하고 음조를 유지하면서 청력 가능성과 인지 문제를 구분해본다. 상황이 실망스러우면 음조가 높아지며 빠르게 말하는 경향이 있다. 노인이 이해하는데 어려움이 있으면 이러한 대화 부분에 중점을 두어 청력 장애로 인한 문제가 아님을 확인한다. 큰 소리는 대화에 도움이 되지 않는다. 느리고 명확하며 낮은 음조의 말이 가장 효과적이다.

감각이 떨어지면 불안이나 통증을 느끼지 못하므로 상처가 날 수 있다. 상처는 감염될 수 있으므로 특히 환자가 유연하지 못하여 발과 발가락 밑 부분을 확인할 수 없는 경우 발을 점검해보는 것이 중요하다. 대부분의 시간을 앉아 있거나 침대에 누워 있는 노인의 둔부에 발적이 생기거나 상처가 없는지 점검해야 한다.

가정 사정에서 인지 및 정신 사정도 실시한다. 정신 작용, 기억 장애, 행동 변화, 의식 상실, 졸음 증가 또는 기면 변화에 대하여 질문해야 한다. 가족이나 간병인이 있는 경우, 이러한 유형의 정보를 확인하거나 알려줄 수 있다. 때로는 간병인이 특히 안전 문제에 관련된 노인의 기억력 상실 증가에 대하여 우려할 것이다(예를 들어, "아버님을 뵈러 갔더니 스토브가 켜져 있는데 버너에 아무것도 없었습니다. 사고가 날 까봐 걱정 됩니다.").

(3) 가장 흔하게 볼 수 있는 문제

Bouvette-Risey(1989)는 신경 질환이 노년기 기능 장애의 주요인이라고 말했다. 노인의 가장 두드러진 감각 손실로 청력 및 시력 감소가 있다. 노화에 따라 모든 감각이 떨어지지만, 일반적으로 노인은 손실이나 결함에 적응하며 다른 사람들은 쉽게 알 수 없다. 청력 및 시력 손실이나 감소로 인해 우울증, 당혹스러움, 때로는 흥분, 노여움 및 사회적 고립을 가져오기도 한다. 일반적인 대화를 구분하기 어려운 경우 일부 노인들은 사회화를 피하기도 한다. 노인이 지침이나 대화를 들을 수 없거나 혹은, 특정한 색을 구분하거나 읽을 수 없으므로 실제 대화의 부족이 문제가 되는 경우 친구, 가족 및 간병인은 노인이 비협조적이라고 느끼기도 한다. 일부 임상적 이유는 해결할 수 있으므로 일반적 손실과 임상 문제 간 구분하는 것이 중요하다. 예를 들어, 귀지를 파면 청력이 개선되고 수술을 통해 백내장을 제거하여 시력을 개선할 수 있다.

노인이 미각과 후각 상실로 연기나 탄 음식 또는 가스 누출을 감지할 수 없는 경우 문제 및 위험 가능성이 있다(Blair, 1990). 미각 손상은 영양에도 영향을 미칠 수 있다. 단맛과 짠맛이 먼저 줄어든다. 구토 반사 감소로 인한 문제 가능성과 맛이 다른 음식으로 인해 어떤 노인들은 먹는 것에 대한 관심을 잃을 수도 있다.

중풍이나 뇌졸중은 전 세계에서 가장 흔하게 발생하는 심각한 신경 문제이다. 이는 북미 지역에서 세 번째 사망 원인이며 주요 장애 원인으로 나타나고 있다. 뇌일혈은 두뇌의 특정 부분 내에서 혈액 흐름이 손상됨에 따른 감각, 인지, 대화 또는 운동 장애이다(Bouvette-Risey, 1989). 중풍의 장애 범위는 장애가 전혀 없이 완전히 회복되는 경우부터 사망에 이르기까지 다양하다. 정신 상태 변화, 마비 또는 실어증 가능성도 있다. 중풍은 즉시 회복되거나 거의 정상 수준으로 돌아오기까지는 2년이 걸릴 수 있다.

노인에게 2번째로 많이 나타나는 신경계 문제인 파킨슨씨병은 진행성 퇴행성 질환으로 휴식성 진전, 근긴장 경직, 느린 움직임 및 균형이나 걷기 어려움(빠르고 짧은 걸음) 등이 그 증상이다.

발한 및 타액 생성도 증가할 것이다. 파킨슨씨 증후군은 투약, 뇌의 외상 및 일산화탄소나 망간 중독으로 인해 발생할 수도 있다(Bates, 1991; Bouvette-Risey, 1989; Seidel et al, 1991).

알츠하이머병은 기억 상실에서 시작하여 정신이 심하게 분열되어 완전히 혼미해지는 것이다(Seidel et al., 1991). 65세 이상 노인의 5% 및 85세 이상 노인의 20%가 이 질환에 시달리고 있다(Bates, 1991).

이들 신경 문제에 관련하여 가장 어려운 문제는 이 질환을 겪는 노인들이 개인 의료나 일상생활에 도움을 필요로 한다는 점이다. 이 의료는 보호로 간주되며 보험 프로그램의 적용을 받지 못하는 경우가 많다. 일단 급성 질환 과정이 안정되고 환자나 간병인이 어떤 일이 일어났는지, 앞으로 무엇을 예측되는지 이해하게 되면, 가족 및 친구가 간호를 맡게 되는 경우가 많다. 이 중 일부 문제는 수년간 간호할 수 도 있고, 필요한 보조 간호에 대한 지원금이 거의 없다.

(4) 적절한 진료의뢰

신경 상태의 변화를 의사에게 보고하여 사정을 받아야 한다. 처방된 약물 섭생법 이외에 처방전 없이 살 수 있는 약도 복용하는 경우 신경계에 영향을 미치므로, 의사, 간호사 또는 약사와 상담해야 한다. 우울증이나 인격 이상의 경우에도 보건 전문가와 상의하여 충분히 사정받아야 한다.

노인의 사회화 패턴이 변화되는 문제가 있는 경우(예 : 여성 노인이 교회에 더 이상 다니지 않고 친구를 자주 만나지 않고, 꼭 필요한 경우에만 장을 보는 경우), 간호사나 사례관리자의 사정을 통해 임상 치료가 필요한 신경이나 인지상의 문제를 찾아낸다. 확인된 문제를 개선할 수 없는 경우, 사례관리자, 간호사 또는 치료사가 노인이 상황에 적응하고 문제를 받아들여 기능을 최대화할 수 있도록 도와주어야 한다. 미각과 후각이 떨어져 이용자의 식욕이 없어지고 신체 상태가 악화되는 경우, 영양사에게 의뢰해야 한다. 균형 잡힌 식사를 계획하고 온도, 촉감 및 음식을 다양화하고 여러 향신료를 사용하여 입맛에 맞도록 제안할 수 있다.

장기나 진행성 신경 문제는 재정적 타격이 크므로 사례관리자를 통해 지역사회에서 사용할 수 있는 것을 알아보고 이들 서비스를 사용할 수 있도록 도움을 받는다. 이러한 유형의 장애로 인한 우울증도 의료 사례관리자에게 위탁한다.

15) 소화기

소화기는 입, 식도, 위장, 대장 및 소장, 결장, 직장, 간 및 쓸개로 구성되어 있다. 음식 소화, 영양분, 전해질 및 물 흡수, 노폐물 제거 등의 기능을 한다. 간은 혈액을 저장 및 여과하고 담즙 및 기타 물질을 분비하며 당을 글리코겐으로 전환한다. 쓸개는 소화 및 흡수의 역할을 하는 담즙을 저장한다.

(1) 노화에 따른 일반적인 변화

노화에 따라 소화기에서는 많은 변화가 일어난다. 치아가 더 약해지고 잇몸이 수축된다. 미각이 떨어지며 이는 일반적인 노화보다는 질병 및 약물로 인한 요인이 더 크다(Bates, 1991). 타액 생산 감소로 입이 건조해진다. 소화 과정이 느려지며 소화 및 영양분 흡수 효율성이 떨어진다. 췌장에서도 소화 효소의 생성이 줄어든다. 효소의 감소와 함께 타액 및 위산 분비가 줄어들어 소화기 효율성이 떨어질 뿐 아니라 특정 음식을 못 섭취하기도 한다.

(2) 가정 사정

복부 통증이나 불쾌감과 함께 창백해지는 것은 소화기 출혈과 관련될 수 있으므로 안색을 사정한다. 약하고 피로하고 여위는 등 영양실조 징후를 감지해야 한다. 가난한 노인은 전분 음식으로 생활하므로 비만 또한 영양실조를 나타낼 수 있다. 음식 및 수분 섭취에 관련된 질문도 해야 한다. 식이요법 일지로 충분한 정보를 얻을 수 있다. 여기에는 오늘과 어제 어떤 음식을 먹었으며 기억할 수 있다면 정확히 양이 어떻게 되는지 기록한다.

치아와 잇몸의 통증이나 문제에 대한 질문도 필요하다. 치과 치료에 대하여 질문한다. 이용자가 언제 마지막으로 치과에 갔었는가? 편하게 맞는가? 이용자가 의치를 하고 있는가? 음식 맛이 어떤지 그리고 이용자가 삼키기 힘들거나 소화가 잘 되지 않는 음식이 있는지 여부를 질문함으로써 소화기의 문제를 알 수 있다. 소화불량이 문제가 되는 경우, 이용자는 어떻게 하는가? 효과가 있는가? 호흡 시 냄새가 난다면 위생에 문제가 있거나 구강, 폐 또는 식도 감염 가능성을 생각해볼 수 있다.

이용자가 삼키기 힘들거나 숨이 막힌 경험이 있는지 물어본다. 식사 후 구역질이나 트림을 하는가? 배출에 관련된 패턴을 이끌어내고 설사, 변비 또는 내부나 직장 출혈(예 : 흑변 또는 혈변) 징후 등의 증상이 있는지 여부를 질문한다.

이용자가 치질이 있는가?

구강 위생을 고려하여 입, 목, 치아 및 잇몸에 병소나 감염 징후가 있는지 확인한다. 위생적이지 않거나 탈수 시에 혀에 막이 덮일 수 있다. 점막은 촉촉하며 분홍색이어야 한다.

복부에 덩어리가 집히는지 촉진하고 창자를 청진한다. 창자에서 소리가 나야 한다. 일반적으로 가정에서는 직장 검진을 하지 않지만 변의 샘플을 얻어 실험실에서 확인하거나 혈변인지 점검하기도 한다.

(3) 가장 흔하게 볼 수 있는 문제

보통 구토 반사가 약화되고 음식이 식도에 오래 머물러 있는 경우에 흡인이 나타난다. 소화 효율성 감소로 인한 소화 불량, 대장의 연동운동 감소로 인한 변비, 고창, 트림 및 구역질, 체중 증가 또는 감소, 식욕 부진 및 일반적인 위장 불쾌감 등의 기타 애매한 증세도 일반적인 문제가 된다. 노인과 간병인은 이러한 문제가 거슬리며 완전히 해결하기 어렵고 증상이 간헐적인 경우가 많음을 알고 있다.

(4) 적절한 진료의뢰

탈수 증상, 이유 없는 체중 증가 또는 감소, 상처나 병소, 삼키기가 곤란하거나 숨막힘이 나타나면 의사에게 보고하여 사정을 받아야 한다. 간호사는 문제 사정에 도움을 주어 의사와 상담한다. 일반적인 노화 징후와 임상 문제를 구분하는데 도움이 될 수 있으며 노인과 간병인, 의사에게 보고해야 하는 중요한 징후나 증상을 교육할 수 있다.

노인이 삼키기 곤란하거나 숨막힘을 경험한 경우 언어 치료사에게 위탁한다. 치료사는 상황을 사정하고 의사와 상담하고 때로는 노인과 협력하여 문제를 개선하고 안전성과 편안함을 높일 것이다.

16) 면역계

면역계와 노화의 효과에 대한 재미있는 논란이 있다. Olmsted와 Burggraf(1989)는 "노화에 따라 면역계에서 나타나는 변화는 광범위하며 예측할 수 있으므로, 면역결핍 상태로 지칭한다"고 말했다. Fretwell(1993)은 다음과 같이 말했다.

노화 이외에 많은 외부적, 개별적 요소가 영향을 미치므로 노화가 면역과 수요 방어 기능에 미치는 영향을 알아내기란 어렵다. 영양, 환경오염, 주요 질환, 내분비 및 신경 화학계에 미치는 영향, 및 화학물질은 모두 주요 방어 기능에 영향을 미치므로 노화의 역할을 구분하기 어렵다(Fretwell, 1993, p.133).

Burnside(1988)는 슬픔도 면역계에 영향을 미친다고 말했다. 원인에 관계없이 노화에 따라 혈액 및 림프조직 세포에 변화가 나타나 감염 위험이 높아진다.

(1) 노화에 따른 일반적인 변화

면역계는 실제로 미생물 병원체와 싸우는 세포 유형으로 구성되어 있다. 혈액 및 림프조직에서 볼 수 있는 B림프구, T림프구, 단구 및 다형핵 림프구(PMN)가 그 예이다.

노화에 따라 흉선이 뒤얽히게 된다. 50세 이전에 흉선 질량의 5～10%가 남게 된다. Hirsch와 Weksler(1990)에 따르면 "30세까지 흉선 호르몬의 혈청 활동이 유지된 후, 감소하여 60세가 되면 감지할 수 없게 된다." 흉선 호르몬에 따라 T림프구로 유입되는 골수 림프구가 달라진다. 노화에 따라 T세포의 수는 그대로 유지되지만 미성숙 세포가 많아져 억제 세포를 지지하는 도움 세포의 비율이 증가한다고 Fretwell(1993)은 말했다. 도움 세포와 억제 세포 간 균형을 이루어야 최대의 효과를 발휘할 수 있다. 노화에 따른 변화로 외부 항원에의 반응이 감소하며 면역계 내 자가 항체의 수가 증가한다(Hirsch & Weksler, 1990; Malasanos, Barkauskas, & Stoltenberg-Allen, 1990).

감염 및 부상의 초기 반응인 염증 과정에는 림프구가 동원되어 박테리아를 죽인다. 노화에 따라 림프구의 효과가 약화된다(Eliopoulos, 1993; Hirsch & Weksler, 1990). 백신에의 반응은 줄어들지만, 폐렴, 감기 및 파상풍 예방접종을 권고한다(Eliopoulos, 1993; Malasanos et al., 1990).

면역계가 대응하지 못하여 암이 발생할 수 있다. 인체 면역계로 퇴치하지 못한 암세포가 인체에 침입하여 전이되어 건강한 정상 세포와 인체 자원을 두고 경쟁한다. 종양이 실제로 건강한 세포와 인체 공간을 차지하기 위해 경쟁한다. 공간과 영양이 감소함에 따라 암이 인체를 점령하고 건강한 세포가 죽는다.

노인에게 영향을 미치는 또 다른 면역 문제로 AIDS가 있다. 보건 전문가는 노인이 실제로 HIV/AIDS 위험이 있음을 인식해야 한다. 전국적으로 보고된 AIDS 사례 중 50세 이상이 항상 10% 이상을 차지하고 있다(New York University, 1994; Riley, Ory, & Zablotsky, 1989). 1994년 중반에는 36,000건 이상의 AIDS 사례가 50세 이상 환자로 보고되었다(Centers for Disease Control and Prevention, 1994). Carnevali와 Patrick(1993)에 따르면 동성애자 및 양성애자가 50세 이상 AIDS 사례의 66.8%를 차지하고, 수혈은 17.3%, 이성 간 전염은 4.6%를 차지한다고 한다(1988년 데이터). 노인의 경우 면역계의 감염 방지 기능이 떨어지므로, HIV 전염이 증가하며 이 바이러스가 빠르게 퍼진다(Carnevali & Patrick, 1993).

노인은 HIV 질환에 관련된 특정한 문제와 위험에 부딪히게 된다. 노인의 면역계가 이미 손상되어 있으면 HIV 전염 효과가 커진다(Catania, Turner, Kegeles, Stall, Pollack, & Coates, 1989). 따라서 이 그룹의 경우 평균 잠복기가 짧아진다(Medley, Anderson, Cox, & Billard, 1987). 두 번째 중요한 요소는 나이가 들수록 HIV 관련 지식이 적고 HIV 질환에 대한 잘못된 인식을 갖는 확률이 높다는 점이다(LeBlanc, 1993). 셋째, HIV 감염은 심리사회적 지원에 있어 노인에게 미치는 영향이 다르다. 노인은 친구 및 가족 관계가 소원해지며(Bressler, 1989) 보건 전문가에게 부끄럽고 당혹스러운 기분을 논의하기 어려워하며(Scura & Whipple, 1989) 젊은이에 비해서 감정적으로 지원해주는 서비스를 활용하기 어렵다(Emlet, 1993).

노인의 AIDS 치료가 젊은 사람의 경우와 다를 바 없지만, 노화에 따라 신체적, 심리사회적 및 심리적 요소로 인해 복잡해질 가능성이 있나. AIDS나 HIV 감염으로 진단받은 노인의 수가 증가하는 것 이외에 AIDS로 진단받았으며 다른 간병인이 없는 가족을 위해 간병하는 노인의 수도 증가하고 있다. 물리적, 재정적 자원이 부족한 경우 부모가 성인이 된 자식이나 손주를 돌본다. 자식(나이에 관계없음)이 죽어가거나 자식의 대안적 생활양식을 알고 놀라며 이후 자식의 말기 간호를 하는 등 부담을 늘리는 감정상의 문제도 있다.

(2) 가정 사정

면역계는 실험실 검사를 통해서만 사정 및 측정할 수 있다. 노인은 젊은이와 같은 반응이나 증세를 보이지 않으므로, 노인의 변화를 사정하는 것이 시급하다. 예를 들어, 젊은이가 폐렴에 걸린 경우 기침이 심하고 오한을 느끼기도 하지만, 노인은 증상이 없이 혼수상태만 겪을 수도 있다. 노인이 감염된 경우 고열이나 통증 등의 증상이 없거나 감소할 것이다(Eliopoulos, 1993; Malasanos et al., 1990; Olmsted & Burggraf, 1989).

암의 7가지 경고 징후는 다음과 같다.

① 배변 또는 배뇨 습관 변화

② 상처가 낫지 않음

③ 출혈 또는 분비 이상

④ 가슴 등의 비대 또는 소회

⑤ 소화불량 또는 삼키기 곤란

⑥ 사마귀나 모반의 뚜렷한 변화

⑦ 기침이 지속되거나 목이 쉼

가정 사정에는 위의 신체적 징후, 고열 및 염증 부뮤 확인 및 심리 사회적 사정도 포함되는데 능률 및 기타 조건에 따라 노인이 더 쉽게 감염되기 때문이다.

(3) 가장 흔하게 볼 수 있는 문제

요로 감염 및 폐렴 등 기타 계통의 사정에 대하여 논의된 감염 이외에 T세포 변화로 때로는 이전 감염의 재활성화가 일어나기도 하므로, 노인의 경우 대상 포진 및 인형 결핵균 감염이 증가한다(Eliopoulos, 1993). 노인의 감염에 관련된 가장 큰 문제는 감기로 인한 균혈증이나 폐렴 등의 합병증 가능성이다.

안타깝게도 심내막염, 뇌막염 등의 많은 감염과 암은 불쾌감, 아픔과 통증, 미열 또는 정신 상태 변화 가능성 등 애매한 증상으로 시작한다. 이들 증상의 대부분은 노화에 따라 일반적으로 나타나거나 관절염 등 노인들이 흔히 겪는 많은 만성 질환의 증상과 유사하다. 감염과 암으로 인해 죽을 수 있으므로, 노인이 정상 상태에서 변화한 경우 임상 검진을 해야 하며 단순히 특정 증상으로 간주해서는 안 된다.

(4) 적절한 진료의뢰

암에서 결핵, AIDS에 이르는 면역계 문제 또는 폐렴 등(비교적) 간단한 문제도 사례관리자의 지원과 기술 자원을 요구하는 경우가 많다. 일반적으로 이러한 문제에 직면한 노인은 개인 의료, 가사 및 쇼핑 지원은 물론 상담 및 재정적 문제 등 지역사회기관의 도움을 필요로 한다.

사례관리자는 복합적인 문제를 사정하고 노인을 직접 지원하거나 적절한 지역사회 자원을 연계한다.

물리치료사 및 직업 치료사는 노인이 체력과 운동성을 회복하거나 일상생활의 대안적인 방법에서 보조 기기 사용에 이르기 까지 독립성을 최대화할 수 있는 새로운 기술을 배우도록 지원하고 의료 제공자에게 노인을 돕는 안전하고 적절한 방법을 교육해야 한다.

(5) 실행 계획

가정환경에서의 노인 사정은 Meals on Wheels 자원봉사자의 사정처럼 간단하다. 그는 Chin여사가 "평소와 달라"보인다고 사정했으며 간호 사정 결과 혈압이 구체적으로 210/102로 나타났다. 이 수치는 평소보다 높은 것으로 왼쪽이 약해져 있으며 입 왼쪽이 약간 처져 있다. 광범위하게 질문하자 Chin여사는 자원봉사자에게 1주일동안 가족이 찾아오지 않았다고 말했다. 그녀는 증상을 감지했지만 겁이 났으며 가족에게 걱정을 끼치고 싶지 않았다. 아직 일상생활을 할 수 있으며 증상이 없어지길 바라고 있었다.

간단한 사정부터 복잡한 사정에 이르기까지 실행될 때만 가치가 있다. 직선적으로 들릴지 모르지만 누군가의 가정에서 얻은 정보를 실행하는 것은 사정자의 독립적 실행을 말한다. 이용자와 실제 상황에서의 실행을 기록한다. 이용자가 너무 아프거나 혹은 의식이 없거나 의존적인 노인을 무시하거나 학대한 것으로 의심되어 119을 불러야 하는 긴급 상황이 아니라면, Adult Protective Services에 통보해야 하며 사정자는 이용자와 함께 증상을 논의하여 실행 계획을 세워야 한다.

예를 들어, Meals on Wheels 자원봉사자는 "Chin여사님, 오늘은 달라 보이는데 괜찮으세요?"라고 말할 것이다. Chin여사는 "괜찮아요,"라고만 대답할 것이다. 자원봉사자는 더 구체적으로 "오늘 달라 보이세요. 발음이 분명치가 않아요. 걱정이 되는데 의사나 딸에게라도 전화해보세요. 오기 전에 같이 있어드릴까요?"라고 말한다. 이때는 제안을 하여 Chin여사가 적절한 결정을 내리도록 유도하고 도와주는 것이 가장 좋다. 기운이 있고 이상이 없다고 생각하며 동요하지 않는 Chin여사는 이 상황에서 어떻게 해야 하는지 결정할 권리가 있다. 이때 의사나 딸에게 전화하지 않겠다고 하면 그대로 따라야 한다. 자원봉사자는 이 정보를 감독관에게 보고하거나 Chin여사가 노인용 주택에 사는 경우 관리자에게 보고한다. 자원봉사자는 공중위생 간호사에게 전화하여 문제를 보고하여 당일 중으로 Chin여사를 점검할 수 있도록 하기도 한다.

의사의 지시 하에 가정방문 간호사가 Chin여사를 방문하면, 간호사는 즉시 Chin여사의 건강상 변화를 의사에게 알리고 세부적인 사정 보고서를 제공한다. 가정 보건 기관 직원은 엄격한 법과 표준에 따라 일하며, 다른 간병인과 다른 법적 의무가 있다. 이용자는 의료 계획 및 목적 설정에 참여하지만, 가정방문 간호사는(일부 Physician Review Organization 지침별로 결과를 4시간 내에) 적절하게 이용자의 상태에서 중요한 임상적 변화를 의사에게 알려야 한다. 사정 결과 문제나 사정자의 필요성이 나타나는 경우가 많다. 이용자와 이 문제를 논의할 때, 이것이 문제임에 동의하거나 반대할 것이다.

사 례

Carlsbad씨는 빈혈이 있고 기력이 없어서 지난 2주 동안 수요일 밤 친구들과 만나 카드놀이를 하지 못했다고 불평했다. 집에 있으면서 제대로 먹지 못했고 친구들과 매주 모이는데 참석하지 못해서 우울한 상태였다. 간호사는 실험 결과 및 의사의 진단 등 검진 결과를 그와 상의했다. 의사는 철분 보조제를 처방했지만 간호사는 Carlsbad의 식사와 비활동을 우려했으며 그에게 활동 증가 프로그램을 통해 지구력을 기르고 녹색 채소, 말린 과일 및 내장 등 철분이 풍부한 음식을 중심으로 건강한 영양식을 섭취하도록 했다. 안타깝게도 Carlsbad는 철분 보조제를 더 선호했으며 간호사의 식이 정보에는 관심이 없었다. 그는 요리하거나 식사를 가져오는 것을 싫어하고 주로 밤에 TV를 보며 먹을 수 있는 수프, 샌드위치, 콘플레이크 및 스낵류를 좋아했다.

사람들은 자신과 다른 사람들이 사정한대로 자신의 문제와 필요를 이해하고 받아들여야 하며 가장 중요한 것으로는 변화를 통해 문제를 해결하겠다는 동기 부여가 되어야 한다. Hillman(1986)은 다음과 같이 말했다.

> 가정 보건 간호사는 이용자가 확인된 문제 부분을 바꾸고 생활방식을 바꾸어 스스로 규정한 웰빙 수준을 높일 수 있는지에 대한 준비 레벨을 판별해야 한다. 간호사는 환자가 문제를 웰빙 인식 부재를 실제적인 위협으로 인식하지 않는 한, 행동을 바꾸지 않을 것이라고 말했다(Hillruan, 1986, p.167).

사정에 따라 실행 계획을 세운다. 이상이 없고 중심이 확고한 노인은 자신의 생활에 대한 책임이 명확하며 스스로 의사 결정을 한다. 보건 전문가의 기능은 정보 실행의 찬반 등 적절한 정보를 제공하고, 이용자가 자신의 웰빙 정의 내에서 생활에 대한 최적의 선택을 내리도록 하는 것이다. 의사가 지시한 치료 계획에 따라 수행하는 자격이 있는 가정 보건 간호사는 의사에게 보고할 의무가 있지만, 치료를 수용하거나 지침을 따르기로 선택하는 것은 이용자의 몫이다. Stulginsky(1993)는 위장관 출혈이 심한 여성 노인을 방문한 경험을 설명하였다. 간호사가 방문했을 때 그녀의 딸은 집에 없었으며(1시간 내에 돌아오겠다고 말함), 이층에서는 아이가 자고 있었다. 놀란 부모는 간호사가 구급차를 부르지 못하게 했는데 아이가 자고 있었기 때문이다. 이것이 간호사 사정의 명확한 예이다. 선택권을 제시하고 환자가 안전하고 적절한 결정을 내리도록 도와주는 것이다. 또한 가정환경에서 때로 부딪히게 되는 상황의 복합성과 환자의 협력 및 의지 없이는 전문가가 문제를 "고칠" 수 없음을 설명하였다.

결론

기본적인 것에서부터 복합적인 원칙에 의거한 사정으로 의사 결정에 도움이 될 수 있도록 노인과 적절하게 공유해야 하는 중요한 정보를 찾아낸다. 수집한 데이터는 노인의 생활을 유지하거나 개선하는데 사용되는 경우에만 가치가 있다.

신체의 다양한 계통과 그 정상 기능 및 노화 패턴에 대한 지식이 있어야 이상이 있는지 알 수 있다. 문제를 유도하는 적절한 질문과 인체 계통을 사정하는 방법을 인식함으로써 견습 간호사는 노인이 건강을 유지하고 신속하게 문제를 감지하는데 도움을 줄 수 있다. 각 부서 보건 전문가의 목표는 지역사회 거주 노인들이 가정에서 안전하고 편안하게 생활하도록 돕는 것이다. 신속한 중재로 문제를 최소화할 수 있으며, 노인이 선택한 생활양식을 유지하거나 개선할 수 있다.

참고문헌

American Association of Retired Persons.(1994). *Midlife and older women and* HIV/AIDS. Washington, DC: Author.

Bahr, R.(1989). Musculoskeletal system. In V. Burggraf and M. Stanley(Eds.), *Nursing the elderly, a care plan approach*(pp.150-181). Philadelphia: Lippincott.

Bates, B.(1991). *A guide to physical examination*(5th ed.). Philadelphia: Lippincott.

Blair, K.(1990). Aging: Physiological aspects and clinical implications. *Nurse Practitioner*, 15(2), 14-16, 18, 26-28.

Bouvette-Risey, J.(1989). Nervous system. In V. Burggraf and M. Stanley(Eds.), *Nursing the elderly, a care plan approach*(pp.313-355). Philadelphia: Lippincott.

Bresseler, J.(1989). HIV infected elders. *Generations*, 13, 45-47.

Burnside, I.(1988). Nursing and the aged: A self-care approach(3rd ed.). New York: McGraw-Hill.

Burnside, I.(1990). Reminiscence: An independent nursing intervention. *Issues in Mental Health Nursing*, 11(1), 33-48.

Carlsson M., Berg, S., & wenestam, C.G.(1991). The oldest old: Patterns of adjustment and dependence. *Scandinavian Journal of Caring Science*, 5(2), 93-100.

Carnevali, D., & Patrick, M.(1993). *Nursing management for the elderly*(3rd ed.). Philadelphia: Lippincott.

Carnevali, J.A., Turner, H., Kegeles, S.M., Stall, R., Pollack, L,, & Coates, T.J.(1989). Older Americans and AIDS: Transmission risks and primary prevention research needs. *Gerontologist*, 29, 373-381.

Centers for Disease Control and Prevention.(1994, August). *AIDS information: Cumulative cases*(document 320200). Atlanta: Author.

Couser, S., Moehrlin, B.A., Deitrich, C., & Hess, L.(1990). Expanding community health nursing roles to meet health care needs for frail elderly: An adult learning model. *Journal of Community Health Nursing*, 7(1), 3-13.

Dubin, S.(1992). The physiologic changes of aging. *Orthopaedic Nursing*, 11(3), 45-50.

Eliopoulos, C.(1993). *Gerontological nursing*(3rd ed.). Philadelphia: Lippincott.

Emlet: C.A.(1993). Service utilization among older people with AIDS: Implications for case management. *Journal of Case Management*, 2, 119-24.

Fretwell, M.(1993). Aging changes in structure and fuction. In D. Carnevali & m. Patrick(Eds.). *Nursing management for the elderly*(3rd ed., pp.113-140.) Philadelphia: Lippincott.

Hillman, S.M.(1986). Assessing the patient in the home environment. In S.Stuart-Siddall(Ed.), *Home health care nursing. administrative and clinical perspective*(pp. 163-177). Gaithersburg, MD: Aspen.

Hirsch, B.E. & Weksler, M.E.(1990). Normal changes in host defense. In W.B. Abrams & R. Berkow(Eds.), *The Merck manual of geriatrics*(pp.877-883). Rahway, NJ: Merck & Co., Inc.

Jackle, M.(1989). Genitourinary system. In V. Burggraf and M. Stanley(Eds.), *Nursing the elderly, a care plan approach*(pp.289-312). Philadelphia: Lippincott.

Kain, C.D., Reilly, N., & Schultz, E.D.(1990). The older adult, a comparative assessment. *Nursing Clinics of North America*, 25(4), 833-848.

Kuhn, J.K., & McGovern, M.(1992). Respiratory assessment of the elderly. *Journal of Gerontological Nursing*, 18(5), 40-43.

Lakatta, E.G.(1990). Normal changes of aging. In W.B. Abrams & R. Berkow(Eds.), *The Merck manual of geriatric*(pp.310-325). Rahway, NJ: Merck & Co.

LeBlanc, A.J.(1993). Examining HIV related knowledge among adults in the U.S. *Journal of Health and Social Behavior*, 34, 23-36.

Lueckenotte, A.G.(1990). *Pocket guide to gerontologic assessment*. St. Louis: Mosby.

Malasanos, L., Barkauskas, V., & Stoltenberg-Allen, K.(1990). *Health assessment*(4th ed.). St. Louis: Mosby.

Medley, G.F., Anderson, R.M., Cox, D.R., & Billard, L.(1987). Incubation period of AIDS in patients infected via blood transfusion. *Nature(London)*, 328, 719-721.

Mezey, M.D., Rauckhorst, L.H., & Stokes, S.A.(1993). *Health assessment of the older individual*(2nd ed.). New York: Springer.

New York University.(1994). *Reaching out to middle aged and older people*: The challenge of HIV/AIDS. New York: New York University School of Education.

Olmsted, G. & Burggraf, V.(1989). Hematology and the immune system. In V. Burggraf & M. Stanley(Eds.)., *Nursing the elderly*(pp.182-213). Philadelphia: Lippincott.

Orientriech, D., & Orientreich, N.(1985). Alterations in the skin. In R. Andres, E. Bierman, & W. Hazzard(Eds.), *Principles of geriatric medicine*(pp.354-373). New York: McGraw-Hill.

Pastalan, L.(1976). *Age related vision and hearing changes: An impathetic approach*(Slide-tape program developed at the University of Michigan, Ann Arbor). Cited in Hooyman, N.R., & Kiyak, H.A.(1993). Social gerontology: A multidisciplinary perspective(3rd ed). Needham Heights, MA: Allyn & Bacon.

Penn, B.(1989). Diabetes mellitus. In V. Burggraf and M. Stanley(Eds.), *Nursing the elderly, a care plan approach*(pp.249-288. Philadelphia: Lippincott.

Resnick, B.(1991). Rehabilitation is for elderly too! *Advancing Clinical Care*, 6, 43-48.

Riley, M.W., Ory, M.G., & Zablotsky, D.(1989). *AIDS in an aging society: What we need to know.* New York: Springer.

Rossman, I.(1986). The anatomy of aging. In J. Rossman(ed.), *Clinical geriatrics*(pp.3-18). Philadelphia: Lippincott.

Scura, K.W., & Whipple, B.(1989). Older adults as an HIV positive risk group. *Journal of Gerontological Nursing*, 16(2), 6-10.

Seidel, B., Ball, J., Dains, J., & Benedict, G.W.(1991). *Guide to physical examination*(2nd ed.). St. Louis: Mosby.

Solomon, D.(1990). Organ systems: Metabolic and endocrine disorders. In W.B. Abrams & Berkow(Eds.), *The Merck manual of geriatrics*(pp.773-795). Rahway, NJ: Merck Sharp & Dohme.

Stall, R., & Catania, J.(1994). AIDS risk behaviors among late middle aged and elderly Americans. *Archives of internal Medicine*, 154, 57-63.

Stanley, M.(1989). cardiovascular system. In V. Burggraf and M. Stanley(Eds.), *Nursing the elderly, a care plan approach*(pp.105-128). Philadelphia: Lippincott.

Stilwell, B.(1992). Assessing elderly people. *Nursing Standard 6*(Suppl.NU), 9-16.

Stulginsky, M.M.(1993). Nurses' home health experience. *Nursing and Health Care*, 14(8), 402-407.

Timiras, P.S.(1990). Azheimer disease compared with normal aging of the brain. *Annals of Internal Medicine*, 113, 455-466.

Trachtman, P.(1994). NIH looks at the implausible and the inexplicable. *Smithsonian,* 25(6), 110-123.

Whitehouse, M.J.(1992). Nursing assessment of the elderly patient. *Journal of Intravenous Nursing*, 15(Suppl), S14-S17.

6. 기본 장애, 사고력 장애, 기억력 장애에 대한 사정

학습목표

이 장은 독자에게 우울증, 치매 및 편집증적 감정들이 포함된, 노인들이 직면하게 되는 다양한 신체적, 정신과적 문제들을 소개하고 있다. 또한 우울증을 사정하는 몇 가지 방법들을 제시하고 있으며, 치매와 관련하여 노인들이 일반적으로 경험하는 행동상의 문제들을 논하고 있다.

지역사회에 거주하고 있는 노인들의 정신과 질환 이환율은 조사된 주민들의 수 및 조사되고 있는 질환에 따라서 5%에서 25%까지 매우 다양하게 나타나고 있다(Hooyman & Kyak, 1993). 미국인 중 150만 명 이상이 여러 형태로 나타나는 치매로 인해 능력을 상실하였으며, 향후 50년 안에 그 숫자는 두 배가 될 것으로 추정된다(Crook, 1987). Epidemiologic Catchment Area Study에 따르면, 노인들 중에서 우울증을 앓고 있는 노인의 비율은 15%정도로 높게 추정되고 있다(National Institutes of Health [NIH], 1991).

노인층(65세 이상)과 청년층(18세에서 24세까지) 모두 정신건강 관련 서비스가 필요함에도 불구하고, 중년층보다도 정신건강 관련 서비스를 덜 요구하는 것으로 이해되어왔다(Birren, Sloane, & Conen, 1992). 게다가 노인층과 청년층에 속한 개개인들이 치료를 요구하여 치료를 받게 되더라도 그 관리는 중년층보다도 더 소홀하게 이루어져왔다(George, 1992). 노년기의 정신과 질환 이환율을 고려한다면, 정신사회적 사정에는 최소한 잠재적인 인지장애와 정서장애에 대한 스크리닝(진단)이나 사정이 포함되어야만 한다. 용어들을 설명하자면, 인지 장애란 사람들의 기억력, 집중력 및 소재 인식을 손상시키는 것을 말한다. 그리고 정서 장애는 우울증, 불안감과 같이 사람들의 기분에 영향을 주는 것들을 말한다. 인지 손상과 정서장애 모두 노인들에게서 일반적으로 나타나며, 자가 관리능력과도 실질적인 관계가 있다. 그러므로 이러한 장애들을 사정하는 중요성을 과소평가해 사정해서는 안 된다.

노인 정신 병리학의 가장 일반적인 형태는 우울증, 편집증, 치매이며, 그러한 까닭에 이 장은 노인들에게서 주로 발견되는 세 가지 형태의 정신장애 즉 우울증, 편집증, 치매에 대해 논하고 있다(Hooyman&Kiyak, 1993). 또한 일반적으로 치매에 수반되는 행동상의 문제들을 조사하고 어떠한 형태로 개입할 수 있는 지를 제안하고 있다. 물론 항상 가능한 개입 형태들을 발전시키는 것이 사정과정의 한 부분으로 간주되는 것은 아니지만, 행동상의 문제를 가진 개인에 대한 사정을 수행하는 동안 건강관리 전문가들은 환자 개개인의 일상을 관리하는 사람들로부터 직접적인 문제점을 듣게 될 수도 있으며, 따라서 건강관리 전문가들은 이들의 문제점에 부합하는 건설적인 개입방법들과 우울증과 치매를 결정하는 사정도구들을 제시하고 있으며, 각각의 사정도구들의 장, 단점에 대한 검토 역시 수반하고 있다. 사정도구에는 또한 인지 상실을 판단하는 정신 상태 조사방법이 포함된다.

1) 우울 증상들에 대한 진단(스크리닝)

우울증은 노인들에게서 가장 일반적으로 보이는 정신과적 질환이다(Gaylord & Zung, 1987). 노인들의 특정 질병 발병률, 만성적 내과 질환 이환율, 높은 수준의 약물 치료 이용률 등은 모두 노인들을 우울증에 걸리기 쉽게 만든다(Kane, Ouslander, & Abrass, 1994). 우울 증상들은 65세 이상 인구의 약 15%에서 나타나고 있다(NIH, 1991). 그러나 65세 이상 인구의 우울 증상이 이환율에도 불구하고, 정신 건강 클리닉을 찾은 노인들은 우울 증상을 충분하게 드러내지 않기 때문에 이들 노인들의 우울증은 제대로 진단되지 않으며, 치료도 되지 않는다(Gaylord & zung, 1987).

노인들이 우울 증상을 충분하게 드러내지 않는 이유는 다양한 요소들에 기인한다. 우울증을 보이는 노인들은 스스로 우울하다고 생각하지 않을 수도 있다. 주로 신체적인 증상들과 함께 나타나는 우울증은 가면성 우울증(masked depression)으로 일컬어진다. 감정의 신체화를 초래하는 가면 우울증은 감정표현을 금기시하던 시대에 성장했던 현재의 노인들 대부분에게서 나타날 수 있다(Kane et al., 1994). 노인들은 정신건강 전문가들에게 자신들의 감정을 쉽게 표현하지 않는다. 따라서 우울함을 느끼는 노인들 중에서 1차 의료를 행하는 의사를 처음으로 방문했을 때 우울증으로 진단받는 노인들은 10%에 지나지 않는 것으로 추정된다(Brink, Yesavage, Lum, Heersema, Adey, & Rose, 1982). 우울증의 증상들은 종종 노인층에서 달리 명백하게 나타나기도 한다(NIH, 1991). 다른 연령층보다도 노인들은 우울 증상들을 자각하지 못한 채 지나치기 쉬우며, 노인들의 건강을 관리하는 사람들조차도 노인들의 우울증상을 인식하지 못하기 쉽다. 예를 들어, 우울증을 경험하고 있는 노인들은 무력감, 절망감, 혹은 불쾌감과 같은 기분 장애보다는 기억력 문제, 비전형적인 통증, 육체적인 불쾌감, 수면 장애, 혹은 무감정을 호소하기도 한다(Blazer, Hughes, & George, 1987; Hooyman & Kiyak, 1993). 말년에는 피로, 변비, 불면증과 같은 신체적 증상 또한 두드러지게 나타난다(Brink et al., 1982).

Kane과 그의 동료들은(1994) 노인들의 우울증 진단을 어렵게 만드는 네 가지 요소들을 제시하였다:

(1) 노화 및 다양한 내과 질환으로 인한 변화는 우울증이 당장에 나타나지 않는다 하더라도 우울증의 양상을 가져올 수 있다.

(2) 특정하지 않은 신체적 증상들은 치료할 수 있는 다양한 내과 질환뿐만 아니라 우울증도 나타낼 수 있다.

(3) 사실, 특정한 신체적 증상들은 신체적인 질병보다는 우울증을 나타낼 수 있다.

(4) 우울증은 신체적 질환과 동시에 나타나는 증상들을 악화시킬 수 있다.

노인들의 우울증을 진단하는 과정은 전형적으로 두 가지 형태를 취할 수 있다.

첫 번째 방법은 우울증 스크리닝(진단) 척도들을 이용하여 우울한 감정이나 증상을 확인하는 방법이다.

두 번째 방법은 미국 정신의학회(APA)가 확립한 기준들을 이용하는 방법으로 그 기준들은 DSM-IV에 개설되었다(APA, 1994). 미국 정신의학회는 다양한 기준들에 기초하여 우울 장애를 정의하였다. 그러므로 우울증의 진단은 개인들에 의해 보고되는 증상이나 임상의들에 의해 관찰되는 증상들을 기초로 이루어진다(George, 1993). 앞에서 논한 바와 같이, 많은 노인들은 모호한 신체적 질병이나 권태감, 육체적 불쾌 혹은 무감정과 같이 비전형적인 우울 증상들을 나타낼 수 있다.

사 례

L여사는 77세의 미망인이다. 그녀의 "건강상태가 좋지 않음"을 우려하는 이웃들에 의해서 노인병 사정 팀에 위탁되었다. 처음 진찰을 받는 동안 그녀는 평소와 달리 열의가 없으며, 최근에는 기분도 좋지 않다고 호소하였다. 그녀는 또한 지난 몇 개월 동안 숙면을 취하지 못해왔다고 진술하였다. L여사의 병은 젊은 층에서 나타나는 우울증 증상과는 일치하지 않았지만, 노인 우울증 척도에 따른 진단을 실시하자, L여사는 중간 정도의 우울증 점수를 받았다.

그러나 DSM-IV는 이러한 비전형적인 증상들을 충분하게 고려하지 않고 있으며, 따라서 DSM-IV에 확립되어있는 기준에 따라서 노인들의 우울증을 진단하는 것은 적합하지 않을 수도 있다(Blazer et al., 1987; George, 1993). 우울증을 확인하기 위해서 이용되는 DSM-IV 기준들을 엄격하게 적용할 경우, 이러한 증상의 불일치들로 인해서 지역사회 내의 많은 노인들의 우울증은 진단되지 않기도 한다(Blazer et al., 1987).

2) 우울증 진단 척도

우울증 진단 척도에 따른 우울증 진단은 자가 실행되거나 건강관리 전문가에 의해 실행될 수 있다. 우울증 진단 척도에 따른 우울증 진단이 자가 실행될 경우, 건강관리 제공자들은 올바른 진단의 완성을 방해할 수도 있는, 가능한 교육적 한계나 시각적 결손을 인식할 필요가 있다. 정신 건강에 관하여 한정된 건강관리 제공자들이 우울증 진단을 실행한다면, 우울증 증상들에 대한 그들의 사정은 제한되어야한다. 그리고 우울증의 증상들을 관찰하거나 확인한 경우, 건강관리 제공자들은 적절한 자문을 구해야 한다. 정신건강 전문가의 자격을 갖춘 건강관리 제공자들은 잠재적인 우울증 증상들을 확인하는 방법으로 2차적인 진단(스크리닝) 방법으로써 이용되는 형식적 진단 조사 방법과 함께 우울증 진단 척도들을 용이하게 이용할 수 있다. 3차 사정 전략은 이용사의 우울증 증상에 영향을 주는 생리적 원인들을 제거하기 위해 일차적으로 이용자를 치료하는 의사에 의한 신체검사를 포함할 수도 있다. 3차 사정 전략은 또한 정신작용약제를 처방할 자격이 있는 전문가(일반적으로 의사)에 의한 약물치료 상담을 포함할 수 있다. 사정을 관리하는 건강관리 전문가의 트레이닝 수준과 사정의 목적에 따라서, 모든 우울증 진단 척도에 따른 진단방법이나 형식적 진단 조사들은 장, 단점을 갖게 된다. 우울증 증상 척도들에 따른 진단방법은 엄격한 기준으로 분류되는 증상 없이도 증후군의 범위를 파악할 수 있는 장점이 있다(예 : 우울증; George, 1993).

앞에서 언급한 바와 같이, 증상 척도에 따른 진단은 자가 실행되거나 건강관리 제공자에 의해서 실행될 수 있다는 장점이 있다. 증상척도에 따라 진단을 실행할 때, 노인 정신 건강에 대한 임상 훈련은 필요하지 않다. 그러나 이러한 방법에 따라 진단을 실행할 경우, 진단을 완료한 개인이 우울증으로 진단되는 것에 의문을 갖거나, 혹은 척도에 따라 이용자가 우울증으로 확인되는 경우, 이용자에게 적절한 치료 과정을 정하기 위해서 훈련을 받고 면허를 가진 정신건강 전문가의의 상담을 구해야한다는 사실을 정하는 것이 중요하다.

참조 14 Zung의 SDS

		점수
1.(−)	나는 매사에 의욕이 없고 슬플 때가 있다.	______
2.(+)	나는 아침에 기분이 가장 좋다.	______
3.(−)	나는 갑자기 울거나 울고 싶을 때가 있다.	______
4.(−)	나는 밤에 잠을 설칠 때가 있다.	______
5.(+)	나는 평소대로 식사를 한다.	______
6.(+)	나는 이성과의 관계를 즐긴다.	______
7.(−)	나는 요즘 체중이 줄었다.	______
8.(−)	나는 변비 때문에 고생한다.	______
9.(−)	나는 요즈음 가슴이 두근거린다.	______
10.(−)	나는 아무 이유 없이 몸이 피곤하다.	______
11.(+)	내 머리는 한결 같이 맑다.	______
12.(+)	나는 전처럼 어려움 없이 일을 해낸다.	______
13.(−)	나는 안절부절해서 가만히 있을 수가 없다.	______
14.(+)	나는 장래에 대하여 희망적이다.	______
15.(−)	나는 평소보다 짜증이 더 많아졌다.	______
16.(+)	나는 결단력이 있다고 생각한다.	______
17.(+)	나는 유용하고 필요한 사람이라고 생각한다.	______
18.(+)	내 인생은 즐겁다.	______
19.(−)	내가 죽어야 다른 사람들이 편할 것 같다.	______
20.(+)	나는 전과 다름없이 일하는 것이 즐겁다.	______

원 점수 __________ ÷ 80×100=SDS 지수 __________

출처: "A Self Rating Depression Scale" 저자 W.W.K. Zung, 1965, Archives of General Psychiatry, 12, pp.63-70. Copyright© 1965 by American Medical Association. 허가 하에 재판됨.

우울증 증상 척도만을 이용하여 우울증을 진단하는 것 역시 단점이 있다. 우울증 진단을 하는 것은 종종 개별화된 관리 계획을 요구하기도 한다. 게다가 제 3의 지불인은 정신건강 치료에 소요되는 비용을 지불하기 위해서 미국정신의학회가 정한 바에 따른 우울증 진단을 요구할 수 있다. 최종적으로 정신과 학계는 우울증 진단 기준들의 타당성을 인정하였으며, 우울증 진단 기준들은 임상의, 정책 입안자, 그리고 제3의 지불인들의 기대를 충족시키기 위하여 표준화 되어왔다(George, 1993). 그러므로 우울증 증상 척도에 따라 진단된 우울증 환자들은 정신과 치료비용을 획득하기 위해서 정신건강 전문가들의 형식적인 진단을 요구할 수 있다. 궁극적으로 사정을 실행하는 건강관리 전문가들은 사정의 목적, 정신과 스크리닝 및 진단에 필요한 전문지식의 수준을 결정해야 한다. 우울증 사정 방법과 사정 수준을 결정할 수 있는 여지를 의료인에게 남겨두면서도 우울증 사정에 필요한 정보와 도구를 제공하는 목적이 바로 여기에 있다.

우울증을 진단하기 위해서 일반적으로 이용되는 척도(방법)에는 두 가지가 있다. 이 척도들은 모두 건강관리 제공자들이 쉽게 따라하고 이용할 수 있는 방법으로 제시되고 있다. 더불어 척도에 대한 간략한 설명과 척도에 따라 진단을 실행하고 점수를 매기는 방법에 대한 설명도 포함되어 있다.

3) Zung의 자가사정 우울 척도(The Zung Self-Rating Depression Scale)

일반적으로 이용되고 있는 자가 기록 진단 도구중 하나는 Zung의 자가사정 우울 척도이다(SDS; 참조 9-1; Zung, 1965). 자가사정우울척도(SDS)는 간단한 문장의 형태로 된 20개의 문항으로 구성되어있으며, 우울 장애를 진단하기 위해서 일반적으로 이용되는 임상진단 기준들에 기초하여 고안되었다(Gaylord & Zung,1987). Zung의 자가사정우울척도에 대한 유효성은 평균 점수가 치료 전에는 0.74점, 치료 후에는 0.39점이었던 우울증 환자들을 표본으로 하여 결정되었다. 이때 대조집단의 점수는 0.25점에서 0.43점이었다(평균,0.33점; Zung,1965).

20개의 문항은 긍정적인 질문 10문항, 부정적인 질문 10문항으로 나누어진다. 각각의 문항에 대한 대답은 "거의 그렇지 않다", "때때로 그러하다", "자주 그러하다", 혹은 "항상 그러하다"의 4가지 등급으로 분류된다.(+)로 표시된 문항들에 대하여 "항상 그러하다"라고 대답할 경우 점수는 1점이 부여되며,(−)로 표시된 문항들에 대하여 "항상 그러하다"라고 대답할 경우에는 점수는 4점이 부여된다. 그러므로 질문이 긍정적인 질문으로 분류되느냐, 부정적인 질문으로 분류되느냐에 따라서 제시된 답에 대한 점수도 달라지게 될 것이다.

이용자의 대답에 대한 점수를 계산할 때는 두 가지의 수치가 이용된다. 첫 번째 수치는 원점수로서 20개의 문항에 대한 대답에 따라서 매겨지는 점수의 총 합계점수이다. 두 번째 수치는 지수로서, 원점수의 총 합계점수를 최대 총점인 80점으로 나누어 얻어지는 소수 값에 100을 곱할 때 산출되는 점수이다. 자가사정우울척도 지수의 범위는 25점에서 100점까지이다. 많은 연구들은 우울증 점수 25점에서 43점을 받은 사람들을 대조표준으로 보고 있으며, 중간정도의 점수인 50점에서 59점을 받은 사람들은 경미한 우울증을 가진 사람들로, 60점에서 69점을 받은 사람들을 중간정도의 우울증내지는 심각한 우울증을 가진 사람들로, 70점에서 그 이상의 점수를 받은 사람들은 극심한 우울증을 가진 사람들로 보아왔다(Gaylord & Zung,1987).

자가사정우울척도 우울증 점수에 대한 독자의 이해를 돕기 위해 H씨의 사례로 돌아가 보자. 앞의 장에서, H씨는 자가사정우울척도에서 원 점수 51점을 받았다. 원 점수 51점을 최대 총점인 80점으로 나누면 0.64가 된다. 그 다음에 100을 곱하면 64점이라는 지수가 산출된다. H씨가 받은 우울증 지수 64점은 H씨가 중간정도의 우울증 내지는 심각한 우울증을 앓고 있음을 보여준다.

Zung의 자가 사정우울척도는 65세 이하의 표준 연령층의 평균 우울증 지수보다 65세 이상 노인층의 평균 우울증 지수가 더 높다는 것을 보여 주어왔다(Zung, 1965; Zung & Zung, 1986). 그러나 이러한 사실에도 불구하고 Zung(1986)은 종합적으로 보았을 때, 자가 사정우울척도가 노년기의 우울증을 진단하는데 유용하다는 것이 입증되었다고 결론을 내렸다.

4) 노인 우울증 진단 척도

노인병 환자들에게서 나타나는 우울증을 진단하기 위해서 일반적으로 이용되고 있는 우울증 척도 중 대부분은 원래 젊은 층의 우울증을 진단하기 위해서 고안된 것들이다. 앞에서도 언급한 바와 같이, 65세 이상의 노인들은 자가 사정우울척도에서 더 높은 점수를 받는다. 그러므로 자가 사정우울척도에서 산출되는 65세 이상 노인들의 우울증 지수는 우울증이라고 그릇되게 단정을 짓는 결과를 가져올 수도 있다. Brink와 그의 동료들에 의하면(1982), 노인 우울의 진단 방법은 자가 사정이 가능해야 하며, 대답하기도 쉬워야 하고 노인층의 특성에 맞게 조정되어야 한다. 이러한 목적과 이러한 기준들에 부합하도록 개발된 것이 바로 노인 우울증 진단 척도(GDS)이다.

노인우울증진단척도(GDS)는 이미 그 정당성을 확인받았으며 신뢰도 테스트도 마쳤다. 노인우울증진단척도는 0.94의 반분 신뢰도를 가지며, 반분 신뢰도가 0.84일 때 앞서 논한 SDS와 상관관계를 갖는 것으로 사정되었다. 노인 우울증 진단 척도는 예 혹은, 아니오로 답할 수 있는 30개의 문항으로 구성된다(Yesavage, Brink, Rose, Lum, Huang, Adey, & Leirer, 1983). 특히 노인들에 대한 사정 및 우울증 진단에 이용하기 위하여 고안된 노인 우울증진단척도는 단기간에 노인들의 우울증을 진단할 수 있는 간편한 방법으로 설명되어 왔다(Gallo, Reichel, & Anderson, 1988). Brink와 그의 동료들에 의하면(1982), 노인 우울증진단척도는 노인들의 우울증 진단에 결정적인 역할을 하는 몇 가지의 중요한 요소들을 통합하고 있다. 개인을 위해서 노인 우울증 진단 척도들은 자가 실행이 가능하도록 고안되었으며, 그 결과 시간도 절약된다. 더 나아가, 예/아니오로 대답하는 형식을 취하고 있는 노인 우울증진단척도는 자가 사정우울척도와 같이 등급을 이용하여 점수를 매기는 방법들보다 훨씬 더 명확할 수 있다(Brink, et al., 1982). 30개 문항에 포함된 질문들은 노인들이 방어적인 자세를 취하지 않도록 하는 방식으로 표현되고 있다(Yesavage et al., 1983). 노인우울증진단척도는 노인층에 맞게 조정되었으며, 건강한 노인들뿐만 아니라 육체적인 질병을 앓고 있는 노인들의 우울증 진단에도 유용하게 이용된다(Yesavage et al., 1983). 각 문항의 내용들은 억제된 감정, 비활동성, 과민성, 투약 중지로 인한 금단증상, 괴로운 생각, 부정적인 판단과 같이 노년기의 우울증에서 일반적으로 나타나는 증상들뿐만 아니라, 노인 우울증에서 공통적으로 보여 지는 신체적 질병의 전형들을 포함하고 있다. 일반적으로 이용되는 노인우울증진단척도의 30개 문항의 형식들은 참조 9-2

에 제시되어있다.

우울증 진단 척도들은 우울증 진단 시, 요구되는 엄격한 기준들을 충족시키지 않는 광범위하고 다양한 증상들을 파악할 수 있다는 장점이 있다. 그러나 우울증 진단 척도를 이용하는 건강관리 제공자들은 두 가지 중요한 점을 반드시 고려해야할 필요가 있다.

첫째, 우울증 진단 척도는 진단 도구로서 개발되었으며, 그 목적 또한 진단 도구로써 이용되는 것이다. 그러므로 건강관리 제공자는 우울증을 진단하기 위해서 척도에 따른 결과를 이용할 때 주의를 기울여야한다.

둘째, 우울증 진단 척도들을 이용하여 이용자에게 우울증이 존재할 수도 있음을 판단한 건강관리 제공자들은 사정을 받고 있는 개인을 위하여 어떠한 치료가 적절한지를 정신과 전문의 또는 정신건강 전문가와 상담하도록 권장하고 있다.

앞에서도 언급한 바와 같이, 우울증에 대한 구체적인 정신과 진단은 어떤 측면에서는 이용자와 건강관리 제공자 모두에게 유익할 수 있다. 제3의 지불인(예를 들어, 의료보징제도나 민간 보험회사)은 종종 우울증 치료비 지급을 인정하기 전에 조건으로 구체적인 정신과 진단을 요구하기도 한다. 또한 보편적으로 합의된 기준들에 따라서 허가받은 임상의들이 내린 우울증 진단이 훨씬 더 쉽게 받아들여지며, 보편적으로 이해되기가 더 쉽다. 미국정신의학회가 확립하여 DSM-IV에 제시한 기준에 따르면, 우울증 진단은 다양한 기준들을 충족시킬 때에만 내려질 수 있다. 우울증의 다양한 증상들은 동시에 나타나야하며, 그 증상들은 조건으로 정해진 기간 동안 지속적으로 존재하여만 한다.

허약한 노인들을 가정 방문하는 건강관리 전문가들 중 다수는 정신건강 임상의 허가가 없을 수 있다. 그러므로 그들은 DSM-IV에 제시되어 있는 공식적인 목록을 이용하지 않을 수도 있다. 따라서 이 장의 목적은 이러한 도구들을 이용하는 방법에 대한 트레이닝을 제공하는 것이 아니라, 노인들을 가정 방문하는 건강관리 전문가들에게 이 DSM-IV에 제시된 바와 같은, 공식적인 진단 목록의 존재를 확실하게 인식시키고 또한 그 목록의 중요성을 확실하게 이해시키는 것이다. 진단 도구 이용 방법에 대한 트레이닝은 본문의 범위와 목적을 벗어나는 것이다.

참조 15 노인우울증진단척도(GDS)

1. 기본적으로 생활에 만족하십니까?	예	아니오
2. 활동과 흥미가 많이 떨어졌습니까?	예	아니오
3. 인생이 허무하다고 느끼십니까?	예	아니오
4. 자주 지루하다고 느끼십니까?	예	아니오
5. 미래에 대해서 희망적이십니까?	예	아니오
6. 생각할 수 없다는 생각 때문에 괴로우십니까?	예	아니오
7. 대부분의 시간에 기분이 좋으십니까?	예	아니오
8. 무엇인가 나쁜 일이 일어날까 두려우십니까?	예	아니오
9. 대부분의 시간에 행복하다고 느끼십니까?	예	아니오
10. 자주 무기력함을 느끼십니까?	예	아니오
11. 자주 불안하고 초조하다고 느끼십니까?	예	아니오
12. 밖에서 새로운 일을 하는 것보다 집에 있는 것이 더 좋으십니까?	예	아니오
13. 아주 자주 미래에 대해서 걱정하십니까?	예	아니오
14. 대부분의 사람들보다 기억력이 많이 떨어진다고 느끼십니까?	예	아니오
15. 지금 살아 있는 것이 놀랍다고 생각하십니까?	예	아니오
16. 자주 의욕이 없고 우울하다고 느끼십니까?	예	아니오
17. 현재의 생활 방식이 매우 가치가 없다고 느끼십니까?	예	아니오
18. 과거에 대해서 많이 걱정하십니까?	예	아니오
19. 생활이 매우 활기차다고 느끼십니까?	예	아니오
20. 새로운 일을 시작하는 것이 어렵습니까?	예	아니오
21. 기력이 가득 차있다고 느끼십니까?	예	아니오
22. 지금 처한 상황이 희망이 없다고 느끼십니까?	예	아니오
23. 대부분의 사람들이 당신보다 더 잘 살고 있다고 생각하십니까?	예	아니오
24. 작은 일에도 아주 자주 절망하십니까?	예	아니오
25. 아주 자주 울고 싶다고 느끼십니까?	예	아니오
26. 집중력에 문제가 있습니까?	예	아니오
27. 아침에 일어나는 것이 즐겁습니까?	예	아니오
28. 사회적인 모임을 피하고 있습니까?	예	아니오
29. 결정을 쉽게 내릴 수 있습니까?	예	아니오
30. 평소처럼 정신이 맑습니까?	예	아니오

GDS에 포함시키기 위해 엄선한 30개의 문항 중에서, 20문항은 긍정적으로 답해 질 경우 우울증이 있음을 표시한다. 반면, 나머지 10문항(1, 5, 7, 9, 15, 21, 27, 29, 30)은 부정적으로 답해질 경우 우울증이 있음을 표시한다. 질문들은 30문항으로 한 페이지 형식으로 정리되었으며, 질문서에 대한 환자의 질문서 채택을 최대화시킬 수 있도록 배열되었다.

점수: 1점부터 10점= 정상
11점부터 20점= 가벼운 우울증
21점부터 30점 =심각한 우울증

출처: "Development and Validation of a Geriatric Depression Screening Scale" 저자 T. Brink, 1983, *Journal of Psychiatric Research*, 17(1), pp. 37-49. Copyrightⓒ1983 by Elsevier Science Ltd., Pergamon Imprint, England.허가 하에 재판됨.

DSM-IV에 개설된 바와 같이, 주요한 우울 증상 에피소드에 대한 기준들의 개요는 참조 13에 제시되어있다.

5) 치료법

본서는 물론 우울증 사정에 중점을 두고 있으나, 우울증 치료법을 간단하게 논하도록 정당화하는 요소들이 몇 가지 있다. 우울증은 6개월에서 9개월 사이에 자연적으로 회복되는 것이 사실이나, 노인들은 자살 위험이 아주 높다. 백인 노인들은 미국인구 중에서도 최고의 자살률을 보이고

참조 16 주요한 우울증 증상 에피소드에 대한 기준

A. 다음의 증상들 중 5가지(혹은 그 이상) 가 2주 동안 동일하게 지속되며, 이전에 수행 했던 기능에서 변화가 나타난다; 증상 중 하나는 적어도(1) 우울한 기분이나(2) 흥미나 즐거움의 상실이다.

주의: 명백하게 일반 내과적 질병에 기인한 증상이나 기분과 일치하지 않는 망상들 혹은 환각을 포함시켜서는 안된다.

(1) 주관적인 진술(예를 들어, 나는 슬프다 혹은 허무하다)이나 타인들의 관찰(예를 들어, 눈물이 어려 있다)에 의해 표현되는 것처럼, 하루의 대부분과 거의 매일 기분이 우울하다. 주의:아동들과 청소년들의 기분은 과민할 수 있다.
(2) 거의 모든 일에서, 그리고 일상적인 대부분의 활동들에서 거의 매일,(주관적인 사정 혹은 타인의 관찰에 의해 표현되는 것처럼)흥미나 즐거움이 현저하게 감소하였다.
(3) 다이어트를 하지 않는데도 체중이 상당히 감소하거나 증가하였다(예를 들어, 한달 동안 체중의 5%이상이 변화한 경우). 그리고 거의 매일 식욕이 감퇴하거나 증가한다. 주의: 아동들은 기대되는 만큼 체중이 증가하지 않음을 고려한다.
(4) 거의 매일 불면증에 시달리거나 과다수면증이 나타난다.
(5) 거의 매일 정신운동의 동요 혹은 지체가 나타난다.(주관적으로 느끼는 단순한 안절부절 혹은 침체가 아니라 타인이 관찰할 수 있는 정도)
(6) 피로하거나 거의 매일 기력 상실
(7) 거의 매일 자신이 가치 없다고 느끼거나 적절하지 않은 죄책감을 느낀다(단순한 자책 혹은 몸이 아픈 것에 대한 죄책감은 포함되지 않는다).
(8) (주관적인 사정이나 타인의 관찰에 의해 표현되는 것처럼) 거의 매일 나타나는 사고력, 집중력 혹은 결단력의 저하
(9) 되풀이 되는 죽음에 대한 생각(단순한 죽음에 대한 공포는 포함되지 않는다), 특정한 계획 없이 되풀이되는 자살에 대한 생각이나 자살 기도 혹은 자살을 실행하기 위한 특정 계획에 대한 생각

B. 증상들은 혼합된 에피소드에 대한 기준을 충족시키지 않는다.

C. 증상들은 사회적, 직업적, 혹은 다른 중요한 분야에서 수행하는 기능에 임상적으로 중요한 고통이나 손상을 야기한다.

D. 증상들은 약물이 직접적으로 미치는 생리적 영향(예 : 약물 남용, 약물 치료) 혹은 일반적인 내과질환(예 : 갑상선 부전증)에 기인하지 않는다.

E. 증상들이 상실로 인해서 더 잘 설명되는 것은 아니다. 즉, 사랑하는 사람을 잃은 후에 나타나는 증상들은 2개월 이상 시속되기도 한다. 그러한 증상들의 특징은 눈에 띄는 기능 손상, 가치 없음에 대한 병적인 몰두, 자살에 대한 생각, 정신 이상 증상이나 정신 운동의 지체라 할 수 있다.

출처: *Diagnostic and Statistical Manual of Mental Disorders,* 4th ed., 저자 American Psychiatric Association. Copyright©1994 by American Psychiatric Association. 허가 하에 재판됨.

있다. 자살률이 높은 이유는 아마도 이상적인 자아 이미지와 나이가 드는 현실이 조화를 이루지 못하기 때문으로 추측된다(Hooyman A Kiyak, 1993). NIH에 따르면, 1988년에 노인들의 자살 성공률은 인구의 다른 연령층보다도 훨씬 높았다(NIH, 1991). 따라서 우울증으로 진단받은 노인들은 즉각적인 우울증 치료를 받아야만 한다.

몇 가지 치료 방법들은 우울증을 관리하는 데에도 이용될 수 있다. 개개인에게 적당한 치료방법의 선택은 우울증의 유형, 우울 증상의 심각성, 다양한 치료방법의 이용가능성, 현재 치료중인 특정 질병에 대한 금기사항 등을 포함하는, 복합적인 요소들에 의해서 좌우된다(Kane et al., 1994). 그러나 치료 방법에 상관없이, 우울증 치료의 목적은 일반적으로 증상의 완화, 우울증 재발률의 감소, 삶의 질 향상, 내과적 건강상태의 개선 및 건강관리 비용의 감소를 포함한다.

우울증 치료법은 두 가지의 주요한 형태로 나눌 수 있다. 즉, 생물학적 치료법(예를 들어, 약물요법과 전기 경련을 수반한 전기 충격요법[ECT])과 정신요법으로 나눌 수 있다.

(1) 약물 요법

항우울제는 우울증 치료법 중에서도 가장 일반적으로 이용되는 방법이다. 항우울제를 이용할 때, 환자의 60%가 임상적으로 호전되었다(NIH, 1991). 그러나 60세 이상의 노인들을 대상으로 한 연구는 거의 이루어지지 않고 있다. 항우울제의 일반적인 효과에도 일부 약제는 특히 삼환계 항우울제는 심각한 부작용을 가져온다. 일부 항 우울약제의 부작용에는 변비, 배뇨지연 혹은 폐뇨, 과잉진정, 구강 건조, 시력저하(흐린 시력), 녹내장의 악화, 뿐만 아니라 기립 저혈압과 같은 항 콜린성 작용이 포함될 수 있다(Bressler, 1987).

약물요법의 유효성은 치료의 기간, 약제의 투여량, 혈액의 약제 수준과 결부되어왔다. 치료를 받는 노인들과 그의 가족들은 약제를 이용하고도 보통 2주내지 3주 동안은 눈에 띄게 개선되는 것을 볼 수 없을 수도 있다. 그러나 국립보건원(NIH)에 따르면, 중요한 임상적 반응은 치료를 시작한 지 6주 내지 12주 후에 나타나기도 한다(NIH, 1991). 이러한 약물 치료법의 효과에 영향을 미치는 결정적인 요소는 환자가 치료를 얼마나 잘 따르느냐 하는 것이다. 치료를 받는 노인들 중 40% 내지 50%가 약물치료법에 잘 따르지 않는 것으로 추정되고 있다(Eraker, Kirscht, & Becker, 1984; Morrow, Leirer, & Sheikh, 1988).

최근에 개발된 플루옥세틴 염산염(프로작)은 다른 항우울제보다도 더 빨리 작용하는 약제로서 이용되고 있으며, 부작용도 거의 보이지 않고 있다(Valente, 1994). 그러나 약제의 투여량은 치료를 받는 노인 개개인에게 적절하게 조정될 필요가 있으며, 약제는 신경과민, 불면증, 현기증 및 심박이상과 같은 다양한 부작용을 초래할 수 있다(Springhouse Corporation, 1995).

노인 이용자에게서 나타나는 우울증을 치료하는데 약물 요법이 적합한지를 고려할 때, 결정을 위한 지침의 역할을 할 수 있는 요소들이 몇 가지 있다. 이용자가 과거 우울증을 앓은 병력이 있다면, 이전에는 어떤 치료법이 이용되었는가, 그리고 그 치료법의 효과는 어떠하였는가? 이용자의 대답이 긍정적이라면 아마도 과거와 동일한 치료법이 고려될 수 있다. 만약 이용자의 대답이 부정적이라면 약물 처치, 투여량 및 치료의 지속 기간은 다시 검토되어야만 한다(Gaylord & Zung, 1987). 이 과정은 아마도 약리학과 정신작용 약제 투약의 관리에 대한 지식을 가진 내과의사와 상담을 필요로 할 것이다. 정신과 의사나 기타 내과의사와의 상담에 대한 가장 적절한 과정을 결정하는 것은 이용자의 희망, 가족들의 희망, 그리고 지역의 자원에 따라 좌우될 것이다.

(2) 전기충격요법(ECT)

전기충격요법은 치료를 받고 있는 환자들의 연령집단 중에서도 상당 부분을 차지하고 있는 61세 이상의 환자들을 비롯한 노인 우울증 치료에 효과가 있는 것으로 사정되어왔다(NIH, 1991). 전기충격요법은 우울증을 개선시키는데 있어 항우울제 보다도 더 효과적인 것으로 간주되어왔다(Gaylord & Zung, 1987). 그러나 노화 역시 전기충격요법 치료 후 나타나는 혼란의 확률을 증가시키는 것으로 보여져왔다(NIH, 1991). 치료방법으로 전기충격요법을 고려할 때 따라야하는 기준에는 약물치료의 실패나 약물 치료에 대한 금기가 포함될 수 있으며, 망상, 자살위험 혹은 지나치게 의욕이 없는 상태가 나타나기 때문에 신속하게 우울증을 완화시키고자 하는 희망 역시 기준이 될 수 있다(Kane et al., 1994). 전기충격요법을 활용할 것인가에 대한 결정을 내리기 위해서는 내과의나 정신건강 전문가와의 상담 및 철저한 정신과적 사정이 필요할 것이다.

(3) 정신요법

노인들의 우울증 치료법 중에서도 종종 환자들의 체력을 효과적으로 유지시킬 수 있는 치료방법과 정신요법은 무시된다. 이들 치료법은 보다 경미한 정도의 우울증을 관리하는데 도움이 될 수 있으며, 다른 형태의 치료법에 보조적으로 이용될 수 있다(Kane et al., 1994). 정신분석적 치료법과 통찰 지향 치료법들은 덜 유용하다. 그러나 행동(정신)요법과 인지(정신)요법은 노인병을 앓고 있는 이용자의 우울증 치료에 특히 성공적인 것으로 보인다. 우울증이 심각할 경우, 정신요법은 생물학적 치료법(예: 약물 요법이나 전기충격요법)과 제휴하여 효과적으로 이용될 수 있다. 행동 요법은 우울증을 보이는 개개인이 그들이 속한 환경으로부터 거의 보상을 받지 않는다는 전제하에 기초하여 이루어진다. 그러므로 행동 요법의 목적은 이용자가 할 수 있는 즐거운 활동의 수를 증가시키는 것뿐만 아니라 이용자가 경험하는 부정적인 생각의 수를 감소시키는 것이 된다. 치료를 받는 개인들은 그들이 어떤 활동을 하였으며, 활동을 하는 동안 기분이 어떠하였는지에 대하여 일기 혹은 일지를 기록하라는 요구를 받을 수도 있다. 더하여 이용자는 즐거운 활동을 할 수 있는 가망성을 증가시키기 위해 고안된 일 혹은 "숙제"를 할당받을 수도 있다. 이러한 치료법이 효과적이려면, 치료의 목적은 달성할 수 있는 것이어야만 하며, 목적에 도달할 수 있도록 특정된 계획이 존재해야만 한다(Zarit & Zarit, 1984).

인지적 치료법은 우울증이 부정적인 생각과 본인에 대해서 순응하지 않는 신뢰의 결과로 나타난다는 생각에 기초를 두고 있다(Cavanaugh, 1993). 순응하지 않는 신뢰로 인해 이용자는 스스로 적응 능력이 떨어진다고 간주할 수 있다. 인지적 치료법을 통해서 이용자는 자신들이 갖고 있는 부정적인 생각들과 순응하지 않는 신뢰들을 인식하고 결국에는 자신들의 입장에서 보다 긍정적이고 합리적인 생각을 하는 방법을 배우게 된다. 스스로를 실패자나 다른 사람으로부터 사랑을 받을 수 없는 존재로 인식하는 개개인들은 그들 자신에 대한 보다 현실적이고 긍정적인 관점을 갖게 될 수 있다(Gallagher & Thompson, 1983). 이 장은 우울증 사정에 중점을 두고 있으므로, 우울증 치료법에 대해 더 많이 학습하기를 바라는 독자는 이들 치료법과 관련된 다른 문헌들을 조사해보길 바란다.

6) 편집증에 대한 스크리닝

노인들에게서 자주 발견되는 사고 장애 중 하나는 편집증으로 불리는 장애이다. 편집증은 "타당하지 않은 증거나 한정된 증거들을 근거로 한, 위해에 대한 과장된 공포로 결합된 지나친 의심 혹은 질투"로 정의된다(Davies, 1992, p.115). 개인들의 편집증은 세대 및 인종, 문화와 같은 신념체계를 공유하는 사람들의 집단과는 구별되어야 한다. Davies(1992)는 편집증은 개개인들이 현실에 대한 확고부동한 관점을 가지며, 끊임없이 자신들을 지지할 수 있는 자료들을 모으고 동시에 자신들의 신념에 반하는 정보는 무시하는 과정이라고 진술함으로써, 편집증의 정의에 대해 상세하게 설명하였다.

연령이 증가할수록 편집증의 발병률도 증가한다는 사실은 명백히 증명되어왔다. Post(1987)는 편집증을 타인에 대한 비합리적인 의심으로 정의하였으며, 40대 이후에 보다 일반적으로 나타난다고 주장하였다. 편집증은 65세 이후에 현저하게 증가하고 75세 이후에 또 다시 증가하는(Pfeiffer, 1972), 노인 정신 질환 중에서도 두 번째로 일반적인 정신질환으로 언급되어왔다(Butler & Lewis, 1982). 편집증 인식에 있어 중요한 점은 편집증 문제는 노인층에 있어 잠재적이며, 재가 사정을 제공하는 전문가들은 결국 가장 확실히 이 문제에 부딪히게 될 것이라는 점이다.

노인들의 근거 없는 의심이나 편집증은 다양한 원인 혹은 장애로부터 비롯될 수 있다. 본서의 주제는 노인 정신 병리학을 다루는 것이 아니므로, 이러한 증후군에 대한 상세한 조사는 제시하지 않을 것이다. 그럼에도 불구하고, 개개인의 치료과정에 확실히 영향을 줄 수 있는 다양한 원인들이 존재할 수 있다는 것을 인식하는 것이 매우 중요하다.

첫째, 언제나 가장 명백한 원인은 아니지만, 의심의 원인에서 의심은 타당하며 현실에 근거한다는 것이다. 노인에 대한 학대와 착취는 포착하기 힘든 수준에서부터 공공연한 수준으로까지 이루어진다. 노인들이 의심을 나타내면, 건강관리 전문가들은 다른 사람들로부터 사실을 확인하거나 의심을 반박하는 정보들을 확인할 필요가 있다(Rabins, 1992). 예를 들어, 어떤 노부인이 자녀들이 자신을 요양소에 보내려 하고 있다고 털어놓는다면, 그녀는 타당한 두려움에 대해서 말하는 것일 수 있다.

(1) 인격 장애

일부 개개인은 편집증적 인격 장애를 가지고 있을 수 있다. 편집증적 인격 장애가 있는 경우, 개인들은 필시 일생의 대부분에 걸쳐서 의심과 경계심을 지속시켜왔을 것이다. 이러한 장애들은 흔히 청소년기나 성인기 초반에 발병한다. 이러한 예에서, 가족과 기타 사회적 접촉이 있는 지인들은 그가 "항상 그러하였다"고 주장하기도 한다.

(2) 망상장애

다른 사람들은 망상장애를 가지고 있을 수 있다. 이러한 망상장애는 현실 생활에서 발생할 수 있는 고집스럽지만, 기괴하지는 않은 망상을 특징으로 한다. 예를 들어, 망상장애를 가진 개인들은 누군가가 멀리서 자신을 감시하거나, 미행하고 있으며, 독살될지도 모른다고 느끼거나 일종의 질병을 앓고 있다고 느낀다. 이러한 망상들은 또한 배우자가 자신을 "속이고 있다"라는 감정이 포함된다. 이러한 망상장애는 개인이 지적, 감정적 기능에서 심각한 분열을 보이지 않는 것이 특징이라 할 수 있다(Davies, 1992). 개인이 망상장애를 갖고 있는 경우, 개인의 행동은 일반적으로 그가 말하는 망상과는 별로 이상하게 보이지는 않는다(Davies, 1992). 망상장애를 일으키는 다양한 선행 요인에는 난청, 사회로부터의 고립, 열악한 사회경제적 지위 및 과도한 스트레스들이 포함된다(Berger, & Zarit, 1978).

사 례

G여사는 80대 초반의 미망인이다. 그녀는 사회와 이웃들로부터 고립되어 있으며, 살아있는 가족 또한 없다. G여사의 청력은 심각하게 손실되었다. G여사는 시종일관 이웃의 아이들이 그녀의 집 지붕에서 놀고 있다고 호소하고 있으며, 일상적으로 군의 보안관 부서에 전화를 건다. 흥미롭게도 G여사의 청력 손실은 아주 심각해서 그녀를 방문하는 공중 건강 간호사는 G여사가 과연 누군가 지붕위에 있다고 생각할 만큼 소리를 들을 수 있는지 의심스러워하였다. 군의 보안관 부서는 결국 G여사의 끊임없는 호소에 대하여 성인보호 복지국과 지역사회의 다른 기관으로부터 상담을 받도록 결정하였다.

(3) 만발성 정신분열증(망상분열증)

노인들에게서 나타나는 편집증 중에도 심각한 형태는 종종 만발성 정신분열증 혹은 말년 망상분열증으로 불리는 편집증이다. 망상분열증이라는 용어는 편집적 정신분열과 유사한 증세를 보이기는 하지만, 환각과 극미한 성격분열이 거의 보이지 않는 노인들의 편집증을 설명하기 위해서 사용된다(Davies, 1992). 이러한 장애의 특징은 대개 개인의 정신활동이 전혀 받아들여질 수 없는 것으로 생각되는 현상을 수반하는 기괴한 성질의 피해망상이라고 할 수 있다. 이러한 장애를 가지고 있는 사람들은 종종 다른 사람들이 벽을 관통해 걸어가는 것을 본다거나 자신들이 전기에 의해서 억제되고 있는 것처럼 느껴진다고 말하는 것과 같이, 망상적 특질을 담고 있는 상황들을 생생하게 전달한다.

사 례
배우자 없이 혼자 살고 있는 70대 후반의 한 노인이 노인병 사정 프로그램에 위탁되었다. 그는 깨끗하고 잘 관리되고 있는 집에 살고 있었다. 간호사들과 사례관리자들이 처음 그 노인과 대화를 나누었을 때, 노인의 상태는 온전해 보였다. 그러나 대화를 계속하자, 노인은 밤중에 자신의 사위가 어떻게 1'x1' 넓이의 환기 구멍을 통해 집안으로 들어왔으며, 송수관을 두드려서 잠을 못 자게 했는지에 대해 말하였다.

말년 정신분열증을 발생시키는 다양한 위험 요인들은 지속적으로 주목되어왔다. 요인들에는 청력손실, 고립된 성격을 지닌 경력, 과민, 완고함과 같이 평소와는 다르거나 비정상적인 병적 인격이 포함된다. 말년 정신분열증을 보이는 노인들은 과거 결혼한 적이 없고, 자녀가 없는 노인들에게서 많이 나타난다(Davies, 1992; Rabins, 1992).

Davies(1992)는 말년 정신분열병에 관한 보고서들이 언제나 망상장애와 말년 정신분열증을 뚜렷하게 구별하지 않고 있으며, 일부 임상의들은 이들 두 장애를 연속된 것으로 간주하고 있다고 지적하였다. 그러나 다른 임상의들은 이 두 장애들을 서로 구별되는 별개의 장애들로 간주하고 있다. DSM-IV는 기괴한 증상과 기괴하지 않은 증상의 중요한 차이를 구별 짓고 있다.

(4) 기질성 장애

기질성 뇌 손상(치매)을 입은 노인들은 치매에서 나타나는 주요한 장애들을 수반하는 편집증적 증상을 나타낼 수 있다(Davies, 1992; Post. 1987). 기질 장애의 예에서, 편집증적 증상은 필시 노인들의 지적 능력, 기억력, 판단력 및 지남력의 변화를 수반하고 있을 것이다(이장의 다음 섹션 참조).

일반인들이 치매에 대해서 갖고 있는 확신 중 하나는 치매를 앓고 있는 노인은 소지품을 숨기거나 놓아 둔 장소를 잊어버리고, 그리고 나서는 그것들을 찾아낼 수 없으며, 다른 사람들이 자신들의 소지품을 훔쳤다고 죄를 뒤집어 씌운다는 것이다(Post, 1987). 이 예에서, 노인들은 일반적으로 치매의 기준에 들어맞는 인지적 퇴보의 증후를 보이지만, 역시 두드러지는 특징으로는 망상을 들 수 있다(APA, 1994). 기타 장애 및 치매와 관련된 장애를 구별함에 있어서, 중요한 점 두 가지를 인식하는 것이 도움이 될 것이다.

첫째, 치매의 형태와 관련된 편집증에서는 기억력과 지남력의 손상이 나타날 수 있다.

둘째, 기억력 손상의 증상들이 쉽게 눈에 띠지 않는 경우에도, 치매가 악화됨에 따라 기억력과 지적능력의 감퇴는 더욱 두드러지게 될 것이다.

(5) 기타 장애

노인들의 가정을 방문하여 사정을 실시하는 의료전문가들은 Ravins(1992)가 애도 속의 환각이라고 언급하였던 현상들을 알아야 한다. 애도 속의 환각은 최근 배우자를 잃은 노인들에게서 일반적으로 나타나는 현상이다. 노인들은 고인이 보이고, 그들의 목소리가 들리며, "그들이 여전히 살아있는 것처럼 느껴진다"고 말하기도 한다. 한 연구에서 미망인들 중 61%가 죽은 남편에 대한 시각적 혹은 청각적 현시를 경험하였다고 보고하였다(Olson, Suddeth, Peterson, & Egelhoff, 1985). 이러한 증상들은 배우자의 죽음을 애도하는 노인들에게 나타나는 정상적인 현상으로 인식 되어야한다(Rabins, 1992). 그리고 이러한 경험들이 결코 병적인 증상이 아니라는 사실을 노인들에게 재확인시킬 수 있어야한다.

(6) 편집증 증상을 가진 이용자와의 면접을 위한 유익한 조언들

편집증에 대한 사정을 실시하는 동안, 노인들은 다수의 의료 봉사자들에게 공격성을 드러낸다. 사고력 장애에 대한 이해 부족은 의료 봉사자와 이용자 모두를 좌절시키기도 한다. 편집증 증상을 가진 이용자들과 면접 시에 유의해야할 점에 관한 조언들은 다음과 같다.

- 편집증 증상을 가진 노인들은 종종 접하고 있는 전문가에게 자신들의 공포, 분노나 걱정을 분출하기 위한 기회로 받아들인다.
- 노인들에게 편집증 확신에서 벗어나라고 설득하지 말라. 그리고 노인들에게 자신들의 신념체계에 대해서 말할 때 논리적인 언어를 이용하라고 설득하지도 말라.
- 대표적으로 편집증적 망상이나 환각을 상상에서 기인한 것으로 돌림으로써 단지 공포나 다른

감정들을 무효화하기 위해서, 이용자들은 그들이 전문가에게 말하고 있는 것을 굳게 믿는다.

- 면접자는 이용자들의 편집증을 확신하거나 이의를 제기해서는 안되며(MacKinnon & Michels, 1971), 차라리 이용자들이 말하고 있는 근본적인 느낌에 반응을 보여야 한다.

(7) 치료와 관리

종종 편집증 장애를 치료하고 관리하는 것은 어렵다. 망상이나 편집증적 생각을 가지고 있는 많은 사람들은 자신들의 증상을 자아 동조적으로 생각한다. 다시 말해서, 개인들은 자신들의 행동 및 생각, 태도들을 받아들일 수 있으며, 자신들의 인격과도 일치한다고 생각한다. 우울증을 평소와는 다른 감정으로 인식하는 사람들과 달리, 편집증 증상을 가진 사람들은 그러한 증상을 "자기다운 것"으로 느낄 수 있다.

편집증 증상을 가진 사람들은 이러한 증상들을 자아 동조적으로 생각하기 때문에, 그들에 대한 정신과 치료는 대개 시작하기가 어렵다. 그리고 이용자들은 비자발적으로 입원을 요구하기도 한다. 입원이 유일한 선택사항으로 생각될 경우, 봉사자는 가능하다면 언제든지 이용자들을 일차적으로 진료하는 의사들과 협력해야한다. 편집증 증상을 보이는 사람들은 자신들을 일차적으로 진료하는 의사들과 관계를 맺고 있을 가능성이 있으며, 심지어는 의사로부터 이미 처방을 받은 적이 있을 수도 있다. 예후의 견지에서, Post(1987)는 편집증의 성공적인 치료는 약물요법을 잘 따르고, 장기적으로 지속시키는 것과 직접적인 관계가 있다고 주장하였다.

6) 기억력 및 기타 인지 기능에 대한 사정

노인들에 대한 포괄적인 정신사회적 사정에는 기억력과 기타 인지 기능에 대한 사정이 포함되어야한다. 노인들의 인지 기능은 손상될 가능성이 있으며, 따라서 뜻밖의 정신적 손상을 발견할 수 있는 정신 상태에 대한 일상적인 스크리닝이 권장된다(Gallo et al., 1988). 이 사정의 일차적인 목적은 존재할 가능성이 있는 치매를 진단하는 것이다. 치매는 특정한 질병 혹은 진단이 아니라 차라리 다수의 기질적 장애들로부터 발생할 수 있는, 손상된 인지 증상의 집합체라고 할 수 있다(Crook, 1987). 이러한 증상들에는 회상 능력의 부재, 이해력 부족 및 언어 능력, 주의력의 범위, 지남력에 대한 문제들이 포함될 수 있다. 치매는 노화에 따라 나타나는 정상적인 양상은 아니지만, 나이와 밀접한 관계가 있다. 치매의 이환율을 결정하는 것은 어려우나, 65세 이상 노인들의 이환율은 15%정도이며(Davies, 1988), 85세 이상 노인들의 이환율은 대략 20%까지 증가하는 것(Crook, 1987)으로 추정되고 있다. 보스턴에서 이루어진 한 연구는(Evans et al., 1988) 지역사회에 거주하고 있는 노인들 중, 치매를 앓고 있는 85세 이상 노인들의 비율은 대략 47%에 이른다고 보고하였다. 치매는 일반적으로 두 개의 광범한 범주에 따라 나누어진다. 다시 말해, 치매는 가역성 치매와 비가역성 치매로 나누어진다. 첫 번째 범주는 인지기능의 감퇴이며, 인지기능의 감퇴는 수많은 요인들에 의해서 야기될 수 있으며(예를 들어, 약물의 독성, 영양 이상, 혹은 대사 장애), 적절한 진단과 치료를 통해 역전될 수 있다.

비가역성 치매는 환경적 요인이 알려져 있지 않은 치매로서, 알츠하이머병이나 픽병과 같이 치료될 수 없다(Hooyman & Kiyak, 1993). 노인들에게서 나타나는 중요한 가역성 치매와 비가역성 치매는 <표 4-12>에 제시되어있다. 치매의 임상적 과정, 원인 및 치료법에 대한 설명은 다른 문헌들에서 광범하게 이루어지고 있기 때문에, 본서에서는 상세하기 설명하지 않았다.

7) 정신상태검사

정신상태 검사는 노인들의 인지 기능의 강, 약 정도를 사정하기 위한 테스트들을 간결하게 정리해놓은 도구이다(Schmitt, Ranseen, & DeKosky, 1989). 정신상태검사는 기억력이나 지남력과 같은 단일한 기술에 대한 사정을 넘어서, 인지 기능의 범위를 검사한다. 정신상태 검사는 일반적으로 기본적인 기억력과 지남력에서부터 언어능력, 이해력, 시각공간능력에 이르기까지 전반적인 인지기능의 수준들을 검사할 수 있는 질문들로 구성되어 있다(Strub & Black, 1985).

노인들을 대상으로 한 정신상태검사를 정기적으로 실시하는 것에 대한 중요성을 지나치게 강조해서는 안된다. 종종 치매는 발견되지 않을 때도 있으며, 내과의 조차도 정기적인 진료의 일환으로 정신상태 검사를 실시하지 않을 수 있다. 정신상태검사에 대한 연구에서 의사들도 확인하지 못했던 노인들의 정신착란상태가 간단한 정신 상태 스크리닝을 통해 37%에서 80%까지 확인되었음을 알아내었다(Knights & Folstein, 1977, Williamson, Stokoe, & Gray, 1964). 정신상태검사를 실시할 때 노인들은 불안감을 느낄 수 있으며, 자신들이 "미쳤다"거나 요양원에 들어가게 될지도 모른다는 공포감을 가질 수 있다. 의료 봉사자가 노인들의 가정을 방문하여 실시하는 검사 역시 여전히 노인들에게 일종의 불안감을 야기하지만, 이용자를 조금이나마 더 편안하게 만들 수 있다.

〈표 7-8〉 말년에 나타나는 주요한 치매

가역성 치매	비가역성 치매
약물로 인한 치매 알코올로 인한 치매 영양결핍(영양실조 포함)으로 인한 치매 뇌종양으로 인한 치매 갑상선 저하증/항진증으로 인한 치매 신경매독으로 인한 치매 우울증으로 인한 치매	알츠하이머병으로 인한 치매 다중경색 치매 헌팅턴병으로 인한 치매 픽병으로 인한 치매 크로이펠츠-야곱병으로 인한 치매 쿠루병으로 인한 치매 코르사코프 증후군으로 인한 치매

(1) 정신상태 검사에 있어 중요한 요소

앞에서도 언급하였듯이, 정신상태 검사의 목적은 단순히 기억력과 지남력을 검사하는 것을 넘어서, 전반적인 인지 기능들을 검사하는 것이다. 그러므로 의료 전문가들은 검사를 실시할 때, 이들 요소들을 충분히 이해하는 것이 중요하다. 대부분의 정신상태 검사는 기억력, 지남력, 언어능력, 쓰기, 이해능력 및 더 높은 수준의 뇌 기능들을 포함하는 인지기능들의 다양한 면들을 테스트한다.

① 기억력

기억력 손상은 인지기능 변화의 증상으로 자주 나타난다. 기억력 손상은 자신들의 인지기능 변화를 두려워하는 개인들에게 가장 큰 불안감을 가져오기도 한다. 일반적으로 기억력은 즉시 회상력, 단기기억력, 장기기억력의 세 가지 유형으로 나누어진다. 즉시 회상력은 이용자에게 반복된 아라비아 숫자와 단어들의 정보를 제시하고, 즉시 따라하도록 요구함으로써 검사할 수 있다. 단기기억력은 몇 분에서부터 며칠 동안까지 기억할 수 있는 능력이다. 단기 기억력은 개인들에게 제시된 일련의 단어들을 나중 검사 단계에서 다시 기억해 내도록 요구함으로써 검사할 수 있다. 장기 기억력은 보다 먼 과거의 일들을 기억할 수 있는 능력이다. 장기기억력은 이용자에게 생일, 어머니의 결혼 전의 이름이나 대부분의 사람들이 알고 있는 과거의 정보들에 대하여 질문함으로써 검사할 수 있다. 개인들이 스스로 기억하기가 어렵다고 말하는 것은 기억력에 대한 객관적인 사정과는 서로 관계가 적다는 사실에 유의하는 것 역시 중요하다(Gallo et al., 1988).

② 지남력

환경에 대한 지남력은 정신상태 검사에 있어 기본이 되는 인지기능이다. 사람들 대부분은 일상적인 환경을 기초로 하여 자신들이 현재 어디 있는 지를 알아낸다. 그러나 노인들 특히 독거노인들은 시간과 사건들에 대한 지남력이 충분하지 않을 수 있다. 지남력은 전형적으로 세 가지 범주에 따라 나누어진다. 다시 말해, 시간에 대한 지남력, 사람에 대한 지남력, 그리고 장소에 대한 지남력으로 나누어진다. 시간에 대한 지남력에는 연, 월, 계절, 요일 및 날짜에 대한 지식이 포함된다. 사람에 대한 지남력에는 자기가 누구인지에 대한 지식, 배우자 및 자녀들과 같이 중요한 타인들에 대한 지식이 포함된다. 장소에 대한 지남력에는 이용자가 거주하고 있는 주, 군, 혹은 도시에 대한 지식과 주소에 대한 지식이 포함된다.

③ 언어능력

언어 능력은 개인에게 지시된 사물들(예 : 펜이나 손목시계)의 이름에 대하여 묻는 것 뿐만 아니라 반복하도록 요구하는 것과 같은, 단어 발견 문제들을 포함한다.

④ 쓰기와 이해 능력

이해 능력이 어려워지는 것은 치매의 전형적인 증상은 아니지만, 사정을 실시하고 있는 전문가들은 이용자가 이 영역에서 겪고 있는 어려움을 파악할 수 있다. Gallo와 다른 사람들(1988)에 따르면, 이 영역의 장애는 치매의 초기증상인 전두엽의 손상을 의미한다. 전문가들은 이용자에게 문장을 쓰고, 도안을 따라 그리거나 반복적으로 줄긋기를 하라고 요구함으로써 이러한 요소들을 테스트할 수 있다.

Sunderland와 동료들은(1989) 시계를 따라 그릴 수 있는 능력은 치매를 앓고 있을 가능성이 있는 노인들의 이해능력과 관련이 있으며, 다른 치매 척도에 따른 심각성 사정과 상호 관계를 갖고 있다는 사실을 발견하였다.

⑤ 더 높은 수준의 인지 기능

더 높은 수준의 인지 기능에는 계산문제를 풀고, 추상적으로 생각하고 추리할 수 있는 개인들의 능력이 포함된다. 정신상태 검사에서 더 높은 수준의 기능 테스트는 이용자에게 100에서 7을 뺀 후 나온 답에서 다시 7을 빼는 식으로 순차적으로 7을 빼나가는 문제나 20에서 3을 뺀 후 나온 답에서 다시 3을 빼는 식으로 순차적으로 3을 빼나가는 문제와 같은, 계산문제를 풀도록 요구하는 형식을 취할 수 있다. 추상적으로 생각하는 능력은 이용자에게 속담을 풀이해 보도록 요구함으로써 테스트할 수 있다. 추리능력은 이용자에게 "소설과 시가 어떤 점에서 유사한가?"라는 질문에 답하도록 요구함으로써 테스트할 수 있다.

(2) 정신상태 스크리닝을 위한 도구

이 섹션은 노인 이용자들의 정신 상태를 사정하기 위해서, 일반적으로 이용되는 두 가지의 도구들을 제시하고, 그 도구들의 내용, 실행방법 및 타당성에 관한 정보들을 검토하고 있으며, 특정 도구들에 대한 사본도 제시하고 있다. 더하여 인지 기능들을 사정하기 위해서 이용자들의 가정을 방문할 때, 이용자들에게 부과될 기능적인 과제를 이용하는 방법도 논하고 있다.

① 간이정신상태검사법(MMSE)

Folstein, Folstein 및 McHugh(1975)에 의해 개발된 간이 정신상채 검사법는 임상 환경 속에서 이용자들의 인지 기능을 나타내는 지수를 산출하는 방법으로서 광범위하게 이용되어왔다(Schmitt, Ranseen, & Dekosky, 1989). MMSE는 오로지 이용자의 인지 기능만을 사정하고 있지만(그런 의미에서 간이라는 말이 사용된다), 인지 기능 사정에 관해서는 철저하게 고안되었다(Kane & Kane, 1981)

간이정신상태검사법은 두 개의 부분으로 나눌 수 있다.

첫 번째 부분은 구두로 실행되며, 두 번째 부분은 개인들에게 문장과 사물의 이름을 쓰고, 구두로 들려지는 지시와 문서상에 제시된 지시에 따라 행동하고, 복잡한 도안을 따라서 그리라고 요구한다(Folstein et al., 1975) 대략 5분내지 10분 동안 실시되는 간이 정신상태 검사법은 시간, 장소에 대한 지남력, 기억력, 세 가지 사물을 회상하여 기재할 수 있는 능력, 언어 기능, 계산력 및 이해력을 사정한다.

두 번째 부분은 기본적으로 이용자에게 읽고 쓸 수 있는 기술을 요구하기 때문에 시각적으로 손상된 사람들이 질문서를 작성하는 것은 어려울 수도 있다. 간이 정신상태 검사법에서 개인들이 받을 수 있는 점수는 0점에서 30점까지 이며, 21점 이하의 점수를 받은 개인들은 치매가 있는 것으로 사정된다.

Schmitt와 그의 동료들에 따르면(1989), 간이정신상태검사법은 "정신 기능에 있어서 많은 중요한 영역들을 명확하게 사정하는 신뢰할 수 있고 타당한 검사법"이다(p.549). 간이정신상태검사법은 치매 초기의 스크리닝 도구로써 아주 유용하며, 시간경과에 따른 정신 변화 사정에 있어서도 역시 유용한 것으로 알려져 왔다.

예를 들어, 간이 정신상태 검사법에 대한 최초의 연구에서, 우울증 환자들의 간이 정신상태 검사법 점수는 시간경과에 따라 개선되는 것으로 드러났다. 그러므로 간이 정신상태 검사법은 인지 기능 손상의 심각성을 양적으로 사정하고, 연속적으로 인지 기능의 변화를 기록할 때 유용하다(Folstein, et al., 1975). 간이 정신상태 검사법의 형식은 <참조 14>에 제시되어있다.

② 간편한 정신상태질문서(SPMSQ)

SPMSQ(Pfeiffer,1975)는 미국 노인인적 자원국 및 공공사업과(OARS)에서 실시하는 보다 더 광범위한 종합 테스트의 한 부분이다. 그러나 간편한 정신상태질문서는 보다 더 광범위한 종합 테스트의 나머지 부분들과 별도로 실시하기에 적당하다(Kane & Kane, 1981). 간편한정신상태질문서는 간편하여 면접이라는 형식 속에서 쉽게 이용할 수 있다. 간편한정신상태질문서의 질문들 중 다수는 면접 시 처음으로 묻는 질문들과 일상에 관한 질문들로 통합될 수 있다. 이 도구는 10개 문항으로 구성되어 있으며, 개인들의 정보 회상력, 시간과 장소에 대한 지남력 및 계산 능력을 사정한다. 어머니의 결혼 전 이름을 묻는 질문은 먼 과거에 대한 기억력을 테스트하며, 정신 상태 검사에서 때때로 이용되는 "지난번 대통령은 누구였습니까?"라는 질문보다 훨씬 더 잘 기억된다. 간편한 정신상태질문서는 언어능력, 인지능력, 시각 공간 기능, 및 추상능력은 사정하지 않는다(Schmitt, Ranseen, & DeKosky, 1989).

간편한 정신상태질문서가 가진 우수한 신뢰도와 타당성은 지역사회에 거주하고 있는 997명의 노인들에 대한 연구에서 실제로 증명되었다(Fillenbaum, 1980). Schmitt와 그의 동료들에 따르면(1989), 간편한 정신상태질문서는 알츠하이머병과 관련된 진행성 인지 저하를 민감하게 사정하는 것으로 보인다. 간편한 정신상태질문서의 이점 중 하나는 인지 기능 손상의 심각성을 측정하는 데 있어 도움이 되는 누진 점수를 제공한다는 것이다. 간편한 정신상태질문서는 <참조 15>에 제시되어 있다.

(3) 가정 방문 시 정신상태 검사의 통합

이제 막 검토된 정신상태 검사는 사무실, 가정, 혹은 사회복지 기관이라는 환경 속에서 실시될 수 있도록 고안되었다. 가정방문을 통해 개인들의 정신상태 검사가 실시될 때만 오로지, 의료 전문가들은 전형적인 정신상태 검사에서 보통 사용되는 매개변수를 확장시킬 수 있는 기회를 갖는다. 그러나 Kapust와 Weintraub(1988)는 다른 접근법을 통해서 이용자의 정신 상태를 사정할 수 있는 메커니즘을 개발하였다. 그들은 자신들이 고안한 검사법에서 잘 짜여진 면접 형식과 5개의 과제들을 통합하였다. 그들은 이용자들에게 차나 커피 준비하기, 전화번호부로 전화번호를 찾고 그 번호로 전화걸기, 일정한 사물들의 위치 확인하기 및 비상사태에 실제로 대처할 수 있는 전략 보여주기와 같은 과제들을 수행할 것을 요구하였다. 특히 각각의 과제들은 주의력, 의욕, 언어 능력, 기억력 및 시각 공간 기능들을 요하도록 구성되었다.

참조 17 간이정신상태검사법(MMSE)

이용자 성명 ______________________ 검사 날짜 __________

점수

1. 지금은 몇 년도, 몇 월, 몇 일 무슨 요일 입니까?(5) ______
2. 우리는 지금 어디에 있습니까? 시, 구, 동(읍, 면, 동) 주소(4) ______
3. 여러분의 생일은 언제입니까?(1) ______
4. 세 가지 사물의 이름을 말해보십시오(예를 들어, 사과, 탁자, 시계).(3) ______
5. 순차적으로 7빼기: 100에서부터 거꾸로 7을 빼나가십시오, 그리고 5개의 답이 나올 때까지 계속 하십시오. 각각의 답에 대해서 1점씩 매기십시오(5)
   혹은,
   "WORLD"의 철자를 거꾸로 말해보십시오
6. 4번 문항에 제시되었던 세 가지 사물들의 이름을 반복해보십시오(3) ______
7. 2개의 사물의 이름을 말해보십시오: 연필(혹은 펜)과 시계(2) ______
8. "그렇다면, 그리고, 그러나가 없다(No ifs, ands, or buts" 라는 구절을 따라하십시오(1) ______
9. 3단계의 지시에 따라 다음을 하십시오 : 오른손으로 종이를 집어, 반으로 접은 다음 바닥에 내려놓으십시오(3) ______
10. 다음의 문장을 읽고 그대로 따라하십시오 :(1) ______
    눈을 감으십시오
11. 하나의 문장을 써보십시오(1) ______
12. 다음의 도안을 따라서 그려 보십시오 :(1) ______

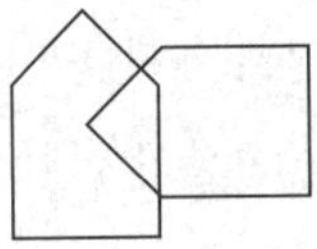

______

총점

최대 점수 30점. 20점 이하의 점수는 인지 손상을 나타내며, 그 이상의 테스트들을 실시 하는 것에 대한 정당한 사유가 된다.

출처: "Mini-Mental State: A Practical Method for Grading the Cognitive State of Patients for the Clinician" 저자 M.F. Folstein, S.E. Folstein and P.R. McHugh, 1975, *Journal of Psychiatric Research, 12,* p. 189. Copyright ⓒ1975 by Elsevier Science Ltd., Pergamon Imprint, Oxford, England. 허가 하에 각색함.

이 검사에 관심이 있는 사람들은 검사 과정을 보다 상세하게 설명하고 있는 다른 문헌들을 고찰할 것을 권한다(Kapust & Weintraub, 1988).

(4) 정신상태 검사의 실시에 관한 전문적인 고찰

앞에서도 언급한 바와 같이, 정신상태 검사가 검사자의 사무실에서 실시되든 이용자의 가정에서 실시되든 간에, 이러한 검사는 필시 이용자에게 불안감을 야기시킬 것이다. 대부분의 경우에, 노인들은 의료 전문가를 만나본 적이 없고, 정신 상태에 대한 사정도 가족이나 이웃 혹은 또 다른 사회 복지기관에 의해 요청되었을 가능성이 많다. 그래서 노인들은 요양원이나 다른 양로원 시설에 가게 될 지도 모른다는 두려움을 갖게 될 수 있다.

따라서 이용되고 있는 형식에 상관없이, 정신상태 관리자들이 노인들의 정신 상태 검사를 하기 전에 검사의 목적을 간략하게 설명하는 것은 노인들에게 도움이 될 것이다. 다음과 같이 사정의 틀을 짜는 것 또한 도움이 될 것이다: "우리는 사람들을 방문할 때 항상 몇 가지 질문을 합니다. 이 검사는 당신의 기억력이 어떤 상태인지 이해하는데 도움이 될 것입니다. 질문 중에서도 어떤 질문들은 쉬울 수도 있고, 어떤 질문들은 어려울 수도 있습니다. 또 일부는 다소 유별나거나 어리석은 질문으로 보일 수도 있습니다. 그러나 당신이 참고 질문에 대하여 할 수 있는 한 최선의 답을 해준다면, 나는 그것을 고맙게 여길 것입니다."

인지 기능의 저하를 경험하고 있는 개인들은 종종 정신 상태를 묻는 질문에 대하여 검사자에게 모호한 답을 하거나 대답을 회피할 것이다. 한 예로, 나이를 물었을 때, 이용자들은 다음과 같이 "왜 당신이 그것을 알 필요가 있습니까?" 혹은 "나는 나이가 아주 많아요"라고 대답하기도 한다. 그 주의 날짜나 요일에 대해서 물었을 때는, 이용자들은 "오, 나는 더 이상 그런 부질없는 것들을 계산하지 않아요."라고 대답하기도 한다. 물론 이러한 영역에서 이용자들의 능력을 정확하게 사정하는 것은 필요하지만, 또한 이용자가 느끼는 불안감의 정도를 고려하는 것 역시 중요하다.

참조 17 간편한정신상태질문서(SPMSQ)

1. 오늘은 며칠입니까?(연, 월, 일) ______
2. 오늘은 무슨 요일입니까? ______
3. 지금 있는 이곳은 어디입니까? ______
4. 자택 전화번호는 무엇입니까?(전화가 없다면, 살고 있는 거리의 주소는 어떻게 됩니까? ______
5. 당신은 몇 살입니까? ______
6. 당신의 생일은 언제입니까?(생년, 월, 일) ______
7. 미국의 현 대통령은 누구입니까? ______
8. 바로 전 대통령은 누구입니까? ______
9. 당신 어머니의 결혼 전 이름은 무엇이었습니까? ______
10. 20에서 3을 빼고, 나온 답에서 다시 3을 빼는 식으로 순차적으로 답을 구하십시오 ______

총점

오답 수가 0-2개일 때 = 손상되지 않음
오답 수가 3-4개일 때 = 경미한 지적 손상
오답 수가 5-7개일 때 = 중등정도의 지적 손상
오답 수가 8-10개 일 때 = 심각한 지적 손상
피실험자가 초등학교 교육만 받았을 경우, 오답의 수는 더 많아질 수 있다.
피실험자가 고등학교 이상의 교육을 받았을 경우, 오답의 수는 거의 없을 수 있다.

출처: permission of Williams & Wilkins,ⓒ 1975 허가 하에 Pfeiffer, E.,A Short Portable Mental Status Questionnaire for the Assessment of Organic Brain Deficit in Elderly Patients, *Journal of the American Geriatrics Society*, Vol. 23, pp. 433-441로부터 재인쇄함.

이용자에게 답을 하도록 재촉하는 것이 심각한 불안감이나 분노를 일으키는 것처럼 보인다면, 검사자는 나중에 다시 검사를 시도할 수 있다. 아니면, 이용자들이 이러한 반응을 보이는 것은 질문에 대답할 수 있는 능력이 없기 때문이라고 간주할 수 있다.

개인들의 정신 상태는 어떠한 결함이 발생할 수 있는 기능적 장애와 해당 지원 시스템의 견지에서 고려되어야 한다. 사정을 실시하는 의료 전문가들은 개인들의 인지 기능 저하가 그들의 생활과 관련하여 즉, 환경 속에서 살아가는 사람이라는 점과 관련하여, 어떤 의미를 갖는지에 대해서 자문할 필요가 있다. 다음의 사례들은 개인들을 비공식적으로 지원하는 시스템이 인지적으로 저하된 기능에 어떻게 영향을 주는지를 보여 주고 있다.

사 례

K여사는 남편과 함께 지냈던 집에서 혼자 살고 있는 82세의 미망인이다. 그녀는 일주일에 두, 세 번 그녀를 방문하는 이웃들과 일요일마다 그녀를 교회로 데려가기 위해 교회 사람들로부터 비공식적인 지원을 받고 있다. 때때로 그녀는 일요일인지를 기억하지 못해서 교회 사람들이 도착할 때까지 준비를 하지 않고 있기도 하였다. 간이정신상태검사법(MMSE)이 실시되었을 때, K여사는 총점 16점을 받았다. 그녀는 시간을 올바르게 계산하지 못하였으며, 자신의 나이조차도 정확하게 알지 못했다. 그리고 순차적으로 7을 빼나가면서 답을 구하는 문제도 정확하게 풀지 못하였으며, 제한적인 단기 기억력을 보여주었다. 그녀는 문장도 정확하게 쓰지 못했다.

K여사가 살아가고 있는 환경과 관련하여 인지 기능 결함을 검사하였을 때, 몇 가지 우려했던 부분들이 나타났다. K여사는 시간에 대한 지남력 결손으로 인해 요금 고지서를 제때에 납부하지 못하거나 타인과의 약속을 지키지 못하였으며, 시간의 지남력과 관련한 다른 활동들을 할 수가 없었다. 그녀의 명백한 단기 기억력 결함은 과연 그녀가 그 날 식사를 했는지, 목욕을 했는지, 혹은 처방에 따라 심장 약을 복용했는지를 기억할 수 있는가 하는 의문들을 갖게 하였다. 완전한 문장을 쓰지 못하는 것은 사무적인 서신을 관리할 수 있는지에 대한 우려를 낳았다.

K여사를 개선하기 위한 조정에는 공식적인 사회복지기관을 통해 그녀를 지원하는 시스템들을 개선시키는 것이 포함될 수 있다. 그녀는 영양을 지원하기 위한 가정배달 급식 프로그램에 위탁되거나 쇼핑과 개인적인 생활을 관리하는 것을 보조해 주기 위한 가정봉사원의 도움을 받을 수 있었다.

매달 수령하는 사회 보장 지원금을 은행에 직접 예치하도록 K여사를 설득하는 것은 지원금 분실이나 도난의 가능성을 감소시킬 것이다. 공식적인 혹은 비공식적인 의료 제공자는 건물의 통로를 보수하고 주택의 상태를 유지하는 것을 돕기 위하여 이웃들과 협력할 수 있다. 그리고 무엇보다 중요한 것은 K여사의 인지 기능 손상의 상황이 바뀔 수 있는지, 치료될 수 있는지를 결정하는 신체검사와 신경정신과 검사를 철저하게 검사하기 위해서 K여사를 진료하는 의사와 협력하는 일이다. 그러나 의료 제공자들의 개입이 K여사가 계속하여 독립적으로 거주할 수 있도록 보장하는 것은 아니다. 이러한 지원이 효과적인지를 확인하고 그 지원이 실패할 경우 다른 대안을 찾기 위하여, 사례관리자 기관은 개인들을 면밀하게 감시할 필요가 있다.

사 례

79세인 존은 자신의 딸, 사위, 손자와 함께 단독 주택에서 살고 있다. 존을 일차적으로 진료한 의사는 그가 기질성 뇌 손상 증후군을 앓고 있다고 진술하였다. 존은 간이정신상태검사법(MMSE)에서 12점을 받았다. 그는 장소에 대한 지남력, 계산 능력, 단기 기억력, 언어 능력 및 시각 공간 능력에 결함이 있다. 존의 딸은 주간에는 보통 집에 머물며, 아버지의 식사를 준비하고 아버지가 약을 복용하는 것을 도왔다. 존의 손자는 종종 존이 목욕하는 것을 감독하며 옷을 갈아입는 것도 도왔다. 존이 의사의 진찰을 받기로 되어있는 날짜는 주방에 있는 가족 달력에 표시되어 있다.

존이 갖고 있는 기능 결함의 대부분은 가족들에 의해서 최소화되고 있다. 존의 현저한 인지 기능 저하에도 불구하고, 이런 경우 개입은 이용자보다는 가족들에게 더 많이 적용될 것이다. 아버지의 질병에 대한 지식을 개선시키고, 딸이 휴식을 취할 수 있게 도와주며 지원해줄 수 있는 단체에 대한 정보를 제공하는 것은 존이 계속적으로 가족들과 함께 지역사회에서 거주할 수 있음을 보장하는데 도움이 될 것이다.

여기에서 고안된 정신상태 검사는 스크리닝 도구로써 고안되었기 때문에, 검사 결과가 인지적 기능 손상이 나타나면, 장애를 결정하거나 정의하기 위하여 그 이상의 진단 테스트들이 지시된다. 이러한 예에서, 개인을 신경정신과 의사의 진찰을 받게 하거나 치매 진단 및 치료 센터에 보내는 것은 정식으로 허가된다.

8) 치매와 관련된 행동상의 문제

우리가 알고 있는 치매와 관련된 행동상의 문제를 특별히 다루고 있는 사정도구는 없다. 그러나 이용자들을 가정에서 관리했을 때, 발생하는 가장 중요한 문제는 이용자들의 비정상적인 행동들일 수 있다. 이 섹션의 목적은 의료 제공자가 이용자들의 행동상의 문제들을 확인하고 효과적으로 개입하는 것을 발전시킬 수 있도록, 치매와 관련하여 일반적으로 나타나는 행동상의 문제인 세 가지 즉, 파국적인 반응, 배회, 흥분에 대하여 정의하고 검토하는 것이다. 우리는 이러한 행동에 대하여 먼저 사용되고 있는 용어들에 대한 정의를 내리고, 가능한 원인들을 검토하며, 이러한 행동을 관리하기 위한 제안을 제시할 것이다. 중요한 것은, 이러한 문제들에 대한 해법은 시행착오를 기초로 확립된다는 사실이다. 한 개인에게 효과가 있는 해법이 그와 유사한 증상과 특질을 가진 또 다른 개인에게는 효과가 없을 수도 있다. 그러므로 공식적인 의료 제공자는 이용자나 그의 가족들에게 이러한 행동상의 문제들에 대한 해법을 완벽한 치료법으로 제시하는 것에 관해서는 주의를 기울여야 한다.

(1) 파국적인 반응

파국적인 반응이란 단순한 일상적인 경험에 대한 과장되고 부적절한 반응을 말한다. 파국적인 반응은 대개 상황이 특히 치매를 앓고 있는 사람의 사고 능력을 압도할 때 나타난다. 파국적인 반응은 다양한 자극과 상황에 의해서 야기되며, 종종 한 개인에게 특유한 특징일 수도 있다. 파국적인 반응을 일으키는 일반적인 원인에는 수많은 낯선 사람들, 지나친 소음, 복잡한 일들, 낯선 상황이나 환경적인 스트레스 등이 포함된다. 파국적인 반응은 안절부절하고 다른 사람들과의 협력 거부, 호전성, 울부짖음 및 기타 등등의 행동 중 단 하나의 행동으로 나타나거나 동시에 여러 가지 행동으로 나타날 수 있다. 이러한 행동들은 의도적으로 일어나는 행동이 아니며, 인지적 손상된 개인이 완화시킬 수 있는 반응들도 아니다. 치매의 증상에 익숙하지 않은 가족들은 일반적으로 이용자가 그들을 약 올린다거나 단순히 자신들이 어떻게 반응하는지 보기 위해서 그러한 행동들을 하는 것이라고 생각한다. 그러므로 사정을 수행하고 있는 개인은 가족들에게 개인의 제한된 인지 능력이 그러한 반응들을 유도한다는 사실을 확인시켜야한다.

파국적인 반응에 대한 개입에 대해 그 이상의 과잉반응을 예방할 필요가 있다. 과잉반응을 예방하는 방법들은 다음과 같다.

- 침착하라. 천천히 그리고 침착하게 움직이고 말하라.
- 한 번에 한 가지 일을 취하라. 가능하다면 문서로 작성된 지시문을 이용하라.
- 불화가 있는 사람과 의논하는 것은 피하라.
- 가능하다면 기분전환을 통해 단기 기억력 손실을 당신에게 유리한 쪽으로 이용하라.
- 기대치를 줄이고 가능하다면 환경을 단순화하라(예 : 의복에 단추보다는 벨크로(접착테이프)를 이용하라.)

(2) **배회**

배회는 치매 질환을 앓고 있는 사람들에게서 나타나는 가장 일반적인 행동이다. 배회는 공공시설에 수용되어 관리를 받는 상황 속에서 문제가 된다. 그러나 배회는 가정에서 관리하고자 하는 가족들에게도 심각한 문제가 될 수 있다. Hussian(1987)은 배회를 명백한 목적 없이 유도되는 보행이나 이동으로 정의하였다. 그는 배회가 사람의 기능 중에서도 보행의 측면이 강화되기 때문에 일어난다고 주장하였다. 공공시설에 수용되어있지 않은 사람의 배회는 위험, 교통사고, 범죄 및 혹독한 날씨에 노출될 뿐만 아니라 개인이 행방불명될 수 있는 가능성과 같은 수많은 문제들을 일으킬 수 있다.

Snyder와 Rupprecht, Pyrek, Bredhus 및 Moss(1978)는 배회에는 특별한 행동과 관련된 다양한 특정 유형이 있음을 알아내었다. 이러한 유형에는 얻기 어려운 어떤 물건을 끊임없이 탐색하는(예 : 집이나 어머니)목적에 의하여 유도되는/수색하는 행동, 일을 하거나 바쁘게 움직이고, 심지어는 상상 속의 일을 하고자 하는 개인의 욕구에서 비롯되는 목적에 의해서 유도된/부지런한 행동, 그리고 정처없는 배회와 다양한 자극에 아주 잠깐씩 몰두하는 것과 관련이 있는 목적에 의해서 유도되지 않는 행동들이 포함될 수 있다.

배회하는 이유는 다양하다. 조사자들은 배회가 운동의 필요성에서 비롯되었을 수도 있고(Hussian, 1987; Snyder et al., 1978), 흥분한 상태에서 배회하는 경우에는 긴장과 좌절감을 해소하는 방법일 수도 있고(Snyder et al., 1978), 지루함의 표현일 수도 있으며, 혹은 "나는 어찌할 바를 모르겠다"라고 말하는 개인적인 방법일 수도 있다고 제안하였다(Mace & Rabins, 1981). 배회의 이유를 조사할 때, 다른 변수들 역시 고려될 수 있다. 배회는 사용하고 있는 약물로 인해 발생하는 안절부절의 표현일 수 있고(Hussian, 1987), 혹은 특히 최근에 이사를 한 경우와 같이 익숙하지 않은 환경에 기인할 수도 있다. 사람들이 일관되게 저녁이나 밤중에 배회하는 경우, 그들의 배회는 어둠으로 인한 혼동 혹은 방향감각 상실에 의해서 야기될 수 있다.

사람들의 배회가 확인된 상황에서 개입하고자 할 때, 면접을 하는 사람은 먼저 그 사람의 생활방식과 배회의 유형에 대한 사정부터 시작해야한다. 예를 들어, 개인은 정해진 경로에 따라서 산책하는 것에 익숙한가? 그렇다면 조사자는 시간의 패턴이나 그 사람을 재촉하는 요인에 주목해야한다(snyder et al., 1978). 특정하게 명명되지 않은 행동이나 단서는 도움이 되지 않을 수 있다. 사람이 흥분할 때 /지루할 때 배회하는 경향이 있는가? 배회의 유형을 발견하고자 하는 시도에 덧붙여, 다음의 일반적인 제안이 도움이 될 수 있다.

- 이용자에게 신분확인 팔찌를 제공하라. 특히 이용자들이 자신의 신분과 주소를 확인할 수 없을 정도까지 당황하고 있을 경우 유용하다.

- 가족들은 환경 속에 존재하는 위험, 특히 인근지역(예 : 공사현장, 복잡한 교차로, 기타 등등)에 대한 특별한 주의를 기울여야한다. 또한 이웃들에게 발생할 수도 있는 잠재적인 문제들을 인식시키는 것도 도움이 될 수 있다.
- 잘 짜여진 계획에 따라서 운동을 촉진하고/혹은 스트레스 요인들을 감소시키는 개입이 성공적인 것으로 사정되어왔다(Monsour & Robb, 1982). 가능한 경우 위험요소가 제거된 마당이나 정원과 같이 잘 구성된 환경은 배회하기에 안전한 장소로 제공 될 수 있다.
- 자물쇠나 경보시스템을 이용하는 것이 도움이 될 수 있다.
- 배회를 시작할 때, 물리적, 즉각적으로 제지하는 것은 배회하고 있는 사람에게 필시 긴장과 스트레스를 증가시킬 것이다. 그리고 제지를 받은 사람들은 파국적인 반응을 보일 수도 있다. 가능하다면, 물리적으로 제지하기보다는 주의를 돌리는 방법을 이용하라.
- 약물처방이 배회하는 행동에 도움이 될 수도 있다. 그러나 사용한 약물의 부작용으로 인해 개인이 안절부절하게 된다면, 이것 또한 상황을 악화시킬 수 있다. 개인에 대한 개입방법으로서 약물을 이용하고자 하는 가족들은 반드시 그 전에 정신에 영향을 미치는 약물의 이용에 관하여 전문의와 상담하도록 해야 한다. 만약 배회하는 행동이 밤과 관련이 있다면, 두 가지의 부가적인 개입을 고려할 수 있다.
- 개인적이거나 주간 관리 프로그램을 통해서, 주간에 개인이 할 수 있는 규칙적인 활동 프로그램에 대하여 고려하라. 밤중에 일어나는 배회는 개인의 자연 시계의 장애에서 기인할 수도 있다.
- 밤중에 방에 조명을 켜놓는 것은 개인의 방향감각을 상실하게 한다. 어떤 사람들은 침대에서 잠드는 것이 어려울 수도 있다. 따라서 소파나 의자에서 잠을 자는 것도 도움이 될 수 있다.

(3) 흥분된 행동

흥분된 행동에는 소리 지르기, 왔다갔다하기, 주먹 휘두르기 등의 형태가 있을 수 있으며 이것은 다양한 원인에서 비롯될 수 있다. 흥분은 우울, 분노, 지루함, 불안 혹은 안절부절함의 표현일 수 있다(Mace & Rabins, 1981). 사람들이 흥분된 행동을 보이는 신체적인 이유에는 감염, 신진대사 불균형, 분변 매복, 감각 상실 및 약물로 인한 부작용 등과 같이 다양할 수 있다. 더하여 흥분된 행동은 울혈 심장기능 상실, 혈관 부전증이나 심근 경색증과 같이 보다 심각한 내과적 문제들의 결과로서 나타날 수 있다(Hussian & Davis, 1985). 흥분된 행동을 보이는 경우에 특히 갑작스럽게 발병하거나 다른 신체 증상들이 나타나는 경우에는 반드시 신체검사도 고려하여야한다.

흥분된 행동에는 또한 환경적인 원인이 있을 수 있다. 감각 과부하, 사람이나 환경에 익숙하지 않음, 그리고 불안전한 느낌은 모두 흥분된 행동들의 원인이 될 수 있다.

흥분된 행동들은 또한 개인에 대한 자극 부족 혹은 환경의 과부하의 결과일 수 있다. 흥분은 지루함이나 안절부절함이 확장된 것일 수 있다. 다음의 사례에서 환경, 협소한 공간 및 안절부절함이 어떻게 흥분된 행동을 초래하였으며, 가족들이 어떻게 혁신적으로 개입하였는지에 대해 주목한다.

사 례

74세의 L씨는 작은 트레일러에서 살고 있으며, 1년 이상 인지 기능의 저하를 경험해왔다. 그리고 그의 아내가 죽은 후에, 딸이 아버지를 돌보기 위해 트레일러로 이사해왔다. 비좁고 답답한 주위 환경과 자극의 결여로 인해 L씨는 안절부절함을 경험하게 되었으며, 이러한 안절부절함은 일반적으로 흥분된 행동을 초래하였다. 트레일러 공원 바깥쪽에는 복잡한 거리만 있었기 때문에 L씨가 지도를 받지 않고 산책하는 것은 안전하지 않았다. 한번은 L씨가 가위로 가족들의 중요한 물건들을 난도질 한 적도 있었다. 이 사건으로 인해 딸이 아버지에게 개입하게 되었다. 그녀는 지역의 인쇄업자에게서 얻어온 오래된 신문들과 무딘 가위, 반창고로 만든 손가락 보호대를 아버지에게 주었다 L씨는 매일매일 계속하여 신문들을 작은 사각형으로 자르곤 하였으며, 그리고 나서 그의 안절부절함은 가라앉았다. 인근 도시에 있는 주간 성인 관리 센터에 나가는 것을 비롯한 다른 활동들의 결과로, L씨의 행동은 대부분의 시간동안 유순해졌다.

많은 경우에 있어 파국적인 반응의 표현인 흥분된 행동들은 또한 다양한 다른 원인에 기인한 것일 수 있다. 이러한 원인에는 꾸짖음을 듣거나 상대방과의 반대 생각에 부딪혔을 때와 같이 개인과 개인 사이에서 일어나는 문제들, 가족 간의 의논에 대한 반응들, 혹은 여러 사람이 동시에 말할 때 느끼는 혼란들이 포함될 수 있다. 어려운 임무를 수행하면서 느끼게 되는 좌절감, 시간표의 변경이나 놀람 또한 흥분을 일으킬 수 있다. 이전에 설명한 바와 같이, 다양하게 행해지는 개입은 시행착오를 거쳐서 결정된다. 덧붙여, 다음의 일반적인 제안들은 가족이나 다른 사람들이 흥분된 행동을 보이는 사람들을 관리하는데 도움이 될 것이다.

- 개인의 흥분된 행동이 신체적인 원인에서 기인된 것으로 의심된다면, 사용하고 있는 약물에 대한 제고와 가능한 청력, 시력 등의 감각 손실 검사를 포함한, 철저한 신체검사를 요구하라.
- 흥분된 행동을 일으킬 수도 있는 상황이나 자극에 대한 초기 경고 신호를 관찰하라.
- 좌절 혹은 흥분을 일으키는 원인이 될 수 있는 환경에 초점을 맞춰라. 상황을 악화시킬 수도 있는 소음, 소란, 혹은 다른 요인들을 제거하거나 감소시켜라.
- 가능하다면, 일상의 과정들을 일정하게 유지시켜라. 이것에는 시간표, 가구의 배치 및 기타 등등의 과정이 포함된다.

- 흥분된 행동을 보이는 개인에게 접근할 때는 앞에서 접근하라. 개인이 인지할 수없는 다른 방향에서 접근하는 것은 그 사람을 아연케 하거나 깜짝 놀라게 할 수 있다.
- 흥분된 행동을 보이는 사람에게 반응할 때는 좋아질 것임을 다시금 확인시키면서 가능한 한 침착하게 반응하라. 분명하고 천천히 말하라. 그리고 단순한 문장을 이용하라.
- 스트레스를 주는 상황에서 벗어나게 하여 기분을 전환시켜라.
- 흥분된 행동을 보이는 사람은 공격적인 행동을 할 수도 있음을 인식하라. 예리한 사물이나 도구들을 제거하라. 그리고 날카로운 물건들이 들어있는 서랍장이나 캐비닛에 자물쇠를 채우는 것에 대해 고려하라. 만약 개인이 공격적인 행동을 할 가능성이 있다면, 안전거리를 유지하라.

결 론

노인에 대한 재가사정에는 노인의 일상적인 우울증, 인지 기능의 손실 및 편집증과 같은 주요한 정신 병리학에 대한 스크리닝도 포함되어야한다. 이 장은 이러한 사정들의 중요성에 대하여 논하였으며, 이러한 과제를 완수함에 있어 도움이 될 수 있는 다양한 사례와 도구들도 제시하였다. 이 장에 제시된 대부분의 도구들이 잘 이해할 필요가 있으나, 사례관리자, 간호사 혹은 다른 의료 제공자들에 의해 사정이 실시될 수도 있다. 일단 노인에 대한 사정의 결과가 나오면, 적절한 조처의 과정에는 다른 분야 전문가, 전담 의사 및 가능하다면, 이용자와의 상담이 포함되어야한다.

참고문헌

American Psychiatric Association.(1994). *Diagnostic and statistical manual of mental disorders*(4th ed.) Washington, DC: Author.

Berger, K.S., & Zarit, S.H.(1978). Late life paranoid states: Assessment and treatment. *American Journal of Osteopsychiatry*, 48, 528-537.

Birren, J.E., Sloane, R.B., & G.D.(Eds).(1992). *Handbook of mental health and ageing*(2nd ed.). San Diego: Academic Press.

Blazer, K., Hughes, D.C., & Geroge, L.K.(1987). The epidemiology of depression in an elderly community population. *Gerontologist*, 27, 281-287.

Bressler, R.(1987). Drug use in the geriatric patient. In L.L. Carstensen & B.A. Edelstein(Eds.), *Handbook of clinical gerontology*(pp.152-174). New York: Pergamon.

Brink, T.L., Yesavae, J.A., Lum, O., Heersema, P.H., Adey, M., & Rose, T.L.(1982). Screening tests for geriatric depression. *Clinical Gerontologist,* 1(1), 37-43.

Butler, R.N., & Lewis, M.I.(1982). *Aging and mental health*(2nd ed.). St. Louis: Mosby.

Cavanaugh, J.C.(1993). *Adult development and aging*(2nd ed.). Pacific Grove, CA: Brooks/Cole.

Crook, T.(1987). Dementia. In L.L. Carstensen & B.A. Edelstein(Eds.), *Handbook of clinical gerontology* (pp.96-111). New York: Pergamon.

Davies, J.(1992). Paranoia in the elderly. In F.J. Turner(Ed.), *Mental health and the elderly: A social work perspective*(pp.115-135). New York: Free Press.

Davies, P.(1988). Alzheimer's disease and related disorders: An overview. In M.K. Aronson(Ed.), Understanding Azhimer's disease(pp.3-14). New York: Scribner's.

Eraker, S.A., Kirscht, J.P., & Becker, M.H.(1984). *Understanding and improving compliance.* Annuals of Internal Medicine, 100, 258-268.

Evans, D.A., Funkenstein, H.H., Albert, M.S., Scherr, P.A., Crook, M.R., Chown, M.J., Hebert, L.E., Hennakens, C.H., & Taylor, J.D..(1989). Prevalence of Azheimer's disease in a community population of older persons: Higher than previously reported. *Journal of the Medical Association*, 262, 2551-2556.

Fillenbaum, G.(1980). Comparison of two brief tests of organic brain impairment, the MSQ and the short portable MSQ. *Journal of the American Geriatrics Society*, 28, 381-384.

Folstein, M.F., Folstein, S.E., & McHugh, P.R.(1975). "Mini-Mental State": A practical method for grading the cognitive state of patients 륡 the clinician, *Journal of Psychiatric Research*, 12, 189-198.

Gallagher, D., & Thompson, L.W.(1982). Treatments of major depressive disorders I older adult outpatients with brief psychotherapies. Psychology: *Theory, Research and Practice*, 19, 482-490.

Gallager, D., & Thompson, L.W.(1983). Depression. In P.M. Lewinsohn & L.Teri(Eds.), *Clinical geropsychology*(pp.7-37).

New York: Pergamon.

Gallo, J.J., Reichiel, W., & Anderson, L.(1988). *Handbook of geriatric assessment.* Gaithersburg, MD: Aspen.

Gaylord, S.A., & Zung, W.W.K.(1987). Affective disorders among the aging. In L.L. Carstensen & B.A. Edelstein(Eds.), *Handbook of clinical gerontology*(pp.76-95). New York: Pergamon.

George, L.K.(1992). Community and home care for mentally ill older adults. In J.E. Birren, R.B Sloane, & G.D. Cohen(Eds.), *Handbook of mental health aging*(2nd ed., pp.793-813). San Diego: Academic Press.

George, L.K.(1993). Depressive disorders and symptoms in late life. *Generations*, 17(1), 35-38,

Hooyman, N.R., & Kiyak, H.A.(1993) *Social gerontology: A multidisciplinary perspective*(3rd. ed.). Needham Heights, MA; Allyn & Bacon.

Hussian, R.A.(1987). Wandering and disorientation. In L.L. Carstensen & B.A. Edelstein(Eds.), Handbook of clonical gerontology(pp.177-189). New York: Pergamon.

Hussian, R.A., & Davis, R.L.(1985). *Responsive care: Behavioral interventions with elderly persons.* Champaign, IL: Research Press.

Kane, R.C., & Kane, R.A.(1981). *Assessing the elderly: A practical guide to measurement.* Lexington, MA: Lexington.

Kane, R.L., Ouslandr, J.G., & Abrass, I.B.(1994). *Essentials of clinical geriatrics*(3rd ed.). New York: McGraw-Hill.

Kapust, L.R., & Weintraub, S.(1988). The home visit: Field assessment of mental satus impairments in the elderly. *Gerontologist,* 28, 112-115.

Knights, E.D., & Folstein, M.F.(1977). Unsuspected emotional and cognitive disturbances in medical patients. *Annals of Internal Medicine,* 83, 723-724.

Lewinsohn, P.M.(1975). The behavioral study and treatment of depression. In M. Hersen, R.M. Eisler, & P.M. Miller(Eds.), *Progress in behavior modification*(Vol. 1, pp.19-64). New York: Academic Press.

Mace, N.L., & Rabins, P.V.(1981). *The 36 hour day*. Baltimore: Johns Hopkins University Press.

MacKinnon, R.A., & Michels, R.(1971). *The psychiatric interview in clinical practice*. Philadelphia: Saunders.

Monsour, N., & Robb, S.S.(1982). Wandering behavior in old age: A psychosocial study. *Social Work*, 27, 411-416.

Morrow, D., Leirer, V., & Sheikh, J.(1988). Adherence and medication instructions: Review and recommendations. *Journal of the American Geriatrics Society,* 36, 1147-1160.

Olson, P.R., Suddeth, J.A., Peterson, P.J., & Egelhoff, C.(1985). Hallucinations of widowhood. *Journal of the American Geriatrics Society,* 33, 543-547.

National Institutes of Health.(1991, November). *Diagnosis and treatment of depression in late life*(Reprinted from NIH Consensus Development Conference Consensus Statement). Bethesda, MD: Author.

Pfeiffer, E.(1972). Psychopathology and social pathology. In J.E. Birren & W.K. Schaie(Eds.), *Handbook of the psychology of aging*(pp.650-671). New York: Van Nostrand Reinhold.

Pfeiffer, E.(1975). A short Portable Mental Status Questionnaire for the assessment of organic brain deficit in elderly patients. *Journal of the American Geriatrics Society*, 23, 433-441.

Post, F.(1987). Paranoid and schizophrenic disorders among the aging. In L.L. Carstensen & B.A. Edelstein(Eds.), *Handbook of clinical gerontology*(pp.43-56). New York: Pergamon.

Rabins, P.V.(1992). Schizophrenia and psychotic states. In J.E. Birren, R.B. Sloane, & G.D. Cohen(Eds.), *Handbook of mental he 미스 and aging*(2nd ed., pp.463-473). San Diego: Academic Press.

Schmitt, F.A., Ranseen, J.D., & DeKosky, S.T.(1989). Cognitive mental status examinations. *Clinics in Geriatric Medicine*, 5, 545-563.

Snyder, L.H., Rupprecht, P., Pyrek, J., Bredhus, S., & Moss, T.(1978). Wandering. *Gerontologist*, 18, 272-280.

Springhouse Corporation.(1995). *Nursing 95 drug handbook*. Springhouse, PA: Author.

Strub, R.L., & Black, F.W.(1985). *The mental status exam in neurology*(2nd ed.). Philadelphia: Davis.

Sunderland, T., Hill, J.L., Mellow, A.M., Lawlor, B.A., Gunderheimer, J., Newhouse, P.A., & Grafman, J.H.(1989). Clock drawing in Alzheimer's disease: A novel measure of dementia severity. *Journal of the American Geriatrics Society*, 37, 725-729.

Valente, S.M.(1994). Recognizing depression in elderly patients. *American Journal of Nursing*, 94(12), 19-24.

Williamson, J., Stokoe, I.H., & Gray, S.(1964). Old people at home: Their unreported needs. *Lancet, 1,* 1117-1120.

Yesavage, J.A., Brink, T.L., Rose, T.L., Lum, O., Huang, V., Adey, M., & Leirer, V.O.(1983). Development and validation of a geriatric depression screening scale: A preliminary report. *Journal of Psychiatric Research*, 17, 37-49.

Zarit, S.H., & Zarit, J.M.(1984). Depression in late life: Treatment. In J.P. Abrahams & V. Crooks(Eds.), *Geriatric mental health*(pp.41-53). New York: Grune & Stratton.

Zung, W.(1965). A Self Rating Depression Scale. *Archives of General Psychiatry*, 12, 63-70.

Zung, E.M., & Zung, W.(1986). Use of the Zung Self-Rating Depression Scale in the elderly. In T.L. Brink(Ed.), *Clinical gerontology: A guide to assessment and intervention*(pp.137-148). New York: Haworth.

제 8 장 케어 플랜 작성 및 연습

학습목표

1. 사정 용지를 토대로 이용자와 그 가족의 문제점과 욕구사항의 추출방법을 이해한다.
2. 각각의 문제점과 욕구사항에 대한 바람직한 목표 설정의 중요성과 그 내용을 이해한다.
3. 케어 플랜 작성에서는 공공 서비스 뿐 아니라, 비공식적 사회자원과 본인 자신의 내적자원도 활용한다.
4. 케어 플랜의 작성과 실시에는 이용자 본인과 가족의 참가와 동의가 최우선이라는 점을 이해한다.

케어 플랜 작성 및 연습은 이용자와 함께 케이스 목표설정 및 케어 플랜을 작성하는 것이다. 이 단계는 사례관리의 내용을 가장 잘 특징짓는 부분이며 이것은 사례관리에서 케어 플랜을 '작성하는' 과정으로 사례관리가 갖고 있는 계획성이라는 특징을 발휘한다.

1. 케이스 목표설정

케이스 목표에서는 이용자와 사례관리자 측의 목표를 일치시키는 것이 목적이며, 구체적으로는 이용자가 어디에서 어떤 재택생활을 해 나갈 것인지 명확히 하는 것이다.

특히 '어떤 생활을 하는가'라는 내용을 사례관리자가 이용자와 일치시켜 나갈 때는 이용자가 갖고 있는 잠재적인 능력을 충분히 발휘할 수 있게 하며, 동시에 생활의 질을 향상시키는 것, 자립을 촉진하는 것, 잔존기능을 활용하는 것, 심신기능의 향상을 꾀하는 것, 사회의 참여가 이루어지는 것 등을 기본적인 관점으로 이용자와 이야기하는 것이 중요하다. 이때 이용자와 사례관리자가 대등한 위치, 또는 사례관리자가 측면적인 입장에 서서 이용자 본인이나 가족의 희망을 충분히 받아들인 후 케이스 목표를 설정해야 한다.

여기에서 설정된 케이스 목표는 이용자의 지역생활지원에서 이용자에 관한 서비스 제공자가 공통된 서비스 목표로써 공유하는 부분이다.

그런 의미에서 케이스 목표의 설정은 어느 이용자에 대해 많은 서비스 사업자가 관여할 때 각각의 서비스 제공자가 대응해 가는 이정표를 제시하게 된다.

따라서 케이스 목표의 설정에서는 사례관리자가 이용자와 그 가족이 함께 충분한 시간을 두고 서로 대화할 필요가 있다. 동시에 케이스 목표는 때로는 본인의 신체기능면에서의 변화나 심리면에서의 변화 또는 이용자의 주거 환경면에서의 변화에 따라 달라지는 것도 상정된다. 그러므로 한 번 결정된 케이스 목표가 앞으로 영원히 고정된 목표가 아니라는 것을 이해해야 한다. 따라서 이용자의 ADL의 변화와 사회 환경면에서의 큰 변화가 있으면 다시 충분한 시간을 두고 케이스 목표에 대해 서로 대화할 기회를 갖는 것이 중요하다.

2. 케어 플랜 작성의 기본원칙

첫째, 케어 플랜은 전 단계에서 실시되었던 이용자의 포괄적인 기능적 사정결과에 따른다. 따라서 사정결과와 케어 플랜 작성에는 연속성이 요구된다. 그러나 사정결과가 이용자의 생활 전체 상황을 파악할 수 있어도 생활 욕구를 추출하는 것은 적절하지 않으므로 생활의 욕구를 사정에서 추출하는 원리가 분명해야 하며 사정에서 명확해진 이용자의 신체기능상황, 정신심리상황, 사회환경상황 등이 관련성을 가지고 생활욕구의 발생함에 유의해야 한다.

둘째, 케어 플랜에는 이용자 또는 가족구성원, 대리인이 작성과정에 참여하고, 케어 플랜 작성에는 이용자와 가족이 스스로의 어려움(불만)을 명확히 할 수 있도록 지원해야 한다.

결과적으로 사례관리자와의 조정을 통해 이용자의 적절한 생활 욕구를 이끌어 낼 수 있고 이용자 스스로 케어 플랜 작성이 가능해진다.

케어 플랜 작성에 이용자나 가족의 참여가 약하면 작성된 케어 플랜에 대한 불만이 남게 되고 케어 플랜의 수행을 쉽게 중단하게 된다.

셋째, 케어 플랜은 미리 결정된 케이스 목표에 따른다. 케이스 목표와 케어 플랜은 하나가 변경되면 다른 하나도 수정되게 된다. 따라서 이러한 양자의 작성은 원칙적으로 케이스 목표설정 후 케어 플랜이 작성되지만 실제적으로는 일체적인 측면이 강하다.

넷째, 케어 플랜은 영속적인 것이 아니라 특정기간의 계획이다. 이용자와 사례관리자 간에 결정한 특정기간의 케어 플랜으로 점검 결과 생활욕구의 변화여부에 따라 새롭게 케이스 목표설정과 케어 플랜 작성이 이루어진다. 또 이용자나 사회 환경의 급격한 변화에 따라 이용자와 약속한 특정기간 내에도 케어 플랜 변경을 요구하는 경우가 있다.

다섯째, 케어 플랜에는 공식적 지원과 비공식적 지원이 포함되며, 특성에는 큰 차이가 있다. 전자는 공평하고 표준적인데 반해 후자는 유연하고 최소를 초과한 지원이 가능하다는 것이다. 이러한 차이를 살려 케어 플랜을 작성함으로써 이용자의 생활의 질이 높아질 수 있다.

여섯째, 케어 플랜은 이용자 또는 가족의 부담금을 의식해서 작성된다. 제도에 따라 각각의 서비스마다 자기부담금이 결정되거나 서비스를 총체적으로 이용할 수 있는 한도액이 결정 되어 있다. 한편 이용자나 그 가족은 경제상황이나 자신의 가치관에 따라 어느 정도의 경제적인 자기부담을 할 것인지에 대한 생각도 다르다. 사례관리자는 이런 사용자 본인이나 가족의 자기부담 가능성을 잘 확인하여 케어 플랜을 작성하고 최종적으로 지불한 자기부담금에 대해 본인이나 가족의 동의를 반드시 얻어야 한다.

일곱째, 케어 플랜의 내용은 정형화된 계획용지에 문서화한다. 작성된 케어 플랜에 대해 이용자나 가족의 동의를 얻기 위해서는 구두에 의한 합의보다 문서에 의한 합의가 바람직하다. 왜냐하면 이용자에게는 자기부담금이 있다는 것과 케어 플랜이 문서화됨으로써 문제에 대처하기 위해 어느 서비스가 어떻게 실시되는지 언제나 이용자나 가족에게 확실히 밝힐 수 있기 때문이다.

3. 케어 플랜의 작성방법

케어 플랜은 일반적으로 다음과 같은 단계를 거쳐 작성된다.

(1) 생활 욕구를 명확히 한다.

사정항목을 근거로 그 사정항목 가운데 신체기능상황, 정신심리상황, 사회환경 상황의 관계 속에서 발생하는 생활욕구를 이끌어 낸다. 단 생활의 욕구는 전문가인 사례관리자가 이끌어 내는 욕구와 이용자가 표출하는 욕구가 일치하도록 서로 의논해야 한다.

(2) 서비스 목표를 명확히 한다.

위에서 명확해진 몇 가지 일치된 생활의 욕구에 대해 어떤 방향으로 어느 욕구를 해결할 것이라는 서비스의 목표와 결과를 제시해야 한다.

이 때 서비스의 목표와 결과는 실현가능한 것이어야 하고 이용자와의 사이에서 가능한 한 가시적이고 수치상의 기준으로 구체적인 목표를 정하는 것이 바람직하다. 이렇게 결정된 목표는 이용자뿐만 아니라 서비스 제공자도 그 목표를 향해 활동할 수 있다.

(3) 서비스 내용과 서비스 제공처를 명확히 한다.

서비스목표에 맞춰 어떤 서비스 내용을 어느 기관이 제공하는지를 명확히 한다.

이때 서비스는 당연히 각각의 지역특성을 고려해야 하고 단순히 공식적인 서비스를 활용할 뿐 아니라 비공식적인 지원이라고 할 수 있는 가족, 봉사, 이웃이라는 사회자원도 활용하여 서비스 내용을 명확히 한다.

(4) 빈도나 시간을 명기한다.

빈도나 시간 수 결정이 필요한 서비스는 1시간 또는 1개월을 단위로 빈도나 시간을 명기하며, 그 서비스 내용을 실행하기 위해 필요한 횟수나 시간을 1주일이나 1개월이라는 단위로 바꾸어 명확히 하는 것이 중요하다.

(5) 자기부담금을 책정한다.

다음으로 자기부담금을 산정한다. 자기부담금은 노인수발보험제도에서 종합적으로 얼마까지 사용할 수 있도록 한 전체에 대해서 지급한도액 내에서 자기부담금을 산정하는 방법으로 각각의 서비스에 대한 빈도 한도, 특히 이용액 자체가 결정된다. 지급한도액이나 자기부담금과의 관계에서 이용자의 의향에 따라 서비스 내용을 최종 결정한다.

이상 (1)부터 (5)의 단계에서는 케어 플랜 결정을 전문가인 사례관리자와 이용자가 하나가 되어 실시한다는 원리를 잊어서는 안 되며, 최종적인 케어 플랜의 내용이 이용자가 승낙하고 계약서나 동의서라는 형태로 체결된 것도 케어 플랜 작성에서 이용자와 사례관리자의 한 가지 합의 방법인 것을 이해해야 한다.

4. 케어 플랜 작성의 의의

케어 플랜을 작성하는데 '서비스 우선접근'이 아니라 '욕구 우선접근'의 입장을 취해야 한다. 즉 이용자가 재택에서 생활하는데 어떤 생활과제(욕구)를 갖고 있는지를 명확히 파악하여 그 욕구에 대해 어떤 사회자원이 최적 일지를 계획하는 것이다.

기존의 서비스 제공자의 주체인 서비스 제공은 이런 욕구를 확정해서 그 욕구에 대해 서비스와 연결 짓는 방법을 취하는 경우가 적었다. 이는 기존의 상담서비스에서는 이용자의 생활 전반의 해결해야 할 욕구를 모두 받아들이면 자신의 기관이 제공할 수 있는 서비스를 초과해 여러 기관에게 서비스 제공을 의뢰해야 하는 경우가 발생하기 때문이었다.

그러나 현실의 서비스제공 시스템은 각각의 서비스에 대해 각기 다른 기관이 서비스제공 결정권을 갖고 있기 때문에 작성한 케어 플랜을 실시할 수 없는 상황이 발생한다.

따라서 '서비스 우선접근'이라는 관점에서 자신의 기관에서 무엇을 제공할 수 있는지를 상담하고 그 서비스의 이용을 결정할 수 있는 단계에서 자신의 기관의 서비스를 제공하는 '욕구 우선접근'과는 반대로 실시해 온 것이다.

케어 플랜 작성의 의의는 이용자의 생활전체를 파악해 생활의 욕구를 바탕으로 한 케어 플랜을 작성하여 서비스를 제공하는 것으로 이용자가 지역에서 생활할 때 겪게 되는 다양한 생활 문제에 대처할 수 있다. 기존의 '서비스 우선접근'은 이용자의 생활문제에 대해 단편적으로 대응하여 생활전체의 문제를 해결하지 못하므로 이용자의 생활의 질을 높이는 것은 불가능하다. 따라서 '욕구 우선접근'은 기존과는 크게 다른 사고의 전환으로 '욕구 우선접근'이야말로 이용자의 재택생활을 가능하게 하는 기본적인 사고라고 할 수 있다.

케어 플랜의 작성은 케어 플랜 용지를 사용하면 용이하다. 먼저 이용자와 함께 '문제점과 욕구'를 사정 내용에서 추출하여, 각각의 '문제점과 욕구'에 대해 '희망하는 목표나 결과'를 제시하여 그러한 목표나 결과를 구체화하는 각각의 케어 플랜을 이용자와 함께 결정해 나간다.

이 때 문제점, 욕구, 희망하는 목표나 결과, 구체적인 케어 플랜에 대해 의견이 일치하는 경우가 많다. 사례관리자, 이용자, 이용자의 가족구성원 간에 케이스 목표와 현실의 케어 플랜 내용이나 해당 지역사회의 가치관의 차이, 이용자를 둘러싼 서비스 제공 기관과의 사이에서도 발생할 수 있다.

이런 경우 사례관리자는 합의를 얻을 수 있는 타당성 있는 문제점과 욕구를 제시하고 희망하는 목표나 결과의 설정, 케어 플랜 작성을 다양한 사람들이나 기관과 관계를 맺고 조정하는 역할을 한다. 특히 최적의 해결법이나 대체 안에 대해 이용자와 서로 의논하게 된다. 미국의 일부 사례관리 기관에서는 여러 장의 용지를 사용하여 케어 플랜 작성을 보다 상용화하고 있다. 여기에서 사용되고 있는 용지는 아래와 같다.

① 케어 플랜 용지(이용자의 각각의 문제점과 욕구에 대응한 서비스 내용이나 제공자가 제시한 것)
② 투약 계획서(의사가 재택에서의 투약에 대해 지시한 것)
③ 케어 플랜 승낙서(케어 플랜 내용이 구체적으로 정리되어 있고 이용자 또는 그 대리인이 동의 서명한 것)

앞으로 이러한 용지는 사정에 근거한 케어 계획을 원활하게 추진하는데 더욱 중요해질 것으로 예상된다.

5. 욕구지향의 사례관리

1) 욕구지향적인 사례관리의 필요성

사례관리란 이용자의 자립을 촉진하고 이용자의 니즈(needs)에 맞는 케어 플랜을 작성해 그 플랜을 바탕으로 한 적절한 서비스의 사회자원을 제공하는 것이다.

지금까지 각 기관의 상담업무에 있어서 서비스 제공은 실시해 왔으나 대부분은 '어떠한 서비스가 필요하십니까?' 라는 질문을 하고 자신이 속한 기관에서 제공 가능한 기존의 서비스가 이용자에게 제공되어 왔다.

이 원인은 의료에서 의료, 복지에서 복지와 같이 개개의 기관에서 제공할 수 있는 서비스 내용이 제도적으로 제한되었기 때문이다.

이용자는 각각 다른 니즈, 기호를 가지고 있으며 그 차이에 맞는 케어 플랜이 요구되어야 한다. 즉 "무엇이 곤란하십니까?"라고 하는 시점의 상담업무에서의 전환이 필요한 것이다. "어떠한 서비스가 필요합니까?"로 시작하는 서비스 지향적인 사례관리에서 "무엇이 곤란하십니까?"로 시작하는 니즈 지향적인 사례관리로의 전환은 그렇게 용이한 것은 아니다. 니즈 지향적인 사례관리는 이용자의 가족과 충분한 커뮤니케이션을 하면서 일정한 순서를 밟아갈 필요가 있기 때문에 시간과 번거로움이 기술의 필수적이다. 다양한 사례관리의 업무 안에서는 이용자의 니즈를 무시하고 케어 플랜을 안이하게 패턴화하는 것으로 합리화할 위험이 있다. 또한 니즈를 어떻게 파악하는가는 일반적으로 빈칸으로 되어 있어, 대부분 설명 없이, 니즈 지향적인 사례관리의 실천을 곤란하게 한다.

이용자의 자립, 즉 스스로 살아가는 방식과 책임감을 갖고 결정하도록 지원하고 그 사람의 생활의 질을 높이기 위해서 니즈의 파악은 중요하며 그것이 가능한지 아닌지가 사례관리의 질을 결정한다고 해도 과언이 아니다. 여기에서는 니즈 지향적인 사례관리가 쉽게 실천되도록 케어 플랜 작성수법의 표준화를 위해 노력하는 것을 의도하고 있다.

사례관리에서는 '생활니즈'를 명확히 하는 것이 중요하다. 생활니즈는 신체기능상황·정신심리 상황·사회 환경상황에서 본 이용자와 그 가족의 상황이 연결해서 생기는 것으로, 사례관리에서의 니즈란 이용자와 그 가족의 생활의 질(QOL)를 높이거나 생활상에서 생기는 문제점이 과제이며, 그 과제를 어떻게 해결해 가고 싶은지가 목표이다. 이것들을 합쳐 생활니즈라고 부른다. 이 생활니즈를 명확히 하고 그것에 대응한 구체적인 해결방법을 나타내는 케어 플랜을 세우는 것이 사례관리의 핵심이다.

그렇다면 생활니즈란 어떠한 것인가, 구체적인 사례를 보도록 하겠다.

(1) 생활과제(니즈)

한영희(가명) 씨와의 면접을 통해 다음과 같은 상황을 알았다.

신체기능상황 :	① 뇌경색 후유증으로 인한 왼편 마비
	② 입욕동작에 전면 개조를 요함
정신심리상황 :	③ 몸이 움직이는 동안은 주택에서 생활을 계속하고 싶다
사회 환경상황 :	④ 독거
	⑤ 욕실에 손잡이가 없다
	⑥ 장남은 직장을 다니므로 가끔씩 집에 온다.

이 때 한영희 씨의 생활 속의 과제로 예를 들면 "입욕이 안 되어 곤란하다"라는 것을 들 수 있다. 과제의 배경이 되는 사항을 포함한 표현을 한다면,

"가능한 한 재가에서 생활하고 싶다."라고 했을 때 입욕동작에 전면개조를 요하는 상태이며 독거이기 때문에 "입욕을 할 수 없어 곤란하다"라고 표현할 수 있다. 이것이 생활 속에서 생기는 과제(=[생활과제(니즈)])이다. "○○로 곤란하다"라고 하는 생활과제(니즈)는 사정에서 명확해지는 신체기능상황·정신심리상황·사회 환경상황의 3가지의 상황이 전체로써 연결되어 생긴다는 것을 사례에서 알 수 있다. 사정 용지의 1항목만 원인이 아니라 상황을 다면적으로 보고 그것들을 연결시키는 것으로 첫 생활과제(니즈)는 보통 하나가 아닌 여러 개가 이끌어져 그러한 생활과제(니즈)의 추출을 지원해 가는 것이 사례관리자에게 요구되어진다. 이 생활과제(니즈)를 파악하는 방식은 융의 성좌에 대한 생각에 유의해야 한다. 융은 심리적인 문제를 안고 있는 이용자에 대해 인생에서

생기는 일(별)을 각각의 의미 있는 것으로 연결시켜 그 사람의 스토리를 만들어내고 마음을 정리하는 것을 치료에 쓰고 있다.

사례관리의 경우는 심리적인 문제가 아닌 생활상의 곤란한 문제나 신체기능·정신심리·사회환경의 3가지 상황을 각각 연결하여 그 사람의 생활과제(니즈)를 이끌어낼 수 있다. 사례관리자는 생활이라고 하는 밤하늘에 사정용지 상의 여러 항목에서 이용자와 가족이 함께 생활과제(니즈)라고 말할 수 있는 사랑을 찾아 가는 것이다.

(2) 지원 목표

다음으로 "○○로 곤란하다"라고 하는 생활과제(니즈)에 대해 그 상태를 해결하기 위한 목표 및 결과를 설정한다. 이것이 '지원 목표'이며 장기목표와 단기목표로 나눌 수 있다. 전자는 최종적이고 장기적으로 도달해야할 목표이며 후자는 당분간 해결해야할 목표이다. 이용자의 상황과 생활과제(니즈)에 따라서는 어느 하나만 기술 할 수 없는 경우도 있다. 실제 상황에서는 각각의 생활과제(니즈)에 대해 우선 본인과 가족 측의 '～해 주길 바란다.'라고 하는 목표와 의향이 표시되어 사례관리자는 그 목표·의향을 바탕으로 '～가 가능하도록 한다.'라고 하는 원조목표를 설정하게 된다.

이 원조목표는 생활과제(니즈)인 성좌가 어떠한 별로 구성되어 있는가로 되돌아가는 것에 의해 이끌어 진다. 한영희 씨의 경우에는 혼자서 장남의 지원도 바랄 수 없는 상황(별)으로 되돌아간다.

한 예로 "다른 사람의 전면지원을 받아 입욕이 가능하도록 한다."라는 목표가 설정된다. 또한 새로운 별을 "입욕을 할 수 없어서 곤란하다"라고 하는 성좌에 추가하여 보다 상황에 적절한 지원목표를 설정할 수 있다.

예를 들면 한영희 씨가 '현재 재활훈련을 실시하고 있다'라는 별이 있다면 장기적으로 "스스로 입욕할 수 있도록 한다."라고 설정하는 것도 가능하다.

이렇게 생활과제(니즈)를 해결하는 원조목표는 생활과제(니즈)의 배경이 되는 별들의 위치를 확인하고 또한 성좌에 추가할 수 있도록 주목해야 할 별을 발견해 내는 것으로 좀 더 적절하게 설정할 수 있다.

(3) 생활니즈

지금까지 기술해 온 "○○로 곤란하다"라고 하는 생활과제(니즈)와 "～가 가능하도록 한다."라고 하는 지원목표를 합쳐 '생활니즈'로 부르고 있으며 성좌는 생활과제(니즈)만이 아니라 지원목표도 포함한 생활니즈 전체를 나타낸다.

생활니즈에는 felt needs와 normative needs가 있으며 사례관리 과정에서 이 둘을 일치시켜가게 된다.

본인과 가족의 주 호소에 대하여 그 배경이 되는 요소는 다시 한 번 돌아가 참된 생활니즈를 이끌어 낸다.

① felt needs와 normative needs

지금까지 사정 결과에서 사례관리가 어떻게 생활니즈를 이끌어내는가를 설명해 왔다. 이것은 사례관리자라고 하는 전문가가 자신의 전문지식과 사회적 규범(상식)에 바탕해 판단한 것이며 normative needs라고 할 수 있다.

한편 이용자 자신이 느끼는 니즈가 felt needs이다. 이것은 '현재의 곤란한 상'으로 이용자와 가족이 사례관리자에게 호소하는 '주 호소'와 함께 사정 면접과정에서 나타난다.

그러한 경우, 사례관리자는 '현재의 곤란한 상태'라는 상황에 대한 근거를 명확히 하고 그것들의 연결을 지원하는 것으로 이용자가 어떠한 배경에서 '현재의 곤란한 상태'가 생기는가를 이해할 수 있게 지원한다. 구체적으로는 이용자의 '○○로 곤란하다'라고 하는 주 호소에 대해 사례관리자는 "~가 있고, ~가 있어, ~ 때문에, ○○로 곤란하시군요"라고 '현재의 곤란한 상태'의 배경을 명확히 해야 한다.

② Real Needs

하지만 Normative Needs 와 Felt Needs가 반드시 일치하는 것은 아니다. 어느 쪽도 각각의 입장에서 보면 지원시점에서는 적당한 니즈지만, 둘 다 이용자의 real needs라고 말할 수 있다.

여기서 요구되는 것이 사례관리와 이용자·가족과의 사이에서의 신뢰관계의 구축이다. 사례관리 과정 안에서 상호의 커뮤니케이션을 깊이 있게 하여 real needs를 명확히 한다. 사례관리가 이용자의 "○○로 곤란하다"라고 하는 호소의 배경을 이해해가는 것으로 felt needs와 normative needs는 합치해가며, 반대로 본인으로부터 "사실은 ○○로 곤란했습니다"라는 말을 끄집어내는 것에 의해 둘을 합치해가는 경우가 있다.

다만, 사례관리의 초기면접에서 이용자는 곤란한 상태를 충분히 말하지 못하거나, 사례관리자가 이용자의 신체기능·정신심리·사회 환경의 각 상황을 일부 파악할 수 없는 경우도 있어 real needs에 도달하기까지는 어느 정도 시간이 걸릴 것으로 예상된다. 따라서 초기의 플랜에서는 felt needs가 중심이 될 수밖에 없다. 하지만 미해결된 normative needs는 '앞으로 일어날 수 있는 니즈'이므로 생활과제(니즈)에 대한 예방적 측면에서 반대로 의식해 두는 것이 중요하다.

이상에서 알 수 있듯이 real needs의 결정은 '사례관리자 중심'도 '이용자 중심'도 아닌 양자를 혼합해가며 결정하는 프로세스이다. 생활니즈는 이용자와 가족, 사례관리자가 공동으로 이끌어 내는 작업이라고 할 수 있다.

2) 구체적인 케어 플랜 작성법

한영희 씨의 사례를 바탕으로 기재하고 있으므로 맞추어 참조하길 바란다.

(1) 초기 단계의 주 호소 파악

① 상담자의 호소를 경청 한다

초기 단계의 면접에서는 상담자(이용자 본인과 그 가족 등)의 호소에 대해 진심으로 귀 기울이는 것이 중요하다. 상담자가 어떠한 경위로 상담을 오게 되었는지를 경청하고 현재 생활상에서 어떠한 문제가 있는지에 대해 개호를 둘러싼 구체적으로 곤란한 점, 문제로 느끼고 있는 점, 정신적인 부담 등을 들으며 상담을 진행한다.

② 상담내용을 정리 한다

상담 내용은 구체적으로 '요양 서비스를 이용하고 싶다', '○○이 곤란하므로 해결하고 싶다.' 또는 당면문제는 아니지만 '장래가 불안하다' 등 다양하다. 사례관리자는 상담자가 가지고 있는 문제를 정리하면서 정보제공으로 종료하는 경우, 사례관리를 실시하는 경우, 긴급 대응이 필요한 경우로 레벨을 분리한다.

③ 주 호소를 파악 한다

사례관리를 실시하는 것에 대한 약속(계약)을 한 사람에게 상담 단계에서 중요한 것은 주 호소(곤란한 점)의 파악이다. 주 호소 가운데는 이용자가 앞으로 어떠한 생활을 하 고 싶은지에 대한 의향이 포함되어 있는 경우가 많고, 그것들을 정리하는 것이 생활의 커다란 목표(케이스 목표) 설정에 연결되기 때문이다. 또한 주 호소 가운데 나타나는 이용자 자신이 느끼는 니즈(felt needs)는 중대한 생활니즈의 하나가 될 가능성이 크다. 주 호소는 '입구단계'와 '사정단계'에서 파악하게 되지만 주 호소가운데 나타나는 생활니즈를 정확히 파악하는 것이 필요하다. 주 호소를 사정 용지상의 'felt needs' 상담란에 기술한다.

(2) 사정

① 사전에 중점적으로 볼 항목을 체크한다.

주 호소에 나타나는 생활니즈를 정확히 파악하기 위해서는 그 배경이 되는 사항을 명확하게 할 필요가 있다.

사례관리자는 생활니즈 항목을 체크해 방문 시에 중점적으로 그들 항목을 사정해 어느 항목이 생활니즈를 만들어가는가를 확인한다.

실제 사정에서는 이러한 항목을 우선적으로 물어보는 것이 단순히 사정용지를 순서대로 묻는 것보다 이용자와의 유연한 커뮤니케이션을 돕는다.

② 방문 사정을 실시한다.

실제로 자택과 입원한 곳을 방문해서 이용자와 그 가족에 대한 사정을 실시하고, 케어 플랜 작성에 필요한 정보를 얻는다.

여기서 중요한 것은 생활니즈의 항목에 해당하는 이용자의 신체기능상황·정신심리상황·사회환경상황을 균형 있게 사정하고, 생활의 전체상황을 파악하는 것이다.

구체적인 항목이 되는 것은,

- 신체기능상황 - 건강 상황, 치료·투약상황, ADL
- 정신심리상황 - 주호소와 희망, 가치관, 의욕
- 사회 환경상황 - 수발자와 가족의 상황, 주 환경, 사회 환경상황

등이 있으며 이 중에서도 이용자에게 있어 생활니즈에 영향을 미치는 정도에 주목한다. 또한, 문제로 여겨지는 것 뿐만이 아니라 이용자가 열심히 하려는 부분(강점)을 나타내는 항목에도 주의해야 한다.

보통 사정용지를 이용하여 이러한 점들을 파악해, 생활니즈를 끄집어내게 된다. 따라서 사정용지는 생활전체를 망라하고 있는 것을 사용할 필요가 있다.

또한 용지의 처음부터 끝까지 기계적으로 사정해가는 것이 아니라 본인(이용자) 가족과 대화를 해가면서 (1)에서 사전에 체크한 [중점적으로 사정하는 항목]에서 우선적으로 사정을 진행한다면, 보다 효율적으로 빠짐이 없는 케어 플랜 작성으로 연결된다.

(3) 케이스 목표의 설정

초기면접에서 사정면접과정의 대화를 통해, 이용자가 앞으로의 생활의 방향성을 명확히 한다면 이것이 [케이스 목표]이다.

케이스 목표는 이용자가 최종적으로 도달해야 할 방향과 상황, 혹은 곤란한 상황에 대한 바람직한 해결의 방향성을 나타내는 것이다. 이것은 작성하는 케어 플랜의 상위에 위치하여 앞으로의 지표가 되어야 하며, 나아가서는 이용자의 자립과 QOL향상에 관련하게 된다.

케이스목표를 설정 한다

이용자와 가족의 주호소와 의향을 중심으로 이용자와 사례관리자가 함께 이야기하면서 설정 한다

① 이용자는 어디에서 생활을 하고 싶은가?

예: '자택에서', '노인 홈(시설)에서', '아들이나 딸네 집에서' 등

② 이용자는 어떠한 생활을 하고 싶은가?

예: '가능한 한 혼자 힘으로', '가족의 힘을 빌려', '나아가서는 서비스를 받으면서 가능한 한 혼자 힘으로', '서비스를 받으면서 가족의 힘을 빌려' 등을 끄집어 내간다.

또한 케이스 목표를 방해하는 요소들이 많은 경우 이것들을 해결하는 것이 생활니즈를 해결해 가는 결정적인 방법이 된다.

(4) 생활과제(니즈)의 파악

여기서부터는 구체적인 케이 플랜 작성 작업에 들어간다. 사정결과를 바탕으로 용지상에 흩어져 있는 신체기능상황·정신심리상황·사회 환경상황의 다양한 항목을 이용자와 함께 연결시킴으로써 생활과제(니즈)를 이끌어 간다.

① 사정내용을 3영역으로 정리 한다

우선, 생활과제(니즈)를 이끌어내기 위해서는 이용자의 생활상황을 정리해둔다. 이용자의 신체기능상황·정신심리상황·사회 환경상황으로 분류해 정리하고, 거기에서 생활의 전체상을 파악해간다.

② 복수의 배경을 연결시켜 생활과제(니즈) "○○로 곤란하다" 를 이끌어낸다

생활과제(니즈), 즉 '생활하는 데에 곤란한 상태'는 "○○로 곤란하다"라고 하는 언어로 표시되며, 이용자가 재가생활을 하는 경우에는 통상 몇 가지가 있다.

생활과제(니즈)를 이끌어내기 위해서는 몇 가지 배경이 되는 상황을 연결시킨다. 배경이 되는 사항들은 "～ 이므로"라고 하는 언어로 표시된다.

여기서 주의해야만 하는 것은, 배경은 '복수'로 존재한다는 것이다. 생활과제(니즈)는 하나의 원인에서 생기는 것이 아니라, 복수의 배경이 되는 상황이 연결되어 생기기 때문이다.

이러한 배경은 신체기능상황·정신심리상황·사회 환경상황 가운데 어느 하나에만 있는 것이 아니라 모두가 관련되어 있는 것이 보통이다.

구체적으로 보면, "입욕이 곤란하다"라고 하는 생활과제(니즈)는 단순하게 신체기능상황인 '입욕동작이 자립하지 않기 때문에'라고 하는 원인에서 생기는 것은 아니다."집에서 목욕하고 싶다"라고 하는 정신심리상황과 "혼자서 살고 있으며 도와줄 수 있는 사람이 없기 때문에"라고 하는 사회 환경상황이 연결되어 처음으로 "입욕이 곤란하다"라고 말할 수 있다. (만일 입욕동작이 자립하고 있지 않더라도 수발이 충분하다면 "생활하는 데에 곤란한 상태"라고 말할 수 없는 것에서도 알 수 있을 것이다.)

③ 케어 플랜에 " ~이며, ~이므로 ○○가 곤란하다" 로 기술 한다

위에서는 말한 것과 같이 케어 플랜 상의 생활과제(니즈)는 "~이며, ~이므로 ○○가 곤란하다"라고 하는 문장으로 기술할 수 있다.

이렇게 생활과제(니즈)의 배경이 되는 사항들을 명시해 두는 것이 이용자의 개별성에 대한 대응으로 연결된다. 또한 이러한 케어 플랜은 그것을 바탕으로 이용자에게 서비스를 제공해가는 서비스 사업자에게 있어서 알기 쉬운 것이 될 것이다.

(5) 지원 목표의 설정

지원 목표는 생활의 방향성을 나타내는 '케이스 목표'를 전제로 하면서 생활과제(니즈)의 해결을 위해 어떠한 케어를 실시할 것인가를 이용자 측의 목표로써 구체화하는 것이며, 그 적절한 설정이 플랜의 성패를 가른다. 이용자 스스로가 선택해 계획한다고 하는 '자립지원'의 시점을 잊지 않고 설정하는 것이 필요하다.

① 생활과제(니즈)의 배경을 확인한다.

우선 개개의 생활과제(니즈)에 대해 어떠한 배경이 있는지를 다시 한 번 확인한다. 특히, '강점'(본인과 가족이 열심히 하려고 하는 부분)에 주의를 기울이고 목표 설정 시에는 이러한 '강점'을 살리도록 한다.

② 지원목표 '기대되는 결과'를 명확히 한다.

다음으로 본인과 가족의 "~하고 싶다"라고 하는 의향·희망과, 사례관리자의 전문성에 근거한 "~를 하게하고 싶다"라고 하는 판단까지를 쌍방의 대화 안에서 "~되도록 한다."라는 목표로 승화시킨다고 하는 스텝을 밟는다. 즉, 4에서 설정한 개개의 생활과제(니즈)에 대해, "△△와 같은 상태로 해결하고 싶다"라고 하는 '기대되는 결과'를 지원목표로서 명확히 해가는 것이다.

이 '△△와 같은 상태'에 해당하는 부분을 구체적으로 나타내면, 어느 정도 자기가 할 수 있는가를 나타내는 "스스로, 일부조력을 받아, 면 개조로"라고 하는 언어와, 빈도·장소·확실성을 나타내는 언어를 사용하는 것이 가능하다.

이것들을 사용하면

매일, 자택에서, '목욕을 할 수 있도록 한다.' '일부조력을 받아, 편하게 목욕을 할 수 있도록 한다.'라고 표현할 수 있으며 서비스제공자에게 있어서 목표를 공유하게 할 수 있다. 특히 자립성을 나타내는 언어는 지원의 방향성을 결정하기 위해 가능한 한 사용하도록 하고 싶다.

③ 장기목표와 단기목표

목표에는 최종적 내지는 장기적으로 '기대되는 결과'를 나타내는 '장기목표'와 당시에 기대되는 것으로 보다 구체적인 내용으로 설정되는 '단기목표'가 있다. 각 생활과제(니즈)에서 두 가지가 설정되는 경우와 한쪽만이 설정되는 경우가 있다.

이때 장기목표는 '어떠한 상태로'에 해당하는 부분이 중심이 되며 단기목표는 보다 구체적으로 '어떠한 방법으로'라고 하는 부분이 중심이 된다.

단기목표의 '어떠한 방법으로' 라고 하는 부분은 비교적 구체적인 내용에 가깝다. 예를 들면, 욕실환경에 문제가 있다고 하는 항목에 '욕실환경을 정비해서'라고 하는 단기목표를 설정할 수 있다.

또한 지원목표의 달성시간을 '재활치료로 최종적으로 스스로 목욕을 할 수 있도록 한다'라든지, '1개월 이내로 욕실환경을 정비해, 자택에서 목욕을 할 수 있게 한다.'와 같이 명시하기도 한다.

(6) 지원내용·서비스 내용의 설정

개개의 생활과제(니즈)마다 지원목표로 나타내는 방향성에 따라 서비스의 내용을 결정한다. 구체적으로는 지원내용, 서비스종별, 빈도, 기간을 설정하게 된다.

지원내용의 후보는 각각의 지원목표에 대해 몇 가지가 나오나 그 가운데 어느 지원내용이 적절한가를 생활과제(니즈)를 구성하는 니즈의 배경이 되는 항목들을 참고하면서 설정해 간다.

또한, 어떠한 종류의 서비스를 받을지에 대하여 이용자를 둘러싼 열 가지의 자원을 활용한다. 열 가지의 자원이란

① 가족 ② 이웃 ③ 친구 ④ 동료 ⑤ 자원봉사 ⑥ 지역단체와 조직 ⑦ 법인 ⑧ 행정 ⑨ 기업 ⑩ 본인자신 이다.

서비스 내용은 이용자에 대해 어떠한 서비스를 제공하는가를 규정하는 것이며 그 내용은 이용자와 그 가족은 물론 서비스 제공자(사업자)에 대해서도 정확히 전달하는 것이어야 한다. 무엇을 하는가는 내용뿐만 아니라 공통의 목표가 되는 케이스 목표와 무엇에 주의를 기울여야 하는 점까지 포함해 가능한 한 구체적으로 기술한다.

(7) 플랜의 조정

서비스 이용은 이용자와 수발자의 부담을 줄이는 한편 경제적인 부담은 새롭게 만들어내는 경우가 많다. 따라서 빠른 단계에서 부담능력이 어느 정도인가를 파악해 두는 것이 바람직하다.

경제적인 한도액을 처음에 만들어 패키지화된 케어 플랜만을 제공하는 방법은 이용자의 니즈를 바탕으로 한 사례관리라고 말하기는 어렵다. 하지만 개개의 생활과제(니즈)에 맞춰 서비스를 연결해가면 종종 이용자의 부담능력을 넘어버리기 쉽다.

예산초과 시 서비스 조정방법은 다음과 같다.

① 우선 처음의 생활니즈를 바탕으로 측정한 전체 케어 플랜을 제시한다.

② 보다 저렴한 사업자를 이용한다.

③ 횟수·서비스를 줄인다.

④ 서비스(홈 헬프 서비스 등)를 자원봉사나 이웃과 같은 비공식적 자원으로 바꾼다.

⑤ 가족이 대행한다.

순서는 이용자를 둘러싼 상황에 의해 바뀔 수 있으나 어디까지나 생활니즈의 충족을 존중하는 것이 중요하다.

6. 케어 플랜의 실시

본 단계는 이용자가 원활하게 질이 좋은 서비스와 지원을 받을 수 있도록 케어 플랜을 실시하는 단계이다. 사례관리자는 서비스와 지원의 제공주체와 관계를 맺고 이용자가 적절하게 서비스나 지원을 이용할 수 있도록 한다.

이 제공주체는 비공식적 자원과 공식적 자원으로 구분되는데 전자는 가족, 친척, 친구, 이웃, 봉사, 제도화되어 있지 않은 자조단체 등이 포함되며, 후자에는 행정, 사회복지법인, 제도화된 자조단체, 지역의 자주적인 유상서비스 제공단체, 기업 등이 포함된다.

이때 이용자의 사생활을 보호하기 위해서도 이용자에 관한 정보를 타 기관에 전달하는 것에 관한 동의를 이용자나 가족으로부터 확보해둔다. 그것은 이용자로부터 얻은 정보를 사례관리기관에서 가정봉사원, 주간보호소, 봉사 등을 제공해주는 서비스제공 기관에 필요한 최소한도만이라도 전달하지 않으면 적절한 서비스를 받을 수 없기 때문이다. 따라서 이용자의 정보를 다른 기관에 제공하는 것에 대한 동의서를 기록해 두는 경우도 있다.

이런 경우 동의서에는 이용자의 건강상태, 경제상황, 정신상태, 각종 서비스 이용 상황 등의 정보 중에서 이용자에게 있어서 제공되면 안 되는 정보가 있거나 정보제공 동의 기간은 몇 년간 유효한지를 명시할 수도 있다.

케어 플랜을 실시하는데 계획한 서비스나 지원을 이용하는 것이 불가능한 경우가 발생한다. 이런 경우에 사용자의 대변이나 옹호를 통해 사례관리자는 노력하지만 그래도 불가능할 경우에는 이용자와 함께 케어 플랜을 일부 수정하게 된다.

케어 플랜이 실시된 시점에서 몇 장의 용지에 이용자의 사회자원 이용 상황이 정리된다. 여기에는 우선 1주간, 또는 1개월을 단위로 해서 이용자의 서비스 이용 일정을 작성한 케어 플랜 관리표, 각각의 서비스 제공자의 서비스 내용이나 빈도를 정리한 서비스기록표가 있다. <표 8-1>은 케어 플랜관리표의 한 가지 모델이다.

〈표 8-1〉 케어 플랜 관리표

상담자명 ____________　　　　작성일 ____ 년 ____ 월 ____ 일

기본서비스		월	화	수	목	금	토	일
AM	8:00							
	9:00							
	10:00							
	11:00							
	12:00							
PM	1:00							
	2:00							
	3:00							
	4:00							
	5:00							
	6:00							
	7:00							
	8:00							

기타 서비스 :

건강관련 : ____________

교통수단 : ____________

경제면 : ____________

사회·생활/정신면 : ____________

주의사항 : ____________

상기사항에 특별히 주의해서 점검할 것 :

7. 케어 플랜 작성 연습

연 습

이번 연습을 통해 케어 플랜을 어떻게 작성할 것인가를 학습한다. 구체적으로는 이미 이용자와 사례관리자 간에 합의한 '초기면접(screening intake) 용지'와'사정 용지'를 읽고 케어 플랜 용지를 기입하게 된다. 그것을 아래의 요령으로 실시해 주기 바란다.

- '적격심사 대인면접 용지'와'사정 용지'를 읽을 때, 본인인 N.S.S씨와 그 딸인 M.S.H씨 입장에서 그들이 재가생활을 계속하는데 곤란한 상황과 관련된 항목에 붉은 선을 그어서 문제점을 표시한다.
- 다 읽은 후, 붉은 선을 바탕으로『「--------」이런 생활이 힘들다.』와 같이 문제점과 욕구를 파악한다.

  문제점·욕구가 도출되면「『○○○○○』를 어떻게 해 드릴까」를 자문해 보고, '바람직한 목표와 결과'를 기입한다.
- 바람직한 목표와 결과를 기입하면

  ① 가족 ② 친척 ③ 이웃 ④ 친구·동료 ⑤ 자원봉사자 ⑥ 지역의 단체와 조직 ⑦ 법인 ⑧ 행정 ⑨ 기업 ⑩ 본인 자신을 활용하여 케어 플랜을 작성한다.

  그 후에는 어떤 제공자에게 의뢰할 것인지, 주에 몇 회, 1회에 몇 시간 의뢰할 것인가, 나아가 1회마다 1시간에 얼마나 자기부담을 해야 하는지를 기입한다.
- 이러한 작업은 원래 본인과 가족이 함께 대화하는 가운데 실시되는 것으로, 본인과 가족이 동의할 수 없는 케어 플랜은 실행할 수 없다. 그러므로 제차 케어 플랜의 하나하나를 본인과 가족이 승인하고 케어 플랜 표의 우측에 '승낙'란에 체크한다.

케이스번호 No.__________

재가 노인
사례관리 시트

본인이름	N.S.S
접수	2004년 7월 27일
종결	년 월 일

| 적격심사 대인면접 용지

피면접자 : N.S.S M.S.H(장녀)	본인과의 관계 :
면 접 자 : ○ ○ ○	담당자 : 인
본인(가족) 의 승낙 : 유·무	승낙일 : 20 년 월 일

가족 상황

이름	동거 별거	생년월일	연령	관계	직종	건강	이용자 날인	비고
N.S.S		1930.11.20	64	본인				
M.S.H	별거	1953.12.14	41	장녀	무직	OK	O	기혼
A.K.A	별거	1957.12.30	37	차녀	무직	OK		기혼

장애 상황

장애 상황		일상생활자립도		
장애 위치 기입 한다 기능장애 부위 X국소적 장애 부위 결손부위 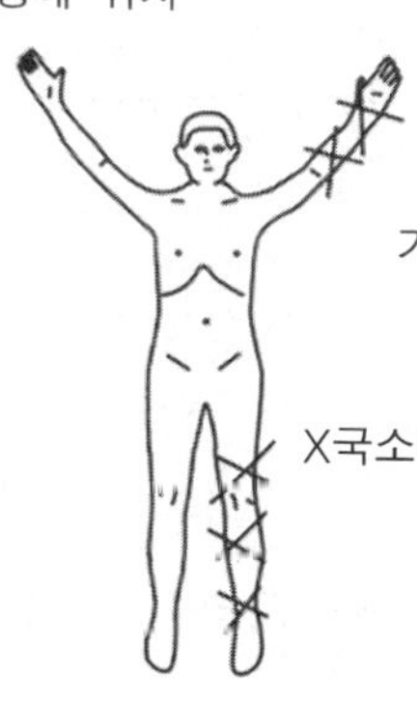		생활 자립	랭크J	약간의 장애를 느끼고 있지만, 일상생활은 거의 자립적으로 혼자 외출할 수 있다. 1 교통기관 등을 이용하여 외출한다. 2 가까운 곳이라면 외출한다.
		몸져 누운 상태에 군앞	(랭크A)	실내에서의 생활은 대체적으로 자립적이지만, 도움 없이는 외출하지 않는다. 1 도움을 받아 외출하고, 낮에는 거의 침대 외에서 생활한다. 2 외출 빈도가 낮고, 낮에도 누웠다가 일어났다가 하는 생활이다.
		몸져 누운 상태	랭크B	실내에서 생활은 약간의 도움을 필요로 하고, 낮에도 침대위에서의 생활이 전체를 이룬다. 1 휠체어에 앉아 이동하고 식사, 배설은 침대 밖에서 한다. 2 도움을 받아 휠체어에 옮겨 탄다.
비고	뇌경색(다리) 때문에 운동실조(運動失調)가 있음. 확연히 눈에 띄는 마비는 아님.		랭크C	하루 종일 침대 위에서 지내고 배설, 식사, 옷 갈아입을 때 도움을 필요로 한다 1 자기 힘으로 돌아누울 수 있다. 2 자기 힘으로 돌아누울 수 없다.
		기간		랭크 A, B, C에 해당하는 것에 대해서는 언제부터 그런 상태에 이르렀는가? 1992년 몇 월경부터(지속기간 4년 개월간)

면접 기록

대인면접 관련	○○주간보호소		상담 개시	2002년 7월 29일
상담경험	○○사회복지관 --> ○○주간보호소			
본인 이름	N.S.S	성별 남 · (여)	연령	1930년 11월 20일(64세)
주　소	우편번호: ○○시○○동○○번지		전화	○○-○○○-○○○○
긴급연락처	이름 M.S.H		본인과의 관계	장녀
	주소 ○○시○○동○○번지 (본인 집에서 차로 10분 정도)		전화	○○-○○○-○○○○
상담구분	1 생활문제 2 심리적 문제 3 가족관계 4 케어문제 5 의료 · 질병문제 6 경제적 문제 7 복지시설의 이용 8 복지기기 9 친구관계·이성문제 10 그 외 사회자원 11 기타(　　　　)			
경제상황	국민기초생활수급 대상자			
금기사항				
생 활 력	본인은 강원도 출생. 강릉에서 결혼하여 두 아이를 낳아 결혼 초기에 이혼하여 두 딸을 키웠다. 이혼, 거주지 이동 상황은 미상. 약 3년 전까지 본인은 차녀와 함께 시내의 영구임대 주택에 살고 있었으나, 차녀가 결혼할 때, 차녀가 영구임대주택에 거주함으로 인해 본인은 현재 낡은 다세대 주택의 2층으로 이사. 딸 둘의 도움을 계속 받으면서 독거 생활을 시작했다.			

기입 포인트 a 결혼 력, b 자녀 수, c 직업 력, d 특기 · 자격 · 명예 e 거주지의 이동(이유) f 학력 등

상담내용(주요 호소 사항)
나는 문화주택 2층에서 혼자 생활을 하고 있다. 지금까지 3년간 딸이 가사 일을 하러 오거나 장녀가 자가용으로 태워 주었다. 목욕은 장녀가 집으로 와서 데려가 장녀의집 욕실에서 간신히 해 왔다. 그러나 두 딸 모두 가정사도 있고 하여 충분히 오랜 시간 찾아와 줄 수가 없어 나는 종일 혼자서 지내게 되었다. 그런 이유로 이야기 상대가 없어 잠자코 있다 보니 점점 말도 어눌해 지는 것 같은 느낌이다. 이런 생활은 이용자를 위해서도 좋지 않다고 생각하고 이용자 자신도 다른 사람과 어울리는 것 자체는 싫지 않다. 통원과 딸집에 일주일에 한두 번 목욕하러 가는 것 이외에는 외출할 일도 없는 생활에 주간보호소를 이용함으로써 잠시나마 다른 사람과 어울릴 수 있는 기회가 생기면 좋겠다.

• 지원이 필요한 부분

• 해결해야 할 문제점·지원이 필요한 문제점

______________________님

상담지원을 받은 분께

본 상담에는 다음과 같은 특징이 있습니다.

1. 상담서비스를 받는 경우에는 사례관리자가 질문하는 사항에 대답해 주셔야 보다 좋은 지원을 할 수 있습니다.

2. 반드시 상담 상대의 동의를 얻어 문제해결 방법에 대한 조치를 강구하고, 그것이 실제로 이루어 질 수 있도록 지원합니다.

3. 앞으로 도움이 필요할 때, 상담 지원은 본 사례관리자________이 언제나 상담해 드리겠습니다.
(이 름)

또한 상담을 받을 때 다음과 같은 일도 가능합니다.

1. 당신에게 질문된 사항에 대답을 거부해도 당신이 알고 싶은 행정이 실시하고 있는 서비스에 대해 정보를 제공받을 수 있습니다.

2. 상담 중 어떠한 것을 결정함에 있어서 미리 당신의 양해를 받아야 합니다.

3. 상담 중의 대화 내용에 대해서는 당신의 양해 없이 외부에 함부로 누설되는 일은 절대없습니다.

4. 당신이 그만두겠다면 사례관리자__________에게 통지하여 언제라도 그만 둘 수 있습니다.
(이 름)

이미 상담서비스의 목적과 상담자의 책임·권리에 대해 설명했습니다만, 의문점이 있으시면 어떤 질문이라도 대답해 드리오니 무엇이든 문의해 주십시오.

상담기관명 ______________________
사례관리자______________________

II 사정 용지

건강상태 및 이용자 상황

<table>
<tr><td>병 명</td><td colspan="3">다리 경색</td><td>주치의 · 진단의</td></tr>
<tr><td>병 력</td><td colspan="3">(현재병력)
62세경부터 몸의 떨림 감지, 64세에 다리의 뇌경색으로 진단된다.</td><td rowspan="5">주치의 ○○시민병원내과
K의사

전화

치료의 없음

전화</td></tr>
<tr><td>치료 상황</td><td colspan="3">①통원(2 월 · 1회)
2 방문 진료(월 주 회)
3 없음</td></tr>
<tr><td>전염성 질환 및 기존 증상</td><td colspan="3">없음</td></tr>
<tr><td>신체상황</td><td colspan="3">1 시각장애 2 청각장애 3 언어장애
4 지체 · 기능장애(㉧ · 우 (팔), (다리), 몸통)
5 내부 장애(심장, 신장, 호흡기, 방광 또는 직장, 소장)
6 기타( )</td></tr>
<tr><td rowspan="2">장애수첩</td><td rowspan="2">유
무</td><td>등급 | 종 급</td><td>시군</td></tr>
<tr><td>취득 년 월 | 년 월</td><td>장애명</td><td>과거 질병 기록
결핵성 신장병
췌장 기능저하
당뇨병</td></tr>
<tr><td rowspan="2">의료</td><td colspan="2">왕진 받는 의료기관</td><td>없음</td><td>전화</td></tr>
<tr><td colspan="2">긴급 시 입원 가능 병원 등</td><td>○○시민병원</td><td>전화</td></tr>
<tr><td rowspan="2">투약</td><td colspan="2">투약 유무</td><td colspan="2">① 있다-->약 종류(혈압강하제) 2 없음</td></tr>
<tr><td colspan="2">투약관리 상황</td><td colspan="2">스스로 가능</td></tr>
<tr><td rowspan="8">이용자 현 황</td><td colspan="2">이용자</td><td colspan="2">관계(장녀) 연령(41세) 년 월 일 생
직업(㉮, 파트타임, 풀타임)</td></tr>
<tr><td colspan="2">이용자와의 동거/별거</td><td colspan="2">1 동거 ② 별거</td></tr>
<tr><td colspan="2">건강상태</td><td colspan="2">1 양호 2 보통 3 나쁨</td></tr>
<tr><td colspan="2">심신장애 유무</td><td colspan="2">1 있다(유의해야 할 병명) ② 없다</td></tr>
<tr><td colspan="2">케어 부담도</td><td colspan="2">1 무겁다 ② 보통 3 가볍다</td></tr>
<tr><td colspan="2">이용자 지원 필요성</td><td colspan="2">1 항상 ② 때때로 3 일요일 목요일 등 4 기타( )</td></tr>
<tr><td colspan="2">기타 이용자</td><td colspan="2">(있다) -->(1명) (본인과의 관계 차녀)
없다</td></tr>
<tr><td colspan="2">비고</td><td colspan="2"></td></tr>
</table>

일상생활동작 상황과 지원 필요성

ADL 또는 IADL	동작능력의 레벨 (다음 항 참조)					지원의 필요성	지원자의 유무	제1지원자	제2지원자	다른 지원의 필요성
보행(옥외)	1	2	3	④	5	+	유	장녀	없음	(필요) 불필요
보행(실내)	1	2	③	4	5	−				필요 (불필요)
계단 오르내리기	1	2	3	④	5	+	유	장녀	없음	(필요) 불필요
서기	1	2	3	④	5	+	유	장녀	없음	(필요) 불필요
앉기	①	2	3	4	5	−				필요 (불필요)
돌아눕기	1	②	3	4	5	−				필요 (불필요)
의복 탈착	1	2	③	4	5	+	무			(필요) 불필요
식사	1	②	3	4	5	−				필요 (불필요)
배설(소변)	1	②	3	4	5	−				필요 (불필요)
배설(대변)	1	②	3	4	5	−				필요 (불필요)
목욕	1	2	③	4	5	+	유	장녀	없음	(필요) 불필요
시력	1	②	3	4	5	−				필요 (불필요)
청력	①	2	3	4	5	−				필요 (불필요)
의사표시	①	2	3	4	5	−				필요 (불필요)
대화 이해	①	2	3	4	5	−				필요 (불필요)
세탁	1	2	3	4	5	+	유	장녀	차녀	필요 (불필요)
쇼핑	1	2	3	4	5	+	유	장녀	차녀	필요 (불필요)
취사	1	2	3	4	5	+	유	장녀	차녀	필요 (불필요)
청소	1	②	3	4	5	+	유	장녀	차녀	필요 (불필요)
전화	1	2	3	4	5	+	유	장녀	차녀	필요 (불필요)
금전관리	1	2	③	4	5	+	유	장녀	없음	필요 (불필요)
약복용	①	2	3	4	5	−				필요 (불필요)
용모정돈	1	②	3	4	5	−				필요 (불필요)
비고 : 전화는 없다										

일상생활 동작 스케일

보행(옥외)	1 보통 2 천천히는 걸을 수 있다 3 물건(난간 등)을 잡고는 걸을 수 있다4 기어서 움직인다 5 이동불능
보행(실내)	1 보통2 천천히는 걸을 수 있다 3 물건(난간 등)을 잡고는 걸을 수 있다4 기어서 움직인다 5 이동불능
계단 오르내리기	1 보통 2 천천히는 걸을 수 있다 3 물건(난간 등)을 잡고는 걸을 수 있다 4 기어서 움직인다 5 이동불능
서기	1 보통2 어떻게든 스스로 일어날 수 있다 3 도움을 받으면 장시간 설 수 있다 4 도움을 받으면 단시간 설 수 있다 5 설 수 없다
앉기	1 보통 2 어떻게든 혼자서 앉아있을 수 있다 3 일부 도움을 받으면 앉아 있을 수 있다 4 많은 도움을 받으면 앉아 있을 수 있다 5 완전한 도움
돌아눕기	1 보통 2 어떻게든 스스로 할 수 있다 3 일부 도움을 받으면 할 수 있다 4 많은 도움을 받으면 할 수 있다 5 완전한 도움
의복탈착	1보통 2 가능하나 느리다 3 일부 도움을 받으면 할 수 있다4 많은 도움을 받으면 할 수 있다 5 완전한 도움
식사	1 보통 2 거의 스스로 먹을 수 있지만 느리다 3 일부 도움을 받으면 할 수 있다 4 많은 도움을 받으면 할 수 있다 5 완전한 도움
배설(소변)	1 보통 2 화장실에 가는 것이 느리나 3 간신히 스스로 할 수 있다(변기) 4 도움를 요한다 5 실금(항상 기저귀 사용)
배설(대변)	1 보통 2 화장실에 가는 것이 느리다 3 간신히 스스로 할 수 있다(변기) 4 도움를 요한다 5 실금(항상 기저귀 사용)
목욕	1 보통 2 거의 스스로 할 수 있지만 느리다 3 일부 도움을 받으면 할 수 있다4 많은 도움을 받으면 할 수 있다 5 완전한 도움
시력	1 보통 2 작은 글씨는 빨리 읽을 수 없다 3 1m 정도 떨어져 있어도, 누구인지 알 수 있는 정도 4 거의 보이지 않는다 5 전혀 보이지 않는다
청력	1 보통 2 보청기 사용 거의 정상적으로 대화 가능 3 큰 소리가 아니면 대화할 수 없다 4 귓가에 대고 큰 소리로 말하지 않으면 알아들을 수 없다 5 들을 수 없다
의사표시	1 보통 2 대체로 가능하나 불완전하다 3 간신히 할 수 있으나 불완전하다4 기본적 욕구만 간신히 할 수 있는 경우가 있다 5 할 수 없다
대화 내용 이해	1 보통 2 대체로 가능하나 불완전 3 간신히 이해 4 드물게 이해 5 할 수 없다
세탁	1 보통 2 가능하나 느리다 3 일부 도움을 받으면 할 수 있나 4 많은 도움을 받으면 할 수 있다 5 완전한 도움
쇼핑	1 보통 2 가능하나 느리다 3 일부 도움을 받으면 할 수 있나 4 많은 도움을 받으면 할 수 있다 5 완전한 도움
취사	1 보통 2 가능하나 느리다 3 일부 도움을 받으면 할 수 있다 4 많은 도움을 받으면 할 수 있다 5 완전한 도움
청소	1 보통 2 가능하나 느리다 3 일부 도움을 받으면 할 수 있다 4 많은 도움을 받으면 할 수 있다 5 완전한 도움
전화	1 보통 2 대체로 가능하나 불완전 3 간신히 할 수 있으나 불완전 4 기본적인 것만 간신히 가능한 경우가 있나 5 할 수 없다
금전관리	1 보통 2 대체로 할 수 있으나 불완전 3 간신히 할 수 있으나 불완전 4 기본적인 것만 간신히 가능한 경우가 있다 5 할 수 없다
약복용	1 보통 2 대체로 할 수 있으나 불완전 3 간신히 할 수 있으나 불완전 4 기본적인 것만 간신히 가능한 경우가 있다 5 할 수 없다
용모단장	1 보통 2 대체로 할 수 있으나 불완전 3 간신히 할 수 있으나 불완전4 기본적인 것만 간신히 가능한 경우가 있다 5 할 수 없다

정신 · 신체상태

정신증상·행동이상 유뮤

1. 환각　2. 망상　3. 건망증　4. 지남력 상실　5. 인식능력상실
6. 의식장애　7. 자살기도　8. 공격·폭력　9. 성적(性的)이상행동　10. 불결행위
11. 괴성 지르기　12. 과식　13. 수집벽(蒐集癖)　14. 난매(亂買)　15. 불장난(농화(弄火)
16. 허언(虛言)　17. 가출·실종　18. 배회　19. 감정 장애(우울증, 감정조절불능)
20. 야간 행동 이상(　　　)　21. 그 외(　　　)

증상발생시기	(구체적으로)
진찰 유무(전문의)	유　　무
진단명	

·N식 노인용 정신상태 척도(NM스케일)

평점＼항목	0점	1점	3점	5점	7점	9점	10점	평가
가사 신변 정리	불능	거의 불능	쇼핑불능, 지극히 간단한 가사, 정리도 불완전	간단한 쇼핑도 정확히 수행하지 못함. 지극히 간단한 가사, 정리만 가능	간단한 쇼핑은 가능. 혼자 집 보기, 복잡한 가사, 정리는 곤란	정확성은 약간 떨어지지만, 쇼핑, 혼자 집 보기, 가사 등을 어느 정도 책임질 수 있다.	정상	
관심 · 의욕 교류	무관심. 전혀 아무것도 하지 않는다.	주위에 다소 관심이 있고, 멍하게 아무 일 동작 없이 지내는 일이 많다.	대부분 스스로 아무 행동도 하지 않지만, 지시하면 간단한 것은 하려고 한다.	습관적인 것은 어느 정도 스스로 한다. 내키면 다른 사람에게 말도 건다.	운동·가사·일·취미 등을 내키면 한다. 필요한 일에는 말을 건다.	다소 적극성이 저하되어 보이지만, 거의 정상	정상	
대화	불러도 무반응	부르면 일단 반응은 하지만 스스로 말을 꺼내지는 않는다.	지극히 간단한 회화만 가능. 말의 앞뒤가 맞지 않는 경우가 많다.	지극히 간단한 회화는 가능하지만, 말의 앞뒤가 맞지 않는 경우가 있다.	대화방식이 유연하지는 않아도 간단한 회화는 통한다.	일상회화는 거의 정상. 복잡한 회화가 다소 곤란.	정상	
기명(記銘) · 기억	불능	새로운 것은 전혀 기억하지 못한다. 오랜 기억이 드물게 있다.	가장 최근의 기억은 거의 없다. 오랜 기억 다소 잔존. 생년월일 부정확	가장 최근 사건의 기억 곤란. 오랜 기억이 부분적 잔존. 생년월일 정확히 기억	최근 사건을 잘 잊는다. 오랜 기억은 거의 정상	최근 사건을 가끔 잊는다.	정상	
지남력 식별력	전혀 없다	거의 없고, 인물의 변별 곤란	지남력 상실이 두드러짐. 가족과 다른 사람과의 구별은 일단 가능하나, 누구인지 모른다.	지남력 상실이 상당히 진행(날짜·시간·연령·장소 등 부정확, 길을 찾지 못함)	때때로 장소를 잘못 찾는 경우가 있다.	때때로 날짜와 시간을 잘못 아는 경우가 있다.	정상	

• 중증도 평가점

괄호 안 숫자는 몸져 누운 노인(**N-ADL**에서 보행·앉고 일어서기가 1점 이하 일 때)의 경우로, 「회화」「기명(記銘)·기억」「식별력」3항목에 의해 잠정적으로 평가한다.

NM 스케일 평가점

정상	50–48점	(30–28점)
경계	47–43점	(27–25점)
경증치매	42–31점	(24–19점)
중간등급 치매	30–17점	(18–10점)
중증 치매	16–0점	(9–0점)

몸져누운 시기(　　세경부터) (　　년째)		
마비	(있다) (부위　팔　다리)	없다
근육수축	있다 (부위　　)	(없다)
욕창	있다 (부위　　)	(없다)
두근거림, 숨이 차다	있다 (어떤 때　　)	(없다)
변비	(있다) ((관장), 변비약　, 자연　)	없다
실금	있다 (변, 뇨) (낮, 밤)	(없다)
기타		
외상	있다　(부위　　)	(없다)
가족과의 커뮤니케이션	((좋다)　보통　나쁘다　전혀 없다)	

가족의 케어 상황

<table>
<tr><td>케어상황
• 문제점</td><td>본인은 독거노인으로, 딸 둘의 방문지원을 받고 있지만 하루의 대부분을 혼자서 지내고 있다. ADL상황은 실내에서의 동작은 혼자서 가능하지만, 옥외에서는 휠체어가 필요. 이에 따라, 외출·다른 사람과의 교류 기회가 부족하다.</td></tr>
<tr><td>가족관계
(동거·별거 가족)</td><td>두 딸과의 관계는 양호하다
본인에 대한 지원은 주로 장녀가 맡고 있는데, 쇼핑, 조리, 청소, 세탁 시원 모두 하고 있으며, 딸의 집에서 만든 식사를 가져온다. 또, 장녀는 통원 시 동반하여 자가용을 이용하여 자택까지 데려가 목욕을 시키는 등의 관계를 하고 있다.</td></tr>
<tr><td>가족구성도</td><td>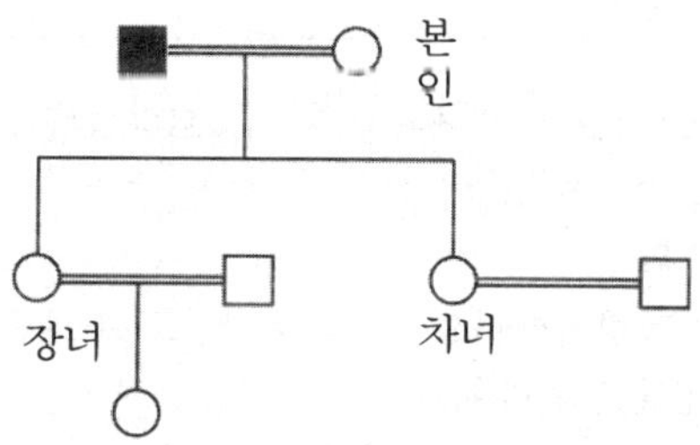
</td></tr>
</table>

주거 환경

주거상황		1. 단독주택(자가 임대) 2. 빌라(자가 임대) 3. 공사·공단(자가 임대) 4. 영구임대주택(시 도 군) 5. 급여주택(사택 공무원주택) 6. 아파트 7. 방을 빌림 8. 기타
건물		1. 평지 2. 계단 위
자기 방 방향 층 난방설비 문턱		1. 있다(약 4.5평) 2. 없다 1. 북향 2. 남향 3. 동향 4. 서향 1. 1층 2. 2층 3. 그 외( )층 1. 있다(구체적으로 전기스토브) 현관까지(1. 많이 있다 2. 조금 있다 3. 없다) 부엌까지(1. 많이 있다 2. 조금 있다 3. 없다)
화장실		1. 좌변기 2. 양변기 3. 그 외
	난간(손잡이)	1. 있다 2. 없다
	문턱(높이차이)	1. 있다 2. 없다
욕실		1. 자택에 있다 2. 다른 집 욕실 3. 공중목욕탕
	난간(손잡이)	1. 있다 2. 없다
	문턱(높이차이)	1. 있다 2. 없다
부엌		1. 있다 2. 없다
	전기포트	1. 있다 2. 없다
	냉장고	1. 있다 2. 없다
전화		1. 있다 2. 없다 [1 복지전화 2 일반전화]
세탁기		1. 있다 2. 없다
환경	취침	1. 좌식 생활 2. 침대
	소음	1. 있다 2. 없다
주거 환경에서의 유의사항	문화 아파트 2층으로, 계단이 좁고, 가파르다. 다른 주민은 현재 살고 있지 않다. 화장실은 공용. 본인이 스스로 방에서 나오는 것은 화장실로 갈 때 뿐. 방 전체의 청결 상태 미흡. 본인 혼자 있을 때, 사고가 발생해도 발견할 수 없을 가능성이 크다. (쾌적, 청결, 쾌적도(amenity), 사고 가능성 등)	집(방을 포함)의 구조도 (문턱 표시◆) 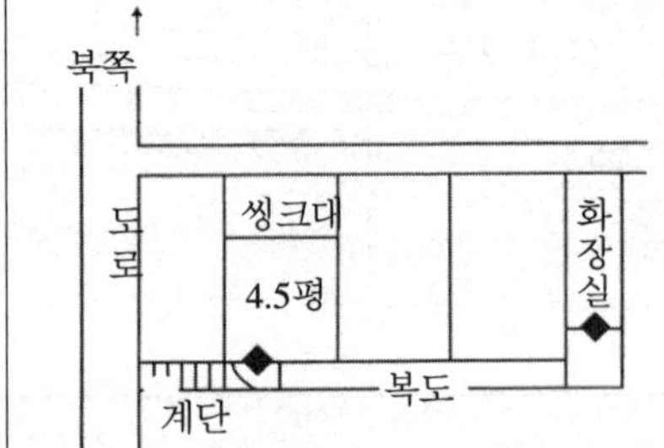

각종제도 · 희망 이용 상황

구분	번호	사업 명	이용 상황	이용 필요	구분	번호	사업 명	이용 상황	이용 필요
A. 재가복지서비스	01	가정봉사원서비스 사업			B 시설복지	01	무료노인요양시설		
	02	주간보호사업				02	실비노인요양시설		
	03	단기입소(Short Stay)사업				03	무료노인전문요양시설		
	04	방문급식 서비스				04	무료노인요양병원		
	05	방문 목욕 서비스				05	실비노인전문요양병원		
	06	방문 세탁 서비스							
	07	이동서비스							
	08	이발 서비스							
	09	기저귀 등 물품의 시급·대여							
	10	노인복지전화							
	11	안전대책(긴급통보 등)			C 의료(비)이보건	01	건강수첩 교부		
	12	우애 방문원				02	건강교육		
						03	건강 상담		
						04	건강진단		
						05	기능훈련		
			○			06	방문지도		
						07	요양비 등 급여		
						08	방문간호 서비스		
						09	방문 재활치료 서비스(OT, PT)		

〔이용현황----현재 이용 중○ 과거에 이용했다 ●〕 〔이용필요----이용하고 싶다○〕

구분	번호	사업 명	이용 상황	이용 필요
D 일과 삶의 보람을 위한 대책	01	경로 모임		
	02	노인복지센터		
	03	노인 쉼터		
	04	시니어 클럽		
	05	고령자직업상담		
E 연금·수당·세금 등의 경제적 지원	01	노인복지수당(케어 수당 포함)		
	02	경로우대세금·물품 증정		
	03	장애 수당		
	04	국민·공제연금		
	05	장애인 공제인정		
	06	중증 장애인 수당		
	07	생활보호	○	

구분	번호	사업 명	이용 상황	이용 필요
F 주택대책	01	생활복지자금대부		
	02	영세민 임대주택		
G 실버서비스	01	가정부		
	02	케어 제공자 파견		
	03	목욕 서비스		
	04	식사 서비스		
	05	케어 기기		
H 자원봉사자 등	01	자원봉사자		
	02	이웃 도움지원		
	03	친구 도움지원		
	04	친척 도움지원		
I 기타				

비공식 자원 활용상황

지원제공자	활용하고 있는 지원내용	받고 싶은 지원
친척	매일 식사를 운반해 온다. 쇼핑, 조리, 청소, 세탁, 통원 시 동반하여 개조 목욕은 장녀가 집까지 모시고 가서 목욕 개조실시하고 있음. 각종 서비스에 대한 신청수속을 해준다.	없다
이웃	없다	없다
친구 동료	없다	없다
자원봉사자	없다	없다
지역의 단체 및 조직	없다	없다

Ⅲ 케어 플랜 용지 (해답용)

상담자명________________

문제/욕구사항	바람직한 목표·결과	케어 플랜

작성일 년 월 일

케어 공급자	일/주	시간/일	비용	승낙

작성자______________

해답 예와 해설

케어 플랜 용지(해답 예)

상담자 명 ________________

문제/욕구사항	바람직한 목표·결과	케어 플랜
하루 종일 혼자 있는 적이 많아 외롭다.	다른 사람과의 접촉기회를 넓힌다.	· 주간보호소 이용 · 복지위원의 우애 방문
이야기 상대가 없어서 말이 어눌해 지고 있다.	다른 사람과의 관계를 친밀하게 하고, 전문적인 치료를 받는다.	· 주간보호소 이용 · 복지위원의 우애방문 · 병원의 재활치료 수진
당뇨병이 있지만 식사 관리가 되지 않고 있다.	식사관리를 장녀에게 지도한다.	· 영양사나 보건 지도사의 지도
통원 시 집 밖으로 나갈 때, 계단 오르내리기가 힘들다.	외출을 쉽게 할 수 있게 한다.	· (지금 당장은) 1층으로 이사를 부동산 중개 사무소에 의뢰한다. · (장기적으로는) 복지주택 등으로 이사
통원 외출 시 장녀 혼자서 버겁다.	장녀 이외 방법의 통원을 고려한다.	· 가정봉사원의 통원보조
혼자서 일어날 수 없어, 힘들다.	혼자서 일어날 수 있도록 지원한다.	· 일상생활용구로서 특수 침대 대여, 난간 급부
옷 탈착을 혼자서 할 수 없어 힘들다.	오른 손을 활용하여 스스로 할 수 있도록 한다.	· 자원봉사자에게 의뢰해 옷을 리폼(reform)한다.
장녀 집으로 모시고 가서 목욕시키는 것이 힘들어 곤란한 상황에 있다.	장녀 이외 장소에서 목욕을 실시한다.	· 주간보호소 이용 · 가정봉사원이 몸을 닦아준다.
가사(쇼핑, 세탁, 취사, 청소)는 장녀와 차녀가 맡고 있으나, 과중한 부담이다. 특히 방 청소가 제대로 되고 있지 않다.	장녀의 가사를 일부 줄인다.	· 가정봉사원의 가사 지원 · 배식 서비스 이용
변비가 있어, 건강관리가 필요하다.	건강 지도를 받는다.	· 의사의 지시에 따라 방문 간호사의 파견
화장실이 멀고 턱이 있어 사용하기 불편하다.	밤에는 특히 위험하고, 안전하게 화장실을 사용할 수 있도록 한다.	· 일상생활용구로 이동변기의 급부
신체장애가 있음에도 불구하고, 장애인 수첩을 가지고 있지 않다	장애인 수첩의 급부 신청을 한다.	· 지정의사의 진찰을 받는다.
긴급 시 본인과 연락을 취할 수 없다.	문제가 생길 때 조기 발견하여 연락할 체제를 확보한다.	· 복지위원의 정기적 방문 · 복지전화 설치 · 긴급통보장치 설치

작성일　　년　　월　　일

케어 공급자	일/주	시간/일	비용	승낙
○○주간보호소○○양	2일/주 3일/주	10시-4시 오후 2시경	800엔/회 –	V V
○○주간보호소 ○○양 ○○시민병원 재활 치료과 ST	2일/주 3일/주 1회/주	10시-4시 오후 2시경 9시-11시	(의료부조)무료	V V V
보건소○○영양사 보건센터○○영양사	–	–		V
재가 가구주○○양 생활보호담당○○복지사		–		V V
사회복지협의회○○도우미	1회/주 (총 파견일수는 주 2회)	9시-11시	무료	V
사회복지사무소 노인복지담당자 (난간 설치에 대한 전문가의 양해를 구해, 병원의 OT지원을 얻는다)	–	–	무료	V
재가 자원봉사자 단체○○○의 모임	–	–		V
○○주간보호소 사회복지협의회 ○○도우미	2회/주 2회/주	10시-4시 9시-10시		V V
사회복지협의회 ○○도우미 사회복지협의회 ○○○○회	2회/주 1회/주	9시-10시 12시		V V
○○방문간호 ○○간호사	1회/2주	3시-3시30분	(의료부조)무료	V
사회복지사무소의 노인 복지담당자	–	–		V
○○시민병원	–	–		V
사회복지사무소의 노인복지담당자	3일/주 – –	오후 2시경 – –	– 무료 무료	V V V

작성자________________

케어 플랜의 해답 예를 제시했지만 아래에 약간의 해설을 덧붙인다.

「문제점·욕구」 파악 방법은 이 케이스의 경우, 쇼핑·청소·세탁과 같은 가사 면에서 이용자인 딸은“다른 사람은 필요하지 않다”힘들지 않다고 한다. 그러나 방 청소가 제대로 되어 있지 않고 청결이 요구되는 만큼 전문가로서 볼 때, '쇼핑 등의 도움은 필요 없음'이라고는 하지만, “힘들지 않으세요?”라고 한 마디 물으면, 쇼핑·세탁·청소에 대한 욕구가 발생하기 마련이다. 본인과 가족의 욕구가 어떻게 변할 지 알 수 없다. 딸에게 “청소가 힘들지는 않나요”라고 물어도 “전 괜찮아요”라고 말할지 모른다. 다만, 욕구로서 한 번 기입해 놓은 것은, '앞으로 일어날 수 있는 욕구'로 남게 된다. 앞으로 일어날 가능성을 이해하고 있는지 여부가 사례관리자의 역량을 크게 좌우한다. 이는 배설 부분에 있어서도 마찬가지 인데 “스스로 할 수 있다” “다른 사람으로부터의 도움은 필요 없다”라고 되어있지만, 이것을'필요 없다'라고 받아들일 것인가, 아니면'도움이 필요하다'라고 받아들일 것인가가 문제이다. 이때 본인이나 가족이 말하는 것과 사례관리자가 생각하는 것은 다를 수 있다. 욕구는 우선 전문가 입장에서 파악하게 되는데 그것이 가족과 본인이 느끼는 욕구와 같지 않은 것은 당연하다는 것을 이해하지 않으면 안 된다. 다만 때에 따라 본인과 가족이 욕구로 받아들이지 않으면 생명이 위급하다거나, 생활이 붕괴될 가능성이 있을 경우는 어떻게든 이해할 수 있도록 노력이 필요하다. 이 외의 경우는 사례관리자보다도 본인과 가족이 느끼는 문제점·욕구가 우선이다.

다음 '바람직한 목표와 결과'는 매우 어려운 과제이다. 앞서 사례의 쇼핑·청소·세탁과 같은 가사를 힘든 일로서 '전면지원'이라는 목표를 설정하게 되면 모처럼 딸 입장에서 노력하고 있는 부분을 전면 부정하는 꼴이 되고 만다. 사례관리자는 이용자의 입장에서 어느 정도 도와주면 좋을 것인가를 생각해야한다. 예로, N.S.S씨는 배설 문제로 화장실이 멀어 불편해도 상관없이 열심히 화장실까지 가고 있다. 이 때 우리가 설정할 바람직한 목표는'위험하므로 가능한 안전하게 해 드린다'라고 할 수도 있고, '모처럼 노력하고 있는 만큼 본인이 자립해 있는 부분임을 감안하여 가능한 한 앞으로도 스스로 화장실에 갈 수 있도록 돕는다'라고도 할 수 있다. 두 내용은 완전히 다른 것이다. 전자는 '포터블 트레이 설치'를 해야 하고, 후자는 '재래식을 양식으로 바꾸고, 난간을 설치한다'는 플랜이 된다. 목표는 본인의 능력과 의욕, 환경조건에 따라 결정된다. 때문에 본인과 환경에 대해 거듭 자세한 평가를 해야 하는 경우도 있다.

이렇게, 설정된 목표가 케어 플랜을 구체화시키므로 바람직한 목표는 케어 플랜을 작성하는데 매우 중요하다.

다음은 '케어 플랜' 작성 과정에서는 사회자원의 이용이 매우 중요하다. 예를 들어, 긴급시 대응이라면 '복지전화와 긴급통보시스템 설치'로 끝나는 것이 아니라, 복지위원과 자원봉사자가 연결될 수 있다. 또한 '옷 갈아입기가 힘들다'는 욕구사항에 도우미 파견도 한 가지 방법이기는 하지만 이 사람은 왼쪽 마비라서 오른 쪽은 쓸 수 있으므로 옷의 리폼을 통해 '스스로 해도 되지 않을까?'와 같이 내적자원을 활용한 케어 플랜도 열 손가락을 사용하면 가능해 진다. 이상과 같이, 케어 플랜을 창의적으로 개발하면, N.S.S씨의 자립을 도와 질 높은 생활을 확보할 수 있다.

여러분이 이 케이스를 1대1로 상담지원 할 경우를 생각해 보기 바란다. 지금까지라면 「좀 벅차다」는 생각을 하지는 않았는지, 그렇다면 「딸과 함께 살면 어떨까?」 「노인 홈 입소는 어떨까」 둘 사이에서, 대 전제가 될 케이스 목표 설정 변경을 해야 하는 것은 아닌지 고민할 가능성이 있다. 이것은 감당하기 벅차서가 아니라 사례관리자가 케어 플랜을 세우는 순서를 몰랐기 때문이라는 점에서 반성해야 한다. 문제점 나름의 욕구사항을 전부 끌어내고 그것에 대한 구체적인 목표에 맞는 케어 플랜이 채워지지 않는 케이스야말로 원래 의미에서의 감당하기 벅찬 케이스인 것이다. 노인 홈 입소나 딸과의 동거가 동일 선상에 있다는 사실을 명심해야 할 필요가 있다. 때문에, 이러한 케이스에 있어서, 노인 홈으로 입소하지 않으면 안 되는 이유와 동거하지 않으면 안 되는 이유(즉 어느 특정한 욕구사항이 충족되지 않는 점)를 본인과 가족에게 설명할 수 있어야 한다. 이는 지역의 많은 다른 직종의 멤버가 모여 사례관리 회의에서 케어 플랜을 세울 경우에도 같은 순서로 진행해 간다. 일반 지역의 사례관리 회의에서 제대로 케어 플랜이 세워지지 않는 경우에는 두 가지 원인이 있다.

첫째, 사정의 내용이 불충분하기 때문이다. 곤란에 처해있는 사람의 종합적인 문제점을 부각시키고 어떤 욕구가 있는지를 서로 논의할 수 있는 사정 내용이어야 한다. 이 케이스라면 N.S.S씨의 얼굴을 떠올릴 수 있을 정도의 사정이 준비되지 않으면 안 된다. 그러므로 당연히 미리 적절한 사정이 실시되어야 하며, 어떤 의미에서는 지역에서 통일된 사정 용지가 있음으로 해서 보다 효과적인 역할을 할 수 있다.

두 번째, 사정 내용의 설명이 끝나면 문제가 되는 욕구를 정리하여, 각 항목을 열거하지 않고, 직접 케어 플랜을 논의하는 식으로 진행하고 있다. 예를 들면 '도우미 파견 서비스'아니면 '주간보호소를 이용하면 어떨까?'와 같은 이야기를 나누고 있는 것을 보게 된다. 이것은 '어떤 점이 힘든가'라는 욕구사항에 기초한 이용자 입장이 아니라 각 서비스 제공자의 입장에서 케어 플랜을 세우고 있다는 것을 의미한다.

그러므로 사정내용을 근거로 이용자의 욕구를 정리하고, 이어서 케어 플랜을 논의해 갈 필요가 있다. 반드시 이상과 같은 관점을 지켜서 사례관리 회의에서 시험해 보기 바란다.

이상의 결과 사정용시와 케어 플랜 용지의 중요성, 나아가 케어 플랜 작성 순서를 기억하고 늘 염두에 두기 바란다. 그것은 케어 플랜 작성 기술을 몸에 익힐 뿐 아니라 이용자의 입장에 서서 상담지원을 해 간다는 원칙을 지키는 것이다.

스텝 업(STEP-UP)

이상 연습을 사례관리 회의 상황설정을 통해 그룹으로 실시해 봄으로써, 사례관리 회의에서의 처우곤란 사례의 검토방법, 즉 케어 플랜 작성의 순서를 이해한다.

<학습방법>

- 5-6명을 한 팀으로 하나의 사례를 검토한다.
- 사회, 사례발표자, 기록담당을 정한다.
- 시간설정(1시간)을 하고, 사례발표자가 사례를 소개한다. 이 때, 발표자 이외에는 욕구와 문제점(사회생활에서 곤란한 점)과 관련해 생각할 수 있는 사항에 언더라인을 친다.
- 언더라인을 기초로 욕구, 문제점을 검토한다.
- 욕구와 문제점에 대응하여, 바람직한 목표를 설정하고, 케어 플랜을 작성한다.

케어 플랜 실시용지

정보 제공 처 및 입수 처에 대한 승낙서

________년______월_____일
상담자__________________인

작성된 케어 플랜을 실제로 수행하기 위해 관계기관 등에 나에 대한 정보를 전달 및 질문하는 것에 승낙합니다. 전해지는 것을 거부하는 경우에는, 그 기관에서 제공하는 서비스를 받을 수 없을 수도 있습니다.

정보 제공 처

1. ____________________________
2. ____________________________
3. ____________________________
4. ____________________________
5. ____________________________
6. ____________________________
7. ____________________________
8. ____________________________
9. ____________________________
10. ____________________________

또한 아래에 대한 정보는 양해 없이______________________에는 전달해서는 안 된다.

(해당하는 항목을 모두 체크)

(　　) 건강상태 (병명)

(　　) 가족상황

(　　) 경제상황

(　　) 그 외 : 구체적으로 ____

케어 플랜 실시 승낙서

_______년_____월_____일

상담자 이름____________________

상담원 이름____________________

케어 플랜 내용

1. ____

____

2. ____

____

3. ____

____

4. ____

____

5. ____

____

6. ____

____

7. ____

____

8. ____

____

9. ____

승낙서

나는, 케어 플랜에 대해 만족스러운 설명을 들었습니다. 나와 가족의 곤란한 상황에 맞게 ___________와 충분히 이야기를 나누고 작성한 것입니다. 그러므로 나와 가족이 품고 있던 의문점에 대해서 모든 대답을 들었습니다. 다만, 앞으로 새로운 문제점과 의문이 생길 때에는, 즉시 ___________와 연락을 취해, 해결안에 대해 다시 한 번 이야기하도록 하겠습니다. 만약, 대화를 통해 해결점을 찾을 수 없을 때에는, ________과의 대화를 추진하거나, 이 케어 플랜에서 그 내용이 제외될 될 가능성도 있다는 설명을 들었습니다.

상담자________________________인

다음 번 케어 플랜의 정기적인 재검토는 ________년______월_______일입니다.

케어 플랜 관리 표

상담자 이름________________　　　　작성일_____년_____월____일

기 본 서비스	월	화	수	목	금	토	일
새 벽							
아침식사							
오 전							
점심식사							
오 후							
저녁식사							
밤							
〔비고〕 가정도우미(요양보호사) : 주간보호소 내용 :							

기타 서비스

건강관련 :

교통수단 :

경 제 면 :

사회·생활·정신 면:

주의사항:
특히 가정방문 등에서의 모니터(감시)에 있어서의 주의할 사항 :

관찰기록표

상담자 이름________________

일시	접촉방법	상황과 문제점 및 해결을 위한 대응	기입자

제 9 장

서비스 제공 및 조정

1. 역량강화와 사례관리

학습목표

1. 「서비스 이용자 주도」와 「서비스 공급자 주도」 역량강화의 차이를 이해한다.
2. 역량강화(empowerment)의 정의를 이해한다.
3. 역량강화에 있어서 그 개념의 응용을 이해한다.
4. 역량강화와 사회적 지원과의 관련성을 이해한다.

강 의

1) 「서비스 이용자 주도」와 「사례관리자 주도」

사례관리를 수행해 갈 때, 사례관리자는 자기와 이용자와의 관계를 이해할 필요가 있다. 사례관리자가 주도적인 자세로 이용자의 문제를 사정하고, 그 문제해결에 가장 적절한 서비스를 찾아내어 어떻게 이용자를 연결해야 하는가? 사례관리 과정에서 이용자가 주도적인 자세를 취하고, 사례관리자에게 이용자와 동반자적 관계에서 사정, 케어 플랜 작성을 하고 있는가? 이 질문에 대한 대답에 따라 사정, 케어 플랜, 재사정, 사후의 자원개발 등의 접근방식이 바뀔 수 있다.

전자와 후자의 차이가 더욱 명확해지면 전자의 「서비스 공급자 주도형」사례관리에서 전문 요원에 의해 준비된 처우와 서비스 플랜을 실천하는 것이 사례관리자의 주 업무가 되고, 서비스가 이용자의 목표와 욕구에 맞는 것인가? 라는 효과의 평가는 서비스 공급자가 제안한 서비스가 이용 가능한 상태인가? 의 여부로 집약된다. 또한 후자의 「서비스 이용자 주도형」사례관리에서는 이용자의 가능성을 강조하는 일련의 원칙(이용자의 존엄을 지키는 것, 적절한 자원이 공급됨으로써 발전해 가는 능력을 믿는 것, 안정적이고, 긍정적인 생활을 하기 위해서는 적절한 서비스를 제공할 것, 일관성을 유지하면서 역량강화에 의해 상대를 보증하는 것; Rose, 1992)을 배경으로 실천하려고 한다.[1)]

2) 「역량강화」 「옹호」란?

서비스 이용자 주도형 사례관리에 있어 중요한 원칙 중의 하나인 역량강화(empowerment)는, 스스로를 무력하다고 느끼거나 개인적 자원을 사용한 후 만족감을 느끼지 못한 상황에 있는 사람에게 수행함으로써 동기부여가 될 수 있다[2)].

그러면, "역량을 강화하다"란 도대체 무엇을 의미하는가? 많은 연구자들은(표현에 다소 차이가 있기는 하지만) 역량강화를 사회적으로 불평등한 입장에 있는 사람들이 그 자원을 얻어 가는 것이라고 정의하고, 그 과정에는 미시적 접근(micro level / 예 : 개인 중심)에서 거시적 접근(macro level / 예 : 정치적 접근)까지를 포함하고 있다. Guiterrez(1998)는 역량강화는 「개인적, 대인적 또는 정치적인 힘을 증대시키기 위한 과정」이라고 정의하였으며, Allen 등은 소수에게 있어서 역량강화에 관해 「자원이 부족한 사람이 자원에 보다 접근하기 쉬워지고, 그 자원에 대한 통제력을 가질 수 있게 되는데 지향점을 두고 수행해 가는 의도적인 과정이라 하였다. 여기서는 「상호존중, 비판적 반성, 배려, 그룹 참가를 포함한 지역 활동이 중심이 된다」고 기술하고 있다(Allen, Barr, Cochran & Dean, 1989). 그리고 역량강화 과정은 「사회의 공정성을 지키기 위해 개인 또는 단체, 지역 사회 등의 이익을 대표하고, 그 사람들을 대표하거나, 변호하거나, 개입하거나, 지원하거나, 취할 수 있는 행동을 추천하는 행위」라고 정의되어 있는 공동 옹호(class advocacy) 이론에서 종종 이용되고 있다(Mickelson, 1995).

---

1) 주로 정신장애를 가진 사람들에 대한 사례관리의 역사를 되돌아보는 데서 시작된 논의이다. 사례관리의 논리가나 실천가 중에서도 이용자의 역할을 어떻게 파악해야 하는 가는 의견이 분분하다. 그 근거는 사례관리자가 이용자의 대변자가 되어 옹호하고, 자원개발까지 이루어내야 한다는 등의 입장 차이에서 발생한다.

2) 일반적으로, 힘이라는 단어는 두 사람이 대립 관계에 있다는 것을 전제로 논의되는 경우가 많다. Roro와 May(1976)는 파워를 ① 착취적 ② 조작적 ③ 경쟁적 ④ 보호적 ⑤ 통합적 다섯 가지로 분류했다. 이 중 ①, ②, ④는 모두, 두 사람간의 역학관계가 평등하지 않은 경우이고, ③은 평등한 관계를 가리킨다. ⑤의 통합적인 파워란, 「평등한 입장에 있는 사람들이 서로의 힘을 합해, 보다 강해지는 것을 가리켜 서로 공헌하는 것에 동의함으로써 가능 한 것」이라고 한다. 역량강화를 생각함에 있어서, 이렇게 힘을 넓은 의미로 정의해 두고자 한다.

3) 역량강화의 실천을 위한 응용

지금까지 간단히 제시한 역량강화와 변호라는 개념을 사례관리의 실천에서 어떻게 적용할 것인가? 매일 직접 서비스를 공급하는 사례관리자들은 이를 어떻게 실천할 수 있을까? 위에서 기술한 바와 같이, 이들 개념은 주로 정치적 참가와 지역공동체 활동이라는 거시적 접근(macro level)에서 기술된 것이 많고, 역량강화라는 단어가 포함하는 의미가 너무 광범위해서, 그 의미가 제대로 발휘되지 못하는 경우도 있다. 이번 장에서는, 하나의 실험으로써 이들 개념을 실천으로 옮기기 위한 응용과 역량강화를 지향하는 사례관리가 어떠한 방법으로 장기 요양을 고령자인 의뢰인(client)에게 제공될 수 있는가에 초점을 맞추어, 아래와 같은 사례관리 과정 4단계에 관해 기술해 보겠다.

(1) 문제의 존재를 자각하는 단계

역량강화의 첫걸음은 자신이 문제를 안고 있다는 점을 인식하는 것이다.

예를 들어 이용자 A씨는 누워있는 남편을 장기간 혼자서 돌보아왔기 때문에 자신의 건강 상태도 악화되어 더 이상 간병할 수 없는 상태라고 가정해 보자. 그러나 A씨는 그것을 다른 사람에게 상담한다는 것은 생각도 못하고 있으며, 또한 자기 상황이 해결될 수 있는 문제라고도 인식하지 못하고 있다. 여기서 사례관리자의 구체적인 활동내용을 생각해 본다면 어떠한 활동을 할 수 있을까? 그것은, 「outreach」라고 부르는 활동으로 「이용자가 문제의 존재를 발견할 수 있도록 한다」는 과정이다. 문제를 자각한 사람들이 기관으로 상담하러 오는 것을 단순히 기다리는 것이 아니라 문제를 안고 있으면서도 자각하지 못하는 사람을 원조함으로써 이용자가 자신의 문제를 알아차려, 역량강화를 위한 첫걸음을 내딛게 되는 것이다[3].

(2) 자신감 회복과 획득, 문제해결에 필요한 지시 및 기술의 획득(사전 단계)

기본적 ADL을 유지하기 위해, 다른 사람의 지원이 필요한 이용자는 자신의 능력에 대한 의심, 또는 문제를 경감시킬 수 있는 방법에 대한 불신을 하는 것이 당연하다고 하겠다. A씨가 사례관리자의 외적 접근 덕분에 자신의 문제를 자각 했다고 해도 집에서 남편을 간병하는 편이 낫겠다고 생각한다고 가정해 보자. A씨는 다른 사람에게 의지하지 않으면 안 되는 상황에 대한 자신감 상실, 이 일을 어떻게 해야 할지 모르는 불안감, 사례관리자와 친숙해 지면서부터는 자신의 생각을 효과적으로 전달할 수 있는 능력이 부족하다는 사실을 느끼고 있을 지도 모른다. 이러한 점에서 사례관리

3) 본 과에서 역량강화라는 개념을 협의에서 사용된다. 역량강화는 매우 광범위한 범위에서 사용되며 많은 이론가들이 정치적 활동까지를 포함한 과정으로써 정의하고 있기 때문이다.

자는 어떻게 대처해 나갈 것인가? 또한 역량강화의 관점에서 이러한 문제에 있어 어떠한 접근을 하면 좋을까?

Mickelson(1995)은 역량강화의 목표달성을 위한 미시적 접근에서 수행되어야 할 것은「스스로 존중하고, 자신감을 높이고, 지식과 기술을 향상시키는 것」이라고 Rees(1991)를 인용해 말하고 있다.

A씨의 사례에서 계속 살펴보자. A씨가 스스로의 문제를 자각하고 그것을 상담하고자 할 때, 우선 사례관리자는 상대의 상황을 이해하고 적절한 서비스를 제공하기 위해 사정을 실시한다. 이 사정이 방문면접으로 이루어진다고 가정하자. A씨가 자신감과 자아존중감을 회복하기 위해 사례관리자가 실행해야 할 것은 사례관리 과정에서 이용자의 적극적 참가를 유도하기 위해 자신의 자세를 일관성 있게 하는 것이며 이는 사례관리자의 태도(직업윤리관), 면접기법(경청기술 등)에 의해 이용자에게 전달될 수 있다.

사례관리 과정은 이용자의 캐어 매니저가 최선의 해결점을 찾아가기 위한 공동 작업이며, 사례관리자가 방문을 통해 정보를 얻어 본인의 의사전달 결론을 낼 수 있는 것은 아니다. 가령 이용자가 침대에 누워 있어도, 본인의 의사전달 능력이 없다는 의미가 아니므로,「○○씨 어떻게 생각하세요?」등과 같이 정확한 본인의 의지와 의견을 질문함으로써 참여를 촉구할 수 있다. 또한 상대가 자원의 존재를 전혀 모르는 경우에는 자원에 관한 정보를 제공하여, 상대의 지식을 풍부하게 할 수 있다. 항상 상대의 생각과 의견을 확인하면서, 면접을 진행하고, 사정해 가는 자세를 관찰함으로써 사례관리자가 이용자에게 서로의 역할에 관한 메시지를 전달 할 수 있는 것이다. 이러한 역량강화· 과정에서 어떠한 효과를 거둘 수 있는지는 스트레스 대처 이론으로도 설명할 수 있다.

스트레스 대처 이론의 일인자인 Lazarus와 Folkmann(1991)은 사람이 스트레스를 일으키는 사건과 맞닥뜨렸을 때 어떠한 과정을 거쳐 문제에 대처하는지를 이론화하여, 그 과정의 첫 번째로「평가」를 들었다. 그것은 사람이 어떤 사건에 처했을 때 그것이 자신에게「위협」인지 혹은「도전」인지에 물음을 던지는 과정이다. 이러한 평가에 관계되는 요소는 다양하지만, 그 중 하나를 사회적 지원이라고 한다. 사람은 자신을 옹호해 줄 사람의 존재를 인식함으로써, 어떤 사건에 대한 공포의 정도가 다르다는 것이다. 이러한 지원에는 돈과 같은 물질지원, 정서지원, 자신감을 부여해 주는가치지원, 필요한 정보를 제공해 주는 정보지원 등이 있다.

A씨의 경우에는 상대를 존중하는 태도를 관철하면서, 사례관리자의 사정을 진행함으로써 적어도 가치 지원과 정보 지원을 얻을 수 있으며, 그것이 문제에 대한 평가에 플러스 효과를 부여하고 자신이 직면하고 있는 문제를「위협」이 아니라「도전」으로 받아들일 수 있는 가능성을 높일 수 있다.

(3) 자신이 가진 강점을 재인식, 자신감, 문제해결에 필요한 지식과 기술의 획득

사정이 종료된 단계에서 케어 플랜을 만들 수 있다. 역량강화를 지향하는 사례관리에 있어서는 이 단계에서도 이용자를 존중하고 적극적인 참여를 유도하는 공동 작업으로서 케어 플랜을 만들어 갈 것을 추천 장려하고 있다.

이 단계에서는 구체적으로 어떠한 형태로 역량강화를 실천할 것인지 하나의 예로서 이용자의 새로운 행동 패턴 습득을 들 수 있다. 앞서 A씨는 사정을 통해 조금씩 자기 자신을 회복하고 새로운 대인관계 방법을 사례관리자와 접촉하는 과정에서 훈련해 왔다고 가정해 보자. 그러나 케어 플랜에서 의사와의 의사소통이나 도우미와의 관계에 대해 이야기를 하다 보니, 대인관계에 있어서 효과적인 상호작용을 하지 못하고 있음을 깨닫게 되었다고 말한다. 이 때, 역량강화를 지향하는 사례관리자는 이것을 A씨의 약점이라고 파악하지 않고, 습득 가능한 새로운 기술로 받아들여(앞으로 필요하지만, 계획에 없는 지식과 기술을 습득 가능하도록 지원한다), 이 분야에 있어서 A씨의 강점을 발견해 내는 노력을 한다. 예를 들면, A씨가 사례관리자와의 사정 작업을 통해 효과적으로 자신의 의견을 표명한 것을 지적하여, 그것을 의사나 도우미와의 상호작용에 어떻게 살릴 수 있는지를 이야기한다. 필요에 따라서는 사례관리자가 이용자와 역할극(role playing)을 하여 실제적인 대응방법을 연습한다.[4)]

위의 새로운 기술 획득의 효과는, 사회학습이론가인 Bandura(1977)의 자기효력성이론을 사용하면 보다 쉽게 다가올 것이다. Bandura는 인간이 어떤 행동을 획득하기 위한 요소로서, 「행동을 하는 본인」, 「상황」, 「실제로 그 행동을 일으킨 상황에 함께 있었던 다른 사람으로부터의 피드백」 세 가지를 들어 그들 상호작용에 의해 우리의 행동이 규정된다는 이론이다. 그리고 그 때 본인이 가지고 있는 개인적인 기호 등 내적인 기대(자신의 행동에 대한 기대)가 행동을 만들어 내는 것이라고 한다. 여기서, 다시 A씨의 예를 사용해 보자. A씨(행동하는 본인)는 가정, 학교교육, 사회의 기대 등을 통해, 교사와 의사 또는 관청 직원들과 접촉할 때는 항상 수동적으로 상대가 말하는 것을 그대로 실행하는 것이 좋다는 식으로 교육받아 왔나. 이러한 삶의 배경에서 A씨는 의사나 도우미와 이야기할 때에는, 그저 잠자코 상대가 하는 이야기를 듣는 편이 좋다고 생각하여(내적기대) 그렇게 행동해 왔나. 그런데, 면섭(상황)에서 사례관리자는 A씨의 의견을 끌어내려고 노력하고, A씨도 스스로 생각하여 대답하다보니, 자신의 의견이 받아들여지는 경험을 하였다. 또한 역할극에서 의사와 서로 이

4) 이용자가 가지고 있는 문제가 장애가 아니라, 그 강점과 장점에 주목하여 그것을 효과적으로 이용하는 것을 강조하는 것은, 현재 미국의 사회복지실천에서도 나타난다(Hepworth & Larsen, 1993). 이 점을 특히 강조하여 정신장애를 가진 이용자가 사례관리 실천을 지지하는 사람의 입장에서 강점에 맞춰 진행해 가는(strength perspective; 강점부합)이론이라고 하는 것이 있다. 강점부합 이론의 실천방법의 중심은 이용자와 사례관리자가 공동으로 기입한다. 강점의 사정과 거기서 이끌어 낼 수 있는 개인의 케어 플랜 작성이 이루어지고, 완성된 서식에는 서명과 날짜를 기입하고, 공동작업으로 만들어진 계약관계라는 점을 강조한다.

야기를 주고받는 연습까지 하고 보니, 제대로 자기의 의견을 전달 할 수 있게 되고, 사례관리자에게서도 좋은 평가를 받았다(실제로 그 행동을 일으킨 상황에 있었던 사람으로 돌아가 사후 피드백을 수행함). 이러한 경험에 의해, A씨는 새로운 행동기대를 만들어 낼 수 있게 된다는 것이다.[5)]

(4) 변호의 활용(케어 플랜을 실시하여 재평가하는 단계)

케어 플랜을 실시함에 있어서, 또는 케어 플랜을 실시한 후의 자원의 재평가 단계에서, 이용자에 따라서 필요한 자원이, 당장 쉽게 제공될 수 없음을 발견하는 경우가 있다. 이 때, 「아쉽게도 필요한 서비스를 제공할 수 없겠어요」라고 말한다면, 이용자에게 격려하여 자신감을 가지게 한다는 「권한을 위임하다」는 이론에 역행하는 결과 즉, 무력감을 조장하게 된다. 여기서 사례관리자가 할 수 있는 일이 무엇인지 생각해 볼 때, 변호라는 사고방식이 등장한다. 일반적으로 변호라는 단어는 공동 변호라고 하는데, 사회정책을 통해 환경을 바꾸는데 개입해 거대 단위에서 사용되는 경우가 많은 개념으로, 사례·변호라 하는 소단위에서의 실천을 위해 응용 할 수 있다(Mickelson, 1995).

A씨의 예를 보면, 만약 A씨가 필요로 하는 데이 케어 서비스가 일반적인 수속 절차를 통해서는 지원될 수 없을 경우, 사례관리자는 관련기관 사람들과 협의하여 그 서비스를 공급받을 수 있도록 하는 등의 노력을 할 수 있다. 여기서 사례관리자에게 요구되는 기술은 관계되는 다른 기관에 대한 지식 또는 그 기관 사람들과의 좋은 관계형성, 더불어 대인·대(對)기관의 절충기술이다. 즉 사례관리자는 지원직원으로서 필요로 하는 지식·기술과 함께, 타 기관과의 조정 기술도 필요하다. 이렇게 사례관리자에 의해 변호에서의 성공을 본 A씨는 이것을 자신에 대한 지원으로 받아들임과 동시에, 사례관리자의 일련의 행동을 옆에서 관찰하고, 그것을 모델로서 자신에게 새로운 행동을 일으키는데 이용하게 되는 것이다. 이는 앞서 기술한 Bandura의 이론을 응용한 변호 효용의 해석이다.

참고문헌

Allen, J. Barr,D. Cochran, M.Greene, J., & Dean, C.(1989). Networking Bulletin: Empowerment and Family Support.(vol.1. Issue 1.) Ithaca,NY: Cornell University ; Cornell Empowerment Group.

Bandura,A.(1977) .Social Learning Theory. Englewood Cliffs, NJ: Prentice Hall

Fisher,M.(1994).Partnership Practice and Empowerment. In Guitierrez, L. & Nurius, P.(Eds.). Education and

5) 이러한 형태로 A씨가 자신감을 북돋우어 간다면, 현재실천 모델이 만들어지는 것이다. 가족이나 본인이 사례관리자로서 기능하는 것(Seltzer, Ivry & Litchield, 1992)도 가능 할 수 있다.

Research for Empowerment Practice. Center for Policy and Practice Research. School of Social Work, University of Michigan School of Social Work.

Guitierrez,.(1988). Coping with Stressful Life Events: An empowering perspectives. Working Papers: Ann Arbor: University of Michigan School of Social Work.

Hepworth, D. & Larsen, J.A.(1992). Direct Social Work Practice. Pacific grove, CA : Brooks/Cole, Fourth Edition.

Kisthardt.W.E.,& Rapp. C.A.(1992) Bridging the Gap Between Principles and Practice: Implementing a Strengths Perspective in Case Management. In Rose, S.(1992). Case Management & Social Work. New York : Longman. pp.112-125

Lazarus, R & Folkman, S.(1991). The Concept of Coping. In A..Monat. & Lazarus(Eds.). Stress and Copiog. Columbia University Press.pp.189-206.

May, R.(1976). Power and Innocence. W.W.Norton.

Michelson,J.S.(1995).Advocay. In R.L.Edwards.(Ed.). Encyclopedia of Social Work. 19th Edition. pp. 95-100.

Rose,S.(1992). Case Management : An advocacy/Empowerment Design. In Rose,

S.(1992). Case Management & Social Work. New York : Longman. pp.271-297.

2. 욕구사항을 충족시키는 사회자원의 개발

사례관리 회의를 시행할 때, 그 팀 멤버(도우미, 재택케어지원 센터 상담원-사례관리자, 방문간호사, 의사, 사협직원 등)를 곤혹스럽게 하는 것 중 한 가지는 사정을 이용자 중심주의로 충실하게 한 만큼 기존제도로는 대응할 수 없는 과제가 많이 발생한다는 것이다. 이 경우, 팀 회원이 제시하는 대처방안은 거의 다음 3단계로 나뉜다. ① 공식 및 비공식 부문을 포함, 기존 사회자원을 조정하는데 머무른다. ② 기존의 사회자원을 가능한 한 유연하고 탄력적으로 운영하고, 이용자의 욕구사항에 맞춰 우선 적용한다. ③ 새로운 서비스 개발을 공동으로 힘쓴다.

이 때, 사례관리의 중요한 기능의 하나로서 사회자원의 개발기능이 포함되어 있다는 것을 팀 멤버 전원이 이해하는 것이 중요하다. 그 전제로서 필요한 서비스를 상호 협력하여 공동으로 만들어 내려는 공동의식 형성과 과제의 공유화가 필요하다. 이와 함께, 그 기능적 대처 방법을 기관에 합의할 수 있는 체제로서 지역 케어 시스템 형성과 개별 서비스의 개발을 포함하고, 그들을 계획화시켜 가는 작업이 필요하게 된다. 즉, 사회자원의 개발을 보증하는 기관 측의 조건으로서, ① 사례관리 회의의 운영, ② 지역 케어 시스템의 형성, ③ 사회자원의 개발에 관한 계획의 책정을 들 수 있고, 이들 각 영역에서 개발적 기능을 도입하는 의도적인 동기부여가 욕구된다. 이것을 담당할 사례관리자로서는 지역사회가 그 담당 대상이 된다.

사례소개

F씨(남성, 73세)는 3년 전부터 변형성관절증(變形性關節症)과 관절류머티즘 등을 앓고 있는 지체장애(2급)이다. 함께 생활하고 있는 부인 E씨(71세)는 심장 질환으로 병약하여 일상생활은 거의 자립하고 있지만, 옆에서 지켜보아야 하는 상황이다.

F씨가 올 겨울 폐렴으로 입원했다. 검사 결과, 류머티즘에 의한 호흡기능 저하, 전립선비대, 무릎관절 반월판의 소모가 심해졌음이 판명되어, 치료를 받고 있다. 약 3개월 후, 병원측에서 간호사에게 「상태가 안정되었으니, 퇴원시키고 싶습니다. 이용자가 병약하니 재가 지원을 강구해 주기 바랍니다」라는 의뢰를 통해 부인 E씨와 함께 간호사, 가정 봉사원, 복지위원이 병원을 방문하여 F씨와 의사에게 상황을 들었다.

이를 통해 F씨는 퇴원 후에도 한 달에 2-3회 통원이 요구되었다. 관계기관의 사례회의에서는 이동서비스가 필요한 점, 부인 E씨도 병약하므로 서비스, 목욕, 배설, 식사 시의 도움과 약 복용지도 등을 강구하도록 하고, 야간 서비스도 필요할 것을 예상하여 과제를 작성하도록 했다. 그러나 F씨가 생활하는 T지역에서는 이동서비스와 가정봉사원의 야간 파견, 식사 서비스를 매일 실시하지 않는다.

연습 1

여러분이 이 실무담당자 회의에 참가하고 있는 사례관리자라고 한다면 이 사례의 욕구사항을 충족시키는 자원의 개발을 어떻게 추진하겠습니까? 다음 작업을 통해 생각해 보세요.

이 케이스에서 새롭게 필요한「이동 서비스」,「가정 봉사원의 야간 파견」,「매일의 식사 서비스」를 ① 현 상황에 맞춰 대응할 과제, ② 단기로 해결할 과제, ③ 중장기로 해결할 과제로 다음 표를 사용하여 분류해 보자.

※이 경우 기간은 다음을 기준으로 한다.

① 당분간(상황에 맞춰) 대응할 과제------즉시 대응

② 단기로 해결할 과제------약 1년 후

③ 중장기적으로 해결할 과제------중기(3-5년), 장기(6-10년 후)

기간 서비스	임시	단기	중장기
이동서비스			
야간순회서비스			
매일의 식사지원			

해답 예와 해설

커뮤니티 워커로서의 역할과 관점

개개인의 케어 플랜 작성 시, 장기적으로 보더라도 1년 정도 앞의 해결과제를 예측하지만, 사

회자원개발의 경우는 당면 5년 앞을 예측할 것을 바탕으로 계획적 추진이 필요하다. 따라서 사례관리 팀에서 중장기적 시야를 가지고, 팀 운영을 예측하고 선도할 워커의 존재, 즉 커뮤니티 워커의 참가 또는 사례관리자의 커뮤니티 워커로서의 역할이 요구된다. 일반적으로 지역공동체 복지사가 사례관리 회의에 참가하는 경우 간호사, 재택 케어지원 센터 상담원, 가정봉사원 등 사례의 조사예측이나 케어 플랜에 관심을 집중하는데 비해, 지역공동체 사례관리자는 비공식 사회적자원망의 역할과 함께 ① 회의의 원활한 운영, ② 공동연계사항의 추출, ③ 새로운 사회자원개발의 과제화 및 관련정보 제공의 역할을 해 다하기 위해 참가하는 부분도 크다.

아래 표의 해답 예에서 검토에 임하는 관점을 보자. 당분간 대응에 있어서는 기존의 사회자원 제도의 탄력적인 운영 가능성을 찾는 것이 최우선이다. 예를 들어, 공용차를 사용해 가정봉사원 통원 시 옆에서 도와주지 않는 경우가 많지만, 그것이 그렇게 무리한 요구일까? 예외는 인정될 수 없는지를 재검토하는 것도 중요하다. 예외가 쌓이면 보편적 요구사항으로서 제도화 요청도 커진다. 그 때, 자원봉사자 등 비공식적 활동의 도입을 자원부족을 대체하기 위해 쉽게 검토해서는 안 된다.

또 한 가지 검토할 것은 「매일의 식사 지원」란에서 볼 수 있는 것처럼 각종 서비스를 조합해 가는 시도이다. 회의 시 「식사서비스라면 사회복지협의회」이라는 식으로 주로 실시기관의 책임으로 일관하는 경우가 많다. 필요한 것은 「매일의 식사 지원」이라는 욕구사항충족 입장에서 「식사」라는 단순한 과제에 있어서도 다양한 사회자원을 활용한다는 관점이다. 이 경우 배식 서비스, 도우미의 가사지원, 이웃 협력을 조합하여 임시방편적으로 대처할 수 있다.

〔해답 예〕

기간 / 서비스	당분간	단기	중장기
이송서비스	· 가정 봉사원의 유연한 대응 · 사회복지협의회 직원의 유연한 대응 · 자원봉사자로 대응	· 사회복지협의회의 서비스로 사업화한다	· 제도화
야간순회서비스	· 밤 8시까지 가정 도우미 순회를 순환제로 실시	· 처우개선	· 24시간 순회 가정도우미 제도 실시
매일의 식사지원	· 주 2회 배식 서비스 활용 · 주 3회 가정도우미에 의한 식사 지원, 가까운 지역의 도움	· 배식 서비스의 빈도를 높이고, 가정 도우미의 방문 빈도를 높인다.	· 매일형 배식 서비스의 실시

그런데, 이러한 임시 대응의 축적을 기초로 단기적으로는 당면 과제의 사업화, 중장기적으로는 제도화라는 과제를 들 수 있다. 과제의 실현을 위해서는 목표달성을 향한 과정의 가설 입안과 가설을 바탕으로 활동전개가 요구된다.

제 10 장

사회자원 개발 활용 및 관리, 지역 네트워크 구성

학습목표

사례관리에서 지역사회자원에 대한 이해는 무엇보다 중요하다. 아울러 지역 네트워크이 조성되어야만 서비스의 중복이나 누락을 방지할 수 있기 때문에 지역별 네트워크 구성을 어떻게 갈 것인지에 대해 분명하게 이해하도록 한다.

1. 제공하는 사회자원

1) 사회자원의 유형

이용자에게 제공하는 사회자원은 다양하다. 사회자원에는 어떤 것이 포함될까? '현대사회복지사전'(전국사회복지협의회)에서는 사회자원을 다음과 같이 설명하고 있다.

'사회생활욕구를 충족시키기 위해 동원되는 시설 및 설비, 자금이나 물자, 특히 집단이나 개인이 가진 지식이나 기능'을 총칭한다.

이것 이외의 사회자원의 분류 일례를 들면 Thomas는 지역의 사회자원은 주민에 대해 재정적, 사회적, 근린부조적인 가치를 갖도록 하여 ① 물질(산업이나 학교), ② 상업적 서비스(상점이나 영화관), ③ 조직적 지원(교회나 복지기관과 그 직원), ④ 내적 지원(가족, 친구, 이웃의 비공식적인 복지자원)의 네 가지로 범주화하고 있다. 또 자원을 ① 금전, ② 애정, ③ 정보, ④ 지위, ⑤ 서비스, ⑥ 선의의 여섯 가지 타입으로 분류하는 사람도 있다.

사회자원의 내용이나 범위를 확정하기 위해 여기에서는 분류의 축이 되는 기준을 우선 검토해

본다. Siporin은 자원을 그 특성, 장점, 유효성의 관점에서 다음과 같은 기준을 사용해서 분류를 시도해 보았다.

'자원은 명확한 목표를 달성하는 것과의 관계에서 ① 한 개인 또는 그 집단에서 내적인 것인가 외적인 것인가 ② 공식적인 것인가 비공식적인 것인가? ③ 실용 가능한 것인가 잠재적으로 추출하는 것인가? ④ 어느 정도 조절 가능한 것인가 불가능한 것인가'이다.

제공주체를 바탕으로 사회자원을 유형화하면 공식적인 것인지 비공식적인 것인지를 기준으로 분류 가능하다. 비공식적인 분야의 사회자원으로는 가족구성원, 친척, 친구, 동료, 이웃, 봉사, 명확하게 제도화되어 있지 않은 당사자 조직이나 상호부조단체 등이 있다. 공식적인 분야로는 행정에 의한 서비스나 직원 인가를 받거나 지정을 받은 민간기관이나 단체의 서비스나 직원 등이 해당된다.

이 중 비공식과 공식의 양 분야간 명확한 구분은 매우 불명료해서 지역의 단체나 조직을 보아도 소수로 구성된 비공식적인 것도 있고 한편으로는 수만 명이나 되는 회원을 지닌 전국적인 공식적인 단체도 있다.

특히 공식적 서비스 제공 주체에 의한 분류를 가정봉사원 서비스(방문 케어)를 바탕으로 검토해 보면 의료법인이나 사회복지법인이라는 제공주체와 함께 주식회사나 유한회사와 같은 기업(민간)법인, 지역의 비영리단체, NPO(Non Profit Organization)라는 시민활동법인이 제공하는 것으로 분류할 수 있다.

이 공식적 서비스와 비공식적 자원을 합치면 다수의 제공주체가 존재해 그들을 조합해서 이용함으로써 이용자의 욕구의 다양화와 고도화에 대응할 수 있게 된다. 조합방법은 단순히 제공주체별 서비스를 각각 독립적으로 이용할 뿐만 아니라 여러 가지 제공주체를 조합시켜 하나의 서비스를 창출해 이용하는 것도 포함된다.

예를 들면 비공식적인 봉사의 노력과 공식적인 행정의 재정적인 보조로 배식서비스를 형성할 수도 있다. 이 서비스를 이용할 경우에는 봉사와 행정의 두 가지 사회자원을 활용하게 된다.

또 공식적 서비스 제공주체간의 협동에 의한 일반 복지서비스도 존재한다. 여기에는 배식서비스나 이동서비스 등이 그 예가 되는데 민간기업의 서비스를 행정이 재정적으로 보조함으로써 주민에게 서비스를 제공하는 예도 있다.

사례관리는 이용자의 생활 욕구에 맞춰 이러한 다양한 사회자원을 조합시켜 조정하게 되는데 각각의 사회자원은 장점과 단점을 함께 갖고 있기 때문에 최적의 조합이 요구된다.

일반적인 특징으로는 비공식적 자원은 유연한 대응이 가능하지만 전문성이 낮고 공급의 안정성에 어려움이 있다. 특히 가족은 유연하게 대처할 수 있는 최적의 것이다. 공식적 서비스는 그 반대의 특징을 갖고 있다. 공식적 서비스 가운데 행정은 획일적인 서비스가 되기 쉽지만 최소한의 수준을 확보할 수 있는 시스템으로 이용자의 경제적 능력에 따라 저렴해진다는 공정성의 특징을 갖고 있다. 그 외의 사회복지나 의료법인, 기업은 서로 자신이 갖고 있는 장점을 기초로 해서 그 특징을 발휘하고 있다. 예를 들면 사회복지나 의료법인은 지역에 근거한 활동으로 주민과 하나가 되는데 특히 사회복지법인은 사람들의 생활을 지켜주고 의료법인은 생명을 지켜주는 것을 특징으로 하고 있다. 한편 기업은 주민의 욕구에 민감하게 반응할 수 있는 서비스 제공을 목표로 하는 특성이 있다.

2) 공식과 비공식적 자원의 연대

사회자원은 확실하게 구체적인 서비스나 지원을 이용자에게 직접 제공할 수 있지만 사회자원 그 자체는 이용자의 입장이 되어 각종 서비스나 지원을 조정하는 기능을 본래 갖고 있지 않다.

예를 들면 가정봉사원 파견서비스는 케어나 가사 등을 직접 이용자에게 제공하는 것이고 봉사는 회식 서비스나 우애방문이라는 것을 이용자에게 직접 제공하는 것이다.

이러한 서비스 자체는 본래 이용자를 위해 다른 서비스와 조정하는 기능을 갖고 있지 않다.

특히 공식적 분야와 비공식적 분야의 관계는 그 조정기능이 약하다. 단 양자가 협동하는 것의 필요성은 많은 논객의 일치된 생각이다. 하지만 그 인식에 대해서는 다양한 의견이 있다.

한 가지 생각은 양자는 서로 떨어져 있는 것이 아니라 양자를 연결시킴으로 최적의 균형을 얻을 수 있다고 하는 것이다. 여기서 대표적인 학자는 Litwak으로 그 사회적 조절로는 '관료적인 조직과 외적인 첫 번째 집단과의 관계에서 양자가 멀지도 않고 가깝지도 않은 최적의 사회적 거리 균형을 갖도록 조정 메커니즘이 작용한 경우이다'라고 하였다.

한편 Froland는 양자의 연속 속에서 불연속이 나타나고 각자 가지고 있는 지식이나 가치의 차이는 잘 진행되면 서로 보완이 되는 것도 있지만 양자 간 긴장을 초래하는 경우가 더 많아 사과의 골을 쉬는 것과 같은 것이 된다고 하였다.

공식적 분야와 비공식적 분야이 협동이 만든 최직의 예로서 전문가가 비공식적인 서비스제공자와의 상담적인 관계형성의 필요성을 주장하고 있다.

이러한 비공식과 공식적 사회자원의 관계에 대한 패턴을 Bulmer는 다섯 가지로 분류 정리했다. ①공식적 사회자원에 의한 비공식적 사회자원의 식민화, ②양자의 경쟁 또는 갈등, ③상호관련이 없는 공존, ④양자의 협동, ⑤양자 간의 혼란이다. 비공식과 공식적 케어를 혼합한 ④에 해당하는 협동을 확립하기 위해서는 공식적인 측면에서 '핵심 인물'[1] 또는 '코디네이터'를 양성해 이

---

1) 핵심 인물이란 이용자의 문제해결의 열쇠가 되는 인물로 공식적인 측에서의 핵심 인물은 사례관리자가 담당하는 경우가 많다.

용자와 사회자원을 조정해야 한다고 한다. 이것을 Froland의 전문직에 의한 상담역할과 유사한 의견이라고 할 수 있다.

이상과 같이 비공식적 사회자원과 공식적 사회자원의 관계는 불연속의 측면이 강하고 이용자에게 그것을 연속시킨 것으로 제공하기 위해서는 공식적인 측의 조정역할이 필요하다. 여기에 사례관리자가 등장하게 된다.

공식적 분야내용에서도 조정기능이 작용하지 않는 현상도 있다. 공식적 분야의 중심인 행정서비스는 상하관계로 사회복지 서비스, 의료 및 보건서비스, 소득보장서비스, 주택서비스, 고용서비스, 교육서비스는 상호 관계가 없으므로 실시되기 쉽다. 따라서 이용자가 행정서비스를 중복해서 이용할 경우에 사례관리는 시책간의 관련성을 갖도록 하여 상하관계의 행정피해를 제거하고 서비스를 유연하고 인간적인 것으로 하는 기능을 갖고 있다.

2. 지역네트워크의 내용

사례관리를 실시하기 위해서는 사례관리자로서의 능력을 갖추는 것만으로는 충분하지 않다. 여기에 사례관리가 원활하게 실시되도록 지역에 있는 기관이나 단체간의 네트워크 조성이 꼭 필요하다.

사례관리가 성립되기 위해서는 일반적으로 사례관리 실천과 사례관리 시스템이 필요하다.

<이용자가 서비스를 이용하는 과정>		<이용자 지원대책>
서비스를 이용해야 하는 상황이 된다	⇐	지역 가운데 잠재적 이용자나 병원·노인보건시설의 퇴원·퇴소자를 발견하기 위한 대책
⬇ 서비스가 있다는 것을 안다	⇐	서비스에 대한 정보제공 대책
⬇ 서비스의 이용을 결의한다.	⇐	서비스 이용의 열등낙인감을 제거하도록 지역주민이나 서비스 제공과 의식변화의 대책
⬇ 서비스 이용을 창구기관에 신청한다.	⇐	어느 창구기관에서도 필요로 하는 서비스 제공에 대해 한번에 대응하는 시스템 조성 대책
⬇ 창구기관에서 서비스 제공을 결정한다.	⇐	창구직원이 이용자가 필요로 하는 서비스를 제공에 대해 한번에 대응하는 시스템 조성 대책
⬇ 서비스를 이용한다.	⇐	창구직원이 이용자가 필요로 하는 서비스를 제공할 수 있도록 상담능력을 익히기 위한 대책
⬇ 서비스 내용을 평가한다.	⇐	각각의 서비스 양뿐만 아니라 질의 높이를 확보하는 대책
⬇ 서비스 내용을 평가한다.	⇐	현재의 서비스를 수정하거나 새롭게 서비스를 창출하는 시스템 조성 대책

〈그림 10-1〉 서비스 이용의 프로세스와 이용지원대책

(출전) 사라사와 마사카즈, '노인보건복지계획실현의 접근', 중앙법규출판, 1994년, p. 86 개정

<그림 10-1>은 좌측에 이용자가 서비스를 이용하는 프로세스를 나타내고 우측에 프로세스 진행을 위해 어떤 대책을 세워야 하는지를 나타낸다. 결과적으로 그림에서와 같이 다음 7가지 지원대책이 필요하다.

① 잠재적인 이용자를 발견하기 위한 대책

② 서비스에 대한 정보제공 대책

③ 서비스이용의 열등낙인을 제거하는 대책

④ 한 창구에서 모든 필요한 서비스를 이용할 수 있는 대책

⑤ 창구직원이 상담능력을 갖추는 대책

⑥ 서비스의 양적 질적 확보를 꾀하는 대책

⑦ 사회자원을 수정 창조하기 위한 대책

이 7가지 대책을 추진하는 것으로 실현한 사례관리의 이상적인 지역 내 네트워크는 <그림 10-2>와 같이 가능해진다.

그림과 같이 네트워크에는 이용자 본인이나 가족을 대상으로 하여 생활 욕구와 사회자원을 연결짓는 사례관리와 지역사회를 기본으로 해서 기관, 단체, 시설이 조직화되어 있던 양자가 축이 된다. 이 중 모든 것이 네트워크 조성이라고 불린다. 전자의 사례관리를 원활하게 실시하기 위해서는 창구기관이 되는 사례관리 기관 등의 실무자간의 사례회의2)를 실시해 서비스 제공의 문제점은 지역의 기관 및 단체에 대한 것이나 각각의 이용자의 정보를 공유화해서 서비스하기 어려운 사례에 대해 팀으로 사례관리를 실시하는 것이다.

더 나아가서는 각 사람이 사례관리의 역량을 서로 높이게 되어 이러한 회합을 통해 회의의 구성원이 상호 상담 전문가로서 서로 신뢰할 수 있게 된다.

동시에 이 회의에서는 각각의 사례에 대해 케어 플랜이 실현되도록 이용자 대신에 사회자원의 수정을 다른 구성원에게 요구하게 된다.

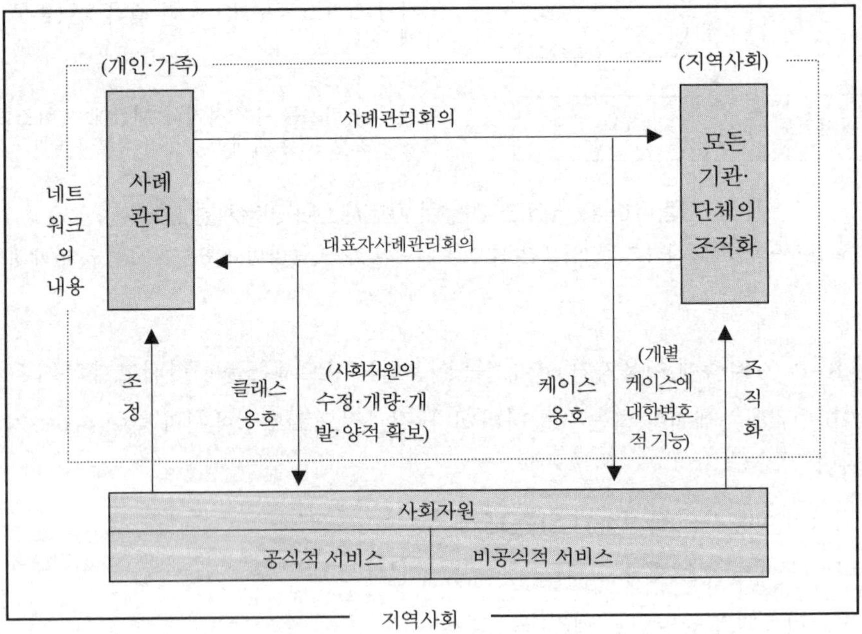

〈그림 10-2〉 지역 네트워크의 내용

2) 사례회의(care conference) : 사례회의는 케이스컨퍼런스라고도 한다. 실무자가 중심이 되는 회의로 재택뿐 만 아니라 시설입소자에 대해서도 실시한다.

한편 지역의 기관, 단체, 시설의 사례 대표자 회의[3] 를 설치해 누적된 서비스의 어려운 사례를 통해 지역의 사회자원을 개발하고 개선해 양적확보를 꾀하도록 대응하게 된다(클래스 애드버케이트, class advocate)[4]. 사회자원의 개발, 개선, 양적확보가 이루어지게 되면 사례관리에서 이용자는 많은 선택사항 가운데 케어 플랜을 작성할 수 있게 되어 서비스 제공이 어려운 사례가 감소하고 서비스 제공이 보다 용이해진다.

이러한 네트워크가 확립되면 기관, 단체, 시설의 실무자는 상호 전문가로서 신뢰관계를 성립시켜 각각의 기관 등에서 실시하는 사례관리는 서비스제공기관에 전화하여 양해를 얻어 케어 플랜을 원활하게 실시할 수 있게 된다. 게다가 사례관리를 효과적으로 하기 위해서는 지역의 기관, 단체, 시설이 조직화되는 것과 실무자의 컨퍼런스 및 대표자의 사회자원 계획입안기능이 이루어지는 케이스 커뮤니티가 필요하다.

3. 지역네트워크의 조건

구체적으로는 각각의 지역에서 지역네트워크를 어떻게 조성하면 좋을까? 이용자의 사례관리 과정에서 발생할 우려가 있는 과제를 해결하기 위해 지역 네트워크에는 다음 4가지 요건을 포함시켜야 한다.

첫째, 서비스나 지원을 필요로 하는 이용자를 어떻게 발견해서 사례관리기관[5]으로 연결해 나갈 것인가 하는 매커니즘을 포함한 시스템이어야 한다. 이에 대해서는 각종 서비스에 대한 정보가 이용자에게 전달되기 어려운 현실이나 서비스 이용자 측의 주저함으로 이용자 발견의 어려움이나 사례관리기관에 이용자 스스로가 방문하기 어려운 점 등을 들 수 있다. 따라서 이용자를 발견해서 사례관리기관과 연결되도록 하는 구성을 지역네트워크 가운데 포함시켜야 한다.

둘째, 각각의 이용자 또는 그 가족에 대해 생활 욕구에 맞는 적절한 케어 플랜을 원활하게 실시할 수 있게 하는 것이다. 즉 어느 사례관리기관에 가더라도 필요로 하는 서비스가 적절하고 즉각적으로 이용할 수 있도록 조성된 네트워크이어야 한다. 이를 위해 상담을 받는 직원의 사례관리자로서의 능력과 작성된 케어 플랜을 즉시 실행할 수 있는 상하관계의 행정피해를 제거한 구성이어야 한다.

---

3) 사례 대표자 회의란 지역의 단체, 기관 등의 대표자회의로 이것은 단체, 기관간의 합의형성을 꾀해 협동해서 커뮤니티워크나 사회활동을 실천할 때 필요한 조직이다.

4) course advocate라고도 하는데 일정한 대상자층을 대상으로 해서 변호활동을 통해 사회자원의 개발과 개선 등의 활동을 일으키는 것을 가리킨다.

5) 사례관리자가 배치되어 이용자의 생활지원의 입장에서 상담서비스를 실시하는 기관.

셋째, 케어 플랜의 내용에는 행정 등의 서비스와 봉사나 이웃과 같은 지역사회의 비공식적 지원이 혼합되어 이용자에게 제공할 수 있는 것이다. 이용자가 지역에서 계속적으로 생활하기 위해서는 행정서비스만이 아니라 비공식적 지원을 함께 받음으로써 질이 높은 생활이 가능해진다. 이런 사회자원이 함께 제공 가능한 구성을 포함한 지역네트워크이어야 한다.

넷째, 서비스를 새롭게 창조하는 메커니즘을 갖는 것이다. 각각의 이용자나 가족을 지원하는 과정에서 부딪히는 서비스의 어려운 사례를 통해 새롭게 서비스를 창조해가는 메커니즘을 가진 시스템이어야 한다. 즉 사례관리 서비스로부터 새롭게 사회자원을 창출해 가는 정책 입안의 구성을 지역네트워크는 포함시켜야 한다. 이것이야말로 본래의 정책입안과정으로 주민의 생활 욕구에 맞춘 서비스 창조방법이라고 할 수 있다.

4. 지역네트워크의 모델

이상 4가지 요건을 포함한 지역네트워크의 모델을 주관적인 견해로 제시하면 그림<10-3>과 같다. 이 네트워크는 2층 4단계의 시스템이다.

첫 번째 단계는 1층의 소지역 수준으로 하는 것으로 여기에서의 기능은 소지역에서의 서로 도와주는 실천과 동시에 잠재적인 이용자를 지역 안에서 발견해가는 것이다. 발견한 이용자에 대한 지원이 소지역 수준의 공조로 대응할 수 없는 경우에는 시군구의 복지사무소(복지과)나 보건센터, 사회복지협의회, 이웃의 재택케어지원센터, 방문간호 등 사례관리기관에 연락을 하게 된다.

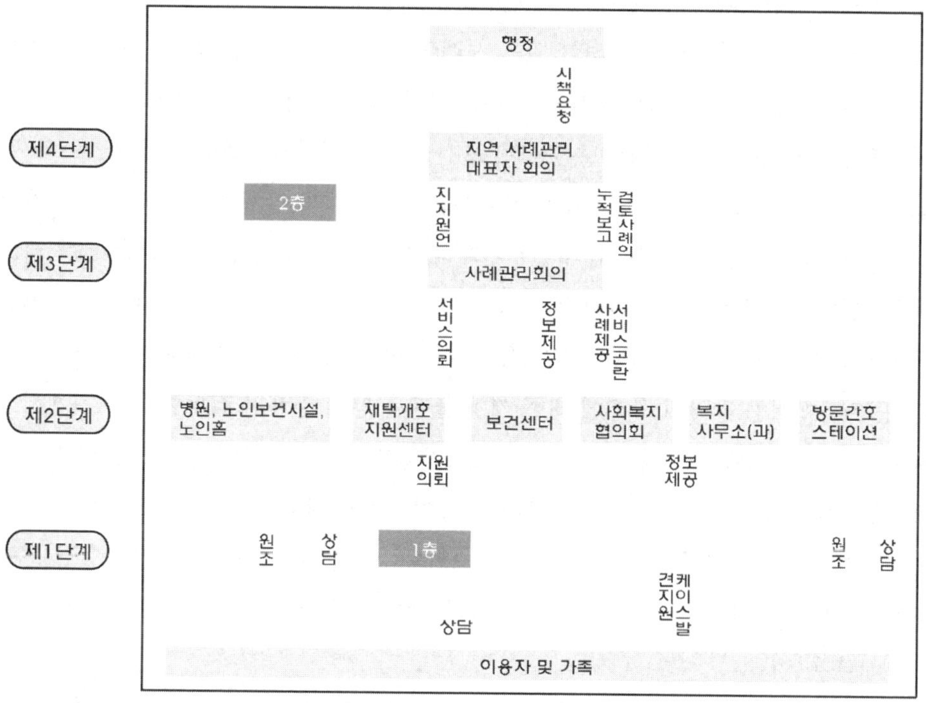

〈그림 10-3〉 지역네트워크의 모델도

1층 구성에는 봉사, 복지위원 및 아동위원, 자치회, 부인회, 노인클럽 등 각종 지역단체의 직원이나 멤버, 이웃주민으로 소지역에서 생활하는 사람이다. 협조내용은 공적 서비스로 친해지기 어려운 소지역에서의 활동으로 방범, 대화상대, 쇼핑, 쓰레기 버리기, 산책이나 병원 통원 협조, 긴급통보의 협력원의 활동 등을 생각한 수 있다. 단 이러한 활동을 전개하기 위해서는 활동을 지원하고 지도하는 직원(staff)이 1단계 또는 다음 2단계에 배치될 필요가 있다.

제2단계에서는 시군구 수준의 복지사무소(복지과), 보건센터, 재택케어지원센터, 방문간호스테이션, 사회복지협의회 등이 이용자의 상담을 받아 사례관리를 실시한다. 이 때 각각의 상담창구는 서로 전화와 팩스, 컴퓨터의 온라인 등을 활용해서 서로 연락하며 케어 플랜의 원활한 실시를 꾀하게 된다.

이 사례관리기관에서는 단순히 지역의 이용자의 상담을 받는 것만이 아니다. 여기에서는 통원이나 시설을 퇴원 또는 퇴소하는 이용자에 대해서도 그런 시설과 사례관리기관이 상시연대를 유지함으로써 지역에서 생활할 수 있게 하는 사례로 이어져야 한다.

그러나 이런 대응을 한다고 해도 필요로 하는 서비스를 얻을 수 없고 재택생활을 충분히 유지할 수 없는 경우도 발생한다. 또는 현재는 재택생활이 가능하다고 해도 현 서비스 내용에서는 가까운 장래에 재택생활이 불가능해질 우려가 있는 사례도 있다. 이러한 사례는 제2층이 대응하게 된다. 또 많은 서비스제공기관이 관련된 사례에 대해 정보를 공유화하는 것도 제2층이다.

이 제2층은 복지사무소(복지과), 보건센터, 보건소, 재택케어지원센터, 방문보호스테이션, 사회복지협의회, 노인보건 및 복지시설, 아동복지위원협의회, 자치회, 의사회, 치과의사회, 약제사회 등으로 구성된다. 이 중 제3단계의 '사례회의(실무자회의)'는 각각 조직에서의 상담서비스를 하고 있는 실무자로 구성된다. 제4단계의 '사례관리대표자회의'를 구성하는 것은 각각 조직의 대표자이다.

우선 사례관리기관 담당자로부터 제3단계의 '사례회의'에 서비스하기 어려운 사례가 제출되어 검토된다. 여기에서는 각각의 사례에 대한 케어 플랜을 멤버 전체가 검토한다. 여기에서 결정된 케어 플랜은 이용자나 가족의 양해를 얻어 실행으로 옮긴다. 또 각 기관에서 케어 플랜에 변경이 발생한 사례, 케어 플랜이 시작된 사례에 대한 정보제공이 이루어진다.

서비스하기 어려운 사례를 모아 각각의 시군구에서 어떤 서비스가 질적·양적으로 문제가 있는지를 정신(정신지체)하는 작업이 이루어져야 한다. 이와 같은 향후 서비스과제를 모으는 것이 제4단계의 '사례 회의'이다.

시군구의 각 기관이나 단체의 대표자들은 각각의 시군구에서 어떤 시책이 필요한지를 논의해 행정에 서비스 개선 및 개발을 요청하게 된다. 요청을 받은 행정이 시책을 실시하도록 하는 메커니즘이 필요하다.

이런 네트워크가 구성되면 전술한 지역 네트워크의 4가지 조건을 포함할 수 있게 된다.

① 이용자를 발견해 사례관리기관으로 연결할 것

② 필요한 제반서비스를 원활하고 즉각적으로 제공할 것

③ 공식적 서비스와 비공식적 지원을 제공할 것

④ 새로운 서비스를 창조할 것이 가능해진다.

새로운 서비스를 창조한다는 메커니즘은 <그림1-12>와 같이 사례관리 실천에서 정책을 이끌어내는 과정으로 정리할 수 있다. 즉 사례관리에서 개별 서비스나 지원을 실시하지만 이 때 서비스하기 어려운 사례와 만나게 된다. 이렇게 되면 이 사례는 '실무자 회의'라고 불리는 사례회의에 제안되고 거기에서 검토가 이루어진다.

'대표자 회의'라고 불리는 사례조사위원회가 서비스하기 어려운 경우를 누적적으로 검토해 그것을 통해 시책계획이 작성되어 시군구에 제안 된다. 이것이 시책계획이라는 흐름을 창조하고 더 나아가서는 각각의 시군구에서의 서비스하기 어려운 케이스를 감소시킨다.

5. 지역사회 자원

지역사회 서비스의 유용성은 지역사회에서 생활하기를 바라는 노인들의 자립에 있어서 중요한 역할을 수행한다. 본 장에서는 가정에서 생활하는 노인들을 지원하는데 이용할 수 있는 다양한 지역사회의 자원들을 살펴본다. 그리고 소득 프로그램, 가정 의료와 가사 지원 서비스, 법률 서비스, 교통 프로그램, 주거 선정 그리고 기타 지원 프로그램에 대한 정보를 제공한다. 본 장에서 많은 지역 및 국가 기관들을 언급하지만, 이는 이러한 단체들을 추천하는 의미라기보다는 잠재적 자원으로써 제시하는 것이다.

1960년대 초반 이후로 노인 복지를 위해 계획된 프로그램들은 빠르게 발전해 왔다. 지난 35년간 노인 의료보험(Medicare), 저소득층 의료부조(Medicaid), 노인복지법, 생활보조금인 보충보장소득(SSI), 다양한 주거 서비스 그리고 사회서비스기금 부분의 발전이 이루어졌다(Hooyman & Kiyak, 1993). 비제도적인 여건에서 제공되는 이러한 서비스들은 일반적으로 지역사회중심서비스라고 한다. 만성질환이나 장애가 있는 노인과 성인들에게 제공되는 서비스의 경우에는 지역사회중심 장기보호 서비스라고 한다. 지역사회중심 장기보호 서비스는 만성질환이나 장애가 있는 노인들의 육체적, 사회적 그리고 정서적 욕구를 충족하는 서비스 영역으로써 지역사회나 이용자의 가정에 제공하는 서비스라고 정의내릴 수 있다. 이러한 서비스에는 급식 프로그램, 가정 의료와 가사 지원 서비스, 주간보호 프로그램, 휴식 프로그램, 노인 센터, 그리고 전화 확인과 우애 방문 서비스와 같은 기타 사회화 프로그램 등이 있다.

기능적으로 저하된 대부분의 노인들은 지역사회에서 제공되는 일부 장기보호 형태의 서비스를 이용한다. 미 상원의 고령화 특별위원회(1991)에 의하면, 1990년에 150만 명의 미국 장애 노인들이 적어도 한번은 지역사회 서비스를 이용하였다. 2020년까지 이 수치가 240만 명으로 증가할 것으로 추정된다. <그림 10-4>는 1990년에서 2020년까지 장애와 비장애 노인들이 이용하는 지역사회 서비스의 예상되는 증가량을 나타내고 있다.

본 장에서 독자들에게 노인이나 장애 성인들이 이용할 수 있는 다양한 서비스와 프로그램에 대한 정보를 제공하지만, 자원의 목록을 나타내고자 하는 의도는 아니다. 서비스와 자원은 주(state)와 심지어 군(county)마다 상당한 차이가 날 수 있다. 따라서 미국 전역에 걸쳐 대부분의 지역에서 이용할 수 있는 일반적인 범주의 프로그램들을 본 장에서 소개한다. 이러한 프로그램에 대한 자격 기준은 달라질 수 있기 때문에, 특별한 자격 요건에 대한 지역 서비스 공급자를 확인하는데 주의를 기울어야 한다.

노인복지법 프로그램

미국의회는 노인 서비스의 포괄적인 계획 수립과 조정, 실행을 위한 국가적 연계망을 구축하기 위해 1965년에 노인복지법을 제정하였다. Binstock(1991)에 의하면, 노인복지법 프로그램은 노인서비스 분야에서 수많은 발전을 이루어 왔는데, 노인들의 욕구충족을 위한 전략, 프로그램, 서비스의 개발과 실증, 무수한 노인들에 대한 유, 무형의 원조 제공, 노인 지원을 위한 전국적인 기반 조성, 수천 명의 노령화 분야 전문가 채용과 사회화 등이 있다.

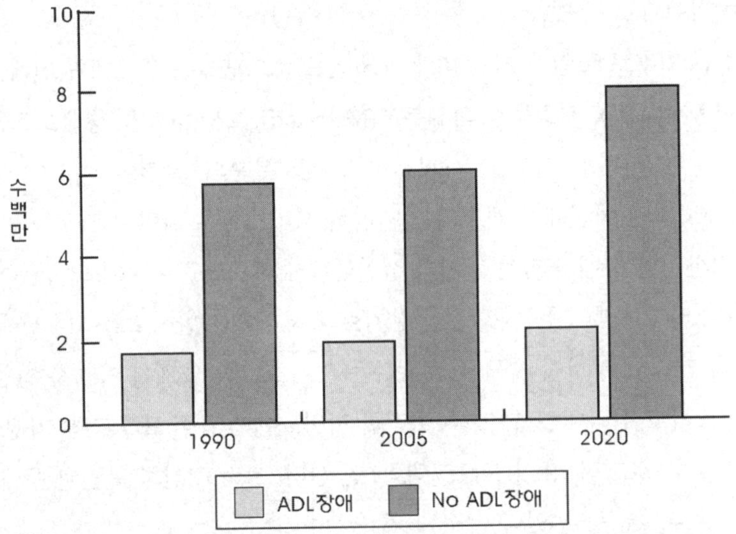

〈그림 10-4〉 65세 이상 노인의 장애 발생으로 인한 지역사회 서비스의 이용, 1990-2000. 주: 추정치는 연령/성별/혼인관계, 지역사회의 장애율, 장애/연령/성별에 의한 지역사회 서비스의 이용률이 일정하다고 가정한다.

출처: 미상원 노령화특별위원회의 미국의 노령화: 경향과 추이, 1990-1991에서 전재, 미국 보건복지부, 1991.

여기에서 가장 중요한 것은 노인 서비스의 전국적인 기반의 조성이다. 노인복지법이 시행된 이후로 이러한 노인서비스 연계망은 57개의 주정부 노인복지국, 670개의 지역노인복지사무소 그리고 약 25,000개의 관련 서비스 단체를 구축하게 되었다(Binstock, 1991). 이러한 명백한 성공에도 불구하고, 일부에서는 노인복지법이 빈곤층과 소수 민족 노인들의 수혜에는 성공적이지 않았다고 주장한다.

노인복지법은 1973년에 개정되어 지역노인복지사무소로 알려진 지역계획수립 단체를 포함하였다. 지역노인복지사무소의 목적은 노인들의 변화하는 욕구에 따라 서비스 제공을 조정하는 것이다. 지역노인복지사무소는 지역사회중심 보호체계를 조정하기 위한 핵심적인 곳이다. 지역노인복지사무소의 한 가지 목적이 지역 서비스 공급자에 기금을 조성하는 것이지만, 지역노인복지사무소는 또한 다른 노인서비스 공급자 간의 서비스를 조정하는 임무도 수행한다. 이러한 연계망이 "타당한 업무 범위 내에서 광범위한 서비스를 제공하기 위해 단체들 상호간의 협력관계를 결성하고 기금을 조성하는데" 발전을 가져 왔다(Fortinsky, 1991). 주정부 노인복지국과 지역노인복지사무소는 노인을 위한 서비스 분야에 자금을 제공한다. 일반적으로 기금 서비스에는 정보 및 조회 프로그램, 사례관리 프로그램, 교통 서비스, 대외봉사 서비스, 가사지원 서비스, 주간보호 프로그램, 단체 및 가정배달 급식 프로그램, 법률 지원, 노인학대 예방 프로그램, 노인 고용, 그리고 기타 서비스 등이 있다.

주정부 노인복지국과 지역노인복지사무소 연계망은 미국 전역에서 유사한 노인 서비스를 조정하고 관리하는 전국적인 연계망이기 때문에 보건의료 전문가들에게는 귀중한 자원이다. 지역노인복지사무소는 필요한 자원과 서비스에 관한 문제들을 제안하기에 적합한 곳이다. 보건의료 전문가들은 주정부 노인복지국에 연락하여 해당 지역노인복지사무소의 위치를 파악할 수 있다. 주정부 노인복지국과 지역노인복지사무소 그리고 기타 주요 단체들의 종합적인 목록은 노인보호 정보와 소개에 관한 국가 명부에서 얻을 수 있다.

미국 노인복지청, 국립노인복지사무소협회, 그리고 주정부 노인복지국협회의 최근 공동 사업에서 노인보호 검색서비스를 도입하였다. 이것은 가족과 친구들이 노인들을 위해 필요한 지역사회 자원에 대한 정보를 검색하는데 지원하기 위해 계획된 전국적인 서비스이다. 노인보호 검색 번호로 전화를 걸면, 지역과 주 단위에서 노인들에게 서비스를 제공하는 단체들의 광범위한 연계망에 접근할 수 있다. 이러한 서비스는 가족이나 친구, 전문가들이 가정배달 급식, 교통편의 서비스, 법률 지원, 주간보호 프로그램, 가정 의료와 같은 서비스와 기타 지역사회 서비스를 검색하는데 도움을 줄 수 있다. 보호검색 담당자에게 이용자의 주소와 우편번호를 알려주면, 최신 정보와 지원 자원을 확인할 수 있도록 도와준다.

대외봉사와 지역사회중심 프로그램

정보 및 조회 프로그램(Information and Referral Programs)

정보 및 조회프로그램은 아마도 많은 이용자들에게는 가장 중요한 지역사회중심 서비스일 것이다. 다양한 의료와 사회 서비스를 필요로 하는 노인들에게 정보와 조회에 관한 중요한 자료를 제공한다. 이 프로그램의 역할은 어려운 사람에게 적합한 자원과 서비스를 소개하여 주는 것이다(Schmandt, Bach, & Radin, 1979). 정보 및 조회프로그램 서비스는 최상의 서비스도 이용자가 사용 방법이나 접근 방법을 알지 못할 경우에 소용이 없다는 전제에 근거를 두고 있다. 어려운 사람들을 지원하기 위해 계획된 정부 프로그램은 실제 목표로 설정한 인원의 25% 미만에게만 지원되고 있기 때문에 이 프로그램은 적절한 조치이다(Burkhardt, 1979). 서비스의 불완전한 활용도는 노인들 자신이 서비스 이용 자격요건이 없다고 믿고 있거나 주로 이러한 서비스와 관련된 복잡한 규정을 이해하지 못하기 때문이다.

정보 및 조회 프로그램의 역할은 사용자들에게 가장 적합한 서비스 정보를 제공하는 것이다. 또한 정보 및 조회프로그램 서비스는 다른 단체의 소개, 대외봉사, 이전 등도 제공한다. 예를 들어, 정보 및 조회프로그램은 이용자를 대신하여 다른 기관과 연락하여 일정을 예약하기도 한다.

유나이티드웨이 사무국, 군(county)사무소, 노인센터 그리고 다른 프로그램 등 여러 기관과 단체들이 정보 및 조회프로그램을 관리할 수도 있다. 많은 정보 및 조회프로그램들이 이제 지역노인복지사무소를 통해 제공된다. 일부 정보 및 조회프로그램은 일반대중 서비스에 관한 정보를 제공하고, 다른 일부는 특별한 이용자들에게 전문화될 수 있다. 특정 지역의 정보 및 조회프로그램을 파악하기 위해 공급자는 지역 유타이티드웨이나 지역노인복지사무소에 연락할 수 있다.

전화확인 프로그램

전화확인 프로그램은 격리되었거나 주로 재가 노인들에게 제공하는 서비스다. 이 프로그램의 목적은 자원봉사자들이 매일 정기적으로 이용자들에게 전화 연락을 하는 것이다. 통상적으로 자원봉사자가 매일 동일한 사람이나 단체에 전화 연락하여 봉사자와 이용자 간에 관계를 형성할 수 있다. 연락은 매일 지정된 시간에 이루어진다.

노인들이 전화확인 프로그램에 등록할 시에는 일반적으로 노인들이 전화에 응답하지 않을 경우에 연락할 수 있는 이웃이나 친구 또는 친척의 이름을 기재한다. 이 프로그램은 주로 노인들이 집에 있고 이동이 제한되지만 다른 노인들에게 도움을 주기를 원하는 경우에 효과적이다. 노인 I&R 프로그램과 노인센터에서 지역의 전화확인 프로그램에 대한 정보를 제공할 수 있다.

우애방문 프로그램

우애방문 프로그램은 일반적으로 횟수가 적고 직접 방문한다는 것을 제외하고는 전화확인 프로그램과 유사하다. 프로그램 자원봉사자들이 계획된 일정에 의해 정기적으로 이용자를 방문한다. 방문자들의 임무는 가사 지원이나 가정 의료를 지원하는 것이 아니라 이용자와 대화나 카드놀이를 하고, 편지나 다른 문서들을 쓰거나 읽어주는 것이다(Huttman, 1995). 우애방문자는 특별한 프로그램의 범위 내에서 이용자를 위해 심부름을 할 수 도 있다.

우애방문 자원봉사자는 중요한 정보와 안내 기능을 제공하기도 한다. 자원봉사자는 이용자의 필요한 요구사항을 확인하여 적합한 해당 지역사회 자원을 알아내는데 도와줄 수 있다. 우애 방문자들은 문서업무를 도와주고 외부와의 중요한 연락서비스도 제공한다.

동료 상담

다른 노인들과의 동료 상담은 1970년대 중반에 시작된 개념으로 그 후로 확대되어 왔다. 이 프로그램에서 노인들은 상담 서비스를 필요로 하는 다른 노인들을 돕기 위해 전문적인 교육을 받는다. 동료 상담자들은 정신건강 문제와 발작, 시력 및 청력 저하와 같은 신체적 문제, 자립성 결여, 의지박약 등, 여러 가지 다양한 문제들을 다룰 수 있도록 교육을 받을 수 있다.

동료 상담은 많은 전통적인 정신건강 서비스보다 여러 가지 장점이 있다. Bratter와 Freeman(1990)에 의하면, 동료 상담은 많은 노인들이 전문치료사보다는 다른 노인들과 더 많이 대화를 하려고 하기 때문에 노인들에게 유익하고, 동료 상담자는 이용자들에게 긍정적인 역할 모델을 제공하여 그 과정이 이용자와 상담자 모두에게 유익하다. 그리고 동료 상담자는 배경이 다른 전문가보다 그들의 동료 집단의 공통적인 문제를 더 잘 파악할 수 있다.

동료 상담 프로그램은 미국 전역에 걸쳐 다양한 기관에서 제공하고 있다. 많은 동료 상담 프로그램은 정보를 공유하기 위해 상호 조화를 이루고 있다. Bratter와 Freeman은 1990년에 캘리포니아의 40개 단체에서 단독으로 동료 상담 프로그램을 운영했다고 보고하였다. 자신들 분야에 동료 상담 프로그램의 도입에 관심이 있는 의료 전문가들은 지역사회 정신건강센터, 지역노인복지사무소 또는 노인 I&R 프로그램에 연락하여 시작할 수 있다.

주간보호 프로그램(Adult Day Programs)

주간보호 프로그램은 사회적 접촉, 운동, 감독, 영양보충, 여가활동을 위한 체계적인 환경을 제공한다. 그리고 생계유지, 단순보호, 사회활동, 물리치료와 같은 재활 및 요양 보호, 작업치료와 언어치료 등을 제공할 수 있다.

넓은 관점에서, 주간보호 프로그램은 사회적 모형과 의료 모형의 두 가지 유형으로 나눌 수 있다. 사회적 주간보호 프로그램은 주간 생활 활동에 도움이 필요한 이용자들을 지원하고, 감독, 여가와 사회 활동, 지원 단체, 휴식 보호, 그리고 기타 사회적 지원 서비스를 제공한다. 주간보호 프로그램의 두 번째 유형은 일반적으로 주간 의료보호(health care)라고 한다. 노인 주간 의료보호센터는 위에서 언급된 서비스에 추가적으로 보건과 의학적 서비스를 제공한다. 보건과 재활 서비스는 이용자 담당의사의 지시가 필요하고, 물리치료, 작업치료, 언어치료, 상담, 감독, 의료행정과 의료사회복지 등을 포함할 수 있다.

국립노인주간보호협회는 노인 주간보호를 개별 보호계획으로 기능적 장애 노인들의 욕구를 충족시키기 위해 계획된 지역사회중심 단체 프로그램이라고 정의한다. 이는 24시간 미만인 주간의 보호상태에서 보건, 사회적 관련 지원을 제공하는 체계적이고 포괄적인 프로그램이다(Von Behren, 1989).

주간보호 프로그램에는 수많은 혜택들이 있다. 육체적 또는 정신적인 장애가 있는 노인들을 지원하여 기능적 여건을 개선하고, 이용자들에게 사회화, 건강, 사회 서비스를 위한 기회를 제공한다. 그리고 가족과 다른 보호자(휴식)를 지원하고, 기능적으로 장애가 있는 독거 노인들을 지원하여 자립할 수 있도록 도와준다(국립노인문제협의회, 1991). 주간 노인보호 프로그램은 만성질환과 장애가 있거나 더 많은 급성 질환에서 회복중인 노인들을 대상으로 하고 있다.

노인을 위한 주간보호 프로그램은 미국 보건복지부와 노인복지청의 감독 하에 시연된 1972년 이후로 지속되어 왔다(Huttman, 1985). 현재 주간보호 프로그램은 기능과 서비스 수준에 따라 다양한 명칭으로 불리고 있다. 주간보호, 주간치료, 주간의료, 정신의학 주간치료와 부분입원 등은 모두 여러 가지 형태로 주간보호 프로그램을 일컫는 용어들이다. 미국 은퇴자협회에 의하면 미국 전역에 약 1,600개의 인가된 노인 주간보호센터가 있다(Hardwick, Pack, Donohoe, & Aleksa, 1994).

보훈처는 노인 주간보호의 유효성과 효과를 시험하기 위해 1983년에 의회로부터 권한을 부여받았다. 1989년, 보훈처는 15개의 노인 주간보호센터와 의료센터를 개설하였고, 22개의 다른 보훈처 센터는 사업자를 선정하여 계약을 체결하였다.

노인 주간보호 규정은 주마다 다르고 자금출처 방식에 따라 다르다. 센터의 운영이나 직원들의 자격을 규정하는 일정한 국가적인 기준은 없다. 그러나 국립노인주간보호협회는 주간보호를 위한 기준과 지침을 개발하였다.

교통

일반적으로 젊은 세대에서는 자가용이나 대중교통 이용은 당연한 것으로 여겨진다. 그래서 대중교통시설 이용이 자립성을 강화시키고, 사회적 참여의 기회를 확장시켜 필요한 서비스에 대한 접근을 용이하게 한다는 사실을 잊어버린다. 반대적 관점에서 살펴보면, 교통수단의 부족으로 사회적으로 고립되어 의료와 사회적 서비스 혜택을 받을 수 없고, 자기유지 기능과 자립 능력에 상당한 제한을 줄 수 있다(Huttman, 1985).

이러한 문제는 노령화로 인해 교통수단을 이용하는 것이 더욱 어려워지기 때문에 복합적으로 나타난다. 노령화됨에 따라 육체적 감각의 저하로 운전이 더 어려워지므로 오히려 대중교통의 중요성이 증대한다. 성별과 거주지의 위치도 자가 교통수단의 유용성에 영향을 미친다. Cutler와 Coward(1992)는 85세 이상 노인들의 거의 절반이 이용할 수 있는 자가 교통수단이 없다는 사실을 알았다. 이 연구에 의하면 가족과 기거하면서 자가 교통수단이 없는 노인 여성들은 두 배에 달했고, 도심에 거주하는 경우에는 최소한의 자가 교통수단을 이용할 수 있는 것으로 나타났다.

일반적으로 대중교통은 속도와 민첩성 그리고 신속한 반응을 요구하므로 이용시에 어려움이 있다. 따라서 감각이 둔하고, 체력과 이동성이 저하된 사람들은 대중교통을 이용하는데 어려움이 있을 수 있다. 게다가 부족한 버스정류장, 범죄에 대한 공포 그리고 기타 요인들로 인해 노인들, 특히 노약자들이 대중교통을 이용하는데 더 많은 장애가 있을 수 있다.

노인들을 위한 효과적인 교통서비스는 보조교통수단으로 알려진 서비스를 포함하여야 한다. 이것은 정기노선의 교통체계를 이용할 수 없는 장애인들을 위한 교통서비스라고 할 수 있다. 교통수단의 부족으로 발생하는 제한을 인식하지 못하는 무감한 사업자들로 인해 노인들이 직면하는 교통문제가 악화된다. 대개 이용자들은 교통 문제로 인해 약속을 놓칠 경우 자신의 건강과 안녕에 대한 우려와 불만을 표출한다. 노인들의 가정환경과 생활을 평가하는 전문가들은 이용자들이 겪는 교통문제를 심각하게 고려하여야 한다. 차량 소유 여부를 묻는 것으로는 불충분하고, 교통 여건을 파악하지 않고 약속을 정하는 것은 바람직하지 않다. 보건의료 사업자들은 해당 지역의 운송과 보조교통수단을 파악할 필요가 있다. 지역 교통기관과 연락하면 이러한 정보를 얻을 수 있다.

미국장애인법

1990년에 미국장애인법이 통과되어 장애인들의 교통수단과 다른 서비스의 이용을 강화하는데 중요한 발전을 이루었다. 미국장애인법의 목적은 장애인들에 동등한 기회를 부여하여 사회에 완전히 참여할 수 있는 여건을 제공하는 것이다. 미국장애인법 Ⅱ편과 Ⅲ편에서는 대중교통과 자가교통 수단들이 장애 노인들에게 교통수단을 제공할 수 있도록 특수한 요건들을 논의한다. Ⅱ편에서는 대중교통시스템을 이용할 수 있는 경우에 장애인들의 서비스 이용에 방해가 되는 것을 금지한다. 특히 다음과 같은 사항을 요구한다.

- 정기노선 서비스에 사용되는 새로 구입하거나 임대한 차량은 접근성이 용이하여야 한다.
- 정기노선 대중교통을 제공하는 공공단체들은 정기노선 시스템을 이용할 수 없는 장애인들에 대해 필요하고 적합할만한 보조교통수단(paratransit) 서비스를 제공해야 한다.
- 일반 공공 응답서비스 용도로 새로 구입하거나 임대한 차량은 접근성이 용이하여야 한다(그렇지 않을 경우 동등한 서비스가 이용해야 한다).
- 시설 접근성과 선도체계에 관한 기타 규정들이 선행되어야 한다.

미국장애인법의 Ⅲ편은 주요 서비스로 교통수단을 제공하는 기업이 정기노선 서비스를 사용하고 좌석이 8개 이상인 경우에는 탑승이 용이한 차량을 사용하여야 한다. 기업은 요구 응답서비스 용도를 위한 탑승이 용이한 차량을 구입하여야 한다.

모든 노인들이 미국장애인법에 의한 특별한 교통서비스를 이용할 수 있는 것은 아니다. 연령이 장애의 기준이 아니라 재택 검진이 필요한 많은 만성질환 노인들과 장애인들이 이러한 교통서비스를 이용할 수 있다.

교통 서비스

교통수단 지원을 필요로 하는 노인들은 이용할 수 있는 다양한 선택방식들을 알아야 한다. 일부 서비스들은 일반적으로 교통체계의 한 부분이지만, 일부는 그렇지 않다.

할인 요금

많은 지역과 지방의 운송 프로그램은 노인들에 대해 요금 할인을 제공한다. 예를 들어, 미국의 일부 도시에서는 노인승차권으로 10달러 택시 쿠폰을 5달러에 구입할 수 있다.

보조교통수단 서비스

앞에서 논의한 바와 같이 각각의 운수업자들은 정기노선 시스템을 이용할 수 없는 노인들에게 필적하는 보조교통수단 서비스를 제공하여야 한다. <그림 10-5 참조>

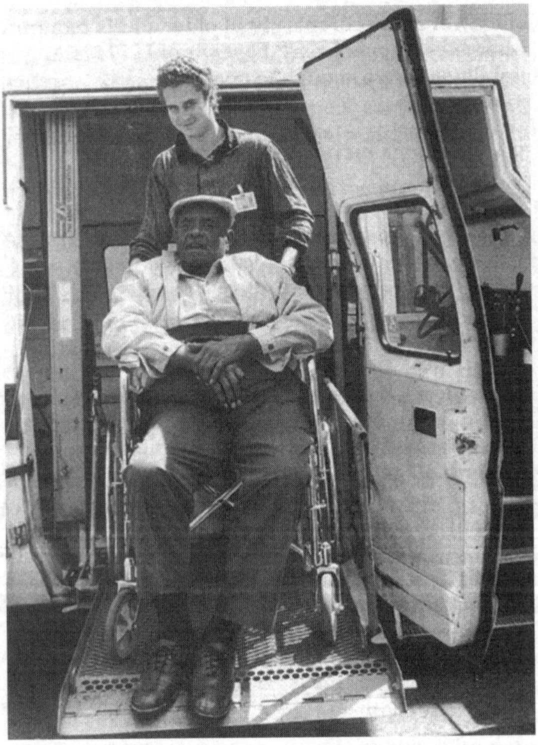

〈그림 10-5〉 보조교통수단(paratransit) 서비스는 많은 장애 노인들에게 의료와 사회서비스를 방문하여 이용할 수 있는 접근수단을 제공한다.

출처 : 저작권 ⓒ 1995, Marianne Gontarz, San Rafael, California.

정기노선 서비스

1990년 8월 25일 이후에 구입한 차량은 장애자가 탑승할 수 있어야 한다. 그러므로 미국장애인법은 정기노선 차량들을 장애 노인들이 이용할 수 있도록 요구하고 있다.

이동 서비스

많은 노인들은 볼일이나 약속에 동행을 필요로 한다. 개인마다 신체적 장애, 인지 장애, 언어 장벽과 기타 다른 이유로 도움이 필요할 수 있다. 이동 서비스는 노인들에게 동행할 사람(주로 자원봉사자)을 주선하기 위해 계획

되었다. 일부 이동 프로그램에서는 이동 시에 자가 차량을 제공하거나, 또는 택시, 버스, 기차, 다른 형태의 운송수단에 이용자와 동행한다. 공급자가 지역 교통 프로그램에 대한 특별한 정보를 얻고자 하면 지역 교통국에 연락하여야 한다.

재가보호(IN-HOME CARE) 프로그램 및 서비스

가정간호(Home Health Care) 서비스

사회보장법(공법 89-97)의 개정으로 가정간호 서비스 급부가 제정되어 1966년 7월 1일에 발효되었다. 단기 입원환자의 입원을 대신하여 덜 집약적이고, 경비를 절감할 수 있도록 서비스 혜택을 발전시켜 왔다. 국립보건통계센터에 의하면, 1991년 미국 전역에 6,853개의 가정간호기관이 있었다(NCHS, 1994). 따라서 가정간호는 노인들 보호의 중요한 공급자이다. 가정간호 서비스는 점차적으로 제도적인 보건소 형태의 대안으로, 지역중심 연속형 장기보호의 중요한 구성요소로 간주되고 있다(Helbing, Sangl, & Silverman, 1993). 1990년에는 약 197만 명의 의료보험 이용자들이 가정간호 서비스를 이용하였다(Helbing et al., 1993).

의료보험(Medicare)제도 하에서 가정간호의 혜택은 다양한 서비스를 제공하는데, 등록 간호사의 주기적인 서비스, 물리치료, 언어치료, 작업치료, 의료사회활동, 가정간호보조 서비스 그리고 의약품 지원 등이다. 등록간호사나 임상간호사의 전문간호는 이용자가 전문간호사의 간호를 필요로 하는 경우에 지원된다. 이용자의 질병이 특성상 복합적이어서 안전하고 효과적인 치료를 위해서 전문치료사의 전반적인 감독이나 직접 치료가 필요한 상황에서는 전문치료를 제공할 수 있다. 의료사회서비스는 이용자의 효과적인 치료여건이나 회복도에 장애가 되는 사회적이나 정서적 문제를 해결하기 위한 서비스를 제공한다. 가정간호보조 서비스는 건강을 유지하거나 질병과 부상의 치료를 원활하기 위해 필요한 실제적인 개인간호를 제공한다. 의약품은 치료와 진단상의 이점으로 가정보건기관의 종사자들이 간호 및 보호서비스를 수행하게 하는데 필수적인 품목들로 여겨지는 것들이다.

가정간호 서비스의 한 가지 중요한 특징은 가정간호를 위한 요건을 충족하는 자격 있는 이용자가 이러한 서비스를 의료보험제도의 병원의료보험(Part A)이나 보충의료보험(Part B)을 통해 받을 수 있다는 것이다. 그리고 본인 부담금이나(담보되는 내구적인 의료장비에 대한 20% 공동보험 비용 부담 이외에는) 공동보험료(coinsurance charges)는 없다.

다음과 같이 다섯 가지의 가정간호 서비스 혜택을 위한 자격 기준이 있다.

1. 이용자는 가정에 기거하여야 한다. 이는 이용자가 가정에만 머물러야 한다는 것을 의미하는 것이 아니라 외출을 하기 위해서는 상당한 노력이 필요한 조건을 의미한다.
2. 의사가 수립하여 검토한(적어도 60일마다) 계획에 의거하여 서비스를 제공하여야 한다.
3. 이용자는 간호 계획을 승인한 의사의 감독 하에 있어야 한다.
4. 이용자는 의학적으로 정기적인 전문간호, 물리치료와 언어치료를 필요로 하여야 한다.
5. 간호를 제공하는 가정보건기관은 의료보험 가정보건 서비스 프로그램의 참가를 인증 받은 기관이어야 한다.

의료보험(Medicare)은 가정보건 서비스의 지급기관일 뿐 아니라 1990년에는 모든 가정간호 서비스의 40%를 부담하였고, 의료부조(Medicaid)에서 32%를 부담하였다(Helbing et al., 1993). 의료보험과 의료부조 이외에, 많은 보험회사들도 가정간호 서비스 혜택을 제공한다. 가정보건기관은 기업, 비영리단체, 정부지원단체 또는 다른 소유형태일 수 있다. 1991년, 전체 가정보건기관의 88%가 기업이나 비영리단체였다(NCHS, 1994). 가정보건기관은 전화번호부에서 검색할 수 있다. 상당수 병원들은 자체 가정보건기관을 운영한다.

가사지원 서비스

가사지원 서비스는 가사도우미가 제공하는 가사업무와 도우미의 교육 그리고 서비스에 대한 보상에서 위에서 언급한 가정간호보조 서비스와는 다르다. 일반적으로 가사지원 서비스에는 가계, 세탁, 식사 준비 그리고 다른 도구적 업무 등이 포함된다. 일부 사례에서 보면, 가사지원 서비스의 독립적 공급자는 사회서비스 기금을 통해 재정을 확보하고, 장애나 만성질환이 있어 혼자서는 일상적인 활동을 수행할 수 없는 의료부조 수혜 자격자들이 이를 이용할 수 있다. 일반적으로 단기간이고 보상을 위한 서비스를 제공하기 위해 가정간호사나 치료사를 필요로 하는 가정간호보조 서비스와는 달리, 가사지원 서비스는 다른 전문가의 참여가 필수적이지 않고 더 장기간에 걸쳐 지원될 수 있다.

의료부조 혜택을 받고 있거나 자격이 되고 가사지원 서비스를 필요로 하는 사람을 알게 된 경우에는 지역 사회서비스(복지)국으로 연락한다. 의료부조 비자격자는 다른 기관을 통해 가사지원 서비스를 요청해야 한다. 일부 기관에서는 이러한 서비스를 일률적인 시간당 또는 일일 요금으로 유료제공하고, 정부기금을 외부 지원받는 기관은 차등할인 가격방식으로 제공할 수 있다.

호스피스(Hospice) 프로그램

호스피스는 서비스의 한 형태일 뿐만 아니라 하나의 철학이다. 이는 우선 현대 의학으로 치료할 수 없는 임종을 앞둔 환자들을 지원하는 일련의 서비스이다. 호스피스는 독립적인 시설일 수도 있고, 병원 내부 시설 또는 말기 환자의 가정에서 모든 서비스를 제공하는 재가(in-home) 프로그램일 수도 있다. 호스피스는 죽어가는 환자와 가족들의 육체적, 정신적, 사회적, 그리고 영적 요구들을 돌본다. 호스피스의 역할은 환자의 의학적 요구를 다룰 뿐만 아니라, 임종을 앞둔 환자가 자신의 삶을 정리하고 삶(죽음)의 의미를 찾을 수 있도록 친화적인 환경을 조성하는 것이다. 그리고 감정을 완화하고, 예상되는 가능성을 설명하고, 죽어가는 환자와의 관계를 더 효과적으로 유지하기 위해 호스피스 참여자들은 가족들과 함께 일을 한다.

호스피스팀은 전문가와 일반인으로 구성되는데, 주로 의사, 간호사, 사례관리자, 가정간호보조자, 성직자(목사나 신부), 작업치료사, 물리치료사, 자원봉사자 등으로 이루어진다. 호스피스 서비스는 증상 치료를 위한 외래진료 뿐만 아니라 의료 기구와 의약품도 제공한다. 일반적으로 말기환자와 가족들이 하루 24시간, 1주일에 7일 동안 호스피스팀을 이용할 수 있다. 1991년, 미국 전역에 약 951개의 호스피스가 있었다(NCHS, 1994). 호스피스 서비스를 위한 일반적인 자격요건은6개월 시한부의 말기환자로 의사의 보호감독 하에 있다는 진단이 있어야 한다.

도우미서비스와 간호보조(Aide and Attendant Care)

재향군인은 보훈처 지원과 도우미보호(Attendant Care) 프로그램을 통해 재가 도우미 고용을 위한 자금지원을 요청할 자격이 있다. 혼자서 옷을 갈아입지 못하고, 개인위생과 식사를 해결할 수 없고 그리고 일상적인 위험에 대해 스스로 방어하지 못하는 재향군인에게 자격이 주어진다. 이용자는 위에서 언급한 모든 항목에 대해 해당되어야 하는 것은 아니고, 또한 이러한 프로그램에 대한 자격이 변함없이 항상 유지되어야 할 필요는 없다.

도우미서비스와 간호보조 혜택을 위한 신청 시에는 보훈처양식 21-2680에 나와 있는 의사로부터 필요한 서류를 준비해야 한다.

영양보충, 식료품지원, 급식 프로그램(Nutrition, Food, and Meal Programs)

노인들은 신체적 장애, 외로움, 식사준비에 관한 인식 부족 그리고 제한된 소득 등을 포함한 여러 가지 이유로 영양 섭취 문제를 자주 겪게 된다. 노인들의 영양상태 개선 지원을 위한 다양한 프로그램들을 활용할 수 있다.

단체급식(Congregate Meal) 프로그램

단체급식 프로그램은 1960년대 이래로 유지되어 왔으나, 1972년 노인복지법 수정을 통해 공식화되었다. 단체급식은 노인복지법 Ⅲ편 기금조성(funding)의 주요 부분으로 계속되고, 전국적으로 약 15,000개의 단체급식 시설이 있다(Quirk, 1991). 이 프로그램을 통해 60세 이상의 노인들이 급식을 이용할 수 있다. 이 프로그램은 식사준비나 장보기 기술의 부족, 신체적 장애로 인한 식사준비 능력의 저하, 소득 상실, 고립, 외로움 등과 같은 수많은 영양적으로 관련된 문제들을 다룬다.

영양적으로 균형 잡힌 식사를 제공하는 것 이외에, 단체급식 시설은 예정된 식사 전후에 기존의 사회 및 여가 활동을 제공하고 활성화한다. 단체급식 시설은 참가자들이 식사 전후 또는 식사 중에 다른 노인들과 격의 없이 사귈 수 있는 기회를 제공한다. 급식비용은 개인 소득에 따라 결정되는 기부금이다.

도시락 배달 서비스

노인들, 특히 집에 있어야 하는 노인을 위한 영양보충의 다른 방법은 가정배달 급식이다. 일반적으로 차량배달 급식으로 알려진 가정배달 급식 서비스는 1978년 이래로 노인복지법 Ⅲ-C편에서 별도의 기금을 통해 제공되어 왔다. 이는 모든 차량배달 급식 프로그램이 지역노인복지사무소를 통한 노인복지법으로부터 기금을 조성한다는 것을 의미하는 것은 아니다. 많은 프로그램들은 여전히 이러한 기금과는 독립적으로 운영된다.

가정배달 급식 프로그램의 목적은 스스로 식사준비를 하지 못하고 단체급식에 참여할 수 없는 노인들에게 매일 적어도 한 끼의 영양적으로 균형 잡힌 식사를 제공하는 것이다(그림 10-6 참조). 이러한 급식 프로그램의 한 가지 중요한 측면은 대개 자원봉사자인 다른 사람을 매일 잠시나마 접촉할 수 있다는 것이다. 자원봉사자는 배달과 동시에 다른 서비스의 필요성과 이용자의 환경에 변화가 있는지를 확인할 수 있다. 자원봉사자들은 이용자의 행동이나 환경에 중요한 변화에 주의를 기울이도

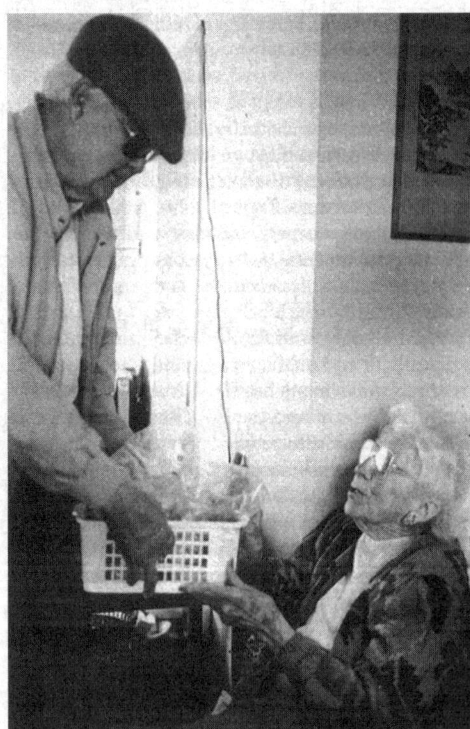

〈그림 10-6〉 가정배달 급식은 영양가 있는 식사를 제공할 뿐만 아니라, 격리된 많은 노인들에게 매일 대인접촉의 기회도 제공한다.

출처: 저작권 ⓒ 1995, Marianne Gontarz, San Rafael, California.

록 교육을 받고, 이용자에게 적합한 기관을 안내하거나 감독자나 다른 지정된 직원에게 문제를 보고한다. 이러한 프로그램은 이용자에게 다른 사회적 서비스 프로그램을 소개할 수 있는 중요한 정보출처이다.

노인복지법을 근거로 기금을 조성하는 식사배달 서비스는 일반적으로 60세 이상의 노인과 의료지원 요건이나 개인 프로그램에 설정된 다른 기준을 충족하는 노인들에게 제공된다. 시골지역에서는 이 서비스를 항상 이용할 수 있는 것이 아니고, 대기명단에 올릴 수 있다. 지역 프로그램에 대한 정보를 얻기 위해서는 해당 지역 노인센터나 지역노인복지사무소에 연락한다. 가정배달 급식에 대한 정보는 전국협회를 통해서도 얻을 수 있다.

푸드 스탬프(Food Stamps)

이 프로그램은 미 농림부에서 관리하고, 1964년에 시작되었다. 이 서비스를 이용하기 위해서는 소득과 자산에 근거한 자격심사도 거쳐야 한다. 푸드 스탬프 프로그램은 현금 대체 프로그램의 범주에 포함된다.

푸드 스탬프 서비스의 이용자격이 있는 노인들은(소득에 따라) 매달 특별한 가치가 있는 증서(푸드 스탬프)를 받는다. 푸드 스탬프는 식료품 구입에만 사용할 수 있다. 이로 인해 식료품 구입에 필요한 비용을 의류, 약품이나 기타 세금과 같은 필수품 지불에 사용할 수 있기 때문에 저소득 노인들에게 유익하다. 많은 주에서 보충적 수입보장제도를 받고 있는 노인들에게 푸드 스탬프의 이용자격을 부여한다. 그러나 일부 주에서는 푸드 스탬프를 현금인출 관행으로 집행하여, 이로 인해 푸드 스탬프에 할당된 재정을 주의 보충적 수입보장제도에 전용할 수 있다. 현금인출 주에서 보충적 수입보장제도를 받고 있는 많은 노인들이 푸드 스탬프 이용자격이 없는 것으로 믿을 수 있다는 사실이 중요하다.

노인들의 푸드 스탬프 프로그램 이용은 대체로 잘 이루어지지 않고 있다. 많은 자격심사를 거치는 프로그램처럼 형식적인 관행과 잠재적 이용자의 자존심으로 신청이 저조하다. 전체 노인의 약 6%만이 푸드 스탬프 혜택을 받고 있는 것으로 추정된다(Atchley, 1991). 푸드 스탬프 이용자격에 관한 문의는 지역 민원기관에 직접 연락해야 한다.

잉여 식료품과 브라운백(Brown-Bag) 프로그램

지역사회는 저소득 노인과 다른 저소득자들에게 잉여 식료품 배급에 관한 다양한 방법을 가지고 있다. 일부는 브라운백 형식으로 제과점, 식료품점 또는 다른 산업에서 가져온 잉여 식료품들을 이용자들이 가져갈 수 있도록 봉투에다 담아 제공한다. 이와 같은 방법으로 음식을 구입하는 비용이 절감되지만, 공급하는 음식의 질과 유형에 대해서는 관리를 거의 할 수가 없다. 특별한 식단이 필요한 사람들은 다른 사람들에 비해 이러한 서비스를 적게 이용한다.

두 번째 유형은 미 농림부의 잉여 농산품 프로그램을 통해 식료품 일부를 얻는 것이다. 이 프로그램을 통해 치즈와 같은 잉여 농산품이 지역 노인센터나 비영리단체로 보급된다.

법률 서비스

복잡한 제정법, 규제법, 절차법 등에 영향을 받는 노인들은 법률상담과 서비스의 필요성을 느끼게 된다(Heckheimer, 1989). 법률 서비스는 소득, 이용자격, 주택, 세금, 유언, 연금, 사전의료지시의 작성, 그리고 기타 문제들에 관한 분야에서 필요로 할 수 있다. 게다가 일부 노인들은 능력이 저하되는 경우, 이들을 이용하려는 계획을 세운 친척이나 다른 사람들의 용이한 표적이 될 수 있다. 이러한 다양하고 복합적인 필요에 따라, 노인들을 위한 다양한 법률 서비스가 개발되고 있는 반면, 1968년 이전까지는 노인들을 위한 공공 및 사설 법률지원 프로그램이 없었다(Bulter, 1975).

노인들에게 법률 서비스를 제공하는데 한가지 어려운 점은 노인들이 자신들의 권리에 대해 잘 알지 못하고 변호사를 경계할 수 있다는 것이다(Bulter, 1975; Harbert & Ginsberg, 1990). 노인들의 법적 욕구를 충족시키기 위해, 1973년 의회는 노인복지청에 지역노인복지사무소 연계망을 통해 노인들에게 법률 서비스를 제공할 수 있는 권한을 부여하였다. 이러한 서비스의 제공은 현재 일반적으로 법률지원이라고 알려져 있다. 이러한 서비스의 목적은 개인과 단체를 대신하여 변호를 하고 사회 및 경제적으로 가장 필요로 하는 개인을 대리한다(Coleman, 1991).

최근 몇 년에 실무 법체계 내에서 노인법이라 알려진 새로운 전문분야가 부상하였다. 해당 변호사들은 노인법 전문변호사라고 일컫는다. 또 다른 법률 서비스에서 최근의 변화는 특히 미국 노인복지법에 의한 법률지원 프로그램에서 법률보조원(paralegals)을 활용하는 것이다.

가정에서 노인으로 간주되는 개인들은 위의 모든 서비스에 관해 법률적 상담이 필요한 이용자의 가능한 필요성에 주의를 기울어야 한다. 법률적 사건에 관한 배경정보나 교육을 받지 않은 실무자들은 이용자들에게 상담을 안내하고 어떠한 법률적 자문은 하지 말아야 한다. 여러 가지 가능한 자원으로 어떠한 지역에서도 노인들이 필요한 법률 서비스를 이용할 수 있다. 법률지원 서비스는 법률 상담을 필요로 하는 저소득 노인들에게 제공될 수 있다. 지역노인 복지사무소에 연락하여 해당 지역에서 이용할 수 있는 법률지원 서비스를 확인할 수 있다. 범죄로 인해 법률 서비스가 필요한 노인 이용자들은 지역구 변호사 사무실에 연락하면 된다.

소득지원 프로그램

1장에서 미국 노인들의 빈곤 문제에 관해 논의하였다. 노인들의 전반적인 경제적 복지는 1960년대부터 개선되어 왔다. 공공 프로그램은 노인들의 경제적 보장을 증대시키는데 중요한 역할을 수행해 왔다(미국노인학회, 1993). 그러나 빈곤의 위험은 혼인관계(국립노인학회, 1993)와 민족(미상원, 1991)과 깊은 관련이 있다. 예를 들어, 결혼한 노인부부의 빈곤율은 1990년 약 5%인데 반해 미혼 여성인 경우에는 22%에 달했다(미국노인학회, 1993). 아프리카계 미국인과 히스패닉계 노인들의 월소득은 백인들에 비해 상당히 적은 편이다(미상원, 1991).

여기에서는 노인들이 이용할 수 있는 다양한 주요 소득 프로그램에 대해 논의한다. 이는 세부적인 목록을 의미하는 것이 아니라, 경제적 복지 분야에서 노인들을 지원할 수 있는 주요 프로그램에 대해 간략하게 논의한다.

보충소득보장제도

보충소득보장은 한계 빈곤상태로 생활하는 노인들에게 최소 소득을 제공하기 위해 1974년에 제정되었다. 보충소득보장제도는 4백만 명 이상에게 현금혜택을 제공한다. 보충소득보장제도는 고용주나 종업원의 기부금보다는 연방정부에서 출자를 통해 기금을 조성한다. 보충소득보장제도는 이용자의 저소득과 자산 제한이 요구되는 자격요건이 필요한 프로그램이다. 참조 12-1은 1995년의 보충소득보장제도에 대한 자격요건, 정의 그리고 예외에 관한 정보를 제시하고 있다.

1995년에 유동자산에 대한 제한범위는 일인당 $2,000, 부부당 $3,000이었다. 1995년 연방 월소득 상한범위는 개인에 대해서는 월 $458이고, 부부에 대해서는 $687이었다. 부부나 개인이 벌수 있는 월 소득의 총액은 거주 주에 따라 다르다. 대다수 주에서는 연방지급금에 일부 보조금을 제공하지만, 주 보조금은 주마다 상당한 차이가 난다. 1995년, 43개 주에서 보충소득 수준의 일부를 지원하였다. 참조 12-2에 주별 보충소득보장제도 보조금의 금액과 유형에 대해 나와 있다.

보충소득보장제도를 신청하고자 하는 사람은 사회보장국을 통해 신청할 수 있다. 신청 시 월소득, 자산 그리고 기타 정보의 문서가 필요하다. 자산에는 예금계좌, 주식이나 채권, 보유 현금, 개인퇴직구좌, 양도성 예금증서 그리고 생명보험 해약가액 등이 포함될 수 있다. 주 주거주택과 자동차 한 대는 제외된다. 보충소득보장제도로부터 받는 현금수당 외에, 이용자는 의료부조와 같은 다른 수당도 받을 수 있다.

보충소득보장제도를 신청하고자 하는 노인들은 소득과 자산의 신고의무가 있는 출처의 전 목록에 대해 사회보장국의 검토를 받아야 한다. 이용자에게 사회보장에 대한 안내를 지원하기 위해 보충소득보장제도 흐름도(그림 8-3)를 참조한다. 모든 문의는 신청자의 가정에서 가장 가까운 사회

보장국에 직접 질의해야 한다. 사회보장국은 잠재적 이용자의 편의를 위해 800개의 사무소를 유지하고 있다.

장애인 사회보장 혜택

사회보장제도를 통한 장애인 혜택은 정신 및 육체적 장애나 사회보장 은퇴자 혜택을 수혜하기에 젊은 경우에도 이용할 수 있다. 월 현금수당 혜택은 신청자의 직업경력을 근거로 산정하고, 은퇴자 혜택 결정 절차와 유사하다.

완전한 보장을 받기 위해서는, 신청자가 최근까지 생업에 종사하고 있어야 하고, 장애가 되기 전에 사회보장을 적용받고 있어야 한다. 이 프로그램은 선택적 혜택과 더불어 기부 프로그램으로 간주된다. 신청자는 또한 연속 12개월 이상으로 장애가 있다고 판단되어야 한다. 은퇴자혜택의 경우와는 달리 연령을 근거로 하고(일반적으로 결정하기 용이하다), 장애 요건을 설정하는 것이 복잡한 과정이다. 신청 절차는 신청자가 문서화와 병력과 진료기록을 통해 장애를 입증할 것을 요구한다. 장애인 사회보장 혜택을 신청하는 신청자는 문서작업과 이의제기 과정에서 지원을 요청할 수 있다.

신청자격자는 본 프로그램과 보충소득보장제도로부터 동시에 장애인 혜택을 수혜할 수 있다. 신청하는 주에서 사회보장 장애인혜택의 혜택 수준이 보충소득보장제도 요건 수준보다 낮을 경우에는, 신청자는 차이나는 금액만큼 보충소득보장제도 혜택을 받을 자격을 가질 수 있다.

아동 부양가족보조(AFDC, Aid to Families with Dependent Children)

최근 몇 년 동안, 주요 부양자로 손자들을 돌보는 조부모의 수가 증가하고 있다. 현재 약 320만 명의 아동들이 조부모나 다른 친척들과 살고 있는 것으로 추정된다. 이러한 가정의 약 1/3정도는 부모들이 생존하고 있지 않다(미인구조사국, 1991). 노인들이 손자들이나 다른 어린 친척들을 양육해야 할 가능성 때문에 아동 부양가족보조 재정 지원을 이해하는 것이 중요하고, 부모가 부양하지 못하거나 편부모의 보호를 받고 있는 아동이 있는 가정에서 이를 이용할 수 있다. 16세 이하의 아동들이 자격이 있고, 특별한 상황에서는 해당 연령을 넘어서도 지원받을 수 있다. 아동 부양가족보조프로그램은 사회서비스 업무를 다루는 주정부 기관에서 관리하고, 카운티(county) 사회서비스 및 복지국에서 주로 집중 관리한다. 아동 부양가족보조혜택은 주마다 다양하나, 일부 사례에서 보듯이 AFDC 보조금은 사회보장이나 보충소득보장제도 혜택 단독 혜택보다는 더 많은 금액을 지원한다. 아동 부양가족보조는 소득과 자산요건을 필요로 하고, 주택과 차량 한대는 고려사항에서 제외된다. 지원 신청은 최대 45일이 소요된다.

참조 18 보충소득보장제도 자격요건에 관한 편람

보충소득보장(보충소득보장제도)은 연방 프로그램으로 65세 이상이거나 시각장애나 다른 장애가 있는 경우에 제한된 소득과 자원을 가지고 있는 이용자들에게 월 보조금을 지급한다. 보충소득보장제도 이용자격을 갖추기 위해서는 매월 점검을 받아야 하고, 거주지 환경에 따라 다음과 같은 혜택과 서비스를 받는다.

- 의료부조(Medicaid)
- 의료보험료 급부(모든 주)
- 푸드 스탬프(Food Stamps)
- 기타 사회서비스

다음 참조는 보충소득보장제도에 대한 기본적인 자격요건을 나타낸다. 자격이 있는 해당자를 알고 있다면, 즉시 사회보장국 사무실로 연락한다.

요 건	정 의	예외 / 제외
65세이상 노인 시각장애인, 장애인	세 가지 요건 중 하나만 충족	
시각 장애	- 잘 보이는 상태에서 교정시력 20/200 미만 - 시계 20도 이하	- 시각장애인으로 간주될 정도의 심각한 장애가 아닌 경우에는 비시각장애 규정으로 자격 가능
장 애	- 주요 작업을 수행하는데 지장을 초래하는 신체 및 정신적 장애로 12개월 지속이나 사망 초래 예상 - 동일한 연령의 아동의 정상적인 행동방식에서 사물과 행동에 대한 능력에 영향을 미치는 아동의 장애	- 월 $500(시각장애는 $940) 소득의 일을 일반적으로 주요 업무로 간주 - 특수작업 인센티브는 일부 소득과 자원을 제외시키고 시각장애인이나 장애인이 일을 하는 경우에도 의료부조 보장의 지속이나 특별현금수당혜택은 허용
제한된 소득*	가산소득은 다음과 같아야 한다. - 미혼성인이나 자녀에 대해 월$458 미만 - 부부의 경우 월$687 미만(보충소득보장제도 보조금을 지불하는 주에서는 가산소득이 더 높을 수 있다. 뒷장의 목록 참조)	모든 소득을 산입하지 않음. 일부는 제외 - 최고 소득의 월$20 월급의 $65와 $65초과의 절반 - 푸드 스탬프 - 가정용 에너지 / 주택보조
제한된 자산* (부동산과 기타 소유 재산)	- 미혼성인이나 자녀에 대해 $2,000 - 부부의 경우 $3,000(한명만 자격이 있는 경우에도 제한 적용)	모든 자원을 산입하지 않음. 일부 제외 - 주거 주택 - 자동차, 사용과 가치에 따라 다름 자신과 직계가족을 위한 표시 - $5,100까지의 장례비용 - 현가 $1,500미만의 생명보험
시민권/주거**	- 미국 시민 - 합법적 영주권자 - 미국 거주의 합법적 자격이 있는 외국인	

*부부 중 한 명만 자격자인 경우, 자격요건 결정시 소득과 자산을 모두 고려한다. 18세 미만의 자녀가 부모와 같이 살고 있는 경우에는 부모의 소득과 자산을 고려한다.

**보증받은 외국인의 경우, 자격요건 결정시 보증인의 5년 동안 소득과 자산을 고려한다.(영주권을 받은 후 시각장애나 장애인이 된 외국인과 망명이나 피난민으로 인정받은 외국인에게는 이 규정을 적용하지 않는다.)

출처: 미 보건복지부, 사회보장청, SSA 발간 No. 05-11001, 1995년 1월

참조 19 보충소득보장제도 주별 보조

주관리 보충지원 주 - 이 범주에 해당하는 주는 특정 범위의 보충소득보장제도 이용자들에게 보조금을 제공하고 관리한다. 보조금은 주 기관에 개별적으로 신청해야 한다.

주	의료부조	IAR(4)	주	의료부조	IAR(4)
알라바마	1	N	미주리	3	Y
알라스카	2	Y	네브래스카	2	Y
애리조나	1	Y	뉴햄프셔	3	Y
콜로라도	1	Y	뉴멕시코	1	N
코네티컷	3	Y	노스캐롤라이나	3	Y
플로리다	1	Y	노스다코타	3	N
아이다호	2	N	오하이오	3	Y
일리노이	3	Y	오클라호마	3	N
인디애나	3	Y	오레곤	2	Y
켄터키	1	Y	사우스캐롤라이나	1	N
루이지애나	1	N	사우스다코타	1	N
메릴랜드	1	Y	버지니아	3	Y
미네소타	3	Y	와이오밍	1	Y

비보충지원 주 – 이 범주에 해당하는 주는 보충연방 보충소득보장제도를 지급하지 않는다.

주	의료부조	IAR(4)	주	의료부조	IAR(4)
아칸소	1	N	마리아나제도	2	N
조지아	1	Y	테네시	1	Y
캔사스	2	Y	텍사스	1	N
미시시피	1	N	웨스트버지니아	1	N

연방관리보충지원 주 – 이 범주에 해당하는 주는 사회보장청(SSA)에서 지급하는 보충수당을 제공한다. 보충소득보장제도 신청은 또한 주보충지원에 대한 신청이다. 수당은 특별한 생활양식에 따라 달라진다. 제공된 수치는 개인/부부에 대한 최대치이고 조회시 일반적인 지침으로 이용한다. 지급수당이 더 많아질 수 있는 집단생활시설은 포함하지 않는다. 보충소득보장제도 지급금을 결정하기 위해 가산소득을 제외하고, SSA는 최종 자격요건과 지급금을 결정한다.

주	의료부조	IAR	개인/부부의 최대 지급금액 – 유효 1/95		
			노 인	시각장애인	장애인
캘리포니아	1	Y	$164.60/$1,101.71	$669.40/$1,286.18	$614.40/$1.101.71
델라웨어*	1	N	$598/$1,135	$598/$1,135	$598/$1,135
하와이	3	Y	$462.90/$695.80	$462.90/$695.80	$462.90/$695.80
아이오와	1	Y	$458/$689	$480/$731	$458/$689
메인	1	Y	$468/$702	$468/$702	$468/$702
메사추세츠	1	Y	$586.82/$888.72	$607.74/$1,215.48	$572.39/$867.01
미시건	1	Y	$458/$687	$458/$687	$458/$687
몬타나*	1	Y	$458/$687	$458/$687	$458/$687
네바다	2	Y	$494.40/$761.46	$567.30/$1,061.60	$458/$687
뉴저지	1	Y	$489.25/$712.36	$489.25/$712.36	$489.25/$712.36
뉴욕	1	Y	$544/$789.50	$544/$789.50	$544/$789.50
펜실베니아	1	Y	$490.40/$735.70	$490.40/$735.70	$490.40/$735.70
로드아일랜드	1	Y	$522.35/$807.50	$522.35/$807.50	$522.35/$807.50
유타	2	Y	$458/$691.60	$458/$691.60	$458/$691.60
버몬트	1	Y	$517.41/$796.87	$517.41/$796.87	$517.41/$796.87
워싱턴	1	Y	$486/$709	$486/$709	$486/$709
워싱턴 DC	1	Y	$473/$717	$473/$717	$473/$717
위스콘신	1	Y	$541.78/$819.05	$541.78/$819.05	$541.78/$819.05

*보호적 간호 이용자만 보충지원을 이용
1 - 일반적으로 보충소득보장제도 이용자는 자동적으로 의료부조 혜택을 받는다.
2 - 일반적으로 보충소득보장제도 이용자는 의료부조 자격이 있으나 주에 개별적으로 신청해야 한다.
3 - 주는 의료부조 신청을 받아들이고 더 엄격한 기준을 적용하여 자격요건을 결정한다.
4 - 잠정지원보상협정(Interim Assistance Reimbursement Agreement) 부호
Y = 보충소득보장제도 신청이 보류되는 동안 주에서 지원을 제공
N = 주에서 지원을 제공하거나 또는 제공하지 않음, 실제 IAR 협의 없음.

출처: 미 보건복지부, 사회보장청, SSA 발간 No. 05-11001, 1995년 1월

노인 주거를 변화하거나 개선할 필요성이 보호의 요구와 이용자 주거 조건에서 나타나고 있다. 35세 이상은 주거를 자주 변화시키지 않고, 노인들의 대다수는 자신들의 집에서 20년 이상 살아오고 있다(Atchley, 1991). 많은 노인들은 오랜 기간 동안 동일한 주거지에서 살 뿐만 아니라, 저당채무도 청산하여 제약 없이 주택을 소유하고 있다(Hooyman & Kiyak, 1993). 여기에서는 노인들이 이용할 수 있는 많은 주거 형태와 시설수용 방식에 관한 정보를 제시한다.

〈표 10-1〉 노인들을 위한 주거방식

형 태	장 점	단 점
독립적인 자가소유	정체성: 가족생활사, 순가, 허가 없이 물리적 변경	황폐화, 불충분한 방수, 잠재적인 안전위해요소, 겨울철 높은 공공비용, 인간-환경의 부조화
임 대	인근 이웃의 안전, 유지비 절감, 혼합 또는 분리된 세대 구성의 선택	변경의 제한으로 이주 필요성 야기, 주거비용으로 소득의 30%이상 소요
공유주택	위급 시 사람인접, 재정적 이점, 동료의식	주택관리문제, 성격 충돌
Echo 주거	사생활 접근, 상대적 저비용	법규와 구획 문제, 재판매 어려움 잠재
집합주택	서비스지원(급식, 가계, 사회적 격리 감소, 조직적 활동, 육체적/정서적 안정 등)	저소득 노인들의 접근성 난이, 항상 동일하게 시공되지 않음, 공사비와 유지비 부담이 큼, 임차자의 과부담 가능
연속보호형 은퇴자 공동체	광범위한 사회적 지원, 이주 불필요, 동일한 단지에서 커플유지 능력	고비용, 높은 입주비용, 손실에 대한 불확실한 보호
급식 및 보호	안전과 보호, 보충소득보장제도 수당수혜 가능, 비제도적 환경에서 지속적인 독립성	종사자의 최소/비교육 자격, 감독이나 규제비용 없음, 이주 필요, 개인 일정 누락
제도적 보호 (중급/전문 요양원)	24시간 관리감독, 사회적 접촉 증대, 재활 및 치료 이용, 의학적 관리	이주로 인한 심각한 정신적 충격 잠재, 융통성 없는 일정, 가용 침실의 부족(의료부조), 신속한 선택 요구, 제한된 급부 자원

주거방식(HOME OPTIONS)과 시설수용(OUT-OF-HOME PLACEMENT)

주거지는 대부분의 사람들에게 매우 중요한 부분이다. 1장에서 가정의 심리적 중요성과 인간과 환경의 조화 문제에 대해 논의하였다. 많은 노인들은, 특히 검진을 필요로 하는 노인들은 다양한 주거지원방식을 찾아보거나 시설수용을 고려할 필요가 있다. 다행히 노인들을 위한 많은 다양한 방식들이 있다. <표 10-1>은 다양한 주거 방식의 일부 장, 단점을 보여주고 있다.

주거

주거는 주택 및 도시개발부의 임대료보조 프로그램이다. 일반적으로 지역 주택국에서 관리하는데 주거는 저소득자에 임대보조금을 제공한다. 이 프로그램은 주택 임대보조금을 임대인이나 건물 소유주에게 지불한다. 보조금은 공정시장 임대료와 개인의 월 소득의 비율(보통 30%)과 차이로 이루어진다. 주거 신청에 관한 문의는 지역 주택관리국에 직접 하여야 한다.

노인들에 대해 주거는 두 가지 형태로 나누어진다. 첫번째로 유자격자는 인증을 받는다. 그리고 임대주가 주거지급을 수용하는 주거지가 주택 및 도시개발부 기준을 충족하는 지를 파악하고, 그 다음 현재 임대주가 주거지급을 수용한다. 두 번째로 노인들은 각 세대가 주거보조를 받는 노인

주택단지에 입주한다.

주거인증과 주거 세대의 가용성은 매우 제한적이다. 이 프로그램은 레이건과 부시 행정부 동안 거의 실행되지 않았고 확대되지도 않았다. 주거를 신청한 노인들은 2년 이상 대기하는 것이 일반적이다. 이러한 대기기간에도 불구하고, 소득이 제한되는 노인들은 신청하여 이러한 절차로 지원받기를 권장하고 있다. 1장에서 언급한 91세의 W부인의 경우처럼, 이 프로그램의 혜택은 기다릴 만한 가치가 있다(표 4-13). 의회가 발의한 주택 및 도시개발부의 급격한 변화로 주택 및 도시개발부와 주거의 전망은 확실하지 않다.

〈표 10-2〉 주거를 통한 월 소득 효과

소득 범위	주거보조 혜택 전	주거보조 혜택 후
월 소득	$640	$640
임대료	$550	$192
잔여 가용소득	$90	$448

공유주택(Shred Housing)

공유주택은 한 세대에서 최소 2명 이상의 무관한 사람들이 공동으로 주거하는 상태라고 정의하고, 자신들만의 개인공간은 소유하나 공동사용지역은 공유한다. 일반적으로 주택을 소유하거나 점유하고 있는 개인이 임대나 서비스를 위한 교환으로 다른 개인에게 생활공간을 제공한다. Schreter(1986)는 세 가지 유형의 공유주택 관계를 정의한다. 첫 번째는 자기주도 관계로 당사자 간에 개별적으로 협의하여 계약한다. 두 번째는 기관지원 관계로 적합한 동거자를 찾기 위해 동거인 알선서비스를 이용한다. 세 번째 유형은 기간후원 관계로 단체가 주거지를 소개하고 유지와 관계의 관리에 대해 전적으로 책임을 진다. 일부 사례에서 단체가 실제로 주거지를 소유하기도 한다.

공유주택은 참여자에 따라 여러 가지 장점이 있는데, 질병이나 응급상황 시 주위에 누군가가 있다는 것이다. 또 다른 장점으로 여겨지는 것은 재정적 이익과 동료를 사귈 기회이다. 일반적으로 생각되는 난점은 세대 내 문제로, 생활양식 문제와 성격의 충돌이다. 공유주택은 이전 시기에 있고 다른 사람들과 자원과 요구를 보완적으로 결합하는 사람들에게 적합할 수 있어, 환경이 변화하는 상황에서 상호보완을 하여 균형을 유지할 수 있다(Schreter, 1986). 공유주택 프로그램은 다양한 형태의 기관에서 제공하고 관리하는데, 주택단체, 교회, 노인센터 그리고 지역노인 복지사무소 등이다.

집합공동(Congregate)주택

집합공동주택은 전문 간호시설의 보호적 환경과 독립적 주거 사이의 방식이다. 노인 집합공동주택은 개인들에게 일부 공동사회 서비스를 제공한다. 이는 더 이상 일상적인 업무를 정상적인 상태에서 수행할 수 없는 노인이나 사회 및 정서적 지원이 증가하기를 바라는 노인들에게는 적합한 방식이다. 공동생활 서비스의 형태와 수는 주거단지마다 다를 수 있으나, 중앙집중 취사장, 식당, 가사지원과 세탁 서비스, 교통편의, 여가활동, 건강서비스 그리고 사회화 활동 등이 포함될 수 있다. 일부 단지는 이러한 여러 가지 서비스를 제공할 수 있고, 다른 일부는 중앙급식서비스만 제공할 수 있다. 중앙급식 이외에도 많은 집합공동주택단지는 아파트 내에 개인취사시설을 제공한다. 따라서 거주자는 외식을 할 것인지 공동으로 식사할 것인지를 선택할 수 있다.

일부 주거단지는 주택 및 도시개발부를 통해 지원을 받고, 일부는 거주자가 전액 부담한다. 최근 몇 년 동안에 보조금 비대상 집합공동주택의 수가 증가하고 있다. 이러한 증가로 중·상층 소득 노인들을 위한 선택방식은 증가하지만, 저소득층에게는 해당되지 않는다. 또한 노인 집합공동주택은 젊은 세대는 일반적으로 허용되지 않아 비슷한 연령 환경에서 사는데 익숙한 노인들에게는 관심대상이다.

집합공동주택에서 주거는 노인들에게 많은 장점을 제공하는데, 자립성 증대, 영양 개선, 동료의식 고양, 자기가치 개선, 외로움 감소, 지역사회 의식고취 등이 있다(Monk와 Kaye, 1991). Monk와 Kaye(1991)에 의하면, 집합공동주택으로의 이전을 자극하는 요인은 노인들의 사회경제적 상황에 따라 다르다. 중·상층 소득 규모의 노인들은 주거 서비스와 위락시설을 희망하고, 저소득층 노인들은 쾌적한 주거만을 바란다.

연속보호형 은퇴자 공동체(Continuing Care Retirement Communities)

연속보호형 은퇴자 공동체는 1960년대 이후로 많은 발전과 성장을 해왔다. 현재 미국 전역에 약 900개의 은퇴자 공동체가 있다(미국노인주거협회[AAHA], 1993). 은퇴자 공동체는 주거방식의 연속체와 계획 및 관리의 중앙집중형태의 보건과 사회서비스를 제공한다. 은퇴자 공동체는 독립시설에서부터 완전한 전문 간호시설을 갖춘 집합공동주거에 이르기까지 다양한 수준의 주거방식을 제공한다. 독립주거 세대형태는 아파트, 소주택, 연립주택이나 단독주택 등일 수 있다. 지원되는 주거에서 주거자는 목욕, 환복, 의료, 교통과 같은 생활 활동에 지원을 받을 수 있다. 전문간호가 제공되어 은퇴자 공동체 단지나 인근 시설에서 이용할 수 있다.

일반적으로 개인은 각 당사자의 권리와 규정을 상세히 알려주는 은퇴자 공동체를 통해 입주한다. 비용지급 관련은 계약서에 개략적으로 나와 있고, 월비용에 같이 최초입주비가 포함될 수 있다.

그리고 장기보호 비용은 이러한 비용에서 공동위험관리 방식으로 지불된다(Cohen, Tell, Batten, & Larson, 1988). 일반적으로 최초 입주비는 일회성이고 선금 방식이다. 최초 비용의 금액과 환불 여부는 시설에 따라 다르다. 계약상 합의 시에 이러한 비용의 환불 방식을 구분하는데, 환불불가, 부분환불, 감가비율 적용 환불, 전액환불 등으로 나눈다. 월 비용에는 일반적으로 주거비와 계약상 서비스 비용이 포함된다. 비용은 주거 형태와 제공되는 서비스에 따라 달라진다.

많은 은퇴자 공동체는 미국노인주거협회 회원으로 가입되어 있는데, 이 단체 는 은퇴자 공동체에 관한 많은 정보를 제공한다. 검색하고자 하는 은퇴자 공동체와 점검목록에 관한 상세한 정보는 미국노인주거협회에서 확인할 수 있다. 그리고 미국노인주거협회에서는 은퇴자 공동체 명부인, 연속보호형은 '퇴직자 공동시설에 대한 입주자 안내서'도 출간하는데 가격은 약 $24.95이다.

Echo(Elder Cottage Housing Opportunity) 주거(별도주거공간)

최근 몇 년 전에 호주에서 창안된 그래니플랫(granny flats) 개념이 미국에서 자리 잡기 시작했다. Echo 주거로 알려진 이 개념은 친척이나 다른 사람의 대지에 노인들이 주거할 수 있는 별채나 별도의 소규모 이동성 주거를 제공하는 것이다. 널리 이용되고 있지는 않지만, Echo주거는 아이오와, 뉴저지, 뉴욕, 메릴랜드, 펜실베니아와 기타 다른 주에서 시작되었다. 일부 관할구역에서 지방정부는 이러한 서비스를 필요로 하는 세대에 대한 주택과 임대료에 대해 소유권을 가지고 있다.

Echo 주거는 노인들에게 사생활 근접과 같은 여러 가지 혜택을 제공한다. 즉, 노인들은 필요시에 지원을 받을 수 있도록 지원체계에 가까운 곳에 거주하고, 또한 자신만의 주거세대를 유지하는 독립성도 가진다. 두 번째 혜택은 구입가격이 상대적으로 저렴하고, 추가적인 토지비용이 들지 않는다는 것이다(Hare, 1991).

Echo 주거에 단점이 없는 것은 아니다. 한 가지 중요한 우려사항은 법령이나 구획의 변화가 필요하다는 것이다. 그리고 계획수립과 구획정리 위원회 계류로 인한 장기 대기로, 건강 상태의 급속한 변화 때문에 주거 상황에 변화가 필요한 경우에는 이 방식을 이용할 수 없다는 것이다. Hare(1991)가 밝힌 다른 단점은 재판매에 어려움이 있을 수 있다는 것이다.

급식 및 보호(주거보호)

급식 및 보호시설에서는 노인들에게 식사, 주거지, 일정 수준의 관리감독, 보호적 감시, 관계자 외 공급자에 의한 일부 사설보호 등을 제공한다(McCoy & Conley, 1990). 운영자는 주거자들을 1일 24시간 관리감독하고 거주자의 기능과 행선지를 인지하는 책임을 진다. 급식 및 보호시설은 이러한 시설이 비의료적인 개인보호를 제공하는 것이 주요 목적이라는 점에서 요양원과는 다르고, 반면에 요양원은 필수적인 의료서비스를 제공한다. 이러한 유형의 시설은 30가지 명칭으로 불려지는데, 주거보호시설, 개인요양원, 주거요양원, 성인요양보호시설 등이다(Newcomer & Stone, 1985).

급식 및 보호시설은 시설수용에 대한 대안이 되었고, 장기보호 연속형으로 미국에서 적합한 방식이 되었다. 급식 및 보호시설의 추정치는 광범위한데, 약 38,000개의 인가시설(Hardwick et al., 1994)에서 약 69,000개의 인가와 비인가 시설로 다양하고, 백만 명 이상의 노인과 장애인들에게 서비스를 제공하고 있다(McCoy & Conley, 1990). 현재 급식 및 보호시설에 관한 연방기준은 없고, 해당 주에서 허가, 안전, 공중위생과 시민권리에 관한 자체 규정과 규모와 서비스에 대한 기준요건을 설정하고 있다(Hawes, 1994).

이러한 시설의 규모는 침상이 2개에서 1,400개로 다르며, 비용도 월 $400불에서 $4,000까지 다양하다(Hawes, 1994). 급식 및 보호시설은 대개 현저하게 규모가 작은 시설로 인식되지만, 최근 연구에서는 평균적인 규모가 침상이 19개였고, 10개 시범주의 모든 시설에서 2/3이상이 10개 침상규모였으며, 1/3은 51개 이상의 침상을 가지고 있었다(Hawes, 1994).

1981년 노인복지법 개정의 일부에서, 요양원고충처리사무국이 관할구역내의 급식 및 보호시설에 관한 불만을 조사하기 위해 요구되었다. 이러한 요구 때문에, 많은 고충처리사무실은 감시하는 시설들에 대한 목록을 유지한다. 지역 장기보호 고충처리사무실은 급식 및 보호시설을 파악할 수 있는 곳이다. 가장 가까운 장기보호고충처리사무실에 관한 내용은 노인보호검색서비스나 지역 AAA(Area Agency on Aging)를 통해 확인할 수 있다.

중급 및 전문요양 시설

일부 점검으로 노인들이 더 이상 적합하고 안전하게 지역사회에서 홀로 생활할 수 없는 상황을 알아낼 수 있다. 개인이 더 이상 독립적으로 살아갈 수 없고 지역사회중심 서비스를 이용할 수 없거나 필요한 보호가 제공되지 않을 경우에, 유일한 것은 아니지만 대안으로 요양원이 적합할 수 있다. 때로는 이러한 시설들이 퇴원 후 단기간 동안만 필요하다.

1965년, 의료보험과 의료부조의 제정으로 미국 전역에 요양시설의 개발을 위한 동기가 마련되었다. 1993년 말까지 총 1,682,701침상의 요양원 15,334개가 있었다. 모든 주에 요양원이 있지만 알라스카에 15개소와 캘리포니아에 1,178개소 등 규모가 다르다. 캘리포니아, 일리오니, 뉴욕, 텍사스 등 4개주는 미국 전체 요양원의 25%를 보유하고 있다(Marion Merrell Dow, 1994).

이용자를 위한 요양원을 찾아야하거나 가족들에게 이러한 검색을 제공해야만 하는 의료공급자는 지역고충처리사무실과 협의하여야 한다. 연방법에서는 각 주정부 노인복지국이 장기보호고충처리사무국을 설치할 것을 요구하고 있다. 현재 500개 이상의 지역고충처리 프로그램이 전국적으로 운영되고 있다(미국 보건복지부, 1994). 시설들을 정기적으로 방문하여 요양원 점검에 관한 정보를 가지고 있는 지역 고충처리사무실은 최근의 불만을 파악하고 있고, 시설에 대한 불만의 수와 성격에 대해 알고 있다.

요양원을 고려하는 가족들은 지역 고충처리사무실에 연락하여 지역요양원에 관한 정보를 파악하기를 권장한다. 그리고 사랑하는 가족을 보내기로 고려하는 모든 시설들을 방문하여 둘러보기를 권장한다. 그리고 미국 보건복지부는 요양원 선택 지침서(출판번호 HCFA-02174)를 발간하는데, 여기에는 요양원 선택과 검색을 위한 점검표가 포함되어 있다.

의료보험 상담

많은 노인들은 의료보험 형태에 관한 이해와 작성, 결정에 어려움을 경험한다. 의료보험과 건강보험 양식에 대한 이해의 부족으로 의료비가 지불되지 않거나 부적절하게 지불된다. 게다가 많은 노인들은 처리과정에 관한 지식이 부족하고 이의제기의 가능여부를 알지 못하기 때문에 불만을 호소하지 않는다. 1985년 이후, 캘리포니아에서는 의료보험과 건강보험 양식과 형태에 관한 지원을 의료보험 상담 및 지원이라는 프로그램을 통해 실시하고 있다.

1993년 의료보험재정관리국은 의료보험 이용자들을 지원하기 위한 유사한 프로그램을 개발하도록 모든 주에 기금조성 권한을 부여하였다. 이러한 프로그램들은 다음과 같은 다양한 업무를 지원할 수 있다.

- 의료보험 이해
- 사설 보충 의료보험 평가
- 의료비를 관리할 수 있는 시스템 개발
- 의료보험과 사설 의료보험 클레임 소송
- 장기보호방식 검색
- 의료보험 소비자 권리 확인

상담 및 지원과 기타 주 프로그램은 주 지원 하에 관리되고 일반적으로 주정부의 노인복지부나 보험관리부에서 관리한다. 자세한 정보는 해당 주 관련부서에 연락하면 확인할 수 있다.

사례 관리

지난 10~15년 동안 장기보호의 범위는 지역사회중심 장기보호를 포함하기 위해 전통적인 제도적 보호를 넘어서 확장되어 왔다(Quinn, 1992). 지역사회중심 보호체계에 접근을 결정하기 위한 중요한 방법은 사례관리로 알려져 왔다. 또한 사례관리는 목표인구가 서비스 혜택을 받을 수 있도록 보장하는 역할을 하므로 이 서비스는 가능한 독립적으로 운영하여야 하고, 조정관리하여 비용절감 방식으로 제공한다(Scharlach, Lowe, & Schneider, 1991). 사례관리 서비스는 서비스의 조화와 적합성을 증대시키려고 노력하지만, 또한 공공 비용을 관리하는 기구로서도 검토해야 한다(Capitman, Haskins, & Bernstein, 1986).

유용성이나 목적에 관한 불일치에 상관없이, 사례관리는 국가의료보험이 관리형 의료보험으로 지속하는 한 성장을 계속할 것이다.

일부에 의하면, 사례관리의 과정은 서비스 접근성을 높이고 해당 지역에서 다양한 단체에 의해 제공되는 서비스를 일원화하는 것을 목표로 하는 것이다(Hooyman & Kiyak, 1993). 일반적으로 사례관리 과정은 주요한 여러 가지 구성요소로 이루어져 있다고 하는데 평가, 보호계획수립, 재점검과 평가, 시스템 변화 활성 등이다(Redford, 1992). 사례관리의 세부적인 정의나 처리과정에 관해 모두가 동의하는 것은 아니지만, 대부분 사례관리가 서비스 계획에서부터 포괄적인 의료보험의 전반적인 관리까지, 기간, 범위, 강도의 관점에서 광범위한 종류의 서비스, 다양한 수준으로 운영한다는 사실에는 동의한다(Applebaum & Wilson, 1988; Kodner, 1994). 그림 10-7은 관리 보호모형을 통해 가장 간단한 형태에서부터 사례관리 서비스의 범위를 나타내고 있다.

현재 사례관리 서비스는 다양한 기구와 기금출처를 통해 제공된다. 이들 중 일부는 의료부조와 의료보험 증서를 통해 모금된 전주적인 사례관리 프로그램과 주기금과 지역기금 사례관리 프로그램, 노인복지법 Ⅲ편을 통해 조성된 프로그램, 최근의 사설 노인보호 관리자 프로그램 등을 포함한다.

그리고 사례관리 정책의 다양성은 관리자들도 광범위한 배경과 교육 그리고 전문적인 제휴를 가지는 것을 의미한다. 사례관리자들은 일반적으로 사례관리자나 간호사들이지만, 작업치료사와 물리치료사와 같이 노인학이나 다른 분야에서 교육과 학위를 받은 개인이 사례관리자로 봉사할 수 있다. 일부 사례관리 서비스는 다양성을 가지고 다른 분야와의 제휴팀으로 구성되는데, 중요한 여러 가지 장점을 가진다(1장 참조). 그러나 많은 사례관리 프로그램에서는 사례관리자가 한 명이다. 이 방법은 일시에 제한을 가질 수 있고 사례관리자의 교육정도에 따라 달라진다. Applebaum과 Wilson(1988)은 초기 국가정보전달시연에서 사회서비스 배경을 가진 사례관리자가 의사와 가정간호기관과 같은 의료기관과의 의사소통에 어려움이 있다는 사실을 알았다. 반대로 간호사 출신 사례관리자는 지역사회 공급자 분야, 자격기준, 기금조성 분야에 관한 교육을 증가시킬 필요가 있다. 따라서 누군가가 사례관리 프로그램에 이용자를 소개할 경우 프로그램 사례관리 담당자들의 교육정도와 전문성에 관해 문의하는 것이 중요하다.

사설 사례관리자를 통해 제공되는 사례관리 서비스는 종종 여러 전문 분야의 팀 점검을 활용할 수 없어 일반적으로 제3자 지급인을 통해 보상되지 않는다. 비용은 보통 이용자나 가족 구성원에 대해 시간당 요금으로 청구된다(Kaye, 1992).

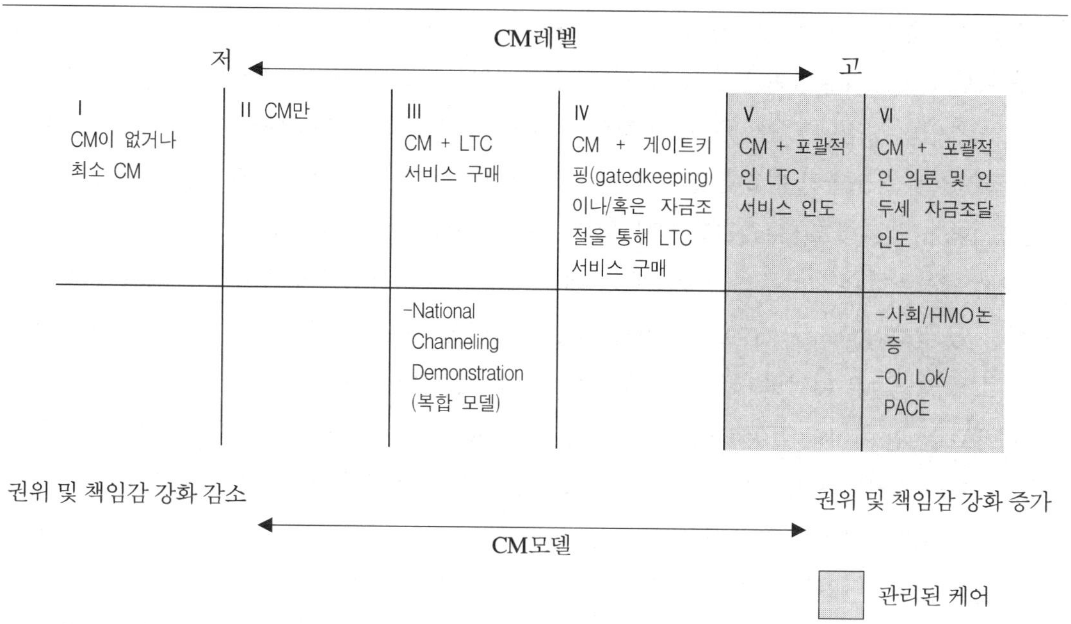

〈그림 10-7〉 사례관리의 연속체. Dennis Kordner의 호의로 전재, 응용노인학연구소, Brooklyn, New York

개인응답(PERSONAL RESPONSE) 시스템

기술의 발전은 노인들의 자립성을 유지하는데 혁신을 가져왔다. 이러한 기술 발전은 개인응답시스템으로 알려진 것이다. 개인응답시스템은 3가지 구성요소로 이루어지는데, 개인이 휴대하거나 착용할 수 있는 휴대용 송신기, 개인 전화에 부착되는 발신기, 그리고 특정 형태의 응답센터이다. 응답센터의 형태와 방식는 다양한데, 중앙응답소, 지역병원 또는 간단히 친구나 이웃을 포함할 수 있다. 개인응답시스템 기술은 1970년대 초반부터 발전해 왔다. 현재 350,000명의 대다수 노인들이 개인응답시스템 서비스를 받고 있는 것으로 추정된다(Montgomery, 1992). 현재 추정치로는 약 30개 기업이 개인응답시스템시장에서 서비스를 제공하고 있고(Montgomery, 1992), 약 2,700개의 병원이 개인응답 프로그램을 운영하고 있다(Benson, 1992).

개인응답시스템은 가족과 다른 정보 지원 시스템 그리고 전반적인 의료보험 시스템뿐만 아니라 장치를 소유하고 있는 개인에게도 혜택을 주고 있다. 개인응답시스템을 사용하는 노인들은 안전의식과 필요시에 신속하게 도움을 요청할 수 있다는 안도감을 가지는 것으로 나타나고 있다. 이러한 시스템은 또한 시간을 많이 할애할 수 없는 간병인과 다른 지원자들의 근심을 덜어주는 것으로 나타났다(Montgomery, 1992). 시스템의 관점에서 개인응답시스템은 제도적 장기보호 기간과 병원입원과 입원기간을 감소시켜주는 것으로 나타났다. 또한 이 시스템은 적절한 수준의 의료중재 접근을 위한 장치를 제공하여 응급실 이용을 근절시키는 것으로 나타났다(Montgomery, 1992).

이 시스템의 장점에도 불구하고, 공적으로 기금을 지원하는 것은 제한된다. 현재 의료보험은 개인응답시스템을 포함하지 않을 뿐 아니라 대부분의 사설보험 정책도 의료보험을 따르고 있다(Benson, 1992). 의료부조(Medicaid)는 정규적인 기본보장에서는 개인응답시스템을 보장하지 않는다. 개인응답시스템은 의료부조 프로그램에 대한 가정과 지역사회중심 증서를 통해 19개 주에서 보장하고 있다(Montgomery, 1992). 장치의 비용이 수백 달러에서 수천달러까지 다양하기 때문에 많은 저소득 노인들은 이러한 서비스 수혜 능력이 없다. 장치의 비용 이외에도, 일부 사례에서 보면 매월 사용료 뿐 만 아니라 설치비도 부담해야 한다. 다행이 병원과 다른 사회서비스 기관은 교회와 시민단체 그리고 일부 지역노인복지사무소와 업무를 제휴하여 이러한 서비스를 수혜할 수 있는 저소득 노인들에게 장치 사용을 제공하고 있다.

재정적 제약과 더불어 비우호적인 자세와 지식의 부족으로 인해 사용이 저조하다. Pantel (1989)은 이러한 시스템의 필요성을 부정하고 도움을 필요로 하는 것을 인정하지 않으려는 점이 개인응답시스템 사용에 대한 비용과는 별개로 중요한 장애요소라고 밝혔다.

개인응답시스템은 지역사회중심 장기보호 연속체의 중요한 구성요소이다. 이러한 시스템에서 혜택을 받을 수 있는 노인들에 대한 점검을 실시하는 의료보험 공급자들은 혜택을 이해시키기 위한 노력이 필요할 수 있다. 그리고 지역자원과 지원에 관한 이해가 저소득 사용자를 위한 개인응답시스템에 대한 기금을 파악하는데 도움을 줄 수 있다. 개인응답시스템 공급자는 이러한 서비스의 비용과 저소득 노인들 지원에 대한 의무와 책임을 알고 있어야 한다. 그리고 노인들의 문화 및 민족적 다양성으로 개인응답시스템 공급자는 통역요원의 필요성을 파악할 필요가 있다. 개인응답시스템 지역공급자에 대한 정보에 대해서는 의료보험 공급자가 지역병원이나 지역노인복지사무소에 연락하여 확인할 수 있다.

결 론

지난 20년에 걸쳐 노인들이 이용할 수 있는 지역사회중심 서비스에서 나타나는 증가는 양날의 칼과 같다. 가용 서비스의 유형과 수의 증가, 이러한 서비스를 관리하는 사례관리 서비스의 발전 그리고 기술 유용성의 증가는 지역사회에서 노인들이 더 오래 살 수 있는 가능성을 증대시켰다. 그러나 이로써 더 복합적인 지역사회 자원과 이러한 프로그램과 관련된 자격요건을 이해해야만 하는 서비스 공급자에 대한 수요를 증가시키고 있다. 공급자가 노인 이용자들에게 적용되는 지역사회중심과 제도적 서비스의 전반적인 범위를 알지 못하고 이해할 수 없을 경우도 있지만, 공급자는 어디서 정보를 얻어야 하는지는 항상 알고 있어야 한다.

본 장에서 공급자들에게 이용자들을 위한 적합한 서비스 검색을 어디서 시작해야 하는지에 관해 일부 정보를 제시하였다. 지리적 위치와는 상관없이 일관적인 기준이 있다는 것을 알 수 있다. 예를 들어, 지역 정보 및 조회기관, 지역노인복지사무소, 주정부 노인복지국과 노인보호검색번호는 대부분의 공급자에게 정보를 찾을 수 있는 실마리와 위치를 알려준다.

철저한 점검과 평가를 거쳐 이용자를 위한 필요한 서비스를 계획하는 것은 그림 맞추기 퍼즐을 함께 맞추어 가는 것과 비슷하다. 시작할 때는 모든 그림조각이 실제로 어디에 위치해야 하는지가 확실하지 않지만, 이용자가 명확해지고 적합한 서비스를 파악하게 됨에 따라 각각의 그림조각을 맞추기 위한 시간과 노력을 기울일 수 있고, 이러한 조각들을 함께 적절하게 맞추려는 능력을 최대한 보장한다면 최종 완성된 그림이 나타날 것이다.

참고문헌

American Association of Homes for the Aged.(1993). The continuing care retirement community: A guidebook for consumers. Washington, DC: Author.

Applebaum, R.A., & Wilson, N.L.(1988). Training needs for providing case management for the long-term care client: Lessons from the National Channeling demonstration. Gerontologist, 28, 172-176.

Atchley, R.C.(1991). Social forces and aging(6th ed.). Belmont, CA: Wadsworth.

Bratter, B., & Freeman, E.(1990). Ter maturing of peer counseling. Generations, 14(1), 49-52.

Benson, W.F.(1992). Public financing for personal response systems: A federal viewpoint. In A.S. Dibner(Ed.), Personal response systems: An international report of a new home care service(pp.223-228). New York: Haworth.

Binstock, R.H.(1991). From the great society to the aging society: 25 years of the Older Americans Act. Generations, 15(3), 11-18.

Burkhardt, J.E.(1979). Evaluating information and referral services. Gerontologist, 19, 28-33.

Butler, R.N.(1975). Why survive: Being old in America. New York: Harper & Row.

Capitman, J.A., Haskins, B., & Bernstein, J.(1986). Case management approaches in coordinated community-oriented long term care demonstrations. Gerontologist, 26, 398-404.

Cohen, M.A., Tell, E.J., Batten, H.L., & Larson, M.J.(1988). Attitudes toward joining continuing care retirement communities. Gerontologist, 28, 637-643.

Coleman, N.(1991). Advocacy in the Older Americans Act. Generations, 15(3), 43-46.

Cutler, S.J., & Coward, R.T.(1992). Availability of personal transportation in households of elders: Age, gender and residence differences. Gerontologist, 32, 77-81.

Fortinsky, R.H.(1991). Coordinated, comprehensive community care and the Older Americans Act. Generations, 15(3) 39-42.

Harbert, A.S., & Ginsberg, L.H.(1990). Human services for older adults: Concepts and skills(2nd ed.). Columbia: University of South Carolina Press.

Hardwick, S.E., Pack, P.J., Donohoe, E.A., Aleksa, K.J.(1994). Across the states 1994: Profiles of long term care systems. Washington, DC: American Association of Retired Persons.

Hare, P.H.(1991). The echo housing/granny flat experience in the U.S. In N.M. Lazarowich(Ed.), Granny flats as housing for the elderly(pp.57-70). New York: Haworth.

Hawes, C.(1994). New board and care role raises quality-of-care concerns. Aging today, 25(2), 4.

Heckheimer, E.F.(1989). Health promotion of the elderly in the community. Philadelphia: Saunders.

Helbing, C., Sangl, J.A., & Silverman, H.A.(1993). Home health agency benefits. Health Care Financing Review(Annual Supplement), 125-148.

Hooyman, N.R., & Kiyak, H.A.(1993). Social gerontology: A multidisciplinary perspective(3rd ed.). Needham Heights, MA: Allyn & Bacon.

Huttman, E.D.(1985). Social services for the elderly. New York: Free Press.

Kalymun, M.(1992). Board and care versus assisted living: Ascertaining the similarities and differences. Adult Residential Care Journal, 6(1), 35-44.

Kaye, L.W.(1992). The evolution of private geriatric care management: Guidelines for responsible practice. Journal of Case Management, 1, 103-107.

Kodner, D.L.(1994, March). Case management-Toward and analytic paradigm. paper presented at the 40th annual meeting of the American Society on Aging, San Francisco, CA.

Marion Merrell Dow.(1994). Managed care digest, long term care edition. Kansas City, MO: Author.

McCoy, J.L, & Conley, R.W.(1990). Surveying board and care homes: Issues and data collection problems. Gerontologist, 30, 147-153.

Monk, A., & Kaye, L.W.(1991). Congregate housing for the elderly: Its need, function and perspectives. Journal of Housing for the Elderly, 9, 5-19.

Montgomery, C.(1992). Personal response systems in the United States. In A.S. Dibner(Ed.), Personal response systems: An international report of a new home care service(pp.201-222). New York: Haworth.

National Academy on Aging.(1993). Poverty and income security among older persons: Overview of proceedings(Paper No.1, Executive Summary). Syracuse, NY: National Academy on Aging.

National Center for Health Statistics.(1994). Hospice and home health agencies: Data from the 1991 National Health Provider Inventory(Advance Data, No.257). Hyattsville, MD:U.S. Public Health Service.

National Council on the Aging.(1991). Why adult day care? Washington DC: Author.

Newcomer, R., & Stone, R.(1985). Board and care housing: Expansion and improvement needed. Generation, 9(3), 38-39.

Pantel, J.(1989). Lifeline Users Survey. Watertown, MA: Lifeline Systems, Inc.

Quinn, J.(1992). Case management: A critical part of our long term care system. Journal of Case Management, 1(1), 4.

Quirk, D.A.(1991). An agenda for the nineties and beyond. Generations, 15(3) 23-26.

Redford, L.(1992). Case management the wave of the future. Journal of Case Management, 1(1), 5-8.

Scharlach, A.E., Lowe. B.F., & Schneider, E.L.(1991). Elder care and the work force: blueprint for action. Lexington, MA: Lexington.

Schmandt, J., Bach, V., & Radin, B.A.(1979). Information and referral services for elderly welfare recipients. Gerontologist, 19, 21-27.

Schreter, C.A.(1986). Advantages and disadvantages of shared housing. Journal of Hosing for the Elderly, 3, 121-137.

U.S. Bureau of the Census.(1991). Current population reports. Marital status and living arrangements: March 1990(Series P-20, No. 450). Washington, DC: U.S. Department of Commerce.

U.S. Department of Health and Human Services.(1994). Guide to choosing a nursing home(DHHS Publication No. HCFA-02174). Baltimore: Author.

U.S. Senate special Committee on Aging.(1991). Aging America: Trends and projection, 1990-91. Washington, DC: Department of Health and Human Services.

Von Beghren, R.(1989, July/August). Adult day care: A decade of growth. Perspective on Aging, pp.4, 15-18.

부 록

재가노인 사정도구

재가노인 사정 항목표

김 영 숙
(삼육대학교 사회복지학과 교수)

사례 관리를 위한

정보제공 및 수락 동의서

____년__월__일

사례관리자________ 인

본 동의서는 (이용자) 인의 종합적 보건복지서비스를 제공받기 위하여 사례관리자와 (소속기관) 에 이용자의 욕구사정 및 사례관리자를 실시하고자 이에 대한 종합정보를 수집, 분석하는데 동의합니다. 또한 유관 기관과의 서비스 협력제휴를 통하여 해당지역 내 기관에서 제공하는 서비스를 받을 수 있습니다. 단, 정보의 전달 및 제휴에 동의하지 않는 경우, 그 기관에서 제공하는 서비스를 받지 못할 수도 있습니다.

정보 제공 제휴 기관

1. 구청, 동사무소 및 관공서와 지자체 기관으로부터 복지서비스 제공기관으로 위탁받은 협력제휴기관 및 시설
2. 이용자의 권익옹호를 위한 법률 및 권리를 포함한 자문기관 및 학술기관
3. ______________________
4. ______________________
5. ______________________
6. ______________________

단, 아래에 대한 정보는 본 서비스의 이용자의 개별적 동의없이 ________에는 전달해서는 안된다.(공란시 상기 제공제휴기관에 한하여 정보제공의 제한 없음.)

(해당하는 항목을 모두 체크)

( ) 건강상태(병명)　　( ) 가족상황　　( ) 경제상황

( ) 주관적호소　　( ) 본인강점　　( ) 사회적지지망

( ) 그 외 : 구체적으로______________________

____

재가 노인 사정 항목표

Edit Version 20061227

작 성 자 :

C T 사 정 일 : 년 월 일 ~ 년 월 일

C T 가 정 방 문 : □ 있다(년 월 일) □ 없다

C T 상 담 회 차 : 1 2 3 4 5 6 7 8 9 0

AA. 기본정보

1	성 명					
2	주민등록번호	□□□□■■-□		장 애 등 급	( )장애 ( )급	
3	주 소					
4	요양등급	등급		등급 판정일	년 월 일	
5	긴급연락처	성명)	관계)	전화)		
		성명)	관계)	전화)		
6	키 · 체중	cm		kg		
7	혈당	( ) mg/dl	8	혈 압	/ mmHg	
9	가족구성	□독거	□부부만 동거	□2세대	□3세대	□기타( )
10	가족관계	성명	관계	성별	출생년도	동거여부
				□남 □여		
				□남 □여		
				□남 □여		
				□남 □여		
11	대 상 자 분 류	□국민기초수급권자	□ 차상위 계층	□일반		
12	매월가계실질소득	□ 20만원 미만	□ 20~50만원 미만	□ 50~100만원 미만		
		□ 100만원 이상	□ 200~300만원미만	□ 300만원 이상		

BB. 주관적 호소내용

NO	구분	호 소 내 용	확인		
1		어지럽다	□그렇다	□보통	□아니다
2		걷기가 어렵다	□그렇다	□보통	□아니다
3		잘 들리지 않는다	□그렇다	□보통	□아니다
4		혼자 목욕하기가 어렵다	□그렇다	□보통	□아니다
5		재활치료를 받고 싶다	□그렇다	□보통	□아니다
6		씹고 삼키기가 어렵다	□그렇다	□보통	□아니다
7		관절염이 심하다	□그렇다	□보통	□아니다
8		요실금이 있다	□그렇다	□보통	□아니다
9		허리가 아프다	□그렇다	□보통	□아니다
10		구강관리가 필요하다	□그렇다	□보통	□아니다
11		소화가 어렵다	□그렇다	□보통	□아니다
12	신체	상처가 잘 낫지 않는다	□그렇다	□보통	□아니다
13		머리가 아프다	□그렇다	□보통	□아니다
14		피부질환이 있다	□그렇다	□보통	□아니다
15		입이 마른다	□그렇다	□보통	□아니다
16		욕창이 있다	□그렇다	□보통	□아니다
17		보장구를 필요로 한다	□그렇다	□보통	□아니다
18		건망증이 심하다	□그렇다	□보통	□아니다
19		눈이 침침하다	□그렇다	□보통	□아니다
20		외출을 하고 싶다	□그렇다	□보통	□아니다
21		혈당조절에 어려움이 있다	□그렇다	□보통	□아니다
22		옷을 입고 벗기가 힘들다	□그렇다	□보통	□아니다
23		외부이동시 동행 및 이동서비스를 필요하다	□그렇다	□보통	□아니다
24		외롭다	□그렇다	□보통	□아니다
25		불면증이 있다	□그렇다	□보통	□아니다
26		상담을 원 한다	□그렇다	□보통	□아니다
27		말벗을 원 한다	□그렇다	□보통	□아니다
28	심리	가슴이 답답하다	□그렇다	□보통	□아니다
29		취미활동을 하고 싶다	□그렇다	□보통	□아니다
30		자녀와 함께 살고 싶다	□그렇다	□보통	□아니다
31		가족으로 인해 고통을 받는다	□그렇다	□보통	□아니다
32		수발부담이 크다(주 수발자의 호소)	□그렇다	□보통	□아니다
33		난방이 잘 되지 않는다	□그렇다	□보통	□아니다
34		경제적인 어려움이 있다	□그렇다	□보통	□아니다
35		채광이 좋지 않다	□그렇다	□보통	□아니다
36		행정적 지원을 원한다(은행일 등)	□그렇다	□보통	□아니다
37		음주로 인해 생활이 어렵다	□그렇다	□보통	□아니다
38	환경	식사준비가 어렵다	□그렇다	□보통	□아니다
39		화장실 사용이 어렵다	□그렇다	□보통	□아니다
40		시장보기가 어렵다	□그렇다	□보통	□아니다
41		정리 정돈이 어렵다	□그렇다	□보통	□아니다
42		이미용 서비스를 원한다	□그렇다	□보통	□아니다
43		흡연으로 건강이 염려된다	□그렇다	□보통	□아니다

A. 주수발자 기본정보

1	주 수 발 자	□있다	□없다	4	동 거 여 부	□동거	□비동거
2	관 계	□가족	□친척	□이웃		□도우미	□지역자원
3	성 명			5	성 별	□남	□여
6	수 발 수 행 정 도	(시간/일)(회/주)					
7	수 발 지 식	□높다	□보통이다	□낮다			
8	친 밀 도	□높다	□보통이다	□낮다			

B. 현재 이용하고 있는 서비스 - 대상자가 느끼는 만족도

서비스명		만 족 도			서비스명		만 족 도		
1	목욕	□높다	□보통	□낮다	8	방문 진료	□높다	□보통	□낮다
2	도시락	□높다	□보통	□낮다	9	방문 간호	□높다	□보통	□낮다
3	밑반찬	□높다	□보통	□낮다	10	가정봉사원	□높다	□보통	□낮다
4	세탁	□높다	□보통	□낮다	11	복지용품 지원 및 대여	□높다	□보통	□낮다
5	청소	□높다	□보통	□낮다	12	주간보호	□높다	□보통	□낮다
6	차량이송	□높다	□보통	□낮다	13	단기보호	□높다	□보통	□낮다
7	통원치료	□높다	□보통	□낮다	14	자원봉사자	□높다	□보통	□낮다

C. 주거환경

1	주거형태	□단독주택		□다가구주택		□아파트	
		□지층	□1층		□2층	□3층 이상	
		1. 접근성			2. 안전성		
2	주방	□좋다	□보통	□나쁘다	□좋다	□보통	□나쁘다
3	욕실	□좋다	□보통	□나쁘다	□좋다	□보통	□나쁘다
4	화장실	□좋다	□보통	□나쁘다	□좋다	□보통	□나쁘다
5	침실	□좋다	□보통	□나쁘다	□좋다	□보통	□나쁘다
6	외부이동통로 (복도 및 현관)	□좋다	□보통	□나쁘다	□좋다	□보통	□나쁘다
7	거실 및 침실 – 1 이동공간	□좋다	□보통	□나쁘다	2 문 턱	□있다	□없다
	3 통 풍	□좋다	□보통	□나쁘다	4 안 전 바	□있다	□없다
	5 채 광	□좋다	□보통	□나쁘다	6 난 방	□있다	□없다
8	사용하고 있는 가전용품	□세탁기 □온수기 □냉장고 □전기밥솥 □전자레인지 □가스렌지 □TV □가습기 □전기히터 □전기장판 □전화기 □비데 □청소기 □탈수기□선풍기					
9	특이사항 (주거상태요약)						

D. 건강상태

<table>
<tr><td>1</td><td colspan="2">병명</td><td colspan="6">* 병원에서 진단받은 진단명, 기타 질환상태를 하단의 질병력을 활용</td></tr>
<tr><td>2</td><td colspan="2">복약유무</td><td colspan="2">□복약중 □복약없음</td><td>3</td><td>발병시기</td><td colspan="2">년 월(개월)</td></tr>
<tr><td>4</td><td colspan="2">시력상태</td><td colspan="6">□ 1. 정상
□ 2. 1M 떨어진 달력은 읽을 수 있으나 더 먼 거리는 보이지 않는다
□ 3. 눈앞에 근접한 글씨는 읽을 수 있으나 더 먼 거리는 보이지 않는다
□ 4. 거의 보이지 않는다
□ 5. 보이는지 판단불능</td></tr>
<tr><td>5</td><td colspan="2">청력상태</td><td colspan="6">□ 1. 정상
□ 2. 보통의 소리를 듣기는 하고, 못 듣기도 한다
□ 3. 큰 소리라면 들을 수 있다
□ 4. 거의 들리지 않는다
□ 5. 들리는지 판단불능</td></tr>
<tr><td rowspan="14">6</td><td rowspan="14">질병상태

※ 3개월 이상 지속적인 질병명을 체크해 주십시오</td><td>1</td><td colspan="6">□ 없음</td></tr>
<tr><td>2</td><td colspan="6">□ 암</td></tr>
<tr><td>3</td><td colspan="6">□ 근골격계질환 (□관절염 □요통 □좌골통 □디스크 □신경통
□골다공증 □기타 ____________________)</td></tr>
<tr><td>4</td><td colspan="6">□ 소화기계질환 (□위염 □위궤양 □십이지장궤양 □만성간염
□간경변증 □기타 ____________________)</td></tr>
<tr><td>5</td><td colspan="6">□ 내분비, 대사성(□당뇨병 □갑상선 질환
□기타 ____________________)</td></tr>
<tr><td>6</td><td colspan="6">□ 순환기계질환 (□고·저혈압 □중풍 □뇌혈관 질환 □협심증
□심근경색증 □기타 ____________________)</td></tr>
<tr><td>7</td><td colspan="6">□ 호흡기계질환 (□폐결핵 □결핵 □만성기관지염 □천식
□기타 ____________________)</td></tr>
<tr><td>8</td><td colspan="6">□ 눈, 귀질환 (□백내장□만성중이염□기타__________)</td></tr>
<tr><td>9</td><td colspan="6">□ 만성신장질환 (□만성신부전증 □기타__________)</td></tr>
<tr><td>10</td><td>□ 빈혈</td><td>11</td><td>□ 피부병</td><td>12</td><td colspan="2">□ 골절, 탈골 및 사고 후유증</td></tr>
<tr><td>13</td><td colspan="6">□ 기타(__________)</td></tr>
<tr><td rowspan="3">특이사항</td><td colspan="6" rowspan="3">* 질병력에 대한 세부적인 기록을 작성하십시오</td></tr>
<tr></tr>
<tr></tr>
</table>

E. 재활 상태(* 구축의 경우 경직 및 경련상태를 포함합니다.)

1	마비	우측상지마비	☐ 마비없음	☐ 불완전마비	☐ 완전마비	
2		좌측상지마비	☐ 마비없음	☐ 불완전마비	☐ 완전마비	
3		우측하지마비	☐ 마비없음	☐ 불완전마비	☐ 완전마비	
4		좌측하지마비	☐ 마비없음	☐ 불완전마비	☐ 완전마비	
5	구축	어깨관절	☐ 구축없음	☐ 우관절구축	☐ 좌관절구축	☐ 양관절구축
6		팔꿈치관절	☐ 구축없음	☐ 우관절구축	☐ 좌관절구축	☐ 양관절구축
7		손목및수지관절	☐ 구축없음	☐ 우관절구축	☐ 좌관절구축	☐ 양관절구축
8		고관절	☐ 구축없음	☐ 우관절구축	☐ 좌관절구축	☐ 양관절구축
9		무릎관절	☐ 구축없음	☐ 우관절구축	☐ 좌관절구축	☐ 양관절구축
10		발목관절	☐ 구축없음	☐ 우관절구축	☐ 좌관절구축	☐ 양관절구축

F. 일상생활

a. ADL 기능 자립도

1	옷 벗고 입기	☐완전자립	☐부분도움	☐완전도움
2	세 수 하 기	☐완전자립	☐부분도움	☐완전도움
3	양 치 질 하 기	☐완전자립	☐부분도움	☐완전도움
4	목 욕 하 기	☐완전자립	☐부분도움	☐완전도움
5	식 사 하 기	☐완전자립	☐부분도움	☐완전도움
6	체 위 변 경 하 기	☐완전자립	☐부분도움	☐완전도움
7	일 어 나 앉 기	☐완전자립	☐부분도움	☐완전도움
8	옮 겨 앉 기	☐완전자립	☐부분도움	☐완전도움
9	방밖으로 나오기	☐완전자립	☐부분도움	☐완전도움
10	화장실 사용하기	☐완전자립	☐부분도움	☐완전도움
11	대 변 조 절 하 기	☐완전자립	☐부분도움	☐완전도움
12	소 변 조 절 하 기	☐완전자립	☐부분도움	☐완전도움

b. IADL 기능 자립도

1	약 복 용	☐완전자립	☐부분도움	☐완전도움
2	금 전 관 리	☐완전자립	☐부분도움	☐완전도움
3	전 화 사 용	☐완전자립	☐부분도움	☐완전도움
4	물 건 구 입	☐완전자립	☐부분도움	☐완전도움
5	식 사 준 비	☐완전자립	☐부분도움	☐완전도움
6	청 소	☐완전자립	☐부분도움	☐완전도움
7	세 탁	☐완전자립	☐부분도움	☐완전도움
8	교통수단 이용	☐완전자립	☐부분도움	☐완전도움
9	몸 단 장	☐완전자립	☐부분도움	☐완전도움

c. 배변 및 배설							
1	요실금	☐예	☐아니오	2	변실금	☐예	☐아니오
3	기저귀사용	☐예	☐아니오				

d. 조력		이 용 자 희 망		케어매니저 의견	
1	ADL지원	☐ 예	☐ 아니오	☐ 예	☐ 아니오
2	IADL지원	☐ 예	☐ 아니오	☐ 예	☐ 아니오

e. 특기사항	

G. 사회적지지

a. 사회적지지 정도		확 인		
1	가족의 지지정도	□높다	□보통	□낮다
2	친척의 지지정도	□높다	□보통	□낮다
3	지역사회 자원의 지지정도	□높다	□보통	□낮다

b. 조력		이 용 자 희 망		케어매니저 의견	
1	가족 상담 및 치료	□ 예	□ 아니오	□ 예	□ 아니오
2	지역사회 자원 연결	□ 예	□ 아니오	□ 예	□ 아니오

c. 특기사항	

H. 행동장애

a. 인지기능부문(8문항)		증상여부		
1	방금 전에 들었던 이야기나 일을 잊는다	□ 예	□ 가끔	□ 아니오
2	오늘이 몇 월인지 지금이 어느 계절인지 모른다	□ 예	□ 가끔	□ 아니오
3	자신이 있는 장소를 알지 못한다	□ 예	□ 가끔	□ 아니오
4	가족이나 친척을 알아보지 못한다	□ 예	□ 가끔	□ 아니오
5	자신의 나이나 생년월일을 모른다	□ 예	□ 가끔	□ 아니오
6	지시를 이해하지 못한다	□ 예	□ 가끔	□ 아니오
7	하루 일정표를 이해하지 못한다	□ 예	□ 가끔	□ 아니오
8	주어진 상황에 대한 판단력이 떨어져 있다	□ 예	□ 가끔	□ 아니오

b. 문제행동부문(10문항)		증상여부		
1	사람들이 무엇을 훔쳐갔다고 믿거나 자기를 해치려 한다고 잘못 믿고 있다	□ 예	□ 가끔	□ 아니오
2	헛것을 보거나 듣는다	□ 예	□ 가끔	□ 아니오
3	밤에 자다가 일어나 주위 사람을 깨우거나 아침에 너무 일찍 일어난다. 또는 낮에는 지나치게 잠을 자고 밤에는 잠을 이루지 못한다	□ 예	□ 가끔	□ 아니오
4	한군데 가만히 있지 못하고 서성거리거나 왔다 갔다 하며 안절부절 못한다	□ 예	□ 가끔	□ 아니오
5	길을 잃거나 헤맨 적이 있다. 외출하면 집이나 병원, 시설로 혼자 들어올 수 없다	□ 예	□ 가끔	□ 아니오
6	화를 내며 폭언이나 폭행을 하는 등 위협적인 행동을 보인다	□ 예	□ 가끔	□ 아니오
7	혼자서 밖으로 나가려고 해서 눈을 뗄 수가 없다	□ 예	□ 가끔	□ 아니오
8	돈이나 물건을 장롱 같이 찾기 어려운 곳에 감춘다	□ 예	□ 가끔	□ 아니오
9	옷을 부적절하게 입는다	□ 예	□ 가끔	□ 아니오
10	대소변을 벽이나 옷에 바르는 등 불결한 행위를 한다	□ 예	□ 가끔	□ 아니오

c. 조력

		이 용 자 희 망		케어매니저 의견	
1	치매진단 및 치료	☐ 예	☐ 아니오	☐ 예	☐ 아니오
2	가족의 스트레스 관리	☐ 예	☐ 아니오	☐ 예	☐ 아니오

d. 특기사항

정보와 관찰		* 치매력, 주변 관찰인 의견 등을 작성할 수 있습니다.
현재조력 실시현황	가족	
	서비스	
서비스희망		

I. 의료건강

* 최근 2주간 어르신께서는 다음과 같은 치료를 받은 적이 있는 지를 답해주십시오.

a. 간호처치 상태

		진료 유무		항 목		진료 유무	
1	기관지절개관간호	☐ 있다	☐ 없다	7	성백주사요법	☐ 있다	☐ 없디
2	흡인	☐ 있다	☐ 없다	8	도뇨관리	☐ 있다	☐ 없다
3	산소요법	☐ 있다	☐ 없다	9	장루간호	☐ 있다	☐ 없다
4	욕창간호	☐ 있다	☐ 없다	10	상처간호	☐ 있다	☐ 없다
5	경관영양	☐ 있다	☐ 없다	11	복막투석 및 간호	☐ 있다	☐ 없다
6	통증간호	☐ 있다	☐ 없다			☐ 있다	☐ 없다

b. 조력

		이 용 자 희 망		케어매니저 의견	
1	건강진단 및 치료	☐ 예	☐ 아니오	☐ 예	☐ 아니오
2	가족에 대한 케어기술 교육	☐ 예	☐ 아니오	☐ 예	☐ 아니오

c. 특기사항

J. 생활습관

a. 상태		확 인				
1	흡연 (1일)	○31이상	○ 21–30개피	○ 11–20개피	○10개피 이하	○ 비흡연자
2	음주 (2주)	○3회(5잔)이상	○ 2회(3잔)	○ 1회(2잔)	○ 비음주자	
3	운동 (1주)	○ 1회	○ 2회	○ 3회	○ 4회 이상	
4	수분섭취(1일)	○ 2컵 이하	○ 3컵–4컵		○ 5컵 이상	
5	구강위생	○ 매우나쁨	○ 나쁨		○ 보통	
6	식사내용	☐ 보통식	☐유동식	☐ 당뇨식	☐저염식	☐ 무염식
	식사횟수	○ 1식	○2식	○ 3식	○4식 이상	

	식사영양	○ 보통식	○실조위험	○ 영양실조		
7	낙상	○ 매우위험	○ 위험	○ 보통		
8	변비	○ 매우심함	○ 심함	○ 보통		
9	입욕빈도	○ 월2회미만	○ 주1회미만	○ 주2회이상		
10	사회활동빈도	○ 주 1회	○ 주 2회	○ 주3회이상		
11	알러지	○ 매우심함	○ 심함	○ 보통		
12	수면량	○ 매우부족	○ 부족	○ 보통		
13	학 대	□신체적	□언어정서적	□성적	□재정적	□방임

b. 조력		이 용 자 희 망		케어매니저 의견	
1	생활습관 변화를 위한 지원	□ 예	□ 아니오	□ 예	□ 아니오
2	예방을 위한 점검과 교육	□ 예	□ 아니오	□ 예	□ 아니오
c. 특기사항					

CC. 강점

	항 목			
1	ADL이 용이하다.(보조기구 사용시 포함)	□그렇다	□보통	□아니다
2	IADL이 가능하다.(수발자 도움 포함)	□그렇다	□보통	□아니다
3	지역사회자원을 활용하고 있다	□그렇다	□보통	□아니다
4	유대관계(친구)를 갖고 싶다.	□그렇다	□보통	□아니다
5	여가 활동에 참여하고 싶다.	□그렇다	□보통	□아니다
6	수발자가 수발지식이 높다	□그렇다	□보통	□아니다
7	수발에 적극적이다	□그렇다	□보통	□아니다
8	수발자가 문제 행동에 대한 대처능력이 있다	□그렇다	□보통	□아니다
9	수발자가 지지모임에 지속적으로 참여한다	□그렇다	□보통	□아니다
10	이용자가 본인의 질환에 대해 잘 알고 있다	□그렇다	□보통	□아니다
11	가족과의 관계가 좋다	□그렇다	□보통	□아니다
12	자기관리를 철저히 하고 있다	□그렇다	□보통	□아니다
13	삶의 의지가 강하다	□그렇다	□보통	□아니다
14	재활욕구가 강하다	□그렇다	□보통	□아니다
15	정기적인 검진을 하고 있다	□그렇다	□보통	□아니다
16	약제관리가 잘되고 있다	□그렇다	□보통	□아니다

강점

특이사항

DD. 재가노인의 욕구

NO.	욕 구 사 항	확인		
1	의료적 처치를 원한다	○있다	○보통	○없다
2	씹고 삼키기가 곤란하여 도움을 원한다	○있다	○보통	○없다
3	실금을 관리하는데 도움을 원한다	○있다	○보통	○없다
4	목욕이 곤란하여 도움을 원한다	○있다	○보통	○없다
5	옷을 갈아입을 때 도움을 원한다	○있다	○보통	○없다
6	비만에 대한 도움을 원한다	○있다	○보통	○없다
7	기본동작이 안되어 도움을 원한다	○있다	○보통	○없다
8	치매문제행동에 대한 대처를 원한다	○있다	○보통	○없다
9	외출시 도움을 원한다	○있다	○보통	○없다
10	재활훈련을 원한다	○있다	○보통	○없다
11	피부질환관리에 도움을 원한다	○있다	○보통	○없다
12	의사소통 도움을 원한다	○있다	○보통	○없다
13	약제사용 및 관리에 도움을 원한다	○있다	○보통	○없다
14	구강위생관리를 원한다	○있다	○보통	○없다
15	통증관리를 원한다	○있다	○보통	○없다
16	수발부담 경감을 원한다	○있다	○보통	○없다
17	불면치료에 도움을 원한다	○있다	○보통	○없다
18	대인관계 향상을 원한다	○있다	○보통	○없다
19	우울감감소를 원한다	○있다	○보통	○없다
20	이야기상대가 필요하다	○있다	○보통	○없다
21	경제적인 도움을 원한다	○있다	○보통	○없다
22	시장보기에 도움을 원한다	○있다	○보통	○없다
23	세탁에 도움을 원한다	○있다	○보통	○없다
24	낙상위험을 낮추기 위한 도움을 원한다	○있다	○보통	○없다
25	영양관리를 원한다	○있다	○보통	○없다
26	금전관리를 원한다	○있다	○보통	○없다
27	알코올로 인한 예방을 원한다	○있다	○보통	○없다
28	흡연에 대한 예방을 원한다	○있다	○보통	○없다
29	학대로 인한 도움을 원한다	○있다	○보통	○없다
30	긴급시 대처방안이 필요하다	○있다	○보통	○없다

케 어 플 랜 작 성 표

상담자명 ㉑ 작성일 년 월 일

문제	N	바람직한 목표·결과	서비스명	서비스 공급자	일/주	시간/일	비용	승낙

나는, 상기 케어 플랜에 대해 사례관리자와 충분한 상담을 하였습니다. 이후 서비스 에 대한 문제점과 변동이 있을 때 매니저와 상담을 통하여 서비스 내용을 결정할 것입니다.

차회 케어플랜 정기검토일은 ________년 ____월 ____일이며, 요청시에 기일이 변경될 수 있습니다.

년 월 일

이용자__________________ ㉑

Careplan Weekly Guard

매니저 ____________________ 작성일________년______월

______일

기 본 서 비 스	일	월	화	수	목	금	토
새 벽							
아침식사							
오 전							
점심식사							
오 후							
저녁식사							
밤							

[비고]

시설 노인 사정도구

김 영 숙
(삼육대학교 사회복지학과 교수)

시설노인 사정항목표

기 관 명 : 작성자:

시 설 구 분 : □유료 □실비 □무료 / □양로 □요양 □전문

임 상 경 력 : ( )년/ 관련자격증( )

CT사례관리기간 : 총 ( )개월

CT가정방문유무 : □ 있다 □ 없다

C T 상 담 횟 수 : 총 ( )회

AA.기본정보

<table>
<tr><td>1</td><td>성 명</td><td colspan="2">(남 · 여)</td><td>2</td><td>입 소 일</td><td colspan="3">년 월 일</td></tr>
<tr><td>3</td><td>주민등록번호</td><td colspan="2"></td><td>4</td><td>장 애 등 급</td><td colspan="3">( )장애 ( )등급</td></tr>
<tr><td>5</td><td>주 소</td><td colspan="7"></td></tr>
<tr><td>6</td><td>입소전거주지</td><td colspan="7">□자가 □병원 □타시설( ) □기타( )</td></tr>
<tr><td rowspan="2">7</td><td rowspan="2">긴급연락처</td><td colspan="2">성명)</td><td colspan="2">관계)</td><td colspan="3">전화)</td></tr>
<tr><td colspan="2">성명)</td><td colspan="2">관계)</td><td colspan="3">전화)</td></tr>
<tr><td>8</td><td>키 · 체중</td><td colspan="7">cm, kg</td></tr>
<tr><td>9</td><td>혈당</td><td colspan="2">mg/dl</td><td>10</td><td>혈 압</td><td colspan="3">/ mmHG</td></tr>
<tr><td>11</td><td>입소전가족구성</td><td colspan="7">□ 없 음 (독 거) □ 부 부 만 동 거 □ 2 세 대 가 족
□ 3 세 대 가 족 □ 기 타 ( )</td></tr>
<tr><td rowspan="5">12</td><td rowspan="5">가족관계</td><td>성 명</td><td>관계</td><td colspan="2">성별</td><td colspan="2">출생 년도</td><td>동거여부 (○, ×)</td></tr>
<tr><td></td><td></td><td colspan="2">□남 □여</td><td colspan="2"></td><td></td></tr>
<tr><td></td><td></td><td colspan="2">□남 □여</td><td colspan="2"></td><td></td></tr>
<tr><td></td><td></td><td colspan="2">□남 □여</td><td colspan="2"></td><td></td></tr>
<tr><td></td><td></td><td colspan="2">□남 □여</td><td colspan="2"></td><td></td></tr>
<tr><td>13</td><td>대상자분류</td><td colspan="7">□국민기초수급권자 □차상위계층 □일반</td></tr>
<tr><td>14</td><td>매월소득 (연금포함)</td><td colspan="7">□20만원미만 □20~50만원미만 □50~100만원미만
□100만원이상 □200~300만원미만 □300만원이상</td></tr>
</table>

BB. 주관적 호소내용

NO.	구분	호소내용	확인		
10	신체	신경통으로 몸이 아프다	□있다	□보통	□없다
2		기저귀를 벗고 싶다	□있다	□보통	□없다
3		이동을 스스로 하고 싶다	□있다	□보통	□없다
4		눈이 침침하다	□있다	□보통	□없다
5		잘 들리지 않는다	□있다	□보통	□없다
6		구강관리를 받고 싶다(틀니, 잇몸)	□있다	□보통	□없다
7		머리가 아프다	□있다	□보통	□없다
8		배가 아프다	□있다	□보통	□없다
9		허리가 아프다	□있다	□보통	□없다
1		대, 소변을 스스로 보고 싶다	□있다	□보통	□없다
11		변비가 심하다	□있다	□보통	□없다
12		스스로 원하는 만큼 약을 먹고 싶다	□있다	□보통	□없다
13		스스로 원하는 병원에서 진료 받고 싶다	□있다	□보통	□없다
14		물리치료를 충분히 받고 싶다	□있다	□보통	□없다
15		소화가 되지 않는다	□있다	□보통	□없다
34		나에게 맞는 보장구가 있었으면 좋겠다	□있다	□보통	□없다
16	심리	외롭다	□있다	□보통	□없다
35		이성친구를 원한다	□있다	□보통	□없다
17		무료하다	□있다	□보통	□없다
20		나들이를 가고 싶다	□있다	□보통	□없다
21		가족과의 자주 연락(면회)했으면 좋겠다	□있다	□보통	□없다
22		집으로 가고 싶다	□있다	□보통	□없다
23		말벗을 원한다.	□있다	□보통	□없다
24		직원들과 좋은 관계를 맺고 싶다	□있다	□보통	□없다
25		스스로 외출을 자유롭게 하고 싶다(쇼핑포함)	□있다	□보통	□없다
26	환경	스스로 돈 관리를 하고 싶다	□있다	□보통	□없다
27		용돈이 부족하다	□있다	□보통	□없다
28		방배정에 자율성이 있었으면 좋겠다	□있다	□보통	□없다
29		개인공간을 원한다	□있다	□보통	□없다
30		화장실 및 세면실 사용이 용이했으면 좋겠다	□있다	□보통	□없다
31		실내 온도가 적절하면 좋겠다(춥거나 더움)	□있다	□보통	□없다
32		침대방에서 생활하고 싶다	□있다	□보통	□없다
33		온돌방에서 생활하고 싶다	□있다	□보통	□없다
18		목욕시 몸을 탕에 담갔으면 좋겠다	□있다	□보통	□없다
19		내가 원하는 것을 충분히 먹고 싶다	□있다	□보통	□없다
36		음식을 스스로 해 먹고 싶다	□있다	□보통	□없다
37			□있다	□보통	□없다

A. 보호자 기본정보

1	보 호 자	□있다		□없다		
2	관 계	□가족	□친척	□이웃	□지역사회자원	
3	성 명		4	성 별	□남	□여
5	방문횟수	□거의매일	□주1-2회	□월1-2회	□년수차례	□거의방문없음
6	입소전동거여부	□동거		□비동거		
7	CT와의 (친밀도)관계	□좋다	□보통이다	□나쁘다		

B. 서비스 만족도

서비스명		만족도	서비스명		만족도
1	목 욕	□높다 □보통이다 □낮다	9	간호처치	□높다 □보통이다 □낮다
2	식 사	□높다 □보통이다 □낮다	10	생활지도원	□높다 □보통이다 □낮다
3	간 식	□높다 □보통이다 □낮다	11	복지용구이용	□높다 □보통이다 □낮다
4	세 탁	□높다 □보통이다 □낮다	12	물리치료	□높다 □보통이다 □낮다
5	청 소	□높다 □보통이다 □낮다	13	프로그램	□높다 □보통이다 □낮다
6	차량이송	□높다 □보통이다 □낮다	14	자원봉사자	□높다 □보통이다 □낮다
7	통원치료	□높다 □보통이다 □낮다	15	시설주거환경	□높다 □보통이다 □낮다
8	진 료	□높다 □보통이다 □낮다	16		□높다 □보통이다 □낮다

*13 프로그램은 사회복지 프로그램에 한정한다.

**16 란은 각 기관별로 작성하여 기입할 수 있다

D. 건강상태

1	병 명				
2	복약유무	□유 □무	3	발병시기	년 월
4	시력상태	□ 1. 정상 □ 2. 1M 떨어진 달력은 읽을 수 있으나 더 먼 거리는 보이지 않는다 □ 3. 눈앞에 근접한 글씨는 읽을 수 있으나 더 먼 거리는 보이지 않는다 □ 4. 거의 보이지 않는다 □ 5. 보이는지 판단불능			

5	청 력 상 태		□ 1. 정상 □ 2. 보통의 소리를 듣기는 하고, 못 듣기도 한다 □ 3. 큰 소리라면 들을 수 있다 □ 4. 거의 들리지 않는다 □ 5 .들리는지 판단불능
6	**질 병 상 태** ※ 3개월 이상 지속적인 질병명을 체크해 주십시오	6 – 1	□ 1. 없음
		6 – 2	□ 2. 암
		6 – 3	□ 3. 근골격계질환 (□관절염 □요통 □좌골통 □디스크 □신경통 □골다공증 □기타)
		6 – 4	□ 4. 소화기계질환 (□위염 □위궤양 □십이지장궤양 □만성간염 □간경변증 □기타)
		6 – 5	□ 5. 내분비, 대사성 (□당뇨병 □갑상선 질환 □기타)
		6 – 6	□ 6. 순환기계질환 (□고·저혈압 □중풍 □뇌혈관 질환 □협심증 □심근경색증 □기타)
		6 – 7	□ 7. 호흡기계질환 (□폐결핵 □결핵 □만성기관지염 □천식 □기타)
		6 – 8	□ 8. 눈, 귀질환 (□백내장 □만성중이염 □기타)
		6 – 9	□ 9. 만성신장질환 (□만성신부전증 □기타)
		6 – 9	□ 10. 빈혈
		6–10	□ 11. 피부병
		6–11	□ 12. 골절, 탈골 및 사고로 인한 후유증
		6–12	□ 13. 기타 ( )

E. 재활 상태

1	마비	우 측 상 지 마 비	□마비없음	□불완전마비	□완전마비
2		좌 측 상 지 마 비	□마비없음	□불완전마비	□완전마비
3		우 측 하 지 마 비	□마비없음	□불완전마비	□완전마비
4		좌 측 하 지 마 비	□마비없음	□불완전마비	□완전마비
5	구축	어 깨 관 절	□구축없음	□우관절구축/좌관절구축	□양관절구축
6		팔 꿈 치 관 절	□구축없음	□우관절구축/좌관절구축	□양관절구축
7		손목 및 수지관절	□구축없음	□우관절구축/좌관절구축	□양관절구축
8		고 관 절	□구축없음	□우관절구축/좌관절구축	□양관절구축
9		무 릎 관 절	□구축없음	□우관절구축/좌관절구축	□양관절구축
10		발 목 관 절	□구축없음	□우관절구축/좌관절구축	□양관절구축

F. 일상생활

a. ADL

항목		기능자립정도		
1	옷 벗고 입기	□ 1. 완전 자립	□ 2. 부분 도움	□ 3. 완전 도움
2	세 수 하 기	□ 1. 완전 자립	□ 2. 부분 도움	□ 3. 완전 도움
3	양 치 질 하 기	□ 1. 완전 자립	□ 2. 부분 도움	□ 3. 완전 도움
4	목 욕 하 기	□ 1. 완전 자립	□ 2. 부분 도움	□ 3. 완전 도움
5	식 사 하 기	□ 1. 완전 자립	□ 2. 부분 도움	□ 3. 완전 도움
6	체위변경하기	□ 1. 완전 자립	□ 2. 부분 도움	□ 3. 완전 도움
7	일어나 앉기	□ 1. 완전 자립	□ 2. 부분 도움	□ 3. 완전 도움
8	옮 겨 앉 기	□ 1. 완전 자립	□ 2. 부분 도움	□ 3. 완전 도움
9	방밖으로 나오기	□ 1. 완전 자립	□ 2. 부분 도움	□ 3. 완전 도움
10	화장실 사용하기	□ 1. 완전 자립	□ 2. 부분 도움	□ 3. 완전 도움
11	대변조절하기	□ 1. 완전 자립	□ 2. 부분 도움	□ 3. 완전 도움
12	소변조절하기	□ 1. 완전 자립	□ 2. 부분 도움	□ 3. 완전 도움

b. IADL

항목		확인		
1	약 복 용	□ 1. 완전 자립	□ 2. 부분 도움	□ 3. 완전 도움
2	금 전 관 리	□ 1. 완전 자립	□ 2. 부분 도움	□ 3. 완전 도움
3	전 화 사 용	□ 1. 완전 자립	□ 2. 부분 도움	□ 3. 완전 도움
4	물 건 구 입	□ 1. 완전 자립	□ 2. 부분 도움	□ 3. 완전 도움
5	식 사 준 비	□ 1. 완전 자립	□ 2. 부분 도움	□ 3. 완전 도움
6	청 소	□ 1. 완전 자립	□ 2. 부분 도움	□ 3. 완전 도움
7	세 탁	□ 1. 완전 자립	□ 2. 부분 도움	□ 3. 완전 도움
8	교 통 수 단 이 용	□ 1. 완전 자립	□ 2. 부분 도움	□ 3. 완전 도움
9	몸단장(손발톱 깍기, 면도)	□ 1. 완전 자립	□ 2. 부분 도움	□ 3. 완전 도움

c. 배변 및 배설

항목		확인		
1	뇨 의	□느낀다	□가끔느낀다	□못느낀다
2	변 의	□느낀다	□가끔느낀다	□못느낀다
3	기저귀사용	□아니오	□예	

d. 조력

구 분		이용자 희망			요양관리요원 의견		
1	ADL지원	1-1	□예	□아니오	1-2	□필요	□불필요
2	IADL지원	2-1	□예	□아니오	2-2	□필요	□불필요

e. 특이사항

특이사항	

G. 사회적지지

a 사회적지지 정도

항목		확 인		
1	가족의 지지정도	□높다	□보통	□낮다
2	친척의 지지정도	□높다	□보통	□낮다
3	지역사회 자원의 지지정도	□높다	□보통	□낮다

b 특이사항

특이사항	

H. 행동장애

a. 인지기능부문(8문항)

항　　목	증상여부
1. 방금 전에 들었던 이야기나 일을 잊는다	□ 1.예　□ 2. 가끔　□ 3. 아니오
2. 오늘이 몇 월인지 지금이 어느 계절인지 모른다	□ 1.예　□ 2. 가끔　□ 3. 아니오
3. 자신이 있는 장소를 알지 못한다	□ 1.예　□ 2. 가끔　□ 3. 아니오
4. 가족이나 친척을 알아보지 못한다	□ 1.예　□ 2. 가끔　□ 3. 아니오
5. 자신의 나이나 생년월일을 모른다	□ 1.예　□ 2. 가끔　□ 3. 아니오
6. 지시를 이해하지 못한다	□ 1.예　□ 2. 가끔　□ 3. 아니오
7. 하루 일정표를 이해하지 못한다	□ 1.예　□ 2. 가끔　□ 3. 아니오
8. 주어진 상황에 대한 판단력이 떨어져 있다	□ 1.예　□ 2. 가끔　□ 3. 아니오

b. 문제행동부문(10문항)

항　　목	증상여부
1. 사람들이 무엇을 훔쳐갔다고 믿거나 자기를 해치려 한다고 잘못 믿고 있다	□ 1.예　□ 2. 가끔　□ 3. 아니오
2. 헛것을 보거나 듣는다	□ 1.예　□ 2. 가끔　□ 3. 아니오
3. 밤에 자다가 일어나 주위 사람을 깨우거나 아침에 너무 일찍 일어난다. 또는 낮에는 지나치게 잠을 자고 밤에는 잠을 이루지 못한다	□ 1.예　□ 2. 가끔　□ 3. 아니오
4. 한군데 가만히 있지 못하고 서성거리거나 왔다 갔다 하며 안절부절 못한다	□ 1.예　□ 2. 가끔　□ 3. 아니오
5. 길을 잃거나 헤맨 적이 있다. 외출하면 집이나 병원, 시설로 혼자 들어올 수 없다	□ 1.예　□ 2. 가끔　□ 3. 아니오
6. 화를 내며 폭언이나 폭행을 하는 등 위협적인 행동을 보인다	□ 1.예　□ 2. 가끔　□ 3. 아니오
7. 혼자서 밖으로 나가려고 해서 눈을 뗄 수가 없다	□ 1.예　□ 2. 가끔　□ 3. 아니오
8. 돈이나 물건을 장롱 같이 찾기 어려운 곳에 감춘다	□ 1.예　□ 2. 가끔　□ 3. 아니오
9. 옷을 부적절하게 입는다	□ 1.예　□ 2. 가끔　□ 3. 아니오
10. 대소변을 벽이나 옷에 바르는 등 불결한 행위를 한다	□ 1.예　□ 2. 가끔　□ 3. 아니오

c. 특이사항

특이사항	

I. 의료건강

a. 간호처치 상태(11문항)

최근 2주간 어르신께서는 다음과 같은 치료를 받은 적이 있는 지를 답해주십시오.

항목		진료 유무	항목		진료 유무
1	기관지절개관간호	□있다 □없다	7	정맥주사요법	□있다 □없다
2	흡인	□있다 □없다	8	도뇨관리	□있다 □없다
3	산소요법	□있다 □없다	9	장루간호	□있다 □없다
4	욕창간호	□있다 □없다	10	상처간호	□있다 □없다
5	경관영양	□있다 □없다	11	복막투석및간호	□있다 □없다
6	통증간호	□있다 □없다			□있다 □없다

b. 특이사항

특이사항	

J. 생활습관

a 상태

항목		확인
1	흡연(1일 기준)	□31개피이상 □21-30개피 □11-20개피 □10개피이하 □비흡연자
2	음주(2주 기준)	□3회 이상(5잔) □2회(3잔) □1회(2잔) □비음주자
3	운동 (1주 기준 : 1회는 30분 이상)	□1회 □2회 □3회 □4회이상
4	하루수분섭취량	□2컵이하 □3컵-4컵 □5컵이상
6	구강위생	□매우나쁨 □나쁨 □보통

7	식 사 내 용 (복 수 선 택)	□보통식 □유동식 □당뇨식 □저염식 □무염식 □1식 □2식 □3식 □3식이상 □영양(1–2점) □영양위험(3–5점) □영양매우위험(6점이상)
8	낙 상	□매우위험 □위험 □보통
9	변 비	□매우심함 □심함 □보통
10	입 욕 빈 도	□주1회 □주2회 □주3회이상
11	사회활동참여 (매 월 기 준)	□1회 □2회 □3회이상
13	알 러 지	□있다( ) □없다
14	숙 면 정 도	□좋음 □보통 □나쁨

*a-11 사회활동참여의 경우 시설밖에 참여하는 기준으로 한다.)

**a-12 노인학대의 경우 시설, 직원, 동료간의 학대를 모두 포함한다. 학대의 종류는 지침을 참조

b. 특이사항

노인학대	□신체적	□있다(주 회)	□없다
	□언어정서적	□있다(주 회)	□없다
	□성적	□있다(주 회)	□없다
	□재정적	□있다(주 회)	□없다
	□방임	□있다(주 회)	□없다
특이사항			

CC. 강점

	항 목			
1	ADL이 용이하다.(보조기구 사용시 포함)	□있다	□보통	□없다
2	IADL이 가능하다.(수발자 도움 포함)	□있다	□보통	□없다
3	지역사회자원을 활용하고 있다	□있다	□보통	□없다
4	친화력이 높다	□있다	□보통	□없다
5	여가 활동에 참여하고 싶다.	□있다	□보통	□없다
6	이용자가 본인의 질환에 대해 잘 알고 있다	□있다	□보통	□없다
7	가족과의 관계가 좋다	□있다	□보통	□없다
8	자기관리를 철저히 하고 있다	□있다	□보통	□없다

9	삶의 의지가 강하다	□있다 □보통 □없다
10	재활욕구가 강하다	□있다 □보통 □없다
11	정기적인 검진을 하고 있다	□있다 □보통 □없다
12	약제관리가 잘되고 있다	□있다 □보통 □없다
13		□있다 □보통 □없다
14		□있다 □보통 □없다
15		□있다 □보통 □없다
16		□있다 □보통 □없다
17		□있다 □보통 □없다

DD. 시설 노인의 욕구

NO.	구분	호소내용	확인
1	신체	배설이 곤란하여 도움을 필요하다	□있다 □보통 □없다
2		외출시 도움을 필요하다	□있다 □보통 □없다
3		재활훈련을 필요하다	□있다 □보통 □없다
4		실금을 관리하는데 도움을 필요하다	□있다 □보통 □없다
5		목욕이 곤란하여 도움을 필요하다	□있다 □보통 □없다
6		옷을 갈아입을 때 도움을 필요하다	□있다 □보통 □없다
7		운동을 위한 도움을 필요하다	□있다 □보통 □없다
8		흡연에 대한 예방을 필요하다	□있다 □보통 □없다
9		몸단장시 도움을 필요하다	□있다 □보통 □없다
10		알코올로 인한 예방을 필요하다	□있다 □보통 □없다
11		치매문제행동에 대한 대처를 필요하다	□있다 □보통 □없다
12		의사소통 도움을 필요하다	□있다 □보통 □없다
13		생활의욕 향상을 필요하다	□있다 □보통 □없다
14		비만에 대한 도움을 필요하다	□있다 □보통 □없다
15		씹고 삼키기가 곤란하여 도움을 필요하다	□있다 □보통 □없다
16		식사도움을 필요하다	□있다 □보통 □없다
17		영양관리를 필요하다	□있다 □보통 □없다
18		기본동작이 안되어 도움을 필요하다	□있다 □보통 □없다
19		의료적 처치를 필요하다	□있다 □보통 □없다
20		구강위생관리를 필요하다	□있다 □보통 □없다

21		약제사용 및 관리에 도움을 필요하다	□있다 □보통 □없다
22		피부질환관리에 도움을 필요하다	□있다 □보통 □없다
23		욕창관리에 도움을 필요하다	□있다 □보통 □없다
24		변비치료에 도움을 필요하다	□있다 □보통 □없다
25		통증관리를 필요하다	□있다 □보통 □없다
26		약물남용에 대한 예방이 필요하다	□있다 □보통 □없다
27	심리	대인관계 향상을 필요하다	□있다 □보통 □없다
28		취미활동의 도움을 필요하다	□있다 □보통 □없다
29		우울감감소를 필요하다	□있다 □보통 □없다
30		이야기상대가 필요하다	□있다 □보통 □없다
31		불면치료에 도움을 필요하다	□있다 □보통 □없다
32		전문적인 상담을 필요하다	□있다 □보통 □없다
33		치매인지기능 저하에 대한 도움을 필요하다	□있다 □보통 □없다
34	환경	금전관리를 필요하다	□있다 □보통 □없다
35		세탁에 도움을 필요하다	□있다 □보통 □없다
36		청소에 도움을 필요하다	□있다 □보통 □없다
37		낙상위험을 낮추기 위한 도움을 필요하다	□있다 □보통 □없다
38		경제적인 도움을 필요하다	□있다 □보통 □없다
39		긴급시 대처방안이 필요하다	□있다 □보통 □없다

재가장애인사정도구

(정신장애인 제외)

김 영 숙
(삼육대학교 사회복지학과 교수)

장애인용 사정항목표

AA. 기본정보 ○최초 ○정기 ○상태변화(1 2 3 4 5 6 7 8 9)

1	성 명	(남 , 여)	관리번호	(기관 내 이용자 관리번호 또는 Ifam 관리번호)
2	주민등록번호	-	주 소	
3	(주)장애명 이차장애는 ✔표	지체 1 뇌병변 2 시각 3 청각 4 언어 5 정신지체 6 발달장애 7 정신장애 8 신장장애 9 심장장애 □ 기타 □		
	장애등급	(주 장애의 등급만 기록)등급	장애판정일	복지카드에 기록되어 있는 등록일
4	긴급연락처	성명)	관계)	전화)
5	키 / 체중	cm kg		
6	혈당	mg/dl	혈압	/ mmHg
7	학력	① 초등 ② 중등	③ 고등	④ 전문대 ⑤ 대학 ⑥ 대학원이상
8	가족구성	① 독거 ② 부부만	③ 2세대가족(인)	④ 3세대가족(인) ⑤ 기타(인)

		성 명	관 계	성별	출생년도	동거여부	장애유무	
9	가족관계 * Eco-Map입력			○남 ○여				
				○남 ○여				
				○남 ○여				
				○남 ○여				

10	대상자 분류	①국민기초수급자	② 차상위계층	③ 일반	
		① 연금	② 산재	③ 보험	④ 기타

11	가계실질소득	① 월 20만	② 20~49만	③ 50~99만	④ 100~199만	⑤ 200~299만	⑥ 300만 이상
	주거상황	① 자가소유	② 전세(천원)		③ 월세(/ 천원)		④ 기타

12	장애비용	ⓐ교통비	천원	ⓓ보호, 간병비	천원	ⓖ합계
		ⓑ의료비	천원	ⓔ보장구유지	천원	
		ⓒ교육비	천원	ⓕ기타	천원	

가계도	Eco-Map

기본정보 요약	

BB. 주관적 호소내용(장애인용) ※(이용자의 실제적 호소로서 직접설문 또는 상담 후 내용 정리를 통하여 호소내용을 정리할 수 있습니다)

	호 소 내 용	확 인			
1	가사지원을 받고 싶다.	① 매우 그렇다	② 그렇다	③보통이다	④ 아니다
2	몸단장을 스스로 할 수 없다.	① 매우 그렇다	② 그렇다	③보통이다	④ 아니다
3	신변처리의 도움을 원한다.	① 매우 그렇다	② 그렇다	③보통이다	④ 아니다
4	원활하게 의사소통을 하고 싶다.	① 매우 그렇다	② 그렇다	③보통이다	④ 아니다
5	체력(단련) 지도를 받았으면 좋겠다.	① 매우 그렇다	② 그렇다	③보통이다	④ 아니다
6	성적 욕구를 해결하고 싶다.	① 매우 그렇다	② 그렇다	③보통이다	④ 아니다
7	육아지원을 받고 싶다.	① 매우 그렇다	② 그렇다	③보통이다	④ 아니다
8	경제적인 지원이 있었으면 좋겠다.	① 매우 그렇다	② 그렇다	③보통이다	④ 아니다
9	정규 교육을 받고 싶다.	① 매우 그렇다	② 그렇다	③보통이다	④ 아니다
10	직업관련 교육을 받고 싶다.	① 매우 그렇다	② 그렇다	③보통이다	④ 아니다
11	보장구를 이용하고 싶다.	① 매우 그렇다	② 그렇다	③보통이다	④ 아니다
12	생활용품을 활용하고(지원받고) 싶다.	① 매우 그렇다	② 그렇다	③보통이다	④ 아니다
13	취미 활동을 하고 싶다.	① 매우 그렇다	② 그렇다	③보통이다	④ 아니다
14	외롭다	① 매우 그렇다	② 그렇다	③보통이다	④ 아니다
15	치료를 받고 싶다.	① 매우 그렇다	② 그렇다	③보통이다	④ 아니다
16	응급상황이 자주 발생한다.	① 매우 그렇다	② 그렇다	③보통이다	④ 아니다
17	사회 활동(참여)에 어려움이 있다.	① 매우 그렇다	② 그렇다	③보통이다	④ 아니다
18	다른 사람을 돕고 싶다.	① 매우 그렇다	② 그렇다	③보통이다	④ 아니다
19	서비스 제공에 참여하고 싶다.	① 매우 그렇다	② 그렇다	③보통이다	④ 아니다
20	나로 인해 다른 사람이 피해를 받고 있다.	① 매우 그렇다	② 그렇다	③보통이다	④ 아니다
21	소속감을 가지고 싶다.	① 매우 그렇다	② 그렇다	③보통이다	④ 아니다
22	외출하고 싶다.	① 매우 그렇다	② 그렇다	③보통이다	④ 아니다
23	정보제공을 받고 싶다.	① 매우 그렇다	② 그렇다	③보통이다	④ 아니다
24	주택(주거)로 인해 어려움을 겪고 있다.	① 매우 그렇다	② 그렇다	③보통이다	④ 아니다
25	행정지원이 필요하다.	① 매우 그렇다	② 그렇다	③보통이다	④ 아니다
26	장애로 인해 차별받고 있다.	① 매우 그렇다	② 그렇다	③보통이다	④ 아니다
27	일(취업)하고 싶다	① 매우 그렇다	② 그렇다	③보통이다	④ 아니다

기타 호소사항 및 사례개요	이용자의 호소와 상담에 관련한 요약사항을 기록하거나 특이사항을 작성하시면 됩니다. 웹 기반 서비스에서는 해당란의 요약 문구를 CM Report에서 확인 및 수정하실 수 있습니다.

A. 수발 및 보장구 (수발자와 이용자 간 관계와 보장구 보유 및 욕구에 대한 조사문항입니다.)

1	수발필요여부	① 혼자 가능	② 대부분 가능	③ 일부 필요	④ 대부분 필요	⑤ 거의 필요	
2	수발자 여부	① 있다.	② 없다.	성 명			
3	관 계	① 가족	② 친척	③ 친구	④ 이웃	⑤ 유료봉사원	⑥ 무료봉사원
4	성 별	① 남	②여	5	동거여부	① 동거	② 비동거
6	수발부담	시간/일	회/주	(유료		무료)	
7	수발지식	① 높다	② 보통	③ 낮다	수발(대처)교육	① 필요	② 필요없음
8	수발친밀도	① 높다	② 보통	③ 낮다			
9	수발만족	① 충분	② 보통	③ 부족			
10	보장구 □교육필요	① 전동휠체어	② 수동휠체어	③ 보행기	④ 목발	⑤ 지팡이	
		⑥ 의안	⑦ 흰지팡이	⑧ 시력보조기	⑨ 안경(콘텍트)		
		⑩ 보청기	⑪ 인공와우	⑫ 기타			
11	사용빈도	① 자주사용	② 가끔사용	[ⓐ 완전자립	ⓑ 부분(전동)도움	ⓒ 완전도움]	③ 사용안함
12	보장구희망	① 구입	② 개조	③ 대여	④ 수리		

B. 장애원인 (장애원인에 대한 조사입니다. '4.장애력'은 실제장애를 입은 때를 기록하십시오.)

1.	a선천적 원인	① 유전성	② 기타			2.장애수용필요
	b출생시 원인	③ 조산	④ 난산	⑤ 외상	⑥ 기타	① 본인
	c후천적 원인	⑦ 질환	(질환명:	)		② 가족
		⑨ 사고장애	(사고명:	)		③ 친지
	d. 장애력	⑪	년	월 (	년째)	
3	특기 사항	* 장애 관련 진료 및 수술 등의 세부내역을 포함한 요약페이지				

C. 생활만족도 (서비스 이용자가 생활 속에서 느끼는 일반적인 만족과 불편에 대한 조사입니다.)

1	만족도	건강상태	① 매우건강	② 비교적 건강	③ 건강이 나쁨	④ 매우 나쁨	
2		생활만족도	① 매우 만족	② 만족하는 편	③ 불만족	④ 매우 불만족	
3	질환상태	질환여부	① 질환없음	② 질환있음	(질환명:ⓐ		)
4		진(치)료 빈도	① 주 2회 이상	② 주 1회	③ 격주 1회	④ 월 1회	⑤ 격월 1회이하
5	외출	기능	① 스스로 가능(보장구 사용)		② 보조인 활용가능		③ 불가능
6		빈도	① 거의 매일	② 주 수회	③ 월 수회	④ 년 10회 이내	⑤ 전혀 없음
7		불편도	① 불편 없음	② 거의 없음	③ 약간 불편	④ 매우 불편	
8	주요 교통편	교통편	① 일반버스	② 일반택시	③ 지하철	④ 콜택시	⑤ 자가용
9		불편도	① 불편 없음	② 거의 없음	③ 약간 불편	④ 매우 불편	
10	주요 의사소통방법		① 언어	② 수화	③ 도구	④ 보장구	⑤ 기타
11	주로 침대나 의자에서 생활.		① 그렇다	② 아니다.			
12	특기 사항		* 이용자 본인의 생활에 대한 주된 호소나 상담내용을 요약하실 수 있습니다.				

D. 주거환경 이용자의 주거상황과 내용을 기록해 주십시오.

1	주거형태	① 단독주택	② 다가구	③ 아파트			
		① 지층	② 1층	③ 2~3층	④ 4층	⑤ 5층 이상	
		a. 접근성			b. 안전성		
2	외부이동	① 접근양호	② 보통	③ 접근불편	① 안전	② 보통	③ 위험
3	주방	① 접근양호	② 보통	③ 접근불편	① 안전	② 보통	③ 위험
4	화장실	① 접근양호	② 보통	③ 접근불편	① 안전	② 보통	③ 위험
5	침실	① 접근양호	② 보통	③ 접근불편	① 안전	② 보통	③ 위험
			이용자 희망		매니저 의견		
6	주택(거)개조 및 수리		① 예	② 아니오	①	② 아니오	
7	특이사항	주거사항의 요약 및 문제점을 기록					

E. 재활 상태 해당 장애영역의 재활상태를 기록하는 곳입니다. 비 해당 장애영역은 기록하지 마십시오.

1	마비	a. 우측상지마비	① 마비없음	② 불완전마비	③ 완전마비		
		b. 좌측상지마비	① 마비없음	② 불완전마비	③ 완전마비		
		c. 우측하지마비	① 마비없음	② 불완전마비	③ 완전마비		
		d. 좌측하지마비	① 마비없음	② 불완전마비	③ 완전마비		
2	구축 *경련 및 경직 포함	a. 어깨관절	① 구축없음	② 우관절구축	③ 좌관절구축	④ 양관절구축	
		b. 팔꿈치관절	① 구축없음	② 우관절구축	③ 좌관절구축	④ 양관절구축	
		c. 손목 및 수지관절	① 구축없음	② 우관절구축	③ 좌관절구축	④ 양관절구축	
		d. 고관절	① 구축없음	② 우관절구축	③ 좌관절구축	④ 양관절구축	
		e. 무릎관절	① 구축없음	② 우관절구축	③ 좌관절구축	④ 양관절구축	
		f. 발목관절	① 구축없음	② 우관절구축	③ 좌관절구축	④ 양관절구축	
3	시력	a. 좌 / 우	① 0.2( ) ② 0.1( ) ③ 0.05( )	④ 0.04( ) ⑤ 0.02( ) ⑥ 미만(전맹)			
		b. 시야범위	① 5도	② 10도 ③ 45도 미만			
		c. 글자 폰트 인지	( ) Pt				
4	청력	① 완전무음	② 큰소음	③ 큰소리	④ 40Cm미음	⑤ 작은소리	⑥ 기타
		① 수화	② 지화	③ 구화(독화)	④ 필화	⑤ 몸짓	
		좌 청력	dB	우 청력	dB		
5	언어장애	① 전혀 못함	② 조음장애	③ 말더듬	④ 음성장애	⑤ 실어증	⑥ 기타
6	정신지체	a. 언어발달	① 정상수준	② 초등이전	③ 초등이후	④ 발달없음	
		b. 학습발달	① 기초	② 초2수준	③ 초6수준		
7	발달장애	1. 불러도 대답 없음	① 그렇다	11. 가구의 변경시 불안	① 그렇다		
		2. 독립적인 적절한 식사 불가능	① 그렇다	12. 같은 길로만 이동	① 그렇다		
		3. 대소변 가리지 못함	① 그렇다	13. TV에서 광고만 집중	① 그렇다		
		4. 또래와 놀지 못함	① 그렇다	14. 야외행동시 마음대로 간다	① 그렇다		
		5. 남의 말을 이해못함	① 그렇다	15. 머리의 크기가 작음	① 그렇다		
		6. 표현언어 없음	① 그렇다	16. 눈을 맞추지 않음	① 그렇다		
		7. 자기방어 못함	① 그렇다	17. 손을 비틀거나 씻기 반복?	① 그렇다		
		8. 충동적인 행동있음	① 그렇다	18. 모든 물건을 입에 넣음	① 그렇다		
		9. 자해적인 행동있음	① 그렇다	19. 생후 1~2년 정도까지 정상발달	① 그렇다		
		10. 한가지 장난감에 집착	① 그렇다	20. 혼자말은 가능하나 대화 안 됨	① 그렇다		
8	심장장애	① 1단계	(보통활동에 제한이 없으나 그 이외의 활동에 숨이 차거나 가슴이 아픔)				
		② 2단계	(극히 쉬운 활동 이외에 장애가 있음)				
		③ 3단계	(신체 주위의 일은 간신히 할 수 있음)				
		④ 4단계	(안정 시에도 장애를 보임)				
9	특이사항	* 재활력, 상태, 욕구 등 세부내역의 요약기록					

F. 일상생활

a. ADL

	항목	기능 자립 정도				
1	옷 벗고 입기	① 완전 자립	② 방법 및 지도	③ 부분도움	④ 완전 도움	⑤ 필요없음
2	세수하기	① 완전 자립		② 부분 도움	③ 완전 도움	
3	양치질하기	① 완전 자립		② 부분 도움	③ 완전 도움	
4	목욕하기	① 완전 자립	② 방법 및 지도	③ 입욕시만 도움	④ 부분 도움	⑤ 완전 도움
5	식사하기	① 완전 자립	② 방법 및 지도	③ 준비 도움	④ 부분 도움	⑤ 완전 도움
6	체위변경하기	① 완전 자립		② 부분 도움	③ 완전 도움	
7	일어나 앉기	① 완전 자립		② 부분 도움	③ 완전 도움	
8	옮겨 앉기	① 완전 자립	② 부분 도움	③ 1인 도움	④ 도구 및 2인 이상	⑤ 와상 상태
9	방밖으로 나오기	① 완전 자립		② 부분 도움	③ 완전 도움	
10	화장실 사용하기	① 완전 자립		② 부분 도움	③ 완전 도움	
11	대변조절하기	① 완전 자립		② 부분 도움	③ 완전 도움	
12	소변조절하기	① 완전 자립		② 부분 도움	③ 완전 도움	
13	걷기(계단 이동 제외)	① 완전 자립	② 보장구사용	③ 1인 도움	④ 2인 도움	⑤ 보행불능

b. IADL

	항목	기능 자립 정도			
1	약복용	① 완전 자립	② 방법 및 지도	③ 부분 도움	④ 완전 도움
2	금전관리	① 완전 자립	② 방법 및 지도	③ 부분 도움	④ 완전 도움
3	전화걸기	① 완전 자립	② 방법 및 지도	③ 부분 도움	④ 완전 도움
D	전화받기	① 완전 자립	② 방법 및 지도	③ 부분 도움	④ 완전 도움
4	물건구입(시장보기)	① 완전 자립	② 방법 및 지도	③ 부분 도움	④ 완전 도움
5	식사준비	① 완전 자립	② 방법 및 지도	③ 부분 도움	④ 완전 도움
6	간단한 청소	① 완전 자립	② 방법 및 지도	③ 부분 도움	④ 완전 도움
D	어려운 가사(세탁제외)	① 완전 자립	② 방법 및 지도	③ 부분 도움	④ 완전 도움
7	세탁	① 완전 자립	② 방법 및 지도	③ 부분 도움	④ 완전 도움
8	교통(자가)수단 이용	① 완전 자립	② 방법 및 지도	③ 부분 도움	④ 완전 도움
9	몸단장(손발톱 깍기, 면도)	① 완전 자립	② 방법 및 지도	③ 부분 도움	④ 완전 도움
10	기저귀 사용	① 완전 자립	② 방법 및 지도	③ 부분 도움	④ 완전 도움

c. 조력		ⓐ 이용자 희망		ⓑ 매니저 의견		
1	A D L 지원 및 훈련	① 예	② 아니오	① 예	② 아니오	
2	I A D L 지원 및 훈련	① 예	② 아니오	① 예	② 아니오	
3	특기 사항	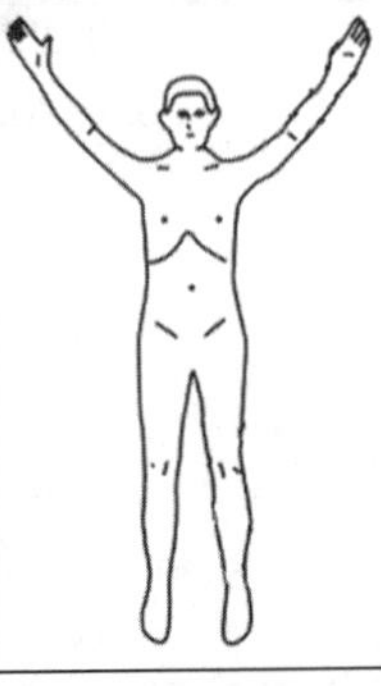				

G. 사회적 지지

이용자의 사회적지지 정도를 나타내는 것입니다. 지지정도는 빈도만을 뜻하는 것이 아니라 지지의 강도도 포함된 것입니다. 빈도가 적지만 지지강도가 강하면 '높다'라고 할 수 있습니다.

a 사회적지지 정도						
	항목	확 인				
1	가족의 지지정도	① 높다	② 보통	③ 낮다	④ 해당없음	월별 기준
2	친척의 지지정도	① 높다	② 보통	③ 낮다	④ 해당없음	반기별 기준
3	친구 및 동료의 지지정도	① 높다	② 보통	③ 낮다	④ 해당없음	월별 기준
4	지역사회 지지 정도	① 높다	② 보통	③ 낮다	④ 해당없음	반기별 기준
5	장애로 인한 학대 및 차별	① 높다	② 보통	③ 낮다	④ 해당없음	반기별 기준

b. 조력		이용자 희망		매니저 의견		기타
1	정보 제공	① 희망	② 비희망	① 필요	② 불필요	□ 보호자 모임
2	상담 및 치료	① 희망	② 비희망	① 필요	② 불필요	
3	동료지지(상담) 연결	① 희망	② 비희망	① 필요	② 불필요	
4	권익 옹호	① 희망	② 비희망	① 필요	② 불필요	
5	사회참여 활동 연결	① 희망	② 비희망	① 필요	② 불필요	
6	특기사항					

H. 의료건강

a. 간호 및 처치 상태 지난 2주간 간호경험을 기록하십시오.							
	항 목	진료 유무			항 목	진료 유무	
1	기관지절개관간호	① 있다	② 없다	7	정맥주사요법	① 있다	② 없다
2	흡인	① 있다	② 없다	8	도뇨관리	① 있다	② 없다
3	산소요법	① 있다	② 없다	9	장루간호	① 있다	② 없다
4	욕창간호	① 있다	② 없다	10	상처간호	① 있다	② 없다
5	경관영양	① 있다	② 없다	11	복막투석및간호	① 있다	② 없다
6	통증간호	① 있다	② 없다	12	혈액투석	① 있다	② 없다

b. 조력		이용자 희망		매니저 의견	
1	건강진단 또는 치료	① 희망	② 비희망	① 필요	② 불필요
2	자가가료(자기관리)교육	① 희망	② 비희망	① 필요	② 불필요
3	물리치료	① 희망	② 비희망	① 필요	② 불필요
4	언어치료	① 희망	② 비희망	① 필요	② 불필요
5	작업치료	① 희망	② 비희망	① 필요	② 불필요
6	특기사항				

I. 생활습관

a. 상태

	항 목	확 인				
1	흡연 (1일 기준)	①31이상	② 21-30개피	③ 11-20개피	④ 10개피 이하	⑤ 비흡연자
2	음주 (2주 기준)	①3회(5잔)이상	② 2회(3잔)	③ 1회(2잔)	④ 비음주자	
3	운동(1주: 1회 30분이상)	① 0회	② 1회	③ 2회	④ 3회	⑤ 4회 이상
4	하루 수분섭취량	① 2컵 이하	② 3컵-4컵		③ 5컵 이상	
5	구강위생	① 매우나쁨 (심한악취와 복합문제)		② 나쁨 (심한치석 및 통증호소)		⑤ 보통
6	식사내용(복수선택)	① 보통식	② 유동식	③ 당뇨식	④ 저염식	⑤ 무염식
	식사횟수	① 1식	② 2식	③ 3식	④ 4식 이상	
	식사영양	① 보통	② 영양실조상태	(보조식 필요)	③ 매우위험 (링겔 및 보조식 필요)	
7	낙상	① 매우위험 (낙상경험, 환경불안)		② 위험 (환경 및 ADL불안)		③ 보통
8	변비	① 매우심함 (통증 및 주2회 이하)		② 심함 (비규칙횟수와 불편함 호소)		③ 보통
9	입욕빈도	① 월2회미만		② 주1회미만		③ 주2회 이상
10	종교활동 빈도	① 주 1회		② 주 2회		③ 3회 이상
11	알러지	① 매우심함 (정기적 약복용 필요)		② 심함	(진료 및 검진 필요)	③ 보통
12	수면량	① 매우부족 (4시간 이하 수면)		② 부족	(6시간 이하 수면)	③ 보통

b. 조력		이용자 희망		매니저 의견	
1	생활습관 변화 지원	① 희망	② 비희망	① 필요	② 불필요
2	예방 점검 및 교육	① 희망	② 비희망	① 필요	② 불필요

CC. 강점 ※강점관점을 기반으로 상담과정 중 이용자에 대하 가지는 매니저의 관점 및 판단입니다.

	강점 관점	확 인			
1	스스로 서비스 이용정도를 통제할 수 있다.	① 매우 그렇다	② 그렇다	③보통이다	④ 아니다
2	스스로 서비스를 선택할 수 있다.	① 매우 그렇다	② 그렇다	③보통이다	④ 아니다
3	문제를 해결하고자 하는 의지와 계획을 가지고 있다.	① 매우 그렇다	② 그렇다	③보통이다	④ 아니다
4	여가생활 및 즐거운 활동을 하고 있다.	① 매우 그렇다	② 그렇다	③보통이다	④ 아니다
5	자신의 장애 상황을 수용하고 있다.	① 매우 그렇다	② 그렇다	③보통이다	④ 아니다
6	다른 사람을 설득할 수 있다.	① 매우 그렇다	② 그렇다	③보통이다	④ 아니다
7	인테넷 및 복지정보를 취득, 활용할 수 있다.	① 매우 그렇다	② 그렇다	③보통이다	④ 아니다
8	사회적 지원이 충분하다.	① 매우 그렇다	② 그렇다	③보통이다	④ 아니다
9	생활목표를 수립할 수 있다.	① 매우 그렇다	② 그렇다	③보통이다	④ 아니다
10	(사회적)대인관계가 원활하다.	① 매우 그렇다	② 그렇다	③보통이다	④ 아니다
11		○ 매우 그렇다	○ 그렇다	○보통이다	○ 아니다

DD. 장애인의 욕구 ※욕구는 이용자의 주관적 호소와 환경적 요소, 전문가의 판단이 종합되어 결정됩니다. 이용자의 호소는 BB에 기록하시고, 컨퍼런스 팀의 의견과 이용자의 호소를 취합한 실제적 서비스가 필요한 욕구를 기록하시는 곳입니다.

N	욕 구 사 항	① 매우 그렇다 ② 그렇다 ③ 보통이다 ④ 아니다	
1	가사지원이 필요하다.	청소, 세탁, 식사준비 등을 포함한 서비스	① ② ③ ④
2	활동보조인 서비스가 필요하다.	이용자의 선택과 결정 중심의 개인보조 서비스	① ② ③ ④
3	의사소통의 도움이 필요하다.	수화통역, 언어진단 및 치료, 점역 등의 서비스	① ② ③ ④
4	운동처방이 필요하다.	운동지도, ROM, 재활체육, ADL훈련 및 지도 등의 서비스	① ② ③ ④
5	성 문제의 도움이 필요하다.	교재, 연예, 결혼 등의 이성간 서비스	① ② ③ ④
6	육아 지원이 필요하다.	육아지원, 보육, 아동상담 및 치료 등의 아동관련 서비스	① ② ③ ④
7	경제적 지원이 필요하다.	물품지원, 후원연계 등의 경제지원 서비스	① ② ③ ④
8	교육이 필요하다.	정규교육, 직업교육, 자가 가료교육 등 이용자 교육 서비스	① ② ③ ④
9	보장구 시원이 필요하다.	보장구 구매, 개조, 수리, 대어 등의 보장구 관련 서비스	① ② ③ ④
10	생활용품 지원이 필요하다.	가사도구, 생활용품 등의 지원 서비스	① ② ③ ④
11	여가지원이 필요하다.	여가, 취미활동, 말벗 등의 정서 서비스	① ② ③ ④
12	건강관리가 필요하다.	건강검진, 무료진료, 생활습관 관련 서비스	① ② ③ ④
13	의료적 치료가 필요하다.	의료처치, 방문간호, 물리치료 등의 양 · 한방 서비스	① ② ③ ④
14	긴급 상황 시 대처가 필요하다.	긴급연락망, 긴급수발, 자살충동 등의 위기개입 서비스	① ② ③ ④
15	권익옹호 활동이 필요하다.	법률지원, 권리보호, 보험, 계약 등의 법적 권리보호 서비스	① ② ③ ④
16	주거문제에 대한 서비스가 필요하다.	주거, 주택개조, 임대 등 주거환경과 관련된 서비스	① ② ③ ④
17	일자리 제공이 필요하다.	적성검사, 직업알선,	① ② ③ ④
18	가족치료가 필요하다 (수발, 대처, 의사소통 등)	수발교육, 의사소통교육, 보호자교육 등의 서비스	① ② ③ ④
19	장애 수용이 필요하다.	가족, 본인, 친척, 동료 등의 장애수용, 동료상담 등 서비스	① ② ③ ④
20			

참고: 상기 척도는 ① 꼭 필요한 서비스이다. ② 필요한 서비스이다. ③ 있으나 없으나 상관없다 ④전혀 필요 없다. 로 응답하실 수 있습니다. 본 문항은 이용자의 호소가 아닙니다. 이용자의 호소와 상황을 종합 판단한 매니저의 의견과 이용자 간의 합의로 도출된 욕구(서비스 희망목록)입니다.

* 사정항목시트 활용방법: 욕구에 표현에 있어서 ①의 응답은 단기, 장기 목표의 접근을 ②의 응답은 장기목표의 접근이 가능합니다.①, ②의 응답구분을 통하여 서비스의 효율적 제공이 가능합니다. ①②욕구문항은 p10이 케어플랜에 그대로 적용하면 됩니다.

** 2007년 3월 23일(금) 케어플랜 워크샵에 참여하시면 보다 자세한 활용방법을 배우실 수 있습니다.

정신장애인 사정 항목표

김 영 숙
(삼육대학교 사회복지학과 교수)

정신장애인 기본정보

작성일: (　　　　) 년 (　　)월 (　　)일

AA. 기본정보　　　○최초 ○정기 ○상태변화(① ② ③ ④ ⑤ ⑥ ⑦)

1	성　명	(남 , 여)	관리번호	(기관 내 이용자 관리번호 또는 Ifam 관리번호)
2	주민등록번호	-	주　소	
3	장애명 2차 장애는 '2'로 표시해 주세요	□ 지체 □ 뇌병변 □ 시각 □ 청각 □ 언어 □ 안면 □ 신장 □ 심장 □ 간 □ 호흡기 □ 장루·요루 □ 간질 □ 지적 □ 발달		
	장애등급	주 장애　/ 중복장애)등급	장애판정일	복지카드에 기록되어 있는 등록일
5	키 / 체중	cm　　kg		
6	혈당	mg/dl	혈압	/　　mmHg
7	학력	① 미취학 ② 초등 ③ 중등 ④ 고등 ⑤ 전문대 ⑥ 대학 ⑦ 대학원		

		성 명	관계	성별	출생년도	동거	장애	직업	(긴급)연락처
8	가족관계 * Eco-Map입력								[긴급]
									[긴급]
									[긴급]
									[긴급]

9	대상자 분류	① 기초수급권자	② 차상위	③ 차차상위	④ 저소득	⑤ 일반
		① 연금	② 산재	③ 보험	④ 기타	
		① 독거	② 부부	③ 2세대(　명)	④ 3세대(　명)	⑤ 기타(　명)
10	가계실질소득	① 월 20만 ② 20~49만 ③ 50~99만 ④ 100~199만 ⑤ 200~299만 ⑥ 300만 이상				
	주거상황	① 자가소유 ② 전세(　　천원) ③ 월세(　　/　　천원) ④ 기타				

11	장애비용	ⓐ 교통비	천원	ⓓ보호·간병비	천원	ⓖ합계
		ⓑ 의료비	천원	ⓔ보장구(유지)	천원	
		ⓒ 교육비	천원	ⓕ 기타	천원	

가계도	Eco-Map
(생략)	(생략)

추가 기본정보	

BB. 정신장애인의 호소 — 이용자 및 가족의 실제적 호소로서 직접 설문하기 보다는 개별 상담 후에 내용 정리를 통하여 주요 호소내용을 기록하십시오. **매우 그렇다(4), 그렇다(3), 보통(2), 아니다(1)**로 적성한다.

	환자의 주관적 호소				
1	독립해서 간섭받지 않고 자유롭게 살고 싶다	□ 매우 그렇다	□ 그렇다	□ 보통	□ 아니다
2	빨리 나아서 약을 끊고 싶다	□ 매우 그렇다	□ 그렇다	□ 보통	□ 아니다
3	답답하고 외롭다	□ 매우 그렇다	□ 그렇다	□ 보통	□ 아니다
4	직업을 가지고 싶다	□ 매우 그렇다	□ 그렇다	□ 보통	□ 아니다
5	이유 없이 불안하다	□ 매우 그렇다	□ 그렇다	□ 보통	□ 아니다
6	심심하고 무료하다	□ 매우 그렇다	□ 그렇다	□ 보통	□ 아니다
7	재활프로그램에 참여하고 싶다	□ 매우 그렇다	□ 그렇다	□ 보통	□ 아니다
8	술, 담배, 커피 등을 끊고 싶다	□ 매우 그렇다	□ 그렇다	□ 보통	□ 아니다
9	사람들과 대화하고 싶고 잘 지내고 싶다	□ 매우 그렇다	□ 그렇다	□ 보통	□ 아니다
10	경제적인 문제로 불행하다	□ 매우 그렇다	□ 그렇다	□ 보통	□ 아니다
11	검정고시를 보고 대학에 가고 싶다	□ 매우 그렇다	□ 그렇다	□ 보통	□ 아니다
12	친구를 사귀고 싶다	□ 매우 그렇다	□ 그렇다	□ 보통	□ 아니다
13	결혼하고 싶다	□ 매우 그렇다	□ 그렇다	□ 보통	□ 아니다
14	컴퓨터를 배우고 싶다	□ 매우 그렇다	□ 그렇다	□ 보통	□ 아니다
15	이웃사람들과 잘 교류했으면 좋겠다	□ 매우 그렇다	□ 그렇다	□ 보통	□ 아니다
16	살림도 잘하고 아이들도 잘 키웠으면 좋겠다	□ 매우 그렇다	□ 그렇다	□ 보통	□ 아니다
17	상담을 많이 받으면 좋겠다	□ 매우 그렇다	□ 그렇다	□ 보통	□ 아니다
18	화가 나면 참을 수가 없다	□ 매우 그렇다	□ 그렇다	□ 보통	□ 아니다
19	가족들이 나를 환자 취급하지 않으면 좋겠다	□ 매우 그렇다	□ 그렇다	□ 보통	□ 아니다
20	돈을 벌고 싶은데 어떻게 해야할지 모르겠다	□ 매우 그렇다	□ 그렇다	□ 보통	□ 아니다
21	날씬해지고 예뻐지면 좋겠다	□ 매우 그렇다	□ 그렇다	□ 보통	□ 아니다
22	내가 스스로 일해서 돈을 벌고 싶다	□ 매우 그렇다	□ 그렇다	□ 보통	□ 아니다
23	즐겁게 살고 싶다	□ 매우 그렇다	□ 그렇다	□ 보통	□ 아니다
24	자신감이 없다	□ 매우 그렇다	□ 그렇다	□ 보통	□ 아니다
25	잠을 편안하게 잘 자고 싶다	□ 매우 그렇다	□ 그렇다	□ 보통	□ 아니다
26	직업 기술을 배우고 싶다	□ 매우 그렇다	□ 그렇다	□ 보통	□ 아니다
27	기분이 우울하다	□ 매우 그렇다	□ 그렇다	□ 보통	□ 아니다
28	사는 게 귀찮고 힘들어서 죽고 싶다	□ 매우 그렇다	□ 그렇다	□ 보통	□ 아니다
29	부정적인 생각이 자꾸 나서 일을 할 수가 없다	□ 매우 그렇다	□ 그렇다	□ 보통	□ 아니다
30	규칙적인 생활을 하고 싶다	□ 매우 그렇다	□ 그렇다	□ 보통	□ 아니다

기타 호소사항	

BB. 정신장애인 가족의 호소 이용자 및 가족의 실제적 호소로서 직접 설문하기 보다는 개별 상담 후에 내용 정리를 통하여 주요 호소내용을 기록하십시오. 매우 그렇다(4), 그렇다(3), 보통(2), 아니다(1)로 적성한다.

환자의 주관적 호소	
a 불안감이 줄면 좋겠다	□ 매우 그렇다 □ 그렇다 □ 보통 □ 아니다
b 정서적으로 안정되면 좋겠다	□ 매우 그렇다 □ 그렇다 □ 보통 □ 아니다
c 대인관계가 좋아지면 좋겠다	□ 매우 그렇다 □ 그렇다 □ 보통 □ 아니다
d 이성을 만나 결혼하면 좋겠다	□ 매우 그렇다 □ 그렇다 □ 보통 □ 아니다
e 가족에게 짐이 되지 않도록 독립하면 좋겠다	□ 매우 그렇다 □ 그렇다 □ 보통 □ 아니다
f 규칙적인 생활을 하면 좋겠다	□ 매우 그렇다 □ 그렇다 □ 보통 □ 아니다
g 가족들과 대화를 많이 하면 좋겠다	□ 매우 그렇다 □ 그렇다 □ 보통 □ 아니다
h 체중이 줄면 좋겠다	□ 매우 그렇다 □ 그렇다 □ 보통 □ 아니다
i 집에만 있지 않고 활동을 하면 좋겠다	□ 매우 그렇다 □ 그렇다 □ 보통 □ 아니다
j 사교성을 키우면 좋겠다	□ 매우 그렇다 □ 그렇다 □ 보통 □ 아니다
k 술, 담배, 커피 등을 줄이면 좋겠다	□ 매우 그렇다 □ 그렇다 □ 보통 □ 아니다
l 수입이 작더라도 직장에 다니면 좋겠다	□ 매우 그렇다 □ 그렇다 □ 보통 □ 아니다
m 취미 생활을 하면 좋겠다	□ 매우 그렇다 □ 그렇다 □ 보통 □ 아니다
n 사람들과 친하게 지내면 좋겠다	□ 매우 그렇다 □ 그렇다 □ 보통 □ 아니다
o 성격이 밝아지면 좋겠다	□ 매우 그렇다 □ 그렇다 □ 보통 □ 아니다
p 규칙적으로 할 수 있는 일이 있으면 좋겠다	□ 매우 그렇다 □ 그렇다 □ 보통 □ 아니다
q 간섭 없이도 할 일을 알아서 하면 좋겠다	□ 매우 그렇다 □ 그렇다 □ 보통 □ 아니다
r 약을 스스로 잘 챙겨먹으면 좋겠다	□ 매우 그렇다 □ 그렇다 □ 보통 □ 아니다
s 폭력적인 행동이 없어지면 좋겠다	□ 매우 그렇다 □ 그렇다 □ 보통 □ 아니다
t 위생관리를 잘 할 수 있으면 좋겠다	□ 매우 그렇다 □ 그렇다 □ 보통 □ 아니다
u 주거시설에 입소를 할 수 있으면 좋겠다	□ 매우 그렇다 □ 그렇다 □ 보통 □ 아니다
v 돈 관리를 잘 하면 좋겠다	□ 매우 그렇다 □ 그렇다 □ 보통 □ 아니다
w 감정조절을 잘 할 수 있으면 좋겠다	□ 매우 그렇다 □ 그렇다 □ 보통 □ 아니다
x 자신의 증상을 스스로 관리하면 좋겠다	□ 매우 그렇다 □ 그렇다 □ 보통 □ 아니다
y 부모나 형제들과 잘 지내면 좋겠다	□ 매우 그렇다 □ 그렇다 □ 보통 □ 아니다
z 부모 역할을 잘 할 수 있으면 좋겠다	□ 매우 그렇다 □ 그렇다 □ 보통 □ 아니다
a1 자기방 청소 등 집안일을 도우면 좋겠다	□ 매우 그렇다 □ 그렇다 □ 보통 □ 아니다
b1 장애인 등록을 하면 좋겠다	□ 매우 그렇다 □ 그렇다 □ 보통 □ 아니다
c1 치료를 지속적으로 받아야 하는데 돈이 없다	□ 매우 그렇다 □ 그렇다 □ 보통 □ 아니다
d1 수급자로 빨리 지정되었으면 좋겠다	□ 매우 그렇다 □ 그렇다 □ 보통 □ 아니다
기타 호소사항	

A. 정신장애인 추가정보 수발자와 이용자 간 관계와 보장구 보유 및 욕구에 대한 조사문항입니다.

1	진단명 ☐ 확인불가	☐ 정신분열병 ☐ 분열정동장애 ☐ 양극성장애 ☐ 주요우울장애 ☐ 알콜관련장애 ☐ 물질사용장애 ☐ 간질 ☐ 기질성 뇌증후 ☐ 치매 ☐ 정신지체 ☐ 발달장애 ☐ 뇌병변장애 ☐ 기타
2	약물복용	☐ 예 ☐ 아니요 ☐ 알 수 없음
3	입원력	☐ 없음 ☐ 기도원 ☐ 정신요양시설 ☐ 개인병원 ☐ 대형정신병원 ☐ 종합병원(정신과) ☐ 알 수 없음
4	입원회수	☐ 없음 ☐ 1회 ☐ 2-3회 ☐ 4-5회 ☐ 6회 이상 ☐ 알 수 없음
6	자실시도	☐ 없음 ☐ 1회 ☐ 2-3회 ☐ 4-6회 ☐ 7회 이상 ☐ 알 수 없음
7	약물중단	☐ 예 ☐ 아니오 ☐ 알 수 없음
8	직업력	☐ 무직 ☐ 임시취업 ☐ 취로사업 ☐ 생산직/단순 노무 ☐ 서비스업 ☐ 판매업 ☐ 사무직 ☐ 관리직 ☐ 전문기술직 ☐ 알 수 없음 ☐ 기타
9	재활경험	☐ 낮병원 ☐ 정신보건센터 ☐ 사회복귀시설 ☐ 사회복지관 ☐ 기타

B. 생활 위험성 사정

* 1개월 이내의 정신학적 증상에 대하여 기록하는 공간입니다.

1. 행동 위험성 사정

* 해당 없는 문항의 경우에는 무응답으로 비워두시기 바랍니다.

a. 술로 인한 문제	☐ 높다	☐ 보통	☐ 낮다
b. 담배로 인한 문제	☐ 높다	☐ 보통	☐ 낮다
c. 흡입제로 인한 문제	☐ 높다	☐ 보통	☐ 낮다
d. 향정신성약물 문제	☐ 높다	☐ 보통	☐ 낮다
e. 치료 약물의 부작용	☐ 높다	☐ 보통	☐ 낮다
f. 정신증상의 문제	☐ 높다	☐ 보통	☐ 낮다
g. 자해 행동	☐ 높다	☐ 보통	☐ 낮다
h. 가족에 대한 폭력	☐ 높다	☐ 보통	☐ 낮다
I. 타인에 대한 폭력	☐ 높다	☐ 보통	☐ 낮다
j. 간질발작으로 인한 문제	☐ 높다	☐ 보통	☐ 낮다
k. 기물파괴로 인한 문제	☐ 높다	☐ 보통	☐ 낮다
l. 성적 행동의 문제	☐ 높다	☐ 보통	☐ 낮다
o. 법 위반으로 인한 문제	☐ 높다	☐ 보통	☐ 낮다

2. 자살 위험성 사정

a. 죽고자하는 의욕	☐ 높다	☐ 보통	☐ 낮다
b. 자살에 대한 생각	☐ 높다	☐ 보통	☐ 낮다
c. 자살 시도에 대한 계획	☐ 높다	☐ 보통	☐ 낮다
d. 자살 시도 경험	☐ 높다	☐ 보통	☐ 낮다
e. 위기발생시 의지할 곳	☐ 높다	☐ 보통	☐ 낮다
f. 위기발생시 대처능력	☐ 높다	☐ 보통	☐ 낮다
g. 위기발생시 원조방법 인지	☐ 높다	☐ 보통	☐ 낮다

C. 최근생활증상

* 1개월 이내의 정신학적 증상에 대하여 기록하는 공간입니다.

1. 정신의학적 증상

* 해당 없는 문항의 경우에는 무응답으로 비워두시기 바랍니다.

a. 수면장애	☐ 심함	☐ 보통	☐ 낮다
b. 기분변화	☐ 심함	☐ 보통	☐ 낮다
c. 행동변화	☐ 심함	☐ 보통	☐ 낮다
d. 사고변화	☐ 심함	☐ 보통	☐ 낮다
e. 충동성	☐ 심함	☐ 보통	☐ 낮다
f. 공격성	☐ 심함	☐ 보통	☐ 낮다
g. 환각	☐ 심함	☐ 보통	☐ 낮다
h. 망상	☐ 심함	☐ 보통	☐ 낮다
I. 대인관계기피	☐ 심함	☐ 보통	☐ 낮다
j. 기타	☐ 심함	☐ 보통	☐ 낮다

2. 신체적 질명

a. 소화기계 질병	☐ 예	질환명: .	☐ 아니요
b. 순환기계 질병	☐ 예	질환명: .	☐ 아니요
c. 알레르기	☐ 예	질환명: .	☐ 아니요
d. 조혈기계 질병	☐ 예	질환명: .	☐ 아니요
e. 호흡기계 질병	☐ 예	질환명: .	☐ 아니요
f. 뇌혈관계 질병	☐ 예	질환명: .	☐ 아니요
g. 근골격계 질병	☐ 예	질환명: .	☐ 아니요
h. 생식기계 질병	☐ 예	질환명: .	☐ 아니요
I. 기타	☐ 예	질환명: .	☐ 아니요

3. 생활사건

* 해당 없는 문항의 경우에는 무응답으로 비워두시기 바랍니다.

a. 질병, 상해, 폭력 경험	☐ 예	☐ 아니요	f. 대인관계의 갈등이나 다툼	☐ 예	☐ 아니요
b. 실연이나 이혼	☐ 예	☐ 아니요	g. 경제적 어려움	☐ 예	☐ 아니요
c. 가족의 사망이나 질병	☐ 예	☐ 아니요	h. 약물의 중단	☐ 예	☐ 아니요
d. 가까운 사람의 사망 또는 질병	☐ 예	☐ 아니요	I. 새로운 환경에의 적응 (결혼, 승진, 입학 등)의 실패	☐ 예	☐ 아니요
e. 가족간의 갈등	☐ 예	☐ 아니요	j. 법적인 문제	☐ 예	☐ 아니요

특이사항	

D. 일상생활

a. ADL

1	옷 벗고 입기	□ 완전 자립	□ 지시 및 지도	□ 부분 도움	□ 완전 도움
2	세수하기	□ 완전 자립	□ 지시 및 지도	□ 부분 도움	□ 완전 도움
3	양치질하기	□ 완전 자립	□ 지시 및 지도	□ 부분 도움	□ 완전 도움
4	머리감기	□ 완전 자립	□ 지시 및 지도	□ 부분 도움	□ 완전 도움
5	목욕하기	□ 완전 자립	□ 지시 및 지도	□ 부분 도움	□ 완전 도움
6	식사하기	□ 완전 자립	□ 지시 및 지도	□ 부분 도움	□ 완전 도움
7	소변 관리하기	□ 완전 자립	□ 지시 및 지도	□ 부분 도움	□ 완전 도움
8	대변 관리하기	□ 완전 자립	□ 지시 및 지도	□ 부분 도움	□ 완전 도움
9	일어나 앉기	□ 완전 자립	□ 지시 및 지도	□ 부분 도움	□ 완전 도움
10	걷기	□ 완전 자립	□ 지시 및 지도	□ 부분 도움	□ 완전 도움
11	운동하기	□ 완전 자립	□ 지시 및 지도	□ 부분 도움	□ 완전 도움

b. IADL

1	약복용	□ 완전 자립	□ 지시 및 지도	□ 부분 도움	□ 완전 도움
2	금전 관리하기	□ 완전 자립	□ 지시 및 지도	□ 부분 도움	□ 완전 도움
3	전화 사용하기	□ 완전 자립	□ 지시 및 지도	□ 부분 도움	□ 완전 도움
4	인터넷 사용하기	□ 완전 자립	□ 지시 및 지도	□ 부분 도움	□ 완전 도움
5	세탁하기	□ 완전 자립	□ 지시 및 지도	□ 부분 도움	□ 완전 도움
6	청소하기	□ 완전 자립	□ 지시 및 지도	□ 부분 도움	□ 완전 도움
7	몸단장하기	□ 완전 자립	□ 지시 및 지도	□ 부분 도움	□ 완전 도움
8	물건 구입하기	□ 완전 자립	□ 지시 및 지도	□ 부분 도움	□ 완전 도움
9	식사 준비하기	□ 완전 자립	□ 지시 및 지도	□ 부분 도움	□ 완전 도움
10	교통수단 이용하기	□ 완전 자립	□ 지시 및 지도	□ 부분 도움	□ 완전 도움

c. 재활의욕

1	본인	□ 높다	□ 보통	□ 낮다	□ 매우 낮다
2	가족	□ 높다	□ 보통	□ 낮다	□ 매우 낮다

d. 특기 사항

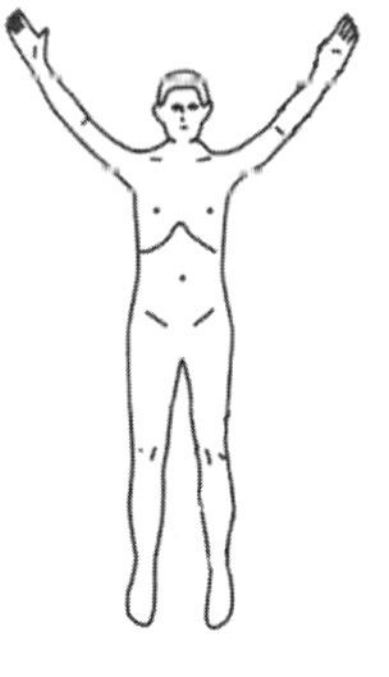

E. 심리·사회적 사정

이용자의 사회적지지 정도를 나타내는 것입니다. 지지정도는 빈도만을 뜻하는 것이 아니라 지지의 강도도 포함된 것입니다. 빈도가 적지만 지지강도가 강하면 '높다'라고 할 수 있습니다.

a. 사회적 지지

* 해당 없는 문항의 경우에는 무응답으로 비워두시기 바랍니다.

1	가족	□ 높다	□ 보통	□ 낮다
2	친척	□ 높다	□ 보통	□ 낮다
3	친구	□ 높다	□ 보통	□ 낮다
4	이웃	□ 높다	□ 보통	□ 낮다
5	직장동료	□ 높다	□ 보통	□ 낮다
6	교육기관	□ 높다	□ 보통	□ 낮다
7	종교기관	□ 높다	□ 보통	□ 낮다
8	지역기관	□ 높다	□ 보통	□ 낮다
9	공공기관	□ 높다	□ 보통	□ 낮다

b. 심리사회적 문제

1	가족관계	□ 예	□ 아니요	6	경제적 문제	□ 예	□ 아니요
2	건강	□ 예	□ 아니요	7	건강 서비스 관련	□ 예	□ 아니요
3	교육관련	□ 예	□ 아니요	8	법적 문제	□ 예	□ 아니요
4	직업관련	□ 예	□ 아니요	9	기타	□ 예	□ 아니요
5	주거관련	□ 예	□ 아니요	10		□ 예	□ 아니요

c. 특기 사항

F. 생활습관

a. 상태

1	흡연 (1일 기준)	①31이상	② 21-30개피	③ 11-20개피	④10개피 이하	⑤ 비흡연자
2	음주 (2주 기준)	①3회(5잔)이상	② 2회(3잔)	③ 1회(2잔)	④ 비음주자	
3	운동(1회 30분/1주)	① 0회	② 1회	③ 2회	④ 3회	⑤ 4회 이상
4	하루 수분섭취량	① 2컵 이하	② 3컵-4컵		③ 5컵 이상	
5	구강위생	① 매우나쁨 (심한악취와 복합문제)		② 나쁨 (심한치석 및 통증호소)		⑤ 보통
6	식사내용(복수선택)	① 보통식	②유동식	③ 당뇨식	④저염식	⑤ 무염식
	식사 회수	① 1식	②2식	③ 3식	④4식 이상	
	영양상태	① 보통	② 영양실조상태 (보조식 필요)		③ 매우위험	(링겔 및 보조식 필요)
7	낙상	① 매우위험 (낙상경험, 환경불안)		② 위험 (환경 및 ADL불안)		③ 보통
8	변비	① 매우심함 (통증 및 주2회 이하)		② 심함 (비규칙횟수와 불편함 호소)		③ 보통
9	입욕빈도	① 월2회미만		② 주1회미만		③ 주2회이상
10	종교활동 빈도	① 주 1회		② 주 2회		③ 3회 이상
11	알러지	① 매우심함	(정기적 약복용 필요)	② 심함 (진료 및 검진 필요)		③ 보통
12	수면량	① 매우부족 (4시간 이하 수면)		② 부족 (6시간 이하 수면)		③ 보통

SS. 강점 **※강점관점을 기반으로 상담과정 중 이용자에 대하 가지는 매니저의 관점 및 판단입니다.**

1	병에 대한 인식이 있다.	① 매우 그렇다	② 그렇다	③보통이다	④ 아니다
2	치료나 재활동기가 있다.	① 매우 그렇다	② 그렇다	③보통이다	④ 아니다
3	치료나 재활에 대해 순응적이다.	① 매우 그렇다	② 그렇다	③보통이다	④ 아니다
4	문제 해결 능력이 있다.	① 매우 그렇다	② 그렇다	③보통이다	④ 아니다
5	대인관계가 원활하다.	① 매우 그렇다	② 그렇다	③보통이다	④ 아니다
6	사회적 기능이 보존되어 있다.	① 매우 그렇다	② 그렇다	③보통이다	④ 아니다
7	폭력적인 행동을 한적이 없다.	① 매우 그렇다	② 그렇다	③보통이다	④ 아니다
8	직업적 기술을 가지고 있다.	① 매우 그렇다	② 그렇다	③보통이다	④ 아니다
9	여가생활을 하고 있다.	① 매우 그렇다	② 그렇다	③보통이다	④ 아니다
10	자원활용을 하고 있다.	① 매우 그렇다	② 그렇다	③보통이다	④ 아니다
11	경제적인 지원이 가능하다.	① 매우 그렇다	② 그렇다	③보통이다	④ 아니다
12	사회적 지원이 충분하다.	① 매우 그렇다	② 그렇다	③보통이다	④ 아니다
13	정서적 지원이 충분하다.	① 매우 그렇다	② 그렇다	③보통이다	④ 아니다
14	가족들의 동기가 강하다.	① 매우 그렇다	② 그렇다	③보통이다	④ 아니다
15	가족들이 지지적이다.	① 매우 그렇다	② 그렇다	③보통이다	④ 아니다
16	가족들의 기대가 적절하다.	① 매우 그렇다	② 그렇다	③보통이다	④ 아니다

DD. 정신장애인의 욕구

N	욕 구 사 항	① 매우 그렇다 ② 그렇다 ③ 보통이다 ④ 아니다
1	증상 및 치료에 대한 교육	① 매우 그렇다 ② 그렇다 ③ 보통이다 ④ 아니다
2	입원치료기관으로의 의뢰	① 매우 그렇다 ② 그렇다 ③ 보통이다 ④ 아니다
3	외래치료기관으로의 의뢰	① 매우 그렇다 ② 그렇다 ③ 보통이다 ④ 아니다
4	재활기관으로의 의뢰	① 매우 그렇다 ② 그렇다 ③ 보통이다 ④ 아니다
5	정기적인 가정방문을 통한 상담	① 매우 그렇다 ② 그렇다 ③ 보통이다 ④ 아니다
6	정기적인 전화상담	① 매우 그렇다 ② 그렇다 ③ 보통이다 ④ 아니다
7	개별상담	① 매우 그렇다 ② 그렇다 ③ 보통이다 ④ 아니다
8	가사지원	① 매우 그렇다 ② 그렇다 ③ 보통이다 ④ 아니다
9	가족교육이나 상담	① 매우 그렇다 ② 그렇다 ③ 보통이다 ④ 아니다
10	가족 자조모임 의뢰	① 매우 그렇다 ② 그렇다 ③ 보통이다 ④ 아니다
11	의사소통기술 향상	① 매우 그렇다 ② 그렇다 ③ 보통이다 ④ 아니다
12	일상생활기술 향상	① 매우 그렇다 ② 그렇다 ③ 보통이다 ④ 아니다
13	대인관계기술 향상	① 매우 그렇다 ② 그렇다 ③ 보통이다 ④ 아니다
14	자조모임 연결	① 매우 그렇다 ② 그렇다 ③ 보통이다 ④ 아니다
15	경제적 지원	① 매우 그렇다 ② 그렇다 ③ 보통이다 ④ 아니다
16	직업관련 훈련 및 알선	① 매우 그렇다 ② 그렇다 ③ 보통이다 ④ 아니다
17	지역사회자원연결	① 매우 그렇다 ② 그렇다 ③ 보통이다 ④ 아니다
18	기타	① 매우 그렇다 ② 그렇다 ③ 보통이다 ④ 아니다

참고: 상기 척도는 ① 꼭 필요한 서비스이다. ② 필요한 서비스이다. ③ 있으나 없으나 상관없다. ④ 전혀 필요 없다. 로 응답하실 수 있습니다. 본 문항은 이용자의 호소가 아닙니다. 이용자의 호소와 상황을 종합 판단한 매니저의 의견과 이용자 간의 합의로 도출된 욕구(서비스 희망목록)입니다.

아동 사정 항목표

김 영 숙
(삼육대학교 사회복지학과 교수)

아동 기본정보

작성일: (　　　) 년 (　　)월 (　　)일

AA. 기본정보　　○최초 ○정기 ○상태변화(① ② ③ ④ ⑤ ⑥ ⑦)

<table>
<tr><td>1</td><td>성　명</td><td colspan="3">(남 , 여)</td><td>관리번호</td><td colspan="3">(기관 내 이용자 관리번호 또는 Ifam 관리번호)</td></tr>
<tr><td>2</td><td>주민등록번호</td><td colspan="3">-</td><td>주　소</td><td colspan="3"></td></tr>
<tr><td rowspan="2">3</td><td>장애명 2차 장애는 '2'로 표시해 주세요</td><td colspan="7">□ 지체 □ 뇌병변 □ 시각 □ 청각 □ 언어 □ 안면 □ 신장
□ 심장 □ 간 □ 호흡기 □ 장루·요루 □ 간질 □ 지적 □ 발달</td></tr>
<tr><td>장애등급</td><td colspan="3">주 장애 / 중복장애)등급</td><td>장애판정일</td><td colspan="3">복지카드에 기록되어 있는 등록일</td></tr>
<tr><td>5</td><td>키 / 체중</td><td colspan="3">cm kg</td><td colspan="4"></td></tr>
<tr><td>6</td><td>혈당</td><td colspan="3">mg/dl</td><td>혈압</td><td colspan="3">/ mmHg</td></tr>
<tr><td>7</td><td>학력</td><td colspan="7">① 미취학 ② 초등 ③ 중등 ④ 고등 ⑤ 전문대 ⑥ 대학 ⑦ 대학원</td></tr>
<tr><td rowspan="5">8</td><td rowspan="5">가족관계
*
Eco-Map입력</td><td>성 명</td><td>관계</td><td>성별</td><td>출생년도</td><td>동거</td><td>장애</td><td>직업</td><td>(긴급)연락처</td></tr>
<tr><td></td><td></td><td></td><td></td><td></td><td></td><td></td><td>[긴급]</td></tr>
<tr><td></td><td></td><td></td><td></td><td></td><td></td><td></td><td>[긴급]</td></tr>
<tr><td></td><td></td><td></td><td></td><td></td><td></td><td></td><td>[긴급]</td></tr>
<tr><td></td><td></td><td></td><td></td><td></td><td></td><td></td><td>[긴급]</td></tr>
<tr><td rowspan="3">9</td><td rowspan="3">대상자 분류</td><td colspan="8">① 기초수급권자 ② 차상위 ③ 차차상위 ④ 저소득 ⑤ 일반</td></tr>
<tr><td colspan="8">① 연금 ② 산재 ③ 보험 ④ 기타</td></tr>
<tr><td colspan="8">① 독거 ② 부부 ③ 2세대(명) ④ 3세대(명) ⑤ 기타(명)</td></tr>
<tr><td rowspan="2">10</td><td>가계실질소득</td><td colspan="8">① 월 20만 ② 20~49만 ③ 50~99만 ④ 100~199만 ⑤ 200~299만 ⑥ 300만 이상</td></tr>
<tr><td>주거상황</td><td colspan="8">① 자가소유 ② 전세(천원) ③ 월세(/ 천원)④ 기타</td></tr>
<tr><td rowspan="3">11</td><td rowspan="3">장애비용</td><td>ⓐ 교통비</td><td>천원</td><td>ⓓ보호·간병비</td><td>천원</td><td colspan="3">ⓖ합계</td></tr>
<tr><td>ⓑ 의료비</td><td>천원</td><td>ⓔ보장구(유지)</td><td>천원</td><td colspan="3" rowspan="2"></td></tr>
<tr><td>ⓒ 교육비</td><td>천원</td><td>ⓕ 기타</td><td>천원</td></tr>
<tr><td colspan="5">가계도</td><td colspan="5">Eco-Map</td></tr>
<tr><td colspan="5">(생략)</td><td colspan="5">(생략)</td></tr>
<tr><td colspan="2">추가
기본정보</td><td colspan="8"></td></tr>
</table>

BB. 주관적 호소내용(아동용) ※(이용자의 실제적 호소로서 직접설문 또는 상담 후 내용을 정리할 수 있습니다.)

	호 소 내 용		확 인			
아동	1	가사로 인해 어려움을 겪고 있다.	① 매우 그렇다	② 그렇다	③ 보통이다	④ 아니다
	2	경제적으로 안정되었으면 좋겠다.	① 매우 그렇다	② 그렇다	③ 보통이다	④ 아니다
	3	생활보호 대상자로 선정되었으면 좋겠다.	① 매우 그렇다	② 그렇다	③ 보통이다	④ 아니다
	4	의료비 지출이 많다.	① 매우 그렇다	② 그렇다	③ 보통이다	④ 아니다
	5	취업기술을 배우고 싶다.	① 매우 그렇다	② 그렇다	③ 보통이다	④ 아니다
	6	가족이 함께 할 기회가 적다.	① 매우 그렇다	② 그렇다	③ 보통이다	④ 아니다
	7	도박으로 인한 문제가 있다.	① 매우 그렇다	② 그렇다	③ 보통이다	④ 아니다
	8	흡연 및 음주로 인한 문제가 있다.	① 매우 그렇다	② 그렇다	③ 보통이다	④ 아니다
	9	긴급상황에 발생에 대해 걱정하고 있다.	① 매우 그렇다	② 그렇다	③ 보통이다	④ 아니다
	10	건강문제로 인한 진료를 받고 싶다.	① 매우 그렇다	② 그렇다	③ 보통이다	④ 아니다
	11	정신질환에 대한 치료가 필요하다.	① 매우 그렇다	② 그렇다	③ 보통이다	④ 아니다
	12	치과 진료를 받고 싶다.	① 매우 그렇다	② 그렇다	③ 보통이다	④ 아니다
	13	주거로 인한 문제를 가지고 있다.	① 매우 그렇다	② 그렇다	③ 보통이다	④ 아니다
	14	양육부담에서 자유롭고 싶다.	① 매우 그렇다	② 그렇다	③ 보통이다	④ 아니다
보호자	a	아동의 생육발달이 걱정된다.	① 매우 그렇다	② 그렇다	③ 보통이다	④ 아니다
	b	아동의 청결관리가 안 되어있다.	① 매우 그렇다	② 그렇다	③ 보통이다	④ 아니다
	c	교육비 지출이 많다.	① 매우 그렇다	② 그렇다	③ 보통이다	④ 아니다
	d	게임중독의 우려가 있다.	① 매우 그렇다	② 그렇다	③ 보통이다	④ 아니다
	e	따돌림을 당한 경험이 있다.	① 매우 그렇다	② 그렇다	③ 보통이다	④ 아니다
	f	아동폭력을 경험한 적이 있다.	① 매우 그렇다	② 그렇다	③ 보통이다	④ 아니다
	g	문화체험 기회가 부족하다.	① 매우 그렇다	② 그렇다	③ 보통이다	④ 아니다
	h	아이의 식습관에 문제가 있다.	① 매우 그렇다	② 그렇다	③ 보통이다	④ 아니다
	i	보호자의 부재가 예상된다.	① 매우 그렇다	② 그렇다	③ 보통이다	④ 아니다
	j	예방접종을 받지 못했다.	① 매우 그렇다	② 그렇다	③ 보통이다	④ 아니다
	k	부모를 그리워한다.	① 매우 그렇다	② 그렇다	③ 보통이다	④ 아니다
	l	아동의 문제행동이 걱정된다.	① 매우 그렇다	② 그렇다	③ 보통이다	④ 아니다
	m	아동이 정서적으로 불안하다.	① 매우 그렇다	② 그렇다	③ 보통이다	④ 아니다
	n	교구 및 교재의 지원을 ₩받고 싶다.	① 매우 그렇다	② 그렇다	③ 보통이다	④ 아니다
	o	기초학습 및 지도가 부족하다.	① 매우 그렇다	② 그렇다	③ 보통이다	④ 아니다
	p	아동의 학교생활이 걱정된다.	① 매우 그렇다	② 그렇다	③ 보통이다	④ 아니다
기타 호소사항						

A. 가정 및 보호자

(수발자와 이용자 간 관계와 보장구 보유 및 욕구에 대한 조사문항입니다.)

1	보호자 유무	① 친부모 ② 조부모 ③ 친척 ④ 양부모 ⑤ 후견인 ⑥ 위탁 ⑦ 시설			
2	보호자 관계	① 상시동거 ② 일시동거 ③ 비동거			
3	성 명	(생 략)		연락처	(생 략)
4	보호시간	☐ 등교전 ☐ 오전 ☐ 오후 ☐ 방과후 ☐ 저녁 ☐ 야간			
5	친밀도	모친	① 매우친밀 ② 친밀 ③ 보통 ④ 소원 ⑤ 갈등		
6		부친	① 매우친밀 ② 친밀 ③ 보통 ④ 소원 ⑤ 갈등		
7	양육태도	모친	① 방임 ② 한계설정 ③ 온정 ④ 격려 ⑤ 과보호		
8		부친	① 방임 ② 한계설정 ③ 온정 ④ 격려 ⑤ 과보호		
9	부부관계	의사소통	① 매우 좋음 ② 좋음 ③ 보통 ④ 나쁨 ⑤ 매우 나쁨		
10		생활태도	① 매우 좋음 ② 좋음 ③ 보통 ④ 나쁨 ⑤ 매우 나쁨		
11		애정교환	① 매우 좋음 ② 좋음 ③ 보통 ④ 나쁨 ⑤ 매우 나쁨		
12		역할분담	① 매우 좋음 ② 좋음 ③ 보통 ④ 나쁨 ⑤ 매우 나쁨		

B. 현재 이용 서비스

(현재 이용하고 있는 모든 서비스에 체크해 주십시오.)

1	☐ 방과후 교실	☐ 정기 후원자	☐ 문화체험지원
	☐ 집단 및 또래 상담	☐ 멘토링	☐ 자원 봉사자
	☐ 사설 학원	☐ 기타 학습 증진	☐ 정보 제공
	☐ 도시락 지원	☐ 방문 교육 중재	☐ 기타
2	특기 사항	* 현재 이용하고 있는 서비스와 관련된 추가정보의 기재 (생 략)	

C. 주거환경

(이용자의 주거환경과 관련된 문항입니다.)

1	형태		① 자가소유 ② 전세 ③ 영구임대 ④ 장기임대 ⑤ 월세
2	비용		보증금 원 매월 원
3	주택 구분	층수	① 지층 ② 1층 ③ 2층 ④ 3층 ⑤ 4층 ⑥ 5층 이상
4		공간	☐ 현관 ☐ 거실 ☐ 욕실 ☐ 화장실 ☐ 주방 ☐ 침실( )개
5	거주기한		년 월 ~ 년 월 일
6	접근 및 안전	외부이동	① 모두 양호 ② 접근만 양호 ③ 안전만 양호 ④ 모두 불량
7		거실	① 모두 양호 ② 접근만 양호 ③ 안전만 양호 ④ 모두 불량
8		침실	① 모두 양호 ② 접근만 양호 ③ 안전만 양호 ④ 모두 불량
9		욕실	① 모두 양호 ② 접근만 양호 ③ 안전만 양호 ④ 모두 불량
10		개인공간	① 모두 양호 ② 접근만 양호 ③ 안전만 양호 ④ 모두 불량
11		위생	① 모두 양호 ② 아동환경 불량 ③ 보호자 환경 불량 ④ 모두 불량
12	특이사항		

D. 건강 및 심리상태

1	출생력		① 만숙아 ② 미숙아 ③ 과숙아 ④ 선천기형 ⑤선천질환( )
2	장애상황		장애 급 진단일 진단기관
3	질병상태		병명: ① 치료 없음 ② 치료 중 ③ 추가 검진 ④ 치료 완료
4	발육		신장 체중 표준점수
5	시력		좌 ( ) 우 ( )
6	시야		① 5도 ② 10도 ③ 45도 ④ 45도 이상
7	청력		좌 (dB) 좌 (dB)
8	섭식 및 영양	DDS	□ 곡류 15g □ 육류 15g □ 야채류 30g □ 유제품 30g □ 유지류 5g
9		영양상태	① 매우양호 ② 양호 ③ 보통 ④ 불량 ⑤ 매우 불량
10		식사회수	□ 조식 □ 중식 □ 석식 □ 간식 □ 기타 ( )회
11		식욕감퇴	① 이전 경험 ② 최근 경험 ③현재 ④ 거식증 ⑤ 없음
12		간식 및 인스턴트	① 매일 ② 자주 ③ 가끔 ④ 없음
13	언어 및 인지	이휘력	① 매우 좋음 ② 좋음 ③ 보통 ④ 나쁨 ⑤ 매우 나쁨
14		사고력	① 매우 좋음 ② 좋음 ③ 보통 ④ 나쁨 ⑤ 매우 나쁨
15		도덕성	① 매우 좋음 ② 좋음 ③ 보통 ④ 나쁨 ⑤ 매우 나쁨
16	특이사항		

E. 문제행동

1	정서행동		① 매우 부족 ② 부족 ③ 보통 ④ 양호 ⑤ 매우 양호
2	장애검사		① 위축 및 환상 ② 과잉 및 적대 ③ 교사에 극도 반항 ④ 사교성 결여 ⑤ 파괴 경향
3			⑥ 심한 기분 변화 ⑦ 자폐행동 ⑧ 충동적 ⑨ 돌발행동 ⑩ 사회성 결여
4	공격성	신체	① 강함 ② 약함 ③ 보통 ④ 없음
5		언어	① 강함 ② 약함 ③ 보통 ④ 없음
6		직접	① 강함 ② 약함 ③ 보통 ④ 없음
7		간접	① 강함 ② 약함 ③ 보통 ④ 없음
8	주의력 결핍		① 결핍 ② 경계성 ③ 의심 ④ 없음
9	자폐		① 자폐 행동 ② 자폐 의식 ③ 자폐 의심 ④ 자폐 없음
10	인터넷 중독		① 자주 ② 가끔 ③ 의심 ④ 아님
11	불안		① 매우 불안 ② 불안 ③ 보통 ④ 아님
12	우울		① 매우 우울 ② 우울 ③ 보통 ④ 아님
13	도벽		① 자주 ② 가끔 ③ 의심 ④ 아님
14	약물		① 자주 ② 가끔 ③ 의심 ④ 아님
15	특이사항		

F. 사회적 지지

가족부터 지역사회 전문가로부터 정서부터 물질까지 어느 정도의 지지를 받고 있는지 나타내는 것으로 3: 많은 지원, 2: 보통, 1: 부족 또는 없음으로 ○표시를 하십시오.

	지지망	가족	친척	친구	이웃	조직/단체	전문가	기타
1	정서적 지지	1 2 3	1 2 3	1 2 3	1 2 3	1 2 3	1 2 3	1 2 3
2	평가적 지지	1 2 3	1 2 3	1 2 3	1 2 3	1 2 3	1 2 3	1 2 3
3	정보적 지지	1 2 3	1 2 3	1 2 3	1 2 3	1 2 3	1 2 3	1 2 3
4	물질적 지지	1 2 3	1 2 3	1 2 3	1 2 3	1 2 3	1 2 3	1 2 3
5	특이사항							

G. 학교 환경

1	취학상태	학교 학년
2	교사관계	① 매우 좋음 ② 좋음 ③ 보통 ④ 나쁨 ⑤ 매우 나쁨
3	교우관계	① 매우 좋음 ② 좋음 ③ 보통 ④ 나쁨 ⑤ 매우 나쁨
4	수업적응	① 매우 좋음 ② 좋음 ③ 보통 ④ 나쁨 ⑤ 매우 나쁨
5	환경적응	① 매우 좋음 ② 좋음 ③ 보통 ④ 나쁨 ⑤ 매우 나쁨
6	활동참여	① 매우 좋음 ② 좋음 ③ 보통 ④ 나쁨 ⑤ 매우 나쁨
7	문제상황	□ 상습 결석 □ 상습 지각 □ 가해 폭력 □ 폭력 피해 □ 성적 부진 □ 학업 후퇴
8	방과후	□ 특기 적성 □ 복지관 □ 공부방 □ 학원 □ 기타 □ 없음
9	특기사항	

H. 아동 학대

1	신체학대	① 외상( )있음 ② 외상 없음 ③ 없음
2	정서학대	① 자주 ② 가끔 ③ 없음
3	성적학대	① 성폭행 ② 성폭력 ③ 성추행 ④ 없음
4	유기 및 방임	① 유기 ② 물리적 방임 ③ 정서적 방임 ④ 교육적 방임 ⑤ 없음
5	학대 위험도	□ 신체, 정서적 학대력 있음 □ 아동 방임 경험 있음 □ 보호자가 정신분열 및 장애 있음
6	특기사항	

SS. 강점

※강점관점을 기반으로 상담과정 중 이용자에 대하 가지는 매니저의 관점 및 판단입니다.

	강점 관점	확 인
1	가족 내의 정서적 교류가 잘 이루어지고 있다.	① 매우 그렇다 ② 그렇다 ③보통이다 ④ 아니다
2	가족이 신체적으로 건강하여 회복가능성이 높다.	① 매우 그렇다 ② 그렇다 ③보통이다 ④ 아니다
3	본인의 의사를 명확히 표현 한다	① 매우 그렇다 ② 그렇다 ③보통이다 ④ 아니다
4	사교성 및 대인관계 능력이 좋다.	① 매우 그렇다 ② 그렇다 ③보통이다 ④ 아니다
5	문제를 스스로 해결하고자 하는 의지가 강하다.	① 매우 그렇다 ② 그렇다 ③보통이다 ④ 아니다
6	양육자가 아동에 대한 책임의식이 강하다.	① 매우 그렇다 ② 그렇다 ③보통이다 ④ 아니다
7	자신의 생활 관리를 잘 하고 있다	① 매우 그렇다 ② 그렇다 ③보통이다 ④ 아니다
8	자존감이 다른 아동에 비해 높은편 이다.	① 매우 그렇다 ② 그렇다 ③보통이다 ④ 아니다
9	생활 및 문제 개선의 의지가 강하다.	① 매우 그렇다 ② 그렇다 ③보통이다 ④ 아니다
10		○ 매우 그렇다 ○ 그렇다 ○보통이다 ○ 아니다
11		○ 매우 그렇다 ○ 그렇다 ○보통이다 ○ 아니다

BB. 주관적 호소내용(아동용)

※(이용자의 실제적 호소로서 직접설문 또는 상담 후 내용을 정리할 수 있습니다.)

	호 소 내 용	확 인
아동	1 가사로 인해 어려움을 겪고 있다.	① 매우 그렇다 ② 그렇다 ③ 보통이다 ④ 아니다
	2 경제적으로 안정되었으면 좋겠다.	① 매우 그렇다 ② 그렇다 ③ 보통이다 ④ 아니다
	3 생활보호 대상자로 선정되었으면 좋겠다.	① 매우 그렇다 ② 그렇다 ③ 보통이다 ④ 아니다
	4 의료비 지출이 많다.	① 매우 그렇다 ② 그렇다 ③ 보통이다 ④ 아니다
	5 취업기술을 배우고 싶다.	① 매우 그렇다 ② 그렇다 ③ 보통이다 ④ 아니다
	6 가족이 함께 할 기회가 적다.	① 매우 그렇다 ② 그렇다 ③ 보통이다 ④ 아니다
	7 도박으로 인한 문제가 있다.	① 매우 그렇다 ② 그렇다 ③ 보통이다 ④ 아니다
	8 흡연 및 음주로 인한 문제가 있다.	① 매우 그렇다 ② 그렇다 ③ 보통이다 ④ 아니다
	9 긴급상황에 발생에 대해 걱정하고 있다.	① 매우 그렇다 ② 그렇다 ③ 보통이다 ④ 아니다
	10 건강문제로 인한 진료를 받고 싶다.	① 매우 그렇다 ② 그렇다 ③ 보통이다 ④ 아니다
	11 정신질환에 대한 치료가 필요하다.	① 매우 그렇다 ② 그렇다 ③ 보통이다 ④ 아니다
	12 치과 진료를 받고 싶다.	① 매우 그렇다 ② 그렇다 ③ 보통이다 ④ 아니다
	13 주거로 인한 문제를 가지고 있다.	① 매우 그렇다 ② 그렇다 ③ 보통이다 ④ 아니다
	14 양육부담에서 자유롭고 싶다.	① 매우 그렇다 ② 그렇다 ③ 보통이다 ④ 아니다
보호자	a 아동의 생육발달이 걱정된다.	① 매우 그렇다 ② 그렇다 ③ 보통이다 ④ 아니다
	b 아동의 청결관리가 안 되어있다.	① 매우 그렇다 ② 그렇다 ③ 보통이다 ④ 아니다
	c 교육비 지출이 많다.	① 매우 그렇다 ② 그렇다 ③ 보통이다 ④ 아니다
	d 게임중독의 우려가 있다.	① 매우 그렇다 ② 그렇다 ③ 보통이다 ④ 아니다
	e 따돌림을 당한 경험이 있다.	① 매우 그렇다 ② 그렇다 ③ 보통이다 ④ 아니다
	f 아동폭력을 경험한 적이 있다.	① 매우 그렇다 ② 그렇다 ③ 보통이다 ④ 아니다
	g 문화체험 기회가 부족하다.	① 매우 그렇다 ② 그렇다 ③ 보통이다 ④ 아니다
	h 아이의 식습관에 문제가 있다.	① 매우 그렇다 ② 그렇다 ③ 보통이다 ④ 아니다
	i 보호자의 부재가 예상된다.	① 매우 그렇다 ② 그렇다 ③ 보통이다 ④ 아니다
	j 예방접종을 받지 못했다.	① 매우 그렇다 ② 그렇다 ③ 보통이다 ④ 아니다
	k 부모를 그리워한다.	① 매우 그렇다 ② 그렇다 ③ 보통이다 ④ 아니다
	l 아동의 문제행동이 걱정된다.	① 매우 그렇다 ② 그렇다 ③ 보통이다 ④ 아니다
	m 아동이 정서적으로 불안하다.	① 매우 그렇다 ② 그렇다 ③ 보통이다 ④ 아니다
	n 교구 및 교재의 지원을 받고 싶다.	① 매우 그렇다 ② 그렇다 ③ 보통이다 ④ 아니다
	o 기초학습 및 지도가 부족하다.	① 매우 그렇다 ② 그렇다 ③ 보통이다 ④ 아니다
	p 아동의 학교생활이 걱정된다.	① 매우 그렇다 ② 그렇다 ③ 보통이다 ④ 아니다

기타 호소사항	

저자 소개

김 영 숙(金英淑) e-mail : kimys@syu.ac.kr

서울여자대학교 사회복지학 박사

[현 재]

삼육대학교 사회복지학과 교수

[주요저서 및 논문]

○ "Fall Prevention Exercise Program for Fall Risk Factor Reduction of the Community-Dwelling Elderly in Korea" [Yonsei Univ. College Medicine] Yonsei Medical Journal Vol. 44, No. 5 (2003): 884-891
○ 재가장애인 사례관리의 욕구사정 정확도 향상을 위한 사정도구개발과 욕구추출 알고리즘 과정 연구
  – 한국사회복지학회, 2008, 60권 2호, 155Page ~ 173Page
○ 재가노인 사례관리의 욕구사정 정확도 향상을 위한 욕구추출 알고리즘 개발
  – 한국사회복지학회, 2008, 60권 1호, 187Page ~ 209Page
○ 지역사회복지관에서의 사례관리에 대한 사회복지사들의 주관적 경험과 인식
  – 한국사회복지정책학회, 2007, 30권, 287Page ~ 310Page
○ 한국 재가노인의 욕구중심 사정도구 개발에 관한 연구
  – 한국노년학회, 2007, 27권 2호, 459Page ~ 472Page
  사회복지 프로그램 개발과 평가(교육과학사, 2002)
  치매에 대한 통합적 접근법(교육과학사, 2002) 외

재가노인 · 장애인 · 노인장기요양보험

사례관리론

2008년 9월 20일 1판 1쇄 발행
2012년 9월 10일 1판 2쇄 발행

저 자 : 김 영 숙
발행인 : 김 동 규
발행처 : 교육과학사

경기도 파주시 교하읍 문발리
파주출판문화정보산업단지 514-5
전화 (031) 955-6956 ~ 8 / FAX (031) 955-6037
Home-page : www.kyoyookbook.co.kr
E-mail : kyoyook@chol.com
등록 : 1970년 5월 18일 제2-73호

낙장·파본은 교환해 드립니다.
Printed in Korea.

정가 25,000 원
ISBN 978-89-254-0220-8